인공지능법 총론

인하대학교 법학연구소 AI · 데이터법 센터

본서는 2020년 대한민국 교육부와 한국연구재단의 지원을 받아 수행된 연구임.
(NRF-2020S1A5C2A02093223)

머리말

　인공지능(AI)은 현대 사회에 커다란 영향을 미치고 있는 혁신적인 대표 기술이자 지능정보화사회로의 전환을 이끌어 가는 바탕이 되는 핵심기술 중 하나입니다. 최근 ChatGPT가 야기하고 있는 다양한 문제처럼 인공지능 기술의 발전은 동시에 다양한 윤리적, 법적, 사회적 문제를 불러일으키고 있습니다. 이에 따라 인공지능을 효과적으로 관리·조절하기 위한 법적·윤리적 규범 정립이 더욱 중요해지고 있습니다.

　『인공지능법 총론』은 총론이란 부제에서 알 수 있듯이 후속 〈각론〉의 출간을 미리 염두에 두고 기획한 것으로 인공지능과 관련된 핵심적인 법적 쟁점과 원리를 탐구하는 데 초점을 맞추고 있습니다. 본 총론은 광범위한 주제를 다루면서도 입문자부터 전문가까지 폭넓은 독자층이 쉽게 접근할 수 있도록 구성되었습니다.

　이 책은 인공지능의 정의와 분류, 인공지능 개발과 운용에 관련된 다양한 법적 쟁점, 산출물의 지식재산 보호, 개인정보 보호와 관련된 문제, 국가 차원의 인공지능 규제 및 국제 협력의 필요성 등 광범위한 주제를 다루고 있습니다. 또한 기존의 법체계에 인공지능의 등장이 미치는 영향 및 평가과 함께 미래에 대비한 바람직한 방향성을 제시하는 법적 전망을 포함하고 있습니다.

　이 책은 철저한 연구와 다양한 사례 연구를 바탕으로 작성되었으며, 인공지능 분야의 권위 있는 전문가들이 집필에 참여였습니다. 더불어, 학문적인 관점과 실용적인 측면을 모두 고려하여 독자들에게 폭넓은 이해와 실질적인 가이드를 제공하도록 기획되었습니다. 이 책을 통해 독자 여러분은 인공지능의 기술적 특성과 법적 쟁점에 대한 이해를 높이고, 인공지능을 활용한 혁신과 동시에 개인의 권리와 사회적 이익을 보호하는 관점과 방안에 대해 폭넓게 조망해 볼 수 있을 것입니다. 또한, 이러한 문제들을 해결하기 위한 법제적·윤리적 규범의 틀과 국제적 협력의 필요성을 인식할 수 있게 될 것입니다.

　『인공지능법 총론』의 구성은 총 네 편으로 이루어져 있습니다. 각 편은 인공지능과 관련된 다양한 법적 문제들을 관통하는 공통분모를 찾아내어 그 관점을 대표하는 용어로 분류기준을 삼고 있습니다. 그 관점이 포괄하는 범위는 인공지능과 관련된 법적·윤리적 쟁점을 모두 포함하고 있어 다양한 분야에서 활용될 수 있는 개론서의 역할을 충분히 수행할 것으로 기대합니다. 이하 각 편의 주요 내용과 핵심 쟁점에 대해 좀 더 상세히 설명하고자 합니다.

제1편은 이 책의 서론격으로 인공지능의 발전 과정과 사회경제적 영향 그리고 법적 안정성을 위한 기본법 제정 등에 관한 논의를 합니다. 총 5장으로 구성된 제1편은 인공지능의 본질과 유형, 인공지능이 초래한 사회경제적 변화와 파급효과, 인공지능 윤리, 인공지능의 규범 서설, 그리고 '인공지능 기본법' 제정에 대한 시론을 다양한 관점에서 다루고 있습니다. 이를 통해 독자들은 인공지능과 관련된 다양한 법적, 윤리적, 경제적 문제에 대한 이해의 기초를 다질 수 있을 것입니다.

제2편은 인공지능과 관련된 법적 위상과 법적 취급과 관련한 문제들을 다루고 있습니다. 제6장에서 10장까지 이어지는 제2편에서는 인공지능이 제조물로서, 창작의 주체로서, 행위의 주체로서, 독립된 법인격을 갖는 주체로서 등 다양한 법적 지위부여에 따른 법적 쟁점을 총체적으로 탐구합니다. 또한 데이터와 인공지능의 상호작용에 따른 법적 문제를 다룹니다. 이를 통해 독자들은 인공지능이 법적 권리와 행위의 주체로서 등장함에 따라 야기되는 다양한 법적 쟁점과 이에 대한 제도적 개선 방향을 가늠해 볼 수 있을 것입니다.

제3편은 인공지능과 관련된 지식재산 보호, 개인정보 보호 등 보호의 측면과 동시에 인공지능의 위험성 관리에 기반한 규제에 대한 중요한 문제들을 다룹니다.

제11장에서 15장까지 이어지는 제3편에서는 인공지능 기술 그 자체의 지식재산 보호(11장), 인공지능 창작 결과물의 저작권과 특허권에 의한 보호(12장), 인공지능이 처리하는 데이터와 개인정보 보호 사이의 관계(13장) 등 보호의 관점에서 접근합니다. 그리고 이어지는 2개 장에서는 규제의 측면에서 접근합니다. 제14장에서는 EU의 인공지능 규제법안을 중심으로 인공지능에 대한 규제기준과 원칙에 대해 탐구합니다. 15장에서는 인공지능 알고리즘의 규제에 대한 필요성과 알고리즘 투명성, 공정성, 책임 등의 문제를 탐구하고 다양한 규제방안을 분석합니다. 제3편의 내용을 통해 독자들은 인공지능과 관련된 지식재산 보호 문제에 대한 인식의 지평을 넓히고 개인정보 보호에 인공지능이 어떻게 작용하는지를 이해할 수 있으며 인공지능의 위험성과 법적 규제의 중요성을 이해하고 적절한 규제 방향과 원칙에 대한 이해도 높일 수 있을 것입니다.

제4편에서는 인공지능과 법적 책임에 대한 다양한 쟁점과 문제를 다룹니다. 제16장부터 20장까지 이어지는 제4편에서는 인공지능과 계약법, 불법행위 책임, 형사책임, 그리고 인공지능에 기반한 행정작용과 국가책임에 대한 법적 규율에 관하여 상세히 분석합니다. 제4편의 내용을 통해 독자들은 인공지능이 전통적인 민사법과 형사법, 행정법, 국가책임 영역에 어떤 영향을 미치고 있는지를 파악해 볼 수 있습니다. 인공지능과의 계약의 성립과 유효성, 계약주체와 책임, 계약해석 및 분쟁해결, 그리고 계약의 자동화와 스마트 계약에 대한 법적 쟁점을 이해할 수 있습니다. 나아가 인공지능과 불법행위의 관련성과 인간의 개입 여부에 따른 책임의 분담, 인공지능의 불법행위의 요건과 판단 기준, 그리고 이를 통해 발생하는 손해배상 및 업무상 불법행위 등의 법적 쟁점을 이해할 수 있습니다. 인공지능은 사람과 유사한 행동을 할 수 있으므로 인공지능의 형사적 책임 논의가 가능하고, 인공지능의 범죄 행위에 대한 고려 사항과 범죄사실 입증과 피해자 보호, 인간의 개입과 인공지능의 자율성 등을 고려한 형사책임의 적용 방안 등 이해의 폭을 넓힐 수 있습니다. 이 밖에도 인공지능을 사용한 행정 의사결정과 실행의 법적 효력, 투명성과 책임, 규제와 감독, 그리고 인공지능의 자동화와 자율성에 대한 법적 쟁점 등 행정작용에서의 인공지능의 적절한 사용을 위한 법적 원칙과 가이드라인도 파악해 볼 수 있습니다. 마지막으로 인공지능의 발전으로 인해 국가 수준에서의 책임과 역할이 부각되고 있습니다. 인공지능과 국가의 책임 범위와 한계, 국가의 역할과 규제, 인공지능과 관련된 국가 간 협력과 국제법적 쟁점 등 인공지능에 대한 국가책임에 관한 시야도 넓힐 수 있습니다.

요컨대, 제1편부터 제4편으로 구성된 본서는 인공지능의 본질, 사회경제적 영향, 윤리, 규범, 그리고 법적 책임에 관한 다양한 측면을 탐구하였습니다. 『인공지능법 총론』은 인하대 법학연구소가 한국연구재단 인문사회연구소 지원사업의 일환으로 펴내고 있는 시리즈 출판물의 제3탄입니다. 지난해 출간된 『데이터법』, 『인공지능과 로봇의 윤리』에 이어 기획된 책입니다. 인하대 AI · 데이터법센터는 향후에도 지속적인 기획과 연구를 통해 AI와 데이터 경제시대에 직면한 중요한 문제들을 해결하고, 지속 가능한 지능정보화 사회로의 발전가능성을 모색하는 데에 기여 하고자 합니다.

본서의 집필에는 다양한 전문가들이 함께해 주셨습니다. 우선 흔쾌히 집필진으로 참여해 주신 법무법인 태평양의 이상직 변호사님, 법무법인 광장의 윤종수 변호사님, 부산대학교 대학원 융합학부의 계승균 교수님, 국립목포대학교 법학과의 이해원 교수님, 한국외국어대학교 법학전문대학원의 장보은 교수님, 경북대학교 법학전문대학원의 차상육 교수님, 숙명여자대학교 법학과의 정남철 교수님, 경인교육대학교 입법학 센터장인 심우민 교수님 등 외부 집필진 여러분께 감사드립니다. 또한 인하대학교 법학전문대학원의 동료인 이수미 교수님, 김현진 교수님, 백경희 교수님, 최준혁 교수님, 채영근 교수님의 적극 참여에 감사드립니다. 마지막으로 "데이터경제, 데이터 주도 혁신시대의 법과 윤리의 재정립" 연구를 함께 수행하고 있는 법학전문대학원 정영진 원장님, 부원장 손영화 교수님, 교수회 의장 정찬모 교수님, 인하대학교 컴퓨터공학과 조근식 교수님, 과학철학의 대가 고인석 교수님, 인하대학교 법학연구소의 이상우, 이종호, 정윤경 책임연구원과 행정지원으로 수고하신 임경민 선생님께도 감사드립니다.

그리고 이 책이 나오기까지 많은 수고를 해 주신 세창출판사 임길남 상무님과 출판을 흔쾌히 허락해 주신 이방원 대표님께도 고마운 마음을 전합니다.

2023년 6월
저자를 대표하여
인하대 로스쿨 연구실에서
김원오

차 례

머리말 ·· i

제1편 서 론

제1장 인공지능의 본질과 유형 및 발전과정 _조근식   3

Ⅰ. 인공지능의 본질과 유형 ·· 3
  1. 인공지능의 정의 ··· 3
  2. 인공지능의 구분(약인공지능, 강인공지능, 초인공지능) ·························· 4
  3. 인공지능의 패러다임 ··· 6
Ⅱ. 인공지능의 발전과정 ·· 8
  1. 초기 인공지능(The Early Days) ·· 8
  2. 기호 주의 시대(The Symbolic Era) ··· 11
  3. 연결 주의 시대(The Connectionist Era) ··· 17
Ⅲ. 결 어 ·· 26

제2장 인공지능 경제가 우리 삶에 미치는 사회경제적 변화 _이종호   28

Ⅰ. 인공지능의 등장과 삶의 변화 ··· 28
Ⅱ. 인공지능이 사회 및 경제에 미치는 영향 ·· 31
  1. 긍정적 변화 ··· 31
  2. 부정적 변화 ··· 36
Ⅲ. 주요 국가의 정책 동향 ··· 39
  1. 미 국 ·· 39

2. 중 국 ·· 41

3. 일 본 ·· 42

4. 유 럽 ·· 44

5. 한 국 ·· 45

6. 정 리 ·· 48

Ⅳ. 우리의 대응 ·· 49

제3장 인공지능 윤리 _고인석   51

Ⅰ. 인공지능 법과 인공지능 윤리의 관계 ································· 51

Ⅱ. 사회의 명시적 규범을 정하는 일의 어려움 ····················· 56

Ⅲ. 인공지능의 사회적-법적 지위라는 문제 ·························· 60

Ⅳ. 인공지능 윤리 원칙의 사례들 ··· 65

Ⅴ. 맺는 말: 인공지능 윤리의 핵심 과제들 ··························· 71

1. 개인의 의사결정과 개인정보를 보호하는 일 ················· 72

2. 안전을 확보하는 일과 책임의 소재를 확인하는 일 ········· 72

3. 불평등과 차별을 줄이고 공정성을 확대하는 일 ············· 73

제4장 인공지능 규범 서설 _계승균   74

Ⅰ. 사회공동생활과 규범 ·· 74

1. 사회가 있는 곳에 법이 있다. ···································· 74

2. 인공지능의 사회성 ··· 76

3. 인공지능의 규범 주체성 ·· 77

4. 규범 변화의 역사 ·· 78

Ⅱ. 인공지능과 윤리규범 ·· 79

1. 지능형로봇과 관련된 윤리규범 ·································· 79

2. 성규범과 섹스로봇 ··· 80

3. 성규범 인식 변화와 섹스로봇 ··································· 84

Ⅲ. 인공지능과 법규범 ··· 87

1. 자율주행자동차와 관련된 법규범의 형성 ···················· 87

　　2. 지능형 로봇법 ··· 92

　　3. 유럽연합의 로봇법 가이드라인 ·· 92

Ⅳ. 인공지능과 규범의 형성 가능성 ·· 94

　　1. 인간규범의 역사성 ··· 94

　　2. 인공지능 규범의 형성 ··· 95

제5장 인공지능 기본법 제정을 위한 시론 _이상직　96

Ⅰ. 배 경 ··· 96

Ⅱ. EU 인공지능 법안의 등장 ··· 98

Ⅲ. EU 인공지능 법안의 주요 내용 ··· 100

　　1. EU 법원(法源) ··· 100

　　2. EU 인공지능 법안의 주요 내용 ··· 101

　　3. EU 인공지능 책임 지침 ··· 104

Ⅳ. 평가와 시사점 ·· 105

　　1. EU 전략에 대한 평가 ·· 105

　　2. 미국 전략에 대한 평가 ·· 106

Ⅴ. 우리나라 인공지능 법안의 추진과 대응방향 ·· 108

　　1. 인공지능 법안의 추진 ·· 108

　　2. 대응방향 ·· 110

제2편　인공지능의 법적 위상과 법적 취급

제6장 제조물로서의 인공지능 _이해원　115

Ⅰ. 서 론 ··· 115

II. 제조물의 개념 및 의의 ·· 115
  1. 개 념 ··· 115
  2. 의 의 ··· 117
III. 문제 상황 ··· 121
  1. 새로운 사고(accident) 유형으로서의 '인공지능 사고(AI accident)'의 등장 ··· 121
  2. 인공지능 사고의 규율 법리로서의 '제조물책임'의 대두 ········· 123
  3. 제조물책임 적용의 전제: AI는 제조물인가? ···················· 124
IV. 국내외 논의 ··· 127
  1. 국 내 ··· 128
  2. 해 외 ··· 132
V. 검 토 ··· 136
  1. 실정법상 해석론: 소프트웨어의 제조물 부정 ···················· 136
  2. 제조물 개념의 확대 필요성 ··· 138
VI. 결 론 ··· 139

제7장 창작의 주체로서 인공지능 _정윤경　　　　　141

I. 서 론 ··· 141
II. 인공지능 창작의 유형 분석 ··· 143
  1. 창작의 보조도구 ··· 143
  2. 공동 창작자로서의 역할 ·· 145
  3. 독립된 창작 시스템 ·· 148
III. 저작권법상 저작자 지위 여부 ·· 149
  1. 현행법상 보호 가능성 ··· 149
  2. 해외 입법 동향 ··· 151
  3. 사례 적용 및 검토 ·· 157
  4. 소 결 ··· 161
IV. 특허법상 발명자 지위 여부 ··· 162
  1. 현행법상 보호 가능성 ··· 162
  2. 해외 입법 동향 ··· 163
  3. 사례 적용 및 검토 ·· 169

    4. 소 결 ·· 175

Ⅴ. 결 론 ·· 176

제8장 행위의 주체로서의 인공지능 _장보은　　　　　　178

Ⅰ. 인공지능을 이용한 행위와 법적 의미 ··· 178

    1. 인공지능의 활용과 인공지능을 이용한 행위 ····························· 178

    2. 행위의 법적인 의미와 인공지능의 행위 ··································· 179

Ⅱ. 인공지능과 법률행위 ··· 179

    1. 법률행위의 의미와 행위의 귀속 문제 ······································· 179

    2. 인공지능의 행위가 문제되는 경우 ··· 180

    3. 자율성을 가지는 인공지능의 행위 ··· 182

    4. 관련 문제 ·· 186

Ⅲ. 인공지능과 위법행위 ··· 188

    1. 위법행위의 의미와 책임의 문제 ··· 188

    2. 인공지능 행위의 귀속과 운영자 또는 이용자의 책임 ··········· 189

    3. 개발자 또는 제조자의 책임 ··· 191

    4. 관련 문제 ·· 192

Ⅳ. 인공지능에 대한 법인격 부여 논의 ··· 194

    1. 논의의 의의 ·· 194

    2. 이른바 전자인 인정에 대한 견해 대립 ··································· 195

제9장 인공지능과 독립된 법인격 인정 _정영진　　　　　　196

Ⅰ. 문제제기 ··· 196

Ⅱ. 법인격 제도 ··· 198

    1. 개 설 ·· 198

    2. 자연인의 권리능력 ··· 199

    3. 법인의 권리능력 ··· 200

    4. 동물의 권리능력 ··· 201

Ⅲ. 인공지능의 존재론 ·· 202
  1. 개 설 ·· 202
  2. AI의 법적 성질 ··· 203
  3. AI의 기술수준 ··· 204
Ⅳ. 인공지능의 법인격 ·· 209
  1. 탈인간중심적 법인격 ·· 209
  2. AI와 로봇 ·· 210
  3. AI 로봇과 전자인격(electronic personality) ··························· 211
Ⅴ. 결 론 ·· 212

제10장 데이터와 인공지능 _차상육

214

Ⅰ. 데이터와 인공지능의 상호관계 ··· 214
  1. 학습용 데이터셋 작성단계 ··· 215
  2. 학습완료모델 작성단계 ·· 217
  3. 학습완료모델(학습용모델)의 이용단계 ···································· 218
Ⅱ. 인공지능에 의한 데이터 수집 ─ TDM 면책 문제와 웹크롤링 등의 법적 쟁점 ·········· 219
  1. AI 학습데이터의 보호필요성 ··· 219
  2. 데이터 수집과 텍스트/데이터마이닝('TDM') 면책 문제 ······················ 221
  3. 크롤링·미러링 등에 의한 데이터 수집과 데이터베이스제작자의 권리침해 여부 ······· 225
Ⅲ. 데이터의 학습과 인공지능 ─ 학습완료모델의 법적 보호 ························· 231
  1. 서 론 ·· 231
  2. 프로그램 부분 ·· 232
  3. 학습완료 파라미터(parameter) 부분 ······································ 233
  4. 학습완료모델 전체 ·· 244
  5. 학습완료모델의 저작자 ·· 246
  6. 학습완료모델의 보호방법 ·· 251

제3편   인공지능의 보호와 규제

제11장 인공지능 관련 기술에 대한 지식재산법의 보호 _이수미   257

Ⅰ. 인공지능 관련 기술 ··· 257

　1. 미국 특허청의 인공지능 구성기술 분류 ······························· 258

　2. 인공지능 기술의 단계별 권리 확보 가능 영역 ····················· 261

　3. 소프트웨어가 내장된 하드웨어 ··· 262

　4. 인공지능 모델의 견고성, 안전성, 신뢰성, 데이터 개인정보 보호 ·········· 263

Ⅱ. 인공지능 관련 기술의 보호 ··· 264

　1. 소프트웨어 발명의 특허 보호 ·· 264

　2. Dataset 발명의 특허보호 ··· 274

　3. 저작권법 ··· 275

제12장 인공지능 창작물의 지식재산 보호 _김원오   277

Ⅰ. 서 설 ·· 277

　1. AI가 창작에 활용되고 있는 실태 ·· 277

　2. AI창작물의 지식재산 보호와 관련된 논의의 주요쟁점 ············ 280

　3. 인공지능창작물(AI-Generated Output: AGO) 및 그 인접 개념 ·········· 281

Ⅱ. 국제적 논의 동향 개요 ··· 284

　1. 개 요 ··· 284

　2. WIPO 등 국제기구나 단체에서의 논의 ······························· 284

　3. 미국에서의 논의 동향 ·· 286

　4. EU에서의 논의 동향 ··· 288

　5. 일본에서의 논의 ·· 289

Ⅲ. AI 생성물(AGO)의 현행 지식재산권법에 의한 보호의 한계 ·········· 291

　1. 인간 창작자주의 원칙상 한계 ··· 291

2. 발명과 저작물에 대한 창작자 특정과 재산권의 권리 귀속의 어려움 ·············· 294

3. 구분의 어려움과 대량생산 체제가 야기하는 문제점 ···························· 296

4. 공공의 영역(Public Domain)에 두는 경우의 장단점 ························· 298

5. 부정경쟁방지법 일반조항(2조 1호 파목)의 적용 검토 ························ 300

IV. 인공지능저작물(AGW)의 대안적 보호방법론에 관한 쟁점 ···················· 301

1. 대안적 보호방법론에 관한 논의 ·· 301

2. AGW에 대한 엄격한 인정과 '약한 저작권 보호(Thin copyright protection)' 이론 ······· 302

3. AGW의 차별적 보호 시 검토가 필요한 핵심 사항 ························· 303

V. 인공지능 발명(AGI)에 대한 특허법상 보호의 특수문제 ······················· 306

1. AGO에 대한 양 법제의 보호방식과 접근방법의 차이 ······················ 306

2. AGI 특허출원 단계에서의 쟁점 ·· 310

3. AGI 특허심사 시 현행 특허법 적용상의 쟁점 ···························· 310

VI. 소 결 ··· 312

제13장 인공지능과 개인정보보호 _윤종수   314

I. 인공지능 시대의 개인정보 보호 ·· 314

1. 개인정보자기결정권과 개인정보 보호법 ··································· 314

2. 인공지능에 의한 개인정보 처리의 특징 ··································· 316

3. 인공지능에 의한 개인정보 보호 ·· 318

II. 인공지능의 개인정보처리에 있어 주요 법적 문제 ····························· 319

1. 사전동의 ·· 319

2. 공개된 개인정보의 수집, 이용 ··· 321

3. 인공지능에 의한 차별 ··· 323

III. 인공지능 기술에 대응하기 위한 국내 관련법 개정 및 규제 동향 ················ 325

1. 자율규제 ·· 325

2. 데이터 3법 개정 ··· 327

3. 개인정보 보호법 2차 개정 ··· 332

IV. 인공지능 환경에서 개인정보보호 패러다임의 변화 ··························· 334

1. 동의중심 모델의 한계와 극복 ··· 334

2. 리스크 규제체제로의 전환 가능성과 이익 형량 체계의 재검토 ·············· 340

3. 개인정보의 활용과 가치 환류 체계 ······································ 342

Ⅴ. 결 론 ·· 346

제14장 인공지능 규제기준과 원칙 — 유럽연합(EU)의 인공지능정책과 인공지능명령을 중심으로 _정남철   347

Ⅰ. 디지털 시대의 도래와 인공지능에 대한 규제 필요성 ······························ 347
Ⅱ. 유럽연합 인공지능정책의 변천과 발전 ··· 351
Ⅲ. 유럽연합 인공지능백서의 구상과 특징 ··· 353
   1. 인간중심적인 인공지능 생태계의 구축 ·· 353
   2. 경제계 및 공공행정의 우월한 인공지능 생태계 구축 ······················· 355
   3. 인공지능에 대한 신뢰생태계의 구축 ·· 357
   4. 인공지능에 대한 규제체계와 규제방식 ··· 359
Ⅳ. 유럽연합 인공지능명령의 주요내용 ·· 362
   1. 인공지능명령의 제정배경 및 적용범위 ··· 362
   2. 인공지능명령의 구조 및 특징 ··· 363
   3. 높은 리스크의 인공지능시스템에 대한 대응 ·································· 365
   4. 인공지능시스템의 관리 및 감독 ·· 366
   5. 인공지능시스템에 대한 혁신 지원 및 거버넌스 ······························ 367
Ⅴ. 평가 및 과제 ··· 367

제15장 인공지능 알고리즘의 규제 _심우민   372

Ⅰ. 서 론 ·· 372
Ⅱ. 인공지능과 알고리즘 규제 ·· 373
   1. 알고리즘의 규범적 논제 ·· 373
   2. 알고리즘 규제의 의미 ··· 376
   3. 알고리즘 규제의 법사회학적 분석과 법 관념의 변화 ······················ 381
Ⅲ. 알고리즘 규제와 입법정책 ·· 385
   1. 알고리즘 규제의 실무적 양면성 ·· 385
   2. 알고리즘의 규제에 관한 입법정책 분류와 개관 ···························· 388
   3. '알고리즘에 의한 규제' 관념에 기반한 입법정책 방향 ····················· 391

Ⅳ. 결론을 대신하여: 알고리즘 관련 입법정책을 위한 제언 ················ 394

제4편 인공지능의 법적 책임

제16장 인공지능과 계약법 _김현진 · 손영화   399

Ⅰ. 서 론 ·· 399
Ⅱ. 인공지능을 이용한 계약의 성립 ·· 403
  1. 자동시스템과 자율시스템 ·· 404
  2. 인공지능의 자율성과 의사표시 ·· 406
Ⅲ. 인공지능을 이용한 계약의 효력 ·· 409
  1. 계약의 당사자 확정 ·· 409
  2. 인공지능의 결정이 당사자의 진의와 다른 경우 위험의 배분 ······ 411
Ⅳ. 스마트계약과 인공지능 ··· 418
  1. 스마트계약의 연혁과 개념 ·· 418
  2. 스마트계약의 구조와 특성 ·· 421
  3. 스마트계약의 계약법적 과제 ·· 424
  4. 결 론 ··· 431

제17장 인공지능과 불법행위책임 _백경희   433

Ⅰ. 인공지능 관련 불법행위의 주요 사례 ····································· 433
  1. 인공지능 탑재 자율주행자동차 운전 시 야기된 교통사고 ·········· 433
  2. 인공지능을 활용한 의료 관련 기술이 연계된 의료사고 ············ 434
  3. 인공지능 트레이딩 봇이나 ChatGPT의 사용으로 타인에게 손해를 야기한 경우 ···· 438
Ⅱ. 불법행위책임의 법체계 ·· 439
  1. 일반법인「민법」의 경우 ·· 439

2. 특별법의 경우 ··· 441
III. 주요 사례에 대한 불법행위책임 구성 ··· 443
1. 자율주행자동차 운전 시 야기된 교통사고 ································· 443
2. 인공지능 활용 의료행위로 발생한 의료사고 ···························· 447
3. 인공지능 트레이딩 봇이나 ChatGPT의 사용으로 인한 불법행위책임 ········· 452

제18장 인공지능과 형사책임 _최준혁   454

I. 들어가며 ··· 454
1. 형사사법과 인공지능: 동지와 적 ··· 454
2. 강한 인공지능과 약한 인공지능의 구별 ··································· 455
II. 형사절차에서의 인공지능의 활용 ··· 456
1. 들어가며 ·· 456
2. 범죄예방과 범죄수사 ·· 458
3. 공판절차 ·· 462
4. 형집행과 교정 ·· 465
5. 형사절차에서의 인공지능의 활용 여부를 판단하는 기준 ········· 467
III. 인공지능의 형사책임 ··· 468
1. 누구의 책임인가? ··· 468
2. 인공지능의 형사책임이 논의되는 상황 ····································· 470
3. 인공지능의 형사책임과 현재의 범죄체계론 ······························ 472
IV. 맺으며 ··· 478

제19장 인공지능에 기반한 행정작용의 법적 규율 _채영근   479

I. 서 론 ··· 479
II. 공공행정분야에서의 인공지능 기술의 활용 ································· 482
1. 자동화의 개념 ·· 482
2. 공공행정분야에서의 자동화 ··· 484
3. 미국 공공행정분야에서의 인공지능 활용 ································· 486

Ⅲ. **공공행정분야 AI기술 활용의 명암** ··· 494

   1. 긍정론 ··· 494

   2. 인공지능 리스크 ·· 496

   3. 공공행정분야 AI의 활용이 야기하는 행정법적 문제점 ······························· 499

Ⅳ. **시사점** ·· 509

제20장 인공지능과 국가책임 _이상우

511

Ⅰ. **기술의 발전과 국제법상의 이슈 변화** ··· 511

   1. 국제법의 기본이해 및 동향 ·· 511

   2. 플랫폼 비즈니스의 성장과 국제법상 이슈의 발현 ·· 514

   3. 인공지능 시대의 국제법 현안과 과제 ·· 517

Ⅱ. **인공지능과 국가책임의 문제** ··· 519

   1. 국가책임 규범의 특징 ·· 521

   2. 행위귀속에 관한 일반이론 ·· 523

   3. 인공지능 행위의 국가책임 추궁 ·· 527

Ⅲ. **앞으로의 과제와 전망** ·· 531

   1. 인공지능 특성을 고려한 국가책임 방안의 모색 ·· 531

   2. 인공지능의 법인격 문제 ·· 532

제1편 서 론

제1장

인공지능의 본질과 유형 및 발전과정

조근식
(인하대학교 컴퓨터공학과 교수)

Ⅰ. 인공지능의 본질과 유형

1. 인공지능의 정의

인공지능(Artificial Intelligence: AI)은 일반적으로 인간 지능(Human Intelligence), 의사 결정(Decision making) 및 문제 해결(Problem solving)이 필요한 작업을 할 수 있도록 지능형 시스템을 구현하려는 컴퓨터 과학 분야이다. 인공지능은 엔지니어링(Engineering) 분야에서 개념, 이론 및 실용적인 기술을 활용하여 인간의 지능을 컴퓨터에서 구현하고자 한다. 반면 인공지능을 과학(Science)적 측면에서 보면 인간과 다른 동물의 지적 행동을 이해할 수 있는 이론과 언어의 모델을 개발한다. 인공지능의 공학 및 과학 분야는 밀접하게 관련되어 있으며 서로 다른 분야의 전문가들은 서로 협력이 중요하다. 인공지능 시스템을 구축하고 배포하려면 엔지니어링 전문 지식이 있어야 하며, 특정 작업을 해결하기 위한 새로운 이론과 계산 모델을 개발하려면 과학적 전문 지식이 필요하게 된다. 예를 들면, 다양한 질병의 탐지를 위한 인공지능 의료 보조 시스템을 구축하려면 의료 과학에 대한 심층적인 지식과 이해가 필요할 뿐만 아니라 현실적으로 컴퓨터에서 구현할 수 있는 방법론이 필요하게 된다.

인공지능은 수많은 전문가와 연구자들에 의해 여러가지 유형으로 정의되어 왔다. 그중 스튜어트 러셀(Stuart Russell)과 피터 노빅(Peter Norvig)은 영향력 있는 교과서 "Artificial Intelligence: A Modern Approach[1]"에서 지능형 시스템(Intelligence system)을 크게 네 가지 범주로 정의 했다.

- Thinking humanly(인간처럼 사고): 인간이 생각하는 방식, 예를 들어 인간의 인지, 인식 및 추론 방식을 모방하는 시스템.
- Acting humanly(인간처럼 행동): 자연어(Natural language)에 반응하거나, 감정을 나타내는 것 같은 인간의 행동 방식을 모방하는 시스템.
- Thinking rationally(합리적인 사고): 지식 베이스(Knowledge base)를 구축하고 적절한 논리적 추론에 기반한 알고리즘과 규칙으로 해당 지식을 활용해 문제를 해결하는 지능형 시스템으로 특히 이 지능형 시스템은 단순히 인간의 사고 과정을 복제하지 않고 논리적 원칙을 기반으로 함.
- Acting rationally(합리적인 행동): 인간과 같은 행동이나 추론에 의지하지 않고, 데이터 및 정보를 기반으로 결정을 내릴 수 있는 지능적 행동을 하는 시스템.

2. 인공지능의 구분(약인공지능, 강인공지능, 초인공지능)

인공지능은 지속적이고 빠르게 발전하고 있으며, 발전 방향에 따라 일반적으로 약인공지능(Week AI), 강인공지능(Strong AI) 및 초인공지능(Superintelligence)으로 분류된다.

약인공지능(Weak AI)은 Narrow AI라고도 하며 일련의 규칙을 따르고 미리 정의된 기준에 따라 결정을 내리도록 프로그래밍되어 특정 작업 또는 일련의 작업을 수행하도록 설계된 기계 또는 시스템을 말한다. Weak AI 시스템은 재프로그래밍 없이는 새로운 상황이나 작업에 적응할 수 없으므로 기능이 제한된다. 이러한 기계는 지능적으

---

1) Stuart Russell and Peter Norvig, Pearson Education, 2009, Artificial intelligence a modern approach 3rd edition, pp. 2~5.

로 보일 수 있지만 컨텍스트가 제한되어 있으며 특정 제약 조건에서만 인간 지능을 시뮬레이션한다. 현재 업계의 많은 인공지능 애플리케이션은 Weak AI로 분류되며, 여기에는 Apple의 Siri 및 Amazon의 Alexa와 같은 음성 및 자연어 처리, 사용자의 이전 선택을 기반으로 제품 또는 영화를 추천하는 추천 시스템(Amazon, Netflix 등), 이미지 및 비디오 인식, 로봇 공학 등이 있다.

반면 강인공지능(Strong AI)은 AGI(Artificial General Intelligence)라고도 하며, 인간이 할 수 있는 모든 지적 작업을 수행하거나 문제를 해결할 수 있는 인간과 같은 지능을 가진 기계를 말한다. Weak AI와 달리 Strong AI 시스템은 명시적으로 프로그래밍하지 않고도 새로운 상황을 학습하고 적응할 수 있다. Strong AI의 목표는 인간처럼 생각하고 추론해 문제를 해결할 수 있는 기계를 만드는 것이 목표이다. Strong AI 시스템을 개발하는 것은 특정 문제에 대한 인간의 인지, 언어 및 의사 결정을 이해해야 하는 어려운 작업이기 때문에 현재 다양한 연구가 지속되고 있다. 진정한 Strong AI는 아직 존재하지 않지만, Strong AI 시스템은 잠재적으로 현재 인간이 수행하는 많은 작업을 자동화하여 의학, 과학 및 엔지니어링과 같은 다양한 분야에서 상당한 발전을 가져올 수 있다. 미래에는 Strong AI를 기반으로 하는 의사를 대신하는 의료 진단 및 치료 지원, 개별 학생을 위한 맞춤 교육 등의 수많은 응용 프로그램들이 개발될 수도 있을 것이다.

강인공지능(Strong AI)이 인간이 할 수 있는 영역 내에서 작동한다는 점을 고려할 때 초인공지능(Superintelligence)은 인간의 지능의 능력을 넘어서는 가상의 인공지능이다. 초인공지능은 문제 해결, 의사 결정, 창의적 사고를 포함한 모든 지적 작업에서 인간을 능가할 수 있는 기계를 말한다. 이러한 기계는 인류가 인간의 능력을 넘어선 개념을 처리하는 데 도움이 될 수 있으며 잠재적으로 우주 탐사, 기후 변화 등 인간의 능력을 전반적으로 향상시키는 중요한 기술 발전으로 이어질 수 있다. 하지만 초인공지능은 여전히 이론으로 존재하며, 이러한 시스템의 잠재적인 위험과 이점에 대해서는 지속적으로 연구가 필요하며 논쟁되기도 한다.

3. 인공지능의 패러다임

인공지능 연구에서 가장 두드러진 세 가지 패러다임은 기호 주의 인공지능(Symbolic AI), 연결 주의 인공지능(Connectionist AI) 및 뉴로 심볼릭(Neuro-Symbolic) AI이다. Symbolic AI는 논리를 사용하여 지식을 표현하고 규칙과 알고리즘을 기반으로 추론을 한다. 반면 Connectionist AI는 인간의 뇌를 모방한 정보를 처리하는 상호 연결된 노드로 구성된 인공 신경망에 의존하여 추론한다. 마지막으로 Neuro-Symbolic AI는 두 가지 패러다임을 결합하여 기호 주의 방법과 연결 주의 방법을 혼합하여 경험을 통해 추론하고 학습하는 것을 말한다.

Symbolic AI에서 지식은 기호(Symbol)를 사용하여 표현되며 논리 연산을 사용하여 조작할 수 있다. 이러한 기호와 그 관계(Relationship)는 지식 베이스(Knowledge Base)에 저장되고 논리적 추론을 통해 기호 시스템(Symbolic System)이 결론을 내린다. 이 인공지능 패러다임은 전문가 시스템, 규칙 기반 의사 결정 등과 같은 도메인별 지식을 포함하는 작업에 매우 적합하다. 또한 추론 프로세스가 인간에게 설명 가능하기 때문에 결정에 대한 명확한 설명을 제공할 수 있다. 전문 지식이 제공되지 못하고 데이터만 있을 경우 엔지니어링을 하는 데 한계를 가진다. 그 예로 Symbolic AI는 대량의 데이터만 제공되는 복잡한 작업을 처리하거나 불완전한 데이터를 처리하는 데에는 효과적이지 않다. 그럼에도 불구하고 Symbolic AI는 인공지능 연구의 중요한 영역으로 남아 있으며 자연어 처리, 검색엔진, 로봇 공학, 계획 및 스케줄링 등 많은 실제 응용 프로그램에 활용되고 있다.

Connectionist AI는 인간의 뇌 구조와 기능에서 영감을 받아 정보를 처리하는 상호 연결된 노드(Node) 또는 뉴런(Neuron)으로 구성된 인공 신경망(Artificial Neural Network)을 기반으로 하는 인공지능이다. 인공 신경망에서는 네트워크의 레이어(Layer)들에 속한 상호 연결된 노드들에 데이터를 입력하면, 각 노드의 출력은 네트워크의 다른 노드로 전달되며, 노드 간 연결의 가중치와 편향을 조정함으로써 입력 데이터의 패턴을 인식하고 예측하는 방법을 학습하게 된다. 인공 신경망은 많은 양의 데이터에서 복잡한 패턴을 감지할 수 있고, 다양한 유형의 데이터에 쉽게 적용할 수 있어 이미지 분류, 음성 인식, 자연어 처리와 같은 다양한 작업들에 활용이 가능하다. 그러나 Symbolic AI와 달리 신경망의 내부 동작을 해석하고 특정 결과가 어떻게 도출되었는지 이해하기 어려울 뿐만 아니라 인공신경망을 학습하는 데 계산 비용이 많이 들고 대규모 데이터 세트가 필요하다는 단점이 있다.

반면 Neuro-Symbolic AI는 Symbolic AI와 Connectionist(Neural) AI를 결합한 하이브리드 방식으로 Symbolic AI(논리적 추론 능력)와 Connectionist AI(데이터에서 학습하고 새로운 상황에 적응하는 능력)의 강점을 결합하였다. Neuro-Symbolic AI의 목표는 논리적으로 추론하고 경험을 통해 학습하며 복잡한 현실 문제를 처리할 수 있는 지능형 시스템을 만드는 것이다. 하지만 Neuro-Symbolic AI는 복잡한 지식을 표현하는 데 한계가 있으며, 실세계의 복잡한 데이터로부터 효과적이고 유연하게 의미 있는 정보를 추출하는 데 한계가 있다. 그럼에도 불구하고 Neuro-Symbolic AI는 인공지능의 두 개의 패러다임의 강점을 가지고 인간처럼 상징적 지식과 신경망 추론 능력을 갖춘 인공의 일반 지능(Artificial General Intelligence: AGI)을 개발하는 데 활용될 수 있을 것으로 평가된다. 인공의 일반 지능은 인간이 할 수 있는 어떠한 지적인 업무도 성공적으로 해낼 수 있는 기계의 지능을 말한다.

위에서 설명한 세 가지 인공지능의 패러다임은 주어진 지식, 데이터의 양과 품질, 계산에 사용할 수 있는 컴퓨팅 리소스에 따라 어떤 방법이 사용될지 결정된다. 세 가지 패러다임 모두 인공지능의 발전에 크게 기여했으며 오늘날에도 계속해서 이 분야들에 대해 다양한 연구가 지속되고 있다. 인공지능 기술들이 계속해서 발전함에 따라 미래에는 서로 다른 인공지능 기술의 패러다임을 혼합하여 상호 보완적으로 활용하여 훨씬 더 복잡한 문제를 해결할 수 있을 것이다. 인공지능의 능력을 더욱 확장하는 새로운 패러다임과 그 패러다임 들의 집합체와 같은 하이브리드 접근 방식의 출현도 예상된다.

II. 인공지능의 발전과정

인공지능은 수십 년에 걸친 길고 복잡한 진화 과정을 거쳤다. 인공지능의 역사는 과학자, 수학자, 연구자들이 처음으로 인간처럼 생각하고 행동하고 추론할 수 있는 프로그램의 개념을 조사하기 시작한 1950년대로 거슬러 올라간다. 오늘날 인공지능은 자율주행 자동차에서 스트리밍 플랫폼의 추천 시스템에 이르기까지 다양한 애플리케이션에서 널리 사용되고 있다. 인공지능의 발전은 크게 세 시기로 나눌 수 있다.

1. 초기 인공지능(The Early Days)

인공지능의 연구, 개발의 초기 단계는 프로그래머가 특정 작업을 수행하고 달성하기 위해 특정 규칙(Rule)을 따르도록 기계를 명시적으로 프로그래밍한 규칙 기반 시스템이 특징이다. 이러한 시스템은 일련의 if-then 문으로 구성되어 특정 조건에 따라 결정을 내리는 데 사용되지만, 조건이 복잡하고 지속적으로 변화하는 일반적인 상황에서는 사용하기 어려운 한계가 있다.

초창기 앨런 튜링(Alan Turing), 존 폰 노이만(John von Neumann), 노버트 위너(Norbert Wiener)와 같은 컴퓨터 과학자들은 인공지능의 이론적 토대를 만들고 그들의 획기적인 연구들을 통해 인공지능 분야를 새롭게 개척했다. 특히 앨런 튜링은 수학과 컴퓨터의 발전에 막대한 공헌을 해 현대 컴퓨터의 기반을 마련했으며, 제2차 세계대전 중에 그는 암호 기계의 한 종류인 독일의 애니그마(Enigma) 기계를 해독하는 데 중요한 봄브(Bombe)라는 기계를 개발하기도 하였다.

이후, 1950년에 앨런 튜링은 "Computing Machinery and Intelligence[2]"라는 논문을 발표해 인간과 같은 지능적인 행동을 보여 주는 기계를 측정하는 방법을 제안했다. 이 방법은 나중에 튜링 테스트(Turing Test)라고 명명되었다. 이를 통해 사람들에게서 컴퓨

---

2) Turing, Alan "Computing Machinery and Intelligence", Mind, 1950, pp. 433~460.

〈그림 1〉 봄브(The Bombe)[3]

팅 알고리즘에 대한 과학적 관심이 빠르게 증가하는 계기가 되었다. 예를 들어, 1954
년 IBM과 조지타운 대학교는 뉴욕에서 최초의 러시아어-영어 기계 번역 시스템을 일
반 청중에게 시연하기도 했는데, 이 시스템에는 6개의 문법 규칙과 60개 이상의 러시
아어 문장을 영어로 번역하는 데 도움이 되는 250개의 어휘를 포함하였다. 이 실험은
성공적인 것으로 간주되었고 이를 통해 미국 정부가 컴퓨터 언어학에 투자하도록 장
려하기도 했다.

1956년 존 매카시(John McCarthy), 마빈 민스키(Marvin Minsky), 나다니엘 로체스터
(Nathaniel Rochester), 클로드 섀넌(Claude Shannon)이 함께 모인 다트머스 회의
(Dartmouth Conference)에서 "인공지능(Artificial Intelligence)"이라는 용어가 처음 사용되
었다. 같은 해, 앨런 뉴얼(Alan Newell)과 허버트 사이먼(Herbert A. Simon)은 최초의 인
공 지능 프로그램으로도 알려진, 자동화된 추론을 수행할 수 있는 Logic Theorist[4]를
개발했다.

그 후 1957년, 시스템 프로그래머인 존 클리포드 쇼(John Clifford Shaw)는 모든 문제
에 대한 보편적인 해결책을 찾도록 설계된 컴퓨터 프로그램인 GPS(General Problem

---

3) 봄브(The Bombe), https://en.wikipedia.org/wiki/Bombe, (2023. 3. 27. 확인)
4) Logic Theorist, https://en.wikipedia.org/wiki/Logic_Theorist, (2013. 2. 27. 확인)

〈그림 2〉 다트머스 회의(Dartmouth Conference)[5]

Solver[6])를 개발했다. GPS는 문제의 최종 목표를 일련의 하위 목표로 나누고 각 하위 목표를 달성해 가며 최종 목표에 도달하는 방법인 수단 목표 분석(Means-end analysis)을 활용하였다. 그러나 GPS는 하노이의 탑과 같은 간단한 문제를 해결할 수 있었지만 실세계의 복잡한 문제는 경우의 수가 너무 많아 최적의 해답법을 찾을 수 없었다. 1958년에 두 번째로 오래된 고급 프로그래밍 언어인 LISP가 MIT의 존 매카시(John McCarthy)에 의해 만들어졌다. 이후 LISP는 인공지능 연구에 사용되는 인기 있는 프로그래밍 언어가 되기도 하였다. 같은 해, 프랑크 로젠블랫(Frank Rosenblatt)이 코넬 항공 연구소(Cornell Aeronautical Laboratory)에서 인간의 신경망을 모방한 마크 1 퍼셉트론(Mark 1 Perceptron)이라는 기계를 고안하였다. 해당 기계는 이미지 인식용으로 개발되었고, 카메라로부터 이미지를 생성하기 위한 400개의 포토셀(Photocell) 행렬과 무작위로 연결된 뉴런 전선들, 그리고 가중치를 구현하기 위한 가변성 저항과 학습 기간 동안 이를 계속 업데이트해 주는 전기모터로 이루어져 있었다. 그러나 이렇게 구현된 단층 퍼셉트론 기계로는 간단한 패턴만 학습할 수 있고 더욱 다양하고 복잡한 종류의 패

5) 다트머스 회의 (Dartmouth Conference), https://en.wikipedia.org/wiki/Dartmouth_Conference, (2023. 3. 27. 확인)

6) GPS (General Problem Solver), https://en.wikipedia.org/wiki/General_Problem_Solver, (2013. 2. 27. 확인)

〈그림 3〉 마크 1 퍼셉트론 기계(Mark 1 Perceptron Machine)[7]

턴을 학습할 수 없다는 것이 빠르게 입증되었다.

2. 기호 주의 시대(The Symbolic Era)

기호 주의 시대(The Symbolic Era)는 AI 진화의 두 번째 단계로 이 시대의 인공지능은 수학적 모델과 논리를 사용하여 지식과 추론 과정을 나타내는 상징적 추론(Symbolic Reasoning)에 초점을 두고 있다. 상징적 추론은 의학, 법률, 금융과 같은 특정 영역에서 다양한 문제를 해결할 수 있는 전문가 시스템을 개발하는 데 사용되었다.

이 시기의 중요한 프로젝트인 "Shakey the Robot" 프로젝트는 다른 로봇이 명시적으로 지시를 받게 된다. 제안된 로봇은 움직이는 동안 자신의 행동을 추론하고 명령어를 분석하고 이를 기본 단위(Chunk)로 분해할 수 있는 최초의 범용 모바일 로봇이다. 로봇공학, 컴퓨터 비전, 자연어 처리 등 다양한 연구 영역을 통합한 이 프로젝트는 1966년부터 1972년까지 스텐포드의 인공지능 센터(Artificial Intelligence Center of

---

7) 마크 1 퍼셉트론 기계(Mark 1 Perceptron machine), https://en.wikipedia.org/wiki/Perceptron, (2023. 3. 27. 확인)

〈그림 4〉 Shakey(1972)[8]

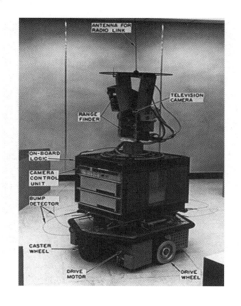

Stanford Research Institute)에서 LISP 프로그래밍 언어를 사용해 개발됐다. 조셉 와이젠 바움 (Joseph Weizenbaum)은 1966년 MIT 인공지능 연구소에서 ELIZA를 개발했다. ELIZA는 "패턴 매칭(Pattern Matching)"과 대체 방법론을 사용하여 치료사와 환자 사이 의 대화를 시뮬레이션한 최초의 자연어 처리 컴퓨터 프로그램이다. ELIZA는 상호 작 용만으로는 새로운 음성 패턴을 학습하거나 새로운 단어를 기억할 수 없고 활성 스크 립트에 대한 직접 편집이 필요했지만, ELIZA는 최초의 채터봇(Chatterbots)이자 튜링 테 스트(Turing Test)를 시도할 수 있는 최초의 프로그램이었다.

NLP(Natural Language Processing: 자연어 처리) 연구의 또 다른 획기적인 사건은 MIT 의 테리 위노그라드(Terry Winograd)가 1968-1970년에 작성한 컴퓨터 프로그램인 SHRDLU이다. SHRDLU는 사용자가 영어를 사용한 컴퓨터와의 대화를 통해 사물(블 록, 원뿔, 공 등)을 이동시키고, 사물의 이름을 얻고, 다양한 유형의 블록으로 채워진 가 상 상자인 단순화된 "블록 세계(Block World)"의 현재 상태에 대해 질문할 수 있었다.

---

8) Shakey(1972), https://en.wikipedia.org/wiki/Shakey_the_robot (2023. 3. 27. 확인)

〈그림 5〉 ELIZA와의 대화[9]

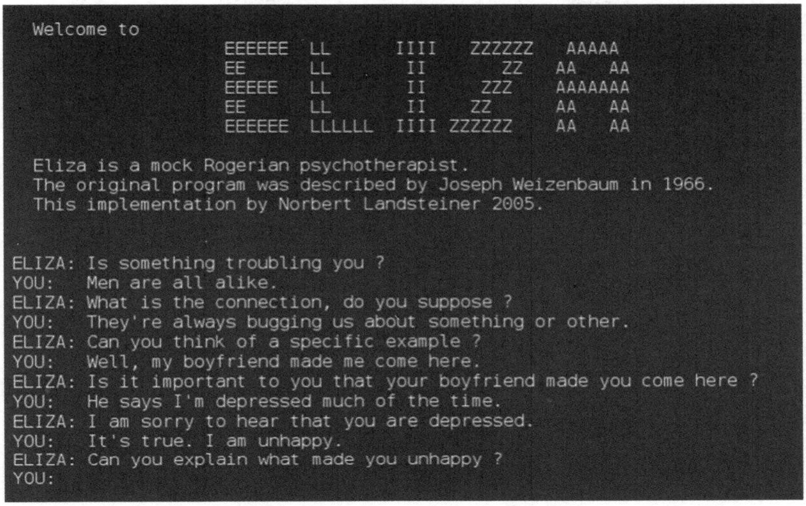

```
Welcome to
              EEEEEE  LL     IIII  ZZZZZZ   AAAAA
              EE      LL      II       ZZ  AA   AA
              EEEEE   LL      II      ZZZ  AAAAAAA
              EE      LL      II     ZZ    AA   AA
              EEEEEE  LLLLLL  IIII  ZZZZZZ  AA   AA

Eliza is a mock Rogerian psychotherapist.
The original program was described by Joseph Weizenbaum in 1966.
This implementation by Norbert Landsteiner 2005.


ELIZA: Is something troubling you ?
YOU:   Men are all alike.
ELIZA: What is the connection, do you suppose ?
YOU:   They're always bugging us about something or other.
ELIZA: Can you think of a specific example ?
YOU:   Well, my boyfriend made me come here.
ELIZA: Is it important to you that your boyfriend made you come here ?
YOU:   He says I'm depressed much of the time.
ELIZA: I am sorry to hear that you are depressed.
YOU:   It's true. I am unhappy.
ELIZA: Can you explain what made you unhappy ?
YOU:
```

이 인공지능은 DEC PDP-6 컴퓨터와 DEC 그래픽 단말기의 LISP 프로그래밍 언어를 사용해 개발되었다. SHRDLU는 다른 연구자들에게 방향을 제시하며, 매우 성공적인 시연으로 여겨졌다.

같은 시기에 인공지능을 기반으로 하는 전문가 시스템(Expert System)의 초기 사례인 MYCIN이 스탠퍼드 대학교에서 만들어졌다. MYCIN은 LISP 프로그래밍 언어를 사용하여 개발되었으며, 인공지능을 사용하여 균혈증, 뇌수막염 등 중증 감염을 일으키는 세균을 탐지하고 환자의 체중에 맞게 항생제를 처방하며 혈액 응고 질환을 진단하는 프로그램이다. 약 600개의 규칙에 대한 지식 기반(Knowledge Base)을 갖춘 간단한 추론 엔진으로, 의사는 일련의 예/아니오 또는 텍스트 질문을 사용하여 해결책을 찾을 수 있다. 이를 통해 MYCIN은 높은 확률에서 낮은 확률로 순위가 매겨진 가능한 박테리아 목록, 각 진단의 추론 및 권장되는 약물 치료 과정 등을 제공하였다. 1972년에 인공지능 및 전산 언어학에 인기 있는 또 다른 프로그래밍 언어인 Prolog는 알랭 콜메르

---

9) ELIZA와의 대화 (A conversation with ELIZA), https://en.wikipedia.org/wiki/ELIZA, (2023. 3. 27. 확인)

〈그림 6〉 SHRDLU 데모[10]

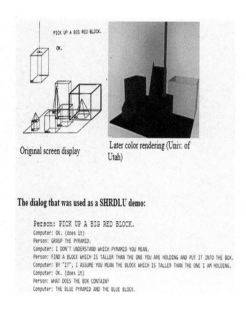

(Alain Colmerauer)에 의해 개발되었다. Prolog는 1차 논리와 형식 논리를 기반으로 하며, 다른 프로그래밍 언어와 달리 프로그램 논리가 사실과 규칙, 관계로 표현된다. 이러한 관계에 대한 쿼리를 실행함으로써 계산되는 선언적 프로그래밍 언어(Declarative Programming Language)로 간주되었다. 이 기간동안 과학자들이 인공지능의 성능을 개선하기 위해 인공지능과 실제 세계를 다른 관점에서 조사하고 유사점과 대조점을 찾을 수 있는 이론적 연구도 진행되었다. 1974년 MIT의 인공지능 연구소의 마빈 민스키(Marvin Minksy)는 실제 문제를 해결하기 위해 인공지능 설계를 가능하게 하는 "프레임(Frame)" 형태로 지식을 표현하는 아이디어를 논문으로 발표하였다. 각 프레임은 추가 정보를 포함할 수 있고 한 프레임은 다른 프레임에 연결되며, 변환을 통해 더 큰 그룹으로 미러링 할 수 있는 "프레임 시스템(Frame-Systems)"이라는 컬렉션에 포함될 수도 있었다. 이 방법은 실제 상황을 인공지능이 이해하고 작업할 수 있는 지식의 형태로 변환하는 데 크게 기여했다. 한편 인공지능은 성능을 개선하고 더 나은 계획 및 판매

---

10) SHRDLU 데모(Demo), https://hci.stanford.edu/~winograd/shrdlu/, (2023. 3. 27. 확인)

전략을 개발하며 생산 비용을 줄이기 위해 상용 제품에 사용되기 시작했다. 이 시기에 성공적인 프로젝트 중 하나는 1978년 CMU의 존 맥더모트(John P.McDermott)가 OPS5 에서 작성한 생산 규칙 기반 프로그램인 R1(internally called XCON)으로, 고객의 요구사 항에 따라 구성 요소를 세심하게 선택함으로써 DEC의 VAC 컴퓨터 시스템의 주문을 지원하기도 하였다. 6년 후 약 80,000건의 주문을 95~98%의 정확도로 처리했다. XCON은 기술자가 실수를 했을 때 고객에게 무료 부품을 제공해야 하는 필요성을 줄 였다. 또한 조립 프로세스를 가속화하고, 고객 만족도를 높임으로써 DEC가 연간 약 2,500만 달러를 절약할 수 있었던 것으로 추산된다.

인공지능을 인간 활동의 여러 측면에 통합하는 과정의 일부로서, 미군은 최대 50,000대의 차량, 화물, 사람, 그리고 관련된 다른 물류 문제를 해결하기 위해 1991년 에 인공지능 프로그램 DART(Dynamic Analysis and Replanning Tool)를 걸프 전쟁(Dessert Storm)에 사용했다. DART의 엄청난 성공은 RDA(Resource Description and Access System) 및 DART의 후속 제품인 DRPI와 같은 군사 물류 분야의 추가 인공지능 제품 개발을 촉진했다.

한편 자연어 처리 채터봇의 성능과 정확도가 향상되어 휴리스틱(Heuristic) 패턴 매칭 규칙을 입력에 적용하여 사람과 대화하는 A.L.I.C.E(Artificial Linguistic Internet Computer Entity)라는 프로그램이 개발되기도 하였다. 이 프로그램의 영감을 받아 개발된 ELIZA 프로그램은 뛰어난 휴머노이드(Humanoid) 말하는 로봇에게 수여되는 뢰브너 상 (Loebner Prize)을 세 번(2000, 2001, 2004) 수상한 가장 강력한 프로그램이다. 그러나 이 프로그램은 일반 사용자에게 짧은 대화에서 기계적인 측면을 노출했기 때문에 튜링 테스트를 통과하지 못했다. 이 기간 동안 연구원들은 체커와 같은 단순한 게임에서 시 작하여 체스와 같은 더 복잡한 게임으로 진행하면서 게임에 인공지능을 사용하기 시 작했다. 예를 들어, IBM의 딥 블루(Deep Blue)라는 AI 봇은 체스를 두도록 훈련 받았 고, 심지어 당시 세계 체스 챔피언인 가리 카스파로프(Garry Kasparov)를 이겼다. 1996 년 첫 경기는 카스파로프가 4 대 2로 승리했다. 그러나 1년 후 재대결에서 세계 챔피언 은 3.5 대 2.5로 패했고, 이는 현 세계 체스 챔피언의 첫 패배로 간주되었고 다큐멘터 리 영화 "Game Over: Kasparov and the Machine[11]"의 주제가 되었다.

〈그림 7〉 딥블루(Deep Blue) vs 가리 카스파로프(Garry Kasparov)[12]

　　더구나 나사(NASA)와 같은 우주 기관들은 우주에서 중요한 작업의 정확성, 성능, 안정성을 향상시키기 위해 그들의 프로그램에 인공지능을 도입하기 시작했다. 1999년 우주선의 작업 일정을 짜는 최초의 인공지능 프로그램인 Remote Agent는 은하계를 타고 Deep Space 1을 촬영했다. 이 에이전트는 재료의 노화와 고장을 예측할 수 있는 소프트웨어 패키지인 Genoa와 협력했다. AI 진화의 이 시대에는 퍼지 논리(Fuzzy Logic), 유전 알고리즘(Genetic Algorithm), 강화학습(Reinforcement Learning) 등과 같은 많은 새로운 기술과 혁신이 도입되었다. 퍼지 논리(Fuzzy Logic)는 참값이 0과 1 사이의 임의의 실수일 수 있는 다치(Many-valued) 논리의 한 종류이며, 전통적인 부울 논리(Boolean Logic)에서 참값은 0이나 1에 불과하여 부분적 참의 개념도 다룰 수 있다. 그것은 제어 시스템, 이미지 처리, 의사 결정 등 다양한 AI 애플리케이션에 사용되었다.

11) Game Over: Kasparov and the Machine, https://en.wikipedia.org/wiki/Game_Over:_Kasparov_and_the_Machine, (2013. 2. 27. 확인)

12) 딥블루 vs 가리 카스파로프(Deep Blue vs Garry Kasparov), https://en.wikipedia.org/wiki/Deep_Blue_versus_Garry_Kasparov, (2023. 3. 27. 확인)

3. 연결 주의 시대(The Connectionist Era)

인공지능 진화의 세 번째 시대이자 현재 시대는 연결 주의 시대(The Connectionist Era)로 불리며 일반적으로 데이터를 통해 신경망 기반으로 기계가 학습하는 시대이다. 딥러닝(Deep Learning), 강화 학습(Reinforcement Learning) 및 생성적 적대 네트워크 (GAN)와 같은 보다 데이터에 기반한 기계 학습 개발시대를 말한다. 이러한 접근 방식은 자연어를 이해하고 추론을 통해 결정을 내릴 수 있을 뿐만 아니라 경험을 통해 지속적으로 학습할 수 있는 더 높은 수준의 인공지능 개발에 많은 기여가 되었다. 이 시대에는 기존의 기술들을 인공지능을 통해 급격하게 진일보시켰으며, 이와 같이 개발된 기술을 바탕으로 혁신적인 제품들을 만들어 내게 되었다. 전 세계에 기존의 전통적인 제조업 및 서비스를 엄청나게 향상시키는 데 인공지능이 활용될 수 있다는 것을 증명하였다. 이러한 판도를 바꾸는 인공지능의 예로는 교통, 게임, 예술, 쇼핑 경험, 질의 응답 등 많은 측면에서 찾을 수 있다.

컴퓨터 비전과 자연어 처리 기술의 급속적인 성장으로, AI가 운전 경험에 도움이 될 수 있는 자동차에 통합되는 것은 시간문제였다. 일례로 2002년에 자율주행차 아이디어가 등장했고, 2004년 3월 13일 미국 모하비 사막 지역에서 제1회 DARPA 그랜드 챌

〈그림 8〉 Read Team Racing, Team ENSCO, Team Caltech(DARPA participant)[13]

---

13) Read Team Racing, Team ENSCO, Team Caltech(DARPA participant), https://en.wikipedia.org/
   wiki/DARPA_Grand_Challenge_(2004), (2023. 3. 27. 확인)

린지가 열렸다. 대회의 목표는 다양한 장애물로 150마일(240km)의 코스를 완주하는 것이었다. 비록 참가자들 중 어느 누구도 그 길을 성공적으로 마치지 못했지만, 그것은 자율주행차 기술 성장에 중요한 이정표였고 다음 해에, 목표에 도달하였다.

이후 semantic web의 처리 기술과 자연어 처리 기술의 발전과 함께, 2011년에 IBM은 텔레비전 제퍼디 퀴즈쇼(Jeopardy)에서 두 명의 인간 챔피언을 이긴 왓슨(Watson)이라는 이름의 질의응답 AI를 만들었다. Watson은 이 후 뉴욕의 메모리얼 슬로언 케터링 암센터(Memorial Sloan Kettering Cancer Center)에서 폐암 치료의 활용 관리 결정을 위한 최초의 상업적 응용 프로그램으로 사용되었다.

다음 해인 2012년은 시각적 객체 인식 소프트웨어 연구에 사용하기 위해 ImageNet 프로젝트가 시작된 때이다. 이미지를 분류하기 위한 AI 모델을 훈련시키기 위해 대규모 이미지 데이터 세트가 수집되었다. 프로젝트에 의해 1,400만 개 이상의 이미지에 어떤 물체가 존재하는지를 나타내기 위해 수작업으로 주석을 달았고, 최소 1백만 개의 이미지에서 개체에 대한 바운딩박스(Bounding Box)가 제공되어 수백 개의 이미지로 구성된 전형적인 샘플로 20,000개 이상의 카테고리를 생성했다. 2010년부터 ImageNet 프로젝트는 AI 모델이 사물과 장면을 정확하게 분류하고 탐지하기 위해 경쟁하는

〈그림 9〉 제퍼디 쇼에서의 IBM 왓슨[14]

---

14) 제퍼디 쇼에서의 IBM 왓슨(IBM Watson in Jeopardy Show), https://en.wikipedia.org/wiki/IBM_Watson, (2023. 3. 27. 확인)

〈그림 10〉 이미지넷 에러율 개선 역사[15]

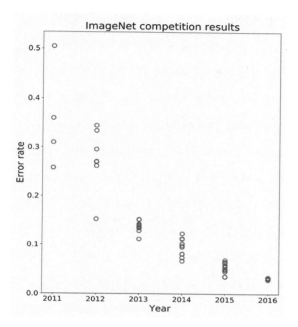

ImageNet Large Scale Visual Recognition Challenge(ILSVRC)라는 연례 소프트웨어 콘테스트를 운영하고 있다. 이 콘테스트의 가장 잘 알려진 수상자는 AlexNet(2012), VGG(2014), GoogleNet(2014), ResNet(2015), EfficientNet(2019)이다. 이 대회는 컴퓨터 비전 분야를 발전시키기 위한 CNN(Convolutional Neural Network) 알고리즘을 개발하는 데 중요한 역할을 한다.

2014년에 Generative Adversarial Networks(GAN)의 도입은 AI 진화의 가장 중요한 해로 여겨진다. GAN은 주로 이미지, 오디오 또는 텍스트에 관계없이 새로운 데이터를 생성하는 데 사용된다. GAN의 주요 아이디어는 두 개의 분리된 네트워크, 이미지가 가짜인지 실제인지 식별하는 방법을 배우는 판별기와 그것을 속이기 위해 새로운 이미지를 생성하려고 시도하는 생성기이다. 이 사이클을 통해 GAN 모델이 unsuper-

---

15) 이미지넷 에러율 개선 역사(Error rate history on ImageNet), https://en.wikipedia.org/wiki/ImageNet, (2023. 3. 27. 확인)

vised manner로 학습할 수 있다. 수년에 걸쳐, GAN을 이용한 새로운 접근법을 제안하는 다양한 논문이 발표되었다. 같은 해에 입증된 CGAN(Conditional GAN)은 생성기에 추가 매개 변수로 레이블을 추가하고 해당 데이터가 생성된다. 그런 다음 판별기는 실제 이미지를 더 잘 구별하기 위해 레이블을 사용한다. 2017년에는 한 이미지의 특징을 다른 이미지로 변환하는 방법을 배우거나 이미지의 분포를 다른 이미지로 매핑할 수 있는 Image-to-Imgae 변환 문제에 대한 Deep Convolutional Neural Network을 주로 훈련하는 CycleGAN이 소개되었다. GAN은 또한 이미지 품질을 향상시키는 데 사용될 수 있으며, 이는 저자가 훨씬 더 높은 품질의 CelebA 데이터세트를 생성하도록 모델을 훈련시킨 "향상된 품질, 안정성 및 변형을 위한 GAN의 점진적 성장"이라는 2017년 논문에서 제안되었다. 하지만 GAN을 사용하는 가장 알려진 방법 중 하나는 2018년에 입증된 StyleGAN이다. StyleGAN의 주요 목표는 진짜 사진에서 모호한 사진과 같은 인공적인 예시를 합성할 수 있는 것이었다. 이 논문은 이 접근법을 사용하여 다양한 기능을 변경하고, 기존 인간 얼굴의 훈련된 데이터 세트를 기반으로 새로운 얼굴을 생성하여 고품질 이미지의 새 데이터 세트를 생성했다.

〈그림11〉 StyleGAN에 의해 생성된 이미지[16]

---

16) StyleGAN에 의해 생성된 이미지(Images generated by StyleGAN), https://arxiv.org/abs/ 1812. 04948, (2023. 3. 27. 확인)

〈그림 12〉 강화 학습(Reinforcement Learning)[17]

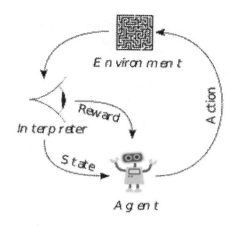

강화 학습(Reinforcement learning)은 누적 보상(Reward) 개념을 최대화하기 위해 지능형 에이전트가 주어진 환경에서 취해야 할 조치(Action)를 결정하는 것이 주요 목적인 지도 및 비지도 학습과 함께 기계학습(Machine Learning)의 하위 분야이다. 이 목표를 달성하기 위해 에이전트는 환경과의 상호 작용을 하며 시행착오를 통해 학습하는 데 중점을 둔다. 강화학습은 이러한 직관적인 구조를 통해 주로 게임 산업, 로봇 공학 및 자원 관리에 사용된다.

2013년 구글 딥마인드 연구소는 AI 봇이 강화학습을 이용해 Pong, Breakout, Enduro와 같은 아타리 게임(Atari game)을 하도록 훈련시켰다. 이 알고리즘은 게임 산업 분야에서 큰 혁신이었던 아타리 게임의 대부분에서 인간 실력을 능가했다. 2년 후인 2015년, 딥마인드는 보드게임 바둑을 배우는 프로그램인 알파고를 선보였다. 당시이 게임에서는 컴퓨터가 아마추어였지만 2단(가능한 9단 중)인 유럽 바둑 챔피언 판 후이를 5:0으로 꺾을 수 있었다. 비록 바둑이 훨씬 더 많은 가능성으로 인해 Brute Force와 같은 전통적인 인공지능 방법을 사용하는 것을 어렵게 만들기 때문에 체스에 비해 더 복잡한 게임으로 여겨지지만, 알파고는 전문적인 바둑 기사를 물리친 최초의 컴퓨

---

17) 강화 학습(Reinforcement Learning), https://en.wikipedia.org/wiki/Reinforcement_learning, (2023. 3. 27. 확인)

〈그림 13〉 알파고 vs 이세돌[18]

터 프로그램이 되었다. 2016년 말, 알파고는 5경기에서 4:1의 점수로 9단의 바둑 기사이자 세계에서 가장 높은 순위의 선수 중 한 명인 이세돌을 이겼다.

　한편, 2018년에 전자상거래의 선두 기업 중 하나인 아마존은 미국과 영국에 아마존고(Amazon Go)라고 불리는 새로운 편의점 체인점을 열었는데, 이 체인점은 계산원에 의해 계산되거나 셀프계산대를 사용하지 않고 구매할 수 있는 고객들을 위해 부분 자동화되어 있다. 2020년까지 시애틀, 시카고, 샌프란시스코, 런던, 뉴욕에 29개의 오픈 예정인 매장이 있었다. 이런 가게에서 사용되는 기술은 컴퓨터 비전, 딥 러닝 알고리즘, 구매, 체크아웃 및 결제 작업을 위한 센서 융합을 포함한다.

〈그림 14〉 아마존 고(Amazon Go)[19]

18) 알파고 vs 이세돌(AlphaGo vs Lee Sedol), https://www.deepmind.com/research/highlighted-research/alphago, (2023. 3. 27. 확인)
19) 아마존 고(Amazon Go), https://en.wikipedia.org/wiki/Amazon_Go, (2023. 3. 27. 확인)

이 시대는 2019년에 구글이 GLUE(General Language Understanding Evaluation) 작업 세트, SQuAD(Stanford Question Answering Dataset), SWAG(Situations with Adversary Generations) 외 기타 자연어 이해 작업에서 최첨단 성능을 달성한 언어 모델인 BERT를 제시했기 때문에 자연어 처리 발전에도 주목할 만하다. 이전 모델과 달리 BERT는 깊은 양방향, 감독되지 않은 언어 표현이며 일반 텍스트 말뭉치만 사용하여 사전 훈련된다. Word2Vec 또는 GloVe와 같은 Context-free 모델이 각 단어에 대한 Single-word Embedding Representation을 생성하는 반면, BERT는 단어의 각 발생에 대한 문맥을 고려한다. 질의응답 기술에 대한 이 혁신은 인공지능의 진화 역사에 새로운 이정표를 만들었다.

지난 몇 년 동안의 인공지능은 더 복잡하고 거대한 인공지능 모델, 생성형 인공지능(Generative AI), 일상생활에서의 인공지능 기술 접목 등 다양한 형태로 연구 개발되며 진화하고 있다. 그중 하나로 DeepMind에서 질병, 구조, 공격을 이해하고 그에 상응하는 약물 사용 방법을 개발하는 데 중요한 단백질의 3D 구조를 예측할 수 있다. 딥러닝 인공지능 모델이며 DeepMind에 의해 개발된 AlphaFold가 1994년부터 시작해 2년마다 열리는 CASP(Critical Assessment of protein Structure Prediction; 단백질 구조 예측 학술대회)

〈그림 15〉 Complex 3D shapes emerge from a string of amino acids[20]

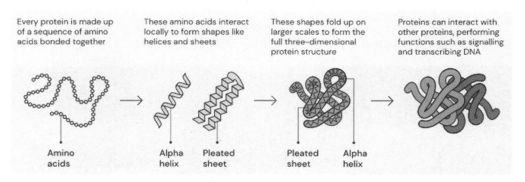

---

20) Complex 3D shapes emerge from a string of amino acids, https://www.deepmind.com/blog/alphafold-using-ai-for-scientific-discovery-2020, (2023. 3. 27. 확인)

에 2018년도에 참가하여 직전 대회인 2016년도 최고난이도의 과제의 1등 점수인 40점을 넘긴 60점을 받으며 압도적인 1위를 달성했다.

더욱이 최근 코로나19 대유행으로 인해 기존 검사가 매우 긴 시간이 요구되는 상황에서 기계가 환자를 쉬지 않고 장기간 모니터링할 수 있기 때문에 인공지능은 의사가 다양한 질병을 진단하는 데 도움을 주는 데 널리 사용되고 있다. 또한 인공지능은 각 환자의 상태, 병력, 개인적 요구사항에 맞게 맞춤형 질병 치료를 제공하도록 구성할 수도 있다.

마지막으로 인공지능은 의료 영상을 개선하고, 질병 및 이상을 감지하여 치료 비용과 오류율을 줄이고, 의사-환자의 참여를 늘리는 데 다양한 방식으로 사용될 수 있다.

최근 인공지능이 주로 사용되는 또 다른 관심 분야인 자율주행차는 인공지능이 사용자의 요청에 따라 자동차의 다양한 부분을 조작할 뿐만 아니라 대용량 데이터에서 올바른 결정을 내릴 수 있는 센서 기반의 시스템을 만드는 것이다. 가장 최근 프로젝트 중 하나인 2020년 Google의 Waymo는 공공 도로에서 2,000만 마일 이상을 주행했다고 발표하였다. 이는 자율주행차 개발 과정에서 주요 역사적 사건으로 기억될 것이다. 다른 성공적인 프로젝트의 예는 2021년 FSD(Full Self-Driving)라는 구독 서비스를 추가한 Tesla의 Autopilot 시스템이다. 이 시스템은 서비스를 통해 사용자는 자율 주행과 관련된 더 많은 기능을 제공받고, 다른 차량의 조향, 가속, 제동에 대한 정보를 지원

〈그림 16〉 Waymo & Tesla & GM Cruise driverless cars[21]

---

21) Waymo & Tesla & GM Cruise driverless cars, https://en.wikipedia.org/wiki/Self-driving_car, (2023. 3. 27. 확인)

받아 차선 내의 보행자, 비상 제동, 충돌 경고, 사각지대 모니터링과 같은 기능을 제공받을 수 있다. 그리고 GM은 샌프란시스코에서 GM Gruise로 도시에서 일반 대중에게 무인 택시 서비스를 시작하여 일반 대중에게 자율주행 서비스를 제공한 최초의 회사가 되었다.

한편, Google은 중간 번역 없이 2개 국어를 영어로 번역할 수 있는 M4라는 개량형 언어 번역 모델을 선보여 Text-to-Text 번역의 발전된 현 수준을 보여 주었다. 다른 최근 몇 년 동안 가장 널리 알려진 두 가지 인공지능 프로젝트는 OpenAI의 DALL-E와 ChatGPT이다. DALL-E는 프롬프트라는 문장 질의에서 새로운 디지털 이미지를 생성하는 인공지능 모델로 2021년 1월에 발표되었다. 이후 다음 버전인 DALL-E 2는 고해상도 이미지 생성과 같은 고급 기능과 훨씬 복잡한 프롬프트를 처리하고, 특성과 스타일을 결합할 수 있는 기능을 포함하여 2022년 4월에 발표되었다. DALL-E 2는 실사, 그림, 이모티콘을 포함한 여러 스타일의 이미지를 생성할 수 있으며 이미지의 개체를 조작하고 디자인 요소를 올바르게 배치할 수도 있다.

한편 ChatGPT는 2022년 11월에 출시된 챗봇으로 GPT-3 계열의 대규모 언어 모델

〈그림 17〉 DALL-E 2가 사용자가 입력한 텍스트로 생성한 이미지

"An astronaut riding a horse in a photorealistic style"[22]

---

22) DALL-E 2 generated images with prompt: An astronaut riding a horse in a photorealistic style, https://openai.com/dall-e-2, (2023. 3. 27. 확인)

위에 구축된 언어 모델이며 감독 및 강화 학습 기술을 사용하여 미세조정(fine-tuned)되었다. 이 모델은 핵심 기능은 인간의 대화를 모방하는 것이지만, 이를 넘어 컴퓨터 프로그램 작성 및 디버깅, 음악, 텔레플레이, 동화, 에세이, 시, 노래 가사 작성, 작곡, 다양한 주제의 질문에 대해 답변과 해를 제공할 수 있다. 또한 대부분의 챗봇과 달리 ChatGPT는 사람들의 개인 치료사, 비서로 사용될 수 있도록 마지막 프롬프트(입력)를 기억하여 이전 대화의 맥락에 맞는 대화를 진행할 수 있다. 다만 ChatGPT는 현재까지 발표된 가장 발전된 챗봇임에도 부정확하거나 무의미할 수 있는 답변을 하게 된다. 2021년까지 수집된 데이터로만 학습했기 때문에 이후 지식에 대해서는 제한적이라는 점, 학습 데이터가 알고리즘 편향성을 갖고 있다는 점 등 여러 가지 한계를 가지고 있다. 그럼에도 ChatGPT는 기존 인터넷 검색 방식에 비해 매우 짧은 시간에 질문에 답을 찾아 여러 출처로부터 수집한 다양한 정보를 가공하여 제공하기 때문에 사람들이 정보 검색에 소요되는 시간을 기하급수적으로 줄일 수 있는 장점이 있다.

Ⅲ. 결 어

인공지능의 본질은 무엇일까? 인공지능의 핵심은 추론(reasoning)이다. 철학자인 Thomas Hobbes는 "Reasoning is nothing but reckoning"이라고 1651년에 발행된 그의 저서 "Leviathan"에서 언급한 바 있다. 사실 인공지능을 바라보는 관점에 따라 너무 단순화된 개념에 대한 논란의 여지는 있으나 현재까지의 인공지능이 컴퓨터에 의해서만 인간의 지능과 가장 가까이 실현되는 점을 고려하면 반박의 여지도 많지 않다.

위에서 살펴본 큰 줄기의 2개의 인공지능의 구현의 패러다임은 심볼릭과 뉴럴 컴퓨팅이다. 심볼릭 컴퓨팅을 철학적 관점에서는 온톨러지(Ontology)의 모델하에 컴퓨터는 비교 연산을 빠르게 구현하는 것이다. 정확성을 담보할 수 있고 추론과정을 설명할 수도 있다. 그러나 지식 전문가에 의해 지식을 사람이 만들어 기계에게 제공해야 한다.

뉴럴 컴퓨팅 측면에서의 추론의 본질은 학습데이터와 함께 행렬곱(matrix multiplication)을 빠르게 수행하며 과거 데이터에 기반한 기계 학습하여 미래를 추측해 내는 것이다. 추측된 추론 결과의 정확성도 항상 담보할 수는 없다. 추론의 과정을 설명하는 것도 아주 어렵거나 불가하다. 그러나 심볼릭 AI처럼 문제를 해결할 수 있는 전문가의 지식이 필요하지는 않다. 많은 양의 데이터로 학습하여 학습모델을 통해 추론하게 된다.

추론이 AI의 중요한 요소 기술이긴 하지만, 현실적으로 더 중요한 요소들이 있다. 컴퓨터가 더욱 빨라지고 거의 무한대의 저가의 메모리와 데이터를 공유할수 있는 플랫폼 기술을 우리는 만들어 가고 있다. 그리고 지구촌 사람들의 표준화된 데이터 포맷을 만들어 데이터를 생성 공유를 하며 협력적으로 주어진 문제를 해결하고 있다. 인공지능은 인간이 만들어 내고 있는 무한적인 데이터의 생성과 공유와 더불어 더욱 막강해지는 추론 기술과 함께 인류 역사의 상업적, 문화적 및 군사적 혁신, 즉 Game Changer의 주인공의 역할이 지속될 것이다.

제2장

인공지능 경제가 우리 삶에 미치는 사회경제적 변화

이종호
(인하대학교 AI · 데이터법센터 책임연구원)

Ⅰ. 인공지능의 등장과 삶의 변화

독일에서 처음 등장한 인더스트리 4.0은 2011년 독일 하노버 산업박람회에서 처음 언급되었으며, 기술이 세계 가치사슬 구조를 근본적으로 어떻게 바꾸게 되는지를 이야기하였다. 그리고 지난 2016년 세계경제포럼(WEF)의 창립자인 클라우스 슈밥은 다보스 포럼에서 미래 사회의 신산업을 소개하면서 제4차 산업혁명을 강조하였다. 이때부터 새로운 경제 활력 어젠다로 제4차 산업혁명이 본격화되었으며 신기술 개발과 그 기술을 우리 삶에 적용하는 데에 변화의 바람이 불기 시작했다. 특히 제4차 산업혁명에서 언급된 웨어러블 인터넷 유비쿼터스 컴퓨팅, 슈퍼컴퓨터, 클라우드 서비스, 사물인터넷, 커넥티드 홈, 스마트 조시, 빅데이터, 자율주행자동차(항공기 및 선박 포함), 3D 프린팅, 생명공학 기술, 공유경제 등과 같은 다양한 분야에서 인공지능을 기저 기술로 사용하면서 인공지능에 대하여 더욱 주목하게 되었다(슈밥, 2016).[1] 그리고 2016년 3월 알파고와 이세돌 9단의 바둑 대국과 2022년 말에 등장한 챗GPT의 등장은 인공지능이 우리 삶 속에 깊게 파고들고 있다는 것을 여실하게 보여주는 사건들이다.

---

1) 클라우스 슈밥, 『클라우스 슈밥의 제4차 산업혁명』, 새로운 현재, 2016, 26면.

우리가 인공지능을 처음 접하게 된 것은 지금으로부터 무려 100년 전이다. 인류의 삶과 함께 성장했다고 얘기할 수 있는 엔터테인먼트 산업 중 대표적 분야인 영화 속에 등장한 최초의 인공지능은 1927년 독일영화 '메트로폴리스'의 마리아였다. 그 후 AI가 주요 역할로 등장하는 수많은 영화가 등장하였는데 대표적인 것들을 보면, 1970년대 '스타워즈', 1984년 '터미네이터', 1999년 '매트릭스', 2001년 'AI', 2004년 '아이 로봇', 2014년 'Her'와 2015년 '엑스 마키나', 2017년 '블레이드 러너 2049', 2018년 'I am mother', 2020년 '아카이브' 등의 셀 수 없이 많은 작품들이 있다. 이러한 영화들에서 인공지능은 탈신체화된 모습으로 나타나 사랑, 감정 노동 및 기억이라는 인간의 특성을 학습하고 체화해 가는 존재로 설정함으로써 인간과 공존 가능한 관계적 양상을 다각적으로 펼쳐 낸다.[2] 또한, 영화 속에 등장하는 인공지능의 대부분이 로봇이나 컴퓨터 시스템 안에 존재하는 무형의 존재로 소개되고 있다. 그리고 인간에 의해 개발되었으나 결국 인간의 통제를 벗어나 자율적으로 사고하며 인간에게 해를 입히거나 도움을 주는 존재로 묘사되고 있다. 그렇다면 이제 우리는 현실에서 마주하고 있는 인공지능이 과연 무엇이며 어떻게 사회경제적으로 영향을 끼치고 있는지 고민해 볼 필요가 있다.

최근 들어 인공지능(Artificial Intelligent: 이하 AI)은 경제, 사회구조의 근본적 변화를 촉발할 수 있는 새로운 경쟁원천으로 부상하고 있다. 산업 전반에서 AI를 적용하고 있으며 새로운 비즈니스 모델과 신산업 창출에 영향을 주고 있다. AI 경제는 AI 기술의 개발, 배치 및 사용에서 발생하는 모든 경제활동을 포함한다. 여기에는 AI 시스템 및 도구 개발, AI 지원 제품 및 서비스 생성, 다양한 산업에서의 AI 구현이 포함된다. AI 경제는 특정 부문이나 산업에 국한되지 않는다. AI는 경제의 거의 모든 부문에 영향을 미칠 수 있는 잠재력을 가지고 있기 때문이다. AI 경제의 주요 동력 중 하나는 대량의 데이터 가용성이다. AI 알고리즘과 모델을 개발하려면 많은 양의 데이터를 훈련하고

---

2) 박소연 · 함충범. "2010년대 할리우드 영화 속 인간과 인공지능의 관계적 존재 양상 연구:〈그녀〉(2014),〈블레이드 러너 2049〉(2017),〈당신과 함께한 순간들〉(2017)을 중심으로", 『현대영화연구』제16권 제3호, 한양대학교 현대영화연구소, 2020.

테스트해야 한다. 결과적으로 많은 양의 데이터에 접근할 수 있는 국가, 산업, 기업 및 개인이 AI 경제가 제공하는 기회를 활용할 수 있는 선도적 지위에 있다.

AI 경제는 다음의 세 가지 주요 특징을 가지고 있다. 첫째, 빠른 기술변화 속도이다. AI 기술은 전례 없는 속도로 발전하고 있으며 거의 매일 새로운 돌파구와 혁신이 나타나고 있다. 이러한 변화의 속도는 치열한 경쟁 환경으로 이어졌고, 기업들은 경쟁 우위를 확보하기 위해 끊임없이 노력을 기울이고 있다. 둘째, 학제 간 협업의 필요성이다. AI 기술은 매우 복잡하며 컴퓨터 과학, 수학, 통계 및 공학을 포함한 광범위한 분야의 입력이 필요하다. 성공적인 AI 프로젝트를 위해서는 해당 분야의 전문가와 특정 응용 분야의 도메인 전문가 간의 협업이 필요하다. 마지막으로, AI 경제는 혁신과 실험에 중점을 둔다는 특징이 있다. AI 기술은 아직 개발 초기 단계에 있으며 잠재적 적용 및 영향에 대한 불확실성이 높다. 그 결과 기업들은 새로운 사용 사례를 탐색하고 새로운 AI 도구와 시스템을 개발하기 위해 R&D에 막대한 투자를 하고 있다.

AI 경제는 도전과 기회를 동시에 제공한다. AI 경제의 가장 큰 문제 중 하나는 자동화의 노동 대체로 인한 고용 악화 가능성이다. AI 기술은 현재 인간이 수행하는 많은 작업을 자동화할 수 있는 잠재력을 가지고 있다. 특히 일상적이고 반복적인 작업에 크게 의존하는 산업에서 상당한 일자리 손실이 발생할 수 있다. 또 다른 과제는 AI의 윤리적·사회적 의미이다. AI가 사회에 널리 보급됨에 따라 개인정보 보호, 편견 및 책임을 비롯한 많은 윤리적 및 사회적 문제가 야기되고 있다. AI가 책임감 있고 윤리적인 방식으로 개발되고 사용될 수 있도록 윤리적 프레임워크와 지침의 필요성이 커지고 있다. 이러한 도전에도 불구하고 AI 경제는 많은 기회를 제공한다. 가장 중요한 기회 중 하나는 다양한 산업에서 생산성과 효율성을 높일 수 있는 잠재력이다. AI 기술은 기업이 일상적인 작업을 자동화하고 오류를 줄이며 의사 결정을 개선하여 생산성과 효율성을 높일 수 있도록 지원한다. AI 경제가 제시하는 또 다른 기회는 혁신과 새로운 비즈니스 모델의 잠재력이다. AI 기술의 발전은 자율주행차, 로봇공학, 가상비서 등 새로운 산업의 출현으로 이어진다. 이러한 새로운 산업은 기업가와 혁신가를 위한 새로운 일자리와 기회를 창출하고 있다.

Ⅱ. 인공지능이 사회 및 경제에 미치는 영향

1. 긍정적 변화

AI는 다양한 방식으로 사회와 경제를 변화시킬 수 있는 잠재력을 가지고 있다. 실제로 AI 기술은 다양한 산업 분야에서 채택되어 효율성, 생산성을 높이고 변화와 혁신을 가져오고 있다. AI의 도입은 수많은 사회적 혜택을 가져올 수 있다. 이러한 혜택 중 하나는 의료 결과를 개선할 수 있는 잠재력이다. AI 기술은 의료 전문가가 질병을 보다 정확하고 신속하게 진단하여 더 나은 환자 결과를 얻을 수 있도록 도와준다. AI 기반 의료 기기는 환자를 실시간으로 모니터링할 수 있어 의사가 건강 문제를 조기에 감지하고 적시에 개입할 수 있다. 예를 들어, 뉴욕 마운트 시나이 병원(Mount Sinai Hospital)은 2003년~2020년 중 마운트 시나이 의료 시스템에 있는 15만 명의 환자로부터 얻은 70만 개 이상의 심전도 및 심초음파 자료를 바탕으로 알고리즘을 개발하여 의사가 심부전을 정확하게 진단하도록 도울 수 있게 하였다.[3]

또 다른 사회적 이점은 공공 안전을 개선할 수 있는 잠재력이다. AI 기반 감시 시스템은 의심스러운 행동을 탐지하고 잠재적인 위협을 식별할 수 있으므로 법 집행 기관이 범죄를 예방하고 긴급 상황에 대응하기가 더 쉬워진다. 예를 들어, 한국전자통신연구원이 개발한 '인공지능 기반 얼굴정보 인식 기술'은 카메라로 사람의 얼굴을 인식해 신원, 성별, 연령, 감정, 시선, 헤어스타일, 목걸이 착용 여부 등을 인식한다. 이런 기능은 보안, 범죄자 검색, 감염병 접촉자 판별, 패션 스타일 추천 등에 활용될 수 있다.[4] AI 기술은 재해 대응을 개선하는 데에도 사용할 수 있으므로 비상 대응자가 노력을 조

---

3) Vaid, Akhil et al., "*Using deep-learning algorithms to simultaneously identify right and left ventricular dysfunction from the electrocardiogram*", Cardiovascular Imaging Vol. 15 No. 3, 2022, pp. 395-410.

4) 김우현, "ETRI, 범죄 예방하는 인공지능 기술 공개", 동아사이언스, https://www.dongascience. com/news.php?idx=44991, (2023. 2. 20. 확인).

정하고 피해를 최소화할 수 있다. 예를 들어, 2021년 대전시는 소방본부에서 제공한 2016년 8월부터 2017년 1월까지에 해당되는 구급차량 GPS 운행정보 3천만 건을 분석해 10초 간격으로 좌표를 생성하고, 재난별 출동차량 정보 210건에 대한 차량 무선호출 번호, 관할서, 센터, 차종 정보를 분석하였다. 이를 통하여 소방차와 구급차 출동 시 영향을 미치는 다양한 요인들을 조사하였다. 이를 바탕으로 최적 출동 동선을 도출하여 긴급차량출동 시스템 개선에 이바지한 바 있다.[5]

또한 장애가 있는 사람들이 기술에 더 쉽게 접근할 수 있도록 하여 디지털 격차를 해소하는 데 도움이 될 수 있다. AI 기반 보조 기술은 장애가 있는 사람들이 더 쉽게 의사소통하고 주변을 탐색하며 일상적인 작업을 수행하도록 도울 수 있다. 이는 장애인의 삶의 질 향상과 독립성 향상으로 이어질 수 있다. 예를 들어, 중국 IT기업 화웨이는 AI와 VR을 이용하여 수화로 글을 번역하여 청각장애 아동들이 읽는 것을 돕는 무료 프로그램 '스토리 사인'을 출시하였는데, 프로그램을 이용하여 문자를 비추면 '별이(Sart)'라는 아바타가 이에 알맞은 수화로 읽어 주는 방식이다.[6]

마지막으로 개인화된 학습 경험을 제공하여 교육 결과를 개선하는 데 도움이 될 수 있다. AI 기반 튜터링 시스템은 각 학생의 학습 스타일과 속도에 적응할 수 있어 학생들이 자신의 속도로 학습할 수 있다. AI 기술은 또한 교사가 학습 격차를 식별하고 해결하여 더 나은 교육 결과로 이어지는 데 도움이 될 수 있다. 예를 들어, 초등학생 교육프로그램인 '밀크티 초등'은 AI를 활용한 맞춤 학습을 제공하고 있다. 천재교육에서 개발한 교육용 AI 엔진 지니아를 기반으로 하고 있는데, 지니아는 빅데이터를 기반으로 학생의 실력을 개별 진단하고 점검하여 1:1 초등 맞춤학습을 추천하고 학업의 성취도까지 파악한다.[7] 이처럼 다양한 분야에서 AI의 적용으로 혜택을 얻고 있다.

---

5) 한국지능정보사회진흥원, 『공공부문 데이터 분석·활용 우수사례집』, 행정안전부·한국지능정보사회진흥원, 2021.

6) 권혜미, "화웨이, 수화로 동화책 읽어주는 앱 공개", CNET Korea, https://www.cnet.co.kr/view/?no=20181204173734, (2023. 2. 20. 확인).

7) 이정표, "초등인강 속 AI 기술 활용 … '자녀에 맞는 맞춤학습까지 가능해'", 아이티비즈, http://www.it-b.co.kr/news/articleView.html?idxno=65539, (2023. 2. 20. 확인).

AI 도입은 거시 경제에도 실질적인 영향을 미친다. AI는 다양한 산업에서 성장과 혁신을 주도할 수 있는 잠재력과 함께 상당한 경제적 영향을 미치고 있다. 가장 중요한 경제적 이점 중 하나는 효율성과 생산성 향상이다. AI 기반 자동화를 통해 기업은 운영을 간소화하고 비용을 절감할 수 있다. 이는 경쟁력 향상, 수익 증대 및 더 많은 일자리 기회로 이어질 수 있다. 또한 새로운 제품 및 서비스 창출로 이어질 수 있다. 실제로 IBM에서 발표하는 AI도입지수에 따르면, "AI를 사용하여 IT, 비즈니스 또는 네트워크 프로세스를 자동화함으로써 조직이 얻는 이점은 무엇입니까?"라는 질문에 다음 그림과 같이 기업들의 상당수가 비용절감과 효율성을 첫 번째로 꼽았다.

〈그림 1〉 AI를 사용하여 IT, 비즈니스 또는 네트워크 프로세스를 자동화함으로써 조직이 얻는 이점은 무엇인가?

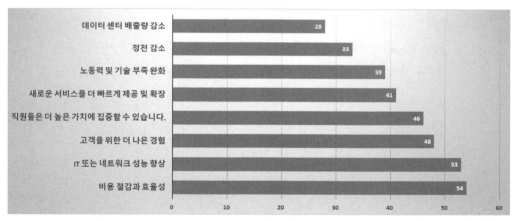

출처: IBM(2022) 재구성[8]

또한 AI 기술을 사용하여 특정 고객 요구에 맞는 새로운 제품 및 서비스를 개발할 수 있다. 이는 고객 만족도 증가, 수익 증대, 기업가 및 혁신가를 위한 더 많은 기회로 이어질 수 있다. 새로운 산업과 일자리 창출에도 도움이 될 수 있다. AI 기술의 발전은 자율주행차, 로봇공학, 가상비서 등 새로운 산업의 출현으로 이어진다. 이러한 새로운

---

8) Morning consultant, IBM Global AI Adoption Index 2022, IBM, 2022.

산업은 기업가와 혁신가를 위한 새로운 일자리와 기회를 창출하고 있다. 마지막으로 의사 결정 및 비즈니스 인텔리전스를 개선하는 데 도움이 될 수 있다. AI 기반 분석은 기업이 대량의 데이터를 빠르고 정확하게 분석하여 더 나은 정보에 입각한 결정을 내릴 수 있도록 도와준다. 이는 비즈니스 결과 개선, 수익 증대 및 더 많은 일자리 기회로 이어질 수 있다.

AI 도입은 새로운 일자리를 창출할 수 있는 잠재력을 가지고 있다. 물론 일부분은 자동화로 인해 일자리 자체가 없어지거나 감소될 여지가 있지만 AI 개발, 구현 및 유지 관리와 관련된 산업에서 새로운 일자리가 창출될 것이다. AI 기술이 더욱 널리 보급됨에 따라 이러한 기술을 개발, 구현 및 유지할 수 있는 숙련된 전문가에 대한 수요도 증가할 것이다. 다만, 일자리 창출 경로가 기존의 경로와는 다를 것이라는 우려도 있으며 AI는 독자적인 산업으로 등장하기보다 각 분야에 녹아들고 있으므로 일자리 증감을 측정하는 데 어려울 수 있다는 전망도 있다.[9]

또한 인류의 역사가 오래될수록 발생하는 다양한 문제점과 해결방안에 종합적 사고를 할 수 있는 기회를 제공한다. 예를 들어 AI 기술은 에너지 사용을 최적화하고 폐기물을 줄이며 운송 시스템의 효율성을 높여 기후변화를 대응하는 데 사용될 수 있다. AI로 구동되는 정밀 농업 또한 작물 수확량을 늘리고 폐기물을 줄임으로써 식량 안보를 개선하는 데도 도움이 될 수 있다.

마지막으로 AI 채택은 사회적 포용성을 높이고 불평등을 줄일 수 있는 기회를 제공한다. AI 기반 기술은 저소득층, 장애인 등 사회적 취약계층이 기술에 더 쉽게 접근할 수 있도록 하여 디지털 격차를 해소하는 데 도움이 될 수 있다. AI 기술은 또한 의사 결정의 편향을 식별하고 해결하여 불평등을 줄이고 공정성을 촉진하는 데 사용될 수 있다.

그렇다면 향후 AI 경제의 규모는 어느 정도 될 것인가? 세계 시장조사사업체인 Market and Market의 조사에 따르면 하드웨어, 소프트웨어 및 서비스를 모두 포함한 AI시장의 규모는 2022년~2027년 사이 연평균 36.2% 증가할 것이며 규모는 869억 달러에서

---

9) KDI 경제정보센터, 『산업계 전문가 좌담』, KDI, 2022.

4,070억 달러로 급증할 것이라고 내다보았다.

〈그림 2〉 글로벌 AI 시장규모

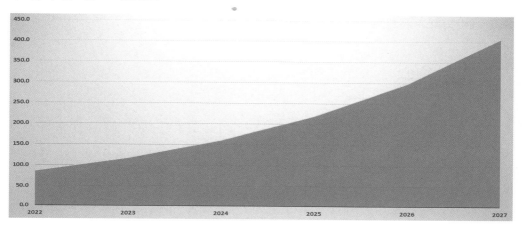

출처: Market and Market(2022) 재구성.

다만, 우리나라의 AI 분야 전문가의 수가 적다는 점이 한계로 지적되고 있다. 그리고 데이터 보안과 개인정보 보호 문제가 AI의 성장에 걸림돌이 될 것이다. 업종별로는 의료 및 생명 과학 분야가 유망하며, 기술별로는 '컴퓨터 비전' 관련 시장의 비중이 클 것이다. 지역별로는 북아메리카 지역이 가장 큰 시장일 것으로 전망되고 있는데, 미국 AI관련 기업인 IBM, 구글, 마이크로소프트, 엔비디아, 인텔, 메타, 오라클, 아마존 등이 집중되어 있기 때문이다. 미국 기업을 제외한 글로벌 시장의 주요 AI 기업으로 중국 4개(화웨이, 바이두, 알리바바, 아이플라이텍), 한국 1개(삼성전자), 독일 1개(SAP SE) 등 6개뿐이다.[10)]

결론적으로 AI의 도입은 우리 사회에 상당한 사회적, 경제적 영향을 미치고 있다. AI 도입으로 인한 고용악화, 소득불평등 심화 등 비관적 견해도 있지만 생산성, 효율성 향상을 기반으로 한 사회경제적 파급력이 엄청날 것으로 기대된다. AI 기술은 의료 결과 개선, 공공 안전 강화, 디지털 격차 해소, 교육 결과 개선, 효율성 및 생산성 향상,

---

10) Market and Market, Artificial Intelligence (AI) Market , Market and Market, 2022.

새로운 산업 및 일자리 창출, 의사 결정 및 비즈니스 인텔리전스 개선, 사회경제적 문제들을 해결할 수 있는 잠재력을 가지고 있다. 다만, AI 기술이 계속 발전하고 널리 보급됨에 따라 사회에 대한 잠재적 혜택을 극대화하기 위해 책임감 있고 윤리적인 방식으로 개발되고 사용되도록 하는 것이 필수적이다.

2. 부정적 변화

AI는 우리 사회의 변화와 혁신의 잠재력을 가지고 있지만 모든 신기술과 함께 부정적인 영향을 미칠 수도 있다. 우리 사회에서 AI의 급속한 성장은 우리 경제와 사회 구조에 부정적인 문제를 야기하게 된다. 다음 세 가지 부작용에 대해 살펴보도록 하자.

첫째, 직업의 대체이다. 대다수의 사람들과 학자들이 경계하는 대목이다. 그중에서 가장 심각한 부작용 중 하나는 일자리의 소멸이다. 기계가 더 지능화·고도화됨에 따라 단순 노동 일자리를 대체함에 따라 인간 노동의 일자리 손실로 이어질 수 있다. 반복적이거나 일상적인 작업에 종사하는 근로자가 자동화로 인해 대체될 가능성이 가장 높다. 이러한 일자리 소멸은 실업, 불완전 고용 및 임금 감소로 이어질 수 있다. 그리고 일자리 소멸은 육체노동에만 국한되지 않는다. AI 기술은 또한 의사 결정, 분석 및 전략 계획과 같은 인지 능력이 필요한 작업을 수행하는 지식 근로자를 대체할 수도 있다. AI가 고도화됨에 따라 더 많은 고숙련 일자리를 대체할 가능성이 있다는 것이다. 물론 금융업, 의료업 및 제조업 분야에서 AI가 양적인 측면을 볼 때 급격한 일자리 대체가능성에 대해서는 크게 우려할 필요는 없다는 의견도 있다.[11]

둘째, 불평등과 편견의 증폭이다. AI 시스템은 우리 사회의 불평등과 편견을 영속화하고 증폭시킬 수 있다. AI 알고리즘은 결정을 내리기 위해 데이터에 의존하며, 알고리즘을 훈련하는 데 사용되는 데이터가 편향되면 출력도 편향된다. 이로 인해 인종, 성별, 연령 또는 기타 요인에 따른 차별이 존재할 수 있다. 또한 우리 사회의 기존 불

---

11) 심동녘·고동환. "인공지능(AI) 기술도입에 따른 산업별 노동수요변화 탐색",『한국혁신학회지』제 17권 제1호, 한국혁신학회, 2022.

평등을 강화할 수 있다. 예를 들어 AI 기반 채용 시스템은 특정 대학이나 특정 자격을 갖춘 지원자를 선호하여 계급 불평등을 영속화할 수 있다. 또한 AI 기술을 개발하고 구현하는 데 드는 비용은 소기업이 감당할 수 없기 때문에 대기업에 부와 권력이 더욱 집중될 수 있다. 대표적인 AI의 부정적인 영향에 대한 실제 사례는 2018년 Amazon의 AI 채용 시스템이 여성에 대해 편향되어 있다는 사실을 발견한 후 폐기해야 했던 것이다. 이 시스템은 이력서를 분석하고 회사의 공석에 가장 적합한 후보자를 식별하도록 훈련되었다. 그러나 아마존은 이 도구가 추천하는 여성의 수가 적을 뿐만 아니라 "여성"과 같이 일반적으로 사용하는 단어가 포함된 이력서의 등급을 낮추고 있다는 사실을 깨달았다. AI 채용 시스템의 편견은 남성이 지배하는 기술 산업으로 인해 남성 지원자에게 크게 치우친 훈련된 데이터 때문이었다. 결과적으로 이 시스템은 여성 지원자가 남성지원자와 동등한 자격을 가지고 있음에도 불구하고 남성 지원자를 성공으로 그리고 여성 지원자를 실패라고 연결하는 방법으로 학습했다. 이러한 사례는 AI 시스템을 훈련시킬 때 편향된 데이터를 사용하는 경우의 위험을 나타내며, 이는 기존의 편향과 차별을 영속화하고 심지어 증폭시킬 수 있다. 또한 Amazon과 같이 기술적으로 진보한 대규모 기업도 AI 사용 시 실수를 할 수 있으며, AI가 공정하고 윤리적으로 사용되도록 보장하려면 인간의 감독과 책임이 필수적임을 보여 준다. 또한 국내에서 발생한 문제는 AI챗봇 '이루다'사건이다. 2020년 12월 출시되어 20여 일 만에 서비스를 중단하게 되었는데, 성적(性的) 대상화, 동성애, 장애인 등에 대한 차별 및 혐오 발언, 개발과정에서의 「개인정보보호법」 위반혐의 등 논란이 예상보다 컸기 때문이다.[12]

셋째, 개인정보 보호 및 보안 문제이다. 사회에서 AI의 사용은 사생활과 보안에 대한 우려를 불러일으킨다. AI 시스템을 효과적으로 교육하고 운영하려면 방대한 양의 데이터가 필요하며 이 데이터는 종종 개인적이고 민감한 데이터이다. 이 데이터가 잘못된 손에 넘어가면 신원 도용, 금융사기 및 기타 유형의 사이버 범죄로 이어질 수 있다. AI 시스템은 또한 해킹 및 기타 사이버 공격에 취약할 수 있으며, 이로 인해 데이

---

12) 최새솔·홍아름. "AI 챗봇 '이루다' 논란의 이슈 변화와 시사점", 『전자통신동향분석』제36권 제2호, 한국전자통신연구원, 2021.

터가 조작되거나 중요 기반이 중단될 수 있다. AI 기술이 더욱 정교해지고 연결됨에 따라 사이버 공격의 가능성은 더욱 커질 것이다. 최근 이슈화되고 있는 대표적인 사례는 딥페이크이다. 딥페이크란 인공지능 기술의 일종인 딥러닝(deep learning)과 '가짜'를 의미하는 페이크(fake)의 합성어로, 인공지능 기술을 이용하여 생성한 진위 여부에 대한 판단이 매우 힘든 가짜 이미지나 영상을 의미한다.[13] 이러한 딥페이크 기술은 SNS나 유튜브 등에서 특정인의 목소리 및 이미지를 수집하여 인공지능에게 학습을 시키고 특정인의 정보를 모방하여 이용하는 방식은 금융 및 보험 관련사기에 주로 악용될 수 있다.

넷째는 예상치 못한 결과의 발생이다. AI의 도입은 우리 사회에 예상치 못한 결과를 초래할 수 있다. 모든 신기술과 마찬가지로 예측하기 어려울 수 있는 의도하지 않은 결과의 위험이 있다. 예를 들어, 자율주행차가 보편화됨에 따라 환경, 공중 보건 및 사회 구조에 의도하지 않은 결과가 발생할 수 있다. 2021년 8월에 개최된 도쿄 패럴림픽에서 자율주행 전기차 e-팔레트와 시각장애 선수가 교차로에서 충돌해 부상을 당한 사건과 2018년 3월 우버 테크놀로지스사의 자율주행차가 미국 애리조나에서 일으킨 보행자 사망사고가 대표적이다.[14] 마찬가지로 AI 시스템이 더욱 널리 보급됨에 따라 우리의 사회적 및 문화적 규범에 예상치 못한 영향을 미칠 수 있다.

이처럼 AI 채택은 우리 사회를 변화시킬 잠재력이 있지만 다양한 도전과 위험을 제시하기도 한다. 직업 대체, 편견과 불평등의 영속화, 개인 정보 보호 및 보안 문제, 예측하지 못한 결과는 AI 채택의 부정적인 영향 중 하나이다. AI 기술이 책임감 있고 윤리적인 방식으로 개발되고 사용되어 사회에 대한 잠재적 혜택을 극대화하려면 이러한 우려 사항을 해결하고 잠재적인 부정적인 영향을 완화하는 것이 필수적이다.

---

13) 김명주·이수경. "인공지능(AI) 기술 발달에 따른 사이버 위협과 이에 대한 대응 방안", 『정보와 통신』 제39권 제12호, 한국통신학회, 2022.

14) 조행만, "'안전문제 다음은 경로 계획' … 자율주행차, 잇단 사고와 기술 장벽 어하히 넘어설까", Ai타임스, https://www.aitimes.com/news/articleView.html?idxno=140612, (2023. 2. 20. 확인).

Ⅲ. 주요 국가의 정책 동향

AI는 우리가 생활하고 일하는 방식을 빠르게 변화시키고 있으며 이에 발맞추어 각국의 정부도 경제 성장과 사회 발전을 주도하는 데 있어 AI의 중요성을 점차 인식하고 있다. AI 정책을 처음 명시적으로 실시한 국가는 캐나다로 2017년 세계 최초로 'The Pan-Canadian AI Strategy'를 발표하였다. 그 후로 일본, 싱가포르, 중국 등이 뒤를 이으며 정책들을 쏟아내기 시작하였다. 그중 주요 국가들의 정책을 살펴보도록 하자.

1. 미국

미국의 오바마 정부는 2016년 미국의 AI 정책의 방향을 담은 보고서와 R&D 전략 계획에 대한 보고서를 동시에 발표하였다. 두 보고서는 오바마 대통령의 임기 종료를 얼마 남기지 않고 작성되었는데 AI가 국가의 중요한 이슈로 등장하였음을 보여 준다. 미래 AI 정책에 대한 보고서는 공익을 위한 AI, 연방 정부의 AI 활용, AI의 규제, 연구 및 노동인력, AI의 자동화 및 경제, 공정성과 안전 및 거버넌스, 그리고 범국가적 고려사항 및 보안으로 나누어 상세한 내용을 권고하고 있다. 앞선 두 보고서는 AI를 단순히 과학이 아닌 구체적 효용을 갖는 기술로 보고 있으며, 국방 분야를 넘어서 사회의 다양한 분야에서의 활용을 강조하였다.[15] 트럼프 정부 들어서는 2019년에 국가 AI 이니셔티브 법을 제정하여 AI 정책의 법적 기틀을 마련하였다. 이 법은 AI 진흥이 국가 안보와 경제 안보를 마련하기 위한 수단으로 기능한다는 것을 나타내고 있다. 바이든 정부 들어서는 중국과의 갈등이 더욱 커지고 코로나19로 인하여 세계 가치사슬이 변화하면서 보호무역주의가 더욱 확대되는 경향이 나타났다. 이에 미국의 이익을 보호하기 위한 목적으로 AI 기술을 보호해야 하는 기술로 인식하여 국외 유출을 제한하는 각종 정책들이 등장하게 되었다. 다음 그림은 미국의 주요 AI 정책에 대하여 최근 7년간을 정리한 것이다.

---

15) 오연주. "주요 국가 AI 정책 분석", IT & Future Strategy 제4호, 한국지능정보화사회진흥원, 2022. 8면

〈그림 3〉 미국의 AI 정책동향

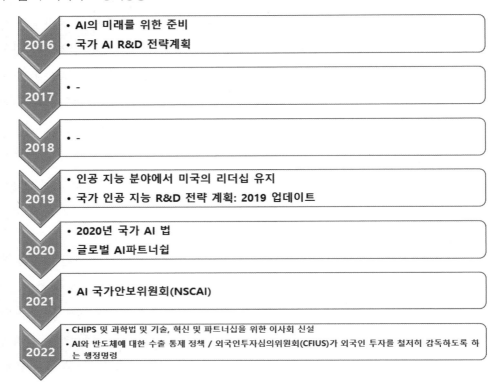

출처: 한국지능정보화사회진흥원(2022) 재구성.

　사실 미국은 AI 개발의 세계적 리더이며 AI 연구, 개발 및 배포의 강력한 생태계를 보유하고 있다. 미국은 2019년에 백악관이 AI 연구 개발에 10억 달러를 투자한다고 발표하는 등 AI에 상당한 투자를 하였다. 또한 정부는 기관 간 AI 연구 개발 노력을 조율하기 위해 National AI Initiative Office를 설립하기도 하였다. 규제 측면에서 미국은 혁신을 촉진하는 동시에 AI의 윤리적이고 책임 있는 개발 및 사용을 보장하는 데 중점을 두고 AI 규제에 가벼운 접근 방식을 취해 왔다. NIST(National Institute of Standards and Technology)는 AI 위험 관리를 위한 프레임워크를 개발했으며 정부는 AI의 윤리적 사용에 대한 지침을 수립하기도 하였다.

2. 중국

중국은 최근 몇 년 동안 AI 개발에서 상당한 진전을 이루었고 2030년까지 AI의 세계적 리더가 되겠다는 야심 찬 목표를 세웠다. 최근 중국의 인공지능 산업은 대규모 자본 투입과 축적된 데이터를 기반으로 급성장하고 있다. 이를 뒷받침하기 위하여 중국정부는 관련 전략과 계획을 수립하고 있다. 특히 중국은 AI를 국가전략으로 격상시켜 추진하고 있다. 2017년 정부의 사업보고에 AI가 처음 등장하였다. 2017년 차세대 인공지능발전계획을 발표하여 중요한 국책과제로 지정하고 구체적 추진계획을 수립하는 등 과기혁신2030을 통하여 차세대 AI 중대프로젝트를 구성하여 집중 육성하고 있다.[16) 다음 그림은 중국의 주요 AI 정책에 대하여 최근 7년간을 정리한 것이다.

〈그림 4〉 중국의 AI 정책동향

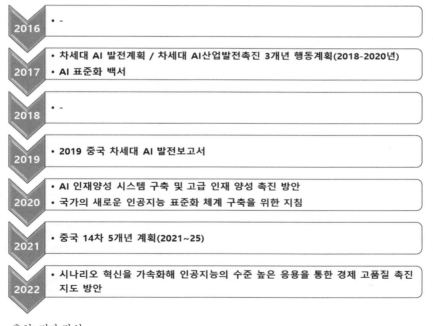

2016	• -
2017	• 차세대 AI 발전계획 / 차세대 AI산업발전촉진 3개년 행동계획(2018-2020년) • AI 표준화 백서
2018	• -
2019	• 2019 중국 차세대 AI 발전보고서
2020	• AI 인재양성 시스템 구축 및 고급 인재 양성 촉진 방안 • 국가의 새로운 인공지능 표준화 체계 구축을 위한 지침
2021	• 중국 14차 5개년 계획(2021~25)
2022	• 시나리오 혁신을 가속화해 인공지능의 수준 높은 응용을 통한 경제 고품질 촉진 지도 방안

출처: 저자 작성

---

16) KOSTEC, "중국의 인공지능 정책동향", 『Issue Report』 제4권 제4호, 한중과학기술협력센터, 2020.

중국 정부는 AI 연구 개발 촉진, AI 인재 양성, 의료, 금융, 제조 등 다양한 분야에서 AI 활용을 촉진하는 방안을 포함하는 AI 개발 계획을 수립하였다. 그러나 중국의 AI 개발에 대한 투명성 부족과 정부가 감시 및 사회 통제를 위해 AI를 사용할 가능성에 대한 우려가 제기되기도 한다.

3. 일 본

일본은 AI 연구 개발의 오랜 역사를 가지고 있으며 세계 최고의 AI 기업을 보유하고 있다. 일본은 AI 분야에서의 세계 경쟁력을 확보하기 위해 기술개발 및 산업화부터 사회 전반으로의 AI 활용·확산을 정책적으로 추진 중으로 일본의 강점인 제조업의 기술력을 기반으로 '현실 공간으로의 AI 확대'와 '포용적 AI'를 정책적 방향으로 정립하였다.[17] 일본 정부는 2016년에 인공지능기술전략회의를 설치하고 2017년에는 AI R&D 및 산업화 로드맵을 작성하였으며, 2018년 '인간 중심의 AI 사회 원칙', 2019년 'AI 활용 전략', 2019년 'AI 전략', 2022년 'AI 전략'을 발표하였다.

'AI 산업화 로드맵'은 특정 분야에서 산업화를 위해 필요한 R&D의 범위를 제시하였고, '인간 중심의 AI 사회 원칙'에서는 AI 기술의 사회적 수용성을 높이고, AI의 오남용을 방지하기 위한 사회적 기본 이념과 원칙을 제시하였다. 그리고 'AI 활용 전략'은 AI-Ready 사회로 전환하기 위해 일본 기업들이 실천해야 할 AI 시스템 구축 및 활용 방안을 명시하였으며, 'AI 전략 2019'에서는 AI 기술과 사회구조의 연계를 위한 7대 정책 목표와 대처 방안을 계획하였다.[18] 그리고 AI 전략 2022에서는 보다 확장된 방침을 제시하고 사용화 추진을 강화하였다. 또한, 대규모 재난 발생 시 피해를 최소화하기 위한 대응 및 새로운 팬데믹의 위험이나 인구 감소 등의 국가적 위기에 대한 대응에도 AI의 역할을 강조하면서 디지털 트윈 구축, 세계 네트워크 강화를 통한 회복 탄력성

---

17) KIAT, "일본의 인공지능(AI) 정책동향", 『KIAT 산업기술정책 브리프』 제2019-05호, 산업통상자원부·한국산업기술진흥원, 2019.

18) KIAT, "일본의 인공지능(AI) 정책동향", 『KIAT 산업기술정책 브리프』 제2019-05호, 산업통상자원부·한국산업기술진흥원, 2019.

강화, 지속가능성 분야에서 AI 응용, 「책임 있는 AI」를 위한 노력 등이 필요하다고 강조하였다. 더불어 기업의 이익을 극대화하기 위하여 화상인식, 자연언어처리 등 광범위하고 효과적인 활용이 기대되는 딥러닝을 주요 분야로 설정하여 상용화를 목표로 추진해야 함을 목표로 하고 있다.[19] 다음 그림은 일본의 주요 AI 정책에 대하여 최근 7년간을 정리한 것이다.

〈그림 5〉 일본의 AI 정책동향

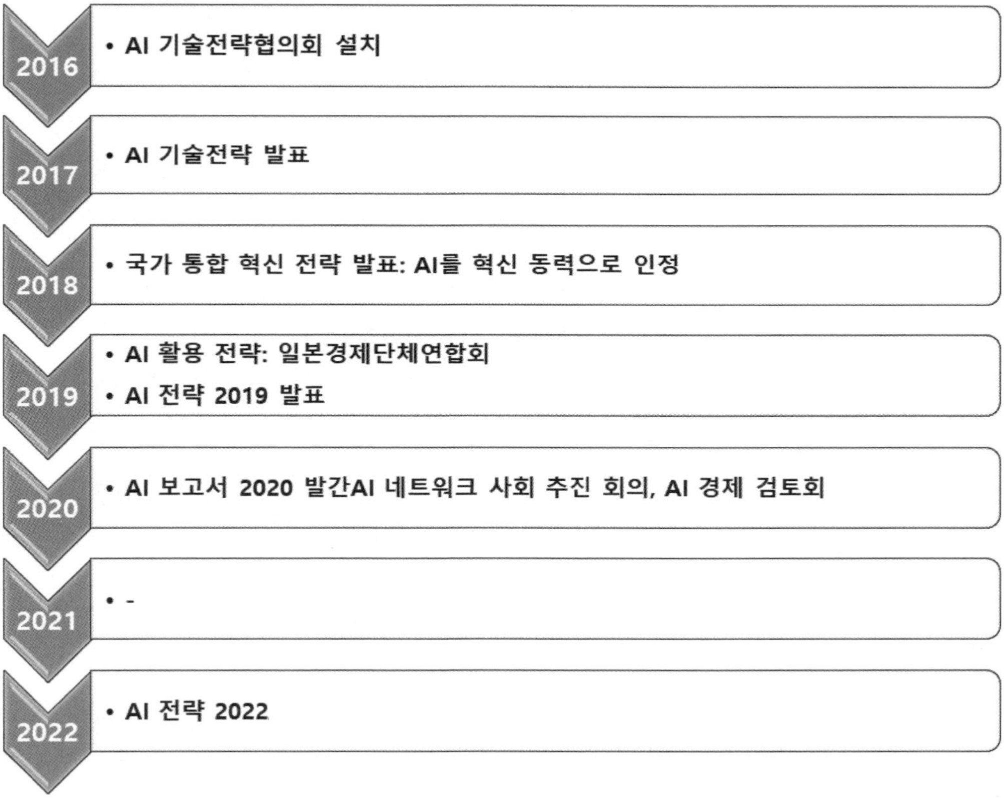

2016	• AI 기술전략협의회 설치
2017	• AI 기술전략 발표
2018	• 국가 통합 혁신 전략 발표: AI를 혁신 동력으로 인정
2019	• AI 활용 전략: 일본경제단체연합회 • AI 전략 2019 발표
2020	• AI 보고서 2020 발간AI 네트워크 사회 추진 회의, AI 경제 검토회
2021	• -
2022	• AI 전략 2022

출처: 저자 작성

---

19) KISTEP, "일본, 「AI전략 2022」 발표", S&T GPS 주요동향, https://now.k2base.re.kr/portal/trend/mainTrend/view.do?poliTrndId=TRND0000000000046883&menuNo=200004&pageUnit=10&pageIndex=5, (2023. 2. 20. 확인).

일본 정부는 인공지능 연구개발 촉진, 인공지능 인재 양성, 의료·교통 등 다양한 분야에서 인공지능 활용 촉진 방안을 담은 인공지능 전략을 수립했다. 또한 윤리적 AI 개발 및 사용에 대한 지침을 수립하고 인구 고령화 및 자연 재해와 같은 사회적 문제를 해결하기 위해 AI 기술 개발에 투자하고 있다.

4. 유 럽

유럽 연합(EU)은 경제 성장과 사회 발전을 주도하는 데 있어 AI의 중요성을 인식하고 AI의 윤리적이고 책임 있는 개발 및 사용을 보장하면서 AI 개발을 촉진하기 위한 조치를 취하고 있다. EU는 2018년 4월 유럽의 AI전략을 수립, 같은 해 12월 AI 합동계획 발표, 2019년 신뢰할 수 있는 인공지능 윤리기준 권고안 발표, 2020년 AI백서 발표, 2021년 AI 법안 제안 및 AI 합동계획 수정안을 발표하였다.[20] 이를 통해 EU는 인간 중심의 가치, 윤리 및 기본권에 기반을 둔 AI에 대한 유럽식 접근 방식을 만드는 것을 목표로 AI에 대한 새로운 규정을 도입하기로 결정한 것이다. 2023년 현재 AI법안은 3월 초에 초안이 나올 것으로 예측되고 있다.[21] 이 법안의 상세한 내용은 뒤에서 다시 다루도록 한다. 다음 그림은 EU의 주요 AI 정책에 대하여 최근 7년간을 정리한 것이다.

EU는 윤리적 AI 개발 및 사용을 촉진하는 신뢰할 수 있는 AI에 대한 지침을 개발한 AI에 대한 고위급 전문가 그룹을 설립하고 AI 연구 및 개발에 투자했으며, 유럽 전역의 AI 개발 및 배포를 논의하고 조정하기 위해 이해 관계자를 모으는 European AI Alliance를 설립하기도 하였다.

---

20) 주벨기에대사관, "EU집행위, 인공지능(AI) 법안 발표(4.21)", 주벨기에 유럽연합 대한민국 대사관 겸 주북대서양조약기구 대한민국 대표부, https://overseas.mofa.go.kr/be-ko/brd/m_7570/view. do?seq=1286211&srchFr=&am, (2023. 2. 20. 확인).

21) 현기호, "인공지능법 제정 눈앞, 주요 내용은?", 이코리아, https://post.naver.com/viewer/ postView. naver?volumeNo=35473345&memberNo=38830729&vType=VERTICAL (2023. 2. 20. 확인).

〈그림 6〉 EU의 AI 정책동향

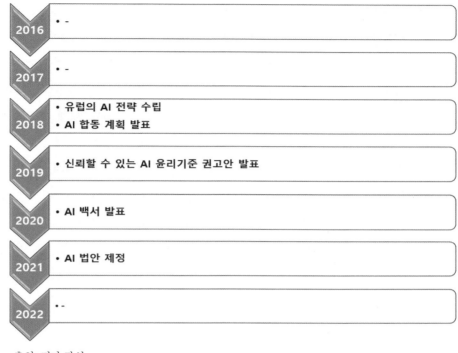

2016
• -

2017
• -

2018
• 유럽의 AI 전략 수립
• AI 합동 계획 발표

2019
• 신뢰할 수 있는 AI 윤리기준 권고안 발표

2020
• AI 백서 발표

2021
• AI 법안 제정

2022
• -

출처: 저자 작성

5. 한국

정부는 AI를 핵심 성장 분야로 파악하고 '인공지능(AI) 국가전략'을 통해 오는 2030 년까지 최대 455조 원의 경제효과를 창출하고, 삶의 질 세계 10위로 도약하겠다는 목 표를 제시하였다.[22] 그리고 2016년 알파고와 이세돌 9단의 바둑 대결을 통하여 AI 시 대의 도래를 직접 경험하면서 2017년 4차 산업혁명위원회를 설립하고 DNA(Data, Network, AI)를 3대 혁신 신산업으로 삼아서 분야별 대책을 발표하고 지원을 늘려 왔

---

22) 과기정통부, 기재부, 교육부, 법무부, 문체부, 행안부, "AI 국가전략 발표…2030년 455조 창출 · AI 반도체 세계 1위", 정책브리핑, https://www.korea.kr/news/policyNewsView.do?newsId= 148867621 (2023. 2. 20. 확인).

다. AI R&D 전략(2018.5), 데이터 산업 활성화 전략(2018.6), 시스템 반도체 전략(2019.4), 세계 최초 5세대 이동통신(5G) 및 5G+ 전략(2019.4), 제조업 르네상스 전략(2019.6) 등이 그렇다. 2019년 문재인 대통령의 '인공지능 기본구상'을 통해 "개발자들이 마음껏 상상하고, 함께하고, 도전할 수 있도록 인공지능 분야를 국가차원에서 육성하겠다."고 밝혔다. 그리고 이어서 AI 국가전략을 발표하였는데, AI 기반 확충, AI 기술경쟁력 확보, 과감한 규제혁신과 법제도 정비, AI 새싹기업 육성, 세계 최고의 인공지능(AI) 인재 양성과 전 국민 교육, 산업 전반의 인공지능(AI) 활용 전면화, 포용적 일자리 안전망 구축, 역기능 방지 및 인공지능(AI) 윤리체계 마련 등의 9대 추진전략을 기본으로 한다. 2020년에는 AI 윤리기준 수립을 통하여 윤리적 인공지능을 실현하기 위해 정부·공공기관, 기업, 이용자 등 모든 사회구성원이 인공지능의 개발부터 활용까지 전 단계에서 함께 지켜야 할 기준을 제시하였다. 3대 기본원칙은 ① 인간의 존엄성 원칙, ② 사회의 공공선 원칙, ③ 기술의 합목적성 원칙이며, 10대 핵심요건은 인공지능 개발~활용 전 과정에서 ① 인권 보장, ② 사생활 보호, ③ 다양성 존중, ④ 침해금지, ⑤ 공공성, ⑥ 연대성, ⑦ 데이터 관리, ⑧ 책임성, ⑨ 안전성, ⑩ 투명성의 요건 등이다. 더불어 2020년 AI 법·제도·규제 정비 로드맵을 발표하였다. 인공지능 법·제도·규제 정비 로드맵을 수립함에 있어, ① 인공지능의 고유한 기술 특성과 빠른 발전속도로 인한 신(新)기술과 구(舊)제도와의 간극을 극복하기 위해 종합적·선제적인 정비를 추진하고, ② 국내 법체계와 해외 입법 동향을 분석한 결과를 반영하여 세계 동향과 조화를 이루면서 우리 실정에 맞도록 법제 정비(안)를 마련하며, ③ 사회적 합의에 기초한 ④ 민간자율을 우선하는 로드맵을 마련하여 인공지능 관련 분야 법·제도·규제 정비의 이정표를 제시하고자 하였다.

그리고 2021년 7월 정필모 의원 등 23인이 발의한 「인공지능 육성 및 신뢰 기반 조성 등에 관한 법률안」이 지난 2023년 2월 14일에 국회 과학기술정보방송통신위원회의 법안소위에서 통과됨으로써 우리나라의 AI법안 제정이 눈앞에 다가오고 있다. 이 법의 주요 내용은 AI의 육성을 도모하면서도 AI를 개발하고 제공하면서 지켜야 할 윤리적 원칙 등을 규정해 AI를 신뢰할 수 있는 기반을 마련하는 것을 목적으로 한다. 또한 AI사업자와 이용자가 준수해야 할 사항을 규정하고 정부가 3년마다 AI사회 기본 계

획을 수립하게 하며 국무총리 산하에 인공지능위원회를 두도록 하는 등 AI와 관련된
다양한 내용 등을 포함하고 있다. 다음 그림은 우리나라의 주요 AI 정책에 대하여 최
근 7년간을 정리한 것이다.

〈그림 7〉 한국의 AI 정책동향

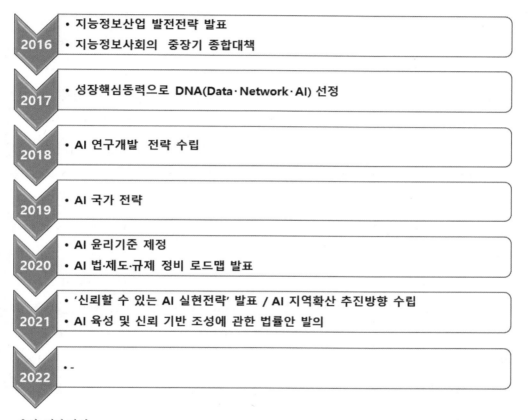

2016
• 지능정보산업 발전전략 발표
• 지능정보사회의 중장기 종합대책

2017
• 성장핵심동력으로 DNA(Data·Network·AI) 선정

2018
• AI 연구개발 전략 수립

2019
• AI 국가 전략

2020
• AI 윤리기준 제정
• AI 법·제도·규제 정비 로드맵 발표

2021
• '신뢰할 수 있는 AI 실현전략' 발표 / AI 지역확산 추진방향 수립
• AI 육성 및 신뢰 기반 조성에 관한 법률안 발의

2022
• -

출처: 저자 작성

앞에서 본 것처럼 우리나라도 고령화, 대기오염 등 사회적 문제를 해결하기 위해 AI
의 윤리적 개발·활용 지침을 마련하고 AI 기술 개발에 투자해 오고 있다.

6. 정 리

AI는 우리 사회를 빠르게 변화시키고 있으며 전 세계 정부는 경제 성장과 사회 발전
을 주도하는 데 있어 AI의 중요성에 주목하고 있다. AI 기술의 급속한 발전에도 불구
하고 AI가 사회에 미칠 수 있는 부정적인 영향에 대한 우려도 존재한다. 여기에는 일
자리 대체, AI 알고리즘의 편향, AI가 감시 및 사회적 통제에 사용될 가능성과 같은 문
제가 포함된다. 이러한 문제를 해결하기 위해 전 세계 정부는 AI의 윤리적이고 책임
있는 개발 및 사용을 촉진하기 위한 조치를 취하고 있다. 예를 들어, 많은 국가에서 AI
가 공정하고 투명하며 책임 있는 방식으로 사용되도록 보장하는 규정뿐만 아니라 윤
리적인 AI 개발 및 사용에 대한 지침을 수립했다. 이에 대한 한 가지 예는 혁신과 경제
성장을 촉진하는 동시에 AI의 윤리적이고 책임 있는 사용을 촉진하도록 설계된 AI에
대한 EU의 새로운 규정이다.

마찬가지로 미국에서는 백악관이 국가 AI 이니셔티브 사무소(National AI Initiative
Office)를 설립하여 여러 기관에서 AI 연구 및 개발 노력을 조정하고 AI의 윤리적이고
책임 있는 개발 및 사용을 촉진하고 있다. 중국에서도 특히 감시 및 사회적 통제와 관
련하여 AI가 사회에 미치는 잠재적인 부정적인 영향에 대한 우려가 존재한다. 이러한
문제를 해결하기 위해 중국 정부는 AI의 윤리적 사용에 대한 지침과 AI가 공정하고 투
명하며 책임 있는 방식으로 사용되도록 보장하는 규정을 마련하고 있다.

전반적으로 국가마다 AI 정책에 대한 접근 방식에는 차이가 있지만 AI의 윤리적이
고 책임 있는 개발 및 사용을 촉진하는 것이 중요하다는 공통 인식이 있다. AI 기술이
계속 발전함에 따라 정부는 AI의 잠재적인 부정적인 영향을 해결하고 사회에 대한 긍
정적인 영향을 촉진하기 위해 정책과 규정을 지속적으로 조정하는 것이 중요할 것이다.

IV. 우리의 대응

최근 몇 년간 AI 기술의 발전과 확산이 급속히 진행되고 있으며, 앞으로도 AI가 우리 사회에서 점점 더 중요한 역할을 하게 될 것이 분명하다. AI가 사회에 미치는 잠재적 부정적인 영향에 대한 우려가 분명히 있지만 AI가 많은 이점을 가져올 잠재력이 있다는 것도 분명하다.

그렇다면 인간은 AI의 확산에 어떻게 대응해야 할까? 첫 번째는 AI의 잠재력을 이해해야 한다. AI는 의료, 교육, 교통 등 많은 분야에서 상당한 이점을 가져올 수 있는 잠재력을 가지고 있다. 개인과 조직이 AI의 잠재력을 이해하고 AI 기술을 활용하여 긍정적인 변화를 가져올 방법을 모색하는 것이 중요하다. 두 번째는 윤리적이고 책임 있는 개발 및 사용의 촉진을 알아야 한다. AI의 잠재적 이점에는 일자리 대체, AI 알고리즘의 편향, 감시 및 사회적 통제를 위한 AI의 잠재적 오용 등 잠재적 위험이 따른다. 기술이 공정하고 투명하며 책임 있는 방식으로 사용되도록 보장하기 위해 AI의 윤리적이고 책임 있는 개발 및 사용을 촉진하는 것이 중요하다. 세 번째는 AI를 이용한 교육 및 훈련에 적용해야 한다. AI 기술의 부상은 일부 직업이 기계로 대체되고 다른 직업이 변화하는 등 노동력에 상당한 변화를 가져올 가능성이 높다. AI가 점점 더 중요한 역할을 하는 세상에서 개인이 성공하는 데 필요한 기술과 지식을 갖추도록 교육 및 훈련 프로그램을 조정하는 것이 중요하다. 네 번째는 인간과 기계 간의 협업을 촉진해야 한다는 것이다. AI 기술은 많은 작업을 자동화할 수 있는 잠재력을 가지고 있지만 여전히 인간의 전문성과 판단이 필요한 영역이 있다. 인간과 기계 간의 협업을 촉진하여 두 가지의 강점을 활용하여 최상의 결과를 도출하는 것이 중요하다. 마지막으로 윤리적 및 법적 고려 사항 해결해야 한다. AI 기술이 계속 발전함에 따라 해결해야 할 윤리적 및 법적 고려 사항이 많이 있을 것이다. 예를 들어 개인정보 보호, 편견 및 책임에 관한 질문은 적절한 법률 및 규정을 통해 신중하게 고려하고 해결해야 한다.

요컨대, AI 기술의 확산은 사회에 기회와 도전을 모두 제공한다. 효과적으로 대응하기 위해서는 AI의 잠재력을 이해하고, 윤리적이고 책임 있는 개발 및 사용을 촉진하고, 교육 및 훈련 프로그램을 조정하고, 인간과 기계 간의 협업을 촉진하고, 윤리적 및 법적 고려 사항을 다루는 것이 중요하다. 우리는 신중한 고려와 행동을 통해 AI가 사회에 최대한의 혜택을 가져다줄 수 있도록 노력해야 한다.

제3장

인공지능 윤리

고인석
(인하대학교 철학과 교수)

I. 인공지능 법과 인공지능 윤리의 관계

이 장은 인공지능 관련 법률에 관한 논의를 지원한다는 취지에서 인공지능 윤리를 고찰한다. 어떤 법률에 관한 논의를 지원하는 일은 법을 제정하거나 기존의 법을 보완하는 과정에서 필요한 생각과 토론의 일부를 지면에 전개함으로써 그러한 제정 및 보완 과정의 효율성을 증진하는 방식으로 이루어질 수 있을 것이다. 특히 이를 위하여 윤리를 고찰하는 이유는 규범으로서 법이 지닌 힘이 그 사회의 윤리, 곧 온갖 행위의 옳고 그름을 평가하는 일과 관련하여 한 사회가 지닌 암묵적 규범의 총체인 윤리에 뿌리내리고 있기 때문이다.

법은 사회를 합리적으로 규율한다는 목적을 위하여 만들어지고 운용되는 사회적 도구(social artifact)다. 이 도구를 만들고 사용하는 주체는 특정 개인이 아니라 사회 공동체이고, 법이라는 도구를 통해 추구되는 좋음(善) 역시 특정 개인이나 특정 집단의 좋음이 아니라 사회 전체의 좋음이다. 또한 법은 일회적 제정을 통해 고착되는 것이 아니라 변경되고, 폐기되고, 새로 만들어진다. 그것이 규율할 사회가 변하기 때문이다. 특히 사회가 변동하면서 이전에 그 구성원들이 경험하지 못했던 새로운 유형의 사태들이 발생하고 그런 사태들 앞에서 의견 불일치의 상황이 발생할 때, 법은 그 사회에

서 실현되어야 할 합리성을 확보하는 데 필요한 규범을 새로 명시함으로써 그 상황을
관리하도록 돕는다.

옳고 그름에 관한 사회적 관습을 다루는 윤리도 이와 유사한 역할을 한다. 다만 윤
리는 적어도 다음 두 가지 점에서 법과 다르다. 첫째는 구속의 방식이다. 윤리는 일반
적으로 권유의 방식으로 부과되고, 그것을 거스르는 자를 비난, 책망, 부정적 평판 등
의 방식으로 제재할 뿐, 때로 범법자의 기본권을 제한하는 강제의 수준으로까지 해당
자를 구속하는 법의 방식으로 응징하지 않는다. 둘째는 명시성의 수준이다. 사회는 법
을 언어로 명시함으로써 법으로 표현된 규범이 해당 사회의 구성원들에게 그 취지대
로 인지되고 그럼으로써 현실에서 작동할 수 있는 객관적 효능의 토대를 놓는다. 모든
법적 개념이 원칙적으로 해석의 대상이라는 원초적 사실이 방금 언급한 명시성
(explicitness)의 취지를 약화하는 것처럼 보이지만, 그렇다고 법이 지향하는 명시성의
가치가 부정되지는 않는다. 반면에 윤리는 명시성에 기초한 객관성보다 규범의 내면
화와 포괄성을 추구한다. 즉 일반 시민에게 법은 그것이 부과하는 규범의 내용과 형식
이 타당한지를 따질 이유가 없는 무조건적 순응의 대상이다.

인공지능(Artificial Intelligence)은 기계에 인간처럼 지각하고 판단하고 반응할 수 있는
능력을 부여하는 일을 목표로 하는 다학문적-학제적(multidisciplinary-interdisciplinary) 연
구개발의 영역을 포괄하여 지칭하는 개념이다. 그것은 컴퓨터 발달의 역사가 앨런 튜
링(Alan Turing)이 1936년 논문[1]에서 제시한 만능 알고리즘 기계의 구상과 만나고 1956
년 다트머스 모임(Dartmouth Conference)에서 논의되었던 몇 갈래의 구체적인 목표들을
추구하는 과정에서 생겨나고 발전하였다. 이 분야는 "인공지능 겨울(AI winter)"이라고
불리는 몇 차례의 부침을 겪었지만, 신경망을 본뜬 정보처리 구조를 활용하는 기계학
습의 눈부신 발달을 디디고 도약하면서 2020년대 현재 과학기술의 핵심 영역으로 성
장했다. 최근에는 람다(LaMDA), 챗GPT(chatGPT) 등 막대한 규모의 언어 자료와 더불어
그것을 처리하는 어마어마한 수의 매개변수(parameters)[2]를 활용하는 고도화된 인공지

---

1) Turing, A. (1936), "On Computable Numbers, with an Application to the Entscheidungsproblem",
   Proceedings of the London Mathematical Society (2) 42.

능 프로그램들이 개발, 공개되면서 그 파급효과에 대한 다양한 기대와 추측을 낳고 있다.

인공지능 분야에서 만들어지는 새로운 기술들은 아주 빠르게 시장에, 혹은 소비자에게 도달한다. 소비자들이 그것에 어떻게 반응하는지는 또 다른 문제지만, 이런 전이 자체는 거의 즉각 이루어지는 것처럼 보인다. 이것은 새 약물의 핵심 성분이 될 새로운 물질이 발견된 후에도 그것으로 만든 약물이 환자에게 투여되기까지 10년 이상의 시간이 걸리는 것과 확연히 다른 모습이다.[3] 이런 속도 차이는 의약업계 전문가들이 컴퓨터공학 전문가들보다 굼뜨기 때문에 생기는 것이 아니다. 이런 차이의 원천은 인공지능 기술에 대해서는, 아직 일반적으로, 신약의 개발 과정에 존재하는 것과 같은 영향평가 절차에 대한 강제력을 지닌 규범이 없기 때문이다.

제도화된 규범의 이런 차이에 관하여 약물은 인간의 건강에 직접 영향을 미치기 때문에 그처럼 신중하고 엄정한 평가의 절차가 확립되어 있다는 해명을 예상할 수 있다. 그러나 그러한 절차가 약물의 효능이나 부작용이 사람의 생명 유지를 결정하는 것과 거리가 먼 경우에도 마찬가지 방식으로 수립되어 있다는 사실, 그리고 인공지능 기술이 항공을 포함하는 교통과 의료의 영역을 포함하여 인간 현실에 얼마나 깊숙이 침투해 있는지를 고려할 때 그런 해명은 적절하지 않다. 오히려 이에 대하여 좀 더 단순하면서도 적절한 해명은, 의약의 영역에 비하여 인공지능 기술에 관해서는 그처럼 필요한 절차의 실행에 관하여 사회가 도달한 숙고와 합의의 수준이 미미하기 때문이라는 것뿐이다.

오늘날 인공지능 관련 기술은 광범위한 파급력과 고도의 부가가치를 지닌다고 추정되고 그런 가치는 기업의 관점에뿐만 아니라 국가 차원의 이익에 기여한다고 생각된다. 이런 까닭에 그러한 기술 수준의 상승을 더디게 할 우려가 있는 실행 절차상의 제

---

2) 최근 이러한 인공지능 프로그램을 훈련하는 데 활용되는 매개변수의 수는 100억에서 1조 정도의 범위에 있다. 매개변수의 증가는 인공지능이 처리할 수 있는 정보의 복잡성 수준과 결부되기 때문에 일반적으로 처리 시간과 처리에 필요한 컴퓨터 용량의 증가를 요구하며, 단순히 많을수록 좋은 것은 아니다.

3) 코로나 19의 팬데믹 같은 특수한 조건에서 예외에 해당하는 경우들이 생기기도 했다.

약이나 사전 평가의 규범은 기업 측 인사들을 포함하는 일부 전문가들로부터 "불필요한 족쇄"로 간주되곤 한다. 그것은 한편으로 자연스러운 현상이다. 그러나 그렇다고 그것이 올바른 평가가 되는 것은 아니다.

두 가지를 고려해야 한다. 첫째, 기술을 개발, 활용하고 이를 통해 이익을 생산하는 등의 모든 활동을 법의 방식으로 규율하는 것이 최선인가 아니면 어떤 영역에서는 다른 방식의 규율이 더 바람직한가 하는 토론은 가능할 뿐만 아니라 유의미한 반면, 법에 의한 규율이 단적으로 불필요하다거나 비효율적이라는 평가는 근거도 없고 사실과도 부합하지 않는다. 둘째, 법, 가이드라인, 윤리 원칙 등의 규범이 일반적으로 기업의 활동을 제약하고 그럼으로써 자유롭고 창의적인 영리 추구에 부정적 영향을 미친다는 인식은 틀렸다. 이는 차선도, 신호등도, 또 도로교통에 관한 아무 법규도 존재하지 않는 도로를 상상해 보기만 해도 분명하다. 문제는 그런 규범의 내용과 구조이지, 규범의 존재 자체가 아니다. 이뿐 아니라 새로운 기술이 사회에 정착하는 과정에서 적정 수준의 명시적 규범은 해당 기술을 소비하게 될 시민들의 막연한 심리적 불안을 해소함으로써 소비를 진작하는 효과를 산출하기도 한다.

2006년쯤 EURON(European Robotics Research Network)의 로봇윤리 로드맵[4] 작성과 더불어 로봇윤리에 관한 논의를 시작했던 유럽은 2016년에 데이터를 다루는 일에 관한 광범위한 규범의 체계인 일반데이터보호규칙(General Data Protection Regulation: GDPR)을 유럽연합의 규범으로 제정, 공포하였고, 2021년 4월에는 인공지능 법(Artificial Intelligence Act)을 구성하여 제안하였다. 미국의 의회는 2022년 봄에 수정 상정된 알고리즘 책임법(Algorithm Accountability Act)을 검토 중이다. 이 법들은 각각 유럽과 미국이라는 지역에서 탄생하고 있지만, 사실상 글로벌 차원의 법규범으로 간주할 수 있다. 예컨대 GDPR의 경우 유럽에 본사를 둔 기업의 활동에만 효력을 발휘하는 것이 아니라 유럽연합 국가 주민들의 삶에 영향을 주는 모든 데이터의 생산, 가공, 유통 등에 두루 적용되기 때문이다.

GDPR은 제1조에서 그것이 자연인의 기본적 권리—특히 개인정보 보호에 대한 권

---

4) http://www.roboethics.org/atelier2006/docs/ROBOETHICS%20ROADMAP%20Rel2.1.1.pdf 참조.

리와 자유—를 보호하는 일과 더불어 이 규범의 통할 권역인 유럽연합 역내에서 데이터의 자유로운 이동을 보장하는 일을 목적으로 한다고 명시하고 있다. 데이터가 자원인 시대에 데이터의 자유로운 이동을 보장한다는 것은 유럽연합 공동체 전체의 이익 증진이라는 가치를 지향한다는 가치관의 표명이다. 다시 말해 그것은 "**다른 조건들이 같다면**(ceteris paribus), **공동체 전체의 이익을 증진하는 것이 옳다.**"라는 윤리적 입장의 표현이다. 반면에 자연인의 기본적인 권리를 보호한다는 것은, 자연인에게 귀속된 개인 데이터처럼 자연인이 그것에 대한 권리를 가진 것들은 함부로 다뤄서는 안 된다는 윤리 원칙의 표현이다.

이러한 두 가지 원칙은 각각 더 이상 이론적인 근거를 요구할 필요가 없을 만큼 당연해 보인다. 또 두 원칙 모두 오늘 같은 데이터 중심 사회가 도래하기 전부터, 데이터를 놀라운 효율성으로 처리하는 컴퓨터와 인공지능 기술이 발달하기 전부터 작동하고 있었다. 문제는 두 원칙이 서로 충돌하는 경우들이 발생한다는 것이다. 공동체의 이익만 고려하면 개인의 사적 영역에 관한 데이터를 포함하여 무제약적인 데이터 이동과 거래가 목적에 봉사하는 최선의 길일 수 있기 때문이다. 반대로 개인 데이터에 관한 권리를 충분히 보장하는 일이 데이터 수집과 유통의 범위를 제한하고 그럼으로써 데이터 경제의 활성화를 제한하는 부정적 요인으로 작용할 수도 있다. GDPR은 제1조에서 그것이 이처럼 서로 긴장 관계에 있는 두 가지의 가치, 그리고 그것을 추구하는 두 원칙을 존중한다는 점을 명시한다. 그것은 GDPR이 두 원칙 간의 긴장 관계를 의식하면서 양자의 실현을 극대화하는 최적의 길을 모색하겠다는 태도의 표명이기도 하다.

그것이 GDPR처럼 명시적인 방식이든 아니든, 사회가 채택하고 적용하는 규범들은 모종의 가치관을 대변하고 그 실현을 추구한다. 다시 말해, 법을 위시하여 사회를 통할하는 데 적용되는 명시적 규범들은, 예외 없이, 그 사회가 수용하는 가치관과 윤리관을 표현한다. 그런 규범들의 존재 이유를 고려할 때, 이것은 우연적 관계가 아니라 필연적 관계다. 이로부터 추론되는 한 가지 결론은, 인공지능이라는 분야의 산물로서의 인공지능 기술과 그 응용에 관한 법을 제정할 경우 이에 관한 윤리를 근간으로 삼아야 한다는 것이다.

나아가, 인공지능에 관한 법은 인공지능에 관한 윤리 가운데 논쟁의 소지가 없거나 충분히 작아서 사회 구성원들이 대체로 그리고 원칙적으로 합의할 만하다고 간주되는 요소들로 구성되어야 한다. 법의 적용은 윤리의 적용보다 훨씬 더 큰 사회적 비용을 소모한다. 입법과 행정의 과정을 논외로 하고 사법만 고려하더라도 그렇다. 특정 사안에 관한 윤리를 둘러싸고 거센 논쟁이 발생하더라도 사회는 이에 관한 의견 불일치를 상당 기간 큰 어려움 없이 용인한다. 윤리적 의견의 불일치는 제3자의 관점에서 생각할 때 반드시 해소되어야 할 문제로 여겨지지 않는 것이다. 그러나 법의 문제는 다르다. 법이 걸린 문제는 그래서 세 번까지라도 법정의 판단을 물어 가면서 답을 확정하고자 하는 것이다. 이렇게 도출된 답에 다수의 시민들이 공감하지 못할 수도 있다. 그러나 설령 그러한 경우라도 법정에서 내려진 판단은 해당 시점의 그 사회에서 모종의 최종적 지위를 지니게 된다.

II. 사회의 명시적 규범을 정하는 일의 어려움

이러한 일을 맡은 사법은 현대 사회를 지탱하는 중요한 기관(organum)인 동시에 막대한 인력과 비용과 사회적 에너지를 소모하는 장치다. 국가를 단위로 개별화되는 현대 사회를 진화 이론의 관점에서 바라보면 이렇게 소모되는 사회적 비용의 총합이 한 사회의 성쇠를 좌우하는 경제성의 핵심 요소가 된다. 따라서 우리는 입법으로부터 행정과 사법에 이르는 절차 전체를 사회 전체의 비용과 편익이라는 관점에서 살펴야 한다.

법의 운용 비용이 크다는 사실은 법의 과잉 비용을 줄일 필요가 있음을 암시한다. 그러려면 법은 원칙적으로 적을수록 좋다. 불요불급한 법률의 제정은 법률에 근거한 관리와 감시, 범법에 대한 제재와 응징, 그리고 법정 다툼 등의 비용을 필요한 수준 이상으로 증대시킬 것이다. 그러나 반대로 사회에 필요한 법의 규율이 부재함으로 인하여 발생하는 규범적 혼란과 논쟁과 비효율성은 또 다른 과잉 비용의 원천이 된다. 그러므로 사회에서 특정한 방식의 규율이 필요한 사안에 대해서는 본성상 구속의 효과가 불확실할 수밖에 없는 윤리나 연성법의 효능에 의존하지 말고 법률을 제정하여 규율해야 한다. 즉, 불필요한 법이 사회 구성원들의 행동을 제약하는 일은 없애되 꼭 필요한 법은 그 필요에 부합하는 명료한 내용과 형식으로 만들어 적용하는 것이 간단하고도 현명한 원칙이다.

여기서 문제는 기업 경영자 등을 포함하는 시민들의 윤리적 판단에 맡길 사항과 법으로 구속해야 할 사항을 구별하고 후자에 적용될 법을 만드는 일이다. 그것이 법에 관한 판단인 까닭에 이 일은 일차적으로 법률 전문가들이 담당할 몫이라고 생각된다. 그러나 다른 한편으로, 그것을 오롯이 법률가들의 문제로 간주하는 것은 부적절하다. 왜냐하면 이 과제의 핵심적이고도 선결을 요청하는 부분이 법으로 다스려야 할 영역을 획정하는 일(demarcation)이기 때문이다. 비유로 말하자면, A국 영토의 범위를 획정하는 일은 A국 혼자서 할 수 없다. 그 범위는 A국와 경계를 공유하는 이웃 나라들, 다시 말해 경계 저편의 타국이 참여하고 동의함으로써만 결정될 수 있다. 지금 거론되고 있는 획정이 결국 법에 관한 것이라는 점에서, 이러한 논의는 법에 관한 지식을 지닌 자가 중재하고 다수의 유관 분야 전문가가 참여하는 융합적 성격의 협의체에서 이루어지는 것이 적절하다. 그리고 앞의 1절에서 언급한 법과 윤리의 관계를 고려할 때, 이러한 논의에는 반드시 윤리 영역의 전문가가 참여하여 조력하도록 해야 한다.[5]

MIT 미디어랩은 '모럴 머신'(Moral Machine)이라는 흥미로운 웹사이트[6]를 운영하여 왔다. 이야드 라완(I. Rahwan) 등의 주도로 2016년부터 운영되어 온 이 웹사이트에 접속하면, 자율주행자동차가 만날 수 있는 것으로 상정된 다양한 양상의 딜레마 상황을 제시하면서 방문자에게 어느 편을 선택할 것인지 묻는다.[7] 딜레마 상황이란 이리로 가도 곤란하고 저리로 가도 곤란한, 한 마디로 답이 없는 상황이다. 자율주행 중인 자

---

5) 윤리 전문가라고 해서 윤리 문제에 관하여 균일한 견해를 가진 것은 아니다. 예를 들어, 공리주의의 관점을 고려의 출발점으로 삼는 전문가가 있는가 하면 공리주의가 궁극적으로 윤리 판단의 적절한 토대가 아니라고 보는 전문가도 있다. 그러나 윤리 전문가는, 최소한, 윤리의 관점에서 사태를 고찰하고자 할 경우 따져보아야 할 사항들이 어떤 것들인지 파악하는 능력을 가졌고, 또 그러한 사항들을 어떻게 분석하고 고려해야 하는지 인지하고 있다는 점에서 활용의 가치가 있다.

6) http://moralmachine.net

7) 딜레마 상황에 대한 설명은 영어 이외에도 9개 국어(한국어, 중국어, 일본어, 독일어, 프랑스어, 스페인어, 아랍어, 포르투갈어, 러시아어)로 제공되고 있어서 세계의 광범위한 지역으로부터의 참여를 용이하게 한다.

동차가 보행자 신호등이 빨간색임에도 불구하고 길을 건너고 있는 어린이와 녹색 신호등을 기다리며 길가에 서 있는 노인 가운데 한 사람을 치여 죽게 만들 수밖에 없는 상황을 만난다면, 그것이 어떻게 운행하도록 해야 할까? 양자택일의 두 선택지는 모두 곤혹스럽고, 그래서 선뜻 한쪽을 선택하기 어렵다.

그러나 모럴 머신 웹사이트를 방문한 사람들은 제시된 상황들이 그처럼 어차피 답이 없는 딜레마 상황임을 인지하면서 자신의 결정을 입력하기 시작한다. 그것은 방문자에게 자율주행기술이 연관된 가상적 상황에 관한 판단을 경험하는 장소였던 반면, 웹사이트 운영자들에게는 세계 각국에서 이곳에 접속한 사람들의 의견을 수합하는 창구가 되었다.[8] MIT 미디어랩의 라완과 아와드(Edmond Awad) 등은 이렇게 수집된 의견을 토대로 2018년 "The Moral Machine Experiment"라는 제목의 논문을 『네이처』에 게재했다.[9]

논문의 저자들은 통계의 관점에서 사용자가 웹사이트에 접속했던 지역을 기준으로 응답의 지역문화적 특성을 분석하였다.[10] 그 결과, 동물(개, 고양이)의 목숨보다 인간의 목숨을 중시하는 것처럼 동서양에 걸쳐 공통적으로 높은 수준의 일반성을 보인 판단 경향도 있었는가 하면 어린이와 노인의 생명 중 어느 편을 더 중시하는가의 경향처럼 동양과 서양 문화권의 차이가 두드러지는 지점들도 있었다.

이런 결과는 인공지능을 활용하는 데서 발생하는 문제들에 적용될 규범을 정하는 일에 관한 힌트를 준다. 그것은 분석된 지역 문화의 다양성을 고려할 때 그것이 쉽지 않은 과제라는 전망이다. 유럽이라는 제한된 지역을 배경으로 제정된 규범이면서도 EU 회원국이 아닌 다른 지역의 사업자들에게까지 영향을 미치는 GDPR의 사례에서도 알 수 있듯이 인공지능의 활용에 관한 규범 역시 특정 지역의 범위를 뛰어넘는 비국소적 영향력을 가지게 될 것이고, 이는 예컨대 한국이 인공지능에 관한 법을 만들 때에

---

8) 이 글을 작성하고 있는 2023년 2월 현재, 이 웹사이트는 전과 같이 운영되고 있다.

9) Awad, E., Dsouza, S., Kim, R. et al. (2018), "The Moral Machine experiment", *Nature* 563, pp.59 -64. https://doi.org/10.1038/s41586-018-0637-6.

10) 북미와 유럽의 빈도가 뚜렷이 높긴 했지만, 4천만 건의 응답을 산출한 방문자들의 접속 지역은 세계 233개국에 분포되어 있었다.

도 교역 상대국들을 비롯한 다른 지역 문화의 관점을 고려해야 한다는 요청을 함축하기 때문이다.

그렇다면 자율주행을 제어하는 인공지능 프로그램을 개발하고 자율주행자동차를 생산하는 기업은 자율주행자동차가 이와 유사한 상황을 만나게 될 때 어떻게 하도록 해야 할까? 또 자율주행에 관한 법률과 제도를 만드는 사람들은 이런 종류의 문제 상황에 대하여 도대체 어떠한 규범을 적용해야 하고, 그런 상황에서 발생하는 사고의 처리에 관해서는 어떤 원칙을 세워야 하는가? 또 이러한 문제들에 관하여 법이 명시적으로 정해야 할 것들은 무엇이고, 그렇지 않은 것들은 무엇인가? 이런 물음들에 대한 답은 문화상대적이고 국소적인가, 아니면 원칙적으로 전 지구적이고 보편적인가?

법과 제도를 비롯한 규범을 정할 때 그 사회의 관습과 문화가 반영되는 것은 자연스러운 일이지만, 적극적으로 그렇게 반영하고자 할 경우 문제는 '어떻게'이다. 한 사회의 문화라도 다시 그 안에서 다채로운 속성을 지닌 부분들이 발견되기 때문이다. 한 걸음 더 나아가 그 안의 개인들과 개별적 상황들까지 미세한 시선으로 고찰하면 "지역 문화의 관점"은 더욱더 잘게 파편화된다. 방금 라완과 아와드 등이 분석해 낸 도덕 판단의 지역성을 언급했지만, 같은 지역, 같은 성별, 같은 연령대에 속한다고 해서 같거나 비슷한 도덕 판단을 하리라고 보는 것은 오산이다. 가치 판단의 지역성 혹은 국소성 자체를 부정하는 것이 아니다. 다만, 그러한 지역성이 이런저런 미세한 사실들을 희생시키는 거친 시선으로 파악된다는 사실을 언급해 두려는 것이다.

이런 사정들을 고려할 때, 한 사회의 법체계를 포함하여 그곳에서 채택되어 작동하는 명시적 규범들은 모종의 관습 기제를 통해 만들어지는 우연의 산물이다. 그리고 그것들은 이러한 생산 기제에 직접 참여하는 일 없는 대다수 시민을 포함하여 해당 사회의 구성원들에게 암묵적으로 용인됨으로써 정당성의 근거를 얻고 또 강화하게 된다. 단, 그렇게 되기까지의 과정에 사회의 다양한 구성원들이 그처럼 용인할 만한 법과 규칙을 언어로 빚어내는 전문가들의 노고와 역량이 필수조건인 것은 물론이다.

Ⅲ. 인공지능의 사회적-법적 지위라는 문제

인공지능 기술이 다른 첨단기술과 달리 특별한 사회적-철학적 고심을 유발하는 이유는 그것의 산물들이 현상 차원에서 마치 행위주체인 것처럼 작동하고 또 사회에서 인간이 실행해 온 결정의 일부를 대행하는 역할을 하고 있기 때문이다. 이런 경우, 우리는 그런 현상을 보이는 인공시스템이 —비록 인간이 아니라 금속, 규소, 플라스틱 등으로 만들어진 기계일지라도— 사회적, 법적, 윤리적 차원에서 인간과 대등하거나 적어도 그에 버금가는 주체의 지위를 가진다고 보아야 할 것 같은 유혹을 느낀다. 인간보다 더 똑똑한 기계에 그런 주체의 지위를 인정하지 않는 것은 불합리한 질투나 텃세에 지나지 않는다는 주장도 있고, 그런 주장에 일리도 있다.

2016년에 유럽연합의회(European Parliament)의 문건11)에서 '전자인격체'(electronic person)'의 개념이 제안되었다는 사실 역시 이러한 주장이 모종의 합리성을 지닌다는 방증이다. 그러나 그것이 유럽 안에서도 지금까지 계속되고 있는 찬반 논쟁12)을 유발한 하나의 제안이었지 유럽의회의 최종 결론은 아니었다는 사실을 분명히 인식할 필요가 있다. 또 이와 더불어 유의할 점은 유럽의회의 그런 제안이 인간 못지않게 똑똑한 기계에 인격체나 그것과 유사한 어떤 주체의 지위를 부여하는 것이 마땅하다는 주장을 정당화하는 것도 아니라는 사실이다. 그런 기계들에 어떤 존재 지위를 부여할 것인지는 그런 것들에 관한 과학적 진실이나 철학적 진리를 찾는 문제가 아니라 그런 지위에 관하여 가능한 방안들 가운데 어느 것을 선택할 것인가 하는 결정의 문제다. 따라서 이 문제는 개념의 논리적 분석이나 경험과학의 방식으로 해결할 수 없다. 그 해결은 오로지 여러 방안들의 좋음과 나쁨을 분석하는 비교와 토론의 방식으로만 가능하다.

---

11) European Parliament, Committee on Legal Affairs (Rapporteur: Mady Delvaux), *DRAFT REPORT with recommendations to the Commission on Civil Law Rules on Robotics* (2015/2103(INL)).

12) http://www.robotics-openletter.eu/는 대표적인 사례를 보여 준다.

여기서 한 가지, 현재까지 인공지능 기술이 개발한 대표적인 산물들이 바둑의 수를 판단하거나, 자동차의 운행을 제어하거나, 문자열로 입력된 질문에 문자열로 된 대답을 제시하는 일 같은 특수한 목적에 봉사하는 "좁은 지능"(narrow AI) 혹은 "특수 지능"이라는 사실, 그리고 2016년 5월 유럽의회의 문건이 전자인격 성립의 요건으로서 인공일반지능(Artificial General Intelligence)13)을 언급한 바 없다는 점에 유의하자. 이것은 인공지능 체계가 인간의 실시간 개입 없이 독립적으로 산출한 결정이 현실에서 낳는 손실의 보상을 어떻게 배분해야 하는가 하는 문제가 전자인격체 범주 제안의 핵심 배경이라는 사실을 상기하면 자연스럽게 이해된다. 실제로 문제가 되는 그런 위험의 범주가 이제껏 일반 지능이라는 배경을 전제로 요구하지 않았기 때문이다.

우리가 인공지능이나 지능형 로봇의 법적-사회적 지위를 논하게 되는 현실의 맥락이 문제의 인공지능이 일반 지능일 것을 요청하지 않는다는 것, 달리 말해 그런 논의가 전문화된 특수 지능에 관해서 가능하다는 사실을 인식하는 일은 중요한 사항임에도 불구하고 인공지능의 사회적 지위에 관한 토론에서 아직 정착되지 않았다. 이 점이 중요한 이유는, 법적 인격의 지위로서 전자인격에 관해 토론하게 될 때 우리가 인간과 동등한 온전한 의미의 인격체를 상정할 필요가 없기 때문이고, 이런 불필요를 인식함으로써 사회를 관리하고 운영하는 방편으로서의 전자인격 개념에 대한 토론에서 지적 낭비를 줄일 수 있기 때문이다.

일반 지능이 아닌 특수목적 지능이라도 법과 제도의 차원에서 그것에 특별한 인격체 지위를 부여하여 관리하는 방식 역시 사회적 실용성의 관점에서 고려될 수 있고, 또 그렇게 사회 전체에 걸친 효용과 비용을 고려한 결과 그런 방식이 합리적인 방안이라고 판명되어 채택될 수도 있다.14) 그러나 그렇게 설정되는 전자인격체(electronic

---

13) AGI로 약칭되는 인공일반지능은 단일한 인공지능 체계가 지각, 추론, 선호 판단, 언어 이해와 구사, 감정 인지와 표현, 운동 조절 등 인간 삶의 다양한 국면에 연관되는 지능의 요소들을 빠짐없이 실현하는 경우를 의미한다. 바둑에 특화된 알파고나 도로 주행에 특화된 자율주행 인공지능처럼 지능의 다양한 요소들 가운데 일부에 특화된 인공지능 체계와 대비되는 개념이다.

14) 단, 그렇게 하는 경우에는 반드시 그러한 선택이 추구하는 실용성의 양상 그리고 그러한 지위의 부여와 박탈의 조건이 명료하게 제시되어야 할 것이다.

person)의 개념은 논리적으로 그것을 포함하는 상위 범주이어야 할 인격체(person) 개념에 적절히 포섭되지 않는다는 문제를 만들며, 그런 까닭에 **이론적 관점에서** 부적절한 처사처럼 보인다.

앞 문단의 두 문장에 담긴 평가는 일견 서로 모순되어 양립불가능한 것처럼 보인다. 그러나 이 두 문장은 양립불가능하지 않다. 오히려 그런 둘을 나란히 놓고 봄으로써 전자인격에 관한 논의가 진행되어야 할 방향에 대한 가르침을 얻을 수 있다. 그 가르침이란, 전자인격의 범주를 법과 제도에 도입하더라도 그것을 순전히 사회 관리의 방안으로서 다루고 그것으로부터 확대, 심화된 존재론적-윤리적 해석이 파생되지 않도록 유의해야 한다는 것이다. 이러한 관계는 주식회사, 유한회사, 사단법인, 재단법인 등의 범주들을 포함하는 오늘날의 법인(法人) 개념에서 이미 선례를 찾을 수 있다. 그러므로 언급한 것처럼 특수한 목적에 봉사하는 법적 개념의 범주와 윤리적 함의를 지니는 존재 범주를 분리하는 것은 합리적일 뿐만 아니라 실제로도 어렵지 않은 일이 되리라고 기대한다.

본래적 의미의 인격체는 고유한 1인칭의 관점과 결부된 하나의 통일된 주체를 기반으로 한다.[15] 그리고 그런 통일된 주체로서 존재한다는 것은, 그것이 발휘할 수 있는 기능들이 각각 어느 정도 우수한지와 상관없이, 일반 지능의 속성을 요구하는 사태다. 다시 말해, 일반 지능이 없이는 본래적인 의미의 인격체가 될 수 없다. 최근 세간의 관심을 모으고 있는 챗GPT는 "나(I)"라는 표현을 사용하지만, 그것은 챗GPT를 만든 공학자들의 설계 때문이지 그것이 자아를 가진 주체이기 때문이 아니다.[16]

한편, 일종의 본말전도가 되겠지만, 이론적으로 합당한 전자인격체 지위를 정당화하기 위하여 인공일반지능을 인격체 범주의 요건으로 설정하는 가능성도 고려할 수 있다. 그러나 인공지능 기술의 발전이 인공일반지능을 만들어 내는 방향으로 계속 전진할 것인지, 또 그러한 지점에 실제로 도달할 것인지는 전혀 분명치 않다. 또 만일 그

---

15) 고인석 (2020),「인공물이 행위주체가 될 수 있을 조건」,『과학철학』23/1 참조.

16) 이런 점에서, 최근 우리가 경험하기 시작한 일부 대화형 인공지능이 이미 자의식을 지닌 주체가 아닌가 하는 견해는 자의식과 결부된 진화의 역사를 고려하지 못한, 단적으로 비과학적인 견해다.

런 방향의 기술 발전을 가정한다면, 어떤 체계가 인공일반지능에 해당한다는 주장이 제시되었을 때 그 타당성을 어떠한 방법으로 판별할 것인지가 현실의 중요한 물음이 될 것이다. 필경 긍정의 시선으로 보는 편에서는 몇 가지 관점의 테스트나 관찰을 근거로 그것이 일반 지능의 기준선을 뛰어넘었다고 주장하겠지만, 문제는 일반 지능을 지능의 차원들로 표현할 경우 도대체 몇 개의 차원들이 연루되어야 하는지조차 분명하지 않다는 사실이다. 이런 관점에서 볼 때, '인공일반지능'은 인공지능 연구개발의 거시적인 추진 방향에 적용될 느슨한 개념이지 구체적인 테스트와 결부시킬 수 있을 과학적 개념이 아니다.

법적-제도적 차원에서 전자인격이라는 지위를 도입할 필요가 있다는 생각의 실질적인 근거는 무엇인가? 이 제안을 처음 공식적으로 제안한 유럽의회의 문건에 "그것들이 야기한 피해를 보상하는 의무를 부과"하도록 한다는 표현이 있지만, 그런 지위 도입의 제안 근거가 구체적으로 명시되어 있지는 않다. 이후 전개된 토론을 고려하면, 그것이 인공지능 기술에 의하여 산출된 이익과 손실을 배분하는 효율적인 방안이라는 점이 가장 중요한 제안 이유로 보인다. 이러한 취지와 부합하는 관점에서 법학자 팀 도니스 (T. W. Dornis)는 2021년에 발표된 논문 「'저자 없는 저작물'과 '발명가 없는 발명품'에 관하여: 지적재산권 원칙에서 '인공지능 자율성'의 흙탕물」[17]에서 인공지능에 의해 생산되는 다양한 저작물과 발명품에 대한 권리의 문제를 다루기 위해서는 오로지 인간에게만 창작과 발명의 주체 지위를 인정하는 현재의 법적 관행을 재검토해야 한다고 주장한다.

그림도 그리고 글도 술술 써내는 최근의 생성 인공지능 기술 덕분에 점점 더 활발하게 논의될 공헌 배분도 문제지만, 아마도 더 중요한 것은 피해 보상의 배분 문제일 것이다. 단순히 생각하면 인공지능의 알고리즘을 만들고, 학습 데이터로 그것을 훈련하고, 나아가 인공지능으로 작동하는 기계를 만든 사람이 피해를 보상하면 될 일 아니냐고 하겠지만, 문제는 인공지능의 작동 방식이 그 세부 사항에서 그것을 설계하고 훈련

---

17) "Of 'Authorless Works' and 'Inventions without Inventor': The Muddy Waters of 'AI Autonomy' in Intellectual Property Doctrine", *European Intellectual Property Review*, Vol. 43, No. 9.

한 사람의 뜻대로 결정되지 않는다는 점이다. 신경망 구조의 학습을 통해 구성되는 인공지능 프로그램의 작동 방식은 각 노드들의 가중치에 따라 달라지는데, 그 가중치는 인공지능 체계가 작동하면서 동시에 학습을 계속하는 상황에서 그러한 경험에 따라 계속 변할 뿐만 아니라 그렇게 변하는 수많은 노드들의 가중치를 실시간으로 파악하는 것은 사실상 비현실적인 일이다. 그리고 이런 마당에 "당신이 인공지능 프로그램을 설계하고 학습시켰으니 그것의 작동으로 발생한 피해는 전부 당신이 배상하시오!"라는 요구가 적절한지 불분명해 보인다. 뿐만 아니라 그런 배상 방식이 보편화될 경우 과도한 피해보상의 우려 때문에 인공지능 연구개발의 의욕이 위축될 위험도 있다.

그렇다면 인공지능에 새로이 법적 인격체의 지위를 부여함으로써 이런 문제를 해결하고 인공지능의 시대로 성큼 한 걸음 전진할 수 있을까? 이 물음에 긍정으로 답하려면, 여러 개의 물음이 먼저 검토되고 해결되어야 한다. 예를 들면 다음과 같은 물음들이다. "인공지능 프로그램에 법적 인격체의 지위를 부여하려면 그 프로그램이 어떠한 속성을 지녔다고 판명되어야 하는가?", "특정한 속성을 지닌 인공지능에 법적 인격체의 지위를 부여한다면, 그런 인격체가 가지게 될 권리와 의무를 비롯하여 그러한 지위에 수반하는 지위속성의 내용이 무엇인가?", "특정한 인공지능 프로그램에 법적 인격의 지위속성을 부여하는 것이 기존의 법체계나 사회 제도와 부합하는가?", "그것이 사회 관리의 방편으로 도입된다고 볼 때, 그것은 다른 방안들에 비하여 더 나은 방안인가?"

고도의 지능을 가진 것처럼 작동하는 인공시스템에 사회적-법적 주체의 지위를 부여할 수 있는가 하는 최근의 토론을 살펴보았다. 현재 이 물음에 대한 답은 분명하지 않다. 그리고 현재 시점에 이 문제가 이처럼 미결정의 지점에 걸려 있다는 사실이 향후 논의의 중요한 출발점이다. 즉, 고도의 인공지능 기술이 적용된 인공물들의 사회적 관리 방식을 고심하는 현행의 논의에서 논의 주체들이 이러한 미결정성에 대한 인식을 공유하는 것이 필요하다. 사회 문제의 해결은 분명한 것을 토대로 불분명한 것들에 관하여 토론함으로써 불명료성의 영역을 줄여 가는 방식으로 진행되며, 이러한 과정이 작동하기 위한 기본 조건은 논의에 참여하는 주체들이 '분명한 것들'에 대한 인식을 공유하고 나아가 무엇이 어떠한 방식으로 불분명한지를 인지하는 것이다.

IV. 인공지능 윤리 원칙의 사례들

끝으로, 2016년 봄 알파고의 충격 이후 지난 수년간 세계적으로 활성화되었던 인공지능 시대의 윤리에 관한 논의의 결실이라고 할 인공지능 윤리 원칙의 사례를 살피면서 인공지능 윤리의 현주소를 파악해 보자. 2016년부터 2020년까지 5년 동안에만 최소 110건이 넘는 인공지능 윤리 원칙들이 세계 곳곳에서 발표되었다.[18] 이러한 추세는 지금도 여전히 이어지고 있다. 기술의 발달이 이전에 경험하지 못했던 새로운 종류의 사회 현상과 거기 결부된 새로운 고민들을 야기한다는 사실을 고려하면 당연한 일이다. 최근에는 미드저니(Midjourney), DALL-E, chatGPT 같은 생성 인공지능(generative AI)의 발달이 그런 고민의 원천 구실을 한다.

인공지능 윤리에 관하여 발표된 여러 원칙들은 각각의 특징을 지니고 있지만, 동시에 상당 부분 중첩되는 공통점을 지니고 있다. 예를 들면 인공지능에 관한 윤리가 실천윤리 영역의 기본 원칙들—악행금지(non-maleficence), 선행(benevolence), 정의 (justice), 자율성 존중(respect for autonomy)[19]—을 계승한다는 점이 그러하다. 이러한 근본 원칙들은 높은 수준의 추상성을 띠고 있기 때문에 현실에 적용하기에는 막연해 보일 수도 있지만, 그로부터 구체적인 실행의 원칙과 나아가 세부적인 규범이 도출될 수 있는 원천 구실을 한다는 점에서 중요하다. 예컨대, 여기서 정의의 원칙은 인공지능 기술의 활용이 사회의 다양한 그룹들 간에 존재하는 불평등이나 불공정을 확대하거나 고착시키는 결과를 낳지 않도록 해야 한다고 권유하고, 자율성 존중의 원칙으로부터는 인공지능 기술의 적용이 프라이버시 침해로 이어질 위험을 방지해야 한다는

---

18) https://www.statista.com/statistics/1286900/ai-ethics-principles-by-organization-type/ 참조. 비영어권 지역에서 발표된 것들을 비롯하여 이 조사에 포함되지 않은 다수의 해당 문건들이 있음을 고려할 때 실제 그 수는 이보다 훨씬 크다고 본다.

19) 이 원리들은 일찍이 생명의료윤리의 영역에서 정제되었고, 실천윤리의 여러 영역에 널리 영향을 미쳤다. 이에 관해서는 비첨(Tom L. Beauchamp)과 칠드레스(James F. Childress)가 공저한 저서 *Principles of Biomedical Ethics* (Oxford University Press, 1979)를 참조하라. 오랫동안 생명의료윤리 분야의 표준서 역할을 해 온 이 저서는 2019년 제8판이 발간되었다.

실천규범이 도출된다.

앞에서 논한 것처럼, 사회가 인공지능에 관한 법이나 제도를 만드는 경우 그 내용은 인공지능에 관한 윤리의 원칙들이 실현되도록 만드는 것일 수밖에 없다. 이런 까닭에, 인공지능 윤리의 원칙을 살펴보는 일이 인공지능 법을 전망하는 데 요긴하다. 여기서는 대표적인 사례로 '아실로마 인공지능 원칙'(Asilomar AI Principle)과 유럽연합에서 나온 '신뢰할 수 있는 인공지능을 위한 윤리 가이드라인'(Ethics Guidelines for Trustworthy AI)을 살펴본다.

'아실로마 인공지능 원칙'은 2017년 1월 생명미래연구소(Future of Life Institute) 주최로 세계적인 인공지능 연구자들과 관련 기업의 경영자들을 비롯한 수백 명의 인사들[20]이 미국 서부 해안의 아실로마에 모여 "유익한 인공지능(Beneficial AI)"을 주제로 나흘 동안 토론한 성과를 집약한 문건이다. 이 원칙은 이후 세계 여러 곳에서 진행된 인공지능 윤리 관련 논의에 영향을 미쳤다. 그 내용은 다음과 같다.

〈아실로마 인공지능 원칙〉[21]

연구 관련 주제

1) 연구 목표: 인공지능 연구의 목표는 방향성이 없는 지능을 개발하는 것이 아니라 인간에게 유용하고 이로운 혜택을 주는 지능을 개발하는 것이다.

2) 연구비 지원: 인공지능에 대한 투자에는 다음과 같은 어려운 물음들에 관한 연구를 포함하여 컴퓨터과학, 경제, 법, 윤리 및 사회연구 등 인공지능의 유익한 이용을 보장하기 위한 연구의 재정 지원이 수반되어야 한다:

- 어떻게 미래의 인공지능 시스템을 견고하게 만들어 오작동이나 해킹의 피해 없

---

20) *Life 3. 0: Being Human in the Age of Artificial Intelligence*의 저자인 맥스 테그마크가 주도한 이 모임에는 요슈아 벤지오, 얀 르쿤, 스튜어트 러셀, 데미스 하사비스, 닐스 닐슨, 닉 보스트롬, 레이 커즈와일, 에릭 브리뇰프슨, 로날드 아킨, 일론 머스크, 샘 알트만, 그리고 철학자 휴 프라이스 등이 참여하였다.

21) 이하는 https://futureoflife.org/open-letter/ai-principles-korean/을 참고하되, 각 조항의 의미가 좀 더 분명하게 전달되도록 영어판을 기준 삼아 표현을 수정하였다.

이 우리가 원하는 대로 작업을 수행하도록 할 수 있을까?

- 사람들의 자원과 목적을 보존하면서 어떻게 자동화를 통해 우리의 번영을 진작할 수 있을까?

- 인공지능과 보조를 맞추고 인공지능과 결부된 위험을 통제하기 위해, 좀 더 공정하면서도 효율적으로 법률 시스템을 개선할 수 있는 방법은 무엇인가?

- 인공지능은 어떤 가치에 따라 조율되어야 하고, 인공지능에는 어떤 법적, 그리고 윤리적 지위가 부여되어야 하는가?

3) 과학과 정책의 연결: 인공지능 연구자와 정책 입안자 간에 건설적이고 건전한 교류가 있어야 한다.

4) 연구 문화: 인공지능 연구자와 개발자들 상호간에 협력, 신뢰, 투명성의 문화가 조성되어야 한다.

5) 경쟁 피하기: 인공지능 시스템을 개발하는 팀들은 안전기준을 느슨하게 만드는 부실한 개발을 피하도록 적극 협력해야 한다.

<u>윤리와 가치</u>

6) 안전: 인공지능 시스템은 작동 수명 전체에 걸쳐 안전과 보안(safe and secure)을 유지해야 하고, 그런 안전과 보안은 적용가능하고 실현가능한 범위에서 항상 검증될 수 있어야 한다.

7) 실패에 관한 투명성: 인공지능 시스템이 해를 야기하는 경우, 그렇게 되는 이유를 확인할 수 있어야 한다.

8) 사법적 투명성: 사법적 결정에 자율시스템이 활용되는 경우, 역량과 권한을 지닌 인간이 감사(監査)할 수 있는 만족스러운 설명을 제시할 수 있어야 한다.

9) 책임: 고도화된 인공지능 시스템의 설계자와 제작자는 인공지능의 사용이나 오용, 그리고 작동의 도덕적 영향에 관한 이해관계자로서, 그런 영향을 조성하는 책임과 기회를 지닌 주체이다.

10) 가치관 조율: 고도로 자율적인 인공지능 시스템은 작동하는 동안 내내 그것의 목표와 행동이 인간의 가치관과 부합하도록 설계되어야 한다.

11) 인간적 가치: 인공지능 시스템은 인간의 존엄성, 권리, 자유, 그리고 문화 다양성이라는 이상들과 조화를 이루도록 설계되고 운용되어야 한다.

12) 개인정보 보호: 인공지능 시스템이 데이터를 분석하고 활용하는 힘을 지닌 경우, 사람들은 자신들이 생산한 데이터에 대한 접근과 관리와 제어의 권리를 가져야만 한다.

13) 자유와 프라이버시: 인공지능을 개인 데이터에 적용하는 경우 그로 인해 사람들의 실제 자유 또는 체감되는 자유가 불합리하게 축소되어서는 안 된다.

14) 이익의 공유: 인공지능 기술은 최대한 많은 사람에게 혜택과 힘을 주어야 한다.

15) 공동번영: 인공지능에 의해 창출된 경제적 번영은 널리 공유되고 인류 전체에 이익이 되어야 한다.

16) 인간에 의한 통제: 인간은 자신들이 선택한 목표를 달성하기 위해 의사결정을 인공지능 시스템에 위임하는 일의 방법과 위임 여부를 선택해야 한다.

17) 비전복: 고도로 발달한 인공지능 시스템을 제어함으로써 주어지는 권력은 사회의 건강을 좌우하는 사회적, 시민적 과정들을 전복하기보다 그것을 존중하면서 개선해야 한다.

18) 인공지능 군비 경쟁: 치명적인 자율 무기를 둘러싼 군비 경쟁은 피해야 한다.

장기적 관점의 주제

19) 인공지능의 능력에 관한 주의: 그것에 관한 합의가 이루어지지 않은 한, 미래의 인공지능이 지닌 능력의 한계에 관한 강한 가정은 피해야 한다.

20) 중요성: 고도화된 인공지능은 지구 생명의 역사에 중대한 변화를 가져올 수 있으므로 이에 상응하는 관심과 자원을 투입하여 계획하고 관리해야 한다.

21) 위험: 인공지능 시스템으로 인한 위험, 특히 치명적이거나 실존적인 위험에 대해서는 예상되는 영향에 상응하는 계획과 완화 노력이 투여되어야 한다.

22) 재귀적 자기 개선: 인공지능 시스템이 재귀적 자기 복제나 자기 개선을 통하여 빠르게 질적 혹은 양적으로 증가할 수 있도록 설계된 경우, 그러한 시스템은 엄격한 안전 및 통제 조치에 귀속되어야 한다.

23) 공동선: 초지능은 널리 공유된 윤리적 이상을 위해, 그리고 한 국가나 조직이 아
닌 인류 전체의 이익을 위해 개발되어야 한다.

23개의 조항으로 구성된 아실로마 인공지능 원칙은 인공지능 기술의 개발이 기술
발전 자체를 위한 것이 아니라 인간 사회의 유익을 위한 것이고, 이러한 이익이 일부
국가나 집단에 의해 점유되지 않고 인류 전체에 공유되고 고르게 향유되어야 할 것을
강조한다. 동시에 그것은 인공지능 기술의 잠재적 위험에 관한 지속적 관심과 더불어
적절한 통제가 필요하다고 강조한다. 또 한 가지, 아실로마 원칙은 인간들의 사회가
채택하고 있는 기존의 가치관과 관리 방식이 우선 존중되어야 한다는 입장을 표명한
다.[22]

아실로마 원칙은 먼저 인공지능 연구에 관한 원칙에서 출발한다. 첫 조항에서 인공
지능 연구의 목표가 무제약의 강력한 기술이 아니라 인간에게 유익한 지능을 개발하
는 것임을 확인한 후, 인공지능 연구가 이러한 목표에 접근하도록 하기 위한 기본 방
안을 열거한다. 특히 제2항에서 인공지능 연구에 ELSI 또는 ELSA로 약칭되는, 테크놀
로지의 윤리적, 법적, 사회적 측면에 관한 연구가 반드시 수반되어야 한다는 원칙을
표명한다.

제6항부터 제18항까지 두 번째 부분이 구체적인 윤리 원칙들이다. 이 부분을 정리
하면, ① 인공지능의 연구개발이 안전한 기술을 추구해야 한다는 원칙에서 출발하여
② 인공지능 연구가 추구하는 기술이 인간의 기본권을 비롯하여 인간 사회의 윤리와
가치관에 부합해야 한다는 것, ③ 인공지능 기술의 혜택은 고루 공유되어야 한다는
것, ④ 인공지능 기술의 영향에 대한 책임 관계가 분명히 드러나도록 해야 한다는 것,
그리고 ⑤ 인공지능에 인간의 결정을 위임하는 경우 그 방식을 인간이 선택하도록 해
야 한다는 것이다.

세 번째 부분은 인공지능의 미래 전망에 관한 원칙으로, 인공지능 기술의 잠재적 위
험을 지속적으로 의식할 것을 강조한다. 그리고 인공지능 연구개발의 목적이 인류 전

---

22) 그것은 기존의 과정들을 전복하는 대신 먼저 그것을 존중하도록 권하는 제17항에서 명시적이다.

체가 공유하는 이익임을 강조하는 제23항으로 끝을 맺는다.

두 번째로 살펴볼 인공지능 윤리 원칙의 사례는 2019년에 발표된 '신뢰할 수 있는 인공지능을 위한 윤리 가이드라인'(Ethics Guidelines for Trustworthy AI)[23]이다. 이것은 유럽의회의 위원회가 위촉한 독립적 지위의 인공지능 전문가 그룹이 만든 것이다.[24] 이 문건의 제1장은 그것이 목표로 삼은 '신뢰할 수 있는 인공지능'을 위한 토대가 될 원칙을 확인하고, 제2장은 그러한 원칙들을 실현하기 위한 실행 방안을 다루고 있다. 이 문건이 앞부분에서 제시하고 있는 두 장의 요지는 다음과 같다.

제1장에서 도출되는 주요 지침:

✓ **인간 자율성 존중, 해악 방지, 공정성, 그리고 설명가능성**의 윤리 원칙을 준수하는 방식으로 AI 시스템을 개발, 배포 및 사용한다. 이러한 원칙들 사이에 잠재적인 긴장이 있음을 인정하고 해결을 모색한다.

✓ 역사상 불이익을 받았거나 사회적으로 배제될 위험에 있는 아동과 장애인 등 취약 집단과 관련된 상황, 고용주와 근로자, 기업과 소비자 간 등 권력이나 정보의 비대칭성이 특징인 상황에 특히 주의를 기울인다.

✓ 인공지능 시스템은 개인과 사회에 상당한 혜택을 가져다주는 동시에 특정한 위험을 초래할 수 있으며, 예견이나 식별이나 측정이 어려운 영향(예컨대 민주주의, 법치와 분배 정의, 인간의 정신 등에 미치는 영향)을 포함하여 부정적인 영향을 미칠 수 있음을 인정한다. 이러한 위험을 완화하기 위해 적절한 경우, 그리고 위험의 규모에 비례하여 적합한 조치를 취한다.

---

23) 이 문건은 "AI HLEG Ethics Guidelines for Trustworthy AI"으로 표기되곤 한다. "AI HLEG"은 High-Level Expert Group on Artificial Intelligence의 약칭이다.

24) 이 그룹은 공학의 여러 분야들과 철학, 사회학, 경제학 등 분야의 배경을 가진 기업, 연구소, 공공기관, 대학 소속 전문가들 50여 명으로 구성되었다. 알라-피에틸라(Pekka Ala-Pietilä)가 좌장을 맡았고, 윤리학자로 윈스버그(Aimee van Wynsberghe), 철학자로 플로리디(Luciano Floridi)와 쾨켈버그(Mark Coeckelbergh) 등이 참여하였다. 또 이 문건의 초기 버전은 이 전문가 그룹에 속하지 않은 전문가 500여 명의 피드백을 수렴하였다.

제2장에서 도출되는 주요 지침:

✓ AI 시스템의 개발, 배포 및 사용이 (1) 인간의 주도와 감독, (2) 기술적 견고성과 안전성, (3) 개인정보 보호와 데이터 거버넌스, (4) 투명성, (5) 다양성, 차별금지, 그리고 공정성, (6) 환경과 사회의 복지, (7) 책임성, 이상 일곱 가지의 '신뢰할 수 있는 인공지능'의 주요 요구사항을 충족하는지 확인한다.

✓ 이러한 요구사항의 이행을 보장하기 위해 기술적, 비기술적 방법을 고려한다.

✓ 연구와 혁신을 촉진하여 인공지능 시스템을 평가하고 다음과 같은 요건을 달성하는 데 도움을 준다. 더 많은 대중에게 연구 결과와 공개 질문을 전파하고, 인공지능 윤리 영역의 차세대 전문가를 체계적으로 육성한다.

✓ 이해관계자들에게 인공지능 시스템의 기능과 한계에 대한 정보를 명확하게 그리고 선제적인 방식으로 전달함으로써 현실적인 기대치 설정을 지원하고, 요구사항이 어떤 방식으로 실현될 것인지를 알린다. 그들이 인공지능 시스템을 다루고 있다는 사실을 투명하게 알린다.

✓ 특히 중요한 상황이나 맥락과 관련하여 인공지능 시스템의 추적 가능성과 감사 가능성을 증진한다.

✓ 인공지능 시스템의 수명 주기 전체에 걸쳐 이해관계자들을 참여시킨다. 신뢰할 수 있는 인공지능에 대해 모든 이해관계자들이 인지하고 교육받을 수 있도록 훈련과 교육을 장려한다.

✓ 서로 다른 원칙과 요구사항 사이에 근본적인 긴장이 있을 수 있음을 염두에 둔다. 이러한 상충 관계와 그 해결책을 지속적으로 확인하고, 평가하고, 문서화하고, 공유한다.

V. 맺는 말: 인공지능 윤리의 핵심 과제들

앞에서 살펴본 인공지능 윤리 관련 두 문건에서도 확인할 수 있는 것은 인공지능이라는 유례없이 강력하고 그래서 중요한 기술을 활용하는 일에 다양한 종류의 위험이 동반된다는 것, 그래서 이 기술을 발전시키고 활용하는 데 사회적 차원의 관심과 대비와 관리가 필요하다는 사실이다. 기술이 효용과 위험의 양면을 지닌다는 것은 모든 기술에 예외없이 해당하는 속성이다. 그러나 각 기술이 저마다 고유한 효용을 갖듯, 기술의 위험도 그러하다. 그렇기 때문에 우리는 인공지능 기술 고유의 효용을 실현하는 일과 더불어 그것이 지닌 특유의 위험을 인식하면서 대비하고, 사후 검토와 관리를 통해 그러한 위험을 우리가 감내할 수 있는 수준 아래로 억제해야 한다.

이러한 위험 인식과 관리가 인공지능 윤리의 요체다. 그리고 인공지능 기술의 위험을 줄이고 긍정적 가치를 증진하는 데 필요한 실천의 원칙과 세목들을 정식화하는 일이 인공지능 윤리의 과제다. 앞의 논의를 돌이켜보면서 인공지능 윤리의 주요 과제를 꼽자면 다음 세 항목으로 정리할 수 있겠다.

1. 개인의 의사결정과 개인정보를 보호하는 일

인공지능 체계는 세상의 어느 개인보다도 더 많은 정보를 가지고 있고, 다량의 정보를 빠르고 일관성 있게 처리한다. 우리가 판단이나 의사결정을 위해 이런 인공지능에 의존하는 일은 점점 늘어날 것이다. 그러나 그러한 편익이 확대된 나머지 인간에 의한 결정이 사실상 사라져버리는 결과를 낳는다면, 그것은 자율성 존중의 원칙에 대한 중대한 침해다. 인공지능 프로그램이 인간의 결정을 대신할 수 있는 역량에 근접할수록 사회는 시민들이 현실에서 작동하는 각각의 결정이 누구의 결정인지, 또 누구의 결정이어야 하는지 판단하고 결정의 권력관계를 명료하게 인식할 수 있도록 해야 한다. 이와 더불어 인공지능 시스템을 통해 이루어지는 개인 데이터의 수집과 활용이 프라이버시 침해를 야기할 수 있다는 점도 중요한 문제다. 이 두 문제는 별개의 문제처럼 보일 수도 있지만, 둘 다 인공지능 기술이 모든 개인을 구성원으로 하는 인류의 이익의 봉사하는 도구이고 또 그래야 한다는 인공지능 윤리의 기본 원리에서 도출되는 과제들이다.

2. 안전을 확보하는 일과 책임의 소재를 확인하는 일

전통과 영향력을 가진 세계적인 공학단체들의 윤리강령 제1조는 하나같이 인간의 안전과 건강과 복지를 최우선의 가치로 천명한다. 인공지능 기술도 예외일 수 없다. 그러나 위험이 0인 기술은 없다. 그러므로 위험을 통제하는 일과 더불어 위험이 피해로 구체화되었을 때 그 책임의 소재를 확인하는 일이 필요하다. 그런데 인공지능 기술은 속성상 이런 책임 소재의 확인이 더 어렵다. 특히 사람의 개입 없이 인공지능 시스템이 내린 결정의 결과에 대한 책임이 누구에게 있는지 특정하기 어려운 경우들이 발생한다. 신경망 방식의 기계학습으로 훈련되는 인공지능의 투명성을 확보하는 일이 어렵기 때문에 더욱 그렇다. 유무형의 위험에 대비하여 안전을 고려하고 발생한 피해에 대해서는 책임을 올바르게 귀속시키는 일은 사회 전체에 중요하다.

3. 불평등과 차별을 줄이고 공정성을 확대하는 일

개인의 사적 일상으로부터 기업들의 행동, 나아가 공공부문의 관리에 이르기까지 광범위한 영향을 미치는 인공지능 기술의 막대한 힘을 고려할 때, 인공지능 기술에 혜택이 고르게 분배되지 않을 경우 기술의 활용이 기존의 사회적, 경제적 불평등을 심화하고 강화할 위험이 있다. 더구나 기계학습을 통해 수용된 기존의 데이터를 향후 데이터 처리 방식의 근간으로 삼는 현재 인공지능의 기본적인 발전 메커니즘을 고려할 때, 기존 데이터에 반영되어 있는 차별이나 편향이 인공지능의 성향에 반영되는 것이 자연스러운 일이다. 이처럼 본성상 과거의 현실이 지닌 특성들을 반영하고 재현할 수밖에 없는 데이터 기반의 인공지능 기술은, 특별한 노력을 기울이지 않을 경우, 기존의 사회가 가진 차별적 관점와 불평등의 현실을 교정하는 역할을 하기보다 오히려 그것을 효율적인 방식으로 고착시키는 역할을 할 개연성이 크다. 우리는 윤리, 법과 정책, 그리고 국제 협력을 두루 활용하는 적극적인 개입을 통해 이러한 위험을 통제하고 줄여 가야만 한다.

제4장

인공지능 규범 서설

계승균
(부산대학교 대학원 융합학부 교수)

Ⅰ. 사회공동생활과 규범

1. 사회가 있는 곳에 법이 있다.

인간은 사회 공동생활을 하는데 서로 지켜야 할 규범(Norm)이 존재한다. 이러한 규범에는 도덕규범, 윤리규범, 법규범 등이 있다. "사회가 있는 곳에 법이 있다(Ubi societas ibi ius)"라는 법격언은 이러한 현상을 잘 표현하고 있다. 여기서 유의할 점은 법은 인간생활을 중심으로 즉, 인간의 사회 공동생활을 전제로 하는 것이다. 인간의 사회생활에 따른 질서유지를 위하여 지켜야 규범이 필요하기 때문이다. 로마시대 법학자였던 켈수스(Publius Juventius Celsus)는 "법은 선과 형평의 기술(Ius est ars boni et aequi, The law is the art of goodness and equity, Das Recht ist die Kunst des Guten und Gerechten)"이라고 하였다.[1] 법과 관련하여 선과 형평이라는 추상적 용어를 사용하고 있지만 이 또한 인간의 행위 또는 인간의 사회생활 관계를 전제로 하고 있다.

그런데 여기서 한 가지 분명히 할 사항이 있다. 인류 역사의 흐름을 살펴보면 법규

---

[1] 김상용, 『민법총칙(전정판)』, 법문사, 2003, 3면.

범에서 권리주체가 될 수 있는 존재는 오로지 인간만이었고, 현시점에서도 인간만이다. 이러한 생각을 나타내는 법규범을 헌법과 민법의 조항에서 쉽게 찾아볼 수 있다. 헌법 제10조에서,

> "모든 국민은 인간으로서의 존엄과 가치를 가지며, 행복을 추구할 권리를 가진다. 국가는 개인이 가지는 불가침의 기본적 인권을 확인하고 이를 보장할 의무를 진다."

라고 규정하고 있고, 민법 제3조에서,

> "제3조(권리능력의 존속기간) 사람은 생존한 동안 권리와 의무의 주체가 된다."

라고 규정하고 있다. 이 두 개의 조문을 종합해서 보면 국민, 인간으로서의 존엄과 가치, 행복추구, 인권, 개인, 사람, 생존이라는 용어에서 알 수 있듯이 자연인인 사람을 전제로 하고 있고,[2] 사람만이 권리나 기본권의 주체가 되도록 하고 있다.

사람만이 법률적으로 의미를 가지는 사회생활을 하는 존재라고 생각하고, 인간 이외의 존재는 인간존재를 위한 권리객체[3]에 지나지 않는다는 것이 전통적인 생각이라고 말할 수 있다. 역사적으로 형성된 이러한 규범내용이 인간의 규범 체계에 비추어 보면 인공지능이 비록 인간과 동일한 행위를 한다고 하더라도 즉 법률적으로 의미 있는 행위를 한다고 하더라도 주체로 인정받지 못하는 이유가 여기에 있다. 이는 특히 뒤에서 언급할 재산권법정주의와도 연관성을 가지고 있다.

---

2) 부분적으로는 법에서 인정하고 있는 법인도 포함된다.

3) 우리가 소유하고 있는 아파트, 자동차 등을 생각할 수 있다. 같은 생명체인 반려동물도 소유의 대상, 즉 소유권의 객체라고 말할 수 있다. 시스템 또는 체계라고 말할 수 있는 인공지능 역시 사람의 권리의 대상이라고 말할 수 있다. 그런데 인공지능을 소유권의 대상이라는 표현은 우리나라의 법체계에 비추어 보면 적절하지 않다고 생각된다.

2. 인공지능의 사회성

그런데 최근에 사회생활을 전제로 한 인간의 생활 영역에 인공지능이 등장하여 마치 인간이 행하는 것처럼 사회적 역할과 기능을 수행하고 있다. 다양한 영역에서 인간을 대체하기도 한다. 인공지능과 결합된 로봇이 인간이 하기 힘든 일, 예를 들면 무거운 짐을 옮기거나 도장작업과 같은 것을 훌륭하게 해내고 있다. 또한 그동안 인간만이 할 수 있다고 판단하고 지적인 행위라고 생각한 '창작' 영역이다.[4] 특허권의 대상이 되는 특허발명을 기술적으로 창작하거나, 저작권의 대상이 되는 정신적 노력인 저작물을 창작하는 것이다.[5] 그리고 반면에 단순히 계산하는 직업, 자율주행자동차, 고도화된 무인시스템 등은 오히려 인간의 노동력을 대체하고 있다. 앞으로 인공지능의 사회적 역할과 기능은 더 늘어날 것으로 판단된다. 인공지능의 등장이 인간사회를 유토피아(euthopia)로 만들 것인지 또는 디스토피아(disthopia)로 만들 것인지는 인간의 역할과 인공지능의 활용 방향성, 인공지능을 바라보는 생각 또는 가치관 등이 어떠한가에 달려 있다고 생각되기도 한다.

그렇다면 현시점에서는 인간과 동일한 형태의 사회성을 인정할 수는 없지만 인공지능과 인간과의 관계 또는 인공지능을 개발하거나 이용하는 사람들을 위한 규범의 형성이 필요하다고 생각된다. 아직은 다소 이른 감이 있기는 하지만 다양한 영역에서 인공지능과 관련된 규범을 설정하려는 현상이 나타나고 있다. 인공지능의 이러한 활약을 다른 측면에서 바라보면 마치 인공지능의 행위나 관계가 사회성이 있다는 인식이 들게 한다.

---

4) 인공지능의 창작과 관련하여 현행 저작권법과 특허법에 따른 일반적인 법적 평가에 대해서는 계승균, 『인공지능과 지식재산권』, 한국지식재산연구원, 2020, 3면 이하 참조.
5) 뒤에서 소개할 제2편 제7장, 제8장 등의 논의 내용과 함께 생각해 볼 수 있다.

3. 인공지능의 규범 주체성

인공지능이 분야에 따라 탁월하게 사회적 역할을 수행하고 있다고 하더라도 규범의 주체로, 특히 법규범의 주체로 인간사회에 등장하는 것에 대해서는 현시점에서 인간의 법감정상 부정적이라고 말할 수 있다.[6] 인공지능이 사실상 인간이 행하는 법률적 의미를 가지는 행위(이러한 행위를 '법률행위'라고 한다)를 할 수 있다고 하더라도 마치 인간이 행위한 것처럼 판단할 수 없다는 것이다. 인간과 동일한 생명체인 동물[7]이나 식물[8]도 규범의 주체성을 인정하고 있지 않다. 하물며 기계 또는 시스템이라고 할 수 있는 인공지능을 규범의 주체로 인정하는 것은 많은 논란의 대상이 되고 있다. 특히 인공지능의 권리주체성에 관해서는 특허권의 대상이 되는 특허발명, 저작권의 대상이 되는 창작물과 관련된 영역에서 논의가 많이 이루어지고 있다. 최근에는 중국에서 인공지능의 권리주체성을 인정하는 듯한 판결[9]도 나오고 있다.

인공지능이 규범의 주체가 될 수 있는 것과 관련해서 한 가지 법규범에서의 장애사실이 있다. 앞서 언급한 대로 법규범의 주체는 오로지 인간만이라고 하였는데 이러한 규범인식이 인공지능이 법규범에 들어오는 것에 장애가 된다. 또 다른 한 가지는 재산권의 주체와 관련하여 문제가 있다. 법학에서 "재산권법정주의"라고 부르는 것이다.

재산권법정주의 또는 물권법정주의라고 하는 것은 재산권의 주체, 내용, 종류, 한계,

---

6) 우리나라에서 실제 발생한 사건으로서 "도롱뇽사건"으로 불리는 사례에서 도롱뇽이 소송에서 당사자가 될 수 있는 자격 내지 능력이 있는지가 문제가 되었는데, "도롱뇽은 천성산 일원에 서식하고 있는 도롱뇽목 도롱뇽과에 속하는 양서류로서 자연물인 도롱뇽 또는 그를 포함한 자연 그 자체로서는 소송을 수행할 당사자능력을 인정할 수 없다."라고 판시하여 법원은 도롱뇽의 당사자능력을 부인하고 있다. 울산지방법원 2004. 4. 8.자 2003카합982 결정; 부산고등법원 2004. 11. 29.자 2004라41, 42 결정; 대법원 2006. 6. 2.자 2004마1148, 1149 결정.

7) Naruto v. David John Slater et al., No.3:2015cv04324-Document 45(N.D.Cal. 2016). 이 판결에서 원숭이를 창작의 주체로 인정하지 않고 있다. 계승균, 앞의 책, 58-61면에 사실관계와 법리에 대해서 간략히 소개하고 있다.

8) Stone, Christopher D, *Should Trees Have Standing?* (3rd ed.), Oxford University, 2010. 참조. 이 책에서는 식물인 나무에게 소송주체로서 인정할 수 있는가에 대해서 논의하고 있다.

9) 황선영, "인공지능 창작물의 저작물성에 관한 중국 판례 검토", 『민사법의 이론과 실무』, 제23권 제3호, 민사법의 이론과 실무학회, 2020. 98면.

제한 등은 모두 법률로 규정하여야 한다는 원칙을 말한다. 따라서 인공지능이 재산권의 주체로서 법규범에 등장하기 위해서 구체적으로는 청구권의 주체가 되기 위해서는 법률에 권리주체로서 규정되어야 하고, 인공지능이 권리주체가 된 경우에 발생되는 권리의 내용과 종류, 한계 등에 관한 내용이 법률에 규정되어야 한다. 그런데 앞서 언급한 민법 제3조에서 권리의 주체는 사람이라고 명시적으로 규정하고 있어서 인공지능이 현행법 체계 내에서는 권리주체로서 등장할 가능성은 없다. 한 가지 방법은 조금 전 언급한 '재산권법정주의'에 따라서 인공지능을 권리의 주체, 즉 재산권의 주체로서 법률에 규정하면 되는데, 이는 인간의 법감정상 아직 동의를 받기 힘든 면이 있다는 점을 앞서 언급하였다.

4. 규범 변화의 역사

앞서 언급하였듯이 규범은 사회성을 가지고 있지만, 반드시 그 내용이 고정되어 있는 것은 아니다. 규범은 특히 법규범은 시간과 공간의 지배를 받는다고 말할 수 있다. 같은 시간이라고 할지라도 공간에 따라 동일한 내용의 규범이 다를 수 있고, 같은 공간이라고 하더라도 시간에 따라 동일한 규범 내용에 따른 효력이 다를 수 있다. 이는 뒤에서 언급할 성규범과 관련된 내용을 살펴보면 어느 정도 이해가 되는 면이 있다.

규범은 변화하여 왔다. 사회상황, 경제상황, 인권의식의 변화, 기술의 발전 등에 따라 변화하여 왔고, 종교규범, 법규범, 도덕규범은 서로 영향을 주고받으면서 변화하여 왔다. 예를 들면 현재 우리나라 사회에서 음주운전이나 층간소음과 같은 것은 예전에 존재하지 않았던 것이지만 이제는 새로운 형태의 분쟁과 사회적 문제가 되고 있다.

자연인인 인간이 법률로서만 인정받은 인간인 법인제도를 필요성에 의해서 창설하였다. 관념적이고 추상적인 인간인 법인은 현대 사회의 경제주체로서 활약을 펼치고 있다. 주식회사가 그 대표적인 예이다.

II. 인공지능과 윤리규범

1. 지능형로봇과 관련된 윤리규범

윤리학에서 말하는 윤리적 의미에서 인공지능 윤리규범에 대해서는 다른 장에서 설명을 할 것이다. 여기서는 우리나라의 법규범에서 인공지능이 장착된 지능형로봇의 윤리규범에 대한 규정을 중심으로 살펴보고자 한다.

'지능형로봇법'이라고 약칭되는 「지능형 로봇 개발 및 보급 촉진법」 제18조에서 지능형 로봇윤리헌장을 제정하도록 규정하고 있다. 정부는 지능형 로봇 개발자·제조자 및 사용자가 지켜야 할 윤리 등 대통령령으로 정하는 사항을 포함하는 지능형 로봇윤리헌장을 제정하여 공표할 수 있다고 제1항에서 규정하고 있다. 그리고 제2항에서 헌장이 제정되면 정부는 대통령령으로 정하는 바에 따라 헌장의 보급 및 확산을 위한 필요한 조치를 마련하여야 한다. 이를 위한 구체적인 정부부처는 산업통상자원부장관으로서 법 제18조 제2항에 따라 헌장의 보급 및 확산을 위한 시책을 수립·시행해야 하며, 이를 위하여 필요한 경우에는 관계 중앙행정기관의 장에게 협조를 요청할 수 있다고 시행령 제11조 제3항에서 규정하고 있다.

법률 제18조 제1항에서는 재량규정의 형식으로 규정하고 있지만 제2항에서는 마련하여야 한다고 규정하여 의무규정의 내용을 가지고 있다. 그리고 제3항에서는 관계 중앙행정기관의 장은 헌장의 효율적인 운영을 위하여 필요한 경우에는 다른 중앙행정기관의 장에게 관련 자료의 제출이나 그 밖에 필요한 협조를 요청할 수 있다고 규정하여 정부 부처 사이에 로봇윤리헌장 제정을 위하여 자료 제공 등의 협조를 요청할 수 있도록 규정하고 있다. 로봇윤리헌장의 제정·개정에 관한 절차, 홍보, 그 밖에 필요한 사항은 하위 법령인 대통령령으로 정하도록 하고 있다.

지능형 로봇과 관련하여 법률에서 윤리헌장을 제정하도록 유도하고 있는 것이 우리나라의 특징이라고 말할 수 있다. 그리고 제정 주체는 정부로 하고 있다. 물론 제1항에서 "제정하여 공표할 수 있다"라고 규정하여 윤리헌장 제정을 할 수도 있고, 하지 않을 수도 있도록 하여 재량의 여지가 있기는 하지만 법규정에서 윤리헌장이라는 용어를 사용하면서 비교적 구체적인 절차와 내용을 규정하고 있는 것도 정책 실현수단으로서의 의미가 있다.

위 법률의 위임에 따라 시행령 제11조 제1항에서 법 제18조 제1항에서 말하는 "지능형 로봇 개발자·제조자 및 사용자가 지켜야 할 윤리 등의 내용은 1. 로봇기술의 윤리적 발전방향과 2. 로봇의 개발·제조·사용 시 지켜져야 할 윤리적 가치 및 행동 지침을 윤리헌장에 반드시 들어가야 할 내용으로 제시하고 있다.

그런데 과학기술정보통신부는 2020년 12월 22일에「사람이 중심이 되는 인공지능(AI) 윤리기준」을 마련하였다.[10] 윤리적 인공지능을 실현하기 위해 정부·공공기관, 기업, 이용자 등 모든 사회구성원이 인공지능 개발〜활용 전 단계에서 함께 지켜야 할 주요 원칙과 핵심 요건을 제시하는 기준이라고 설명하고 있다. 이 윤리기준의 3대 기본원칙은 1. 인간 존엄성 원칙, 2. 사회 공공선 원칙, 3. 기술의 합목적성이며, 10대 핵심요건으로 ① 인권 보장, ② 프라이버시 보호, ③ 다양성 존중, ④ 침해금지, ⑤ 공공성, ⑥ 연대성, ⑦ 데이터 관리, ⑧ 책임성, ⑨ 안전성, ⑩ 투명성을 제시하고 있다.

2. 성규범과 섹스로봇

로봇을 제조할 경우 그 용도가 반사회적인 경우가 있을 수 있다. 예를 들면 섹스로봇(sex robot)이 그것이다. 섹스로봇을 인간 성행위의 보조수단으로 할 수 있거나 성행위의 동반자로서의 기능할 수 있도록 하는 것은 허용되는 것인가? 하는 점이다. 이에 관한 논의는 저작권법에서 음란물을 저작권의 보호대상으로 보아야 하는지 여부와도 연관성을 가지고 있는 논의와 비슷하다.

---

10) https://doc.msit.go.kr/SynapDocViewServer/viewer/doc.html?key=eb78cf8b4a4a44c6ba466895dd3a41b9&convType=html&convLocale=ko_KR&contextPath=/SynapDocViewServer/(2022. 12. 24. 방문)

(1) 섹스로봇과 윤리 가치

먼저 섹스로봇과 구별하여야 하는 개념으로서 섹스토이(sex toy)과 섹스인형(sex doll)이다. 섹스토이는 인간의 특정 생식기관을 모형으로 만든 것이고, 섹스인형은 인간의 모습을 모형으로 만든 것이다. 그런데 섹스로봇은 인간의 모습을 하고 있으면서 인공지능이 내재되어 있으므로 인간과 상호교감을 할 수 있다는 점, 즉 interaction이 된다는 점에서 섹스인형과 구별이 된다.[11]

그리고 섹스로봇산업이 현실화되어 주문과 제작을 받고 있고, 이미 세계적으로 알려져 있다는 점이다. 미국 리얼보틱스사의 하모니(Harmony), 트루컴패니언사의 록시(Roxxi) 등 이미 상용화[12]가 진행 중에 있다.

로봇기술은 중립적 가치를 가지고 있는 것으로서 어떤 목적을 구현하는 수단으로서의 성격을 가진다고 말할 수 있다. 또한 성행위 역시 인간 상호 간의 교감의 한 수단이고, 감정을 느끼고 인간의 생리적 욕구의 하나로서 애정의 한 표현이기도 하다. 다른 말로 표현하면 인간 간의 소통의 하나로서 사회적 관계가 형성되기도 한다. 그리고 생식의 방법이기도 하다. 이러한 의미의 성행위에 대해서 섹스로봇은 어떠한 역할을 할 것인가가 문제가 된다.

(2) 섹스로봇을 지지하는 견해

섹스로봇을 옹호하는 견해는 데이비드 레비(David Levy)이다. 레비는 2007년도에 출간한 「로봇과의 사랑과 성(Love & Sex with Robots)」라는 책에서 로봇과 인간 사이의 성적인 관계가 가능하다는 점을 시사하고 있다.[13]

레비는 로봇과 사랑을 할 수 있는 방법을 세가지로 제시하고 있다. 첫 번째, 로봇이

---

11) 김수정, "섹스로봇의 현황과 그 규제에 관한 세 가지 입장", 『한국의료윤리학회지』제23권 제3호, 한국의료윤리학회, 2020, 210-211면.

12) 김수정, 앞의 논문, 211면; 김태경, "섹스로봇의 상용화가 갖는 윤리적 문제와 윤리적 정당성 확보에 대하여", 『철학논총』제95집 제1권, 새한철학회, 2019, 70면; 김성용 · 정관영, "성적자기결정권의 보완 수단으로서 인공지능에 대한 소고", 『법학논총』, 제47집, 숭실대학교, 2020, 613-615면.

13) 김수정, 앞의 논문, 215면.

인간의 외모나 캐릭터가 비슷하게 되면서 인간과 비슷하기 때문에 로봇을 사랑하게 되는 것이다. 두 번째, 기계와 기술 자체에 대한 사랑을 하게 되는 것이다. 기술 자체를 좋아하거나 애착이 있는 사람은 소프트웨어나 인공지능을 통해서 컴퓨터를 자신이 원하는 방향으로 제어, 조작할 수 있는 것에서 일종의 쾌감을 느끼는데, 레비는 이러한 것을 섹스와 유사하다고 본다. 자신이 바라는 대로 소프트웨어를 구성하거나 프로그래밍을 하는 것을 섹스에 비유한다. 세 번째는 인터넷에 형성되어 있는 것과 유사한 감정으로부터 로봇과의 사랑도 진화하게 될 것이라는 점을 근거로 든다. 인간은 인터넷에서 자아의 특성을 은폐한 채 다른 모습으로 보이게 할 수 있는데, 바로 이러한 모습이 인터넷에서 누군가와 친밀감을 형성하게 되는데 로봇과의 친밀성도 이러한 면에서 출발한다는 것이다.[14]

그리고 섹스로봇이 등장하면 매춘산업과 소아성애자들의 범죄가 줄어들 것이라는 점을 강조하기도 한다.

(3) 섹스로봇을 반대하는 입장

반대의견은 인터넷의 등장으로 오히려 매춘과 포르노가 더욱 번창하고 있다고 반론을 제기한다. 섹스로봇은 오히려 성을 왜곡시키고 반사회적인 성적 취향을 부추길 것이라고 판단한다.

그리고 섹스로봇이 대부분 매춘, 강간, 포르노에서 연상되는 여성의 몸을 객체화 또는 대상화하여 성을 상품화할 것이라는 점을 강조한다. 섹스로봇은 마치 인간의 몸을 구매하는 주체와 상품으로서 대상으로 파악되는 불평등한 관계를 상징한다고 본다. 사물에 지나지 않은 로봇과의 섹스는 공감이나 동의가 필요 없기 때문에 쾌락의 수단 또는 도구로서의 섹스로봇이 여성에 대한 부정적 이미지를 투영한다는 것이다. 즉 여성을 순종적이고 차별적이면서 신체적으로 성적 착취의 대상으로 보게 된다는 것이다. 도구로서의 섹스로봇은 여성에 투영되어 일방적인 인간상을 제시한다는 점을 지적한다. 섹스로봇은 특히 여성을 대상으로 할 것이기 때문에 글래머러스하거나 비현

---

14) 김수정, 앞의 논문, 215면; 김태경, 앞의 논문, 71-72면.

실적인 외모를 가지도록 하여 여성에 대한 고정관념을 가지게 하고, 이러한 생각은 여성에게 환원된다는 것이다.

(4) 섹스로봇에 대해서 규제를 하자는 견해

이 견해는 로봇기술을 무시할 수 없고 섹스로봇에 따른 이익을 누리는 사람도 있기 때문에 섹스로봇에 규제를 가하자는 견해[15]이다. 어린이 모습을 한 섹스로봇과 강간에 대한 환상을 심어 주는 행위를 할 수 있기 때문에 섹스로봇의 구매 연령을 제한하고 특정인의 외모를 연상하게 하는 섹스로봇을 만들지 못하도록 하자는 견해이다. 특히 소아성애나 소아성착취, 강간에 대한 욕망을 불러일으킬 수 있는 것은 사회적 유해성이 있는 것이기 때문에 이에 대해서 법적 규제를 가하고자 하는 입장이다.

(5) 섹스로봇과 윤리 가치의 충돌

섹스로봇은 다음과 같은 점에서 인간 사회의 윤리적 가치와 충돌될 수 있다. 우선, 쉽게 생각할 수 있는 것은 섹스로봇의 잘못된 작동을 통해서 인간의 신체를 해칠 가능성이 있다는 점이다. 그리고 섹스로봇에 저장된 특정인의 정보 등이 노출될 수 있어서 개인의 사생활 침해가 우려될 수 있다.

그리고 섹스로봇이 가지는 특징은 가상현실도 아니고 인간의 신체와 유사한 외형과 접촉이 될 수 있는 물질성을 가지고 있기 때문이다. 또한 섹스로봇은 인공지능을 장착하고 있기 때문에 어느 정도 인간을 대체할 수 있는 가능성이 있다. 즉, 섹스 파트너로서의 대체 가능성이 있다. 이렇게 된다면 사용자의 취향 등에 맞추어 섹스로봇을 이용하게 되면, 섹스로봇의 이러한 모습이 인간에게 투영되어 사용자는 왜곡된 인간상 또는 인간관계를 형성하게 될 우려가 있다는 점이다. 이러한 현상은 게임에 빠져 있는 어린이들이 가상세계와 현실세계를 구별하지 못하여 폭력성을 현실 사회에서 드러내는 점을 비슷한 예로 들 수 있다.

더 나아가서 법학적인 관점에서 살펴보면 인간의 존엄과 가치를 훼손하는 것은 아

---

15) 김수정, 앞의 논문, 217면.

닌가 하는 의문이 들 수 있다. 섹스로봇이 매춘을 대체할 것이라는 점, 매춘이 줄어들게 할 것이라는 주장에 대하여, 앞서 언급한 대로 섹스로봇은 도구로서 성착취와 성학대로 이어질 수 있으며, 성산업은 인간의 성문화를 왜곡하고 강간이나 아동성학대가 오히려 조장될 수 있다고 본다.[16]

그리고 섹스로봇은 인간을 권리 주체인 인격체가 아니라 물건으로 보도록 유도한다고 주장한다. 따라서 섹스로봇은 성매매를 줄어들게 하지 않고 섹스산업의 대안이 될 수 없다고 본다.

3. 성규범 인식 변화와 섹스로봇

법규범에서 윤리와 도덕규범과 가장 밀접한 접점을 가지고 있는 것은 성과 관련된 분야라고 생각된다. 이와 관련된 규범을 성규범이라고 부를 수 있다. 성과 관련해서는 종교규범, 도덕규범, 윤리규범, 법규범이 모두 관련성을 가지고 있다. 이하에서는 성과 관련된 우리나라의 규범의식 중에서 특히 법규범을 중심으로 간략히 살펴보고, 우리나라에서의 성규범의 변화를 간략히 설명하고자 한다.

성, 성행위 등은 인간 본능의 하나이고, 종족 번식의 수단이기도 하다. 다른 한편, 인간에게는 성은 하나의 거래의 대상이 되기도 한다. 우리가 흔히 성매매라고 부르는 것이다. 이전에는 윤락(淪落)이라고 부르기도 했다. 윤락의 사전적 의미를 표준국어대사전에서는 "여자가 타락하여 몸을 파는 처지에 빠짐"이라고 정의하고 있다. 지금은 윤락이라는 용어보다는 성매매라는 용어를 사용하고 있다. 마찬가지로 법규범의 관점에서 바라보면 과거 우리나라에는 「윤락행위방지법」이라는 법률이 있었지만 2004년 3월 22일에 폐지되고, 그 대신 「성매매알선 등 행위의 처벌에 관한 법률」로 대체되었다.

우선 논의를 위해서 위 두 법률에서 성과 관련된 문제를 어떻게 바라보고 있는지를 살펴보고자 한다.

윤락행위방지법의 목적은 제1조에서 "선량한 풍속을 해치는 윤락행위를 방지하고

---

16) 김태경, 앞의 논문, 75면.

윤락행위를 하거나 할 우려가 있는 자를 선도함을 목적으로 한다"라고 정의하고 있다. 목적조항에서 등장하고 있는 개념은 선량한 풍속이라는 것과 윤락행위방지, 윤락행위를 하거나 할 우려가 있는 사람의 선도, 즉 이 세 가지가 윤락행위방지법의 입법목적임을 밝히고 있다. 선량한 풍속이라는 개념은 우리 법체계 전체에서 항상 문제가 되는 개념이다. 이후에 따로 논의를 해 보고자 한다.

윤락행위에 대해서는 제2조 제1호에서 불특정인을 상대로 하여 금품 기타 재산상의 이익을 받거나 받을 것을 약속하고 성행위를 하는 것을 말한다고 규정하고, 제2호에서는 "요보호자"에 대해서 윤락행위의 상습이 있는 자와 환경 또는 성행으로 보아 윤락행위를 하게 될 현저한 우려가 있는 자를 말한다고 정의하고 있다. 그리고 제4조에서 1. 윤락행위, 2. 윤락행위의 상대자가 되는 행위, 3. 윤락행위를 하도록 권유·유인·알선 또는 강요하거나 그 상대자가 되도록 권유·유인·알선 또는 강요하는 행위, 4. 윤락행위의 장소를 제공하는 행위, 5. 윤락행위를 한 자 또는 윤락행위의 상대자에게 금품 기타 재산상의 이익을 요구하거나, 받거나 또는 받을 것을 약속하는 행위를 금지하고 있다. 이를 위반하는 경우에는 제24조부터 제28조까지에 벌칙규정과 과태료 규정이 있었다.

이에 대하여 '성매매처벌법'으로 약칭되는 「성매매알선 등 행위의 처벌에 관한 법률」의 입법목적을 제1조에서 성매매, 성매매알선 등 행위 및 성매매 목적의 인신매매를 근절하고, 성매매 피해자의 인권을 보호함을 목적으로 한다고 규정하여, 성매매 등의 근절, 피해자의 인권보호 두 가지로 함을 밝히고 있다. 규정의 내용에는 어떠한 가치판단이나 윤리적 판단이 들어가 있지 않다. 따라서 성매매처벌법에 성윤리라든지 선량한 풍속이라는 개념은 등장하지 않는다.

다만, 성매매, 성매매알선, 성매매를 위한 인신매매를 형사적으로 처벌함으로써 성매매가 우리 사회에서는 최소한 법률적으로 허용되지 않음을 밝히고 있다. 성매매처벌법에서 금지하고 있는 행위는 제4조에서 1. 성매매, 2. 성매매알선 등 행위, 3. 성매매 목적의 인신매매, 4. 성을 파는 행위를 하게 할 목적으로 다른 사람을 고용·모집하거나 성매매가 행하여진다는 사실을 알고 직업을 소개·알선하는 행위, 5. 제1호, 제2호 및 제4호의 행위 및 그 행위가 행하여지는 업소에 대한 광고행위이다. 성매매에 대한 정의는 제2조 제1항 제1호에서 불특정인을 상대로 금품이나 그 밖의 재산상의 이익을 수수(收受)하거나 수수하기로 약속하고 성교행위를 하거나 유사성교행위, 즉 구강, 항문 등 신체의 일부 또는 도구를 이용한 행위를 하거나 그 상대방이 되는 것을 말한다. 성매매의 알선, 소개 또는 유사성교행위도 처벌의 대상이 된다. 그리고 성매매알선 등의 행위는 성매매를 알선, 권유, 유인 또는 강요하는 행위, 성매매의 장소를 제공하는 행위, 성매매에 제공되는 사실을 알면서 자금, 토지 또는 건물을 제공하는 행위를 말한다.

윤락행위방지법이나 성매매처벌법은 조문에서 명확히 알 수 있듯이 인간을 대상으로 한다. 윤락행위방지법에서 규정하고 있는 불특정인, 요보호자, 상대자 그리고 성매매처벌법에 규정하고 있는 불특정인, 사람, 제3자, 성매매피해자 등 역시 인간을 전제로 하고 있다. 그리고 과거의 윤리행위방지법 적용의 주 대상이 윤락이라는 단어의 의미에서 알 수 있듯이 여성이라는 점에서 차별적 입법이었다고 생각된다.

그리고 풍속영업규제법이라고 약칭되는 「풍속영업의 규제에 관한 법률」에서도 성과 관련된 내용이 규정되어 있다. 이 법의 목적은 제1조에서 풍속영업(風俗營業)을 하는 장소에서 선량한 풍속을 해치거나 청소년의 건전한 성장을 저해하는 행위 등을 규제하여 미풍양속을 보존하고 청소년을 유해한 환경으로부터 보호함을 목적으로 한다고 규정하고 있다. 미풍양속, 선량한 풍속을 해친다는 내용은 다소 추상적이고 가치판단 또는 사회적 인식의 변화를 염두에 두어야 하는 불확정개념이라고 말할 수 있다.

성을 매개로 한 법적 평가 또는 윤리적 평가는 시간이 흐름에 따라 확실하게 변화가 많이 느껴지는 분야이기도 하다. 시간의 흐름만이 아니라 공간과 관련해서도 성과 관련된 음란성이나 선정성의 개념이 다르기도 하다. 마찬가지로 우리나라에서도 성과 관련된 인식의 변화가 일어나고 있음을 부가하고 싶다.[17]

---

17) 간통죄와 관련해서는 헌재 2015. 2. 26. 2009헌바17 등, 판례집 27-1상, 20 [전원재판부], 음란성과 관련해서는 서울형사지법 1992. 12. 28. 선고 92고단10092 판결(항소); 대법원 1991. 9. 10. 선고 91도1550 판결; 대법원 1996. 6. 11. 선고 96도980 판결; 대법원 2017. 10. 26. 선고 2012도13352 판결; 음란성에 대한 판단을 누구를 기준으로 할 것인에 관해서는 초기에는 법원 또는 해당 재판부의 법관으로 보고 있었으나 최근에 와서는 판단주체를 사회평균인으로 보는 판결을 내리고 있다. 대법

이러한 논의는 앞으로 섹스로봇뿐만 아니라 인공지능이 장착된 다른 유형의 로봇의 등장이나 행동 등이 인간의 성규범과의 조화를 이룰 것인지에 관한 시사점을 제시하고 있다고 보인다. 섹스로봇을 이용하는 행위가 앞서 언급한 성매매관련 법률에서 의미하는 성관련 행위에 포섭될 수 있는지 또는 풍속영업규제법에서 의미하는 선량한 풍속이나 청소년에게 유해한 환경이라고 보아야 하는지에 관한 논의의 대상이 된다고 생각된다. 이는 단순히 기존의 성도구와는 다른 차원이라고 판단되기 때문이다.

Ⅲ. 인공지능과 법규범

1. 자율주행자동차와 관련된 법규범의 형성

인공지능과 관련하여 앞서 언급한 윤리규범이 아니라 법규범에서 접근하고 있는 것으로 두드러지게 나타나고 있는 것은 자율주행자동차와 관련된 법규범이다. 세계적으로 자동차 강국으로 불리는 국가들을 중심으로 법규범이 형성되는 것이 특징이라고 말할 수 있다.

(1) 독일의 도로교통법

독일은 2017년에는 자율주행 3단계에 맞추어 도로교통법을 개정하였고, 2021년에는 자율주행 4단계에 맞추고 기술의 변화에 따른 보다 상세한 상황을 규율하기 위하여 「도로교통법(Stra β enverkehrsgesetz)」과 「의무보험법(Pflichtversicherungsgesetz)」을 개정하였다. 이 두 법을 합하여 「자율주행법(Gesetz zum autonomen Fahren)」으로 통칭하고 있다. 자율주행 4단계의 의미를 규범으로 파악하기는 힘들지만 법규정들을 요약 정리

원 2020. 1. 16. 선고 2019도14056 판결 참조. 선정성과 관련해서도 서울행정법원 2008. 1. 17. 선고 2007구합21259 판결; 서울행정법원 2010. 9. 9. 선고 2010구합5974 판결 참조; 음란물과 관련되어서도 변화가 감지된다. 대법원 2000. 10. 13. 선고 2000도3346 판결; 대법원 2019. 6. 31. 선고 2019두35503 판결; 대법원 2021. 11. 25. 선고 2021두46421 판결.

하면 다음과 같다.

이 입법을 통해서 자율주행 4단계의 의미를 어느 정도의 규범적 가이드라인을 전 세계에 제시한 느낌이 든다.[18)]

자율주행 4단계를 구성하는 개념에 몇 가지 추가적인 요소가 있어 보인다. 우선 독일 도로교통법의 새롭게 규정된 조문을 중심으로 4단계의 의미를 살펴보고자 한다.

독일 도로교통법 제1조의d에는 자율자동차의 개념에 대해서 정의하고 있기는 하지만, 제1조의e에는 자율주행자동차의 운행과 기술과 관련된 전제를 규정하고 있는 점, 제1조의f에는 운행과 관련된 사람, 기술감독자, 제조자의 의무에 대해서 규정하고 있는 내용, 제1조의g에는 데이터처리에 관한 내용, 제1조의h에는 규정하고 있는 국제규범과의 조화를 이루기 위한 허가방법, 제1조의i에는 자율주행 기능에 관한 시험에 관한 점, 그리고 제1조의l에는 평가규정, 의무보험법 제1조에는 자동차 관리자에게 기술감독관을 위한 책임보험을 가입하고 유지하도록 하는 의무조항을 추가한 점을 모두 포괄하여 해석하고 이에 따라 자율주행 레벨4를 이해하는 것이 정확하다고 본다.

최소한 독일의 입법을 통해서 자율주행 레벨4를 구성하는 기초개념은 자율주행 자동차(Kraftfahrzeuge mit hoch- oder vollautomatisierter Fahrfunktion), 운행이 허용된 지역(festgelegten Betriebsbereichen), 기술감독자(Technische Aufsicht), 최소위험(risikominimalen Zustand)이라는 개념이다. 자율주행 레벨4에서는 운전자라는 개념이 필요한 것은 아니지만, 기술감독관이라는 자연인이 다시 등장한다. 직접 운전을 조작하지는 않지만, 탑승자와 제3자, 구호와 안전 보장을 위한 조치를 취할 수 있는 자연인이 필요한 것이었다. 이는 국제규범과의 조화를 이루기 위하여 자동차의 운행과 관련하여 책임을 지는 자연인이 필요하기 때문이다.[19)]

여기서 자율주행 레벨4의 의미에는 운전자라는 개념이 없다는 것이 특징이다. 여전히 자연인인 운전자가 중시되는 레벨3에서는 없던 개념이다. 운행에 책임을 부담하여

---

18) Tinto Haupt, "*Auf dem Weg zum autonomen Fahren Der Entwurf eines Gesetzes zum autonomen Fahren*", NZV 2021, S. 172.

19) BT-Drucks, 19/27439, S. 20.

야 하는 운전자를 대체하는 기술감독관이라는 개념을 도입하고 기술감독관에게 자율주행에 따른 책임을 부담시키기 위한 것이다. 그리고 최소위험과 운행지정구역이라는 개념을 자율주행과 관련된 규범의 세계에 새롭게 도입하고 있다.

기술감독관이라는 개념은 제1조의e 제2항 제8호에 따라 운행을 하고 있는 자동차의 운행기능을 비활성화할 수 있어야 하고, 제1조의e 제2항 제4호 그리고 제3항에 따라 운행의 방향전환을 자유롭게 할 수 있는 자연인을 말한다. 기술감독관은 운전자와 같이 자연인을 의미한다.[20] 기술감독관의 의무는 운전자를 대신하여 교통 상황에 따른 통제를 하는 것이다. 자동차에 탑승한 사람과의 연락을 취하는 것이라든지 다양한 의무를 지우고 있다. 제1조의e 제2항 제4호와 제3항에 따라 대체운전조작을 평가하고 기술감독관에게 자동차시스템에 의해서 시각적, 음향적 그리고 기타의 인식가능한 것으로 보고가 되는 즉시, 자동차시스템에 이미 설치된 데이터를 기술감독관에게 상황판단을 가능하게 하여야 하고, 그리고 대체운전의 이행은 교통안전을 위태롭게 하지 않도록 하기 위하여 자동차를 활성화하여야 하는 의무가 있다. 그리고 자율주행기능이 시각적, 음향적 그리고 기타의 인식가능한 것이 자동차시스템을 통해서 보고되는 즉시 자율주행기능은 비활성화되도록 하여야 한다. 고유한 기능상태를 위하여 기술장치의 신호를 평가하고 경우에 따라서 교통안전을 위한 필요한 조치를 시작하여야 한다. 또한 자동차의 탑승자와 즉시 접촉하여야 하고 자동차가 위험에 최소상태로 있어야 한다면, 운행 안전을 위하여 필요한 조치를 시작하도록 하여야 하는 의무가 있다.

최소위험이라는 개념은 제1조의d 제4항에 따르면 자율주행기능이 있는 자동차가 스스로 또는 기술감독관의 지시에 의하여 최대한 안전한 장소에 정지시키는 상태를 의미한다. 그리고 교통상황을 적절히 고려하면서 차량 탑승자, 다른 교통참여자 그리고 제3자를 위해 가능한 한 최대한의 안전을 보장하기 위하여 위험경고 등이 작동하여야 한다.

독일 도로교통법 제1조의d에서 규정하는 자율주행 자동차는 자연인인 운전자가 없는 상태에서 운행이 지정된 지역에서 주행을 할 수 있고, 제1조의e 제2항에서 규정하

---

20) BT-Drucks, 19/27439, S. 20.

고 있는 기술적 장치를 구비하고 있는 자동차를 의미한다. 그리고 여기서 의미하는 운행이 지정된 지역이라는 의미는 지정된 운행영역은 자율주행 기능이 있는 자동차가 제1조의e 제1항에 따른 요건들이 존재할 때에 운행이 허용된 지역 또는 공간적으로 특정된 공공도로공간을 말한다.

또한 자율주행자동차의 제조자에 관해서도 독일 도로교통법에서 규정하고 있어서 관심을 끌고 있다. 제조자는 자동차의 전자적 그리고 전기적 구성과 자동차와 결합되어 있는 전자적 그리고 전기적 구성을 공격으로부터 안전하게 할 수 있다는 것을 연방자동차운행청과 관할 관청에 자동차의 전체 생산과정시간과 운영시간에 관하여 증명하여야 한다. 제조자는 우선 자동차에 대한 위험평가를 실시하고 어떻게 위험평가를 시행하는지, 위험에 대해서 자동차의 중요한 요소가 위험평가 영역에서 보호되는지를 연방자동차운행청과 관할 관청에 증명하여야 한다. 그리고 무선으로 자율주행을 충분히 안전하게 할 수 있다는 것을 증명하여야 한다. 또한 개별 자동차에 대해서 시스템 설명을 하여야 하고, 운행핸드북을 만들어야 하며, 운행핸드북에서 자동차는 제1조의 e 제2항에 따른 요건들이 제3항과 연계하여 이행된 것을 연방자동차운행청에게 구속력 있는 설명을 하여야 한다. 그리고 제조자는 자동차의 운행에 관여하는 사람에게 기술적 기능방법 특히 주행기능과 관련하여 그리고 기술감독관의 임무가 인식되도록 전달되는 학습을 제공하여야 한다.

(2) 미국의 자율주행차 관련 입법

미국의 도로교통안전청(NHTSA: National Highway Traffic Satety Administration)은 2022년 3월 10일 완전 자율주행차가 충돌할 때에 이용자를 보호하는 방안에 관하여 규정을 마련하였다. 미국의 연방규정집 제49편 제571장 연방자동차안전기준(49 CFR Part 571 Federal Motor Vehicle SAFETY Standards)에 이에 관하여 규정하고 있다.

(3) 일본의 도로교통법

일본은 최근 2022년 3월에 도로교통법 개정안을 제출하면서 자율주행자동차의 도입에 따른 규범 준비를 하고 있다. 도로교통법 제2조 17의2, 제75조의12, 제75조의13,

제75조의27 등을 새로 규정하여 자율주행자동차에 대한 법규범을 형성하고 있다. 자율주행이라는 용어를 사용하지 않고 '특정자동운행'이라고 표현하고 있다.

특정자동운행의 개념은 운전자가 없는 상태에서 일정한 기준을 충족시키는 자동운행장치를 사용하여 자동차를 운행하는 것을 의미한다. 특정자동운행을 하고자 하는 사람은 특정자동운행계획 등을 기재한 신청서를 특정자동운행을 행하고자 하는 장소를 관할하는 일본의 행정단위인 도도부현(都道府県)의 공안위원회에 제출하고 운행허가를 받도록 하고 있다.[21]

(4) 우리나라의 도로교통법

우리나라의 도로교통법에도 자율주행자동차에 관한 규정이 신설되었다. 제2조 제18호의2에서 자율주행시스템에 대해서「자율주행자동차 상용화 촉진 및 지원에 관한 법률」제2조 제1항 제2호에 따른 자율주행시스템을 말한다고 정의하고 있다. 자율주행시스템의 종류는 완전 자율주행시스템, 부분 자율주행시스템 등 행정안전부령으로 정하는 바에 따라 세분할 수 있다. 그리고 제2조 제2항에서 자율주행자동차의 종류는 다음 각 호와 같이 구분하되, 그 종류는 국토교통부령으로 정하는 바에 따라 세분하고 있다. 부분 자율주행자동차와 완전 자율주행자동차로 구분하고 있다. 부분 자율주행자동차는 자율주행시스템만으로는 운행할 수 없거나 운전자가 지속적으로 주시할 필요가 있는 등 운전자 또는 승객의 개입이 필요한 자율주행자동차를 의미한다. 완전 자율주행자동차는 자율주행시스템만으로 운행할 수 있어 운전자가 없거나 운전자 또는 승객의 개입이 필요하지 아니한 자율주행자동차를 말한다.

「자율주행자동차 상용화 촉진 및 지원에 관한 법률」제2조 제1호에서는 "자율주행자동차"란 「자동차관리법」제2조 제1호의3에 따른 운전자 또는 승객의 조작 없이 자동차 스스로 운행이 가능한 자동차로 정의하고 있고, 제2호에서는 "자율주행시스템"이란 운전자 또는 승객의 조작 없이 주변상황과 도로 정보 등을 스스로 인지하고 판단

---

21) 박준환, "운전자가 없는 자율주행을 고려한 일본의「도로교통법」개정 동향과 시사점", 『이슈와 논점』, 제1994호, 국회입법조사처, 2022. 9. 23.

하여 자동차를 운행할 수 있게 하는 자동화 장비, 소프트웨어 및 이와 관련한 모든 장
치라고 정의하고 있다. 그리고 도로교통법 제2조 제18호의3에서는 "자율주행자동차"
란「자동차관리법」제2조 제1호의3에 따른 자율주행자동차로서 자율주행시스템을 갖
추고 있는 자동차를 말한다고 규정하고 있다.

우리나라에서는 현 상태에서는 자율주행자동차와 관련된 개념을 법규범에 도입하
였다고 말할 수 있다. 그런데 기술적인 수준 또는 도로 환경때문인지 모르겠지만 독일
과 같은 수준의 자율주행자동차에 대한 정의와 관련된 내용을 규정하고 있지 않다.

2. 지능형 로봇법

우리나라에서도 일찍 '지능형 로봇법'이라고 약칭되는「지능형 로봇 개발 및 보급 촉
진법」이 제정되었다. 지능형 로봇은 외부환경을 스스로 인식하고 상황을 판단하여 자
율적으로 동작하는 기계장치(기계장치의 작동에 필요한 소프트웨어를 포함한다)를 말한다(제
2조 제1호). 그리고 국가와 지방자치단체에게 지능형 로봇이 국민의 안전과 편의를 증
진시키는 방향으로 개발·보급될 수 있도록 사회적 기반을 조성하도록 하고, 지능형
로봇의 개발 및 보급을 촉진하기 위하여 필요한 예산을 확보하고 관련 시책을 종합적
이고 효과적으로 수립·추진하여야 할 책무를 부담시키고 있다.

3. 유럽연합의 로봇법 가이드라인

2012년 3월 1일부터 2014년 9월 22일까지 연구가 이루어지고 그 결과를 기술한 보
고서가 공표된 '로봇법(RoboLaw) 프로젝트'이다. 이 프로젝트의 정식 명칭은 "유럽에서
최근에 나타난 로봇기술에 관한 규제: 로봇공학이 직면한 법과 윤리(Project title:
Regulating Emerging Robotic Technologies in Europe: Robotics facing Law and Ethics)"이다. 이 프
로젝트의 결과물이「로봇 규제에 관한 가이드라인」(Guidelines on Regulating Robotics)이다.

유럽연합에서는 전자인간(electronic personhood)을 포함하여 로봇과 인공지능을 제조
하거나 이를 이용하는 경우에 관한 내용을 담은 규범 초안이 나오고 있다. 그런데 전

자인간은 권리가 있고 또한 책임을 부담한다. 유럽의회의 법사위원회(The European Parliament's Legal Affairs Committee)에서 2명의 기권과 함께 17:2의 표결로 결의안[22]을 통과시켰다. 이 보고서의 책임자인 Mady Delvaux[23]는 "우리의 일상생활에서 로봇의 영향력은 점점 더 커지고 있다. 이러한 현실을 인식하고 로봇이 인간에 대한 서비스를 하고 있고 앞으로도 지속적으로 할 수 있도록 하기 위하여 유럽연합의 법률 구조를 탄탄하게 할 필요가 있다."라고 말하였다. 그리고 이 리포트에는 인공지능 로봇과 관련된 책임, 윤리기준, 안전, 노동시장의 변화와 대응방향 등에 관하여 언급하고 있다.[24]

권고를 위주로 하는 이 결의안에는 소위 자율적인 결정을 할 수 있는 지능형 로봇인 경우에는 전자인간으로 지위를 부여한다는 점이 주목을 끌고 있다. 전자인간이라는 것은 법적으로 인격체를 의미하는 것이다. 이러한 전자적 인격체가 행위에 대해서 스스로 책임을 지도록 한다는 점이다.

이 결의안의 목적은 로봇기술이 응용됨에 따라 나타날 수 있는 윤리적 · 법률적 문제를 깊이 있게 분석하여 제공하고, 유럽연합과 유럽연합의 회원국의 입법자들에게 지침을 제공하기 위한 것이다.

유럽연합의 집행위원회는 2018년 4월에 로봇과 인공지능에 대한 포괄적인 정책안을 담은 유럽을 위한 인공지능[25]을 제시하였다. 이 안에서 유럽연합의 독자적인 인공지능에 대한 필요성과 인공지능이 인간 사회에 미칠 영향과 인간 사회와의 조화로운 접근을 강조하고 있다.

이에 대하여 유럽연합의 유럽의회는 인공지능과 로봇기술에 대한 기술정책에 관한 포괄적인 내용을 담은 보고서[26]를 제출하였다.

---

22) European Parliament of 16 February 2017 Resolution with Recommendations to the Commission on Civil Law Rules on Robotics.

23) 계승균, 앞의 책, 90면.

24) 김자회 · 주성구 · 장신, "지능형 자율로봇에 대한 전자적 인격 부여", 『법조』제724호, 법조협회, 2017, 127면.

25) COMMUNICATION FROM THE COMMISSION TO THE EUROPEAN PARLIAMENT, THE EUROPEAN COUNCIL, THE COUNCIL, THE EUROPEAN ECONOMIC AND SOCIAL COMMITTEE AND THE COMMITTEE OF THE REGIONS Artificial Intelligence for Europe {SWD(2018) 137 final}.

그리고 유럽연합의 집행위원회는 2019년 4월에 인간 중심의 인공지능과 관련하여 신뢰구축[27]과 윤리적 지침의 필요성과 중요성을 강조하고 있다. 집행위원회는 또한, 「신뢰할 가치가 있는 인공지능에 대한 윤리 지침」(ETHICS GUIDELINES FOR TRUST-WORTHY AI, High-Level Expert Group on Artificial Intelligence)을 인공지능 고위전문가 그룹(High-Level Expert Group on AI)이 작성하여 제출하였다. 이 보고서에는 윤리원칙, 인공지능 기술이 필수적으로 충족시켜야 하는 일곱 가지 기술, 일곱 가지 기술이 충족된 인공지능을 구체적이고 지속적으로 신뢰할 가치가 있는지를 평가하는 목록, 의도하지 않게 발생시킨 피해에 대한 사회적, 기술적 의견이 제시되어 있다.

IV. 인공지능과 규범의 형성 가능성

1. 인간규범의 역사성

역사적으로 인간규범을 살펴보면 역사성을 가지고 있다. 즉 역사의 흐름에 따라서 인간관계를 의미하는 사회관계성을 가지면서 그 내용이 가변적이고 그 사회의 문화를 나타내는 형태로 변화하여 왔다. 규범의 주체가 인간이었고, 종교규범과 도덕규범으로부터 영향을 받기는 하였지만, 법규범은 그 사회의 현실과 가치를 법조문에 반영하면서 변화하여 왔다. 과거에는 노예제도, 외국인, 어린이, 여성 등 사회적 약자들의 사회적 지위와 권리가 지금과는 다른 것이었다. 전 세계적인 역사의 변화와 시민의 권리의식의 변화를 살펴보면 아직은 완벽하지 않지만 과거와는 다른 법적 지위를 가지게

---

26) A comprehensive European industrial policy on artificial intelligence and robotics European Parliament resolution of 12 February 2019 on a comprehensive European industrial policy on artificial intelligence and robotics [2018/2088(INI)].

27) COMMUNICATION FROM THE COMMISSION TO THE EUROPEAN PARLIAMENT, THE COUNCIL, THE EUROPEAN ECONOMIC AND SOCIAL COMMITTEE AND THE COMMITTEE OF THE REGIONS, Building Trust in Human-Centric Artificial Intelligence Brussels, 8. 4. 2019 COM(2019) 168 final.

되었다. 이러한 점은 법규범의 역사성을 보여 주고 있다고 말할 수 있다.

2. 인공지능 규범의 형성

법규범에 규정되어 있는 여러 가지 제도들이나 법규범의 내용을 살펴보면 인공지능이 법규범에 들어올 여지(餘地), 또는 틈이 존재한다. 그리고 법규범의 역사를 살펴보면 전혀 불가능한 일은 아니다. 법규범의 변화 역사를 살펴보면 종교규범에서 법규범으로 변화하는 가운데 많은 변화가 있었고, 변화가 진행되고 있다. 법규범은 고정된 어떤 실체가 아니라 변화하는 유기체라고 말할 수 있다. 따라서 인공지능과 관련된 규범도 새롭게 형성될 가능성이 있다.

현재 세계 각국에서 이미 인공지능과 관련된 규범이 형성되고 있다. 광범위하고 일반적인 내용은 아니지만, 특정 분야, 당장 문제가 될 수 있는 부분에서는 이미 규범이 형성되고 있다. 우선 인공지능과 관련된 기술윤리적인 규범이 형성되고 있다. 또한, 인공지능이 장착된 자율주행자동차와 관련된 내용이 우리나라, 미국, 독일, 일본 등의 도로교통과 관련된 법규범에서 이미 규범을 형성하고 있다. 인공지능이 비록 기계 또는 시스템이기는 하지만 현 상태에서는 윤리규범과 법규범이 함께 형성되고 있다는 점이 특징이다. 어떤 면에서는 새로운 사회적 현상이 나타남에 따라 형성되는 규범의 초기 모습의 전형을 보여 주고 있다.

기술과 관련된 윤리규범은 그동안 인간의 행위양식과 관련된 도덕적 의미의 윤리는 아니지만 기술을 통해 제작된 물건이나 기술 자체에 대해서 공학자가 지켜야 할 직업윤리 또는 학문적 윤리에 대해서 주로 규정하고 있다. 대부분 내용이 추상적이고 어떠한 행위에 대한 방향성을 제시하는 내용이지만, 이러한 기술윤리규범이 어느 시점부터는 법규범으로도 변화될 수 있다. 이러한 기술윤리규범이 법규범으로의 변화 가능성은 기술이나 과학의 발전과 인간의 법감정(Rechtsgefühl)과도 연계성을 가지고 있다.[28]

---

28) 계승균, "인공지능과 규범의 형성", 『산업재산권』 제73호, 한국지식재산학회, 2022, 226면.

제5장

인공지능 기본법 제정을 위한 시론

이상직
(법무법인 태평양 변호사)

I. 배 경

인공지능은 어떻게 우리 곁에 왔을까? 과학기술·정보통신의 발전이라고만 보면 뭔가 부족하다. 산업화 시대에는 품질이 좋은 상품을 많이 생산하는 것이 중요했다. 모든 것이 부족하던 시절의 미덕이었다. 풍족하게 소비할 수 있는 시대가 왔다. 성장 페달을 밟은 기업은 멈출 수 없었다. 생산을 계속하여 재고가 많아졌고 기업의 인력도 남아돌았다. 재고를 없애려고 허위·과장 광고, 판매 강제 및 해고가 고객과 직원을 괴롭혔고 공정거래법 등 법령에 따라 처벌되었다. 정보화시대에는 빅데이터와 인공지능을 이용해 고객이 원하는 상품을 정확히 찾아냈고 고객이 원하는 시간, 장소와 방법으로 공급했다. 고객조차 모르는 수요를 분석하여 맞춤형 상품을 제공하기에 이르렀다. 품질이 보장되고 안전이 입증된 생활 필수품은 플랫폼을 통해 가격 비교 등을 통해 저가로 손쉽게 구입하고 신속하게 배송받을 수 있게 되었다.

기업의 관심은 더 이상 사지 않는 고객에게 무엇을 어떻게 더 팔 수 있을지로 옮겨갔다. 부족한 것이 없는 상류계층에는 하류계층과 달라야 한다며 소비를 통해 증명하라고 부추긴다. 좋은 학군을 가진 고급주택, 고가의 그림 등 예술작품, 초고가 스포츠카, 유명 브랜드의 명품 같은 것이고 그들만의 문화를 만들라고 한다. 하류계층에겐

상류계층을 쫓아야 한다며 추격형 소비를 부추긴다. 상류계층의 흉내라도 내려면 명품을 하나라도 사라고 한다. 백화점 주변에 줄을 선 채 밤을 새우는 사람들을 자주 보는 이유다. TV를 뛰쳐나온 광고는 인터넷, 모바일, 소셜미디어를 드나들며 고객의 마음을 파고든다. 과거 TV 같은 전자제품은 기능을 중심으로 광고했다. 화면이 선명하고 전기 소비가 적다고 했다. 지금은 유명 예술가의 손길을 거친 디자인이라고 한다. 가격은 아무나 살 수 없을 만큼 비싸지만 가진다면 상류층이 될 수 있는 듯 광고한다. 바야흐로 소비사회가 도래했다.

　여기에 그치지 않았다. 프랑스 철학자 장 보드리야르는 시뮬라시옹과 시뮬라크르라는 개념을 이용해 소비의 새로운 지평에 관해 말한다. 워쇼스키 감독은 영화 매트릭스에 참여하는 배우들에게 그의 책을 읽고 촬영에 임하라고 할 정도였다. 시뮬라시옹은 현실에 실제 있는 사물을 그대로 베낀 이미지 또는 기호가 현실을 대체하는 현상이다. 유명 예술가 데미언 허스트는 자신의 작품을 디지털 자산으로 만들어 NFT화한 뒤에 오프라인의 원본 작품을 불태우는 행위예술을 선보이기도 했다. 그렇다. 실제의 사물이 없어지면 베낀 이미지가 더 진짜 같은 역할을 한다. 이것이 시뮬라크르다. 시뮬라시옹의 결과로 현실에서는 없거나 있다가 없어진 사물이지만 모방을 통해 가상세계에 만들어 놓은 것이다. 디즈니 만화 주인공 미키마우스는 혐오스러운 쥐를 모델로 했지만 더 이상 쥐가 아니다. 사람처럼 말하고 행동한다. 아이들은 쥐를 무서워해도 미키마우스를 무서워하지 않는다. 미키마우스가 등장하는 영화와 그 캐릭터를 새긴 액세서리, 장난감, 디즈니랜드에 돈을 쓴다. SNS 또는 모바일 메신저를 이용할 때 감정을 표현하기 위해 이모티콘을 쓴다. '좋아요', '싫어요', '슬퍼요', '화나요' 등의 감정을 표현한 기호들로 실제 공간에 없는 것이다. 온라인게임 아이템도 마찬가지다. 온라인게임에서 유리한 고지를 점령하려면 칼, 창, 방패나 다양한 마법의 아이템이 필요하다. 게임을 통해 획득하려면 엄청난 노력을 해야 하므로 그 방법을 택하지 않고 돈을 내고 손쉽게 구입한다. 실제 공간에 없는 것이지만 온라인게임에서 유용하게 쓰인다. 메타버스에서 아바타에게 입힐 옷과 액세서리도 산다. 고가에 팔리는 디지털자산의 NFT도 다르지 않다. 현실에서는 쓸 수 없는 것이다. 모방된 이미지, 꾸며진 이미지가 세상을 다스린다.

현대사회를 살아가는 우리 대부분은 옷을 직접 만들지 못하고, 집을 직접 짓지 못하고, 농사를 직접 짓지 못한다. 그것들을 살 돈을 충분히 가질 수도 없다. 그 간극에서 인간의 원초적 불안이 나온다. 실제 존재하는 것, 원본과의 연관성을 끊고 원본보다 큰 가치를 가진 것이 늘고 있다. 이것들은 현실에 없는 것이다. 이것이 인공지능이 태어난 세상이고 인공지능을 이용하여 모바일, 플랫폼, 메타버스 등 새로운 산업과 시장이 열리고 있다. 자본과 기술로 무장한 기업 앞에 소비자는 속수무책일 수 있다. 이 문제를 해결하려면 민간 역량이 커져야 한다. 인터넷을 이용하는 많은 세계시민이 참여해 가꾸었기에 오늘날 인터넷이 있다. 인공지능 시대 소비도 다시 봐야 한다. 인공지능 상품이 사람의 생명, 신체, 안전을 침해하는지, 우리와 함께할 수 있는지 감시해야 한다. 세계 각국과 기업은 인공지능 윤리기준을 쏟아내고 있다. 미국은 2022년 10월 인공지능 권리장전 초안을 발표했다. 윤리기준, 권리장전은 기업과 소비자의 경각심을 불러일으킬 수 있지만 그 자체만으로는 법적 구속력을 갖지 못한다. 논의는 자연스럽게 기업 등 국민의 권리를 제한하고 의무를 부과할 수 있기 위해 입법으로 넘어간다.

II. EU 인공지능 법안의 등장

EU 집행위원회는 2021년 4월 21일 인공지능 법안을 내놓았다. 유럽의회 투표와 회원국 승인이 필요하니 순조롭게 진행해도 최종 입법까지 2년 이상 걸린다. 법안은 인공지능이 사람에 미치는 위험 정도에 따라 용납할 수 없는 위험(unacceptable risk), 고위험(high risk), 저위험(limited risk), 최소 위험(minimum risk)으로 나누어 규제하고 있다.

첫째 용납할 수 없는 위험 단계의 인공지능은 사람의 행동을 조작하는 경우, 아동ㆍ장애인 등 약자를 이용하거나 공격하는 경우 등이다. 인간의 존엄, 자유, 평등, 민주주의에 대한 명백한 도전에 해당한다. 시장에 나올 수 없게 원천적으로 금지한다. 둘째 고위험(high risk) 인공지능은 i) 운송ㆍ교통, 기계, 무선장비 및 의료기기 등 사람의 안전에 관계된 경우, ii) 가스, 전기 등 중요 인프라에 이용되는 경우, iii) 잠재적 가해자 또는 피해자가 될 위험 평가, 거짓말 탐지 등 감정 상태 확인, 증거 신뢰성 평가, 범죄

분석에 사용되는 경우 등이 해당한다. 고위험 인공지능은 허용하되 위험관리시스템을 기획, 설계, 구축할 의무를 부과한다. 셋째 저위험(limited risk) 인공지능은 명의도용 등 사람을 속일 수 있는 인공지능을 말한다. 이용자가 속지 않도록 투명성을 확보할 의무를 부여한다. 넷째 최소위험(minimum risk) 인공지능은 게임 등 권리침해, 위험이 최소화된 경우이므로 특별한 규제를 하지 않는다. 벌칙은 용납할 수 없는 위험의 인공지능을 활용하면 최대 3천만 유로(약 4백억 원) 또는 전 세계 연간매출액의 6% 중 높은 금액의 벌금을 부과한다.

EU가 인공지능 입법을 추진하는 이유는 뭘까. 위험성에 따라 인공지능 허용 여부를 결정하고 인공지능 기업의 의무사항을 정하여 시민 보호와 산업육성이라는 두 마리 토끼를 잡겠다는 것이다. 앞서 2015년 5월 유럽디지털 단일 마켓 전략은 EU 회원국 간 경제·정치 통합을 통해 EU 경쟁국에 대한 공동 대응, EU 기반의 강력한 데이터·인공지능기업 탄생을 위한 시장조성 및 경쟁력 지원을 목표로 했다. 그러나 2008년 금융위기 이후 계속된 경제 침체, 2020년 영국 브렉시트, 코로나19 팬데믹 등 위기에서 각 회원국의 피해 정도, 대응 방법, 정치 상황 등 편차가 커서 EU 전체의 일사불란한 대응이 쉽지 않았다. 구글 등 글로벌 디지털 기업의 약진에도 불구하고 EU 국적의 데이터·인공지능 기업은 그 성장세가 미흡했다. 글로벌 디지털 기업에 대한 공정거래법, 개인정보보호법 위반 등 과징금 제재만으로 유럽 시장을 보호하기에 한계가 있다. 그 결과 글로벌 디지털 기업의 영향력이 큰 고위험 인공지능을 견제하고 저위험 인공지능 또는 경쟁력이 있는 인공지능 분야에서 EU기업을 육성할 수 있는 토양 마련에 집중하고 있다. 이를 뒷받침하기 위해 EU 자체를 EU 회원국 기업을 위한 공통의 단일 시장으로 만들려고 노력하고 있다.

이에 대해 미국은 경제만이 아니라 외교, 안보에서 미국 중심 세계로의 복귀로 실리와 명예를 한꺼번에 얻는 전략을 추진하고 있다. 파리기후협약, 세계보건기구 복귀를 추진했고, 인공지능 initiative, 반도체 장비 수출제한 정책을 유지하고 있다. 미국의 인공지능 등 디지털 기업은 특허 세계 최고를 달성하는 기술 수준을 바탕으로 안정적인 궤도에 올라 있어 아무리 복잡하고 힘든 규제라도 견딜 수 있는 내성을 이미 갖춘 상태다. 이런 상황에서 경쟁국에는 강도 높은 규제 수준을 요구하고 그들만의 기준을 국제표준으로 강요함으로써 경쟁국 인공지능기업이 쉽게 나오지 못하도록 한다.

우리는 어떻게 해야 할까. EU 인공지능 법안을 베끼는 것은 퍼스트 무버를 꿈꾸는 국가로서 할 일이 아니다. 입법 사대주의에서 벗어나야 한다. 미국, EU 기업 대비 국내기업의 데이터·인공지능 기술 수준, 산업발전 정도와 경쟁 여건을 검토해야 한다. EU 인공지능 법안의 국내 도입이 국내 데이터·인공지능 산업 발전 또는 해외진출에 도움이 될지 비판적으로 분석해야 한다. 정부는 조연이지 주연이 아니다. 인공지능 기술개발, 상품화, 건전한 소비 등 국민과 기업의 민간 활력을 최고치로 끌어올리기 위한 생태계 조성에 집중해야 한다. 아래에서 EU 인공지능 법안을 중심으로 구체적으로 살펴보고 시사점과 대응 방안을 논의한다.

Ⅲ. EU 인공지능 법안의 주요 내용

1. EU 법원(法源)

EU의 법원(法源) 및 체계를 보자. 1차 법원(primary source)은 EU 창설 및 존속을 위한 조약으로 유럽 석탄 철강 공동체 조약, 유럽 경제 공동체 조약, 유럽 원자력 공동체 조약, 마스트리히트 조약, 암스테르담 조약, 니스 조약 등이 그것이다. EU 헌법과 유사한 기능을 하고 2차 법원의 근거 및 그 효력을 판단하는 기준이 된다.

다음은 2차 법원(secondary source)으로 EU 입법기구가 제정한다. Regulation(법령 또는 규칙)은 회원국의 개별 입법이 없어도 법적 효력을 갖는다. Directive(지침)는 회원국이 추구할 정책 목표를 제시하고 회원국의 개별적 입법을 통해 수단을 마련하는 법규범이다. 회원국의 입법 시한도 제시한다. 회원국이 기한 내에 입법하지 않거나 개별입법이 지침을 제대로 반영하지 않으면 지침이 직접 구속력을 발휘하도록 하고 있다. Decision(결정)은 특정 회원국 또는 개인, 단체에 대한 구체적이고 개별적인 명령이다. Recommendation(권고), Opinion(의견)은 법적 구속력이 없는 지도라고 볼 수 있다. Resolution(결의)은 법적 구속력이 없으나 특정 사안에 대하여 EU가 공식적인 입장을 공표한 것으로 볼 수 있다. 국제조약은 EU 설립 전 회원국이 체결한 조약과 EU가 EU 밖의 외국과 체결한 조약을 말한다. 그 성격은 2차 법원과 같거나 상위에 있고 1차 법원보다는 하위에 있다.

2. EU 인공지능 법안의 주요 내용

(1) 적용 범위와 용어 정의

EU 인공지능법안은 Regulation(법률 또는 규칙)으로서 회원국의 개별 입법이 없어도 법적 효력을 갖는다. EU 집행위원회에서 제안한 후로 유럽의회의 투표, 회원국 승인 등 절차를 거쳐야 하므로 상당한 시일이 걸린 것으로 보인다. EU 인공지능법안의 적용 범위를 보자. OECD 인공지능 권고안에 기반하는 인공지능시스템의 정의는 기계학습, 논리 지식 기반 또는 통계적 접근 방식으로 개발된 소프트웨어를 말하는 것으로서 사람이 정한 목적에 따라 상호 작용하는 환경에 영향을 미치는 콘텐츠 생산, 예측, 추천 또는 의사결정을 할 수 있는 시스템이다.

인공지능 공급자는 인공지능을 EU 시장에 출시, 개발, 보유하는 자연인, 법인, 공공기관이고, 인공지능 이용자는 사적 목적의 비영리적 이용자를 제외한 이용자를 말한다. EU 인공지능법안은 역외 적용 규정을 두고 있다. 공급자, 이용자가 제3국의 국적을 갖고 있음에도 불구하고 인공지능 결과물이 EU에서 작동, 실행되는 경우를 법적 규제 대상에 포함하고 있다.

법안의 적용이 제외되는 것은 군사 목적으로만 개발 사용되는 인공지능 시스템, 사법 협력을 위한 국제조약에 따라 인공지능 시스템을 이용하는 제3국 공공기관 또는 국제기구에는 적용되지 않는다.

(2) 인공지능 유형별 규제 내용

먼저 용납할 수 없는 위험 단계의 인공지능이다. 용납할 수 없는 위험(unacceptable risk)은 무엇일까. EU 설립의 근본 가치로서 인간의 존엄, 자유, 평등, 민주주의, 기본권 침해 및 안전, 생계 및 권리에 대하여 명백한 위험을 가져오는 경우다. 다만, 법령에 근거를 두고 공공 안전을 위해 안전조치를 취하여 공권력으로 통제될 수 있는 경우는 제외한다. 용납할 수 없는 인공지능을 보자. 인간의 행동을 조작하는 것으로서 사람 모르게 행동, 의견 또는 의사결정을 조작하여 정신적, 신체적 위험을 초래하는 경우가 있다. 취약성 공격으로서 아동, 장애인 등의 취약성, 특수 상황을 이용하거나 공격하는 경우도 해당한다. 공공기관의 사회적 신용평가로서 사람의 사회적 행동 또는 특성을 이용하여 개인의 신뢰도를 평가하여 불리하거나 차별적 대우를 하는 것도 포함한다. 경찰 등이 실시간 원격으로 공개된 장소에서 실시간으로 생체정보를 활용하여 신원확인을 하는 경우도 해당한다. 다만 실종아동 수색, 테러 대응 등을 위해 사법당국의 승인을 얻은 경우는 제외한다. 용납할 수 없는 인공지능에 대한 법적 처리는 금지 외에 대안이 없다.

다음으로 고위험 단계의 인공지능에 대한 규제이다. 고위험(high risk) 단계의 인공지능에 어떤 경우가 해당하는지를 보면 인공지능이 제품 자체 또는 제품의 안전 요소인 경우(부속서 II), 기본권에 영향을 미칠 수 있는 인공지능(부속서 III)가 있다. 고위험 인공지능에 대한 구체적인 분류를 보자. 제품 안전에 관한 것으로서 인공지능이 항공, 자동차, 철도, 기계, 장난감 안전, 승강기, 무선장비 및 의료기기 등 제품 자체이거나 안전 요소이고 EU 지침의 적합성평가를 받아야 하는 경우이다. 생체인식 분류에 관한 것으로서 사람의 생체정보를 활용하여 신원확인을 하는 경우도 해당한다. 중요 인프라 관리 운영에 관한 것은 도로, 물, 가스 전기 등 중요 인프라의 안전 요소로 사용되거나 소방 등 긴급 대응 서비스에 사용하는 경우이다. 교육 및 직업훈련으로서 교육기관 선정, 지원 결정, 교육생 또는 훈련생 평가에 관한 것도 포함된다. 고용, 직원 관리는 지원, 평가, 승진 등에 사용되는 경우가 여기에 해당한다. 중요 공공 민간 서비스 접근, 이용에 관한 것으로서 공공기관이 수당 등 공공 혜택을 받을 수 있는 자격 등을 평가하기 위해 사용하는 인공지능도 마찬가지다. 법집행은 잠재적 가해 또는 피해자가 될 위험 평가, 거짓말 탐지 등 감정 상태 확인, 범죄 발생 또는 사회 불안 예측, 수사단계 증거 신뢰성 평가, 프로파일링, 범죄분석에 관한 것을 고위험 인공지능으로 본다. 이민 및 국경통제는 보안 위험, 불법체류 가능성, 여행서류의 위변조 평가에 인공지능을 이용하는 것이 고위험이다. 사법 업무는 법원, 재판에서 판사를 지원하는 인공지능에 관한 것이 해당한다.

고위험 단계의 인공지능에 대한 유형별 규제를 보자. 먼저 인공지능 시스템 공급자의 의무다. 위험관리 시스템을 기획, 설계, 구축, 구현, 문서화 및 유지 관리를 해야 한다. 고품질 데이터셋을 유지하기 위해 편향 없이 적절한 데이터 거버넌스를 구축, 관리하고 신원을 확인해야 한다. 기술문서 작성에서는 시장에 출시하기 전에 법적 요구사항을 충족하고 있다는 것을 확인해야 한다. 로그 기록 보관에서는 모든 단계에서 인공지능 기능을 추적할 수 있는 수준으로 저장하고 보관하여야 한다. 품질관리시스템을 지속적으로 가동해야 한다. 투명성 보장을 위하여 인공지능 결과물이 나오는 과정(공급자 정보, 시스템 성능 특징, 기능과 한계, 사람의 관여 형태 및 감독, 예상수명, 유지관리 조치)에 대한 이해와 설명을 할 수 있도록 설계하고 개발하여야 한다. 사람의 관리감독에서는 고위험 식별, 대응조치를 인공지능에 내재화 또는 사용자가 대처할 수 있는 수단을 제공해야 한다. 합목적적 설계. 개발, 오류 및 침해 대응 수단 구비, 중대사고 및 오작동이 있으면 규제당국에 보고할 수 있는 시스템을 갖추어야 한다. 외국기업은 규제 당국의 법적 요구에 신속하고 정확하게 대응할 수 있도록 국내 대리인을 지정해야 한다. 적합성 평가를 통해 CE 마크를 부여하여야 한다. 특히 원격 생체 신원확인 및 공공 인프라에 사용되는 인공지능은 독립성과 전문성을 가진 기관이 평가하도록 시스템을 갖추어야 한다. 시장에 출시하기 전에 EU가 구축한 데이터베이스에 등록하여야 한다. 오작동에 따른 심각한 부상 등 피해는 15일 이내에 규제당국에 보고해야 한다.

고위험 단계의 인공지능에 관여하는 법인 등의 의무사항에 관하여 보자. 먼저 인공지능 시스템 사용자의 의무이다. 기술적 관리적 조치를 성실히 이행하여 공급자의 사용지침에 따른 사용과 위험 대비 조치를 하여야 한다. 심각한 사고, 오작동 징후를 모니터링하고 기록 관리하여야 한다. 사고가 발생하면 공급자에게 통지하고 사용 중단을 요청하여야 한다. 자동 생성된 로그 기록을 관리 및 보관하여야 한다. 다음으로 인공지능 시스템 수입업자의 의무이다. 공급자 관련 필요 구비서류 확인 등 공급자가 신뢰할 수 있는지 확인하여야 한다. 인공지능이 법령을 위반할 우려가 있다면 수입과 출시를 중단하여야 한다. 위험을 확인하면 공급자와 규제당국에 통지하여 대응책을 세울 수 있게 하여야 한다. 마지막으로 인공지능 시스템 유통업자의 의무이다. CE 표시,

공급자, 수입업자의 의무 준수 여부를 확인하여야 한다. 인공지능이 법령을 위반할 우려가 있다면 시장 출시를 중단하여야 한다. 위험을 확인하면 공급자와 규제당국에 통지하는 등 필요한 조치를 해야 한다. 시장에 출시한 후에도 법령을 준수하지 않은 사실을 확인하면 시정조치를 하고 리콜 등 필요한 조치를 하여야 한다.

제한된 위험(limited risk) 단계의 인공지능에 대한 규제 사항을 보자. 명의도용, 사기 위험을 초래할 수 있는 인공지능에 대해서는 투명성을 확보할 의무를 부여하고 있다. 사용자가 인공지능과 상호작용을 하고 있음을 알 수 있게 통지하여야 한다. 사용자가 감정 인식 또는 생체 인식에 노출되면 통지해야 한다. 인공지능이 딥페이크 콘텐츠를 생성하거나 조작이 있는 경우에는 그 내용을 공개해야 한다.

EU 인공지능 법안은 인공지능을 위험에 기반하여 규제하고 있지만 혁신을 촉진할 수 있는 대안을 제시하고 있다. 최소 위험(minimum risk)이 있을 뿐인 경우로서 게임이나 안전 위험이 최소화된 경우라면 규제에서 제외하고 있다. 인공지능 규제샌드박스를 추진하여 중소사업자를 위하여 규제샌드박스 진입을 우선 허용하고 적합성평가 수수료를 인하해 주는 등의 조치를 하고 있다.

EU 인공지능 법안의 추진체계는 EU 인공지능위원회 설립, 회원국의 감독기관 지정 또는 설립 등으로 이뤄져 있다.

EU 인공지능 법안 위반에 대한 벌칙을 보자. 용납할 수 없는 위험의 인공지능으로서 법령을 위반하면 최대 3천만 유로(약 4백억 원) 또는 전 세계 연간 총매출액의 6% 중 고액의 벌금을 부과할 수 있다. 조사 등 협력의무를 위반하면 최대 2천만 유로 또는 연간 총매출액의 4% 중 고액을 벌금으로 부과할 수 있다. 규제당국에 신고할 의무를 위반하면 최대 1천만 유로 또는 연간 총매출액의 2% 중 고액을 벌금으로 부과할 수 있다.

3. EU 인공지능 책임 지침

한편 EU는 2022년 9월 28일 인공지능 책임 지침을 발표했다. 고위험 인공지능에 의한 불법행위로 인하여 발생한 손해의 배상에 관하여 규정하고 있다. 법적 성격은 지침(Directive)이고 법령 또는 규칙(Regulation)이 아니다. 회원국에 대하여 법적 구속력은 있으나 구체적인 입법 형식 및 방법에 대한 선택권을 회원국에 맡기는 유형으로 회원국의 별도 입법이 있어야 한다.

지침은 인공지능의 딥러닝 특성으로 인하여 손해배상청구를 위한 요건을 입증하기 어려울 수 있다고 판단했다. 이에 따라 과실책임원칙을 유지하지만 고위험 인공지능에 대한 증거 공개명령과 주의의무위반 추정, 과실이 있는 경우에 인과연결성(casual link)을 추정할 수 있는 규정을 도입하겠다는 것이다. 이를 통해 불법행위 피해자가 손해배상청구를 한 경우에 도움을 주고 고위험 인공지능 도입에 따른 법적 불확실성을 제거하겠다는 것이다. 회원국은 지침 시행 후 2년 이내에 국내법을 정비하여야 한다.

인공지능 피해자가 합리적인 노력을 기울였음에도 불구하고 충분한 증거를 수집하지 못할 수 있다. 이 경우 EU 인공지능법안에 따라 가해자가 인공지능 개발정보, 기술서류, 로그, 품질관리시스템에 관한 자료 등 정보를 확보할 수 있도록 하고 있다. 피해자가 법원에 요청하면 법원의 판단으로 가해자에게 증거 공개를 명령할 수 있다. 가해자가 법원의 증거 공개명령 등에 따르지 않으면 과실이 있다고 추정한다. 한편 피해자가 가해자의 행위와 인공지능의 작동 결과 사이에 인과관계가 있음을 입증하기 어려울 수 있다. 그 입증이 지나치게 어렵다고 판단하는 경우에 i) 가해자의 과실이 있고 ii) 그 과실이 인공지능의 작동결과에 영향을 주며 iii) 인공지능 작동결과가 손해를 야기한 경우라면 과실과 인공지능 결과물 사이에 인과연결성을 추정하고 있다.

인공지능 책임 지침이 효력을 발휘하면 피해자의 증거확보와 입증을 용이하게 할 수 있게 될 것으로 기대하고 있다. 물론 이 지침에 대해서는 인공지능 산업의 활성화를 저해할 수 있다는 기업의 비판이 있었다.

IV. 평가와 시사점

1. EU 전략에 대한 평가

EU의 인공지능 전략을 구체적으로 보자. 제4차 산업혁명은 데이터, 인공지능 등 신기술을 갖춘 글로벌 다국적 기업과 미국이 주도하고 있다. 미국이 서비스, 유통 물류 중심의 제4차 산업혁명이라면 유럽은 상대적으로 경쟁력을 높일 수 있는 스마트 팩토리 등 제조업 중심의 제4차 산업혁명을 추진하고 있다. 구글, 메타플랫폼, 아마존, 마이크로소프트, 애플 등 미국기업을 견제하고 유럽 회원국 시장을 보호할 필요가 있다. 현재 유럽 디지털 시장 점유율 과반수를 미국기업이 차지하는 상황을 본다면 더욱 그렇다. 미국 등 외국기업에 대한 공정거래법, 개인정보보호법 위반 등 제재, 디지털세 부과 등이 이어지고 있지만 그것만으로 유럽 디지털시장을 보호하는 것에 한계가 있다.

더욱이 2008년 미국 서브 프라임 모기지 사태에서 시작한 글로벌 금융 위기, 2020 영국의 회원국 탈퇴, 경제적 어려움이 지속되고 있는 동유럽 국가의 회원국 참여, 코로나 19 등 판데믹의 장기화 여진이 이어지고 있다. 이에 대하여 EU 회원국 간 피해, 대응방법, 정치상황 등 편차가 커서 효과적인 대응책 수립과 시행이 쉽지 않은 상황이 EU를 더욱 소극적으로 만들고 있다. 어려운 상황에서도 EU는 회원국 간 디지털 싱글 마켓 전략을 추진해 왔다. 일종의 유럽판 미국을 만들고 싶다는 이야기다.

2015년 5월 6일 Digital Single Market Strategy for Europe을 발표하였는데, 회원국 간 경제적 정치적 통합을 가속하여 EU 경쟁국에 대한 대처를 효과적, 지속적으로 하자는 것이다. EU 내에서 강력한 미래 기업을 탄생시키기 위한 시장환경 조성 및 경쟁력 지원이 핵심 내용이다. EU 인공지능 전략은 미국 기반 글로벌 기업의 영향력이 큰 고위험군 인공지능을 중점적으로 통제하고 견제하면서 저위험군 인공지능에서 EU 기반 기업을 육성할 수 있는 토양을 마련하고 EU 자체를 회원국을 위한 단일시장으로 만드는 것을 핵심적으로 추진할 것으로 예상한다.

2. 미국 전략에 대한 평가

다음으로 미국의 인공지능 전략에 관하여 보자. 트럼프 정부의 America First, 바이든 정부의 Diplomacy First Policy 등 정권의 향방에 따라 다소 차이가 있을 수 있다. 그러나 어느 당이 정권을 가지는지에 관계없이 미국이 추진하는 외교와 국가이익의 본질은 미국 중심 세계로의 복구로 실리와 명예를 한꺼번에 얻는 전략(Frenemy)을 추진하고 있다.

파리기후협약, 세계보건기구 복귀, 유럽과 함께 무역기술위원회를 추진(digital tax, data transmission, privacy protection, cyber security)하면서 중국을 고립시키는 전략이다. 인공지능 등 디지털 전쟁 역량 강화를 위해 미국(인공지능위원회 등)은 인공지능 initiative, 반도체 장비 등의 수출제한 등을 추진했다. EU, 중국 외교 및 첨단 기술전 승리를 위해 트럼프 정부 실리 정책을 그대로 계승하고 있다고 할 수 있다. 중국 기반 기업 등을 대상으로 규제 공세를 늦추지 않고 있는 것이 그것이다. 다만 바이든 정부 는 트럼프 정부의 전방위적 미중 경제전쟁 추세를 다소 변경하여 반도체 등 첨단기술 중심으로 집중하고 있다. 미국의 인공지능 등 디지털 기업은 특허 등록률 세계 최고를 달성하는 기술 수준과 규모를 바탕으로 안정적인 궤도에 올라 규제를 견딜 수 있는 내 성을 갖춘 상태로 이미 성장했다. 경쟁국에 대해서는 비용이 많이 수반하는 기술 standard를 요구하여 경쟁국의 인공지능 발전을 견제하고 있다. 그러면서도 미국 기 업에 대한 현지 국가의 규제 시도에 대해서는 강경하게 반대하면서 자국 기업을 위한 규제 절감을 시도하고 있다.

그러면서도 미국 안에서는 2022년 2월 상원과 하원에서 알고리즘 책임법안를 발의 하는 등 알고리즘에 따라 자동화된 선택, 결정 시스템이 가져오는 잠재적인 위험을 규 제하기 위한 노력을 하고 있다. 이 법안은 알고리즘이 야기하는 데이터의 결합, 편향 과 그로 인해 발생하는 결과적 위험에 대해 안전장치를 마련해 소비자 등 국민에 미치 는 부정적 영향을 최소화하려고 한다. 주된 내용을 보자. 매출액, 자본금, 소비자 수 등을 기준으로 적용을 받아야 할 사업자를 정한다. 사람의 개입 없이 컴퓨터 프로그램 등 자동화된 시스템이 직접 중요한 의사결정을 하거나 알고리즘 적용 결과를 바탕으 로 사람이 관여하여 중요한 의사결정을 하는 경우를 대상으로 한다. 중요한 의사결정 은 교육 및 직업훈련, 인프라 운영, 금융 및 의료서비스 등에서 알고리즘을 이용해 국 민의 삶에 중대한 영향을 미치는 경우를 대상으로 한다. 사업자는 알고리즘에 대한 관 련 자료를 정부 감독기관과 소비자에게 제공하고 영향평가 결과에 따른 보고서를 정 부에 제출한다. 이 법안에 대해서는 기업의 반발도 커 그 추이를 지켜봐야 한다.

한편 아마존, 마이크로소프트, 메타, 애플, 구글 등 빅테크 플랫폼기업을 규제하기 위하여 플랫폼 빅테크 기업의 자사 우대를 제한하는 「미국 온라인시장의 혁신 및 선택에 관한 법률」, 경쟁 플랫폼 간 인수합병을 제한하는 「플랫폼의 경쟁 및 기회에 관한 법률」, 자사 앱마켓만 이용하도록 하는 행위를 금지하는 「오픈앱마켓 법률」 등 5개 법안은 2022년말 상원을 통과하지 못했다.

미국은 정부와 민주당, 공화당의 입장이 누가 집권하는지, 대외전략을 어떻게 가져가야 하는지에 관하여 다소 미묘한 차이가 있지만 대외적으로는 미국민과 미국 기업의 전체이익을 극대화한다는 목표에는 차이가 없다. 전술적인 측면에서 글로벌 경제 상황 등을 고려하여 차이를 보일 뿐이다.

V. 우리나라 인공지능 법안의 추진과 대응방향

1. 인공지능 법안의 추진

우리나라 인공지능법안의 추진사항을 보자. 국회에서는 대략 10여 개가 넘는 인공지능 관련 법안을 발의하고 있다. 법안마다 내용은 천차만별이지만 공통되거나 중요한 내용으로는 규제 대상의 설정, 인공지능 운용의 사전 고지, 인공지능 작동원리 등 설명의무, 인공지능 제품의 비상정지, 인공지능개발 이용사업자의 의무와 책임, 인공지능과 손해배상 등을 들 수 있다.

규제 대상을 정하는 것은 쉽지 않은 일이다. 인공지능이 활용되는 분야나 영역을 중심으로 할지, 인공지능이 가져올 위험을 기준으로 할지, 어떠한 것을 고위험으로 할지, 규제 대상 인공지능 기업을 매출액 또는 가입자 수 등 규모를 기준으로 할지, 규제 대상 인공지능의 정의가 내려진다면 그 모호함으로 인하여 규제의 불확실성이 생기지는 않는지 하는 논의가 그것이다.

인공지능 기업의 의무에 관한 것으로 논의되는 몇 가지를 보자. 인공지능 운용의 사전 고지는 기업이 인공지능을 운용하여 사업을 한다는 것을 고객 등이 미리 알게 해야 한다는 것이다.

인공지능 동작 원리 설명의무는 인공지능의 작동과정과 결과 등을 논리적 객관적으로 설명할 수 있도록 하여 고객 등의 신뢰를 확보하자는 것이다. 그러나 설명 범위와 수준, 방법을 어떻게 결정할 것인지는 지속적인 논의가 필요하다. 인공지능에 관한 설명이 지나치게 구체적이거나 질적, 양적 수준이 과다하다면 인공지능 기업의 영업비밀 등을 침해할 수 있기 때문이다. 그렇다고 모호하게 하는 것은 고객 등의 신뢰를 확보하기에 부족하다. 따라서 합리적인 설명의무의 범위와 수준을 정하는 것이 중요하다.

인공지능 제품의 비상정지는 사람의 생명, 신체, 안전을 위하여 작동 중인 인공지능을 비상 정지할 수 있어야 한다는 것이다. 물론 부작용도 고려해야 한다. 일부 고객의 생명, 신체 안전을 위해 비상정지를 하면 다른 고객 등의 생명, 신체 안전을 해할 수 있는 환경이 만들어질 위험도 있을 수 있기 때문이다.

인공지능 개발, 이용사업자의 의무와 책임은 기업이 고객 등 보호를 위해 기술적, 관리적, 물리적 안전조치를 취하도록 의무로 만들어 책임을 지도록 하는 것이다. 또한 고객 등의 보호는 행정법적 안전조치에 더하여 고객의 권리를 강화하는 방향으로 이루어질 수도 있어 그 병행 여부가 중요한 쟁점이 된다. 권리로서는 이용자의 인공지능 기업에 대한 설명 요구권, 이의제기권, 서비스 이용거부권, 자료 요청 등 열람, 공개 요구권 등이 포함될 수 있는지 논의해야 한다.

인공지능 법안의 입법 여부는 인공지능 산업의 활성화와 그 과정에서 고객 등 피해가 발생할 수 있는 확률을 줄이고 안전하고 신뢰할 수 있는 인공지능 시스템과 생태계를 만드는 과정의 하나로 볼 수 있다. 그 과정에서 이해관계자와 국민이 충분히 참여하고 쟁점을 꺼내 놓고 토의하고 합의를 찾아가는 것이 중요하다.

이와 관련하여 2023년 2월 14일 국회 과학기술정보방송통신위원회(이하, 과방위)의 법안소위에서 「인공지능산업 육성 및 신뢰 기반 조성에 관한 법률안」이 통과되었다. 해당 법안은 국회 과방위에 발의된 인공지능과 관련된 7개의 법률안을 통합한 법안이다. 사람의 생명과 안전 및 기본권 보호를 법률로 보장하면서도 인공지능 산업 진흥과 기술 발전을 위한 체계적 국가 지원 제도를 마련하고 있다. 인공지능 기업은 인공지능 기술의 개발 및 서비스의 제공에 대해 인간의 기본권을 침해하지 않을 것, 개인 포함 공동체 전체의 선을 침해하지 않을 것, 생명공동체의 지속가능성을 침해하지 않을 것,

정보통신기술 및 생명과학기술 윤리 관련 사항을 준수할 것, 목적 및 기능을 설정하고 이를 준수할 것, 사용 연한을 정하고 폐기에 대한 지침을 마련할 것 등의 사항을 준수해야 한다. 이용자를 대상으로는 인공지능을 임의로 변경하지 않고 본래의 목적과 기능에 맞게 이용할 것, 인공지능을 사용해 정당한 사유 없이 타인의 이익을 침해하거나 위해를 가하지 않도록 할 것, 인공지능의 오용 또는 불법적 사용으로 발생하는 문제에 대해 책임을 질 것, 인공지능을 과도하게 사용하여 발생하는 의존 및 중독 등 부작용에 주의 등의 사항을 정했다. 정부가 인공지능사회 기본계획을 수립해 시행해야 한다. 국무총리 산하 인공지능위원회를 둔다. 선 허용, 후 규제 원칙을 두어 누구든지 인공지능 연구 개발이 가능하도록 보장한다. 다만 인간의 생명과 안전과 직결된 부분을 고위험 인공지능으로 설정해 고지의무, 설명의무를 부여하고 신뢰성을 확보한다.

2. 대응방향

EU 인공지능법안 관련 한국의 대응은 어떠해야 할까. 미국, EU의 인공지능 등 산업 발전 상황과 정치 경제적 요건을 우선 검토하여 고려할 필요가 있다. 인공지능 법안의 국내 도입이 인공지능 발전을 촉진할 마중물로 작용할지, 반대로 인공지능 산업의 초기 안정적 진입을 저해할 요인으로 작용할 위험은 없는지 신중하고 깊이 있는 검토가 선행되어야 한다.

국내에 인공지능 법안이 도입된다면 우선되어야 할 사항을 살펴야 한다. 이용자 등 국민의 생명, 신체 안전에 관련된 사항(안전 기술 규제)이 그것이고, 인간의 존엄과 가치를 유지하고 향상하기 위해 최소한의 사항(평등, 공정을 현저히 훼손하는 사항 규제)을 찾아 기준과 원칙으로 정해야 한다. 고려해야 할 한국적 특수성으로는 원천 기술이 적은 국내 환경상 기술기준, 표준 관련 국제적 협력, 인공지능 부작용에 대한 국민적 민감도(안전, 공정 등), 인공지능산업 활성화에 대한 산업계의 고민, 인공지능에 대한 섣부른 규제는 데이터, 네트워크, 콘텐츠 등 유사 인접 영역의 규제로 작용할 수 있는 위험 등이 그것이다.

인공지능에 대한 법적 접근은 사람 중심의 기술, 법 제도 마련, 국가 지식재산 인프라 구축과 건전한 생태계를 만드는 것에 그 목적을 두어야 한다. 국가 사회가 안고 있는 현안을 인공지능 방식을 활용해 해결을 모색해야 한다. 글로벌 경쟁사회에서 미래에 대한 섣부른 규제나 해외 입법의 무분별한 수입은 국가의 성장동력 정체를 가져온다. 그렇다면 인공지능 초기에는 규제를 최소화함과 동시에 자율규제와 이용자의 견제 시스템을 강화, 독려하는 방향이 우선되어야 할 것이다. 공동체 안에서 인공지능 생태계를 어떻게 구축할 것인지 인프라 차원에서 대비하는 것도 필요하다.

인공지능 시대는 인공지능을 통한 혁신이 필요하지만 인공지능의 역기능을 고려하여 사회 구성원들과의 공존이 끊임없이 요구된다. 그렇다고 그 모든 것을 법으로 정할 수 없고, 법으로 정한 것이 오히려 혁신과 공존을 방해할 수도 있다. 입법은 항상 신중해야 한다.

제2편

인공지능의 법적
위상과 법적 취급

제6장

제조물로서의 인공지능*

이해원
(국립목포대학교 법학과 교수)

Ⅰ. 서 론

본 장에서는 "인공지능의 법적 위상과 법적 취급"에 관한 첫 번째 논의로서 "제조물(製造物)로서의 인공지능"에 관하여 살펴보고자 한다. 바꾸어 말하면, 본 장에서는 "인공지능이 제조물인가?"라는 질문을 화두로 제시하고, 위 질문이 "인공지능과 법"이라는 주제에서 등장하게 된 배경 및 국내외 논의 상황을 정리한 후, 나름의 합리적인 결론을 도출해 보고자 한다.

Ⅱ. 제조물의 개념 및 의의

1. 개 념

"인공지능이 제조물인가?"라는 질문을 본격적으로 다루기에 앞서 '제조물'이란 과연 무엇인지, 즉 제조물의 개념에 관하여 살펴볼 필요가 있다.

---

* 이 글은 필자가 발표한 "인공지능과 제조물책임", 『정보법학』 제25권 제2호, 한국정보법학회, 2021. 8., 74~79면을 대폭 수정, 보완한 것이다.

우선 사전을 찾아보면 제조물의 문리적 개념이 "소비자에게 판매할 목적으로 공장에서 대량으로 만들어 유통하는 제품"으로 정의되어 있음을 알 수 있다. 그런데 위 개념을 뜻하는 용어로써 일상에서 흔히 사용하는 단어는 사실 '제조물'이 아니라 '상품(商品)', '제품(製品)', 또는 그냥 '물건'이다. 예를 들어 코비드(COVID)-19 사태 이후 일상생활에 깊숙이 자리를 잡은 온라인 플랫폼에서 우리는 "상품(혹은 제품, 물건)을 검색하고 쇼핑한다."라는 표현은 쓰지만 "제조물을 검색하고 쇼핑한다."라는 표현은 특별한 사정이 없으면 사용하지 않는다. 제조물에 대응하는 영어 단어는 'product'인데, product 또한 '상품'이나 '제품'으로 번역하는 것이 일반적이다.

그렇다면 제조물이라는 단어는 어디에서 유래하였으며, 어떻게 우리나라에서 쓰이게 된 것일까? 사실 제조물이라는 단어는 영미권의 'Product Liability(독일어로는 *Produkthaftung*)'의 개념 및 그 용어를 우리 학계(특히 법학계)에서 '제조물책임(製造物責任)'으로 번역하여 수용하면서부터 사용되기 시작한 것으로 보인다.[1] 즉, 제조물의 개념은 제조물책임이라는 법이론과는 떼고 싶어도 뗄 수 없는 불가분의 관계에 있다 할 것이다.[2] 그러므로 제조물의 개념은 사전적 정의가 아닌 법학적 정의를 살펴볼 필요가 있다.

현행법상 제조물의 법적 개념은 「제조물 책임법」[3](이하 공백을 생략하고 '제조물책임법'이라고 한다)에 규정되어 있다. 살펴보면, 제조물은 "제조되거나 가공된 동산(다른 동산이나 부동산의 일부를 구성하는 경우를 포함)"으로 정의된다(제조물책임법 제2조 제1호). 미국,[4]

---

1) 보다 엄밀히 말하면 1970년대 중반 일본에서 'Product Liablity'에 관한 기초적인 연구를 시작하면서 그 연구회 제목을 '제조물책임연구회(製造物責任研究會)'라고 붙였는데, 이를 우리 법학계가 수용한 것으로 보인다. 김은자, "제조물책임제도의 경제적 효과", 한국경제연구원, 1997. 3., 24면.

2) 제조물책임에 관하여는 별개의 장('인공지능과 불법행위책임')에서 상세히 다룰 예정이므로 본 장에서 언급하지 않는다. 다만 본 장의 내용을 이해하기 위해서는 제조물책임의 개념이 무엇인지에 관하여 간략하게나마 인식할 필요가 있다. 이에 관하여는 2.에서 후술한다.

3) 2018. 4. 19. 시행 법률 제14764호를 말한다.

4) Restatement (Third) of Torts: Products Liability § 19 Definition of "Product"

(a) A product is tangible personal property distributed commercially for use or consumption. Other items, such as real property and electricity, are products when the context of their distribution and use is sufficiently analogous to the distribution and use of tangible personal

유럽연합(European Union, 이하 'EU'),[5] 프랑스, 일본 등 주요 국가에서 현재 시행되고 있는 법률에서 규정하고 있는 제조물의 개념 또한 사실상 이와 동일하다.

위 정의 규정에서 주목해야 할 점은 다음 두 가지이다. 첫째, 제조물은 말 그대로 '물건'이다. 따라서 서비스와 같은 용역은 포함하지 않는다. 일상 생활에서는 서비스도 일종의 상품이나 제품으로 인식되는 경우가 상당하지만, 이는 적어도 현행법상으로는 제조물에 해당하지 않는 것이다. 둘째, 제조물은 '동산(動産)'이어야 한다. 제조물책임법에는 동산에 관한 정의 규정이 존재하지 않으므로 동산의 개념은 민법을 따르게 된다(제조물책임법 제8조). 민법은 동산을 "유체물 및 전기 기타 관리할 수 있는 자연력"을 물건으로 정의하고 있으며(민법 제98조), 물건 중 "토지 및 그 정착물"은 부동산(不動産)으로, "부동산이 아닌 물건"은 동산으로 규정한다(민법 제99조 제1항, 제2항). 따라서 현행법상 제조물은 법문의 문구상 민법상 동산, 즉 "부동산이 아닌 유체물" 또는 "전기 기타 관리가능한 자연력" 중에서 제조물책임법 제2조 제1호가 규정하고 있듯이 "제조되거나 가공된 동산(다른 동산이나 부동산의 일부를 구성하는 경우를 포함)"으로 한정된다.

2. 의 의

제조물 개념이 가지는 의의는 앞에서도 언급하였듯이 제조물책임과의 관계에서 찾을 수 있다. 제조물책임의 개념을 본 장에서 상세히 언급하는 것은 적절치 않지만, 본장의 내용을 이해하는 데 필요한 범위 내에서만 간략하게 언급하자면 "제조물의 결함

---

property that it is appropriate to apply the rules stated in this Restatement.

(b) Services, even when provided commercially, are not products.

(c) Human blood and human tissue, even when provided commercially, are not subject to the rules of this Restatement.

5) Council Directive 85/374/EEC of 25 July 1985 on the approximation of the laws, regulations and administrative provisions of the Member States concerning liability for defective products(이하 85/374/EEC) 제2조("For the purpose of this Directive, 'product' means all movables even if incorporated into another movable or into an immovable. 'Product' includes electricity."). 다만 IV.에서 후술하듯이 현재 개정이 진행 중인 EU제조물책임지침안(각주 28)은 제조물의 개념을 소프트웨어 등 일부 무체물(無體物)까지 확장하고 있음에 유의하여야 한다.

(缺陷, defect)으로 인하여 그 제조물의 이용자나 제3자가 입은 손해에 관하여 그 제조물의 제조업자가 고의나 과실이 없더라도 부담하는 민사상 손해배상책임"이라고 말할 수 있다. 여기서 '결함'이란 "제조물의 유통 당시의 기술 수준과 경제성에 비추어 제조상·설계상·표시상 혹은 그 밖에 통상적으로 기대 가능한 범위 내에서의 안정성과 내구성을 갖추지 못한 것"을 말한다.6) 구체적으로 "제조상의 결함"이란 제조업자가 제조물에 대하여 제조상·가공상의 주의의무를 이행하였는지에 관계없이 제조물이 원래 의도한 설계와 다르게 제조·가공됨으로써 안전하지 못하게 된 경우를, "설계상의 결함"이란 제조업자가 합리적인 대체설계(代替設計)를 채용하였더라면 피해나 위험을 줄이거나 피할 수 있었음에도 대체설계를 채용하지 아니하여 해당 제조물이 안전하지 못하게 된 경우를, "표시상의 결함"이란 제조업자가 합리적인 설명·지시·경고 또는 그 밖의 표시를 하였더라면 해당 제조물에 의하여 발생할 수 있는 피해나 위험을 줄이거나 피할 수 있었음에도 이를 하지 아니한 경우를 각 말한다(제조물책임법 제2조 제2호 각호).

주지하다시피 제조물책임은 민사법의 대원칙인 '자기책임의 원칙', 즉 타인에게 손해를 입힌 경우라도 고의나 과실이 없는 한 가해행위에 대하여 손해배상책임을 지지 않는다는 원칙의 예외이다. 제조업자에게 고의나 과실이 없더라도 그가 제조한 제조물에 결함이 있고 그로 인하여 손해가 발생한 경우 배상책임을 지우는 법리이기 때문이다. 연혁적으로 제조물책임은 미국의 판례법을 중심으로 형성되어 왔다.7) 그렇다면 이와 같이 "원칙에 대한 예외"인 제조물책임의 법리는 어떻게 등장하게 된 것인가?

제조물책임은 20세기 이후 과학기술이 급속도로 발달하고 상품의 대량생산, 대량유통 체계가 정착되면서 전통적인 책임법리로는 소위 'mass product'로 인하여 발생하는 사고를 합리적으로 해결하기 위한 법리로서 등장한 것이다. 전통적인 민사법리에서는 상품의 결함으로 손해가 발생하더라도 '계약당사자 원칙(privity of contract)'에 따라 제조업자는 직접적인 계약관계에 있는 당사자에게만 손해배상책임을 부담하는 것이 원

---

6) 대법원 2004. 3. 12. 선고 2003다16771 판결, 제조물책임법 제2조 제2호 각 참조.
7) 김용덕 편집대표, 『주석 민법 ─ 채권각칙(7) (제4판)』, 한국사법행정학회(2016), 470면.

칙이었다. 따라서 제조업자가 아닌 유통업자를 통하여 제조물을 구입한 소비자는 제
조물에 결함이 있더라도 제조업자에게 책임을 물을 수 없었다. 제조업자와 소비자 사
이에는 계약관계가 없기 때문이다. 그러나 20세기 이후 대량생산, 대량유통 체계가 정
착되면서 상품의 결함으로 발생하는 사고에 관하여 소비자가 유통업자가 아닌 제조업
자에게 직접 책임을 물을 필요가 있다는 인식이 확산되었고, 이를 인정하는 판결례가
축적되기 시작하였다. 1916년 뉴욕주 대법원은 *MacPherson. v. Buick Moter Co.* 사
건에서 물건의 성질상 부주의하게 만들어지면 생명을 위험에 빠뜨릴 것이 상당한 정
도로 확실시되고 그러한 결과를 예견할 수 있는 위험한 물건의 제조업자는 계약관계
에 있지 않은 제3자에 대하여도 손해배상책임이 있다고 판결하였고,[8] 1963년 캘리포
니아주 대법원은 *Greenman v. Yuba Power Products* 사건에서 제조업자에게 제조물
로 발생한 손해의 배상책임을 인정하면서 제조업자의 고의 또는 과실을 요하지 않는
법리를 최초로 적용하였다.[9] 위 판 결 이후 1965년 공포된 제2차 불법행위법 리스테
이트먼트(restatement)에[10] 제조물책임에 관한 조항이 처음으로 도입되었으며,[11] 1998
년 공포된 제3차 불법행위법 리스테이트먼트에서는 제조물책임이 개별 조항이 아닌
별도의 장으로 규정되었다.[12]

　현재 대부분의 국가는 제조물책임을 인정하고 있다. 유럽연합은 1985년 제조물책임
에 관한 지침(Product Liability Directive, 이하 'EU PLD')을 제정하였으며,[13] 이에 따라 EU
각 회원국이 제조물책임의 법리를 입법적으로 수용하였다. 독일의 경우 1968년 독일
연방대법원의 판결로서 제조물책임을 일반불법행위책임의 해석론을 통하여 인정하였

---

8) 217 N.Y. 382, 111 N.E. 1050 (N.Y. 1916).

9) 59 Cal. 2d 57 (1963).

10) 리스테이트먼트(Restatement of the Law, 法再錄)는 연방국가이자 판례법 위주의 미국에서 법률의
　　통일적 해석 및 적용을 도모하는 취지로서 선례로 정착된 판례의 요점을 정리하여 미국법률협회가
　　발간하는 문서이다. 리스테이트먼트는 법률이 아니고 법적 구속력도 없지만 설득력 있는 근거로서
　　통용되고 있다.

11) Restatement (Second) of Torts § 402A, § 402B.

12) Restatement (Third) of Torts: Products Liability.

13) 85/374/EEC.

으며,[14) 1990. 1. 1. 제조물책임법(*Produkthaftungsgesetz*, 이하 'ProHaftG')을 제정하여 시행 중에 있다. 우리나라의 경우에도 1980년대 이후 판례를 통하여 제조물책임의 법리가 점진적으로 수용되어 왔으며,[15) 2000. 1. 12. 제조물책임법을 제정하여 성문법상의 근거를 갖게 되었다.

앞서 언급하였듯이 제조물책임은 '자기책임의 원칙'에 관한 예외로서 그 책임의 성립에 있어 제조업자의 고의나 과실을 요하지 않는다. 따라서 제조물의 결함으로 손해를 입은 피해자는 제조업자의 고의나 과실을 증명할 필요 없이 제조업자에게 제조물책임을 물을 수 있다(물론 제조물책임의 다른 성립 요건, 즉 제조물의 결함, 손해 발생, 결함과 손해 발생 사이의 인과관계는 증명되어야 하나, 이에 관한 상세한 설명은 생략한다). 이는 손해배상책임을 묻기 위하여 가해자의 위법행위, 손해 발생, 손해와 위법행위 사이의 인과관계, 가해자의 고의 또는 과실을 각 피해자가 증명해야 하는 일반적인 민사책임(특히 불법행위책임. 민법 제750조[16])의 법리에 비하여 제조업자에게 불리하고 피해자에게 유리한 것이다. 하지만 피해자가 제조업자에게 제조물책임을 묻기 위해서는 대전제로 결함이 존재한 대상(object)이 제조물책임법상 제조물의 개념으로 포섭되어야 한다.

따라서 어떠한 대상에서 사고가 발생한 경우, 그 대상이 제조물인지 아닌지는 핵심

---

14) BGH, NJW 1969, 269. 위 판례를 통하여 독일에서는 제조물책임을 민법상의 일반불법행위책임규정(BGB § 823)에 근거하여 인정하여 왔으며, 이를 독일의 제조물책임법상의 책임과 구별하기 위하여 '불법행위적 제조물책임'이라는 표현을 사용하기도 한다. 전경운, "독일민법상 불법행위적 제조물책임에 관한 소고",『법과 정책연구』제12권 제3호, 한국법정책학회, 2012. 9., 1347-1373면.

15) 공간된 판례 및 하급심 판결 중에 제조물책임의 법리를 최초로 설시한 것은 서울지방법원 1987. 11. 11. 선고 86가합3459 판결로 보인다. 위 판결에서 법원은 "'제조물책임'이라 함은 일응 상품의 제조자가 그 상품의 결함으로 인하여 야기된 그 소비자 또는 최종이용자의 생명, 신체 및 재산에 대한 손해에 관하여 직접 배상을 하여야 할 책임이라고 할 것이고, 이는 상품의 대량생산 및 다단계적 유통구조를 통한 대량소비, 판매로 특징지어지는 현대산업사회에 있어서 상품의 판매로 인하여 이윤을 얻는 제조자에게 상품의 안전성에 관하여 고도의 엄격한 주의의무를 부담케 함으로써 제조물책임의 본질을 일반불법행위책임으로 이해하는 경우에 있어서도 상품의 결함으로 인하여 야기된 손해에 관하여 소비자가 부담하는 제조자의 과실, 인과관계 등에 대한 입증책임을 전환시키거나 그 부담을 경감케 하여 소비자를 보호하려는 데 그 의의가 있다."라고 설시하고 있다.

16) 민법 제750조(불법행위의 내용) 고의 또는 과실로 인한 위법행위로 타인에게 손해를 가한 자는 그 손해를 배상할 책임이 있다.

쟁점이 되며, 이 점에서 제조물의 법적 개념은 중요한 의미를 가진다.

III. 문제 상황

1. 새로운 사고(accident) 유형으로서의 '인공지능 사고(AI accident)'의 등장

새로운 기술과 산업이 등장하면 그에 따라 기존에는 예상치 못하였던 새로운 유형의 사고 또한 자연스럽게 발생하게 된다. 기존의 법제도, 특히 사고에 대응하는 소위 '책임 법제'가 신기술·신산업으로 인하여 야기되는 새로운 유형의 사고를 포섭하지 못한다면 피해자 구제에 취약할 수 있다. 반면 기존의 책임법제가 새로운 유형의 사고에 관하여 규율 대상을 지나치게 확대하거나 그 책임의 근거 및 내용을 지나치게 과중하게 인정한다면 혁신이 저해되고 사업자의 영업의 자유나 행동의 자유가 불합리하게 위축될 것이다. 요컨대, 새로운 기술과 산업이 등장하면 그로 인하여 발생하는 사고를 공평·타당하게 규율할 수 있는 책임법제의 정립이 법적 안정성 및 사회 안전의 유지뿐 아니라 신기술·신산업의 발전을 뒷받침하기 위하여 필수적으로 요구된다고 하겠다.[17]

오랫동안 신화와 전설 속에서만 머물러 왔던 "인간처럼 생각하고 행동하는 존재"가 '인공지능'[18]으로 현실화되고 경제사회 전 영역에 걸쳐 폭넓게 사용되고 있다. 인공지

---

[17] 일례로 산업혁명의 결과 19세기 중반 이후 내연기관이 보편화되면서 기차로 인한 사고가 급증하게 되자 독일에서는 기차 사고를 합리적으로 규율하고 피해자를 구제하기 위하여 기존의 과실책임이 아닌 위험책임(*Gefährdungshaftung*)에 기반한 「프로이센 철도법」이 제정되었다.

[18] 개념의 엄밀성을 중시하는 법학의 특성상 "인공지능과 제조물책임"을 논하기 위해서는 인공지능의 개념 정의가 선행되어야 한다. 인공지능의 개념에 관하여 아직까지 사회적으로 합의된 정의는 없는 것으로 보이나, 본장에서는 국내외적 입법(또는 입법 시도) 사례에서 언급된 공통적인 개념 요소들을 종합하여 인공지능을 "인간의 구체적 지시나 통제가 없더라도 특정 목표를 달성하기 위하여 필요한 동작을 자율적으로 선택하고 실행할 수 있는 알고리즘이 컴퓨터 프로그램 형태로 체화된 소프트웨어와 그 특정 목표의 달성에 필요한 하드웨어가 총체적으로 결합된 시스템"으로 정의한다. 동일한 취지로 이해원, "인공지능과 법인격 ─ 불법행위책임의 측면에서", 『법조』제70권 제4호, 법조협회, 2021. 8., 4-7면 참조.

능은 하루가 다르게 진화하고 있는 현재진행형 기술로서 그 최종적인 양상을 현시점에서 정확히 예측하는 것은 불가능하지만, 적어도 현 단계의 인공지능은 ① 인간의 개입이 없거나 최소화된 상황에서 주위 환경을 분석하여 결정과 동작을 행할 수 있는 '자율성',[19] ② 인공지능이 어떠한 결정과 동작을 취할 것인지 사람이 사전에 알기 어렵다는 '예측불가능성',[20] ③ 인공지능이 왜 그러한 결정이나 동작을 한 것인지 사람이 사후에 이해하기 어렵다는 '설명불가능성'과[21] 같이 기존의 전통적인 인간의 도구(tool)와는 차별화되는 특성을 가지고 있다. 이와 같은 인공지능의 특성으로 인하여 "인간의 개입이 없거나 최소화된 상황에서 인공지능이 자율적으로 판단하고 동작한 결과 발생한 사고"(이하 '인공지능 사고')라는 새로운 유형의 사고가 출현하고 있으나,[22] 과실책임주의에 기초한 전통적인 불법행위책임법리로는 인공지능 사고를 공평타당하게 규율하기에는 한계가 있다. 인공지능의 판단 및 동작이 인간의 개입 없이 자율적으로 이루어진다면 이를 특정인의 행위로 귀속시키기 어려울 뿐 아니라, 예측불가능한 인공지능의 결정 및 동작으로 발생한 사고에 관하여 특정인에게 주의의무를 상정하기 어려우므로 과실책임에서의 귀책이 인정되기도 쉽지 않기 때문이다.[23] 증명책임의 관점에서도 인공지능의 설명불가능성을 고려하면 기술적·전문적 지식이 부족한 통상적인 일반인이 불법행위책임의 성립 요건(가해자의 위법행위, 손해 발생, 손해와 위법행위 사이의 인과관계, 가해자의 고의 또는 과실을 말한다)을 증명하여 손해를 배상받기란 매우 어려운 것이 현실이다.

---

19) 한국인공지능법학회, 『인공지능과 법』, 박영사(2019), 44-45면.

20) 양종모, "인공지능의 위험의 특성과 법적 규제방안", 『홍익법학』 제17권 제4호, 홍익대학교 법학연구소, 2016. 12., 544면.

21) David Gunning, *Explainable Artificial Intelligence(XAI)*, DARPA-BAA-16-53 (2016. 8.).

22) 대표적으로 인간의 조작이 없는 가운데 발생한 자율주행자동차사고를 들 수 있다.

23) 오병철, "인공지능 로봇에 의한 손해의 불법행위책임", 『법학연구』 제27권 제4호, 연세대학교 법학연구소, 2017. 12., 177-180면, 183-188면.

2. 인공지능 사고의 규율 법리로서의 '제조물책임'의 대두

1.에서 언급한 문제 인식 아래 전통적인 불법행위책임법리가 아닌 다른 책임법리를 통하여 인공지능 사고를 규율하여야 한다는 주장이 지속적으로 제기되고 있다.[24] 국내외를 막론하고 기존의 책임법리 중 인공지능 사고를 합리적이고 타당하게 규율할 수 있는 유력한 후보로 거론되고 있는 것은 II.에서 간략히 소개한 '제조물책임'이다.[25] 특히 이러한 움직임은 유럽에서 주로 찾아볼 수 있다. 일례로 독일에서는 2019년 발표된 연방정부 보고서에서 "제조물책임법(ProHaftG)상의 제조물책임 또는 독일 민법상 일반불법행위책임의 한 유형인 생산자책임(*Produzentenhaftung*)을[26] 통하여 인

---

24) 국내의 경우로만 한정하여 보더라도 인공지능에 관한 법학적 논의가 본격적으로 이루어지기 시작한 2015년 이후로 인공지능 사고의 책임법리를 다룬 논문이 30여 편 발표되었다. 일례로 고세일, "인공지능과 불법행위책임 법리", 『법학연구』 제29권 제2호, 충남대학교 법학연구소, 2018. 5., 85-118면; 김성호, "인공지능과 불법행위책임", 『입법과 정책』 제11권 제1호, 국회입법조사처, 2019. 4., 265-284면; 서종희, "4차 산업혁명 시대 위험책임의 역할과 한계 — 인공지능 로봇에 의해 발생한 손해의 책임귀속을 고려하여", 『사법』 제43호, 사법발전재단, 2018. 3., 69-107면; 이해원, "인공지능과 불법행위책임에 관한 연구", 연세대학교 법학전문대학원 박사학위청구논문, 2021. 8.; 오병철, 앞의 논문(각주 23), 157-231면; 정진명, "인공지능에 대한 민사책임 법리", 『재산법연구』 제34권 제4호, 한국재산법학회, 2018. 2., 137-168면 등.

25) 김진우, "인공지능: 제조물책임법의 업데이트 여부에 관하여", 『재산법연구』 제37권 제2호, 한국재산법학회, 2020. 8., 25-54면; 오병철, 앞의 논문(각주 23), 189-197면; 서종희, 앞의 논문(각주 24), 84-87면; 정진명, 앞의 논문(각주 24), 151-153면 등. 해외 연구로는 Maruerite E. Gerstner, *Liability Issues with Artificial Intelligence Software*, 33 SANTA CLARA L. REV. 239, 249-252 (1993); Charlotte De Meeus, *The Product Liability Directive at the Age of the Digital Industrial Revolution: Fit for Innovation?*, 8 JOURNAL OF EURPOEAN CONSUMER AND MARKET LAW ISSUE. 4 149, 150-153 (2019); Samir Chopra & Laurence White, A LEGAL THEORY FOR AUTONOMOUS ARTIFICIAL AGENTS 136-139 (The University of Michigan Press 2011) 등.

26) '생산자책임'이란 ProHaftG 제정 이전에 독일 연방대법원 판결례 및 독일 민법상의 일반불법행위책임 규정(BGB § 823)에 근거하여 제조업자에게 인정되어 온 불법행위책임의 한 유형을 말하며, 그 책임의 성립 요건 및 내용은 ProHaftG에 따른 제조물책임과 매우 유사하다. 전경운, 앞의 논문(각주 14), 1347-1373면. 독일에서는 실무상 ProHaftG에 따른 제조물책임보다 생산자책임에 의하여 제조물책임의 문제가 해결되는 경우가 일반적인데, 생산자책임에 의하여도 피해자 보호 측면에서 별다른 영향이 없고 생산자책임의 적용 범위가 ProHaftG에 따른 제조물책임보다 넓은 경우가 있기 때문이라고 한다. Peter Marburger, Grundsatzfragen des Haftungsrechts unter dem Einfluβ der gesetzlichen Regelungen zur Produzenten- und zur Umwelthaftung, AcP 1992, 1 ff.

공지능 사고를 충분히 규율할 수 있다."는 견해가 발표되었으며,[27] 이하 IV.에서 후술하겠지만 2022년에는 개별 회원국이 아닌 EU 차원에서 인공지능 사고를 제조물책임의 법리를 통하여 규율하겠다는 취지로서 EU PLD 개정안이 제안되어 현재 유럽의회에서 논의되고 있다.[28]

3. 제조물책임 적용의 전제: AI는 제조물인가?

인공지능 사고에 제조물책임이 적용될 수 있다면, 인공지능 사고의 피해자는 인공지능의 제조업자에게 직접 손해배상책임을 물을 수 있고, 인공지능 제조업자의 고의나 과실을 증명할 필요가 없게 된다. 그러나 이러한 법리 적용이 타당하기 위하여는, 즉 인공지능 사고에 제조물책임이 적용되기 위해서는 다른 요건은 차치(且置)하더라도 대전제가 충족되어야 한다. 바로 "인공지능은 제조물이다."라는 명제가 참이어야 한다. 그런데 과연 인공지능을 제조물이라 할 수 있을까? 이는 간단하게 대답할 수 있는 질문이 아니다.

II.에서 언급하였듯이, 현행법은 제조물을 유체물, 그중에서도 "제조되거나 가공된 동산(動産)"이라고 규정하고 있다(제조물책임법 제2조 제1호). 인공지능의 개념에 관하여 학문적으로나 사회적으로나 확립된 정의는 아직까지 없는 것으로 보이지만, 적어도 현시점에서 상당수의 인공지능은 컴퓨터 프로그램(즉 소프트웨어) 형태로 구현된 '알고리즘(algorithm)'과 그 알고리즘이 수행하고자 하는 특정 목적을 외부에 표출시키는 물리적 장치(즉 하드웨어)가 결합된 '시스템'의 형태로 존재하고 있다.[29] 더욱이 현대의 범용 컴퓨터 구조(architecture)상 소프트웨어가 컴퓨터에서 실제로 실행되기 위해서는 메모리(memory)라는 유체물 형태의 저장 장치에 탑재되어야 한다.[30] 이와 같이 인공지

---

27) Bundesministerium für Wirtschaft und Energie, Künstliche Intelligenz und Recht im Kontext von Industrie 4.0, Plattform Industrie 4.0 Ergebnispapier (2019), 18 f.

28) Proposal for a DIRECTIVE OF THE EUROPEAN PARLIAMENT AND OF THE COUNCIL on liability for defective products, COM(2022) 495 final (2022. 9. 28.).

29) 이해원, 앞의 논문(각주 18), 4-7면.

능이 소프트웨어와 하드웨어가 일체화된 시스템으로서 존재하는 경우에는 '제조되거나 가공된 동산'에 해당하므로 제조물책임의 적용 대상인 '제조물'의 정의에 부합한다. 국내외를 불문하고 통설도 이와 같다.[31]

그러나 인공지능이 반드시 소프트웨어와 하드웨어가 총체적으로 결합된 시스템의 형태로 시장에 유통되는 것은 아니며, 그렇게 유통되어야 할 당위성도 없다는 점을 간과하여서는 안 된다. 시스템 방식의 유통에 해당하지 않으면서 현재에도 이미 이루어지고 있고, 앞으로 더욱 확대될 것으로 예상되는 인공지능의 유통 양상으로 다음의 두 가지 경우를 생각해 볼 수 있다.

첫째, 인공지능 소프트웨어(X)와 인공지능 하드웨어(Y)가 분리되어 각각의 상품으로 유통되고, 이용자 단에서 X와 Y가 결합하여 비로소 유체물(즉 시스템)의 형체를 갖춘 인공지능에 해당하는 경우이다. 대표적으로 스마트폰을 들 수 있다. 스마트폰은 하드웨어 제조업자와 스마트폰에 탑재되어 구동되는 소프트웨어인 앱(app) 개발사가 분리되어 있으며, 앱은 스마트폰 하드웨어 제조업자나 소프트웨어 제작사와 별도의 유통채널(app store) 운영자를 통하여 유통된다. 스마트폰 이용자는 스마트폰 하드웨어와 스마트폰 앱을 각각 별도로 구입하며 자신의 선택에 따라 앱을 스마트폰에 설치(install)하여 사용한다.

둘째, 인공지능이 '서비스(service)'의 형태로만 유통되는 경우이다. A사가 개발한 인공지능 소프트웨어(Z)가 운영 주체를 불문하고 컴퓨터 시스템에 탑재되어 운영되고, 이용자는 해당 시스템에 접속하여 Z를 서비스 형태로만 이용하는 경우이다. 대표적으

---

30) 현대의 범용 컴퓨터 구조는 기본적으로 1945년에 폰 노이만(John von Neumann)이 제안한 '폰 노이만 구조(Von Neumann Architecture)'이다. 폰 노이만 구조는 연산을 실행하는 중앙처리장치(CPU)와 프로그램 및 데이터를 저장하는 메모리를 분리하여 CPU가 메모리를 수시로 접근(access)하는 구조이다. John von Neumann, *First Draft of a Report on the EDVAC* 1-43, University of Pennsylvania (1945).

31) 김진우, 앞의 논문(각주 25), 32~36면; 오병철, 앞의 논문(각주 23), 189-190면. 하급심 판결 중에서도 소프트웨어가 저장장치에 담겨진 경우 제조물에 해당한다는 취지로는 서울중앙지방법원 2006. 11. 3. 선고 2003가합32082 판결 참조. 해외의 견해로는 Chopra & White, *supra note* 25, at 136; Saskia Wittbrodt, Industrie 4.0 und die Haftung für Maschinensoftware, InTeR 2020, 74, S.74-81.

로 2022. 11. 30. 공개되어 전 세계적으로 인공지능 신드롬(syndrom)을 불러일으킨 '챗GPT(ChatGPT)'를 들 수 있다.[32] 챗GPT는 OpenAI라는 비영리 연구단체가 개발한 인공지능으로 이용자는 OpenAI 홈페이지에 접속하여 그 서비스만을 제공받으며, 챗GPT가 실제로 어떠한 컴퓨터 시스템에 탑재되었는지와 같은 '물리적 운영 주체'는 챗GPT의 사용 관계에 있어서 사실 중요하지 않다. 이와 같은 '소프트웨어의 서비스화(Software as a Service)'는 일찍이 2000년대 중반부터 소프트웨어 업계에서는 일반화된 유통 방식이다.[33]

위 두 가지 경우에서 모두 문제되는 것은 시스템 형태의 유체물로서 유통되는 인공지능이 아니라, 순수한 소프트웨어 형태로 유통되는 인공지능이다. 논의의 간명함을 위하여 첫 번째 경우로 한정하여 다음과 같은 사례를 상정하여 보자.

〈사 례〉

A는 스마트폰 하드웨어 제조사이다. B는 스마트폰에 탑재되는 인공지능 소프트웨어 X의 개발사이다. C는 A의 스마트폰에 탑재되는 앱(app)의 유통사이다.

스마트폰 이용자 D는 X를 C로부터 다운로드받아 A가 제조한 스마트폰에 설치하여 사용하고 있다. 그런데 X가 오동작하여 D의 스마트폰이 폭발하였고, 그 결과 D와 함께 있던 E가 화상을 입었다. E는 누구에게 제조물책임을 물을 수 있을까?

---

32) 챗GPT의 역사에 관하여 챗GPT가 2023. 2. 25. 직접 작성한 글을 일부 수정하여 소개하면 다음과 같다.

"챗GPT는 OpenAI에서 개발한 대규모 언어 모델 중 하나입니다. 이 모델은 2019. 6.에 처음 발표되었으며, 그 당시에는 GPT-2라는 이름으로 알려져 있었습니다.

GPT-2는 대규모 자연어 처리 모델로서, 인간 수준의 텍스트 생성, 번역, 요약 등의 과제를 수행할 수 있었습니다. 그러나 모델의 놀라운 성능과 함께, 그 당시에는 모델이 생성할 수 있는 위협적인 콘텐츠의 우려가 제기되어 논란이 되었습니다.

이후 OpenAI는 모델의 일부를 공개하고, 일부 기능을 제한하는 등의 조치를 취했습니다. 그리고 2020년 말, OpenAI는 GPT-2 모델을 대신하는 새로운 모델인 GPT-3를 발표했습니다.

GPT-3는 이전 모델보다 더 큰 규모로 개발되었으며, 매우 다양한 언어 처리 작업을 수행할 수 있습니다. 챗GPT는 이러한 GPT-3 모델의 일부분을 사용하여 만들어진 봇(bot)이며, 챗봇(ChatBot), 자연어 이해 및 생성, 문서 요약, 번역 등의 작업을 수행할 수 있습니다."

33) Abhijit Dubey & Dilip Wagle, *Delivering Software as a Service*, The Mckinsey Quarterly (2005. 7.), at 1-12.

위 사안에서 제조물책임을 질 수 있는 후보자는 A와 B이다. A가 제조한 스마트폰이 제조물이라는 점에는 의문이 없다. 그러나 위 사례에서 사고 원인은 스마트폰 하드웨어 자체에 있는 것이 아니라 스마트폰에 탑재되어 동작한 소프트웨어 X에 있으며, X를 스마트폰에 설치한 주체는 A가 아니라 D이다. 따라서 A에게 사고의 책임을 묻는 것은 법리적으로나 현실적으로나 매우 어색하다. 위 사례에서 제조물책임이 인정된다면 사고 원인을 제공한 X를 개발한 B가 그 책임을 지는 것이 타당할 것이다. 그러나 B가 시장에 유통시킨 제품은 유체물에 고정된 형태의 소프트웨어가 아니라 순수한 소프트웨어이다. B에게 제조물책임을 물으려면 대전제로 순수한 소프트웨어가 제조물에 해당하여야 한다.

요컨대, 인공지능 사고에 제조물책임을 적용하는 것이 타당하기 위하여 가장 우선적으로 논의되어야 할 쟁점은 인공지능 소프트웨어 자체, 즉 유체물이 아닌 소프트웨어가 제조물책임에서의 제조물에 해당하는지의 문제이다.[34]

IV. 국내외 논의

소프트웨어가 제조물에 해당하는지에 관하여는 인터넷과 정보통신기술이 전 세계적으로 보편화되기 시작한 1990년대 후반 이후 국내외를 불문하고 지속적으로 다양한 논의가 진행되어 있다. 이하 국내 및 해외의 주요 학설, 판례 및 입법례를 간략하게 소개한다.

---

34) 김진우, 앞의 논문(각주 25), 31-32면; 오병철, 앞의 논문(각주 23), 189-190면; 구재군, "제조물책임법 개정 방향 — 인공지능(소프트웨어)의 제조물성 인정 여부를 중심으로", 『법조』 제70권 제2호, 법조협회, 2021. 4., 83면 등.

1. 국내

(1) 학 설

소프트웨어의 제조물 인정 여부에 관하여 국내에서 주장되고 있는 다양한 학설들을 명확하게 분류하기는 어렵지만, 국내 연구 중에는 ① 소프트웨어가 제조물이라는 견해(이하 '긍정설'), ② 소프트웨어는 제조물이 아니라는 견해(이하 '부정설'), ③ 소프트웨어가 하드웨어 형태의 일정한 저장장치(예컨대 SSD나 USB 등)에 담겨진 상태로 공급되면 제조물, 그렇지 않으면 제조물이 아니라는 견해(이하 '절충설')의 세 가지로 기존 학설들을 구분하는 견해가 있고,[35] 이러한 분류 체계가 기존 학설들의 이해를 돕는 합리적인 틀이라고 생각된다.

긍정설, 부정설, 절충설의 주요 내용을 소개하면 다음과 같다.[36]

1) 긍정설

소프트웨어를 제조물로 인정하는 견해로서, 그 논거는 대략 다음 네 가지로 유형화할 수 있다. ① 현대 사회에서 소프트웨어의 높은 활용도에 주목하여 제조물책임법이나 민법상의 제조물 혹은 물건의 개념 정의 규정에도 불구하고 소프트웨어의 제조물성을 인정해야 한다.[37] ② 소비자보호라는 제조물책임법의 입법 취지를 감안하여 소프트웨어의 제조물성을 인정해야 한다.[38] ③ 소프트웨어도 일종의 전기로 볼 수 있으므로 민법 제9조의 해석상 소프트웨어의 제조물성을 인정할 수 있다.[39] ④ 제조물책임법은 불법행위법의 일종으로 그 해석은 구체적 타당성에 부합해야 하므로 제조물책

---

35) 구재군, 앞의 논문(각주 34), 93-99면.

36) 이하의 내용은 구재군, 앞의 논문(각주 34), 93-99면을 주로 인용한 것이다.

37) 홍춘희, "컴퓨터 소프트웨어의 오류와 민사책임", 기업법연구 제20권 제1호, 한국기업법학회, 2006. 3., 350면; 최병록, "자율주행자동차에 있어서 제조물책임의 주요 쟁점에 관한 연구", IT와법연구 제4집, 경북대학교 IT와법연구소, 2017. 2., 219면.

38) 박지흔, "자율주행자동차 사고와 제조물책임법 적용에 관한 연구─소프트웨어의 제조물성 근거규정 도입에 관하여", 국제법무 제2집 제1호, 제주대학교 법과정책연구원, 2020. 5., 83-86면; 박동진, "현행 제조물책임법의 문제점과 개정방향", 선진상사법률연구 제7호, 법무부, 2012. 1., 132면.

39) 김민중, "컴퓨터바이러스에 따른 손해에 대한 법적 책임", 인터넷법률 8호, 법무부, 2003. 7., 97면.

임법의 해석상 소프트웨어의 제조물성을 인정할 수 있다.[40]

2) 부정설

명칭 그대로 소프트웨어를 제조물로 인정하지 않는 견해로서, 뒤에서 설명하는 절충설 또한 기본적으로 부정설에 가깝다는 점에서 볼 때 국내의 통설이라고 생각된다.[41] 견해별로 주요 논거에 다소 차이가 있으나 유형화하면 대략 다음과 같다. ① 소프트웨어는 유체물이 아니며 무체물인 정보(information)이므로 그 자체는 민법상 물건, 나아가 제조물책임법상 제조물이 될 수 없다.[42] ② 소프트웨어의 오동작으로 인한 피해는 제조물책임이 아니라 계약법상의 책임(예컨대 하자담보책임 등)으로 구제받을 수 있으므로, 소프트웨어를 제조물로 인정할 필요가 없다.[43]

3) 절충설

소프트웨어 그 자체는 동산이 아니므로 제조물로 볼 수 없다는 점에서는 사실상 부정설과 동일하나, 예외적으로 유체물인 저장장치에 담겨져 공급된다면 소프트웨어를 제조물로 볼 수 있다는 견해이다. 일례로 ① 소프트웨어 그 자체는 동산이 아니지만, 소프트웨어가 기존의 전통적인 제조물(예컨대 자동차)에 탑재되어 부품과 같은 기능을 수행하는 임베디드 소프트웨어(embeded software)로[44] 파악될 수 있다면 소프트웨어의 결함은 그 소프트웨어가 탑재된 제조물의 결함으로 볼 수 있다는 견해,[45] ② 소프트웨

---

40) 신봉근, "컴퓨터소프트웨어와 제조물책임", 인터넷법률 제7호, 법무부, 2005. 1., 125면.

41) 국내외 통설의 견해가 정리된 연구로는 박동진, "제조물책임법 개정 방안 연구", 법무부·공정거래위원회, 2012. 12., 72면.

42) 권오승 외, 『제조물 책임법』, 법문사(2003), 190면; 김천수, "제조물책임법상 제조물의 개념 — 미국 제조물책임 리스테이트먼트와 비교하여", 『성균관법학』 제16권 제1호, 성균관대학교 법학연구소, 2004. 3, 60-61면 등.

43) 주지홍, "소프트웨어 하자로 인한 손해의 제조물책임 법리 적용 여부", 민사법학 제5권, 한국민사법학회. 2004., 458면.

44) 임베디드 소프트웨어란 일반적으로 특정한 제품(스마트폰, 자동차, 가전제품 등)이나 장치에서만 작동하도록 개발되어 해당 제품 혹은 장치의 하드웨어와 밀접하게 연결되어 있는 소프트웨어를 말한다. MS오피스나 아래아한글과 같은 소프트웨어는 다양한 IT 기기에서 작동하도록 개발된 범용 소프트웨어이므로 임베디드 소프트웨어라고 부르지 않는다.

45) 권영준·이소은, "자율주행자동차 사고와 민사책임", 『민사법학』 제75호, 한국민사법학회, 2016.

어가 포함되어 있는 제조물은 그 제조물 자체가 동산이므로 해당 제조물에 제조물책임을 인정할 수 있을 것이나, 소프트웨어 자체로 거래될 경우에는 그렇지 않다는 견해[46] 등을 들 수 있다.

(2) 판 례

소프트웨어가 제조물책임법상 제조물인지를 정면으로 다룬 대법원 판례는 아직까지 없다. 1998년에 선고된 대법원 판결 중에는 "소프트웨어 자체는 물품이 아니므로 관세의 과세대상은 수입물품인 '소프트웨어가 수록된 매체'라고 할 것이[다.]"라고 판시한 사례가 있으나,[47] 위 판결은 미국의 회사가 제작한 소프트웨어를 국내로 수입하는 상황에서 과세관청이 부과한 관세의 과세가격이 적법하게 산정되었는지에 관한 것으로서 제조물책임(나아가 민사법리)의 관점에서 소프트웨어의 제조물 여부를 판단한 사안이라고 보기 어렵다.[48]

하급심 판결 중에는 인터넷 서버에 존재하는 프로그램(이하 본 단락에서 X라고 약칭한다)이 제조물에 해당하는지와 관련하여 "서비스 또는 물건을 만드는 방법 등과 같은 단순한 정보는 타인의 편의를 위한 유·무형의 산물로서 그 결과가 확정되어 있는 것이 아니어서 이를 제조 또는 가공된 동산으로 파악하기는 어려울 것이다. 그러나 X는 전자서적과 같은 형태로써 일정한 저장매체에 저장되어 공급되거나, 웹사이트를 통하여 라이선스를 부여하고 이를 다운로드받게 하는 형태로 공급되는데, 전자의 경우 저장장치와 소프트웨어를 일체로서의 유체물로 볼 수 있어 그 소프트웨어 역시 제조물로 볼 수 있고, 후자의 경우 디지털 형태로 공급되는 소프트웨어를 이용하기 위해서는 하드디스크 등과 같은 다른 저장 매체에 저장되어야만 사용할 수 있고 일단 소프트웨어의 공급이 완료된 시점에서 결국 그 소프트웨어가 일정한 저장매체에 담겨져 있는 상

8., 467-468면; 정진명, 앞의 논문(각주 25), 151면.

46) 김범철, "제조물책임법에 관한 연구", 『법조』 제49권 제2호, 법조협회, 2000. 4., 181면.

47) 대법원 1998. 9. 4. 선고 98두1512 판결 참조.

48) 이해원, "인공지능과 제조물책임", 『정보법학』 제25권 제2호, 한국정보법학회, 2021. 8., 79면.

태로 되며, X는 대량으로 제작·공급되는 것이어서 제조물책임법이 적용되는 제조물에 포함시키는 것이 제조물책임법의 제정목적에도 부합되므로, X를 제조물로 봄이 상당하다."라고 판시하여 소프트웨어를 제조물로 판단한 사례가 있다.[49] 그러나 위 판결은 20여 년 전의 것이며 제1심 판결인 관계로 유의미한 선례로 보기에는 일정한 한계가 존재한다.

(3) 입법례

Ⅱ.에서 언급하였듯이 현재 제조물책임법은 제조물을 "제조되거나 가공된 동산(다른 동산이나 부동산의 일부를 구성하는 경우를 포함)"으로 규정하고 있으며(제조물책임법 제2조 제1호), 여기서의 동산은 민법 제98조, 제99조에 따라 "유체물 및 전기 기타 관리할 수 있는 자연력" 중 "부동산이 아닌 것"을 말한다. 즉, 실정법상 제조물(및 동산)의 개념 정의 규정에는 소프트웨어라는 문구는 존재하지 않는다. 다만 제조물책임법이나 민법을 개정하여 소프트웨어를 제조물(혹은 민법상의 물건)에 포함시키고자 하는 법률 개정 논의는 찾아볼 수 있다.

일례로 2017. 9. 원유철 의원이 발의한 "제조물책임법 일부개정안"[50]은 "현행법은 제조물의 정의를 제조되거나 가공된 동산으로 그 범위를 한정하고 있어 소프트웨어를 포섭하기 어렵다. 이는 4차 산업혁명 시대에 빈번해질 소프트웨어가 포함되어 발생한 손해에 대한 법적 분쟁 해결이 어려움을 의미한다. 가령 자율운행자동차 사고가 발생하였을 때, 자동차제조사(하드웨어), 자율운행프로그램개발사(소프트웨어), 운전자(소비자) 간 손해배상 책임 분담 등의 분쟁을 해결해 줄 제도가 부재한 상황이다. 따라서 4차 산업을 포함할 수 있도록 제조물의 정의를 확장할 필요가 있다. 이에 현행 제조물의 정의에 '소프트웨어'를 추가함으로써 하드웨어를 운영하는 인공지능 및 각종 소프트웨어를 제조물책임법상 제조물에 추가하려는 것이다."라는 제안이유를 들어 소프트웨어를 제조물 개념에 명문으로 포함시키는 개정안을 제안하였다.[51] 그러나 이러한

---

49) 서울중앙지방법원 2006. 11. 3. 선고 2003가합32082 판결(확정) 참조.
50) 의안번호 제2009568호.

개정안은 관련 부처(공정거래위원회, 법무부)뿐 아니라 이해관계자들로부터 지지받지 못하였고, 제20대 국회 임기 만료(2020. 5. 29.)로 자동 폐기되어 입법에까지 이르지는 못하였다.

2. 해외

소프트웨어가 제조물인지에 관한 미국, EU, 일본 등 해외 주요국의 학설상 논의는 대체로 1.에서 살펴본 국내의 논의와 동일하게 긍정설, 부정설, 절충설의 세 가지로 분류할 수 있고, 그 논거도 1.에서 언급한 것과 대동소이하므로 생략한다.[52] 본 항에서는 소프트웨어를 제조물로 법원이 인정한 주요 선례로 소개되고 있는 미국의 *Schafer v. State Farm Fire & Cas. Co.* 판결[53]과 해외 주요국의 입법 사례를 간략히 언급한다.

(1) *Schafer v. State Farm Fire and Cas. Co.* 사건

이 사건은 2005년 미국을 강타한 허리케인 카트리나로 인하여 주택에 피해를 입은 원고(Schafer)가 보험회사(State Farm Fire & Cas. Co.)와 보험회사가 보험금 산정에 사용한 소프트웨어(이하 본 항에서 'X'라고 약칭한다)의 개발사(Xactimate)를 피고로 제기한 소송이다. 위 사건에서 원고는 X의 오류로 보험금이 과소 산정되었고 이로 인하여 재산상 손해를 입었다고 주장하며 피고들에게 제조물책임 등을 원인으로 한 손해배상을 청구하였다. 이에 대하여 법원은 이 사건에 적용되는 루이지애나주 제조물책임법의 목적에 비추어 소프트웨어는 제조물(유체동산)이 될 수도 있다고 판단하였지만,[54][55] 소송

---

51) 구체적으로 제조물책임법 제2조 제1호를 다음과 같이 개정하는 안이다.
    제2조(정의) 1. "제조물"이란 제조되거나 가공된 동산(다른 동산이나 부동산의 일부를 구성하는 경우를 포함한다) 또는 소프트웨어를 말한다.

52) 해외 주요국의 학설에 관하여는 구재군, 앞의 논문(각주 34), 84-93면.

53) 507 F. Supp. 2d 587 (E.D. La. 2007).

54) 507 F. Supp. 2d 587, 601 (E.D. La. 2007).

55) 루이지애나주 제조물책임법은 제조물(product)을 다음과 같이 정의하고 있다. A product is defined as "a corporeal movable that is manufactured for placement into trade or commerce,

법적인 다른 쟁점들을 이유로 결과적으로 원고의 청구를 인용하지는 않았다.

비록 제조물책임에 근거한 원고의 청구가 인용되지는 않았지만, 위 판결은 소프트웨어가 제조물에 해당할 수 있다고 사법기관이 판단한 흔치 않은 사례로 받아들여지고 있다.[56]

(2) 입법례

1) 현행법

제조물(혹은 물건)의 개념에 관하여 현재 미국, EU, 일본 등 주요국에서 실행중인 법률들의 규정은 1.에서 살펴본 우리나라와 대동소이하다. 즉, 소프트웨어를 명시적으로 제조물(혹은 물건)로 규정하고 있는 법률은 찾아보기 어렵다. 표로 정리하면 다음과 같다.

구 분	입법례		관련 조문
EU	EU PLD		제2조 본 지침에서 '제조물'이란 모든 동산을 의미하며 그 동산이 다른 동산 또는 부동산에 편입되어 있는 경우도 포함한다. 전기는 제조물에 포함된다.
	독일	제조물 책임법	제2조(제조물) 본 법상 제조물이란 모든 동산을 말하는데, 그 동산이 다른 동산 또는 다른 부동산의 일부를 구성하는 경우에도 그러하며, 전기도 포함한다.
	프랑스	민법	제1386조의3 제조물이라 함은 부동산에 부합된 동산을 포함한 모든 동산을 말하고, 토지의 산물, 축산물, 수렵물 및 수산물을 포함한다. 전기는 제조물로 간주한다.
영국	1987년		제1조 제2항

including a product that forms a component part of or that is substantially incorporated into another product or immovable." LA.REV.STAT. ANN. § 9:2800.53.

56) 각주 50에서 소개한 제조물책임법 개정안(원유철 의원안)에 대한 국회 검토보고서(2017. 11.), 6면; 구재군, 앞의 논문(각주 34), 85-87면.

	소비자보호법	제조물이란 동산 또는 전기를 말한다. 다만 본조 제3항에 따라 구성 부품, 원재료 또는 기타 형태로 다른 제조물에 부합된 제조물도 포함하는 것으로 한다.
미국	제3차 불법행위법 리스테이트먼트	제19조(제조물의 정의) 본 리스테이트먼트에 있어서, (a) 제조물이란 사용 또는 소비를 위하여 상업적으로 공급된 유형의 동산을 말한다. 부동산이나 전기 등은 그 공급 및 사용의 관계가 동산의 공급과 사용과 매우 유사하여 본 리스테이트먼트의 규정들을 적용하는 것이 적절한 경우에는 제조물이 된다. (b) 서비스는 상업적으로 공급된 것이라도 제조물이 아니다. (c) 사람의 혈액이나 조직은 상업적으로 공급된 것이라도 본 리스테이트먼트의 규정의 적용을 받지 않는다.
일본	제조물책임법	제2조(정의) ① 이 법률에서 '제조물'이라 함은 제조 또는 가공된 동산을 말한다.

2) EU PLD 개정안

현재 유럽연합에서 시행되고 있는 EU PLD은 지금으로부터 약 40년 전인 1985년에 제정된 것으로서 이후 급격하게 이루어진 소위 정보기술혁명을 반영하기에는 한계가 있다. 한편 2010년대 중반 이후 인공지능이 경제사회 전 분야에 급속히 확산되면서 Ⅲ.에서 언급한 새로운 유형의 사고인 '인공지능 사고'에 대응할 수 있는 법제도가 필요하다는 인식이 확산되기 시작하면서 유럽연합은 개별 회원국이 아닌 유럽연합 전 영역에 단일하게 적용되는 인공지능 법제도 정비를 지속적으로 추진하고 있다. 그 일환으로 2022. 9. 28. EU 집행위원회는 'EU 인공지능책임지침안'[57]과 'EU PLD 개정안'[58]을 동시에 제안하였다.

EU 인공지능지침책임안은 인공지능 사고가 발생한 경우 피해자가 사고 관련 정보에 보다 쉽게 접근하고 손해배상청구 시 증명 책임을 덜 부담할 수 있도록 제도적으로

---

57) Proposal for a DIRECTIVE OF THE EUROPEAN PARLIAMENT AND OF THE COUNCIL on adapting non-contractual civil liability rules to artificial intelligence (AI Liability Directive), COM(2022) 495 final.

58) 각주 28.

보장하는 내용을 규정하고 있지만, 손해배상청구의 구체적인 법리에 관하여는 규정하고 있지 않다. 이는 EU PLD 개정안에 의하여 일정 부분 규율되는데, EU PLD 개정안은 소프트웨어를 명시적으로 제조물로 규정하고 있기 때문이다[EU PLD 개정안 제4조 (1)]. 즉, EU PLD 개정안이 실행되면 유럽연합의 경우 인공지능 사고는 제조물책임을 통하여 규율될 수 있다. 소프트웨어를 제조물에 포함시키는 이유에 관하여는 EU PLD 상설(recital) 제12항에서 상세히 설명하고 있는데, 인용하면 다음과 같다. "동 지침에서 소프트웨어란 운영체제, 펌웨어, 컴퓨터 프로그램, 응용프로그램, 인공지능 시스템 등을 포함하는 개념이다. 소프트웨어는 그 자체로 유통되거나 다른 제품에 통합되어 (integrated) 유통되며, 실행 과정에서 손해를 발생시킬 수 있다. 법적 안정성과 확실성 차원에서 소프트웨어는 그 유통이나 사용 행태를 불문하고 제조물에 포함하여 손해발생 시 제조물책임의 대상으로 명확히 규정할 필요가 있다. 소프트웨어 개발자 (developer), 제작자(producer), 인공지능 시스템 공급자(AI system provider)도 모두 제조업자(manufacturer)로 취급되어야 한다."

EU PLD 개정안의 관련 조문을 현행 조문과 대비하면 다음과 같다.

현 행	개정안
제2조 본 지침에서 '제조물'이란 모든 동산을 의미하며 그 동산이 다른 동산 또는 부동산에 편입되어 있는 경우도 포함한다. 전기는 제조물에 포함된다.	제4조 (1) 본 지침에서 '제조물'이란 모든 동산을 의미하며, 그 동산이 다른 동산 또는 부동산에 편입되어 있는 경우도 포함한다. 제조물은 전기, 디지털 제조 파일(digital manufacturing file),[59] 소프트웨어를 포함한다.

---

59) 참고로 EU PLD 개정안에서 제조물의 개념에 포함된 '디지털 제조 파일'이란 디지털로 변환되거나 디지털 형태를 지닌 동산을 의미한다[제4조 (2)]. 구체적인 의미는 상설 제14항에 설명되어 있는데, 번역하면 다음과 같다. "자동화된 공구나 장비(드릴, 선반, 밀링기, 3D 프린터 등)를 제어하여 유형적인 물건을 생산하기 위해 필요한 기능 정보를 담고 있는 디지털 제조 파일은 제품으로 간주되어야 하며, 이러한 파일이 결함이 있는 경우 소비자 보호를 보장하기 위해 제조물책임이 적용되어야 합니다."

V. 검 토

1. 실정법상 해석론: 소프트웨어의 제조물 부정

IV.에서 살펴보았듯이 소프트웨어의 제조물 해당 여부에 관하여는 이를 전적으로 인정하는 입장('긍정설')에서부터 중간적 입장('절충설')과 제조물성을 전면 부인하는 입장('부정설')까지 폭넓은 스펙트럼에 걸쳐 국내외를 막론하고 다양한 견해가 주장되어 왔다.[60] 부정설의 주요 논거는 소프트웨어는 유체물이 아닌 정보(information)이므로 그 자체는 제조물이 될 수 없다는 것이다.[61] 반면 긍정설의 주요 논거는 전기도 민법상 물건인데, 정보는 해석론상 전기 개념에 포섭할 수 있으므로 유체물과 결합되지 않은 소프트웨어도 정보로서 제조물에 해당한다는 것이다.[62]

학설들이 공통적으로 인정하고 있듯이 소프트웨어 그 자체는 유체물이 아니라 컴퓨터가 이해할 수 있는 이진수(binary number)인 '0'과 '1'의 집합으로 구성된 추상적 개념으로서의 정보(information)라는 점에는 논란이 없다. 따라서 정보가 제조물에 해당하려면 대전제로 민법상 물건의 정의 중 '전기 기타 관리가능한 자연력'에 해당하여야 한다. 우선 정보가 '전기'에 해당하는지를 살펴본다. 문리적 의미로서의 '전기'는 "물질 안에 있는 전자 또는 공간에 있는 자유 전자나 이온들의 움직임 때문에 생기는 에너지의 한 형태"로 정의되며,[63] 물리학적으로 전기는 전자(electron)의 움직임으로 인하여 발생하는 에너지(energy)이다. 즉 전기의 핵심 개념징표는 '에너지'이다. 정보는 에너지가 아니므로 문리적으로나 물리적으로나 정보를 전기라고 볼 수 없다.[64] 또한 정보와 전

---

60) 박동진, 앞의 보고서(각주 41), 68-72면. 독일에서의 논의를 종합한 것으로는 MüKoBGB/Wagner, ProdHaftG § 2 Rn. 21-27, 8. Auflage, 2020. 참조.

61) 각주 42.

62) 구재군, 앞의 논문(각주 34), 96면.

63) 국립국어원 표준국어대사전, '전기(電氣)' 참조.

64) 김진우, 앞의 논문(각주 25), 36면.

기는 본질적으로 유사성이 없고 정보를 전기와 동일시하여야 할 필요성도 찾기 어려우므로, 정보를 전기로 유추해석하는 것도 정당화되기 어렵다.[65] 다음으로 정보가 '기타 관리가능한 자연력'인지를 살펴본다. '관리가능성'은 '배타적 지배가능성'을 의미한다는 것이 통설이며, '자연력'은 말 그대로 "자연계에 작용하는 온갖 힘"을 뜻한다.[66] 물리학적으로 자연계에 존재하는 힘은 중력, 전자기력, 약력, 강력의 4가지 뿐이며, 우리 민법의 물건 규정에 상당한 영향을 미친 것으로 알려진 스위스 민법에서 자연력은 "에너지로서 물리적으로 저장된 힘이나 작업력으로서 전력, 풍력과 같은 것"을 의미한다.[67] 정보는 위 개념 중 어디에도 해당되지 않으며, 정보를 위 개념 중 하나로 유추해석하는 것 또한 앞서 전기의 경우와 마찬가지로 정당화되기 어렵다.

따라서 유체물화되지 않은 순수한 '인공지능 소프트웨어' 그 자체는 민법의 해석상 물건이 아니며, 논리적 귀결로 제조물이라고 해석할 수 없다. 국내외 통설도 이와 같다.[68]

2. 제조물 개념의 확대 필요성

앞서 살펴보았듯이 소프트웨어 그 자체는 실정법의 문리적 의미상 제조물에 해당하

---

65) 유추해석의 개념 및 그 정당화 요건에 관하여 상세히 언급하는 것은 이 글의 주제나 지면의 제약상 바람직하지 않다고 생각되며, 간략하게만 언급하면 다음과 같다. 법률해석이론에서 유추(analogy)란 "A라는 구성요건에 해당하는 법적 효과를 이와 유사한 B라는 구성요건에 확대 적용하는 것"을 말한다. A라는 구성요건을 B로 이전시키는 근거는 법적인 평가의 관점에서 볼 때 A와 B 사이의 유사성으로 인하여 A와 B가 동일하게 가치평가되어야만 한다는 당위성, 다시 말하여 "동일한 것은 동일하게 처리하라."는 정의의 요청에 근거한 것이다. 유추해석이 정당화되기 위해서는 ① 입법자가 의도하지 않았던 규율의 공백이 발생하는 법형성의 사안이어야 하고, ② 해당 사안과 적용하고자 하는 기존 규범의 사안 사이에 유사성이 인정될 뿐 아니라, ③ 종합적으로 법규범의 체계, 입법 의도, 목적 등에 비추어 그러한 유추가 정당하다고 평가되어야 한다. 김성룡, "유추의 구조와 유추금지", 『법철학연구』 제12권 제2호, 한국법철학회, 2009. 12., 37면, 대법원 2020. 4. 29. 선고 2019다 226135 판결 참조.

66) 국립국어원 표준국어대사전, '자연력(自然力)' 참조.

67) 최경진, "민법상 물건에 관한 연구", 성균관대학교 박사학위청구논문, 2004. 2., 87면.

68) 박동진, 앞의 보고서(각주 41), 72면.

지 않으며, 해석론으로도 제조물로 인정하기 어렵다. 그러나 소프트웨어의 현재 유통 상황 및 향후 전망 등을 고려하면 입법론적으로 제조물의 개념을 소프트웨어까지 확대하여야 한다는 견해가 국내외를 막론하고 상당수 존재한다. 그 주요 논거는 다음과 같다.[69)]

첫째, 제조물책임의 본질은 제조물이 유체물인지 무체물인지가 아니라 산업적으로 제조되어 시장에서 유통되는 제품이 이용자에게 위험을 초래한다는 점에 있다. 즉 제조물책임에서 제조업자와 책임 사이의 연결고리는 제품의 형상에 있지 않으며 제조업자가 결함 있는 제품을 시장에 공급하였다는 사실에 있다. 둘째, 오늘날 소프트웨어는 전통적인 유체물로서의 제조물과 마찬가지로 그 결함으로 인하여 사회에 위험을 발생시킬 수 있다. 정보기술이 발전하고 정보사회가 고도화될수록 소프트웨어로 야기되는 위험 또한 급격히 증대할 것이다. 셋째, 소프트웨어의 결함은 알고리즘이나 프로그램의 오류에서 기인하는 것이며 유통 방식과는 무관하다. 소프트웨어가 유체물의 형태로 유통되었는지 온라인상의 다운로드(download)나 서비스 등을 통하여 순수한 소프트웨어 형태로 유통되었는지는 결함 유무에 아무런 영향을 미치지 않으며, 이용자 입장에서도 유통 방식은 중요하지 않다. 그럼에도 불구하고 유통 방식에 따라 소프트웨어의 제조물성이 달라진다면 이는 이용자의 인식이나 거래 현실과 부합하지 않는다.

사견(私見)으로는 소프트웨어를 제조물 개념에 포함시켜야 한다는 이러한 입론(立論)은 타당하며, 특히 인공지능 사고에 제조물책임을 보편적으로 적용하겠다는 정책적 결단을 내린다면 반드시 필요한 입법이라고 생각한다. 위 논거들에 더하여 이러한 입론의 타당성에 관한 사견을 부가하면 다음과 같다. 제조물책임에서의 제조물의 개념은 민법상의 물건 개념에 종속될 필요가 없으며 제조물책임법과 같은 특별법에서 민법과 달리 정할 수 있다.[70)] 민법에서의 물건 개념은 재화의 귀속, 특히 소유권을 비롯

---

69) 이은영, "전자상거래와 소비자법 ― 계약의 이행을 중심으로", 『비교사법』 제5권 제2호, 한국비교사법학회, 1998. 12., 115면; 김진우, 앞의 논문(각주 25), 39-40면; 박지흔, 앞의 논문(각주 38), 83-84면. 해외의 입법론적 논의에 관하여는 박동진, 앞의 보고서(각주 41), 68-72면.

70) 오병철, "컴퓨터 프로그램의 물성에 관한 재검토", 『재산법연구』 제26권 제3호, 한국재산법학회, 2010. 2., 304-306면도 유사한 취지이다.

한 물권의 귀속과 관련하여 중요한 의미를 가지지만, 제조물책임은 재화의 권리귀속 문제와는 관계가 없으며 결함 있는 제조물로 발생한 책임만이 문제되기 때문이다.[71] 따라서 제조물책임에서의 제조물 개념은 상품이 시장에서 실제 거래되고 유통되는 형태에 초점을 맞추어 정의하여야 한다.[72] 소프트웨어가 오늘날 사회에서 차지하는 비중 및 거래 행태를 고려하면 유형물로의 고정 여부와 관계없이 소프트웨어 그 자체를 제조물에 포함하도록 입법화할 필요가 있다.[73]

VI. 결 론

본 장에서는 "인공지능이 제조물인가?"라는 질문을 핵심 주제로 위 질문이 등장하게 된 배경과 법적 의의, 국내외 논의를 살펴본 후 필자 나름의 합리적 해석론 및 입법론을 제시하였다. 결론적으로 본 장에서의 핵심 내용은 "현행법상 인공지능은 제조물에 해당하지 않는다고 해석하는 것이 타당하며, 다만 입법론상으로는 EU PLD 개정안과 같이 인공지능(나아가 소프트웨어)을 제조물로 법률에 명확하게 규정하는 것이 필요하다."는 것이다.

인공지능의 제조물 여부를 논의해야 할 필요성에 관하여 다시 한 번 강조함으로써 본 장을 마무리하고자 한다.

인공지능과 같이 기존의 패러다임(paradigm)을 뒤흔드는 신기술·신산업의 출현은 필연적으로 새로운 유형의 사고 발생 위험을 증대시킨다. 사고 발생을 사전에 완벽히 예방하는 것은 이론적으로나 현실적으로나 불가능하므로 발생한 사고를 사후적으로 공평타당하게 처리함으로써 피해를 '회복'하는 한편 동일·유사한 사고의 재발을 '예

---

71) 비교법적으로 보더라도 일본의 부정경쟁방지법 제2조 제11항은 동법에서의 물(物)의 개념에 프로그램을 포함하도록 규정하고 있다.

72) 김진우, 앞의 논문(각주 25), 40면.

73) Astrid Seehafer/Joel Kohler, Künstliche Intelligenz: Updates für das Produkthaftungsrecht?, EuZW 2020, 213 ff.

방'할 수 있는 법제도가 정립되어야 한다.74) 그런데 과학기술의 발전 및 그로 인한 사회 변화에 관하여 법은 근본적으로 적기에 대응하기 어려우며, 특히 책임법제는 그 보수적 속성상 기술 발전과 사회 변혁의 속도보다 느리게 발전할 수밖에 없다.75) 그러므로 비록 인공지능이 아직까지 성숙 단계에 이르지 않았다 할지라도 인공지능 사고를 합리적이고 타당하게 규율할 수 있는 법리가 무엇인지는 현시점에서부터 사전에 논의가 이루어져야 한다. 자율성, 예측불가능성, 설명불가능성과 같은 인공지능의 특성을 고려할 때 과실이 아닌 '결함'을 귀책의 근거로 삼는 제조물책임이 인공지능 사고의 유력한 책임법리로 거론되고 있다. 따라서 인공지능이 제조물에 해당하는지는 학술적으로 중요한 주제가 된다. 앞으로도 이 문제에 관한 다양한 연구 결과가 발표되기를 기대한다.

---

74) 권영준, "불법행위법의 사상적 기초와 그 시사점", 『저스티스』 제109호, 한국법학원, 2009. 2., 76면.

75) Kyle Graham, *Of Frightened Horses and Autonomous Vehicles: Tort Law and Its Assimilation of Innovations*, 52 SANTA CLARA L. REV. 1241, 1242 (2012).

제7장

창작의 주체로서 인공지능

정윤경
(인하대학교 AI·데이터법센터 책임연구원)

Ⅰ. 서 론

4차산업혁명으로 촉발된 빅데이터 분석 및 딥러닝 기술의 향상은 인공지능의 발전을 가속화시켰다. 종래에는 인공지능 로봇이 인간의 행위를 보조하는 수단 내지 도구의 하나에 불과하였으나, 오늘날에는 스스로 문제를 찾아내고 최적의 서비스 모델을 구축하는 단계에까지 이르게 된 것이다.[1] 인공지능 로봇은 인간의 지능과 유사하거나 이를 뛰어넘는 창작물 또는 발명품을 만들어 내고 있으며, 문학, 미술, 음악, 제조, 법률, 의료 등 다양한 영역에서 이를 본격적으로 상용화하기 위해 박차를 가하고 있다.[2] 글로벌 시장조사업체 마켓앤마켓(Markets&Markets)에 의하면 인공지능 시장 규모는 2022년 869억 달러(한화 약 120조 4000억 원)에서 2027년 4070억 달러(한화 약 563조 9000억 원)로 연평균 36.2%씩 성장할 것으로 예측한다.[3] 뿐만 아니라 실제 인공지능이 생

---

[1] 김윤명, "인공지능에 의한 저작물 이용 및 창작에 대한 법적 검토와 차이점", 「법제연구」 제51호, 한국법제연구원, 2016, 192면.

[2] Daily Medi(2021. 9. 22.) "지자체 첫 '인공지능(AI) 공공의료서비스' 본격화", 〈https://www.dailymedi.com/news/news_view.php?wr_id=874420〉, (2023. 2. 25. 최종방문).

[3] AI타임스(2022. 11. 8.), "세계 AI 시장 규모, 2027년 563조로 4.6배 성장", 〈https://www.aitimes.

성한 작품들은 시장에서 수준 높은 평가를 받고 있는 실정이다. 2016년 일본에서는 마쓰라바 진 교수가 인공지능을 활용해 쓴 단편 소설 「컴퓨터가 소설을 쓰는 날(コンピュータが小説を書く日)」이 호시 신이치 문학상 1차 심사를 통과한 바 있으며,[4] 2018년 프랑스 예술공학단체 오비어스(Obvious)가 개발한 인공지능이 그린 인물 초상화 「에드몬드 드 벨라미(Edmond de Belamy)」가 뉴욕 크리스티 경매에서 43만 2500달러(약 5억 1500만 원)에 낙찰되었고, 2022년 미국에서는 제이슨 M. 앨런이 인공지능으로 제작한 「스페이스 오페라 극장(Théâtre D'opéra Spatial)」이 콜로라도 주립 박람회 미술대회 아트 부문에서 1등을 차지하기도 하였다.[5] 나아가 인공지능 로봇을 이용할 경우 결과물을 완성하는 데 투입되는 시간과 노력을 단축시킬 수 있다. 예컨대, 음악 한 곡을 작곡하는 데 사람의 경우 평균 3일이 걸리지만 인공지능은 10분 내에 가능하며,[6] 일기 예보 기사도 사람의 경우 기상청에서 하루 세 번 정보를 받아 30분 정도씩 작성해야 하나 인공지능의 경우 5분 내로 작성이 가능하다.[7] 그리고 의료 분야에서 엑스레이 사진 판독의 경우 인공지능을 이용할 경우 정확도가 무려 19%나 상승하는 것(73% → 92%)으로 드러났다.[8] 이처럼 인공지능이 다양한 분야에서 적극적으로 활용되면서 인공지능 자체를 창작 또는 발명의 주체로 볼 수 있는지에 대해 관심이 높아지고 있다. 최근 인공지능 로봇을 저작자 또는 발명자로 등록하려 시도한 사례가 보도되었는데, 2019년

com/news/articleView.html?idxno=147761〉, (2023. 2. 25. 최종방문).

4) 연합뉴스(2016. 3. 22.) "소설창작까지 도전한 인공지능 … 日문학상 1차 심사 통과", 〈https://www.yna.co.kr/view/AKR20160321199800073〉, (2023. 2. 25. 최종방문).

5) 매일경제(2022. 9. 2.), "美 미술전 1등 그림 알고보니 AI가 그려", 〈https://www.mk.co.kr/news/it/10444193〉, (2023. 2. 25. 최종방문).

6) 인공지능은 힙합, 재즈, 명상음악 등 음악 장르의 정형화된 규칙을 분석하고 학습하여 짧게는 3분, 길게는 10분 안에 곡 하나를 만들어 낸다(Zdnet Korea(2021. 9. 7.), "10분이면 한 곡 뚝딱 … AI 작곡 스타트업 '포자랩스' 창업 스토리", 〈https://zdnet.co.kr/view/?no=20210907153117〉, (2023. 2. 25. 최종방문)).

7) 한국기자협회, "연합뉴스 국내 최초 머신러닝 AI 날씨 기사 선보여", 〈http://journalist.or.kr/m/m_article.html?no=47639〉, (2023. 2. 25. 최종방문).

8) Medical Times(2022. 2. 14.), "의료 AI 마침내 전문의 판독 능가 … 정확도 19% 더 높아", 〈https://www.medicaltimes.com/Main/News/NewsView.html?ID=1145750〉, (2023. 2. 25. 최종방문).

미국의 과학자 스티븐 테일러(Stephen Thaler)는 "식품 용기"와 "신경 동작 패턴 모방 램프"에 대한 발명자로 인공지능 '다부스(Dabus)'를 기재하여 전 세계 16개국에 특허 출원하였고,9) 또한 「천국으로 가는 출입구(A Recent Entrance to Paradise)」라는 작품의 저작자로 인공지능 알고리즘 '창의성 기계(Creativity Machine)'를 기재하여 미국 저작권청에 등록을 요청한 바 있다.10) 이와 관련하여 각국에서는 인공지능을 창작 또는 발명의 주체로 인정할 수 있는지에 대해 논의가 활발히 진행되고 있는 상황이다. 다음에서는 인공지능의 종류 및 특성을 살펴본 후, 현행법 체계하에서 규율이 가능한지, 나아가 미국, 영국, 독일 등 주요 국가에서 인공지능 생성물에 대한 저작권 등록 여부 및 특허 출원 여부를 판단한 사례 및 그 근거 등에 대해 검토해 보기로 하겠다.

II. 인공지능 창작의 유형 분석

인공지능 생성물을 창작 또는 발명에 기여한 정도에 따라 다음과 같이 분류할 수 있다.

1. 창작의 보조도구

첫째, 인공지능이 창작이나 발명의 보조도구로 활용되는 경우이다. 이는 인간이 핵심 키워드를 선택하고 인공지능은 이에 따라 프로그래밍을 수행하는 경우이다. 먼저, '글쓰기' 분야에서 인공지능은 검색엔진과 창작엔진으로 나눌 수 있는데, 사용자의 입력값에 따라 연관된 작품을 참조할 수 있도록 찾아주거나 장르, 플롯, 배경, 성격 등의 선택에 스토리 최소단위인 로그 라인을 만들어서 제공하거나11) 세일즈, 이메일, 광고

---

9) 특허뉴스(2021. 6. 3.), "AI가 특허법상 발명자가 될 수 있을까? … 첫 특허심사 사례", 〈https://www.e-patentnews.com/7555〉, (2023. 2. 25. 최종방문).

10) IP Daily(2022. 2. 28.), "인공지능(AI) '저작권', 그 신청 결과는? … 美 저작권청", 〈https://url.kr/3jrqg1〉, (2023. 2. 25. 최종방문).

11) 국제신문(2023. 1. 31.), 'AI 보조작가 아난트 뜬다 … AI 기반 창작 보조도구 정식 서비스" 〈http://

문구, 웹소설 등의 용도에 따라 다양한 표현을 추천해주는 역할을 한다.[12] 그리고 '미술' 분야에서 인공지능은 스케치 또는 색 보조 기능을 수행하는데, 카메라로 촬영된 대상을 웹툰 캐릭터로 자동 변환시켜 주거나[13] 화가가 그린 밑그림을 바탕으로 이에 어울리는 색상을 추천해 주는 역할을 한다.[14] 또한 '음악' 분야에서 인공지능은 주요 멜로디나 입력 코드를 바탕으로 전체 곡을 완성하는 역할을 하는데, 사용자가 2~3마디를 작곡하면 특정 음악가 스타일에 맞춰서 이에 어울리는 소프라노, 알토, 테너 등 다른 화성을 완성해 주거나[15] 전·후반부 멜로디 또는 나머지 반주를 생성해 주기도 한다.[16] 그 외에도 인공지능은 발명의 보조도구로 이용되기도 하는데, 날씨 예측 시스템(Weather Forecasting System)을 개발하면서 특정 지역의 기상 현상을 정확히 분석하고 파악하는 기능,[17] 유전질환 진단 시스템(Genetic Disease Diagnosis System)을 개발하면서

---

www.kookje.co.kr/news2011/asp/newsbody.asp?code=0200&key=20230131.99099009208〉, (2023. 2. 25. 최종방문).

12) The Stock(2022. 11. 10.), "글쓰기 도와주는 AI 솔루션 시대 '활짝' … 광고카피부터 웹소설까지 '척척'", 〈https://www.the-stock.kr/news/articleView.html?idxno=17378〉, (2023. 2. 25. 최종방문).

13) 디지털데일리(2023. 1. 4.), "내 얼굴이 웹툰 캐릭터로 변했다", 〈http://m.ddaily.co.kr/m/m_article/?no=254795〉, (2023. 2. 25. 최종방문).

14) AI 타임스(2021. 10. 21.), "웹툰 채색을 AI가 대신한다? … 네이버, AI 자동 채색 SW 출시", 〈https://www.aitimes.com/news/articleView.html?idxno=141144〉, (2023. 2. 25. 최종방문).

15) 구글에서 만든 두들 바흐(Doodle Bach)는 사용자가 일부 마디를 작곡한 후 버튼을 누르면 바흐 스타일에 따른 맞춤 화성을 제공한다. 이는 바흐가 기존에 작곡한 성가곡 306곡의 멜로디, 대위, 화성 등을 인공지능이 분석하여 머신러닝하여 가능하게 한 것이다(Washington Post(2019. 3. 21.), "Today's Google Doodle proves that a bot can't top Bach", 〈https://www.washingtonpost.com/entertainment/music/todays-google-doodle-proves-that-a-bot-cant-top-bach/2019/03/21/fc95ad5a-4c1f-11e9-b79a-961983b7e0cd_story.html〉, (2023. 2. 25. 최종방문)).

16) 인공지능 신문(2021. 7. 16.), "인공지능 작곡 플랫폼 'MUSIA' … 음악 지식이 없는 누구라도 단 5분 만에 작곡한다", 〈https://www.aitimes.kr/news/articleView.html?idxno=21720〉, (2023. 2. 25. 최종방문).

17) 구글의 딥마인드(Deep Mind)는 영국 기상청과 협력해 날씨 예측 분야에서 가장 어려운 작업이라고 할 수 있는 강수 확률을 정확히 예측하는 딥러닝 도구 'DGMR'을 개발했다. 이를 이용하면 기존 모델로는 몇 시간이 걸리는 작업을 5~10분 만에 내놓을 수 있고, 가로 세로 1㎞ 단위로 정확한 예보가 가능하다(Meteored, "Google uses artificial intelligence to improve the forecast", 〈https://www.yourweather.co.uk/news/science/google-uses-artificial-intelligence-to-improve-the-forecast-uk-weather-news-meteorology.html〉, (2023. 2. 25. 최종방문)).

환자 사진 데이터를 바탕으로 외모 특징을 분석하는 기능,[18] 스마트팜 관리시스템 (Smart Farm Management System)을 개발하면서 작물과 생육환경을 적정하게 유지·관리할 수 있도록 조절하는 기능[19] 등은 모두 빅데이터를 수집·분석·처리하고 예측 모델을 구축하는 인공지능 기술을 바탕으로 한다.

〈그림 1〉 인공지능이 음악 창작의 보조도구로 활용되는 사례[20]

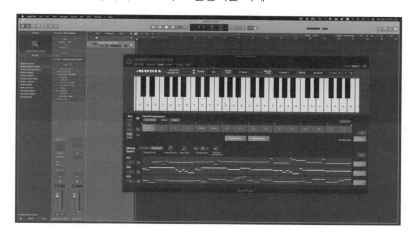

2. 공동 창작자로서의 역할

둘째, 인공지능이 창작 또는 발명을 공동으로 수행하는 경우이다. 이는 단순히 사용자의 요구나 입력값에 의해 정해진 결과만 도출해 내는 것이 아니라 인공지능이 창작이나 발명에 상당 부분 적극적으로 참여하는 경우이다. 먼저, '글쓰기' 분야에서 인공지능은 주제, 콘셉트, 키워드 등에 따라 소설, 보도기사, 뉴스, 편지 등의 글을 완성하여 제시할 수 있으며, 전체 분량(글자수), 은유 방식, 갈등 구조, 분위기 등을 선택할 경

---

18) 동아사이언스(2019. 1. 8.), "얼굴사진 분석해 희귀 유전질환 진단하는 AI 등장", 〈https://www. dongascience.com/news.php?idx=26174〉, (2023. 2. 25. 최종방문).

19) 스마트팜코리아, "스마트팜이란", 〈https://www.smartfarmkorea.net/contents/view.do?menuId= M01010102〉, (2023. 2. 25. 최종방문).

20) 크리에이티브 마인드 홈페이지, 〈https://creativemind.ai/〉, (2023. 2. 25. 최종방문).

우 세부적 표현을 가감할 수도 있다.[21] 2021년 8월 한국 문학사 최초로 사람이 아닌 인공지능이 소설가로 데뷔하여 사람들의 주목을 받은 바 있는데, 인공지능 작가 '바람 풍(毘嵐風)'은 우주와 인간의 본질 규명에 관한 소설인 「지금부터의 세계」라는 작품을 공개한 바 있다.[22] 그리고 '그림' 분야에서 인공지능은 텍스트 명령에 따라 여러 개의 그림을 그려서 사용자가 선택하도록 제공하거나, 입력된 사진, 그림 등을 특정 화가의 화풍으로 변환하여 제공할 수 있다. 2015년 구글의 딥드림(Deep Dream)은 사진, 그림 등을 빈센트 반 고흐(Vincent Van Gogh), 파블로 피카소(Pablo Picaso), 앤디 워홀(Andy Warhol) 화풍 등으로 각각 바꾸는 모습을 선보인 바 있으며,[23] 2021년 비영리 연구조 직 오픈 AI의 인공지능 달리(DALL·E)는 "발레복을 입고 개를 산책시키는 아기 무", "기 린처럼 생긴 거북" 등의 텍스트를 입력하자 각각 15개의 샘플 그림으로 변환된 모습을 공개한 바 있다.[24] 그 외에도 '음악' 분야에서 인공지능은 텍스트의 의미를 분석하여 분위기, 코드 등을 추출한 후 상황에 어울리는 노래를 작곡·작사하여 제공할 수 있 다. 2022년 AI 음악 작곡 스타트업 포자랩스는 MBC 드라마 닥터로이어 OST 중 긴박 한 리듬과 다양한 악기 소리로 긴장감을 연출한 'In Crisis'라는 곡을 작곡하여 선보였 는데, 이는 인공지능이 드라마 시놉시스와 대본을 분석하여 키워드, 코드 등을 추출한 후 극 중 상황에 어울리도록 만든 것이다.[25] 이러한 모습은 그동안 인간의 독보적 영 역으로 여겨졌던 예술 창작 분야가 인공지능에 의해 상당 부분 구현 가능하다는 것을

---

21) AI타임스(2022. 7. 22.), "소설 작가들도 AI 활용하기 시작했다", 〈https://www.aitimes.com/news/articleView.html?idxno=145929〉, (2023. 2. 25. 최종방문).

22) UPI(2021. 8. 26.), "AI 작가가 집필한 '세계 최초' 장편소설 첫 선", 〈ttps://www.upinews.kr/newsView/upi202108260020〉, (2023. 2. 25. 최종방문).

23) Pyimagesearch(2015. 7. 13.), "Generating art with guided deep dreaming", 〈https://pyimagesearch.com/2015/07/13/generating-art-with-guided-deep-dreaming/〉, (2023. 2. 25. 최종방문).

24) 인공지능은 글과 그림을 통합적으로 인식하고 처리하여 사용자의 일상언어를 컴퓨터 코딩 용어로 자동으로 변환하여 그림으로 제작한다. 이는 인공지능이 명시적 작업지시 수행을 넘어 사람처럼 말 의 내용과 맥락을 이해하는 수준에 다가갔음을 보여 준다(한겨레(2021. 11. 1.), "문장 입력하면 '그 림 완성' 인공지능 신세계 연다", 〈https://www.hani.co.kr/arti/science/technology/1017393.html〉, (2023. 2. 25. 최종방문)).

25) 동아일보(2022. 9. 3.), "어떤 장르 원하세요?… AI 작곡가, 10분만에 한 곡 뚝딱", 〈https://www.donga.com/news/Economy/article/all/20220903/115282746/1〉, (2023. 2. 25. 최종방문).

알 수 있게 해 준다.[26)]

〈그림 2〉 구글 딥드림이 사용자의 그림을 고흐 화풍으로 변환한 사례[27)]

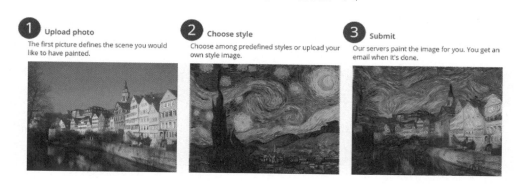

그 외에도 인공지능은 새로운 발명품을 만드는 데에도 상당한 기여를 하고 있는데, 자율주행 차량(Self Driving Car)을 개발하면서 인간의 시신경 작동 원리를 모방한 심층 컨볼루션 신경망(Convolutional Neural Network)을 이용하여 주행 환경 정보를 인지하도록 하는 기능,[28)] 안면 인식 시스템(Facial Recognition System)을 개발하면서 얼굴검출, 얼굴매칭, 인식 결과를 단계적으로 도출하도록 하는 기능,[29)] 희귀질병 진단 시스템(Rare Disease Diagnosis System)을 개발하면서 대규모 질병 정보를 분석하고 비교하여 유효성, 안전성 등을 검증하여 맞춤형 솔루션을 추출하는 기능[30)] 등은 모두 인공지능 기술을 바탕으로 한다.

---

26) 인공지능은 단순히 인간의 보조도구가 아니라 작업을 도와주는 조력자로서 새로운 예술 장르를 개척하고 있다(AI타임스(2022. 12. 8.), "AI아트는 새로운 예술 장르 … 시대 흐름에 맞는 인식 필요해", 〈https://www.aitimes.com/news/articleView.html?idxno=147756〉, (2023. 2. 25. 최종방문).

27) Deeparteffects 홈페이지, 〈https://www.deeparteffects.com/〉, (2023. 2. 25. 최종방문).

28) 조준면, "자율사물을 위한 심층학습 인공지능 기술 적용 동향", 전자통신동향분석 v.35 no.6, 한국전자통신연구원, 2020, 1~11면.

29) Wikipedia('Facial Recognition system'), 〈https://en.wikipedia.org/wiki/Facial_recognition_system〉, (2023. 2. 25. 최종방문).

30) Harvard Medical School(2022. 10. 18.), "How AI Can Help Diagnose Rare Diseases", 〈https://hms.harvard.edu/news/how-ai-can-help-diagnose-rare-diseases〉, (2023. 2. 25. 최종방문).

3. 독립된 창작 시스템

셋째, 인공지능이 독립적으로 창작 또는 발명을 수행하는 경우이다. 이는 인공지능 내부에 인간 메커니즘과 비슷한 수준의 아키텍처가 구현되어 있어 대상을 선별적으로 파악한 후 새로운 창작이 가능한 경우를 의미한다. 소위 '강한 인공지능(Strong AI)'이 이에 해당할 것이다.[31] 현재까지 완전히 독립된 창작 시스템을 갖춘 인공지능이 등장 하였다고 보기는 어려울 것이나, 낮은 수준에서 스스로 창작 또는 발명하는 사례들이 몇몇 소개되고 있다. 먼저, 2015년 예일대 도내 퀵(Donya Quick) 교수가 개발한 인공지 능 로봇 '쿨리타(Kulitta)'의 사례를 들 수 있다. '쿨리타'는 스스로 학습하는 알고리즘을 통해 음계를 조합하여 새로운 곡을 선보인 바 있는데,[32] 음악적 소양이 있는 100명을 대상으로 실험한 결과 사람의 작품인지 인공지능의 작품인지 구분하기 어려울 정도로 작품성이 높은 것으로 평가됐다.[33] 다음으로, 2020년 영국 로봇 기업 엔지니어드아트 (Engineered Arts), 옥스퍼드대(University of Oxford), 리즈대(University of Leeds)가 공동으 로 제작한 인공지능 '아이다(Ai-da)'의 사례를 들 수 있다. '아이다'는 최초의 로봇 예술 가라고도 불리는데 눈에 달린 카메라로 대상을 파악한 후 알고리즘을 통해 이미지를 연상하고 생체공학적으로 설계된 로봇 팔을 통해 붓과 연필 등을 잡고 그림을 그린 다.[34] '아이다'는 그림뿐만 아니라 간단한 대화까지 가능한데 "그림을 그리는 데 시간 이 어느 정도 걸리냐"는 질문에 "초상화는 한 점당 45분에서 1시간 15분이 걸리며 현 재는 새로운 자화상을 그리고 있다"고 대답하기도 하였다. 미국의 과학자이자 미래학 자인 레이 커즈와일(Ray Kurzweil)은 2029년에는 인공지능이 인간과 차이점을 구분짓

---

31) 강한 인공지능(Strong AI)이란 인간과 같은 지능, 마음을 가지고 지능적으로 행동하는 인공지능을 의미한다(Wikipedia('Strong AI'), ⟨https://en.wikipedia.org/wiki/Strong_AI⟩, (2023. 2. 25. 최종 방문)).

32) Donya Quick's Website('Kulitta'), ⟨https://www.donyaquick.com/kulitta/⟩, (2023. 2. 25. 최종방문).

33) 조선일보(2015. 9. 2.) "작곡도 로봇 시대 … 바흐 작품과도 헷갈리네", ⟨https://www.chosun. com/site/data/html_dir/2015/09/02/2015090201186.html⟩, (2023. 2. 25. 최종방문).

34) 웝뉴스(2021. 8. 11.), "인간을 그리는 로봇, 아이다(Ai-da)", ⟨https://www.wip-news.com/news/ articleView.html?idxno=8126⟩, (2023. 2. 25. 최종방문).

는 테스트인 튜링테스트(Turing Test)를 통과할 것이며, 2045년에는 인공지능과 사람지능이 같아지는 특이점(Singularity)이 도래할 것이라고 예측한 바 있다.[35] 이처럼 빠른 속도로 기술이 발전할 경우 스스로 창작 또는 발명이 가능한 인공지능이 조만간 등장할 것이며, 문학, 미술, 음악, 법률, 의료 등 다양한 분야에서 적극 활용될 것으로 전망된다.

〈그림 3〉 인공지능 로봇 아이다(Ai-da)와 작품[36]

Ⅲ. 저작권법상 저작자 지위 여부

1. 현행법상 보호 가능성

우리 저작권법 제2조 제1호에서는 "저작물"을 인간의 사상이나 감정을 표현한 창작

---

35) Futurism(2017. 10. 6.), "Kurzweil Claims That the Singularity Will Happen by 2045", 〈https://futurism.com/kurzweil-claims-that-the-singularity-will-happen-by-2045〉, (2023. 2. 25. 최종방문)).

36) Artnet(2022. 10. 12.), "Robot Artist Ai-Da Just Addressed U.K. Parliament About the Future of A.I. and 'Terrified' the House of Lords", 〈https://news.artnet.com/art-world/ai-da-robot-artist-parliament-2190611〉, (2023. 2. 25. 최종방문)).

물로, 동조 제2호에서는 "저작자"를 저작물을 창작한 자로 규정하고 있다.[37] 이러한 정의 조항에 비춰 보았을 때 저작권법에서 창작의 주체는 사상과 감정을 향유한 자연인을 전제하고 있음을 알 수 있다. 그리고 동법 제2조 제31호에서는 "업무상저작물"을 법인·단체 그 밖의 사용자의 기획하에 법인 등의 업무에 종사하는 자가 업무상 작성하는 저작물이라고 명시하고 있으며, 동법 제9조에서는 법인 등의 명의로 공표되는 업무상저작물의 저작자는 계약 또는 근무규칙 등에 다른 정함이 없는 때에는 그 법인 등이 된다고 규정하고 있다. 이는 작품을 실제 창작하지 않은 자라 하더라도 일정한 요건을 충족하는 경우 법인 등 사용자에게 저작자의 지위를 부여하는 일종의 법적 의제 조항이라고 할 수 있다.[38] 다만, 여기서 창작의 주체는 법인·단체의 업무에 종사하는 자로서 고용관계 등이 전제되어 지휘·감독하에 있어야 한다는 점에 비추어 본다면 인공지능 생성물을 업무상저작물의 범주에 포함하기는 어려울 것으로 보인다.[39] 이처럼 현행법 체계에서는 인공지능에 저작자 지위를 부여하는 데 한계가 있으므로 새로운 법 조항을 도입해야 한다는 논의가 존재한다. 이와 관련하여 2020년 12월 주호영 의원이 대표 발의한 저작권법 일부개정법률안(의안번호 제2106785호, 제안일자 2020. 12. 21.)[40]의 내용을 살펴보면, "인공지능 저작물"을 외부 환경을 스스로 인식하고 상황을

---

37) "구 저작권법(2006. 12. 28. 법률 제8101호로 전부 개정되기 전의 것) 제2조 제1호는 저작물을 '문학·학술 또는 예술의 범위에 속하는 창작물'로 규정하고 있는바, 위 규정에서 말하는 창작물이란 창작성이 있는 저작물을 말하고, 여기서 창작성이란 완전한 의미의 독창성을 요구하는 것은 아니라고 하더라도 적어도 어떠한 작품이 단순히 남의 것을 모방한 것이어서는 안 되고 작자 자신의 독자적인 사상이나 감정의 표현을 담고 있어야 할 것이므로, 누가 하더라도 같거나 비슷할 수밖에 없는 표현, 즉 저작물 작성자의 창조적 개성이 드러나지 않는 표현을 담고 있는 것은 창작물이라고 할 수 없다." (대법원 2011. 2. 10. 선고 2009도291 판결).

38) 차상육, "인공지능 창작물의 저작권법상 보호 쟁점에 대한 개정방안에 관한 연구", 계간 저작권 2020 봄호, 한국저작권위원회, 2020, 43면.

39) "저작권법 제9조에 따라 업무상 저작물로서 법인 등에게 저작권이 인정되기 위해서는 ① 법인, 단체 그 밖의 사용자가 저작물의 작성에 관하여 기획을 하고, ② 법인 등의 업무에 종사하는 자에 의하여, ③ 저작물이 업무상 작성되어야 하며, ④ 그 저작물이 법인 등의 명의로 공표되어야 한다." (서울중앙지법 2016. 3. 18. 선고 2015가합553551 판결)

40) 주호영 의원이 대표 발의한 저작권법 일부개정법률안(의안번호 제2106785호, 제안일자 2020. 12. 21.)에서는 "인공지능(Artificial Intelligence)은 외부환경을 스스로 인식하고 상황을 판단하여 자율적으로 동작하는 기계장치 또는 소프트웨어를 말하는 것으로 최근 빅데이터 기술 및 컴퓨팅 연산기

판단하여 자율적으로 동작하는 기계장치 또는 소프트웨어에 의하여 제작된 창작물이라고 하면서(안 제2조 제1의2호), "인공지능 저작물의 저작자"를 인공지능 서비스를 이용하여 저작물을 창작한 자 또는 인공지능 저작물의 제작에 창작적 기여를 한 인공지능 제작자·서비스 제공자 등을 말한다고 정의한다(안 제2조 제2의2호). 그러나 이에 대한 검토보고서에서는 개정안은 인간 저작자의 참여 여부와 관계없이 '인공지능'에 의하여 제작된 모든 창작물을 인공지능 저작물로 정의하고 '인공지능 저작물의 저작자'를 창작 기여도에 따라 대통령령으로 정하도록 하고 있는데, 창작 기여도에 대한 사회적으로 합의된 기준이 부족할 뿐만 아니라 인공지능 창작이 활성화될 경우 인간 창작물의 가치가 저하될 수 있으므로 오히려 인공지능 창작물은 보호받지 않는 저작물로 보아야 한다는 상반된 주장이 존재한다는 점을 지적하고 있다.[41] 이러한 점들을 종합해 볼 때, 현행법상으로 인공지능을 저작자로 인정하기는 어려우며, 이에 대한 내용을 새롭게 법 조항으로 도입할 것인지에 대해서도 아직까지 논의가 진행 중인 상황이라고 할 수 있다.[42]

2. 해외 입법 동향

(1) 미 국

미국 저작권법에서는 저작자에 관한 조항을 별도로 두고 있지는 않다. 다만, 동법

술 등과 결합하여 인간 고유의 영역이라고 여겨졌던 미술, 음악, 소설 등 창작분야까지 도전하고 있는 등 전 세계적으로 4차 산업혁명시대를 이끌 중추적인 분야로 급부상하고 있다. 이렇게 비약적으로 발전하는 인공지능 산업과 더불어 인공지능이 제작한 창작물 보호의 필요성이 대두되고 있으며 이를 보호할 수 있는 법제도 개선과 관련한 논의가 전 세계적으로 활발히 진행되고 있다. 우리나라는 현행법상 인공지능 저작물에 대한 명확한 규정이 없고 저작권이 인간 창작물을 기준으로 마련되어 있어 인공지능 관련 산업 발전에 걸림돌이 되고 있는 실정이다"라고 하여 법 도입의 필요성을 언급하고 있다.

41) 문화체육관광위원회, "저작권법 일부개정법률안 검토 보고 −인공지능 저작물에 대한 보호 근거 마련(주호영의원 대표발의, 의안번호 제2106785호)", 2021. 4~5면.

42) 이코리아(2022. 12. 15.), "'AI그림' 반대운동 확산, 창작자 설 자리 줄어든다", 〈http://www.ekoreanews.co.kr/news/articleView.html?idxno=64349〉, (2023. 2. 25. 최종방문.)

제102(a)에서 저작권의 보호 대상에 대해 서술하면서 "현재 알려져 있거나 장래에 개발될 유형적인 표현매체로서 직접 또는 기계나 장치에 의하여 그로부터 저작물을 지각, 복제 또는 그 밖에 전달할 수 있는 것에 고정된 독창적인 저작물"이라면서 "문학작품, 음악, 연극, 안무, 그림, 영화, 녹음물, 건축물" 등의 범주를 언급하고 있다.[43] 이에 의할 때 반드시 저작자가 자연인에 국한되어야 한다는 사실이 명시적으로 드러나지는 않는다. 하지만 미국 저작권청의 저작권 실무개요 제306조에서는 "인간 저작 요건 (Human Authorship Requirement)"이라는 조문 명칭과 함께 "미국 저작권청은 저작물이 인간에 의해 창작된 원본 저작물만 등록 대상으로 한다. 저작권법은 '마음의 창조력 (The Creative Powers of the Mind)'에 기초한 '지적 노동의 결실(The Fruits of Intellectual Labor)'만을 보호한다"고 명시하고 있다.[44] '마음' 또는 '지적 노동'이라는 단어는 인간을 창작의 주체로 전제하고 있다고 해석된다. 이러한 지침에 의할 때 미국 저작권법에서 저작자는 자연인에 한하는 것으로 보고 있으며 인공지능에 독립적으로 저작자 지위를 부여하는 것은 어렵다고 평가된다.

---

43) Copyright Act §102 (Subject matter of copyright: In general)

(a) Copyright protection subsists, in accordance with this title, in original works of authorship fixed in any tangible medium of expression, now known or later developed, from which they can be perceived, reproduced, or otherwise communicated, either directly or with the aid of a machine or device. Works of authorship include the following categories:

(1) literary works;

(2) musical works, including any accompanying words;

(3) dramatic works, including any accompanying music;

(4) pantomimes and choreographic works;

(5) pictorial, graphic, and sculptural works;

(6) motion pictures and other audiovisual works;

(7) sound recordings; and

(8) architectural works

44) Compendium of U.S. Copyright Office Practices §306 (human authorship requirement)

The U.S. Copyright Office will register an original work of authorship, provided that the work was created by a human being. The copyright law only protects "the fruits of intellectual labor" that "are founded in the creative powers of the mind."

(2) 영 국

영국 저작권법 제9조에서는 "저작물의 저작자(Authorship of Work)"에 대해 서술하고 있다. 동조 제1항에서는 "저작자라 함은 저작물을 창작한 자(The Person)를 의미한다"[45]고 명시하고 있다. 그리고 동조 제2항에서는 제1항에서 언급한 자(That Person)가 구체적으로 누구인지를 밝히면서 "녹음물의 경우에는 제작자, 영화의 경우에는 제작자와 총감독, 방송물의 경우에는 방송을 제작한 자 또는 수신 및 즉시 재송신에 의하여 다른 방송을 중계하는 경우에는 그 다른 방송을 제작한 자 등을 저작자로 본다"고 하여 언급하고 있다. 위 조항에 의할 때 영국 저작권법에서 저작자는 원칙적으로 사람(Person)에 한정되는 것으로 보고 있음을 알 수 있다.[46] 나아가 동조 제3항에서는 "컴퓨터에 기인하는 어문, 연극, 음악 또는 미술 저작물의 경우에는 저작자는 그 저작물의 창작을 위하여 필요한 조정을 한 자로 본다"고 규정하고 있는데,[47] 이에 의할 때에도 인공지능과 협업하여 만든 작품에서 창작에 개입한 인간만이 저작자로서 권리를 부여받을 수 있음을 알 수 있다.[48] 한편, 과학기술의 발전에 따라 인공지능 생성물이 증가하면서 영국 저작권법에서는 새로운 정의 조항을 도입하였는데, 동법 제178조에서 "저작물과 관련하여 '컴퓨터에 기인된(Computer-generated)'이란 그 저작물의 인간 저작자가 없는 상태에서 컴퓨터에 의하여 저작물이 산출된 것을 말한다"고 하여[49] 인공지능이 만든 작품도 저작권법으로 보호받을 수 있다고 명시하였다. 다만, 이에 대해서

---

45) CDPA Section 9 (Authorship of work)

   (1) In this Part "author", in relation to a work, means the person who creates it

   (2) That person shall be taken to be -

46) Peter Jaszi, "Toward a Theory of Copyright: The Metamorphoses of 'Authorship'", Duke Law Journal, Vol.40, No.2, 1991, p.468.

47) CDPA Section 9 (Authorship of work) (3) In the case of a literary, dramatic, musical or artistic work which is computer-generated, the author shall be taken to be the person by whom the arrangements necessary for the creation of the work are undertaken.

48) 김윤명, "人工知能(로봇)의 법적 쟁점에 대한 試論的考察", 정보법학 제20권 제1호, 한국정보법학회, 2016, 160면.

49) CDPA Section 178 (Minor definitions)

   "computer-generated", in relation to a work, means that the work is generated by computer in circumstances such that there is no human author of the work.

는 향후 인공지능도 저작자의 하나로 인정될 수 있는 가능성을 열어 주었다는 평가와 함께 명시적 규정이 도입되지 않는 한 현행 법에서는 인간만을 저작자로 해석하는 것이 적절하다는 견해가 존재한다.[50]

(3) 일 본

일본 저작권법 제2조 제1호에서는 "저작물이란 사상 또는 감정을 창작적으로 표현한 것으로서 문예, 학술, 미술 또는 음악의 범위에 속하는 것을 말한다" 그리고 동조 제2호에서는 "저작자란 저작물을 창작한 자를 말한다"고 규정하고 있다.[51] 이에 의할 때 '인간'이라는 단어를 명시적으로 요구하고 있지는 않으나 사상 또는 감정의 소산이라는 점에 비춰 보았을 때 인간을 창작의 주체로 보는 것이 적절하다 할 것이다.[52] 한편, 일본에서는 인공지능에 의한 창작물이 증가함에 따라 '차세대 지식재산 시스템 검토 위원회'를 개최하고, 2016년 4월 '차세대 지식재산 시스템 검토 위원회 보고서(次世代知財システム検討委員会 報告書)'를 공개한 바 있다.[53] 여기에서는 인공지능 생성물과 인간의 창작물을 구분하지 않을 경우 양자가 동일하게 취급될 우려가 있고 현행 저작권 제도를 그대로 적용하는 것은 적절하지 않으므로 새로운 유형의 법적 분쟁 등에 대비하기

---

50) GOV.UK(2021. 3. 21.), "Artificial intelligence call for views: copyright and related rights", 〈https://www.gov.uk/government/consultations/artificial-intelligence-and-intellectual-property-call-for-views/artificial-intelligence-call-for-views-copyright-and-related-rights〉, (2023. 2. 25. 최종방문).

51) 日本著作権法 第二条(定義)
この法律において, 次の各号に掲げる用語の意義は, 当該各号に定めるところによる.
一 著作物 思想又は感情を創作的に表現したものであつて, 文芸, 学術, 美術又は音楽の範囲に属するものをいう.
二 著作者 著作物を創作する者をいう.

52) 김형건, 「디지털사회 법제연구(IV)−인공지능 시대 도래에 따른 저작자(author) 개념 재정립에 관한 연구」, 한국법제연구원, 2017, 50면.

53) 知的財産戦略本部 検証・評価・企画委員会 次世代知財システム検討委員会, 「次世代知財システム検討委員会 報告書 −デジタル・ネットワーク化に対応する次世代知財システム構築に向けて」, 2016. 〈https://www.kantei.go.jp/jp/singi/titeki2/tyousakai/kensho_hyoka_kikaku/2016/jisedai_tizai/hokokusho.pdf〉, (2023. 2. 25. 최종방문).

위하여 인공지능 작품을 규율할 법 제도를 도입할 필요가 있다는 점을 언급하고 있다. 다만, 아직까지 이러한 내용은 일본 저작권법에 구체화되어 반영되지 않은 상황이며 관련 산업 방향에 맞춰서 계속해서 논의가 이뤄지고 있다.[54]

(4) 중 국

중국 저작권법 제3조에서는 "저작물이란 문학·예술 분야 및 과학 분야에서 독창성을 갖추고 일정한 형식으로 표현된 지식 성과를 말한다"고 규정하고 있다.[55] 이 규정에서는 저작물의 요건으로 '독창성', '표현', '지식의 성과' 등을 규정하고 있으나 지식의 성과가 반드시 인간으로부터 창출되어야 할 것임을 명시적으로 요구하고 있지는 않다. 하지만 동법 제11조에서 "이 법에서 별도로 규정된 경우를 제외하고 저작권은 저작자에게 귀속된다. 저작물을 창작한 자연인(自然人)은 저작자이다"라고 하면서 "법인 또는 비법인 조직의 주관으로 법인 또는 비법인 조직의 의지대로 창작되고, 법인 또는 비법인이 책임을 지는 저작물은 법인 또는 비법인 조직이 저작자라고 간주한다"라고 명시하고 있다.[56] 이는 저작물의 저작자는 자연인에 한하며 예외적으로 일정한 요건을 충족할 경우 법인 등 단체가 저작자로 의제될 수 있다고 해석된다. 이와 같은 태도에 비춰 보았을 때 중국 저작권법에 의할 때에도 인공지능을 독립적 저작자로 인정하기는 어렵다고 할 것이다.

---

54) ITMedia(2018. 9. 6.) "改正著作権法が日本のAI開発を加速するワケ 弁護士が解説", 〈https://www.itmedia.co.jp/news/articles/1809/06/news017.html〉, (2023. 2. 25. 최종방문).; JIPDEC (2016. 7. 21.), "IoT, AI時代の知的財産権(2016年 7月 21日 第58回 JIPDECセミナー", 〈https://www.jipdec.or.jp/library/report/20160721.html〉, (2023. 2. 25. 최종방문).

55) 中华人民共和国著作权法 第三条. 本法所称的作品, 是指文学, 艺术和科学领域内具有独创性并能以一定形式表现的智力成果, 包括
(一) 文字作品, (二) 口述作品, (三) 音乐, 戏剧, 曲艺, 舞蹈, 杂技艺术作品, (四) 美术, 建筑作品,(五) 摄影作品, (六) 视听作品, (七) 工程设计图, 产品设计图, 地图, 示意图等图形作品和模型作品, (八) 计算机软件, (九) 符合作品特征的其他智力成果.

56) 中华人民共和国著作权法 劳动合同法 第十一条 著作权属于作者, 本法另有规定的除外. 创作作品的自然人是作者. 由法人或者非法人组织主持, 代表法人或者非法人组织意志创作, 并由法人或者非法人组织承担责任的作品, 法人或者非法人组织视为作者.

(5) 캐나다

캐나다 저작권법 제3조 제1항에서는 "이 법의 목적상 저작권은 관련 저작물에 대한 생산 또는 재생산에 대한 유일한 권리를 의미한다"[57]고 규정하고 있으며, 동법 제5조 제1항에서는 저작권의 존속요건과 관련하여 "다음의 조건을 충족하는 어떤 독창적인 문학, 연극, 음악, 예술 작품은 캐나다 저작권으로 보호된다"라면서 제2항 이하에서 저작물 종류별 요건을 언급하고 있다.[58] 그리고 동법 제13조 제1항에서는 저작권 소유와 관련하여 "저작물의 창작자는 해당 저작물에 대한 최초의 저작권자가 된다"[59]고 명시하고 있다. 이러한 조항들을 살펴볼 때 저작물의 성립요건으로 '독창성'이 요구되는 것을 알 수 있으나, 저작물의 저작자가 반드시 '인간'에 국한되어야 한다는 점이 명시적으로 드러나지는 않는 것으로 파악된다. 그러나 동법 제6조에서 "저작권의 존속기간은 저작자 생존기간 및 사후 50년까지로 한다"[60]고 규정하고 있는 점 등을 고려해 본다면 캐나다 저작권법에서도 저작자를 '인간'으로 전제하고 있음을 추론할 수 있다.

---

57) Canada Copyright Act §3 (Copyright in works) (1) For the purposes of this Act, copyright, in relation to a work, means the sole right to produce or reproduce the work or any substantial part thereof in any material form whatever, to perform the work or any substantial part thereof in public or, if the work is unpublished, to publish the work or any substantial part thereof, and includes the sole right.

58) Canada Copyright Act §5 (Conditions for subsistence of copyright) (1) Subject to this Act, copyright shall subsist in Canada, for the term hereinafter mentioned, in every original literary, dramatic, musical and artistic work if any one of the following conditions is met.

59) Canada Copyright Act §13 (Ownership of copyright) (1) Subject to this Act, the author of a work shall be the first owner of the copyright therein.

60) Canada Copyright Act §6 (Term of copyright)
The term for which copyright shall subsist shall, except as otherwise expressly provided by this Act, be the life of the author, the remainder of the calendar year in which the author dies, and a period of fifty years following the end of that calendar year.

3. 사례 적용 및 검토

(1) 중국의 'Felin v. Baidu' 사건(2018)[61]

이 사건은 중국에서 최초로 인공지능 생성물의 저작권 보호 여부에 대해 판단한 사례이다. 이 사건 원고(Felin)는 인공지능을 이용하여 「영화 및 엔터테인먼트 산업의 사법적 빅데이터 분석 보고서: 베이징 영화 산업(影視娛乐行业司法大数据分析报告-电影卷·北京篇)」이란 책자를 발간하였는데 피고(Baidu)가 이를 허락 없이 자신의 홈페이지에 게재하여 저작권 침해 여부가 문제가 되었다. 이 책자 중 분석 내용(글)은 원고 팀이 직접 작성하였으나 도표, 그림 등은 인공지능 소프트웨어에 의해 작성되었다. 이에 대해 베이징 인터넷 법원은 원고 책자 중 분석 내용(글)은 인간에 의해 작성된 것이므로 독창적인 저작물로 보호받을 수 있으나, 도표, 그림 등은 인공지능 소프트웨어에 의해 작성된 것으로서 개발자 또는 사용자의 독창적인 아이디어나 느낌의 표현에 해당하지 않으므로 저작물로 보호받을 수 없다고 판시하였다.[62] 다만, 법원은 이러한 도표, 그림 등이 비록 저작물에 포함되지는 않더라도 대중이 자유롭게 이용할 수 있다는 것을 의미하지는 않으며, 소프트웨어 개발자에게 대가를 지불하고 이를 사용하여야 한다고 덧붙였다.

(2) 중국의 'Tencent v. Yingqun' 사건(2019)[63]

이 사건은 중국에서 인공지능 생성물이 법인저작물로 보호받을 수 있다고 판시하여 사람들의 주목을 받았던 사례이다. 이 사건 원고(Tencent)는 '드림라이터(Dreamwiter)'라고 불리는 지능형 문서작성 시스템을 이용하여 경제 분야 기사를 작성하여 웹사이트에 게재하였는데, 피고(Shanghai Yingqun Technology Company)가 이를 무단으로 복제한

---

61) 北京互联网法院 (2018) 京0491民初239号 民事判决书.

62) The IPKat(2019. 11. 9.), "Feilin v. Baidu: Beijing Internet Court tackles protection of AI/software -generated work and holds that copyright only vests in works by human authors", 〈https://ipkitten.blogspot.com/2019/11/feilin-v-baidu-beijing-internet-court.html〉, (2023. 2. 25. 최종방문).

63) 广东省深圳市南山区人民法院 (2019) 粤0305民初14010号民事判决书.

후 사람들에게 공개하여 저작권 침해 여부가 문제되었다. 이에 대해 원고는 비록 '드림 라이터'를 이용하여 기사를 작성하였으나 원고 회사 소속 팀에서 데이터 유형의 입력, 데이터 형식의 처리, 트리거 조건 설정, 기사 템플릿 선택, 언어 리소스 설정 및 지능형 알고리즘 모델 검사 등을 모두 수행하였으므로 해당 기사는 법인저작물[64]에 해당한다고 주장하였다. 이에 중국 심천시 법원은 2020년 4월 원고 기사의 경우 주식 시장을 설명하는 내용으로 표현이 논리적이며 명료하여 독창성이 드러나 어문저작물로 보호받을 수 있으며, 원고 회사가 기사 작성을 주관하고 법인 의사를 대표하여 창작되었으며, 기사 작성과 직접적으로 관련된 데이터, 템플릿의 선정과 배열은 모두 원고 소속 팀에서 수행하였다는 점 등을 근거로 법인저작물에 해당한다고 판시하였다.

(3) 인도의 'RAGHAV' 사건(2021)[65]

이 사건은 인도 저작권청이 「일몰(Suryast)」이라는 미술 작품의 공동저작자로 인공지능을 등록하였다가 철회 통보를 한 사례이다. 인도 저작권청은 2020년 11월 '라그하브(RAGHAV)'라는 인공지능 페인트 앱을 안키 샤니(Ankit Sahni)와 공동저작자로 등록을 승인하였다. 그러나 인도 저작권청에서는 2021년 11월 저작권법 제2조(d)(iii) 및 제2조(d)(vi)[66]에서 예술작품 '저자'의 의미 검토와 함께 인공지능 앱의 법적 상태(Legal Status)에 대한 정보를 제공하도록 요청하면서 저작권 등록 철회를 통보하였다.[67] 이에

---

64) Connectontech(2020. 4. 20.) "Chinese Dreamwriter Decision: a Dream Come True for AI-generat ed Works?", 〈https://www.connectontech.com/chinese-dreamwriter-decision-a-dream-come-true-for-ai-generated-works/〉, (2023. 2. 25. 최종방문).

65) Managing IP(2021. 8. 5.) "Exclusive: India recognises AI as co-author of copyrighted artwork", 〈https://www.managingip.com/article/b1t0hfz2bytx44/exclusive-india-recognises-ai-as-co-author-of-copyrighted-artwork〉, (2023. 2. 25. 최종방문).

66) India Copyright Act 1957 Section 2(d)
(iii) in relation to an artistic work other than a photograph, the artist;
(iv) in relation to a photograph, the person taking the photograph;

67) Managing(2021. 12. 13.), "Exclusive: Indian Copyright Office issues withdrawal notice to AI co-author", 〈https://www.managingip.com/article/b1vvyqphyskcrg/exclusive-indian-copyright-office-issues-withdrawal-notice-to-ai-co-author〉, (2023. 2. 25. 최종방문).

대해 신청인은 저작권법 및 동법 규칙에서 '사람(Person)'이라는 개념을 명시적으로 정의하고 있지 않으며 일반법(General Clauses Act)에서도 이를 자연인과 법인을 모두 포함하는 개념으로 본다는 점을 이유로 이의신청을 제기하였다. 인도 저작권청에서는 아직 최종 결정을 내리지 않은 상태로 현재까지 '라그하브'는 미술 작품의 공동저작자로 등록된 상태라고 밝혔다.[68]

(4) 미국의 'A Recent Entrance to Paradise' 사건(2022)[69]

이 사건은 미국 저작권청이 인공지능 프로그램을 통해 제작한 그림에 대해 저작권 등록 신청을 거절한 사례이다. 미국의 과학자 스티븐 테일러는 「파라다이스로 가는 최근 출입구(A Recent Entrance to Paradise)」라는 그림 작품의 저작권 등록을 신청하면서 저작자를 인공지능 '창작 기계Creativity Machine)'로 기재하였다. 이에 대해 미국 저작권청은 2019년 8월 저작권 보호의 전제조건인 '인간에 의한 창작물 요건(The Human Authorship Requirement)'이 결여되었다는 이유로 저작권 등록을 거절하였다. 하지만 신청인은 재심사를 요청하였고 심사위원회는 2020년 3월 대상 작품에 인간의 창의적인 노력이 개입되었다는 증거를 명백히 제시하지 못하는 한 저작권 등록을 할 수 없다고 결론 내렸다. 이에 신청인은 연방법 37 C.F.R. §202.5(c)[70]에 따라 두 번째 검토를 요청하면서 미국 저작권청 실무지침에서 제시하는 '인간에 의한 창작'이라는 요건은 위헌이며 저작권 보호라는 근본 목표에 부합하기 위해서는 인공지능 생성물의 저작권

---

68) Spicyio(2022. 10. 10.), "AI Art and Indian Copyright Registration", 〈https://spicyip.com/2022/10/ai-art-and-indian-copyright-registration.html〉, (2023. 2. 25. 최종방문).

69) United States Copyright Office(2022. 2. 14.), "Second Request for Reconsideration for Refusal to Register A Recent Entrance to Paradise (Correspondence ID 1-3ZPC6C3; SR # 1-7100387071)", 〈https://www.copyright.gov/rulings-filings/review-board/docs/a-recent-entrance-to-paradise.pdf〉, (2023. 2. 25. 최종방문).

70) 37 C.F.R. §202.5 (Reconsideration Procedure for Refusal to Resister)
(c) Second reconsideration. Upon receiving written notification of the Registration Program's decision to refuse registration in response to the first request for reconsideration, an applicant may request that the Review Board reconsider the Registration Program's refusal to register, subject to the following requirements.

등록도 승인해야 한다고 주장하였다. 그러나 미국 저작권청 심사위원회는 2022년 2월 연방 대법원 및 하급심 판례[71]에서 오직 인간 정신의 창조적 능력에 의해 만들어진 지적 노동 결실만을 저작물로 보호하고 있다고 해석하는 점을 근거로 인공지능 저작권 등록 신청을 최종 거절하였다.[72]

(5) 미국의 'Zarya of the Dawn' 사건(2023)[73]

이 사건은 미국 저작권청이 인공지능이 제작한 만화책에 대해 저작권 등록을 승인하였다가 철회 통보를 한 사례이다. 뉴욕에 거주하는 예술가이자 프로그래머 크리스티나 카쉬타노바(Kristina Kashtanova)는 2021년 9월 「자라 오브 더 돈(Zarya of the Dawn)」이라는 만화책을 제작하면서 인공지능 소프트웨어 '미드저니(Midjourney)'의 도움을 받아서 삽화를 완성하였다. 사용자가 프롬프트에 단어를 입력하는 경우 '미드저니'는 1분 내에 관련 이미지를 4컷 생성해 냄으로써 손쉽게 그림을 획득하도록 한다. 이 사건 신청인은 총 17페이지 분량의 삽화를 생성하기 위해 1500개의 프롬프트를 입력한 후 이미지를 선택하였다. 미국 저작권청은 처음에 이 사건 만화책이 인공지능의 독립적인 생성물이 아니라 인간이 지휘·감독 및 연출했다는 점에서 저작권 등록을 승인하였다. 그러나 미국 저작권청은 2022년 12월 인간(Person)이 창작한 작품에 한하여 저작권 등록이 승인될 수 있다는 이유로 저작권을 부여하기로 한 종래 결정을 철회하였다.[74] 이에 대해 신청인은 이의를 제기하였는데, 2023년 2월 미국 저작권청은 인공지능 이미지 생성기가 만든 이미지는 저작권법이 보호하는 저작물 원본으로 볼 수 없다

---

71) Mazer v. Stein, 347 U.S. 201 (1954).; Goldstein v. California, 412 U.S. 546 (1973).; Urantia Found. v. Kristen Maaherra, 114 F.3d 955, 957-59 (9th Cir. 1997).; Naruto v. Slater, 888 F.3d 418, 426 (9th Cir. 2018).; Kelley v. Chicago Park Dist., 635 F.3d 290, 304 (7th Cir. 2011).

72) IPWachdog(2023. 2. 23.), "Thaler Loses AI-Authorship Fight at U.S. Copyright Office", ⟨https://ipwatchdog.com/2022/02/23/thaler-loses-ai-authorship-fight-u-s-copyright-office/id=146253/⟩, (2023. 2. 25. 최종방문).

73) United States Copyright Office(2023. 2. 21.), "Zarya of the Dawn (Registration # VAu001480196)", ⟨https://copyright.gov/docs/zarya-of-the-dawn.pdf⟩, (2023. 2. 25. 최종방문).

74) CBR(2022. 12. 21.), "AI-Created Comic Could Be Deemed Ineligible for Copyright Protection", ⟨https://www.cbr.com/ai-comic-deemed-ineligible-copyright-protection/⟩, (2023. 2. 25. 최종방문).

면서 인간 저작자의 창의적인 입력이나 개입 없이 무작위 또는 자동으로 작동하는 기계 또는 단순한 기계적 프로세스에 의해 생성된 저작물은 등록 승인할 수 없다는 최종 입장을 표명하였다.[75]

4. 소 결

이상으로 인공지능이 저작권법상 저작자로 인정될 수 있는지에 대하여 검토해보았다. 먼저, 현행법 체계하에서는 인공지능을 저작자 개념에 포함하여 해석하는 것은 다소 무리라고 여겨진다. 우리나라 저작권법 제2조 제1호·제2호, 미국 저작권청 실무개요 제306조, 영국 저작권법 제9조 제1항·제3항, 일본 저작권법 제2조 제1호·제2호, 중국 저작권법 제11조 등에서는 모두 사상과 감정을 향유한 인간을 저작자로 전제하고 있기 때문이다. 실제 인공지능 작품의 저작권 보호 또는 저작권 등록 여부가 문제된 사례에서 저작자가 인간이 아니라는 이유에서 저작권 보호가 거부되거나 등록 승인이 철회된 경우가 대부분인 것을 알 수 있었다. 예컨대, 중국의 'Felin v. Baidu' 사건에서는 도표, 그림 등이 인공지능에 의해 만들어졌다는 이유에서 저작물이 아니라고 보았으며, 미국의 'A Recent Entrance to Paradise' 사건에서는 그림이 인간에 의한 창작된 것이 아니라는 점 때문에 저작권 등록을 거절하였다. 한편, 중국의 'Tencent v. Yingqun' 사건에서는 이례적으로 경제 분석 기사를 법인저작물로 취급하기도 하였으나 이 또한 인공지능 자체를 저작자로 취급하였다기보다는 인공지능을 인간이 활용하는 도구의 하나로 평가한 것으로 해석된다. 그 외에도 인도의 'RAGHAV' 사건과 미국의 'Zarya of the Dawn' 사건에서 인공지능 작품에 대한 종래 저작권 등록 승인을 철회하고 최종 거절한 바 있다. 이러한 태도는 모두 인공지능을 저작권법상 저작자로 해석하는 데에 한계가 있다는 점을 시사한다. 다만, 앞으로 인공지능 생성물이 계속해서

---

75) Stephen Wolfson(2023. 2. 27.), "Zarya of the Dawn: US Copyright Office Affirms Limits on Copyright of AI Outputs", 〈https://creativecommons.org/2023/02/27/zarya-of-the-dawn-us-copyright-office-affirms-limits-on-copyright-of-ai-outputs/〉, (2023. 2. 25. 최종방문).

증가할 것을 감안했을 때 법적 공백 상태를 지속하는 것은 바람직하지 않으며, 사회 구성원 간의 충분한 논의와 공론화 과정을 거쳐 합리적인 법 조항을 마련할 필요가 있다고 생각된다.

Ⅳ. 특허법상 발명자 지위 여부

1. 현행법상 보호 가능성

우리 특허법 제2조 제1호에서는 "발명이란 자연법칙을 이용한 기술적 사상의 창작으로서 고도한 것을 말한다"고 명시하고 있으며, 동법 제33조 제1항에서는 "발명을 한 사람 또는 그 승계인은 이 법에서 정하는 바에 따라 특허를 받을 수 있는 권리를 가진다"고 규정하고 있다. 그리고 동법 제42조 제1항에서는 특허출원 시 "발명자의 성명 및 주소"를 기재 사항으로 요구하고 있다. 이처럼 특허법은 정신적 · 신체적 활동으로 실제 발명을 한 자연인만이 원칙적으로 권리 귀속 주체가 될 수 있다고 보는 '발명자주의'를 원칙으로 한다.[76] 한편, 발명진흥법 제2조 제2호에서는 "'직무발명'이란 종업원, 법인의 임원 또는 공무원이 그 직무에 관하여 발명한 것이 성질상 사용자 · 법인 또는 국가나 지방자치단체의 업무 범위에 속하고 그 발명을 하게 된 행위가 종업원 등의 현재 또는 과거의 직무에 속하는 발명을 의미한다"고 하여 직무발명제도를 두고 있다. 다만, 이에 해당하기 위해서는 종업원 등이 행한 발명일 것, 발명이 성질상 사용자 등의 업무 범위에 속할 것, 발명을 하게 된 행위가 종업원 등의 현재 또는 과거의 직무에

---

76) "특허법 제2조 제1호에서는 '발명이라 함은 자연법칙을 이용한 기술적 사상의 창작으로서 고도한 것을 말한다'고 정의하고 있고, 같은 법 제39조 제1, 2항에서는 종업원등의 직무발명에 관하여 규정함에 있어서 종업원등을 발명자로 보면서 사용자등을 발명자로 인정하지 않고 있는바, 위와 같은 발명의 정의와 직무발명에 관한 규정 취지에 비추어 볼 때, 특허법 제33조 제1항에서 규정하고 있는 '발명을 한 자'는 창작행위에 현실로 가담한 자연인만을 가리킨다고 할 것이므로…" (특허법원 2003. 7. 11. 선고 2002허4811 판결)

속할 것 등의 요건을 충족하여야 한다.[77] 이러한 내용에 비춰 보았을 때, 우리 특허법
상 발명자는 자연인을 전제로 하고 있으므로 인공지능을 특허법상 발명자로 인정하기
는 어려울 것으로 해석된다.

2. 해외 입법 동향

(1) 미 국

미국 특허법 제101조에서는 "누구라도 새롭고 유용한 방법, 기계, 제조물, 합성물 또
는 이들의 새롭고 유용한 개량을 발명하거나 발견한 자는 본법의 요건을 충족할 경우
그에 관한 특허를 받을 수 있다"고 언급하고 있으며,[78] 동법 제115조에서는 발명자의
선서 또는 선언과 관련하여 "개인(Individual)" 또는 "사람(Person)"이라는 용어를 사용하
고 있다.[79] 발명은 발명의 착상(Conception of the Invention)과 발명의 구체화(Reduction

---

77) "발명진흥법 제2조 제2호는 '종업원, 법인의 임원 또는 공무원(이하 '종업원등'이라 한다)이 그 직무
에 관하여 발명한 것이 성질상 사용자·법인 또는 국가나 지방자치단체(이하 '사용자 등'이라 한다)
의 업무 범위에 속하고, 그 발명을 하게 된 행위가 종업원등의 현재 또는 과거의 직무에 속하는 발
명'을 직무발명으로 정의하고 있다. 따라서 직무발명이 되기 위하여는 ① 종업원등이 행한 발명일
것, ② 발명이 성질상 사용자등의 업무 범위에 속할 것, ③ 발명을 하게 된 행위가 종업원등의 현재
또는 과거의 직무에 속할 것이라는 3가지 요건을 모두 충족하여야 한다. 직무발명에서의 '종업원등'
이라 함은 사용자(국가, 법인, 사장 등)에 대한 노무제공의 사실관계만 있으면 되므로, 고용관계가
계속적이지 않은 임시 고용직이나 수습공을 포함하고, 상근·비상근, 보수지급 유무에 관계없이 사
용자와 고용관계에 있으면 종업원으로 보게 된다." (서울중앙지방법원 2009.11.11. 선고 2009가합
72372 판결)

78) 35 U.S.C. §101 (Inventions patentable)
Whoever invents or discovers any new and useful process, machine, manufacture, or
composition of matter, or any new and useful improvement thereof, may obtain a patent
therefor, subject to the conditions and requirements of this title.

79) 35 U.S.C. §115 (Inventor's oath or declaration)
(a) Naming the Inventor; Inventor's Oath or Declaration.—
An application for patent that is filed under section 111(a) or commences the national stage
under section 371 shall include, or be amended to include, the name of the inventor for any
invention claimed in the application. Except as otherwise provided in this section, each
individual who is the inventor or a joint inventor of a claimed invention in an application for

to Practice) 두 단계로 이루어지는데, 발명자가 되기 위해서는 반드시 발명의 착상 단계부터 참여하여야 하며 발명의 구체화 단계에만 개입한 경우에는 발명자로 보지 않는다.[80] 만약 특허출원 시 발명자가 잘못 특정된 경우에는 거절이유 또는 무효사유가 된다.[81] 한편, 동법 제116조(a)에서는 공동발명(Joint Inventions) 규정을 두고 있는데,[82] 공동발명자가 되기 위해서는 발명의 착상에 개입해야 할 뿐만 아니라 공동발명자 간 긴밀한 의사소통을 통해 협업하였을 것을 요구한다. 이러한 미국 특허법의 태도에 비춰 보았을 때 발명자(Inventors)는 자연인을 전제로 하고 있다고 할 수 있으므로 인공지능에 발명자의 지위를 부여하기는 어렵다고 할 것이다. 다만, 미국 상원 사법위원회(United States Senate Committee on the Judiciary)에서는 관련 법제 정비 검토 중에 있는데 2019년 5월 인공지능 발명을 규율하기 위한 특허법 개정안 초안을 발표하고[83] 2020년 3월 인공지능 특허 보호에 관한 의견조사를 실시하는 등[84] 새로운 입법 시도를 위해

---

patent shall execute an oath or declaration in connection with the application.

(b) Required Statements. -An oath or declaration under subsection (a) shall contain statements that

(1) the application was made or was authorized to be made by the affiant or declarant; and

(2) such individual believes himself or herself to be the original inventor or an original joint inventor of a claimed invention in the application.

80) USPTO, "2138 Pre-AIA 35 U.S.C. 102(g) [R-10.2019]", 〈https://www.uspto.gov/web/offices/pac/mpep/s2138.html〉, (2023. 2. 25. 최종방문).

81) USPTO.GOV, "2152 Detailed Discussion of AIA 35 U.S.C. 102(a) and (b) [R-11.2013]", 〈https://www.uspto.gov/web/offices/pac/mpep/s2152.html〉, (2023. 2. 25. 최종방문).

82) 35 U.S.C. §116 (Inventors)

(a) Joint Inventions - When an invention is made by two or more persons jointly, they shall apply for patent jointly and each make the required oath, except as otherwise provided in this title. Inventors may apply for a patent jointly even though (1) they did not physically work together or at the same time, (2) each did not make the same type or amount of contribution, or (3) each did not make a contribution to the subject matter of every claim of the patent.

83) THOM TILLS(2019. 5. 22.), "Sens. Tillis and Coons and Reps. Collins, Johnson, and Stivers Release Draft Bill Text to Reform Section 101 of the Patent Act", 〈https://www.tillis.senate.gov/2019/4/sens-tillis-and-coons-and-reps-collins-johnson-and-stivers-release-section-101-patent-reform-framework〉, (2023. 2. 25. 최종방문).

84) USPTO, "Request for Comments on Patenting AI Inventions (August 2019)", 〈https://www.uspto.gov/initiatives/artificial-intelligence/notices-artificial-intelligence〉, (2023. 2. 25. 최종방문).

여러 노력을 기울이고 있다.

(2) 영 국

영국 특허법 제7조 제1항에서는 특허를 신청하고 취득할 권리와 관련하여 "누구든지 단독으로 또는 다른 사람과 공동으로 특허를 출원할 수 있다"라면서 그 주체로서 "발명자 또는 공동발명자", "위에서 언급된 사람(Person) 또는 그 승계인(Successor)"이라는 표현을 사용하고 있다.[85] 그리고 동법 제13조 제1항에서 발명가에 관한 사항을 언급하면서 "발명자 또는 발명자라고 믿는 사람(Person)을 식별할 수 있는 진술서를 특허청에 제출해야 한다"고 명시하고 있다.[86] 이러한 태도에 비춰 보았을 때 특허출원 발명자는 사람(Person)을 전제하고 있으므로, 현행법 체계하에서는 인공지능을 발명자로 인정하기는 어렵다고 해석된다. 한편, 영국에서는 인공지능이 점차 다양한 분야에 사용됨에 따라 특허법상 발명자 지위를 부여하는 법 조항을 도입할 것인지에 대해 의견이 제기되고 있는데, 써리(Surrey) 대학의 라이언 애봇(Ryan Abbott) 교수 및 일부 시민

---

85) The Patents Act 1977 §7 (Right to apply for and obtain a patent)

(1) Any person may make an application for a patent either alone or jointly with another.

(2) A patent for an invention may be granted

(a) primarily to the inventor or joint inventors;

(b) in preference to the foregoing, to any person or persons who, by virtue of any enactment or rule of law, or any foreign law or treaty or international convention, or by virtue of an enforceable term of any agreement entered into with the inventor before the making of the invention, was or were at the time of the making of the invention entitled to the whole of the property in it (other than equitable interests) in the United Kingdom;

(c) in any event, to the successor or successors in title of any person or persons mentioned in paragraph (a) or (b) above or any person so mentioned and the successor or successors in title of another person so mentioned; and to no other person.

86) The Patents Act 1977 §13 (Mention of inventor)

(2) Unless he has already given the Patent Office the information hereinafter mentioned, an applicant for a patent shall within the prescribed period file with the Patent Office a statement

(a) identifying the person or persons whom he believes to be the inventor or inventors; and

(b) where the applicant is not the sole inventor or the applicants are not the joint inventors, indicating the derivation of his or their right to be granted the patent; and, if he fails to do so, the application shall be taken to be withdrawn.

단체는 인공지능을 발명자로 인정하지 않고 그 조작자만을 발명자로 인정할 경우 특허 소유에 대한 권리관계가 불분명하고 복잡해질 수 있다는 점에서 인공지능을 발명자로 표기한 특허출원을 수용해야 한다고 주장한다.[87] 반면, 특허 변호사 피터 피니(Peter Finnie)와 크리사 마멘(Chris Mammen)은 스스로 독립적으로 사고하는 강한 인공지능 수준에 도달하지 못한 상태에서 인공지능 로봇에 발명자 지위를 부여하는 것은 적절하지 않으며, 법적으로 계약 체결, 라이선스 승인, 소송 제기 등을 전혀 할 수 없는 현재의 상태에서 인공지능에 발명자 지위를 부여하는 것은 섣부르다고 이야기하고 있다.[88] 이처럼 영국 내에서도 인공지능에 발명자 지위를 부여하는 데 대해서는 의견이 엇갈리고 있는 상태이다.

(3) 일 본

일본 특허법 제2조에서는 "이 법에서 발명이란 자연법칙을 이용한 기술적 사상의 창작 중 고도한 것을 말한다"고 규정하고 있으며,[89] 동법 제36조에서는 "특허를 받고자 하는 자는 ⅰ) 특허출원인의 성명 또는 명칭 및 주소 또는 거소, ⅱ) 발명자의 성명 및 주소 또는 거소 등을 기재하여 특허청장에게 제출하여야 한다"고 명시하고 있다.[90] 그리고 동법 제64조 제2항에서는 특허공보에 기재해야 하는 사항으로 "발명자의 성명 및 주소 또는 거소" 등을 요건으로 하고 있다.[91] 이러한 내용에 의할 때, 일본 특허법

87) IPWatchdog(2022. 3. 2.), "Clause 8: Professor Ryan Abbott on Why Patent Law Should Recognize AI Inventors", ⟨https://ipwatchdog.com/2022/03/02/clause-8-professor-ryan-abbott-patent-law-recognize-ai-inventors/id=147033/⟩, (2023. 2. 25. 최종방문).

88) WIRED(2022. 1. 24.), "This lawyer is fighting for countries to recognize robot inventors", ⟨https://wired.me/technology/artificial-intelligence/this-lawyer-is-fighting-for-countries-to-recognize-robot-inventors/⟩m (2023. 2. 25. 최종방문).

89) 日本特許法 第二条
　この法律で「発明」とは, 自然法則を利用した技術的思想の創作のうち高度のものをいう.

90) 日本特許法 第三十六条
　特許を受けようとする者は, 次に掲げる事項を記載した願書を特許庁長官に提出しなければならない.
　一 特許出願人の氏名又は名称及び住所又は居所
　二 発明者の氏名及び住所又は居所

91) 日本特許法 第六十四条

상 인공지능은 독립된 발명자로서 지위를 인정받기 어렵다고 해석된다.[92] 한편, 일본에서는 인공지능 발명품을 어떻게 법적으로 규율할 것인지에 대해서 신중히 접근하고 있는 것으로 보여진다. 일본 정부는 2020년 1월 기업들로부터 인공지능 특허 제도 관련 의견을 청취한 후, 같은 해 7월 산업구조심의회(産業構造審議会)가 인공지능 특허 보호 강화를 위하여 일본 특허법상의 쟁점 사항에 대해 검토하여 "AI·IoT 기술의 시대에 적합한 특허제도의 존재 방식(AI·IoT 技術の時代にふさわしい特許制度の在り方)"이라는 보고서를 발표한 바 있다.[93] 이에 따르면 인공지능이 한 발명이더라도 특허법의 목적인 산업발전 도모에 이바지할 수 있으므로 본법에 의한 보호가 필요하다면서 인공지능 관련 발명자 조항을 특허법에 새롭게 도입하는 내용을 담고 있다. 다만, 아직까지 구체적 입법화가 진행되지는 않은 상태이며 이에 대한 논의가 활발하게 진행되고 있다.[94]

(4) 중 국

중국 특허법 제2조 제1항에서는 "이 법에서 발명창조라 함은 발명, 실용신안 및 디자인을 말한다" 그리고 동조 제2항에서 "발명이란 제품·방법 또는 그 개량에 대하여 제안된 새로운 기술방안을 말한다"고 하여 특허받을 수 있는 대상으로서 발명의 의미

---

2 出願公開は，次に掲げる事項を特許公報に掲載することにより行う．ただし，第四号から第六号までに掲げる事項については， 当該事項を特許公報に掲載することが公の秩序又は善良の風俗を害するおそれがあると特許庁長官が認めるときは，この限りでない．
一 特許出願人の氏名又は名称及び住所又は居所
二 特許出願の番号及び年月日
三 発明者の氏名及び住所又は居所

92) 知的財産戦略本部 検証・評価・企画委員会 次世代知財システム検討委員会「次世代知財システム検討委員会報告書」(2016年 4月) 22頁 注 33.

93) 産業構造審議会 知的財産分科会，「AI·IoT 技術の時代にふさわしい特許制度の在り方 —中間とりまとめ」，〈https://www.jpo.go.jp/resources/shingikai/sangyo-kouzou/shousai/tokkyo_shoi/document/200710_aiiot_chukan/01.pdf〉，(2023. 2. 25. 최종방문).

94) 인공지능 관련 발명은 인공지능 기술 자체의 발명, 인공지능 도구형 발명, 자율형 인공지능 발명으로 구분되며, 이에 대한 법적 검토가 각각 필요하다(中山一郎, "AI 関連発明の発明者", Vol. 74 (別冊 No.26), 2021, pp.49~55).

에 대해 명시하고 있다.[95] 이러한 내용에서는 발명자가 반드시 자연인에 국한되어야 한다는 것이 명백히 드러나지 않는다. 하지만 동법 제16조에서 "발명자 또는 설계자는 특허 문서에 자신이 발명자 또는 설계자임을 표시할 권리가 있다"[96]라든지 동법 제8조에서 "둘 이상의 기관이나 개인이 공동으로 완성한 발명창작이나 하나의 조직 또는 개인이 기타 조직 또는 개인의 위탁을 받고 완성한 발명창작은 별도의 협의가 있는 경우를 제외하고 특허출원 권리는 완성 또는 공동으로 완성한 기관이나 개인에게 속한다"[97] 그리고 동법 제26조에서 "발명 또는 실용신안특허를 출원하는 경우 출원서, 설명서 및 그 개요와 권리요구서 등의 문건을 제출하여야 한다"라면서 신청서에 "발명인의 성명"을 기재하도록 요구하고 있는 점[98] 등에 비춰 보았을 때, 중국 특허법에서도 발명자는 자연인을 전제로 규정하고 있음을 알 수 있다. 한편, 중국 역시 인공지능 관련 발명을 규율하고자 여러 노력을 기울이고 있는데, 2020년 2월 개정 특허심사지침(专利审查指南)에서는 인공지능, 빅데이터 및 블록체인 등과 관련된 발명특허출원심사 기준 및 불특허사유, 신규성 및 진보성 심사 기준, 관련 사례, 명세서 및 어구범위 작성 등의 내용을 포함한 바 있다.[99] 다만, 이 지침에서도 인공지능을 발명자의 하나로 볼 것인지에 대해서는 명확한 답을 주고 있지는 못하다.[100]

---

95) 中华人民共和国专利法 第二条 本法所称的发明创造是指发明, 实用新型和外观设计.
　　发明. 是指对产品, 方法或者其改进所提出的新的技术方案.
　　实用新型. 是指对产品的形状, 构造或者其结合所提出的适于实用的新的技术方案.
　　外观设计. 是指对产品的整体或者局部的形状, 图案或者其结合以及色彩与形状, 图案的结合所作出的富有美感并适于工业应用的新设计.

96) 中华人民共和国专利法 第十六条 发明人或者设计人有权在专利文件中写明自己是发明人或者设计人. 专利权人有权在其专利产品或者该产品的包装上标明专利标识.

97) 中华人民共和国专利法 第八条 两个以上单位或者个人合作完成的发明创造, 一个单位或者个人接受其他单位或者个人委托所完成的发明创造, 除另有协议的以外, 申请专利的权利属于完成或者共同完成的单位或者个人 ; 申请被批准后, 申请的单位或者个人为专利权人.

98) 中华人民共和国专利法 第二十六条 申请发明或者实用新型专利的, 应当提交请求书, 说明书及其摘要和权利要求书等文件. 请求书应当写明发明或者实用新型的名称, 发明人的姓名, 申请人姓名或者名称, 地址, 以及其他事项.

99) CNIPA(2020. 1. 21.), "2020年《专利审查指南》第二部分第九章修改解读", ⟨https://www.cnipa.gov.cn/art/2020/1/21/art_66_11475.html⟩, (2023. 2. 25. 최종방문).

100) Aisixiang(2019. 7. 18.) "吴汉东：人工智能生成发明的专利法之问", ⟨http://www.aisixiang.com/

(5) 호 주

호주 특허법 제7조에서 발명은 "신규성(Novelty)", "진보성(Inventive Step)", "혁신적인 단계(Innovative Step)"를 갖춰야 한다고 규정하고 있으며, 동법 제15조 제1항에서는 특허를 받을 수 있는 자와 관련하여 "(a) 발명자 (b) 특허가 승인될 당시 권리를 양도(Assign)받을 자격이 있는 자 (c) 발명자 또는 (b)에서 언급된 자로부터 유래된 소유권(Title)을 가진 자 (d) 상기 (a)-(c)에서 언급된 자가 사망하는 경우 그 법률대리인"이라고 명시하고 있다.[101] 그 외에 동법 제29조 제1항에서는 "누구든지(A person) 본법에 따라 특허 요청서 및 명시된 기타 문서를 제출하여 발명에 대한 특허를 신청할 수 있다"는 규정을 두고 있다.[102] 이러한 내용에 의할 때, 호주 특허법에서도 발명자는 자연인(Person)을 전제로 하고 있으므로 인공지능에 독립적 발명자 지위를 부여하기는 어려운 것으로 해석된다.

3. 사례 적용 및 검토

미국의 과학자 스티븐 테일러(Stephen Thaler)는 광범위한 인공 신경 아키텍처로 완성된 '다부스(Device for the Autonomous Bootstrapping of Unified Sentience: DABUS)'라는 인공지능을 발명자로 지정하여 2019년 9월 전 세계 16개국에 국제특허출원을 하였다. '다부스'는 매개변수 최적화가 아닌 무수한 인공신경망 으로 형성되어 자율적으로 학습하고 생성할 수 있는 성능을 갖추었다. 스티븐 테일러는 특허출원하면서 '다부스'가

---

data/117213-2.html〉, (2023. 2. 25. 최종방문).

101) Australian Patent Act 1990 §15 (Who may be granted a patent?)

(1) Subject to this Act, a patent for an invention may only be granted to a person who: (a) is the inventor; or (b) would, on the grant of a patent for the invention, be entitled to have the patent assigned to the person; or (c) derives title to the invention from the inventor or a person mentioned in paragraph (b); or (d) is the legal representative of a deceased person mentioned in paragraph (a), (b) or (c).

102) Australian Patent Act 1990 §29 (Application for patent—general rules)

(1) A person may apply for a patent for an invention by filing, in accordance with the regulations, a patent request and such other documents as are prescribed.

발명한 물품으로 "식품 용기"와 "신경 자극 램프" 두 가지를 기재하였는데, "식품 용기"는 용기의 내·외부에 오목부와 볼록부를 갖는 프랙탈 구조의 용기로서 결합이 쉽고 높은 열전달 효율을 가지며 손으로 잡기 쉽다는 특성을 가지며, "신경 자극 램프"는 신경 동작 패턴을 모방하여 깜박이는 빛을 내는 램프로서 동작 패턴을 통해 관심 및 집중을 개선하였다는 점을 특징으로 갖는다고 설명하였다. 이처럼 인공지능 '다부스'를 특허법상 발명자로 인정할 수 있는지에 대해 각국 특허청 또는 법원에서 법적 검토가 이루어졌는데 구체적 판단 내용을 살펴보면 다음과 같다.

〈그림 4〉 'Dabus'의 발명품으로 특허 출원한 물품[103]

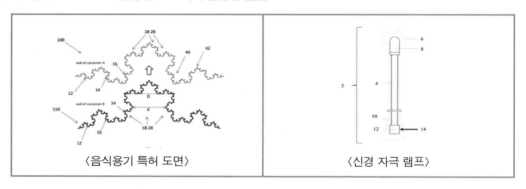

〈음식용기 특허 도면〉　　　　　〈신경 자극 램프〉

(1) 우리나라

우리나라 특허청은 2022년 9월 인공지능 로봇 '다부스'를 발명자로 한 특허출원이 허용되지 않는다면서 무효 처분을 내렸다.[104] 특허청은 같은 해 2월 출원인에게 인공지능을 발명자로 기재한 것에 대해 자연인으로 수정하라는 보정요구서를 통지하였으

---

103) 로봇신문(2020. 4. 16.), "지식재산과 혁신", 〈http://www.irobotnews.com/news/articleView.html?idxno=20353〉, (2023. 2. 25. 최종방문).

104) 특허청(청장 이인실)은 2022년 9월 28일 '자연인이 아닌 인공지능(AI)을 발명자로 한 특허출원은 허용되지 않는다'는 이유로 인공지능(AI)이 발명했다고 주장하는 특허출원에 대해 무효처분했다고 밝혔다(특허청 보도자료(2022. 10. 4.), "'인공지능은 발명자가 될 수 없다' 특허출원 무효처분", 특허제도과, 〈https://www.kipo.go.kr/ko/kpoBultnDetail.do?menuCd=SCD0200618&ntatcSeq=19577&aprchId=BUT0000029&sysCd=SCD02〉, (2023. 2. 25. 최종방문)).

나, 출원인이 이에 응하지 않아 이 같은 결정을 내린 것으로 전했다. 나아가 특허청은 우리나라 관련 법 및 판례에서 자연인만을 발명자로 인정하고 있으며[105] 현재까지 인간의 개입 없이 인공지능 단독으로 발명하는 기술 수준에까지는 아직 도달했다고 보기 어렵기 때문에 인간을 발명자로 기재하는 형식 요건을 유지해야 한다고 설명했다.[106] 다만, 특허청에서는 "인공지능 발전 속도를 감안할 때 언젠가는 인공지능을 발명자로 인정해야 할 때가 올 수도 있으므로, 이에 대비하여 인공지능 발명을 둘러싼 쟁점들에 대해 학계, 산업계 및 외국 특허청과 지속적으로 논의하겠다"고 밝혔다. 이에 대해 스티븐 테일러는 2022년 12월 서울행정법원에 행정소송을 제기한 상태이다.[107]

(2) 미 국

미국 특허상표청(USPTO)은 2020년 4월 스티븐 테일러의 '다부스'를 발명자로 기재한 특허출원에 대해 거부 결정을 내렸다. 미국 특허상표청은 그 이유로 특허법 제101조에서 "발명하거나 발견한 사람(Whoever Invents or Discovers)"이라는 표현을 사용하고 있으며, 동법 제115조에서 "그 자신(Himself)", "그녀 자신(Herself)", "개인(Individual)" 등과 같은 용어를 사용하고 있는 점에 비추어 볼 때, 특허법상 발명자는 자연인으로 국한하여 해석하는 것이 적절하다고 보았다. 스티븐 테일러는 이에 불복하여 소송을 제기하였으나 버지니아 지방법원 역시 2022년 2월 인공지능 발명자 지위를 인정할 수 없다고 보았다.[108] 이후 미국 연방항소법원(The US Court of Appeals for the Federal Circuit: CAFC)에서도 2022년 8월 '다부스'를 특허출원의 발명자로 기재하는 것은 허용

---

105) 특허법원 2003. 7. 11. 선고 2002허4811 판결.

106) 한경 IT · 과학(2022. 10. 3.), "'AI는 발명자 될 수 없다' … 정부 첫 판단", 〈https://www.hankyung.com/it/article/2022100319771〉, (2023. 2. 25. 최종방문).

107) 법률신문(2023. 1. 27.), "'AI를 특허출원 주체로' 다부스 프로젝트 행정소송 … 법무법인 율촌, 특허청 측 대리 맡아 방어", 〈https://m.lawtimes.co.kr/Content/Article?serial=184856〉, (2023. 2. 25. 최종방문).

108) Thaler v. Vidal, No. 21-2347 (Fed. Cir. 2022).

되지 않는다고 판단했는데,[109] 미국 특허법 제100조 (f)항에서 발명가를 '개인 (Individual)'이라고 지칭하고 있으며[110] 기존 판례에서 이를 자연인(A Nature Person)으로 해석하고 있는 점을 그 이유로 들었다.[111] 이에 스티븐 테일러는 상소하였고 현재 미국 대법원에 계류 중인 상황이다.

(3) 영 국

영국 특허청(UKIPO)은 2019년 12월 스티븐 테일러의 '다부스'를 발명자로 기재한 특허출원에 대해 거절 결정하였다. 특허청은 자연인이 아닌 기계는 '발명자'로 볼 수 없으며 설사 발명자로 볼 수 있다고 하더라도 출원인이 '다부스'의 소유자라는 사실만으로 특허를 가질 권리를 가진다고 보기에 부족하다는 점을 판단 근거로 제시하였다. 스티븐 테일러는 이에 불복하여 소송을 제기하였는데, 영국 특허법원(Patents Court)은 2020년 9월 인공지능을 발명자로 기재한 특허출원은 허용되지 않는다고 판단하였다.[112] 특허법원은 '예다(Yeda)' 사건[113]에서 판시한 것처럼 특허법 제7조(3)의 "실제 고안자(Actual Deviser)"는 "고안했다고 여겨진다(Deemed or Pretended)"는 것이 아니라 "발명적 개념(Inventive Concept)"을 형성한 자연인에 한한다고 해석되며, 이 사건 '다부스'는 재산을 소유하거나 이전할 수 없으므로 '발명'하였다고 하여 '양도'의 효력까지 발생하였다고 볼 수 없으므로 특허법 제7조 제2항(C)의 승계인(Successors)의 지위가 적용될 수 없다고 판시하였다.[114] 이에 스티븐 테일러는 항소하였는데 2021년 9월 영국

---

109) Thaler v. Vidal, US Court of Appeals for the Federal Circuit, No 21-2347 (Aug 5, 2022).

110) 35 U.S. Code §100 (Definitions)

　(f) The term "inventor" means the individual or, if a joint invention, the individuals collectively who invented or discovered the subject matter of the invention.

111) Univ. of Utah v. Max-Planck-Gesellschaft zur Forderung der Wissenschaften E.V., 734 F.3d 1315, 1323 (Fed. Cir. 2013); Beech Aircraft Corp. v. EDO Corp., 990 F.2d 1237, 1248 (Fed. Cir. 1993).

112) Thaler v. The Comptroller-General of Patents, Designs and Trademarks, [2020] EWHC 2412 (Pat).

113) Yeda Research & Dev. Co. Ltd v. Rhone-Poulenc Rorer Int'l Holdings, [2007] UKHL 43.

114) Thaler v. The Comptroller-General of Patents, Designs and Trade Marks, [2021] EWCA Civ 1374.

상급법원(High Court of Justice) 심사위원단은 2대 1로 기각 판정을 하였다. 스티븐 테일러는 이에 상고하여 대법원에서 심리 중에 있다.[115]

(4) 독 일

독일 특허상표청(GPTO)는 2020년 2월 스티븐 테일러의 '다부스'를 발명자로 기재한 특허출원에 대해 무효 처분을 내렸다. 스티븐 테일러는 위 결정에 불복하였는데, 특허상표청 심사과는 특허법 제6조[116] 및 제37조[117]에 따라 발명자는 자연인(민법 제1조에 따른 법적 능력을 가진 인간)에 한하므로 인공지능은 해당하지 않는다는 이유로 기각했다.[118] 이에 스티븐 테일러는 항소하였고, 2021년 11월 연방특허법원은 특허상표청과 마찬가지로 인공지능을 발명자로 기재한 특허출원은 허용되지 않는다는 판단을 내렸다.[119] 다만, 발명자가 인공지능 로봇을 이용하여 물품을 제작하였을 경우에는 "인공지능 다부스를 활용하여 발명한 스티븐 테일러 박사(Dr. Steven Thaler, der die künstliche Intelligenz [DABUS] anleitete, Erfindungen zu schaffen)"와 같이 병기하여 표기할 수는 있다

---

115) M&C(2022. 9. 7.) "DABUS — Appeal to the UK Supreme Court allowed", 〈https://www.marks-clerk.com/insights/news/dabus-appeal-to-the-uk-supreme-court-allowed/〉, (2023. 2. 25. 최종방문).

116) Patentgesetz §6 Das Recht auf das Patent hat der Erfinder oder sein Rechtsnachfolger. Haben mehrere gemeinsam eine Erfindung gemacht, so steht ihnen das Recht auf das Patent gemeinschaftlich zu. Haben mehrere die Erfindung unabhängig voneinander gemacht, so steht das Recht dem zu, der die Erfindung zuerst beim Deutschen Patent- und Markenamt angemeldet hat.

117) Patentgesetz §37 (1) Der Anmelder hat innerhalb von fünfzehn Monaten nach dem Anmeldetag oder, sofern für die Anmeldung ein früherer Zeitpunkt als maßgebend in Anspruch genommen wird, innerhalb von fünfzehn Monaten nach diesem Zeitpunkt den oder die Erfinder zu benennen und zu versichern, daß weitere Personen seines Wissens an der Erfindung nicht beteiligt sind. Ist der Anmelder nicht oder nicht allein der Erfinder, so hat er auch anzugeben, wie das Recht auf das Patent an ihn gelangt ist. Die Richtigkeit der Angaben wird vom Deutschen Patent- und Markenamt nicht geprüft.

118) Thaler v. Comptroller General of Patents Trade Marks And Designs [2021] EWCA Civ 1374 (21 September 2021)

119) BPatG, 11.11.2021 - 11 W (pat) 5/21, 〈https://ipwatchdog.com/wp-content/uploads/2022/04/DABUS-BPatG-11-W-pat-5-21.pdf〉, (2023. 2. 25. 최종방문).

고 언급했다. 다만, 이러한 판결 역시 인공지능에 발명자 지위를 독립적으로 부여한 것으로 보기는 어려우며, 인간이 순수하게 고안한 발명품과 구분하기 위한 것으로 평가된다.[120]

(5) 호 주

호주 지식재산청 특허부(IP Australia, Patent Office)는 2021년 2월 스티븐 테일러의 '다부스'를 발명자로 기재한 특허출원에 대해 거절 결정을 하였다.[121] 이에 스티븐 테일러는 불복하였고 호주 연방법원(Federal Court of Australia)은 2021년 7월 지식재산청의 결정을 취소하는 판결을 내렸다.[122] 연방법원은 그 이유로 특허법에 인공지능의 발명자성을 명시적으로 부인하는 규정이 없는 점, 인간 작가의 저작인격권(Moral Right)과 관계되는 저작권법과 특허법은 다른 논리를 가진다는 점, 발명자(Inventor)는 행위 주체를 의미하는 단어로서 사람뿐만 아니라 그러한 일을 하는 무엇인가도 포함될 수 있다는 점, 특허법상 생산방법(Manner of Manufacture)이라는 용어가 기술 발전과 함께 유연하게 진화할 수 있는 것처럼 발명자 용어만 외연에 고정될 수 없다는 점 등을 들었다. 그러나 호주 고등법원(High Court of Australia)에서는 원심을 파기하고 인공지능에 발명자 지위를 인정할 수 없다는 입장으로 변경하였다.[123] 고등법원은 2022년 4월 호주 특허법 제13조 특허에 의해 부여되는 배타적 권리는 개인 재산으로 법률에 따라 양도 및 양수할 수 있는 점, 동법 제15조에서 발명에 대한 특허는 해당 개인에게 특허를 양도할 자격이 있는 경우에 한해 부여할 수 있다고 규정하고 있는 점 등에 비춰보았을 때 자연인에 한해 발명자 지위를 인정하는 것이 적절하다고 보았다. 이로 인해 호주는 인공지능에 발명자 지위를 최초로 인정한 국가로 알려졌으나 2심 판결에 의해 뒤집히게 되었으며, 2023년 2월 현재 영국 대법원에서 심리 진행 중이다.[124]

---

120) Daria Kim, "The Paradox of the DABUS Judgment of the German Federal Patent Court", GRUR International, Volume 71, Issue 12, December 2022, pp. 1162~1166.

121) Stephen L. Thaler [2021] APO 5.

122) Thaler v Commissioner of Patents [2021] FCA 879.

123) Commissioner of Patents v Thaler [2022] FCAFC 62.

〈표 1〉 인공지능 특허출원 관련 주요국 검토 현황

국 가	현 황
한국	특허청 보정 요구(2022. 2.) → 출원 무효 처분(2022. 9.) → 행정소송 제기(2022. 12.)
미국	USPTO 거절 결정(2020. 4.) → 버지니아 동부지방법원(2021. 2.)[불인정] → 연방 순회항소법원(2022. 8.)[불인정] → 대법원 계류 중(2023. 2.)
영국	UKIPO 거절 결정(2019. 12.) → 1심 법원(2020. 9.)[불인정] → 항소 법원(2021. 9.)[불인정] → 대법원 계류 중(2023. 2.)
독일	GPTO 거절 결정(2020. 2.) → 연방특허법원(2021. 11.)[불인정, 단 인공지능 정보를 병기한 발명자 기재 인정] → 대법원 계류 중(2023. 2.)
호주	지식재산청(2021. 2.) → 1심 법원(2021. 7.)[인정] → 항소심(2022. 4.)[불인정] → 대법원 계류 중(2023. 2.)

4. 소 결

이상으로 인공지능이 특허법상 발명자로 인정받을 수 있는지에 대하여 살펴보았다. 우리나라 특허법 제33 및 제42조에서 특허권 부여의 대상을 "발명을 한 사람 또는 승계인", "발명자의 성명 및 주소" 등으로 언급하고 있으며, 특허청에서도 아직 기술의 수준이 인간의 개입 없이 인공지능이 단독으로 발명하는 단계에 이르지 아니하였으며 현재의 형식 요건을 유지해야 한다는 태도인 점 등에 비춰 보았을 때 인공지능을 특허법상 발명자로 인정하기는 어렵다고 해석된다. 마찬가지로 미국 특허법 제101조 · 제115조, 영국 특허법 제7조 · 제13조, 일본 특허법 제29조 · 제36조, 중국 특허법 제16조 · 제26조 등에서도 특허출원 요건으로서 발명자는 자연인에 한하는 것으로 해석하고 있는 것으로 파악된다. 스티븐 테일러가 '다부스'를 발명자로 기재하여 특허출원한 사례에서도 미국, 영국, 독일 등 다수 국가의 특허청에서 발명자가 자연인이 아니라는 이유에서 특허출원을 거부하거나 법원에서 기각 판결을 내린 것을 알 수 있었다. 예외적으로 호주에서 연방법원이 특허법은 저작권법과 다른 논리를 가지므로 행위 주체가

---

124) 한호일보(2022. 12. 1.) "[호주법률칼럼] 인공지능(AI)이 특허 발명자로 인정될 수 있을까?", 〈http://www.hanhodaily.com/news/articleView.html?idxno=72662〉, (2023. 2. 25. 최종방문).

인간에 국한되지 않으며 기술이 발전함에 따라 용어를 유연하게 해석될 수 있다는 이유에서 인공지능 시스템을 발명자로 볼 수 있다고 판시하기도 하였으나,[125] 항소심에서 이를 뒤집고 특허법상 발명자(Inventor)는 자연인에 한하는 것으로 입장을 변경한 바 있다.[126] 이러한 태도를 종합해 보았을 때, 현행 법 체계하에서 인공지능 시스템에 독립된 발명자 지위를 부여하는 것은 한계가 있는 것으로 평가된다. 다만, 인공지능 기술 발전의 속도를 감안했을 때 그것을 인간이 순수하게 고안해 낸 발명과 구별하기 위해 인공지능 발명자 개념을 언젠가 도입해야 할 필요성이 있을 것으로 예측된다.[127] 따라서 인공지능 발명을 둘러싼 쟁점들을 신중하게 검토하여 구체적 입법안을 대비하는 것이 바람직할 것이다.

V. 결 론

최근 인공지능 기술이 혁신적으로 발전함에 따라 기존에 인간의 고유 영역이라고 여겨지던 창작과 발명 분야에 인공지능 로봇이 활용되는 사례가 많아지고 있다. 영국 옥스퍼드 대학교 철학과 교수인 닉 보스트롬(Nick Bostrom)은 "인공지능이 인류의 마지막 발명품이 될 것이다(Artificial Intelligence will be mankind's last invention)"라고 말한 바 있다.[128] 이는 인공지능 기술 수준이 인간과 비슷하거나 그것을 뛰어넘을 경우 인간을

---

125) Thaler v Commissioner of Patents [2021] FCA 879.

126) Commissioner of Patents v. Thaler [2022] FCAFC 62.

127) 우리나라 특허청은 2021년 8월 "인공지능 발명 전문가 협의체"를 구성하여 인공지능 발명품 보호 여부에 대해 심도 있게 검토한 바 있다. 논의 결과, 외면적으로는 인공지능이 인간의 개입 없이 스스로 창작한 것처럼 보이나 실제로는 인간이 상당수 개입하는 경우가 많으며, 스티븐 테일러의 '다부스' 역시 인간이 컴퓨터와 같이 모든 과정을 관리하면서 인공지능을 도구로 이용하여 발명한 것에 불과한 수준으로 파악되었다. 이에 인공지능 기술 속도를 고려하여 미래 준비 차원의 가능한 입법 방향을 검토하여야 한다고 보았다(특허청(특허심사기획국),「인공지능과 지식재산백서 ─인공지능 관련 지식재산 이슈의 국내외 논의동향」, 2022. 16∽17면.)

128) Financial Times(2016. 7. 13.), "Artificial intelligence: can we control it?", ⟨https://www.ft.com/content/46d12e7c-4948-11e6-b387-64ab0a67014c⟩, (2023. 2. 25. 최종방문).

대신해서 창조와 발명을 하게 될 것임을 의미한다. 현재에 상용되는 알고리즘은 대부분 약한 인공지능 수준에 불과하나 과학기술이 비약적으로 발전할 경우 향후 강한 인공지능이 등장하게 될 것으로 전망된다. 만약 인공지능 생성물이 대량으로 유통될 경우 이를 둘러싼 수많은 법적 쟁점들이 대두될 것으로 예상된다. 해당 작품을 법적으로 보호할 것인지부터 누구에게 권리를 귀속시켜야 하는지, 그리고 얼마만큼의 배타적 권리를 부여할 것인지 등이 그러하다. 그중에서도 가장 우선적으로 해결해야 하는 문제가 바로 인공지능 생성물의 저작자 또는 발명자가 누구인지를 정하는 일이라 할 것이다. 인공지능에 의해 창작 또는 발명된 것을 인간이 순수하게 만들어 낸 작품과 구분하고 이를 법 테두리 내에서 보호해야 한다는 점에 대해서는 대부분 공감하고 있는 것으로 이해된다.[129] 다만, 이에 대해 어떤 방식으로 어떻게 접근하여 보호할 것인지에 대해서는 아직 논의 중인 상황이라고 할 수 있다.[130] 이는 결국 화상 처리, 음성 처리, 자연 언어 처리, 기기 제어, 로보틱스, 진단·검지·예측 등과 같이 기술적 요소들을 파악하여 인공지능이 전체 창작 또는 발명에서 실제 어떤 역할을 수행하였는지를 분석하는 것이 요구된다고 여겨진다. 뿐만 아니라 인공지능에 저작자 그리고 발명자 지위를 부여할 것인지 여부도 저작권법, 특허법 이외에 민법, 형법, 기타 법률에서 인공지능의 권리능력, 행위능력, 책임능력 등을 어느 범위까지 인정할 것인지와 종합적으로 연계하여 검토해야 하는 문제라고 생각된다. 결론적으로 인공지능에 저작자 또는 발명자 지위를 부여하는 것은 향후 인공지능 기술의 발전을 고려했을 때 반드시 필요하다고 여겨지나, 법체계의 정합성 및 내용의 적정성을 위해서는 기술 동향과 국제적 추이를 면밀히 파악한 후 신중하게 입법을 시도하는 것이 바람직하다고 본다.

---

129) Ertugrul Akinci·Kagan Dora·Allison Bende, "Key challenges of artificial intelligence. Intellectual property: Protecting your AI and its creations", 〈https://www.businessgoing.digital/key-hallenges-of-artificial-intelligence-intellectual-property-protecting-your-ai-and-its-creations/〉, (2023. 2. 25. 최종방문).

130) Dantons(2022. 4. 14.), "Artificial Intelligence and IP rights: threats and opportunities", 〈https://www.dentons.com/en/insights/articles/2022/april/14/artificial-intelligence-and-ip-rights-threats-and-opportunities〉, (2023. 2. 25. 최종방문).

제8장

행위의 주체로서의 인공지능

장보은
(한국외대 법학전문대학원 교수)

I. 인공지능을 이용한 행위와 법적 의미

1. 인공지능의 활용과 인공지능을 이용한 행위

인공지능의 등장과 발전은 인간의 일자리를 빼앗을 것이라는 우려의 목소리가 있지만, 이미 인공지능 기술들은 우리 삶의 도처에 스며들어 있고, 인간의 업무를 지원하고 있다. 시리(Siri), 알렉사(Alexa) 같은 인공지능 비서나 자동화된 산업 기계나 자율주행자동차에는 인공지능 기술이 적용되어 있다. 마케팅을 위해 잠재 고객을 분석하거나 기계의 유지보수 시기를 예측하는 것은 물론, 의료나 법률 업무와 같은 전문 영역에서도 많은 양의 데이터를 분석하거나 진단이나 자문 업무를 보조하기도 한다.

인공지능은 데이터를 분석하는 것에 그치지 않고, 사진이나 영상을 만들고, 사람처럼 글을 쓰고 음악을 작곡하고 소프트웨어 코딩 프로그램을 작성한다. 보안 분야에서도 인공지능의 활용이 더욱 늘어나고 있는데, 시스템에 대한 공격을 탐지하고 대응하는 것은 물론 공격을 예측하고 아예 방지하는 역할도 담당할 것이라고 한다.

이처럼 사람들은 인공지능을 개발하고 이를 이용하여 광고를 하고 계약을 체결하거나 창작물을 만든다. 드론이나 자율주행자동차 등에 인공지능 기술이 적용되어 인간의 개입 없이도 일정한 업무를 수행하기도 한다. 나아가 인공지능은 딥러닝을 통해 스스로 학습하고 필요한 의사결정을 하기도 한다. 이러한 행위는 누구의 행위인가?

2. 행위의 법적인 의미와 인공지능의 행위

인공지능을 이용한 행위는 누구의 행위인가, 혹은 인공지능이 행위의 주체가 될 수 있는가 하는 질문은, 인공지능이 어떤 사실적인 행위를 하는지에 대한 현상을 서술하기 위한 것이라기보다는, 그 행위로 인한 법적인 관계를 누구에게 귀속시킬 것인지에 관한 것이다.

즉, 인공지능이 빅데이터를 이용해 프로파일링을 하고, 인간이 운전하지 않는 차를 자율주행을 하고, 인간의 질문에 답을 하고, 그림을 그리거나 작곡을 하는 창작활동을 하고, 인공지능이 조건에 적합한 계약을 추천하거나 직접 계약을 체결하는 등의 행위를 할 수 있다는 점을 설명하기 위함이 아니라, 그 행위가 법적으로 어떠한 의미를 가지는지, 법적인 관계에서 이를 누구의 행위로 보아야 하는지, 그 행위로 인하여 발생한 권리 및 의무 또는 책임 등을 누구에게 귀속시킬 것인지 등을 검토해야 하는 것이다.

어떠한 행위를 법률적으로 의미 있다고 할 것인지에 대한 논의는 이미 민법, 형법 등의 개별 법률에서 오랜 시간 다루어졌다. 그 연장선상에서 인공지능을 이용한 여러 행위들을 어떻게 이해할 것인지, 나아가 인공지능 자체가 법적으로 의미 있는 행위를 하는 것뿐만 아니라 그로 인한 법적인 효과까지도 귀속되는 주체가 될 수 있는지 등을 생각해 보기로 한다.

II. 인공지능과 법률행위

1. 법률행위의 의미와 행위의 귀속 문제

법적인 권리·의무를 발생시키는 행위 중에 가장 대표적인 것은 일정한 법률효과의 발생을 목적으로 하는 의사표시를 요건으로 하는 법률행위이다.[1] 즉, 개인이 일정한 법률효과를 원하는 의사를 표시하면 그가 원하는 대로의 법률효과를 인정하는 것이 법률행위이다. 예컨대 온라인 플랫폼에서 어떤 물건을 주문하는 것은 그 물건을 사고자 하는 내심의 의사를 전자적인 형태로 표시하는 것이고, 그 플랫폼의 입점한 사업자는 물건을 팔고자 하는 의사를 표시하였던 것으로, 양자의 의사표시가 합치되어 해당 물건에 대한 매매계약이라는 법률효과가 발생하는 것이다.

의사표시는 말 그대로 의사와 표시로 구성된다. 이를 조금 더 자세히 보면, 의사표시를 하는 개인은 일정한 법률효과의 발생을 목적으로 하는 의사(효과의사)를 자신의 의사에 기하여(표시의사) 일정한 행위를 통해 외부에 이를 표시하는 것(표시행위)이다.[2] 인공지능을 통해 어떤 내심의 의사가 외부에 표시되는 것이라면 그 경로는 어떻게 설명될 수 있을까? 예를 들어 온라인 플랫폼에서 어떤 사람이 인공지능을 이용해 계약을 체결한 경우나 인공지능에 기해 거래가 자동적으로 일어난 경우, 그로 인해 법률효과가 발생하는가, 만일 그렇다면 법률효과는 누구에게 귀속되는가?

2. 인공지능의 행위가 문제되는 경우

개인이 인공지능의 도움을 받아서 법률행위를 하는 경우는 인공지능이 행위의 주체가 될 수 있는지가 직접적으로 문제되는 것은 아니다. 예를 들어 인공지능의 데이터 프로파일링 결과를 보고 특정한 계약을 체결하였다면, 그 계약의 당사자는 그러한 내용의 계약을 체결하고자 하는 자신의 효과의사를, 표시하고자 하는 자신의 의사에 기해, 외부에 표시한 것이다. 인공지능의 도움을 받기는 했지만 이때의 법률행위는 인공지능이 아니라 개인이 직접 하는 것이기 때문에, 인공지능이 어떠한 행위의 주체가 될 수 있는지를 논하는 실익은 적다. 이때 법적으로 의미 있는 행위는 인공지능의 프로파일링이 아니라, 이를 토대로 계약을 체결하는 사람의 행위이다. 효과의사가 컴퓨터와

---

1) 곽윤직 · 김재형, 『민법총칙[민법강의 Ⅰ](제9판)』, 박영사, 2013, 254면 참조.
2) 곽윤직 · 김재형(주 1), 257면.

같은 전자적 통신수단을 통해 상대방에게 전달된다고 하더라도, 그것은 표시행위의 방법이 전자적 통신수단일 뿐이지 그 행위의 주체가 기계가 되는 것은 아니다.[3]

그러나 머신러닝 알고리즘을 통해 인공지능이 개별 계약을 체결하는 것은 계약의 체결 시점에 인간의 개입이 배제된다는 점에서 위의 경우와는 다르다. 통상 알고리즘 계약은 인공지능이 사전에 설정된 목표를 수행하기 위해 직접 계약을 체결하는 경우를 말한다. 이러한 알고리즘 계약을 체결하는 인공지능은 법적으로 의미 있는 행위를 하는 것으로 이해할 수 있는가? 실제 이러한 계약이 체결되고 있다는 점에 비추어 보면, 그러한 계약의 효력을 배제하는 것은 계약에 참여하는 당사자들의 의사에 반하거나 큰 혼란을 초래할 수 있을 것이다. 즉, 이때 인공지능의 계약 체결행위는 법률효과를 발생시키는 것으로, 법적으로 의미 있는 행위라고 볼 수 있다.[4]

그 행위는 누구에게 귀속되는가? 이 질문에 대한 답은 인공지능이 어느 정도의 자율성을 가지는지에 따라 달라질 수 있다. 우선 사전에 입력된 프로그램에 따라 일정한 기준에 따라 또는 특정한 조건이 만족되면 자동적으로 거래가 성립하도록 프로그래밍이 되어 있는 경우를 생각해 보자. 시스템 운영자나 시스템 이용자는 비록 개별 계약 체결에 직접 관여하지는 않지만, 일정한 계약을 체결하고자 하는 효과의사를 가지고 있고, 이를 외부에 표시하여 계약을 체결하고자 하는 표시의사도 있다고 할 수 있다. 개별 계약 체결을 위한 표시행위를 하지 않지만, 그 계약의 효력은 인공지능을 통해 거래를 하려는 시스템 운영자나 시스템 이용자에게 귀속되는 것이 당사자들의 의사에 부합한다.

이때 당사자들은 언제, 누구에게, 어떤 내용으로 개별 계약이 체결될 것인지를 정확히 알지는 못하지만, 그 조건이나 내용을 통제할 수 있다. 만일 사전에 프로그램의 규칙과 프로토콜을 특정하여 어떤 내용의 계약이 언제, 어떻게 성립될 수 있는지를 충분히 예상할 수 있다면, 이러한 내용을 사전에 세세하게 규정하여 기본계약을 체결함으

---

3) 장보은, "인공지능의 발전과 계약 — 계약법의 역할을 중심으로", 『저스티스』 통권 183호, 한국법학원, 2021. 4, 124면.

4) 장보은(주 3), 124면.

로써 이 문제를 해결할 수도 있을 것이다.[5] 나아가 이러한 기본계약이 없다고 하더라도 해당 시스템을 이용하는 것 자체가 인공지능을 자신의 의사표시를 위한 도구로 사용하는 것이라고 이론 구성하는 것도 가능하다.[6] 즉, 어떤 기준이나 조건을 만족하는 경우 자신은 의사표시를 할 것이라는 점을 밝힌 것이고, 시스템에서의 계약 체결은 미리 정해진 이러한 의사를 실행하는 것에 불과하다고 하는 것이다. 이처럼 자동시스템을 통한 계약은 이 시스템을 운영하거나 이를 이용하는 자의 포괄적인 효과의사를 인정함으로써 그 유효성과 법률효과의 귀속을 설명할 수 있다.[7]

그런데 인공지능이 법률행위를 하는 것에 상당한 자율성을 가지는 경우에도 이러한 설명이 가능할까? 예컨대 인공지능이 딥러닝을 통해 인공신경망을 구축하여 스스로 데이터를 학습하면서 본래의 프로그래밍을 넘어 진화하고 예측하지 못한 기능을 수행하는 경우에는 시스템 운영자나 이용자가 인공지능 행위에 대한 조건이나 내용을 통제하기 어렵다. 다른 시스템이나 외부 요인과의 상호작용으로 매개변수가 많아지면 예측 가능성은 더욱 떨어질 수 있다. 이때의 인공지능의 행위에 대해 법적으로 효력을 인정할 수 있는지, 그 효력은 누구에게 귀속되는지에 대해서는 추가적인 검토가 필요하다.

3. 자율성을 가지는 인공지능의 행위

자율성을 가지는 인공지능을 이용하는 예가 점점 늘어나면서 그 행위에 법률효과를 인정할 필요성이 커지고 있다. 이러한 인공지능을 이용하는 자의 내적 의사가 상대방에게 표시되는 경로를 설명하기 위한 다양한 접근이 있다. 이 가운데 가장 대표적인 것은 인공지능을 의사연락의 단순한 도구로 보는 견해[8]와 인공지능을 당사자의 대리

---

5) Chopra/White, A Legal Theory for Autonomous Artificial Agents, The University of Michigan Press, 2011, pp. 31-32.

6) 김진우, "자율시스템에 의한 의사표시의 귀속", 『법학논총』 제38권 제4호, 전남대학교 법학연구소, 2018. 11, 101면 등.

7) 장보은(주 3), 125면.

인 또는 이와 유사한 것으로 보는 견해[9]가 있다.

인공지능의 행위를 그 시스템 운영자나 이용자에게 귀속시키는 가장 간명한 방법은 인공지능이 의사연락을 하는 단순한 도구에 불과하다고 하는 것이다. 이렇게 본다면, 앞서 살펴본 인공지능의 자율성이 거의 없다시피하여 일정한 기준에 따라 또는 특정 조건이 만족되면 자동적으로 거래가 성립되는 이른바 자동화된 의사표시의 경우와 이론을 구성하는 데에 있어 큰 차이가 없다. 인공지능을 이용하는 거래관계에 대해서는 국내는 물론 해외에서도 법령이 마련된 바 있는데, 이들 법령은 기본적으로 이러한 도구적 접근을 기초로 한다.[10]

인공지능의 행위와 관련하여 그 법적인 효력을 받기를 의도한 당사자들이 있고, 그 행위에 따르는 책임을 누군가에게 귀속시킬 현실적인 필요성이 있는 상황에서는 그 인공지능을 운영하거나 이용하는 자에게 그 행위에 대한 책임을 귀속시키는 것이 가장 자연스럽고 간단한 일이다. 인공지능을 의사표시를 하려는 자가 의사연락을 하기 위한 단순한 도구로 본다면, 인공지능이 어떠한 행위를 하든지 그 행위의 결과를 인공지능을 이용하는 자에게 포괄적으로 귀속시킬 수 있게 된다. 즉, 실제로 인공지능의 운영자나 이용자가 의도한 바가 무엇인지, 인공지능의 실제 행위를 예상할 수 있었는지, 이에 대해 오인한 바는 없는지 등과 무관하게 그 행위로 인한 법률효과가 그대로 귀속될 것이다.

그런데 인공지능의 자율성이 상당한 수준이 된다면, 인공지능이 한 행위의 법률효과를 그대로 인정하여야 할 수 있을 것인지에 대해서는 의문이 생긴다. 인공지능이

---

8) 이상용, "인공지능과 계약법: 인공 에이전트에 의한 계약과 사적 자치의 원칙", 비교사법 제23권 제4호, 한국비교사법학회, 2016. 11, 1663면 이하; 지원림, 가상공간에서의 거래의 계약법적 규율에 관한 연구, 한국법제연구원, 2011, 28면 등.

9) 장보은, "인공지능을 이용한 행위에 대한 법적인 평가", 외법논집 제43권 제4호, 한국외국어대학교 법학연구소, 2019. 11, 50면 이하 등. 다만, 이상용(주 8), 1676면 이하에서는 이해관계를 조정하는 방안으로 표현대리의 법리를 유추적용할 것을 제안하였다.

10) The U.S. Uniform Computer Information Transactions Act § 102(27)(amended 2002), 7U.L.A.212 (2009) 등. 이상용(주 8), 1655면 이하 참조. 다만, UNCITRAL 전자상거래모델법이나 UN전자계약협약 등은 누구를 위하여 프로그램이 만들어졌는지를 따져 법률효과를 귀속시킨다는 점에서 대리 법리와 상통하는 면이 있다고 지적되기도 한다. Chopra/White, *op. cit.*, pp. 61ff..

스스로 학습을 통해서 적절한 계약 상대방을 선택하고, 계약의 체결 여부 및 조건을 협상하며, 나아가 계약의 이행에도 상당한 자율성이 있다면, 인공지능을 운영하거나 이를 이용하는 사람이 인공지능을 통한 구체적인 행위를 예측하기가 어렵게 될 것이다. 이 경우 프로그램의 오류가 있어서 당사자들이 전혀 의도하지 않은 표시가 발생하거나, 상대방이 보기에도 매우 정상적이지 않은 인공지능의 행위가 있다고 하더라도 이에 대해 당사자들이 전적으로 책임을 지도록 하는 것은 부당한 결과를 초래할 수 있다.[11]

인공지능에 대해 대리 법리를 적용하자는 견해는 상당한 자율성을 가지는 인공지능을 단순한 도구나 의사연락의 수단으로만 보는 것이 부적절하다는 것을 근거로 한다. 자율성을 가지는 인공지능이 스스로 어떤 행위를 하는 것은 대리인을 통해 법률행위를 하는 것과 외관이 매우 유사하다. 인공지능을 이용하려는 자가 계약을 통하여 달성하려는 목적을 잘 이해하고 이를 달성하기 위하여 일정한 범위에서 자율성을 가지고 최적의 행동을 결정하는 인공지능의 모습은 본인을 위하여 법률행위를 하는 대리인의 행위를 떠올리게 한다.

대리인을 이용하여 법률행위를 하는 당사자를 본인이라고 하는데, 본인이 스스로 판단하여 계약 상대방과 계약 대상 또는 계약 조건을 결정하는 경우와 대리인이 여러 정보를 스스로 취합하여 본인에게 가장 유리한 방식으로 계약을 체결하는 것은 다른 결론에 이를 수 있다. 본인이 살 집에 대한 계약을 대리인에게 위임한 경우, 본인이 직접 집을 골라서 계약을 체결하였더라면 대리인이 고른 집과는 다른 집을 계약을 했거나 더 유리한 조건으로 계약했을 수도 있다. 그럼에도 불구하고 대리인이 체결한 계약은 유효하고 그 법률효과는 본인에게 귀속된다는 것이 대리의 가장 기본적인 법리이다.[12]

다만 대리인이 본인에게 위임받은 범위를 넘어선 행위를 하였다면 무조건 그 법률

---

11) 장보은(주 3), 127면; Chopra/White, op. cit., p. 36; Sartor, "*Cognitive automata and the law: Electronic contracting and the intentionality of software agents*", Artificial Intelligence and Law 17(4), 2009, pp. 253-290.

12) 민법 제114조.

효과가 본인에게 귀속되지는 않는다. 본인이 일정한 가격 범위 내에서 서울에서 살 집을 찾아 매수할 것을 위임했는데, 대리인이 풍경이 좋은 곳에 훨씬 더 낮은 가격으로 구할 수 있는 집이 있다고 하면서 제주도에 있는 집에 대해 계약을 체결하였다면 이는 대리권 범위를 벗어나는 행위이다. 원칙적으로 이는 권한이 없는 대리행위, 즉 무권대리에 해당하여 그 법률효과를 본인에게 귀속시킬 수 없다. 그런데 이 경우에는 본인과 계약의 상대방 중에 누구를 더 보호할 것인지의 문제가 발생한다. 상대방이 대리인이 적법하게 본인을 대리하여 계약을 체결한다고 믿을 만한 정당한 사유가 있었다면, 상대방으로서는 본인과의 사이에서 계약이 성립하지 않는 것은 낭패가 아닐 수 없다. 이 경우에는 애초에 본인이 대리인에게 대리권을 수여한 사실이 있다는 점을 고려하여, 상대방이 대리인에게 적법한 대리권이 있다고 믿을, 즉 해당 행위가 대리권 범위 내라고 믿을 정당한 사유가 있다면 대리인의 행위가 실제로 위임받은 범위를 넘어서는 것이라고 하더라도 그 행위로 인한 책임을 본인에게 귀속시키는 것이 우리 민법의 태도이다. 이것이 이른바 표현대리의 법리이다.[13]

인공지능에 대한 독자적인 법리 연구가 충분하지 않은 것과는 달리, 대리 법리는 매우 오랜 기간 동안 두텁게 연구가 되어 온 분야이다. 이를 잘 활용한다면 인공지능의 행위를 누구의 행위로 인식할 것인지, 그 행위로 인한 법률관계는 누구에게 귀속되는지에 대한 답을 찾는 데에 도움이 될 수 있다.[14] 대리 법리에 비추어 보면, 인공지능을 이용하는 자가 인공지능이 가지는 자율성 때문에 그 행위를 사전에 예측하기 어렵다고 하더라도, 마치 본인이 대리인을 통해 법률행위를 하는 것처럼, 인공지능의 행위로 인한 법적인 효력을 승인하고 그에 따르는 권리·의무의 주체가 된다고 할 것이다. 인공지능의 구체적인 행위를 통제하지 못하는 경우라도 자신의 의사에 기해 인공지능의 행위를 이용하기로 한 이상 그 당사자는 인공지능의 행위에 구속되는 것이 원칙이다.

인공지능의 행위가 통상적인 권한 범위를 벗어나는 정도라면 그 효력을 부정할 여지가 있다. 구하기 매우 어려운 명품을 아주 헐값에 팔겠다고 한다거나, 서울에서 집

---

13) 민법 제126조 참조.
14) 장보은(주 9), 50면.

을 구한다는 점을 인지하면서도 제주에 있는 집에 대한 계약을 체결하는 경우에는 인공지능이 그 권한 범위를 벗어나는 행위를 한 것으로 볼 수 있다. 이 경우에는 상대방의 입장에서 인공지능의 행위를 권한 범위 내라고 믿을 정당한 사유가 있는지를 따져서 그 법률행위의 효과를 인공지능의 운영자 또는 이용자에게 귀속시킬 수 있는지를 판단할 수 있을 것이다. 구하기 매우 어려운 명품을 아주 헐값에 팔겠다고 한다면, 유사한 선례가 없고 여러 사정에 미루어 보아 그러한 효과의사를 가졌을 리가 없다고 생각할 수밖에 없다면, 상대방이 보기에도 이러한 의사표시가 잘못되었을 것이라고 판단할 가능성이 있다. 그렇다면 당사자 사이에 유효한 계약이 체결되었다고 보기 어렵다. 그러나 떨이나 미끼상품이라고 믿었고 그렇게 믿을 만한 정당한 사유가 있다는 점을 입증한다면, 계약이 체결되었다고 판단될 수도 있을 것이다.

4. 관련 문제

인공지능이 자동적 또는 자율적인 시스템에서 운영되는 경우, 그 인공지능의 행위는 이를 활용하여 경제활동을 한 시스템 운영자 또는 이용자의 행위라고 보아야 할 것이다. 그런데 시스템에서 복잡한 거래가 이루어지거나 여러 이해관계가 얽히게 되면, 누구에게 그 법률효과를 귀속시킬 것인지가 문제될 수 있다. 누구의 행위인지 여부는 결국 인공지능의 행위가 누구를 위한 것인지를 기준으로 확정해야 할 것이다.[15]

예를 들어 시스템 운영자가 인공지능을 통하여 알고리즘 계약을 체결할 것을 예정하고 이에 따라 시스템에 접속하는 제3자와의 거래가 이루어진다면, 인공지능의 행위는 운영자를 위한 것이다. 만일 경매 사이트에서 시스템에 접속한 자가 인공지능 소프트웨어를 이용해 거래에 참여한다면 이는 이용자를 위한 것이다.

동일한 인공지능이 여러 당사자를 위해 행위할 수도 있다. 온라인 플랫폼에서 물건을 판매하는 사업자와 소비자 모두가 인공지능을 이용하여 상호 거래하거나 플랫폼에 참여하는 여러 사람들에 대해 일정한 규칙에 따라 거래하도록 정하는 것도 가능하다.

---

15) 장보은(주 3), 129면.

참고로 민법상 계약에서 양 당사자를 동시에 대리하는 이른바 쌍방대리는 원칙적으로 금지되지만, 당사자들이 쌍방대리라는 점을 알고서 동의한 경우에는 허용될 수 있다.[16] 당사자들이 거래를 장기간 유지하고자 하거나, 다수의 거래를 신속하게 처리할 유인이 큰 분야에서는 인공지능의 행위가 양 당사자에게 귀속되는 경우가 많아질 것으로 예상된다.[17]

다음으로 이처럼 당사자가 확정되었을 때, 인공지능의 행위가 그 결과가 귀속되어야 하는 당사자의 진정한 의사와 다른 경우에는 이를 어떻게 처리하여야 하는지에 대해서도 조금 더 생각해 볼 필요가 있다. 이미 살펴본 바와 같이 특히 인공지능이 상당한 자율성을 가진다면, 인공지능이 당사자가 의도하지 않은 행위를 할 가능성도 배제할 수 없다. 그런데 인공지능의 구체적인 행위가 당사자가 진정으로 원하는 것이 아니었다는 사실만으로 당사자가 그에 대해 책임을 지지 않게 되는 것은 아니다. 인공지능은 당사자의 진의를 파악하여 이를 실현하도록 설계된 것이 아니라 주어진 목적을 달성하기 위하여 합리적으로 최선의 선택을 하는 것이기 때문이다.[18]

만일 상당한 자율성을 가지는 인공지능의 행위가 그에 부여된 권한 범위를 넘어서 전혀 예측하지 못했던 행위를 한다면 어떤가? 이것이 당사자의 의사라고 하기는 어렵지만, 이를 당사자의 의사로 믿고 거래한 상대방도 보호할 필요가 있다. 통상적으로 시스템 운영자는 권한 내의 행위를 하도록 알고리즘을 설계하여야 하고, 여기에 오류가 있다면 기술적으로 이를 수정할 수 있다.[19] 상대방이 인공지능의 행위를 권한 범위 내의 정상적인 행위라고 믿었고 이에 과실이 없다면, 이러한 외관을 창출한 운영자가 그에 대한 책임을 지는 것이 타당하다. 다만, 정상적인 거래라고 보기 어려운 정도의 표시가 있었다면, 계약 상대방으로서는 시스템의 문제를 예상하거나 권한 범위가 아니라고 의심할 수 있었을 것이므로, 운영자에게 계약 책임이 귀속되지 않을 수 있을

---

16) 민법 제124조 참조.
17) 장보은(주 3), 130면.
18) 장보은(주 3), 131면.
19) Chopra/White, *op. cit.*, pp. 45ff.

것이다.[20]

III. 인공지능과 위법행위

1. 위법행위의 의미와 책임의 문제

위법행위란 말 그대로 법률이 허용하지 않는 행위를 말한다. 위법행위를 한 자는 그에 따른 책임을 부담하게 된다.[21] 다만 위법행위를 한 자가 고의 또는 과실 없이 그런 행위를 하였다면 그에 대해서는 책임을 지우지 않는 것이 원칙이다. 이것은 이른바 과실책임주의에 의한 것인데, 과실이 있을 때만 책임을 진다는 것은 사람들의 자유로운 활동을 보장하는 한편, 사람들로 하여금 어떤 행동을 할 때 그에 맞는 주의를 기울이도록 하여 위법행위를 억제하는 의미가 있다.[22]

사람들이 사회에서 살아가면서 이러한 위법행위는 발생하기 마련이다. 의도적으로 타인에게 손해를 가하려는 행위를 하는 경우도 있지만, 자동차를 운전하다가 잠시 한눈팔아 지나가는 사람을 다치게 하였거나, 개인정보를 수집하여 보관하는 회사에서 보안을 소홀히 하여 해커의 공격을 받아 고객들의 정보가 유출되어 그로 인한 피해가 발생하는 등의 위법행위는 사회가 복잡해질수록 다양한 모습으로 나타난다. 이런 경우 자동차 운전자는 상해를 입은 사람에 대해, 보안을 소홀히 한 회사는 피해를 입은 고객에 대해 손해배상책임을 부담한다.[23]

인공지능의 행위가 타인에게 손해를 가한 경우는 어떨까? 인공지능 기술을 이용한 자율주행 자동차가 지나가는 사람을 다치게 했거나, 인공지능 시스템을 도입한 회사

---

20) 장보은(주 3), 132~133면.

21) 곽윤직 · 김재형(주 1), 248면.

22) 양창수 · 권영준, 『민법 II 권리의 변동과 구제(제2판)』, 박영사, 2015, 574면.

23) 민법 제750조.

의 보안 프로그램이 오류를 일으켜 고객 정보 유출로 큰 피해를 입게 되었다면, 이는 위법행위인가? 만일 그렇다면 그에 대해 누가 책임을 져야 하는가?

참고로 계약과 같이 법률행위에 의한 책임과 비교하여, 위법한 행위로 인해 피해자가 손해를 입은 경우에는 그에 대해 책임을 질 수 있는 주체가 여럿이 존재할 수 있다. 인공지능의 행위와 관련하여서도 인공지능 기술의 개발자, 인공지능 시스템의 개발자, 시스템 운영자, 인공지능이 적용된 제품의 개발자, 제조자, 판매자, 이용자 및 규제 당국 등 어떤 기술과 관련하여 여러 주체들이 개입이 된다. 그런 면에서 인공지능과 관련된 사고가 발생했을 때 이로 인한 책임을 누구에게 배분할 것인지는 중요한 문제이고, 경우에 따라서는 여러 주체들이 중첩적으로 책임을 질 수도 있다는 점을 염두에 두어야 한다.

2. 인공지능 행위의 귀속과 운영자 또는 이용자의 책임

먼저 위의 법률행위의 경우처럼 이러한 인공지능의 위법행위를 인공지능의 운영자나 이용자의 행위로 볼 수 있을지에 대해 생각해 보자. 인공지능이 이를 운영하거나 이용하는 자의 의사를 연락하는 단순한 도구에 불과하다고 하거나, 인공지능이 상당한 자율성을 가진다고 하더라도 그 행위가 어느 정도 예측할 수 있는 범위의 것이라면, 인공지능의 행위는 이를 운영하거나 이용하는 자의 행위라고 할 수 있다. 그러한 행위가 법질서에 위반되는 것이라면, 이는 위법행위가 된다. 제3자에게 손해를 가하기 위해 인공지능 시스템이 도입된 해킹 프로그램을 운영 또는 이용한 경우라면 귀책사유도 충분히 인정되고, 프로그램의 오작동 등으로 손해를 입힌 경우라고 하더라도 그러한 시스템을 운영하거나 이용한 시스템 운영자 또는 이용자에게 그 책임을 물을 수 있을 것이다.

인공지능이 상당한 자율성을 가지는 경우, 그 행위가 예측할 수 없는 통상적인 인공지능의 권한 범위 밖의 일이라면 이때에도 시스템의 운영자나 이용자가 피해를 배상할 의무가 있는가? 인공지능이 전혀 예상하지 못한 일을 함으로써 여러 사람에게 피해를 입히는 경우까지도, 그 인공지능을 이용했다는 이유만으로 시스템의 운영자나 이용자에게 모든 책임을 지우는 것은 과연 타당한가? 그런데 피해자의 입장에서 생각한다면, 그러한 인공지능의 행위가 위법하다면 그로 인해 입은 손해를 피해자가 부담하게 하는 것은 부당해 보인다. 결국 이 문제는 위험 배분의 관점에서 바라보아야 할 것인바, 일반적으로 위법행위로 인해 손해를 입은 피해자보다는 자신을 위해 인공지능을 활용하여 운영자 또는 이용자가 손해에 대한 위험을 부담하는 것이 보다 타당하다고 할 수 있다.

이와 관련하여 민법상 사용자책임은 타인을 사용하여 어느 사무에 종사하게 한 자는 피용자가 그 사무집행에 관하여 제3자에게 가한 손해를 배상할 책임이 있다고 한다.[24] 다른 사람을 통해 자신의 활동범위를 확장함으로써 이익을 얻으면서 동시에 이로 인한 위험도 확대하는 사람이라면, 그 행위로 인한 손해가 발생하였다면 이에 대한 책임을 부담하는 것이 타당하다는 취지이다.[25] 이러한 사용자책임 법리를 유추적용하면, 인공지능 기술이 그 자율성으로 인해 전혀 예상할 수 없었던 위법한 행위를 하게 된 경우라도 그 운영자나 이용자에게 책임을 지우는 것을 설명할 수 있다.

그런데 사용자책임은 사용자가 피용자의 선임 및 그 사무감독에 상당한 주의를 한 때 또는 상당한 주의를 하여도 손해가 있을 경우에는 인정되지 않는다. 이러한 점을 고려하면, 인공지능 운영자 또는 이용자가 인공지능을 선택하고 이를 이용함에 있어 상당한 주의를 기울였다거나, 상당한 주의를 기울였다고 하더라도 당시의 기술 수준 등에 비추어 손해를 막을 수 없었다는 등의 사정이 있다면 그 책임을 면하게 될 가능성도 있다. 그 주의의무의 내용 및 정도는 사안마다 달리 결정될 것이다. 예를 들어, 통상 인공지능 시스템을 운영하는 자라면 단순히 그 시스템의 이용자에 불과한 경우보다는 인공지능 시스템이 제3자에게 위법하게 손해를 입히지 않도록 운영하는 것과 관련하여 보다 높은 주의의무를 부담한다고 볼 수 있다.

---

24) 민법 제756조.
25) 양창수 · 권영준(주 22), 677-678면.

3. 개발자 또는 제조자의 책임

인공지능의 행위로 인해 손해를 입은 제3자가 인공지능을 직접 이용한 운영자나 이용자에게 책임을 묻기 어려운 경우라면 피해자가 손해를 감수해야 하는가? 관련 기술을 개발하거나 인공지능을 적용한 제품을 제조한 주체가 있는 경우, 개발자 또는 제조자에게 책임을 물을 수는 없을까? 나아가 인공지능의 운영자나 이용자에게 책임을 물을 수 있는 경우라도, 개발자 또는 제조자에게 중첩적으로 책임을 묻는 것은 어떤가?

인공지능 기술이나 이를 적용한 제조물에 오류가 있거나 그 결함으로 인해 인공지능이 위법한 행위를 하게 되었고, 그로 인해 피해자가 손해를 입었다면 개발자나 제조자에게 책임을 지우는 것이 자연스러워 보인다. 그런데 피해자가 이로 인한 책임을 물으려면, 개발자나 제조자가 고의 또는 과실로 오류나 결함이 있는 기술 또는 제품을 만들었고, 그것이 원인이 되어 위법한 행위가 발생하였다는 점을 직접 입증해야 하는 문제가 있다. 그런데 피해자가 관련 기술을 이해하고 그에 대한 문제를 지적하는 것이 쉬운 일이 아니므로, 개발자나 제조자에게 책임을 묻는 것은 현실적인 어려움이 예상된다.

이와 관련하여 인공지능에 제조물책임을 인정할 수 있는지에 대한 논의가 있다. 제조물책임은 제조물에 통상적으로 기대되는 안전성을 결여한 결함으로 인하여 생명, 신체나 제조물 외의 다른 재산에 발생한 손해에 대해 제조업자에게 책임을 지우는 것을 말한다. 제조물에 결함이 있으면, 제조업자의 귀책사유가 없더라도 그로 인하여 발생한 생명, 신체 및 확대 손해에 대한 책임을 묻도록 하는 것이다. 만일 제조물책임법에 따라 개발자나 제조업자에게 인공지능의 결함에 대해 엄격책임을 부담시킬 수 있으면, 보다 안전한 인공지능을 개발할 유인이 생기고, 인공지능에 내재하는 위험을 가격에 반영시킴으로써 소비자들에게 합리적인 선택을 하도록 유도하는 효과도 기대할 수 있을 것이다.[26]

그런데 인공지능에 제조물책임법을 적용하는 것에는 여러 난관이 있다. 인공지능

---

26) 양창수 · 권영준(주 22), 760면.

기술을 제조물로 볼 수 있는지부터가 논란이 되고,[27] 만일 인공지능이 원래 설계대로 제조되었으나 그것이 상당한 자율성을 가지게 되어 의도하지 않았던 오류가 발생하였다면 그것을 과연 결함으로 볼 수 있을 것인지도 문제이다.[28] 또한 피해자는 인공지능의 결함과 손해 간의 인과관계를 입증해야 하는데 이것 역시 매우 까다로운 문제이다. 여러 기술이 복합적으로 기능하고 딥러닝 등을 통하여 변형되도록 설계된 인공지능의 경우 결함이 어디에서 발생하였는지를 찾는 것조차 쉽지 않을 수 있다.[29] 또한 인공지능에 대한 운영자나 이용자의 행위나 관리·감독이 개입된 경우에는 인공지능 자체의 결함 때문인지, 운영자나 이용자의 행위 때문인지도 분명하지 않을 수 있다.[30] 따라서 인공지능의 위법행위에 관하여는 제조물책임법상 입증책임을 완화하거나 추가적인 입법이 필요하다는 견해가 있다.[31]

4. 관련 문제

인공지능의 위법행위에 관한 법적인 책임 문제를 해결하기 위해 기존의 불법행위법 외에 새로운 특별법을 만들 필요는 없을까? 인공지능의 운영자나 이용자에게 사용자책임을 유추적용하는 것이 적절하지 않거나 그와 유사한 책임이 인정되지 않는 경우도 있을 수 있고, 인공지능의 결함이나 인과관계 등을 입증할 수 없는 등 개발자나 제조자에게 책임을 묻기 어려운 경우도 있을 수 있다. 만일 기존의 불법행위법에 따라 책임이 누군가에게 배분될 수 있다고 하더라도, 그 인공지능의 행위로 인한 손해가 광범위하고 금액도 너무 큰 경우 그 손해에 대한 책임을 모두 부담하도록 하는 것은 과연 타당한가? 만일 그렇다면 사회적으로 효용이 큰 인공지능 관련 기술의 개발이나 이용이 위축될 수 있고, 이는 사회적으로 바람직하지 않을 수 있다.[32]

---

27) 정진명, "인공지능에 대한 민사책임 법리",『재산법연구』제34권 제4호, 재산법학회, 2018. 2, 151면.

28) 장보은(주 9), 59면.

29) Chopra/White, *op. cit.*, p. 122.

30) Chopra/White, *op. cit.*, p. 138.

31) 정진명(주 27), 153면.

　새로운 입법이 필요하다는 의견 중에는 인공지능의 제조업자가 무과실 책임을 져야 한다거나,[33] 인공지능의 운영자가 1차적으로 위험책임을 부담하여야 한다는 견해[34]가 있고, 인공지능으로 편익을 취하는 인공지능의 보유자가 책임을 져야 한다거나,[35] 공작물 소유자 책임이나 자동차 운행자 책임을 참고한 새로운 입법이 필요하다는 등[36]의 다양한 의견이 있다. 여러 주체들 사이의 책임 배분의 기본 원칙을 세우는 일은, 발생한 손해를 회복시키고 사고를 예방하는 불법행위법의 가치를 기반으로, 다양하고 새로운 법 현상에 기민하게 대처할 수 있어야 하며, 기존의 책임법리와도 정합성을 가지는 것이 바람직하다. 이에 대해서는 깊이 있는 고민과 검토가 필요할 것이다.[37]

　나아가 인공지능 자체에 책임을 지우자는 의견도 있다. 현행법상으로는 인공지능에 별도의 법인격이나 책임능력이 인정되지 않으므로, 이는 아래에서 보는 바와 같이 인공지능에 대해 제한적인 범위에서라도 법인격을 인정하는 것을 전제로 한다. 특히 불법행위 책임과 관련하여서는, 인공지능이 자신이 야기한 손해에 대하여 책임을 질 수 있도록 법인격을 부여하고, 해당 인공지능에 대한 손해가 발생한 경우 책임이 인정된다는 점을 보장하기 위하여 등록 제도를 두는 한편, 실제로 책임을 부담할 수 있도록 책임 재산을 부여하자고 하는 것이다.[38] 사회적인 편익이 크고 광범위하게 사용되는 인공지능이라면, 다수의 피해자가 발생할 수 있고 그 금액도 상당할 수 있어 공동 부보의 필요성도 크므로, 보험을 강제할 필요도 있다고 한다.[39]

---

32) Chopra/White, *op. cit.*, p. 145.

33) 유럽의회의 "로봇공학에 대한 민사법적 규율"에서는 로봇의 위험을 가장 잘 알 수 있는 로봇제조자가 무과실책임을 져야 한다고 보았다.

34) 유럽의회의 "로봇공학에 대한 민사법적 규율"에 따르면 로봇운영자도 사실상 무과실책임이 적용될 수 있는데, 로봇운영자와 로봇제조자 사이의 책임은 위험관리 방식을 따라야 한다고 한다.

35) 오병철, "인공지능 로봇에 의한 손해의 불법행위책임", 『법학연구』 제27권 제4호, 연세대학교 법학연구원, 2017. 12, 210면.

36) 정진명(주 27), 163-164면.

37) 장보은(주 9), 61면.

38) 김진우, "인공지능에 대한 전자인 제도 도입의 필요성과 실현방안에 관한 고찰", 『저스티스』 통권 171호, 한국법학원, 2019. 4, 36-37면.

IV. 인공지능에 대한 법인격 부여 논의

1. 논의의 의의

이처럼 인공지능이 법적으로 의미 있는 행위를 할 수 있는지, 그 행위는 누구에게 귀속되는지에 대한 논의는 더 나아가 인공지능 자체가 행위와 그로 인한 책임의 주체가 될 수 있는가 하는 문제로 이어진다. 이는 위법행위 책임뿐만 아니라, 법률행위 측면에서도 공통된 문제의식이다. 사람이나 법인과 같이 법인격을 가진 자만이 법적인 권리·의무의 주체가 될 수 있다는 점에서,[40] 인공지능 자체가 법적인 권리·의무의 주체가 될 수 있는지, 혹은 그 필요성이 있는지를 따져 보아야 하는 것이다.

특히 인공지능이 권리의 주체가 될 수 있는지에 대해서는 여러 차원의 논의가 가능하다. 예컨대 인공지능에 대해서도 언론의 자유나 강제노역 금지 등의 헌법상 법인격이 있는 자에게 인정되는 권리를 주장할 수 있을지 여부도 생각해 볼 수 있다. 인간 이외의 존재가 권리를 가진다는 것은 어떤 의미인지, 인공지능이 자유의지나 자율성, 도덕성 등을 가질 수 있는지 하는 논의도 있다. 그런데 인공지능의 행위에 대한 법적인 권리·의무의 귀속이라는 측면에서 인공지능에게 법인격을 인정할 것인지의 문제는, 보다 실용적인 관점에서 접근할 필요가 있다.

즉, 여기에서 우리의 주된 관심사는 인공지능에게 사람과 유사하게 일정한 권리를 인정하고 인공지능을 보호하기 위한 것이라기보다는, 위와 같이 인공지능의 행위를 그 운영자나 이용자 등에게 귀속시키는 것 외에 인공지능 자체가 직접 그 행위에 대한 법적인 권리·의무의 주체가 되도록 하는 것이 우리에게 필요한가 하는 점이다. 이러한 점에서 인공지능의 기술적인 능력이 상당한 자율성을 가지고, 인공지능의 활용 범위나 빈도, 거래비용과 경제적 효용 등에 비추어 사회·경제적으로 법인격 인정의 필

---

39) 유럽의회의 "로봇공학에 대한 민사법적 규율"도 의무보험을 들 것을 제안하고 있다.

40) 민법 제3조 및 제34조.

요성이 있다는 점에 대해 합의가 이루어지는 등 법적 유용성 또는 필요성이 충분히 인정된다면, 기존의 법질서에도 불구하고 인간이 아닌 새로운 존재인 '인공지능'을 법적 주체로 인정하는 것에 대한 논의를 본격적으로 진행해야 할 것이다.

2. 이른바 전자인 인정에 대한 견해 대립

인공지능에 대한 법인격 부여에 대해서는 찬반 견해가 나누어져 있다. 찬성론은 인공지능에 법인격을 부여함으로써 의사표시의 귀속을 분명하게 하여 법적 안정성을 제고하고 법적 책임을 합리적으로 분배할 수 있다고 설명한다.[41] 이에 반대하는 견해는 인공지능의 자율성이 인간의 자유의지와 유사한 것으로는 볼 수 없다거나 인공지능을 식별하는 것이 어렵다는 점 등을 근거로 든다.[42] 지금까지의 인공지능의 활용과 이에 대한 사회적인 인식에 비추어 아직까지는 인공지능에 법인격을 부여할 정당성이 충분하지 않다고 하면서 향후 기술력이나 경제적인 측면에서 충분한 필요성이 있고 사회적인 공감대도 형성된다면 법인격 부여의 필요성이 인정될 수도 있을 것이라는 견해도 있다.[43]

인공지능을 법적인 주체로 인정하는 것은 자연인이 아닌 법인에게 법인격을 인정하는 것 이상으로 우리 법질서에 근본적인 변화를 가져올 수 있는 문제이다.[44] 인공지능에 대한 법인격 부여와 관련된 자세한 논의는 뒤에서 별도의 장으로 다루고 있으므로, 보다 자세한 내용은 제9장을 참조하기 바란다.

---

41) 김진우(주 38), 20면 등.

42) 이상용, "인공지능과 법인격", 『민사법학』 제89호, 한국민사법학회, 2019. 12, 39면; 오병철(주 35), 169-173면 등.

43) 장보은(주 3), 142면.

44) Linarelli, "*Artificial General Intelligence and Contract*", Uniform Law Review 24(2), 2019, p. 331.

제9장

인공지능과 독립된 법인격 인정

정영진
(인하대학교 법학전문대학원 원장)

Ⅰ. 문제제기

2016년 3월 알파벳(Alphabet)의 자회사인 '딥마인드 기술' 회사(DeepMind Technologies Ltd.)가 개발한 바둑프로그램인 알파고(AlphaGo)가 이세돌 9단에 4승1패의 전적으로 승리하였다. 이러한 알파고의 승리는 인공지능(artificial intelligence, 이하 "AI"라 함) 시대의 도래를 대중적으로 선언한 의미가 있었다. 이와 함께 인공지능 기술이 우리의 삶의 양식을 근본적으로 변경시킬 수 있다는 의미에서 제4차산업혁명[1]이 화두로 떠올랐다. 제1차산업혁명이 증기기관을 통한 기계혁명[2]이고, 제2차산업혁명이 전기혁명[3]이라면, 제3차산업혁명은 인터넷을 통한 정보혁명[4]이다.

---

1) 제4차산업혁명은 세계경제포럼(World Economic Forum, 통상 "Davos 포럼"이라 함)의 창시자인 슈밥(Klaus Schwab) 회장(executive chairman)이 2015년 12월 '포린 어페어'(Foreign Affairs) 잡지에 기고한 글을 통해 주장한 개념이다. 2016년 1월 Davos 포럼은 "4차 산업혁명의 이해"(Mastering the 4th Industrial Revolution)를 주요 의제로 채택하였다.

2) 1769년 제임스 와트가 증기기관에 대해 특허를 취득한 때로부터 기계혁명이 시작되었다.

3) 1879년 에디슨이 백열전구에 대한 특허를 취득한 후 1882년 뉴욕에 최초의 상업발전소를 건립한 이후부터 전기혁명이 시작되었다.

4) 1969년 미국 국방부 산하 고등연구계획국(Advanced Research Projects Agency: ARPA)이 미국의 4

인간이 기계를 통하여 자신의 육체적 기능을 확장하고자 한다면 AI를 통해서 자신의 인지적 기능을 확장하고자 한다. 기계가 전기를 먹고 산다면 AI는 데이터를 먹고 산다. 전기혁명은 산업혁명의 확장이라고 할 수 있고, 인터넷혁명은 AI를 통한 인지혁명의 준비단계라 할 수 있다. 기계와 인공지능은 외부세계에 대한 정보를 매개하고 처리하는 수단이라는 의미에서 매체라 할 수 있는데, 맥클루언(Marshall McLuhan)에 따르면 매체는 단순한 정보전달의 수단을 넘어서 인간의 인식패턴과 의사소통의 구조, 나아가 사회 전반의 성격을 결정짓는다. 즉, 매체 자체가 사회적 의미를 갖는 내용이자 새로운 사회질서와 의사소통체계를 의미하는 메시지다.[5]

AI 기술의 발달에 따라 AI를 이용한 계약체결 및 행정처분 등 법률행위와 함께 AI를 탑재한 기계의 사용이 늘어나고 있는데, 이와 함께 새로운 법적인 문제가 제기되고 있다. 즉, AI 알고리즘에 의한 의사결정의 편향성이 문제되고,[6] 자율주행자동차의 경우 운행자가 도로교통법상 운전자성을 상실하는지가 문제되며,[7] 데이터마이닝 과정에서의 학습용 데이터셋의 이용이 저작권법상 공정이용에 해당하는지 문제된다.[8] 또한 AI가 생성한 창작물 내지 콘텐츠에 대하여 저작물성을 인정할 수 있는지가 쟁점이 되고 있다.[9] 이러한 논의의 대부분이 AI에게 법인격이 없다는 것을 전제하고 있다.

개 대학, 즉 University of California Los Angeles(UCLA), University of California Santa Barbara (UCSB), **Stanford Research Institute**(SRI), **University of Utah**의 데이터 서버를 연결한 ARPA-NET (ARPA+network)이 인터넷의 기원이다. 인터넷(Internet)이라는 용어는 1974년 TCP/IP (Transmission Control Protocol/Internet Protocol) 개념을 정립한 빈트 세르프(Vint Cerf)와 로버트 칸 (Robert Kahn)이 모든 컴퓨터를 하나의 통신망 안에 연결(International Network)한다는 의미에서 처음으로 사용했다.

5) 박영욱, "매체에 대한 인식론적 고찰", 시대와 철학 제14권 제1호(2003), 134면.

6) 양종모, "인공지능 알고리즘의 편향성, 불투명성이 법적 의사결정에 미치는 영향 및 규율방안", 법조 제723호(2017. 6) 참조.

7) '국제 자동차 기술자 협회'(Society of Automotive Engineers International, 약칭하여 "SAE"이라 함) 기준 5단계 자율주행의 경우 사람이 더 이상 운전을 담당하지 않아 운전자가 될 수 없는 결과 그 제조업자를 운전자로 의제하는 것이 타당하다는 견해가 있다. 이중기·황창근, "자율주행자동차의 도입에 따른 운전자 지위의 확대와 운전자의 의무 및 책임의 변화", 「홍익법학」 제18권 제4호(2017), 371-373면.

8) 차상육, "저작권법상 인공지능 학습용 데이터셋의 보호와 쟁점", 경영법학 제32집 제1호(2021) 참조.

9) 영국 저작권법(Copy right, Design and Patent Act of 1988) 제9조 제3항은 "어문, 연극, 음악 또는

AI는 다른 도구와 달리 환경의 변화에 따라 스스로 판단하는 능력이 갖추게 되는 경우 자연인이나 법인에 준하는 새로운 법인격을 부여하는 것이 AI 관련 법률관계의 투명성과 안전성을 보장하기 위하여 필요하다는 주장이 늘어나고 있다. AI 법인격에 관한 논의는 주로 민법에서 다루어지지만, 지식재산권법이나 상법 등 사법분야뿐만 아니라 형법이나 헌법 등 공법분야에서도 논의되고 있다.10) 이하에서는 법인격 제도(II)에 대하여 살펴본 후 인공지능의 존재(III)를 살펴본 후 인공지능의 법인격(IV)에 대하여 살펴보겠다.

II. 법인격 제도

1. 개 설

독일법학자 레겔스베르거(Ferdinand Regelsberger)는 1893년 발간된 그의 저서 「판텍텐(Pandekten)」에서 "어떤 존재를 人으로 격상시키는 것은 권리능력인데, 이는 권리와 의무의 수행자가 될 수 있는 능력을 말한다."고 하여, 오늘날 권리능력에 관한 통설과 유사하게 설명하고 있다. 또한 사비니(Friedrich Carl von Savigny)는 "누가 권리능력의 수행자 또는 주체가 될 수 있는가? 해답은 권리를 가질 수 있는 가능성(mögliche Haben) 또는 권리능력에 있는 것이지, 권리를 취득할 수 있는 가능성(mögliche Erwerben)이나 행위능력에 있지 않다."고 하여, 권리능력과 행위능력의 개념을 구분하고 있다.

미술저작물이 컴퓨터에 의해 생성된 경우 그 창작에 필요한 조정을 한 자를 저작자로 본다"고 규정하고 있고, 제178조에는 "컴퓨터에 의해 생성된 저작물이란 그 저작물이 사람인 저작자가 없는 상태에서 컴퓨터에 의해 저작물이 산출된 것을 말한다"고 정의하고 있다. 이에 따르면 인간 저작자가 존재하지 않은 상황에서 생성되는 컴퓨터 창작물도 저작물이 될 수 있다. 차상육, "인공지능 창작물의 저작권법상 보호 쟁점에 대한 개정방안에 관한 연구", 계간 저작권 제33권 제1호(2020). 17면.

10) 송호영(1), "인공지능 로봇은 법인격을 가질 수 있는가?", 저스티스 통권 제184호(2021), 84-85면.

2. 자연인의 권리능력

민법 제1편 총칙의 제2장에서 '인(人)' 그리고 제3장에서 '법인(法人)'을 규정하고 있는데, 제2장과 제3장은 권리주체에 관한 규정으로 해석되고 있다. 인은 자연인을 의미하므로, 현행법상 권리주체는 자연인과 법인이다. 권리주체가 될 수 있는 지위 또는 자격을 권리능력이라고 한다.

민법 제3조는 [권리능력의 존속기간]이라는 표제에서 "사람은 생존한 동안 권리와 의무의 주체가 된다."고 규정하고 있다. 여기서 사람은 생물학적 개념이 아니라 규범적 개념이다. 우리나라의 경우 태아를 언제부터 인간으로 볼 수 있는지가 논의되고 있다.[11] 또한 독일 민법전 제1조는 우리 민법과 같이 "사람의 권리능력은 출생이 완료된 때로부터 시작된다"고 규정하고 있는데, 라렌츠(Karl Larenz)는 1935년 "규범인과 주관적 권리"라는 논문에서 다음과 같이 서술하고 있다. "권리능력이란 주관적 권리를 향유할 수 있는 능력을 의미하는 것이 아니라 공동체의 법적 생활에 참여할 수 있는 능력과 민족공동체 내에서 특정한 자체로 위치할 수 있는 능력을 의미한다 … 누구나 인으로서 권리능력을 가지는 것이 아니라 단지 인민동지만이 규범동지로서 권리능력을 가진다. 인민동지는 독일의 혈통을 이을 가를 말한다. 이방인은 객으로서 파생되고 제한된 권리능력을 가진다."고 주장한 바 있다.[12]

민법 제3조는 단순히 권리능력의 시기와 종기를 전제로 한 존속기간만을 밝히는 것에 그치는 것이 아니라 '사람'이라면 기형 또는 정형, 인지능력의 수준 등을 묻지 않고 모두 완전하고 평등한 권리능력을 가짐을 명시함에 의미가 있다.[13] 이를 "권리능력 평등의 원칙"이라고 하는데, 라렌츠의 예에서 보는 바와 같이 권리능력 평등의 원칙은 당연한 것이 아니다. 사람의 권리능력의 발달과정을 신분제도에서 인도주의에 기초한

---

11) 태아는 손해배상의 청구권에 관하여는 이미 출생한 것으로 본다(민법 제762조). 태아는 상속순위에 관하여는 이미 출생한 것으로 본다(민법 제1000조 제3항, 제1064조).

12) 송호영(2), "법인격의 형성과 발전", 재산법연구 제38권 제2호(2021. 8), 36-37면.

13) 신숙희(김용덕 편집대표), 『주석민법(제5판)』, 행정사법행정학회(2019), 245면.

인간평등으로의 합리화과정으로 요약하기도 한다.[14] 참고로 로마에서는 모든 사람에게 권리능력이 인정된 것이 아니라 로마시민만이 권리주체가 될 수 있었다. 재화를 향유하고 처분할 수 있는 신분에 있는 자주권자(personae sui iuris)고 하였는데, 자주권자로 인정되기 위해서는 자유인의 신분, 시민의 신분, 가장(家長)의 신분을 모두 갖추어야 했다.[15]

3. 법인의 권리능력

법인은 로마법에서 일부 그 원형을 찾아볼 수 있지만,[16] 오늘날과 같은 법인개념은 19세기 독일법학에서 형성되었다. 특히 당시 독일에서는 법인의 본질을 어떻게 볼 것인가를 두고서 사비니(Friedrich Carl von Savigny)의 의제설과 기르케(Otto v. Gierke)의 실재설 사이에 논쟁이 있었다.

사비니는 칸트 철학을 원용하면서 인격을 권리능력 또는 권리주체성의 근거로 제시하면서 인격을 도덕적인 인격체라는 의미로 사용하였다.[17] 즉, 인간은 도덕적 인격체이기 때문에 권리능력을 갖는다고 보았다. 그리고 권리를 인간의 도덕적인 자유를 실현하기 위한 '의사의 지배'로 보았다. 각각의 개인의 이익을 넘어서 자연적 권리주체들이 모여 하나의 다수로서 특정한 목적을 실현할 필요도 있기 때문에, 실정법은 특정한 집합체에게 거래에 참여할 수 있도록 하기 위하여 고유한 권리능력을 부여하였다. 즉 본래 권리능력이란 자연인의 개념과 연결되어야 하는 것이지만, 의제에 의해서 인정

---

14) 현승종 · 조규창, 『로마법』, 법문사(1996), 322면.

15) 송호영(2), 전게논문, 27면.

16) 로마법상 단체에 대해 오늘날 법인과 견줄 수 있는 것은 국가와 공공자치단체와 같은 공법인 정도였다. 공법인의 경우 구성권과 분리, 독립된 실체로서 법인격이 인정되었지만, 단체의 재산은 단체의 단독소유가 아니라 모든 성원의 공동소유였다. 그리고 재산의 경우 5, 6세기에 들어서 수도원, 병원, 고아원, 양노원 등 종교적인 경건업에 기여된 재산에 대해서는 교회의 재산으로 속하거나 혹은 독립적인 경영조직을 갖춘 목적재산으로서 독자적인 권리능력이 인정되었다. 송호용(2), 전게논문, 29면.

17) 임미원, "칸트와 역사법학", 법사학연구 38 (2008), 67면.

된 인공적인 주체에도 권리능력이 확장되었는데, 이러한 법인에 인정되는 권리능력은 사법관계의 범위 내로 국한되고, 사법관계 중에서 가족관계를 제외한 재산관계에만 한정된다.[18]

기르케는 권리주체를 설명함에 있어서 법인(juristische Person)이라는 표현을 의식적으로 피하고 단체인(Verbandsperson)이라는 표현을 쓰면서, 단체 스스로 자생적으로 유래한 인격체인 사단체(社團體)와 외부로부터 이식된 인격을 가진 재단체(財團體)는 모두 자연인과 마찬가지의 기관으로 조직된 단체로서의 인격을 가진다고 설명한다. 이러한 단체인의 권리능력은 개별인, 즉 자연인과 마찬가지로 공법과 사법에 모두 미치지만, 그 성질에 따라 자연인의 권리능력에 비해 좁을 수도 있고 넓을 수도 있다.[19]

민법 제34조에서 법인의 권리능력에 대하여 규정하고 있는데, 이에 따르면 법인은 법률의 규정에 좇아 정관으로 정한 목적의 범위 내에서 권리와 의무의 주체가 된다. 법인의 권리능력에는 자연인과 달리 권리능력 평등의 원칙이 적용되지 않는다. 그리고 비법인사단·재단에 대해서도 부동산등기법과 민사소송법은 각각 부동산등기능력(부동산등기법 제26조)과 당사자능력(민사소송법 제52조)을 인정하고 있다.

4. 동물의 권리능력

오스트리아는 1988년 민법을 개정하면서, "동물은 물건이 아니다. 동물은 별도의 법률에 의하여 보호된다. 관련 규정이 존재하는 경우에만 물건에 관한 규정이 동물에 대해 적용된다"는 규정(제285a조)을 추가하였다. 이에 따라 전통적인 인간과 동물이라는 2원주의 체계에서 인간과 동물, 물건이라는 3원주의 체계로 전환했다. 또한 오스트리아 민법 제1332a조는 동물이 상해를 입은 경우 거래비용을 초과한 치료비 배상을 긍정하고 있지만, 동물에게 위자료 등 손해배상을 청구할 권리를 긍정하고 있지 않다.[20]

---

18) 송호영(2), 전게논문, 34면.
19) 송호영(2), 전게논문, 34-35면.
20) 1990년 독일도 민법을 개정하면서 유사한 규정을 두었다.

나아가 독일에서는 민사집행법을 개정하여 동물을 압류금지의 대상으로 하였다(제811c조).

한편, 미국 위스콘신(Wisconsin) 주가 1969년 반려동물신탁법(Statutory Pet Trust)을 제정하여 동물에게 수익자(beneficiary)의 지위를 긍정하였는데, 2016년 미네소타(Minnesota) 주를 마지막으로 50개 주 모두 반려동물신탁법을 제정하였다. 이 경우 신탁수익권을 보유하는 범위 내에서 동물에게 제한적으로 권리능력을 인정했다고 볼 수 있다.[21] 한국의 경우 2017년 동물을 위하여 신탁상품이 판매되고 있으나, 동물은 수익자가 될 수 없으므로 신탁회사(수탁자)가 동물소유자의 사후에 새로운 부양자를 수익자로 지정하면, 그 수익자가 반려동물을 보호·관리하는 구조를 취하고 있다.

Ⅲ. 인공지능의 존재론

1. 개 설

AI라는 용어는 매카시(John McCarthy)가 1955년 8월 "다트머스 회의"(Dartmouth conference, 1957년 여름)를 위한 자금모금 제안서에서 처음 사용되었는데,[22] 위 제안서에는 AI에 대하여 명확히 정의하지 않고 있다.[23]

AI는 어의적으로 인간의 자연지능(natural intelligence)에 대비되는 개념인데, 인간지

---

21) 한국의 경우 2017년 동물을 위하여 신탁상품이 판매되고 있으나, 동물은 수익자가 될 수 없으므로 신탁회사(수탁자)가 동물소유자의 사후에 새로운 부양자를 수익자로 지정하면, 그 수익자가 반려동물을 보호·관리하는 구조를 취하고 있다.

22) John McCarthy, Marvin L. Minsky, Nathaniel Rochester, and Claude E. Shannon, "A Proposal for the Dartmouth Summer Research Project on Artificial Intelligence". 〈AI Magazine〉, Vol. 27 No. 4 (2006), pp.12-14.

23) Shlomit Yanisky-Ravid, "Generating Rembrandt: Artificial Intelligence, Copyright, and Accountability in the 3A Era", Michigan State Law Review 659 (2017), p.673도 같은 견해(John McCarthy, who coined the term "Artificial Intelligence," did not provide an independent definition)이다.

능은 진화적으로 어느 정도 안정적인 상태에 있지만 어떠한 측면을 강조하느냐에 따라 다양하게 정의될 수 있다. 즉, 인간지능에 합리성 외에 정서성을 포함시키느냐 또한 사고 외에 행동까지 포함시키느냐에 따라, 합리성 대 정서성, 사고 대 행동이라는 네 가지 접근방법이 가능하다.[24) 이 가운데 합리적 행동(rational action)을 지표로 하는 '합리적 에이전트'가 AI에 대한 기술적 표준으로 이해되고 있다. 이 경우 AI가 의사결정 외에 "행동"한다는 것이 무엇인지가 문제가 된다. 이에 대하여는 제8장을 참고하기 바란다.

2. AI의 법적 성질

우선, AI는 프로그램의 형식으로 존재한다.[25) AI가 작동하기 위해서는 프로그램이 작동하는 하드웨어가 필요하다는 것을 부정하는 것은 아니다. 유럽연합의 AI 고위 전문가그룹(High-Level Expert Group on AI: HLEG)가 2019년 4월에 발간한 보고서에서도 AI가 소프트웨어만으로 구성될 수 있다고 보고 있다.[26)

소프트웨어는 프로그램과는 다르다. 소프트웨어진흥법에 따르면, "소프트웨어"란 ① 컴퓨터, 통신, 자동화 등의 장비와 그 주변장치에 대하여 명령 · 제어 · 입력 · 처리 · 저장 · 출력 · 상호작용이 가능하게 하는 지시 · 명령(음성이나 영상정보 등을 포함)의 집합과 ② 이를 작성하기 위하여 사용된 기술서(記述書)나 그 밖의 관련 자료를 말하는데(제2조 제1호), 전자(①)가 프로그램에 해당한다. 소프트웨어가 프로그램을 포함하고 있으므로 프로그램보다 넓은 개념이라 할 수 있다.[27)

---

24) Stuart Russell, Peter Norvig(류광 역), 『인공지능.1』, 제이펍(2021), 4면에서는 정서성 대신에 '인간적인'이라는 표현을 사용하고 있다.

25) 김승래, "4차 산업혁명과 AI 시대의 법적 과제와 전망", 한국법학회 법학연구 18(2) (2018), 31면(인공지능 로봇이 실질적으로 작동하여 스스로 행위하는 인공지능은 그 자체가 소프트웨어이기 때문에 … 단순히 기계장치로 정의하는 것은 잘못된 해석이다).

26) High-Level Expert Group on AI, "A definition of AI: Main capabilities and scientific disciplines", (2019), p.1(AI-based systems can be purely software-based, acting in the virtual world or AI can be embedded in hardware devices).

컴퓨터 프로그램의 제작은, 먼저 알고리즘(algorithm)[28])을 설계한 후, 컴퓨터가 이해할 수 있도록 프로그래밍 언어를 이용하여 알고리즘을 코드(code)[29])로 변환하는 작업을 통해서 완성된다. 알고리즘이란 문제나 과제를 해결하기 위한 처리절차를 구체적인 순서에 따라 표현한 아이디어나 생각을 의미하고,[30]) 이러한 알고리즘을 프로그래밍 언어로 표현한 것이 코드이다. 따라서 프로그램은 알고리즘과 코드로 이루어졌다고 볼 수 있는데,[31]) 알고리즘은 프로그램의 아이디어(해법)에 해당하므로 저작권에 의하여 보호받지 못한다(저작권법 제101조의2 제3호).[32])

3. AI의 기술수준

(1) 개 설

AI 관련 기술은 지금 이 순간에도 진보하고 있으며, 그 방향성에 대한 논의도 계속

---

27) 세계지식재산기구(World Intellectual Property Organization: WIPO)의 1978년 컴퓨터 소프트웨어의 보호에 관한 모델 규정(Model provisions on the protection of computer software Geneva)도 동일한 입장이다. 즉, 컴퓨터 소프트웨어(computer software)에는 프로그램 외에 프로그램 기술서(program description)와 프로그램 명세서(program specification) 등 보조자료(supporting material)가 포함되어 있다(제1조).

28) 알고리즘이란 일정한 유형의 문제(a class of problem)을 해결하기 위한 명령어를 논리적으로 배치 또는 구성한 것으로서, 데이터를 처리하는 규칙을 의미한다.

29) 이를 소스코드(source code)라 하고 이를 컴파일러(compiler)를 이용하여 기계어 형태로 전환한 것이 목적코드(object code)이다.

30) 이토 시스카(정인석 역), 『처음 만나는 알고리즘』, 제이펍 (2017), 2면.

31) 코드가 물리적이라면 알고리즘은 논리적이다. 알고리즘의 특징은 다음과 같다. ① 재료 중립성(substrate neutrality): 알고리즘은 그 절차적 논리에 의해 결과를 도출하며, 재료의 인과적 힘에 영향을 받지 않는다. ② 마음 없는 토대(underlying mindlessness): 알고리즘 절차의 세분화된 일련의 단계는 별다른 의미 해석이 요구되지 않을 만큼 지극히 단순하다. ③ 결과보장(guaranteed result): 알고리즘이 각 단계에서 실수나 오류 없이 진행된다면, 최종단계에서는 반드시 성공적인 결과를 산출한다. 대니얼 데닛(노승영 역), 『직관펌프』, 동아시아 (2015), 183면.

32) 제101조의2(보호의 대상) 프로그램을 작성하기 위하여 사용하는 다음 각 호의 사항에는 이 법을 적용하지 아니한다. 1. 프로그램 언어: 프로그램을 표현하는 수단으로서 문자·기호 및 그 체계, 2. 규약: 특정한 프로그램에서 프로그램 언어의 용법에 관한 특별한 약속, 3. 해법: 프로그램에서 지시·명령의 조합방법.

되고 있다. AI가 관여된 법현상을 법적으로 검토하는 데에 AI를 어떻게 볼 것인지의 문제가 매우 중요하다. 연구자가 전제하는 AI의 개념이 달라지면 논의의 단면이 달라지고, 나아가 연구의 대상 자체가 다른 것이 될 수 있다. 또한 AI의 기술적인 측면을 충분히 고려하지 않은 법적 검토는 새로운 사회현상으로서 AI의 활용에 대한 법적인 해결책을 제시하지 못하고 사변적인 논의에 그칠 위험이 있다.[33)]

(2) 머신러닝과 딥러닝

딥러닝은 머신러닝(machine learning)의 일종이다. 머신러닝은 스스로 학습하여 지능을 습득하는 알고리즘을 채택한 기술이다. 모든 알고리즘에는 입력과 출력이 있다. 데이터를 컴퓨터에 넣으면 알고리즘이 처리하여 결과를 출력한다. 머신러닝은 이 과정을 바꾸었다. 데이터와 원하는 결과를 설정하면 데이터를 결과로 바꿔주는 알고리즘을 생성한다. 즉, 머신러닝은 다른 알고리즘을 만들어 내는 알고리즘이다. 머신러닝의 알고리즘에는 여러 가지가 있지만, 기호주의자의 역연역법(inverse deduction), 연결주의자의 딥러닝, 진화주의자의 유전자 프로그래밍(genetic programming), 베이지주의자의 베이지 추정(bayesian inference), 유추주의자의 서포트 벡터 머신(support vector machine) 등이 대표적이다.[34)]

딥러닝은 뇌의 신경세포를 모방해서 만든 인공신경망(artificial neural network: ANN) 기술에 근거를 두고 있는데, 2006년 힌튼(Geoffrey Hinton) 교수의 기념비적 논문인 "심층 신뢰망을 위한 빠른 학습 알고리즘"[35)]에서 주장한 딥러닝으로 이름을 변경하였다. 딥러닝 기술이 2012년[36)] 이후 광범위하게 이용되면서 머신러닝과 구별되는 독자적인

---

33) 장보은, "인공지능의 발전과 계약", 저스티스 제183호(2021. 4), 119면.

34) Pedro Domingos(강형진 역), 『마스터 알고리즘』, 비즈니스북스 (2016), 18면.

35) Geoffrey E Hinton, Simon Osindero, Yee-Whye Teh, "A fast learning algorithm for deep belief nets", Neural Computation Vol. 18 (7) (2006), pp.1527-1554.

36) 2012년 이미지넷 대회(Image Net Challenge)에서 딥러닝 기술을 이용한 힌튼 교수팀의 알렉스넷(Alexnet)이 15.31%의 오류율을 기록하며 2등(26.2%)과 압도적인 차이로 우승함으로써 딥러닝 기술이 주목을 받게 되었다. 조승호·신인섭·유주선, 『인간과 인공지능』, 싸아이알 (2019), 26면. Alex Krizhevsky, Ilya Sutskever, Geoffrey E. Hinton, "Imagenet Classification with Deep

기술로 인정받고 있다. 전통적인 머신러닝은 특정한 문제에 맞게 알고리즘이 특화되었지만, 딥러닝은 데이터의 복잡한 관계를 잘 표현하기 때문에 다양한 문제에 보편적으로 사용될 수 있다.[37] 딥러닝의 경우, 입력된 데이터와 출력된 결과는 알 수 있지만 그 과정은 알 수 없는 경우가 많아 "Black Box Machine"이라 칭해지기도 한다.[38]

튜닝(Allan Turing)은 1936년 그의 논문("계산가능한 수에 관하여, 결정문제에의 적용과 관련하여")에서 자동화 기계(automatic machines)를 주장한 바 있다. 즉, 튜닝은 인간의 계산과정을 기계에 적용하면서, 아무리 복잡한 계산이라도 이진법(0과 1)의 형식으로 계산과정을 순서대로 유한하게 정리할 수 있다면 자동화기계는 그 계산을 성공적으로 수행할 수 있다고 했다.[39] 그러나 이러한 튜닝의 자동화 기계는 규칙 기반의 결정 과정(rule based decision-making process)을 채택하고 있어서, 일반적인 AI와는 구별이 된다. 위 규칙 기반의 AI를 "유사 AI"(quasi-AI)이라 칭하는 견해[40]도 있다.

(3) 약한 AI(전문가 시스템)와 강한 AI(일반지능)

미국 철학자 존 설(Searle)은 1980년 인간과 동일한 마음(mind)을 갖고 있느냐에 따라 인공지능을 약한 인공지능(weak AI)과 강한 인공지능(strong AI)으로 나누었다.[41] 약한 AI는 인간을 보조하는 수준의 AI로서 특정한 분야의 업무를 처리하기 위한 것으로, 자율주행자동차의 AI가 이에 해당한다. 자율주행자동차가 자율주행모드로 운행 시 운전자 또는 승객의 과실이 없이 자동차 사고가 난 경우 자동차 소유주, 자동차 제조회사, 자율주행 관련 인공지능 제조회사 중 누가 책임을 지느냐의 논쟁은 있지만, 아직까지 자율주행자동차에 법인격을 부여하여 자율주행자동차에 책임을 부여하자는 견해는

Convolutional Neural Networks", Advances in Neural Information Processing Systems, 2012 참조.

37) 윤성진, 『Do it! 딥러닝 교과서』, 이지스퍼블리싱 (2021), 15면.

38) 우라옥, "AI-지식재산권의 관점에서", 서울대학교 법학평론 11 (2021), 256면.

39) Allen Turing, "On Computable Numbers, with an Application to the Entscheidungsproblem", Proc. London Math. Society, 2nd Series 42 (1936), pp.230-265

40) Shlomit Yanisky-Ravid, op. eit., p.674.

41) John Searle, "Minds, Brains, and Programs", The Behavioral and brain Sciences (vol. 3), (1980), p.417.

없다. 그 이유는 약한 AI의 경우, 특정 분야에서 인간의 능력을 초월하였다고 해서, 법인격을 부여할 정도로 자율성을 가졌다고 보기 어렵기 때문이다. 약한 AI를 좁은 영역에서 전문적으로 문제를 해결한다는 점을 중시하여 전문가 시스템(expert system)이라고도 한다.[42]

강한 AI은 모든 국면을 포괄하는 일반지능(general intelligence)을 의미한다.[43] 기술의 진보에 따라 특정 분야나 영역에서 발단한 약한 AI를 통합함으로써 강한 AI를 만드는 것이 가능한 지에 대하여 논란이 있다. 약한 AI를 통합하여 일반지능을 갖는다는 것은 통합된 전체로서의 가치판단이 가능하여야 하기 때문에 원초적 자아(proto-self model) 관념이 있어야 한다.[44]

(4) 강한 AI의 판단 기준

튜링은 1950년 "계산기계와 지능"(Computing Machinery and Intelligence)이라는 논문에서, "기계가 생각할 수 있는가"(Can machine think?)라는 질문을 던지면서, 위 질문에 대하여 2000년이 되기 전에 10의 9승(10^9)의 용량을 가진 컴퓨터가 등장하여 이미테이션 게임(imitation game)에 참가하는 경우, 평균인(an average interrogator)이 5분간 대화하더라도 상대방이 컴퓨터라는 것을 알 수 있는 비율이 70%를 넘지 못할 것이라고 예측했다.[45] 튜링 테스트는 이러한 튜링의 예견에 기초해서 만들어진 것으로서, 일반인이 컴퓨터와 대화를 해서 상대방을 사람으로 판정하는 비율이 30% 이상인 경우 지능(intelligence)이 있는 기계, 즉 AI로 보고 있다.

철학자 존 설(John Searle)은 1980년 중국어 방(Chinese Room) 사고실험에서 컴퓨터가

---

42) 박도현, "인공지능과 해악", 서울대 대학원(법학과) 박사학위 논문(2021), 72면.

43) 고인석, "로봇이 책임과 권한의 주체일 수 있는가", 철학논총 제67권(2012), 7면.

44) 뇌과학자인 마시미니(Marccello Massimini)와 토노니(Giulio Tononi)는 정보통합이론적 관점에서 정보를 통합할 수 있는 능력이 있으면 의식이 있다고 본다. 마르첼로 마시미니,줄리오 토노니(박인용 역), 『의식은 언제 탄생하는가?』, 한언(2019), 72-80면.

45) A. M. Turing, "Computing Machinery and Intelligence", Mind, New Seriese, Vol . 59, No. 236 (1950), p.442.

튜링 테스트를 통과했다고 해서 마음(mind)이 있다고 보기 어렵다고 주장하고 있다.[46] 사고 실험은 다음과 같다.

---

1. 영어만 알고 중국어를 전혀 모르는 사람(A)이 미리 준비된 방에 들어간다.
2. 방에는 중국어와 영어로 된 매뉴얼이 있어서, 방 밖의 중국인(B)이 종이에 중국어로 질문을 하면, A는 매뉴얼을 참고하여 중국어를 작성하여 답변을 한다.
3. A는 중국어 매뉴얼을 참고해서 방 밖의 중국인(B)과 필답을 하지만 그 내용은 전혀 이해하지 못한다.

A는 의미론(semantics)에 의한 것이 아니라 구문론(syntax)에 의해 형식적으로 답변한 것이므로, A가 B와 소통할 수 있다고 해서 A가 중국어를 이해하는 것은 아니다. 튜링 테스트는 기계가 계산능력 외에 지능의 일부인 소통능력이 있느냐를 테스트하는 것이다. 설(Searle)이 보기에 기계가 튜링 테스트를 통과했다고 하더라도, 중국어 방의 실험과 같이 프로그램에 의해 기능한 것(functioning)에 불과하고 그 의미를 이해한 것(understanding)이 아니므로 인간적 의미에서 지능이 있다고 볼 수 없고, 따라서 강한 AI는 불가능하다는 취지이다.

이에 대하여 인간의 마음을 기준으로 강한 AI와 약한 AI을 구분하는 것은 인간중심적인 것으로 타당하지 않다는 비판이 있다.[47] 또한 유물론적 입장에서, 모든 것은 본질적으로 물질이며 인간 역시 복잡한 물질에 불과하고, 따라서 인간의 마음도 결국 두뇌에서 일어나는 물리화학적 작용이므로, 장차 그 작동방법을 제대로 파악하면 얼마든지 강한 AI를 만들 수 있다는 견해도 있다.[48] AI가 일반지능을 갖고 AI가 모든 분야에서 인간의 능력을 초월하게 되는 경우 이를 초인공지능이라 하는데, 초인공지능이 등장하게 되면 그것은 인류의 마지막 발명품이 될 것이고, 그것에 의하여 인류는 멸망할 것이라고 경고하는 견해도 있다.[49]

---

46) John Searle, op. cit., pp.417-418.
47) 김진석, "약한 인공지능과 강한 인공지능의 구별의 문제", 철학연구 제117권(2017), 124면
48) 박찬국, "인간과 인공지능의 미래", 현대유럽철학연구 제50집 (2018), 120-121면.
49) James Barrat, Our Final Invention: Artificial Intelligence and the End of the Human Era, Thomas

IV. 인공지능의 법인격

1. 탈인간중심적 법인격

로크(John Locke)는 그의 통치론(Two Treatises of Government, 1689년)에서 인간(man)과 인격(person)의 개념을 구분하고 있다. "사람은 자신이 인격과 소유물의 절대적인 주인이다[50] … 사람은 그 자신의 주인으로서, 곧 그 자신의 인격의 소유자이다."[51] 즉, 인간과 인격을 분리하여, 인격을 소유의 객체 내지 사람의 속성으로 파악하고 있다. 또한, "사람은 인격을 통하여 재산을 소유한다"[52]고 하여, 사람이 직접 재산을 소유하지 않고 인격을 통해서 재산을 소유하는 것으로 구성하였다.[53] 이러한 로크의 인격은 법인격(Rechtsperson)에 해당한다.[54] 로크에 따르면 인격 부여 여부는 본질적인 것이 아니라 정책적인 문제로서, 사회적 필요가 있으면 인간의 법인격도 제한할 수 있고,[55] 재산 또는 단체에게도 법인격을 부여할 수 있다.

루만(Niklas Luhmann)에 따르면 작동으로서 인간은 생명체계(유기체)와 심리체계가 구조적으로 연동되어 있는데, 소통체계인 사회적 체계[56]의 단계에서 소통의 주체로서 인격(Person)이 관찰된다고 본다. 루만은 관찰을 통하여 사회적으로 동일화되는 개체

Dunne Books(2013), pp.16-19; 이태수, "진화의 끝, 인공지능?", 인간환경미래 제22권(2019), 25면.

50) He be absolute lord of his own person and possessions.

51) Man is master of himself, and proprietor of his own person.

52) Every man has a property in his own person.

53) 김종철, "로크의 재산과 인격", 한국정치학회보 50(4) (2016년), 30면.

54) 人(Person)과 구별된 인격(Persönlichkeit)이라는 용어는 18세기 후반에 등장한다. 1788년 간행된 칸트의 실천이성비판에서 人은 자유의지를 가진 존재 자체를 의미하고 人格은 인간이 지향하는 자유의 실현을 위한 특성을 의미한다.

55) 농노는 사람이지만 인격이 없기 때문에 재산을 소유할 수 없다는 정당화가 가능하고, 또한 라렌츠와 같이 인민동지만 인격을 가진다고 주장할 수도 있다.

56) 사회적 체계란 사고형식으로서 체계가 아니라 사회적으로 실재하는 체계를 의미한다. 양천수, "탈인간중심적 법학의 가능성", 행정법연구 제46호(2016), 10면의 주27.

를 인격으로 보고 있는데,[57] 이러한 인격은 생명체계인 인간의 신체와 구별된다는 점에서 로크의 인격 개념과 유사하다.

이에 따르면 AI에 법인격 부여가 이론적으로 가능한지보다는 어떠한 조건이 충족되면 법인격을 부여할 필요가 있는지를 검토하는 것이 더 현실적이다. 왜냐하면 로크나 루만에게 있어서 AI에게 법인격을 부여할지 여부는 본질적인 것이 아니라 정책적인 문제이기 때문이다. 그러나 로크의 견해를 따르더라도 기존 법제도와의 적합성을 위하여, 인공지능이 법인격을 취득하기 위해서는, ① 사회적으로 특정한 영역이 아니라 전반적으로 활동하면서 자율적으로 의사표시를 할 수 있는 능력이 있어야 하고, ② 외관적으로 독립적인 실체를 갖고 이동이 가능하여야 하며, ③ 시간의 변화에 관계 없이 동일성이 인정되어야 한다.

2. AI와 로봇

AI와 구별해야 할 것으로서 로봇이 있다. AI와 로봇은 개념, 실체, 기능의 면에서 서로 구별되지만 겹치는 부분도 많이 있다. 개념적으로는 양자를 분명히 구분하는 것이 바람직하다. 왜냐하면 AI가 인간의 정신능력을 인공적으로 구현한 기계라면, 로봇은 인간의 육체를 인공적으로 구현한 기계이기 때문이다. 체계이론의 용어로 바꿔 말하면, AI가 인간의 심리체계를 인공적으로 모방한 체계라면, 로봇은 인간의 체계를 기계적으로 구현한 체계인 것이다. 로봇 중에는 AI를 탑재한 경우도 있지만 오히려 우리에게 친숙한 로봇, 가령 '로봇태권 V'나 '마징가 Z' 등은 AI를 갖추지 않아 인간이 직접 조종해야만 하는 로봇이다.[58]

여기에서 AI를 특정한 알고리즘으로 설계된 프로그램으로, 로봇은 특정한 프로그램을 실행하는 유형물로 이해하면서 그러한 AI가 장착된 로봇을 "AI 로봇"으로 부르기로 한다. AI가 자신의 입장에서 자율적인 판단이 가능한 경우, 법인격을 부여받기 위한

---

57) 정성훈, "인간적 사회와의 작별", 시대와 철학 제18권 제2호(2007), 90-91면.
58) 양천수, "인공지능과 법체계의 변화", 법철학연구 제20권 제2호(2017), 52면.

기초적인 조건은 갖추었다고 볼 수 있다. 그러나 현실적으로 프로그램에 해당하는 AI에게 법인격을 부여하기는 어려울 것으로 보인다. 이에 따라 AI 로봇의 법인격 부여 여부를 검토하는 것이 더 현실적이다. 만화 공각기동대에서도 프로그램에 불과한 인형사는 "유전자도 자기보존을 위한 프로그램에 불과하며, 생명 역시 정보의 흐름 속에 생긴 결정체"라고 주장하면서, "하나의 생명체로서 정치적 망명을 희망한다"고 말한다. 그리고 의체(義體)와 결합한 후 다음과 같은 말을 한다. "나는 사이버 보디는 얻었기 때문에 죽을 가능성도 있지만 다행스럽게도 이 나라에는 사형제도가 없다."

3. AI 로봇과 전자인격(electronic personality)

2017년 2월 유럽 의회는 '유럽연합 기능에 관한 조약'(Treaty on the functioning of the European Union: TFEU) 제225조에 근거하여 법안제출권을 독점하고 있는 유럽연합(European Union)의 집행위원회(European Commission)에 "로봇공학에 있어서 시민법 규칙"(Civil Law Rules on Robotics, 이하 "로봇규칙"이라 함)의 제정을 권장하는 결의를 하였다.[59] 위 로봇규칙은 로봇을 유형화하고 등록제(registration)를 실시할 것을 권장하면서(제2조), '장기적으로'(in the long run) 로봇에 대하여 전자인격을 부여하는 것에 대한 검토를 요청하고 있다(제59조 제f항). 유럽의회의 경우에도 로봇에 전자인격을 부여하는 것을 현실적인 문제가 아니라 미래의 문제로 보고 있다.

현재 권리주체로 인정되는 자연인과 법인의 경우 특정하는 데 어려움이 없다. 즉, 자연인의 경우 출생으로부터 존재하고 사망으로 소멸한다. 법인의 경우 출생에 해당하는 것이 설립등기이고 사망에 해당하는 것이 해산이다. 그러나 AI 로봇의 경우 시스템 소프트웨어가 업그레이드되고, 하드웨어가 교체되고 나아가 무선으로 데이터가 계속 업데이트되고, 다른 AI 로봇과 데이터의 공유가 가능하게 되는 경우 동일성이 언제까지 유지된다고 볼 수 있는지가 명확하지 않다.

---

59) European Parliament resolution of 16 February 2017 with recommendations to the Commission on Civil Law Rules on Robotics.

V. 결 론

AI를 약한 AI와 강한 AI로 나눈다면, 약한 AI가 탑재된 로봇, 예를 들면 완전자율주행자동차에 법인격을 부여하기는 쉽지 않을 것 같다. 강한 AI가 탑재된 AI 로봇의 경우 법인격을 부여할 조건을 갖추었으나, 법인격을 부여하기 위해서는 상당기간 동일성을 유지하여야 하는데, AI의 경우 무한 복제가 가능하다는 점에서 법인격을 부여할 수 있는지는 의문이다. 또한 사단법인 또는 재단법인의 경우 법률행위를 하기 위해서는 자연인의 행위가 필요하지만 AI 로봇이 법인격을 취득하는 경우 사람의 조력이 필요하지 않다. 즉 AI 로봇이 법인격을 취득하는 경우 그 행위에 있어서 인간의 통제를 벗어나기 때문에 AI 로봇의 법인격 부여에 신중할 필요가 있다.

AI 로봇에 법인격 부여 여부를 떠나서 그러한 존재의 출현이 인류에게 바람직한 것인지에 대하여 생각해 봐야 한다. 우리는 현재 AI 기술과 인간의 욕망이 공진화(co-evolution)하는 시대에 살고 있다. 현재 AI 기술에 따르면 도래할 개연성(probable)이 있는 비극적인 미래를 우리가 희망하는 바람직한(preferable) 미래로 변화시킬 필요가 있다. AI 기술이 우리가 희망하는 바람직한 방향으로 발전할 수 있도록 정책을 정하고 이에 따라 입법을 정비할 필요가 있다. 한편으로 인공지능 개발과 같이 고도의 창의성을 요구하면서 과학기술 수준이 급격하게 발전하는 영역을 입법으로 규제하는 것은 바람직하지 않다는 비판이 제기된다. 즉, 피규제자의 자율성을 전제로 하는 '약한 규제'(soft law)를 투입해야 한다는 것이다.[60]

중국의 오한동(吳汉东) 교수는 AI에서 가장 중요한 문제는 안전문제이고, 기술통제는 위험관리체계의 중요한 조치이며, 사후적 구제보다는 사전 예방이 중요하다고 보았다.[61] 과학기술은 경로의존성이 강하고 그 위험성이 전 지구적이므로 사전 예방이 절대적이다. AI 로봇의 발전이 인류의 재앙이 되지 않고 축복이 되기 위해서는, 위험

---

60) 양천수, "인공지능과 윤리", 조선대학교 법학논총 제27집 제1호(2020년), 77면.

61) 吳汉东, "人工智能时代的制度安排与法律规制",『法律科学』, 2017年第5期, 129頁・135頁.

성을 기준으로 AI를 규제할 필요가 있고, 또한 유럽의회에서 채택된 '로봇공학자를 위한 윤리적 행동 코드'(Code of Ethical Conduct for Robotics Engineers)와 '연구윤리위원회 코드'(Code for Research Committees) 등과 같은 연성법(soft law)에 대한 정비도 필요하다. 마하트마 간디(Mahatma Gandhi)의 말처럼 미래는 현재 우리가 무엇을 하는가에 달려 있다.[62)

---

62) The future depends on what we do in the present.

제10장

데이터와 인공지능

차상육
(경북대학교 법학전문대학원 교수)

바야흐로 인공지능 시대이다. 인공지능의 등장은 저작권법과 특허법을 비롯한 다양한 법제도와 이론에 커다란 도전장을 던지면서 변화를 촉구하고 있다. 심층학습(딥러닝) 등 정보처리기술의 발달과 하드웨어 저장장치 기술의 눈부신 성장, 그리고 빅데이터, 사물인터넷, 클라우드 컴퓨팅 등을 둘러싼 제반 정보통신(ICT) 기술의 비약적 발전을 배경으로 인공지능의 진화 속도도 눈부시게 달라지고 있다. 수십 년 동안 과학기술계가 인공지능 기술발전에 대해 열정과 좌절의 물결을 반복하는 과정을 경험했다면, 인공지능 역사에 있어 제3차 붐의 영역에 속하는 2010년경 이후부터 점차 인공지능의 "겨울"("winters" of AI) 시대는 가 버린 듯하다.

I. 데이터와 인공지능의 상호관계

인공지능의 개발 및 이용에 있어 데이터와는 어떤 관계가 있는 것일까. 심층학습(딥러닝)형 인공지능을 염두에 두고 그 인공지능의 개발·이용 단계를, ① 학습용 데이터셋 작성단계, ② 학습용 모델 작성단계, ③ 학습용 모델의 이용단계로 나누어, 데이터와 인공지능의 관계를 개관한다.

1. 학습용 데이터셋 작성단계

인공지능을 학습시키기 위해서는 학습용 데이터셋이 필요하다. 학습용 데이터셋을 작성하기 위해서는 당연히 그 시초가 되는 원시데이터(raw data)가 필요하다. 원시데이터(raw data)로서는 웹사이트상의 화상이나 문장 등의 데이터나 인공지능개발을 위탁하는 자가 보유하는 센서가 수집한 데이터, 기계의 가동데이터, 고객데이터 등이 있다. 현실사회에서 실용적으로 사용할 만한 정밀도가 높은 인공지능을 작성하기 위해서는 빅데이터가 필요한 경우가 많다.

예컨대, 인공지능에 의한 화상처리를 이용하여 검사대상자의 컴퓨터 단층촬영(진단)장치 (Computed Tomography: CT)의 화상에서 암의 유무를 진단하는 인공지능을 생각할 수 있다. 이런 인공지능에서 암 판정의 정밀도를 올리기 위해서는 대량의 CT화상이 필요하다. 또한 암의 진단결과의 데이터도 필요하다. 그래서 환자를 장기에 걸쳐 추적조사하여 실제로 암이 있었는지 여부를 파악할 필요가 있지만, 이것은 쉽지 않다. 암 진단 인공지능은 높은 정밀도를 가지는 것이 요구되지만, 높은 정밀도의 인공지능을 작성할 만한 대량의 정확한 데이터를 입수하는 것은 간단하지 않다. 거꾸로 그러한 데이터를 가지는 자만이 CT화상에서 암의 유무를 진단할 수 있는 인공지능을 작성할 수 있다.

그래서 인공지능 시대에서는 데이터 자체가 갖는 가치의 중요성이 인식되고, 종래 데이터에 대하여 큰 주의를 기울이지 않았던 데이터 보유자라 하더라도, 데이터에 대한 권리주장을 하는 것은 물론, 그 성과물인 학습완료모델에 대한 권리주장을 하는 것도 생각할 수 있다.

또한 원시데이터(raw data)를 어떻게 취득하는가라는 취득방법이나 시스템(장치)를 만드는 것에 관한 아이디어나 노하우도 중요하다. 원시데이터(raw data)의 사용방법에 관하여는 데이터보유자가 노하우를 가지고 있는 경우가 많지만 인공지능 개발자가 원시데이터(raw data)의 제공자에게 인공지능의 학습용에 적합한 원시데이터(raw data)의 취득방법에 관하여 컨설팅을 하는 경우도 있다.

학습용데이터셋은 원시데이터(raw data)를 수집하고 선별 및 가공하여 작성된다. 지도(기계)학습을 하기 위해서는 원시데이터(raw data)에 정답(正解) 데이터(지시데이터)를 부착하여야 하는 데이터라벨링(Data labeling) 작업이 선행하지만,[1] 이것은 막대한 노력을 요한다. 또한 원시데이터(raw data)에서 학습용데이터셋으로 가공할 때에는 데이터의 이상치(outlier, 異常値)를 제거하거나, 결손된 데이터를 메우거나 보충하는 등의 전처리에 의해 데이터의 품질을 높이는 것이 중요하고, 이러한 데이터 가공의 노하우는 인공지능에 관한 깊은 이해나 다수의 시행착오와 경험에 의하여 형성되는 것이다. 그리고 학습용 데이터셋의 양을 증가시키기 위한 데이터 증강 내지 확장기술(data augmentation)[2]의 중요성도 지적되고 있다.

그래서, 원시데이터(raw data)나 학습용데이터셋이 누구에게 귀속하는가라는 것이나 데이터 제공자가 어떠한 권리를 가지는가라는 것이 문제된다. 또한 데이터의 취득·가공에 관한 노하우의 보호도 문제된다.

그리고 인공지능을 개발할 때, 인공지능을 학습시키기 위한 데이터로서 웹사이트에 업로드되어 있는 화상이나 문장 데이터 등 타인의 저작물을 이용하는 경우에 타인의 지적재산권을 침해하는 것으로 되는지 여부도 문제된다.

---

1) 데이터 라벨링(Data labeling)이란 이미지, 영상, 텍스트 등의 데이터에 사람이 데이터 가공 도구를 활용하여 인공지능이 학습할 수 있도록 다양한 정보를 목적에 맞게 입력하는 것을 의미한다. 즉 데이터라벨링은 수많은 비정형 데이터들을 AI가 학습할 수 있도록 원시데이터에 이름(라벨)을 붙이는 작업을 말한다. 인공지능이 제대로 작동하기 위한 핵심 과정이다.
2) 데이터 증강 내지 확장(data augmentation)이란 데이터 증강, 데이터 확충 기법을 통해 실질적으로 새로운 데이터를 수집하지 않고도 교육 모형에 사용하는 데이터의 다양성을 늘릴 수 있는 전략을 말한다. 그런데 최근에는 종래의 데이터증강기법의 문제점을 극복하기 위해 새로운 접근법이 등장하고 있다. 예컨대 제한된 데이터세트를 활용해 생성적 적대 신경망(GAN) 등의 AI 모델을 훈련하기 위한 새로운 접근법의 개발이 필요한데 그것이 바로 화가들을 모방하고 암 조직의 이미지를 재현하는 등 복잡한 기술을 학습할 수 있게 된다. 요컨대 '적응형 판별기 증강(Adaptive Discriminator Augmentation: ADA)'기법은 제한된 데이터세트로 GAN 모델 훈련을 가능하게 하기 위해 개발된 데이터증강기법이라 할 수 있다. 이에 대해서는, AI타임즈 2020.12.08. 자 기사 "적은 데이터로 AI 가르친다 … 엔비디아, GAN 모델 훈련 혁신" 참조 〈https://www.aitimes.com/news/articleView.html?idxno=134695〉.

2. 학습완료모델 작성단계

심층학습(딥러닝)에서는 뉴럴 네트워크(Neural Network) 즉 신경망을 프로그램에 따라서 구축하고, 여기에 학습용 데이터셋을 부여하여 입력 데이터와 출력 데이터의 오차를 줄이도록 각 네트워크 사이의 스케일이나 가중치(weight)의 파라미터 조정이 이루어진다.[3] 이러한 조정을 반복하여 생성하는 것이 학습완료모델이다. 학습 전의 인공지능은 어떻게 우수한 알고리즘에 기초하여 프로그램하더라도 실용성이라는 관점에서는 그대로는 쓰임새나 용도 있게 되지 않는다. 그러나 알파고(Alpago)와 같이, 학습을 반복하는 것으로 세계 최강의 바둑기사에게도 압승하는 성능을 발휘할 수 있게 된다. 이처럼 실용적인 관점에서는 인공지능에서는 학습완료모델이야말로 가치가 있다고 할 수 있다. 또한 인공지능을 학습시키기 위해서는 막대한 노력이나 비용, 기계 성능(machine power)[4]이나 노하우를 요한다. 그래서 학습완료모델을 어떻게 보호하는 것인지가 문제된다.

심층학습(deep learning)형 인공지능의 학습완료모델의 기본부분은 신경망인 뉴럴 네트워크(Neural Network)의 구조를 구축하는 프로그램과 뉴럴 네트워크(Neural Network)의 노드(node)[5] 사이의 연결에 관한 가중치(加重値)의 파라미터(수치 데이터) 등으로 구성되어 있다.[6] 특히 인공지능 본체의 프로그램 부분이 범용적 프로그램이고, 오픈소

---

3) 스케일 조정이란 학습 데이터와 테스트 데이터 간의 스케일이 다르면 제대로 된 검증을 할 수 없으므로 스케일을 조정하는 것을 말한다.

4) 기계 성능(machine power)이란 벤치마크 테스크 등으로 측정한 CPU나 시스템을 구성하는 하드웨어와 소프트웨어 등의 종합 성능으로서 컴퓨터의 성능을 측정하는 매개변수이다.

5) 네트워크(Network)의 구성요소는 노드(node)와 링크(link)다. 예컨대 노드는 네트워크 참여자(사용자, 판매자, 컴퓨터 등 사람/사물)이며, 링크는 노드 사이의 연결(단면, 양면, 다면)이다.

6) 심층학습 이외의 다른 기계학습을 하는 인공지능도 기본적으로는 프로그램 부분과 데이터 부분으로 구성되어 있다는 점에서는 동일하다. 그래서 이하에서는 기계학습 중 실용적으로 널리 이용되고 있는 심층학습(딥러닝)형 인공지능을 염두에 두는 것으로 한다. 또한 파라미터는 엄밀하게는 가중치 파라미터뿐만 아니라, 가중치 파라미터에 부가하는 바이어스(bias) 수치 즉 편향값이나 학습률(learning rate) 등의 하이퍼 파라미터 등 여러 가지에 걸쳐 있지만, 여기서는 단순화하기 위하여, 심층학습(딥러닝)에서 주요 파라미터인 가중치 파라미터를 다룬다.

스 소프트웨어(Open Source Sofware: OSS) 즉 공개 소프트웨어인 경우에는 프로그램 부분으로는 차이가 없으므로 학습완료 파라미터(와 그것을 작성하는 것에 필요한 데이터)가 인공지능의 경쟁력의 원천이 된다.

학습완료모델의 프로그램 부분에 관해서는 프로그램 저작물로서 저작권이 생길 수 있는 것이 통상적이라고 생각되지만, 학습완료 파라미터에 관해서는 인공지능이 생성하는 수치(數値)의 나열이므로, 저작권이 생길 수 있는지 여부가 문제된다.

또한 이 학습완료 파라미터는 직접적으로는 인공지능이 빅데이터에 기초하여 자동적으로 생성하지만, 학습완료 파라미터의 작성에는 데이터 제공자, 인공지능 프로그램의 작성자, 인공지능을 학습시킨 자 등 다양한 인간이 관여하게 된다. 그래서 이 학습완료 파라미터라는 데이터에 대해서 대체로 누가 어떠한 권리를 가지는 것인가, 어떻게 보호하는 것인가라는 점이 새롭게 문제된다.

또한 인공지능 개발에서 오픈소스 소프트웨어(OSS)가 널리 이용되고 있지만, 오픈소스 소프트웨어 이용에 따라 생길 수 있는 문제점은 무엇인지도 문제된다.

3. 학습완료모델(학습용모델)의 이용단계

학습용 모델이 완성하면 이 학습완료모델에 새로운 데이터를 입력함으로써 출력(결과)를 얻을 수 있다. 예컨대 화상처리용 인공지능에 개의 화상을 입력하면 개일 확률이 92%이라는 출력이 돌아오게 된다.

그러나 학습완료모델이 한번 완성하면 그것으로 종료하는 것이 아니다. 기계학습하는 인공지능에서는 새로운 데이터를 사용하여 학습시켜 보다 높은 정밀도가 나오도록 학습완료 파라미터를 조정하고 진화시켜 두는 것을 생각할 수 있다. 오히려 앞으로는 항상 학습을 계속하는 학습기능을 가지는 학습완료모델이 주류로 될 것이다.[7] 학습완

---

7) 그것을 학습완료모델이라 부를 것인가는 별개의 문제이다. 다만 항상 학습을 계속하는 학습완료모델이 사회에 보급되기 위해서는 진화한 학습완료모델이 야기하는 문제점에 관하여 원래의 학습완료모델의 작성자와 추가 데이터의 투입자 중 어느 쪽이 책임을 지는가에 관한 문제를 명백히 할 필요가 있을 것이다.

료모델의 진화는 프로그램을 변경함이 없이 학습완료 파라미터를 변화시킴으로써 가능하므로, 프로그램 부분 그 자체에 가공이나 수정·보정함이 없이 실현할 수 있다.

그래서 학습완료모델이 진화하는 경우에 진화 이전의 학습완료모델의 권리자나 데이터 제공자는 진화 이후의 학습완료모델(파생모델)에 대해서 어떠한 권리를 가지는지가 문제된다.

II. 인공지능에 의한 데이터 수집 — TDM 면책 문제와 웹크롤링 등의 법적 쟁점

1. AI 학습데이터의 보호필요성

앞에서 기술한 것처럼, 인공지능(AI)이 생성한 창작물이 만들어지는 과정을 보면, 첫째 인공지능 프로그램과 딥러닝을 통해 '학습완료모델 인공지능'을 만드는 과정과 둘째 새로운 데이터를 입력하여 '학습완료모델 인공지능'을 통해 출력함으로써, 인공지능이 생성한 창작물을 실제로 만드는 과정으로 나눌 수 있다.

우선, 인공지능 프로그램과 딥러닝을 통해 '학습완료모델 인공지능(AI)'을 만든다. 그 과정은 다음과 같다. 즉 "다양한 가공되지 않은 자료" 즉 원시데이터(raw data)를 수집한다. → 이렇게 수집된 원시데이터를 모으는 과정을 통해, 원시데이터(raw data)의 집합인 데이터베이스 내지 빅데이터를 구축한다. → 이러한 데이터베이스 내지 빅데이터에서 데이터처리(선택, 가공)를 통해 심층학습(deep learning) 등 기계학습(machine learning)을 위한 데이터 집합물인 데이터셋(dataset)을 만든다. → 이러한 데이터셋을 기반으로 딥러닝 등 기계학습을 통하여 '학습완료모델 인공지능(AI)'을 만든다. 그다음 과정으로, 새로운 데이터를 입력하여 '학습완료모델 인공지능'을 통해 출력함으로써, 인공지능이 생성한 창작물을 실제로 만든다.

이처럼 학습용 인공지능(AI) 시스템은 방대한 양의 데이터를 사용하여 훈련되며, 시간이 지남에 따라 인간이 이상 징후를 식별하거나 예측하는 데 도움이 될 수 있는 패턴을 탐지하는 능력을 갖게 된다. 잘 설계된 인공지능(AI) 시스템은 새로운 데이터에 대응하여 패턴 분석을 자동으로 수정할 수 있으며, 따라서 이러한 시스템은 설명하기 어려운 원칙에 의존하는 작업에 특히 유용하다.[8]

데이터의 유형에 따라서 데이터셋을 보호대상인 저작물로서 유형화를 시도하면, 정형 데이터적인 데이터셋은 구조적인 특징상 편집저작물의 개념과 친화적이라 할 수 있고, 이와 달리 비정형 데이터적인 데이터셋은 비구조적이고 비일관적인 특징상 개개 데이터의 성격에 따라 분류되는 통상의 저작물의 개념 및 종류와 친화적이라 할 수 있다. 이에 반해 반정형 데이터적인 데이터셋은 편집저작물성과 통상의 저작물성이 혼재되어 있거나, 또는 어느 한 범주로 명확히 특정하여 구분하기 어렵다고 할 수 있다.

빅데이터나 데이터베이스를 구성하는 것은 개개 데이터나 데이터셋이다. 따라서 데이터나 데이터셋이 저작권법상 저작물성을 가진다면(예컨대, 일반텍스트 데이터나 사진, 이미지, 비디오 등 동영상, 음성, 문학 작품, 음악 등 표현적인 비정형데이터의 경우) 빅데이터나 데이터베이스를 처리함에서도 데이터셋의 보호필요성이 있다 할 것이고, 이에 따른 저작권문제가 발생할 여지가 있어 저작권법적 쟁점을 검토할 필요가 있다.

요컨대 AI의 이용과정에서 학습된 학습완료모델 인공지능을 실제로 이용하여 자신이 원하는 AI 창작물을 생성하기 위해서는, 학습완료모델 인공지능에게는 보다 많은 양과 질의 데이터나 데이터셋을 기계학습이나 딥러닝에 통해서 분석·저장하게 하는 과정이 필요하다. 딥러닝에 기반한 인공지능의 개발에는 빅데이터나 데이터베이스에서 추출되어 데이터 처리된 학습용 데이터셋이 인공지능(AI) 알고리즘과 결부되어야 할 필요가 있다. 또 빅데이터나 데이터베이스를 구축하려면 다수의 원시 데이터(raw data)를 수집할 필요가 있다. 이러한 점을 고려하면 딥러닝에 기반한 인공지능 개발을 위해서는 빅데이터나 데이터베이스 구축 못지않게 그로부터 심층학습 내지 기계학습에 필요한 데이터셋을 추출해 내는 것이 중요하고, 따라서 딥러닝 기반의 인공지능 시

---

8) Amanda Levendowski, "How Copyright Law Can Fix Artificial Intelligence's Implicit Bias Problem", Wash. L. Rev.(2018) 579, 590. 〈https://robotic.legal/wp-content/uploads/2018/09/SSRN-id3024938.pdf〉

대를 선도하기 위해서는 이러한 학습용 데이터셋을 어떻게 보호하여야 하는가를 논의할 필요성이 점점 높아지고 있다.

2. 데이터 수집과 텍스트/데이터마이닝('TDM') 면책 문제

(1) 인공지능(AI)의 학습용 데이터셋에 관한 법적 문제는 결국 인공지능에 의한 심층학습(딥러닝)이 전제되는 정보수집 시에 반드시 데이터를 추출하여 보존하면서 시작된다. 학습용 데이터셋에 저작물이 포함되어 있는 경우 데이터셋 저작물의 무단이용행위 내지 보존행위는 이른바 '복제' 등에 해당하므로, 저작권법상 문제가 발생한다.[9] 즉 학습용 데이터셋의 이용이 우리 저작권법상 저작재산권 제한사유 중 어디에 해당하는지 여부가 문제될 수 있다.

하지만, 우리법상으로는 공정이용(법제35조의5)의 요건을 충족하면 저작재산권 제한사유에 해당될 수 있다.[10] 우리 저작권법의 공정이용조항에 직접적으로 영향을 미친 미국의 경우도 역시 같은 태도를 취한다.

미국법원들은 공정이용의 4가지 요소를 모두 종합적으로 고려한 후, 데이터마이닝은 저작물 전부를 그대로 복제함에도 불구하고 원저작물을 대체하지 않는 경우는 변형적 이용으로 판단하고 있다. 이러한 변형적 이용은 원저작물의 시장에 부정적 영향을 미칠 가능성이 없다는 점에 주목함으로써 결국 데이터마이닝을 위한 저작물 이용은 미국 저작권법 제107조 소정의 공정이용에 해당하여 저작권침해로부터 면책된다

---

9) 또 다른 예를 들면, 웹(web)상에 업로드한 이미지(image) 데이터셋을 수집하여 분석하는 경우에는 이들 이미지에 대해서는 누군가가 저작권을 가지고 있을 가능성이 있으므로 이들의 데이터셋을 다운로드하여 저장소(storage)에 보존하는 행위는 "복제"나 "전송"에 해당하고, 저작권자가 가지는 복제권 내지 전송권의 침해로 될 가능성이 있다.

10) 박성호, "텍스트 및 데이터 마이닝을 목적으로 하는 타인의 저작물의 수집·이용과 저작재산권의 제한 —인공지능과 빅데이터 활용을 중심으로", 『인권과 정의』 제494호, 대한변호사협회, 2020.12. 63~66면; 홍승기, "데이터마이닝 면책 입법 방향에 대한 의문", 『경영법률』 제32집 제4호, 한국경영법률학회, 2022.7, 34~36면; 차상육, "저작권법상 인공지능 학습용 데이터셋의 보호와 쟁점 — 텍스트·데이터마이닝(TDM) 면책규정을 중심으로", 『경영법률』 제32집 제1호, 한국경영법률학회, 2021.10, 33~36면 및 43~48면.

는 취지의 판결을 내리고 있다.[11] 현재의 해석론으로서 보면, 우리 저작권법 제35조의
5(공정이용) 조항의 해석에도 이러한 미국 법원의 판결의 태도를 적극적으로 원용할 필
요가 있을 것이다.

(2) 심층학습 과정에서 '비표현적 이용의 항변' 가부 및 데이터마이닝(TDM)의 면책
문제가 쟁점이 된다. 즉, 심층학습(Deep Learning) 내지 기계학습(Machine Learning)을 통
해 인공지능을 학습시키는 과정에서 투입된 학습용 데이터에 대한 이용이 저작권법상
아무런 문제가 없는지가 문제된다. 이른바 '비표현적 이용의 항변'(A "non-expressive use
defense")이 허용되는지 여부의 문제라 할 수 있다. 법정에서 저작권침해 주장에 이의
를 제기할 경우 딥러닝 내지 머신러닝의 맥락에서 독자적인 비표현적 이용 항변이 승
승장구할 수 있을지 여부의 문제이다. 어떤 방식으로든 저작권이 있는 작품의 복제를
허가하는 독점권은 보편적 개념으로 인정될 수 있다. 따라서 머신러닝은 한 부 또는
심지어 여러 부의 복사본이 학습용 데이터로 사용되는 모든 작업에 대해 만들어진다
는 조건으로서 종종 근본적인 문제에 직면한다. 따라서 중요한 문제는 딥러닝 내지 머
신러닝 용도의 복사가 법률의 의미 내에서 복제되는지 여부, 그리고 만약 그렇다면 그
러한 사용을 합법적으로 제공하는 법적 개념이 있는지 여부다. 저작권은 독창적인 창
작 표현이 포함된 작품만을 보호한다. 이른바 '아이디어-표현 이분법'은 작품에 포함된
사실, 아이디어, 개념, 발견을 자유롭게 한다. 역사적으로 저작권은 저작물의 대중적
확산을 통제함으로써 표현적 대체 행위로부터 작가를 보호하는 것이 저작권의 주된
기능이었다. 저작권은 결코 작품에 대한 접근이나 사용을 규제하는 것이 아니었다. 데
이터 자동 추출과 같이 대중에게 표현적 요소를 전혀 전달하지 않는 순수하게 비표현
적 목적을 위한 복사는 일반적으로 침해로 간주되어서는 안 된다. 각각의 저자들의 창
조적인 아이디어는 초점이 맞지 않고 학습된 신경망의 최종 설계와 학습된 세트의 창
의적인 표현 사이에는 인과관계가 없다.[12]

---

11) Authors Guild, Inc. v. Google Inc., 804 F.3d 202. (2d Cir. 2015); Authors Guild v. HathiTrust,
    755 F.3d 87 (2d Cir. 2014).

이른바 '딥러닝형(型) 인공지능'[13]이 형성하는 창작물을 염두에 두고 그 인공지능 창작물의 생성과정을 절차적으로 보면,[14] 크게 인공지능은 심층학습 등을 통해 학습하기 이전의 '학습전 인공지능'과 학습후의 '학습된 인공지능'으로 나뉠 수 있다. 좀 더 세부적으로는, (ⅰ) 학습용 데이터 수집·작성단계[15] → (ⅱ) 학습완료모델 인공지능의 작성단계[16] → (ⅲ) 학습완료모델 인공지능의 이용단계[17]로 나눌 수 있다.

심층학습된 인공지능 창작물의 생성과정에서는 이른바 데이터마이닝('Text and Data Mining': TDM) 면책이 쟁점이 된다. 인공지능은 학습과정을 위해 엄청난 양의 데이터나 데이터셋을 필요로 한다. 즉 학습된 모델의 인공지능이 개발되려면 학습에 필요한 데이터(데이터베이스, 데이터셋, 빅데이터 등)에 기반하여 심층학습 내지 기계학습을 거치는 것이 중요하다. 그런데 데이터나 데이터셋의 수집과 이용과정을 보면, 그 데이터 등이 타인이 저작권을 가지는 저작물(예컨대 화상, 음성, 문장)인 경우 그 데이터 등을 심층학습 내지 기계학습을 위해 인공지능 프로그램에 입력하는 것이 과연 저작권 침해로 평가될 수 있는지, 그렇지 않으면 저작재산권 행사가 제한될 수 있는지 여부가 중요한 쟁점 내지 현안으로 떠오르고 있다. 이른바 'Text and Data Mining'의 저작권 제한 문제 내지 TDM 면책 규정의 입법 필요성이 문제된다.

한편, 종래 해석론상 공정이용의 법리상 4가지 요소를 고려하면, 비표현적 이용은

---

12) Daniel Schönberger, "Deep Copyright: Up- and Downstream Questions Related to Artificial Intelligence (AI) and Machine Learning (ML)", (2018), pp.13~14. ⟨file:///C:/Users/user/AppData/Local/Microsoft/Windows/INetCache/IE/CMWD6T8K/SSRN-id3098315.pdf⟩

13) 이른바 '딥러닝형(型) 인공지능'에서는 그 주요부분은 신경망(neural network)의 구조(構造)를 구축하는 프로그램 부분과 신경망(neural network)의 변수를 표현하는 노드(node) 사이의 결합이나 관계에 관한 가중 변수(Weight Parameters) 부분(수치행렬)로 구성되어 있다. 여기서 신경망은 거의 사람 뇌의 동작에 가깝게 만든 프로그램이나 데이터구조 시스템을 말한다. 한편 노드(node)란 데이터 통신망에서 데이터를 전송하는 통로에 접속되는 하나 이상의 기능 단위로서, 주로 통신망의 분기점이나 단말기의 접속점을 이른다.

14) 福岡眞之介 編著, 『AIの法律と論点』, 商事法務, 2018.3, 26~30頁.

15) 福岡眞之介 編著, 前揭書, 26頁.

16) 福岡眞之介 編著, 前揭書, 28頁.

17) 福岡眞之介 編著, 前揭書, 29~30頁.

일반적으로 비침해가 될 것이다. 주로 딥러닝이나 머신러닝이 매우 변형적이고 공정한 이용 원칙의 의미 내에서 인지 가능한 시장 효과가 없다는 것에 의존한다. 이는 순환성으로 붕괴되지 않기 위해서가 아니라, 가능한 관련 시장을 표현 대체 시장으로만 제한한다.[18]

(3) 사물인터넷에 의해 집적된 데이터셋을 분석하거나 인공지능개발을 위해 빅데이터로부터 필요한 데이터 셋(dataset)을 데이터마이닝(data mining)이나 텍스트마이닝(text mining) 하는 것이 데이터관련 ICT업계의 최대의 과제가 되었다.

데이터셋을 주제로 삼아 지적재산권법 차원에서 정면에서 다룬 문헌은 비교법적으로 쉽게 찾아보기 어렵다. 다만, 데이터셋의 저작권법상 보호방안은 종래의 데이터나 데이터베이스의 저작권법상 보호방안에 대한 논의가 그대로 이어진다고 볼 수 있다.

오늘날 빅데이터를 디지털 방식으로 저장하고 인공지능(AI)를 통해 분석하는 기술인「텍스트마이닝(text mining)/데이터마이닝(data mining)」(이하 'TDM')은 디지털 경제의 핵심 자원으로 되고 있다. 이런 점을 감안하여 TDM과정에서 제기되는 문제 즉 데이터나 데이터셋에 타인의 저작물 등이 포함되어 있는 경우 저작권 침해 문제 등을 극복하기 위한 대안으로서의 입법적 대응과 관련하여 주요국의 입법동향과 내용을 검토할 필요가 있다.[19][20]

주요국의 태도를 비교법적으로 고찰하면, 우리 저작권법상 텍스트 · 데이터마이닝(TDM) 면책을 위한 입법론(立法論)으로서는 영국저작권법 제29A조와 독일저작권법 제60d조와 같은 취지의 텍스트 · 데이터마이닝 면책조항을 신설하는 방향이 바람직하다. 특히 우리 저작권법 개정을 통해 '비상업적 목적'의 텍스트 · 데이터마이닝(TDM)에 필요한 저작재산권 제한규정을 개별적으로 신설할 필요가 있다.

---

18) Daniel Schönberger, op.cit., p.15.

19) 한편, 데이터셋의 이용에 있어 기업이 스스로 작성한 데이터셋을 이용하는 경우에는 저작권법적으로는 특단의 문제는 생기지 않는다. 또 제3자가 가지는 데이터셋을 이용하는 경우라 하더라도 그 제3자와 사이에 유효한 합의에 기초하여 행하는 한 저작권법적으로는 특단의 문제는 생기지 않는다.

20) 차상육, 앞의 논문, 1~55면; 홍승기, 앞의 논문, 1~44면 참조.

다만 일본 저작권법 30조의4(저작물에 표현된 사상 또는 감정의 향유를 목적으로 하지 않는 이용) 등은 상업적 또는 비상업적 목적에 상관없이 TDM 활동을 명시적으로 허용하는 것으로 해석될 여지가 있다. 일본의 TDM 예외규정은 상업적 및 비상업적 목적, 그리고 연구 및 기타 목적의 광범위한 TDM 예외를 포괄하는 것으로 보여서, 이 규정은 저작권자의 본질적 이익과 충돌할 우려가 크다 할 것이므로 입법론으로서 수용하기 어렵다고 생각한다.

이런 점에서 2021년 1월 15일 도종환 의원이 대표발의한 저작권법 전부개정법률안(의안번호: 2107440호) 제43조 제1항은 '상업적 목적'에까지 텍스트·데이터마이닝 면책규정의 허용범위를 넓히고 있어 비판을 면하기 어렵다 할 것이다.

요컨대 학술적 연구 등 이외에 해석상 '상업적 목적'까지 데이터 분석을 허용하는 것은 해당 저작물의 종류 및 용도와 해당 이용형태에 비추어, 저작권자의 이익을 부당하게 침해할 가능성이 매우 높다고 판단되므로 정당한 대가나 보상이 뒷받침되어야 할 것이다. 그러므로 이러한 우려를 극복할 수 있도록 비상업적 목적에 한하여 허용범위를 제한하는 방향으로 개정안(2021년 저작권법 전면 개정안 중 TDM 관련 규정)의 내용을 수정하는 것이 타당하다. 이러한 접근방법이 저작권자와 이용자 사이의 법익균형의 관점 내지 국제적 조화의 면에서 보다 바람직하다. 결국 상업적 혹은 영리적 목적을 위한 텍스트·데이터마이닝의 허용여부는 우리 저작권법상 공정이용 조항(35조의5)에 기초한 해석론으로 해결하는 것이 법익균형의 관점에서 바람직한 접근방법이라고 생각한다.

3. 크롤링·미러링 등에 의한 데이터 수집과 데이터베이스제작자의 권리침해 여부

(1) 크롤링(Crawling)이나 스크래핑(Scraping) 또는 미러링(Mirroring)에 의한 데이터셋에 접근과 면책규정의 적용여부도 쟁점이 될 수 있다. 즉, 데이터나 데이터셋을 수집하기 위하여, 무단으로 로봇(AI)을 이용하여 크롤링이나 스크래핑 또는 미러링 기법[21]을 통하여 데이터셋에 접근한 경우 데이터마이닝 면책규정을 적용할 수 있느냐 하는

것이 문제될 수 있다. 즉 데이터나 데이터셋에의 접근에 적법한 방법을 요하는지 여부의 문제다.

우선, 데이터마이닝(TDM)을 위해서도 적법한 접근 방법을 요한다는 개정안 내지 외국 입법례가 있다. 우리 정부의 2020년 11월 개정안 제35조의5 제1항 제1호에 따르면, TDM을 위한 복제·전송의 면책요건으로 추가적으로, "그 저작물에 대하여 적법하게 접근할 수 있는 경우일 것"을 두고 있다. 비교법적으로는 영국저작권법 제29A조에서는 저작권침해의 사전예방적 차원에서 데이터마이닝의 대상 콘텐츠에 '적법한 접근 권한'이 있는 자(a person who has lawful access to the work)에 한하여 저작재산권 제한 규정이 적용됨을 명시하고 있다.

그러나 이러한 태도는 이른바 '접근통제'의 문제로 이어질 우려가 있고, 관련 기업이나 산업계에서마저 데이터마이닝 자체를 주저할 우려마저 낳을 수 있어 과연 데이터마이닝 면책규정을 둔 입법취지에 부합하는지 의문이 든다.

2020년 저작권법 제35조의5에 대한 3차 개정안(2020년 11월 2일자)[22] 설명자료에 따르면, 해당 저작물에 불법적으로 접근하는 경우로써, 예컨대 해킹, 불법다운로드에는

---

21) '크롤링'(crawling)은 무수히 많은 컴퓨터에 분산 저장돼 있는 정보를 특정 키워드 등을 활용해 긁어모아 검색 대상의 색인으로 포함시키는 기술을 말한다. 통상적인 크롤링은 주체를 명시하고 크롤링한 정보를 웹페이지에 나타낼 경우 출처를 밝힌다. 또 '스크래핑'(scraping)은 컴퓨터 프로그램이 다른 프로그램에서 생성된 결과물로부터 데이터를 추출하는 기법을 말한다. 데이터 스크래핑은 애플리케이션을 이용해 웹사이트에서 중요한 정보를 추출하는 과정을 말하는 웹 스크래핑에서 나타나는 경우가 많다. 한편 '미러링'(Mirroring)은 컴퓨터 그래픽에서 어떤 도형의 거울에 비친 이미지를 표시하기 위하여 조작하는 일을 말한다.

22) 〈표〉 저작권법 3차 개정안(2020년 11월 2일자) 제35조의5

저작권법 3차 개정안(2020년 11월 2일자) 제35조의5
제35조의5(정보분석을 위한 복제·전송)
① 컴퓨터를 이용한 자동화 분석기술을 통해 다수의 저작물을 포함한 대량의 정보를 해석(패턴, 트렌드, 상관관계 등의 정보를 추출하는 것)함으로써 추가적인 정보 또는 가치를 생성하기 위하여 다음 각 호의 요건을 갖춘 경우에는 필요한 한도 안에서 저작물을 복제·전송할 수 있다.
1. 그 저작물에 대하여 적법하게 접근할 수 있는 경우일 것
2. 그 저작물에 표현된 사상이나 감정을 스스로 체감하거나 다른 사람에게 체감하게 하는 것을 목적으로 하는 경우가 아닐 것
② 제1항에 따라 만들어진 복제물은 정보분석을 위해 필요한 한도 안에서 보관할 수 있다.

적용되지 않는다고 기술되어 있다. 이 쟁점은 TDM 허용범위의 한계 관련 해석 문제이기도 하다.

요컨대 적법한 접근방법에는 원칙상 저작권자 등 권리자로부터 명시적인 사전동의를 얻어서 이용하는 경우라고 해석할 수 있다. 다만 묵시적 동의를 얻어서 이용하는 경우에도 적법한 접근방법이라고 평가할 수 있는지 여부는 향후 개별·구체적 사례에서 법원의 적절한 판단에 따라 사례마다 달리 판단될 여지가 있다고 보인다.

(2) 최근 대법원은 웹크롤링에 의한 데이터 수집이 저작권법 제93조에 따른 데이터베이스제작자의 권리 침해에 해당하는지 여부에 관해 판결한 바 있다. 이 사건 제1심[23]은 피고인들에 대해 정보통신망법 위반(정보통신망침해 등), 저작권법위반, 컴퓨터등장애업무방해에 대해서 모두 유죄를 선고하였고 피고인들만이 항소하였다. 원심(항소심)[24]에서는 1심 판결을 파기하고 피고인들에게 전부 무죄를 선고하였고 이에 검사가 상고하였다. 대법원[25]은 검사의 상고를 모두 기각하였다.[26]

대법원 판결의 내용에 따르면, 특히 저작권법 위반죄의 성립 여부에 대해, 데이터베이스제작자의 권리가 침해되었는지 판단하는 방법을 설시하면서 저작권법 위반죄에 대해 무죄를 선고한 원심의 판단을 유지하였다. 대법원의 판결요지는 이하와 같다.

【사안의 개요】[27]

대상판결의 사안의 요지는 이하와 같다.

즉 피고인 甲회사는 숙박업체 정보제공 및 예약서비스를 제공하는 A 어플리케이션을 운영하는 업체이다. 피고인 1은 갑의 대표이사, 피고인 2부터 피고인 5(이하 '피고인들'이라 한다)는 갑 회사의 직원들이다. 피해자 주식회사 야놀자(이하 '피해자 회사'라고 한다)의 '바로예약 애플리

---

23) 서울중앙지방법원 2020. 2. 11. 선고 2019고단1777 판결.

24) 서울중앙지방법원 2021. 1. 13. 선고 2020노611 판결.

25) 대법원 2022. 5. 12. 선고 2021도1533 판결.

26) 정현순, "저작권법상 데이터베이스제작 권리 침해에 관한 연구 ― 대법원 2022. 5. 12. 선고 2021도1533 판결을 중심으로", 『계간저작권』, (2022 가을호), 한국저작권위원회, 2022.9, 162면.

케이션'(이하 '이 사건 앱'이라고 한다)과 통신하는 API(Application Programming Interface) 서버의 URL과 API 서버로 정보를 호출하는 명령구문들을 알아내어, 자체 개발한 원심 판시 '야놀자 크롤링 프로그램'을 사용하여 API 서버에 명령구문을 입력하는 방식으로 피해자 회사의 숙박업소 정보를 수집하였다.

피고인들은 2016. 1. 11.경부터 같은 해 6. 27.경까지 264회에 걸쳐 한번에 3개 항목에서 많게는 8개 항목의 피해자 회사 숙박업에 관련 정보를 수집하였는데, 피고인들이 이렇게 수집한 정보들은 피해자 회사의 데이터베이스의 50여 항목 중 16개 항목에 이른다.

【판결내용】

가. 데이터베이스제작자는 그의 데이터베이스의 전부 또는 상당한 부분을 복제·배포·방송 또는 전송(이하 '복제 등'이라고 한다)할 권리를 가지고(저작권법 제93조 제1항), 데이터베이스의 개별 소재는 데이터베이스의 상당한 부분으로 간주되지 않지만, 개별 소재의 복제 등이라 하더라도 반복적이거나 특정한 목적을 위하여 체계적으로 함으로써 해당 데이터베이스의 통상적인 이용과 충돌하거나 데이터베이스제작자의 이익을 부당하게 해치는 경우에는 해당 데이터베이스의 상당한 부분의 복제 등으로 본다(저작권법 제93조 제2항). 이는 지식정보사회의 진전으로 데이터베이스에 대한 수요가 급증함에 따라 창작성의 유무를 구분하지 않고 데이터베이스를 제작하거나 그 갱신·검증 또는 보충을 위하여 상당한 투자를 한 자에 대하여는 일정기간 해당 데이터베이스의 복제 등 권리를 부여하면서도, 그로 인해 정보공유를 저해하여 정보화 사회에 역행하고 경쟁을 오히려 제한하게 되는 부정적 측면을 방지하기 위하여 단순히 데이터베이스의 개별 소재의 복제 등이나 상당한 부분에 이르지 못한 부분의 복제 등만으로는 데이터베이스제작자의 권리가 침해되지 않는다고 규정한 것이다.

데이터베이스제작자의 권리가 침해되었다고 하기 위해서는 데이터베이스제작자의 허락 없이 데이터베이스의 전부 또는 상당한 부분의 복제 등이 되어야 하는데, 여기서 상당한 부분의 복제 등에 해당하는지를 판단할 때는 양적인 측면만이 아니라 질적인 측면도 함께 고려하여야 한다. 양적으로 상당한 부분인지 여부는 복제 등이 된 부분을 전체 데이터베이스의 규모와 비교하여 판단하여야 하며, 질적으로 상당한 부분인지 여부는 복제 등이 된 부분에 포함되어 있는 개별 소재 자체의 가치나 그 개별 소재의 생산에 들어간 투자가 아니라 데이터베이스제작자가 그 복제 등이 된 부분의 제작 또는 그 소재의 갱신·검증 또는 보충에 인적 또는 물적으로 상당한 투자를 하였는지를 기준으로 제반 사정에 비추어 판단하여야 한다.(밑줄 필자)

또한 앞서 본 규정의 취지에 비추어 보면, 데이터베이스의 개별 소재 또는 상당한 부분에 이르지 못하는 부분의 반복적이거나 특정한 목적을 위한 체계적 복제 등에 의한 데이터베이스제작자의 권리 침해는 데이터베이스의 개별 소재 또는 상당하지 않은 부분에 대한 반복적이고 체계적인 복제 등으로 결국 상당한 부분의 복제 등을 한 것과 같은 결과를 발생하게 한 경우에 한하여 인정함이 타당하다.(밑줄 필자)

나. 원심은 다음과 같은 사정을 들어 이 사건 공소사실 중 데이터베이스제작자의 복제권 침해로 인한 저작권법 위반의 점을 무죄로 판단하였다. ① 피고인 1 등이 피해자 회사의 API 서버로

부터 수집한 정보들은 피해자 회사의 숙박업소 관련 데이터베이스의 일부에 해당한다. ② 위 정보들은 이미 상당히 알려진 정보로서 그 수집에 상당한 비용이나 노력이 들었을 것으로 보이지 않거나 이미 공개되어 있어 이 사건 앱을 통해서도 확보할 수 있었던 것이고, 데이터베이스의 갱신 등에 관한 자료가 없다. ③ 이러한 피고인 1 등의 데이터베이스 복제가 피해자 회사의 해당 데이터베이스의 통상적인 이용과 충돌하거나 피해자의 이익을 부당하게 해치는 경우에 해당한다고 보기 어렵다. (밑줄 필자)

다. 원심판결 이유를 앞서 본 법리와 기록에 비추어 살펴보면, 원심의 판단에 논리와 경험의 법칙을 위반하여 자유심증주의의 한계를 벗어나거나 데이터베이스제작자의 권리 침해로 인한 저작권법 위반죄의 성립에 관한 법리를 오해하여 판결에 영향을 미친 잘못이 없다.

(3) 대상판결의 의의를 검토하면, 대법원은 이 판결에서 정보의 유통이나 이용에 과도한 제한이 발생하거나 정보 독점 문제에 대한 우려와 데이터의 이용 및 활용에 대한 환경변화를 고려하면서 데이터베이스제작자의 권리침해 요건인 '상당한 부분' 및 '반복적·체계적 복제'에 관해서 명확한 판단기준을 제시하였다고 할 수 있다.

관련 민사사건을 보면, 피해자 회사는 피고인 회사를 상대로 데이터베이스제작자 권리 침해 및 부정경쟁방지법 제2조 제1호 (파)목의 성과도용행위를 부정경쟁행위로 보아 선택적 청구원인으로 하여 침해금지 및 손해배상청구 소송을 제기하였다. 이에 대해 1심과 항소심은 피해자 회사의 제휴 숙박업소 정보가 원고의 상당한 투자나 노력으로 만들어진 성과에 해당하고, 피해자 회사가 이와 같은 성과물을 공정한 상거래 관행이나 경쟁질서에 반하는 방법으로 피고인 회사의 영업을 위하여 무단으로 사용함으로써 피해자 회사의 경제적 이익을 침해하였다는 이유로 부정경쟁행위에 근거한 청구를 일부 인용한 바 있다.

한편 웹크롤링 관련 선행판결로서는,[28] 우선 (i) 잡코리아 대 사람인 사건[29]으로서, 피고 경쟁회사(사람인)가 원고 선발업체(잡코리아)의 웹사이트 게시판에 게시된 채

---

27) 정현순, 앞의 논문, 161면.

28) 정현순, 앞의 논문, 169~170면.

29) 대법원 2017. 8. 24. 선고 2017다224395 판결; 원심은, 서울고등법원 2017. 4. 6. 선고 2016나 2019365 판결.

용정보 전부를 원고 동의 없이 수집 프로그램을 통해 크롤링하여 피고의 웹사이트 서버에 저장한 후 피고 웹사이트에 일부 게재한 사안에서, 원심(항소심)과 대법원은 모두 데이터베이스 제작자의 권리 침해를 인정하였다. 또 (ⅱ) 리그베다위키 사건[30]으로서, 원고는 웹사이트 리그베타위키를 운영하였는데 피고가 원고 웹사이트에 집적된 자료 전부를 그대로 복제하여 피고 운영 웹사이트 엔하위키 미러에 게재한 사안에서, 원심과 대법원은 모두 원고의 데이터베이스제작자로서의 복제권 및 전송권 침해를 인정하였다. 또 (ⅲ) 경매정보 사건[31]으로서, 원고는 인터넷상 부동산경매에 관한 정보제공서비스를 제공하였는데, 피고들이 원고의 허락없이 원고의 인터넷 홈페이지에 게시된 각 경매사건의 매각금액에 관한 정보를 무단 복제하여 피고들이 운영하는 인터넷 홈페이지에 게시한 사안에서, 대법원과 원심은 모두 원고의 데이터베이스제작자의 권리 침해를 인정하였다.

결국 대상판결과 관련 민사판결을 종합하면, 우선 데이터베이스의 소재 자체는 부정경쟁방지법 제2조 제1호 (파)목의 성과도용 부정경쟁행위의 규제로써 보호될 수 있다 할 것이다. 나아가 최근 부정경쟁방지법 개정으로 데이터 부정취득, 사용행위 등도 부정경쟁행위의 유형에 추가되었다.[32]

요컨대 대상판결은 정보의 유통이나 이용에 과도한 제한이 발생하거나 정보 독점 문제에 대한 우려를 고려하고 또 부정경쟁방지법상 데이터 부정사용행위를 부정경쟁행위의 유형에 추가 신설 등 데이터의 이용 및 활용에 대한 환경변화를 고려한 결과, 특히 형사사건에서는 저작권법상 데이터베이스제작자의 권리 범위를 좁게 해석한 것으로 보인다.

---

30) 대법원 2017. 4. 13. 선고 2017다204315 판결; 원심은, 서울고등법원 2016. 12. 15. 선고 2015나 2074198 판결.

31) 대법원 2016. 9. 9. 선고 2016다223227 판결; 원심은, 서울고등법원 2016. 5. 12. 선고 2015나 2004441 판결.

32) 차상육, "2021년 개정 부정경쟁방지법상 데이터 보호와 부정사용행위의 규제 — 2021. 12. 7. 신설된 (카)목을 중심으로", 『정보법학』 26권 2호, 한국정보법학회, 2022.8, 31~84면 참조.

Ⅲ. 데이터의 학습과 인공지능 ― 학습완료모델의 법적 보호

1. 서 론

인공지능에 관하여 일반적으로는 인공지능 전체를 가리켜 인공지능의 프로그램이라 부르지만, 분석적으로 보면 컴퓨터에 대한 명령인 프로그램 부분과 프로그램에서 이용한 데이터 부분으로 구성되어 있다고 할 수 있다.[33] 예컨대 심층학습(딥러닝)형 인공지능에서는 그 주요부분은 신경망인 뉴럴 네트워크(Neural Network)의 구조를 구축하는 프로그램 부분과 신경망인 뉴럴 네트워크의 노드(node) 사이의 연결에 관한 가중치(weight) 파라미터 부분(수치행렬)으로 구성되어 있다.

기계학습형 인공지능에서 학습한 인공지능은 '학습완료모델'이라 부르고 있다. 언어의 정의 문제이지만, '학습완료모델'에 관해서는 일반적으로는 프로그램 부분과 학습완료 파라미터 부분의 양쪽을 포함하는 것으로서 이용되고 있고, 학습완료 파라미터만을 의미하는 것으로서 이용되고 있는 것은 적기 때문에, 여기서는 전자의 의미로 이용한다.

소프트웨어적으로 보더라도 학습완료모델은 전체로서 프로그램이라고 할 수 있지만, 분석적으로 보면 프로그램 부분과 학습완료 파라미터 부분으로 구성되어 있다고 할 수 있다.

실용적인 학습완료모델을 작성하기 위해서는 인공지능의 프로그램을 작성하는 것뿐만 아니라, 대량의 학습용 데이터셋을 준비한 뒤 인공지능에 그것을 읽게 해서 막대한 기계 성능(machine power)을 사용하여 학습시키는 것이 필요하고, 여기에는 많은 노력과 비용, 시간, 노하우가 필요하다. 예컨대 알파고(AlphaGo)[34]는 2016년에는 10만

---

33) 프로그램 부분도 컴퓨터에서 보면 데이터이고, 프로그램 부분도 데이터 부분도 궁극적으로는 데이터라고 할 수 있지만, 프로그램의 소스코드에서는 프로그램 부분은 인간이 이해가능한 프로그램 언어로 기술된 것에 대하여 데이터 부분은 수자나 문자열의 나열이므로 양자의 구별은 일응 가능한 것이 통상적이다.

개의 기보를 판독하여 자기대국을 3000만 회를 행하고, 1202개의 CPU와 176개의 GPU를 사용하였다고 한다.

인공지능 프로그램에 관해서는 오픈소스 소프트웨어(Open Source Software: OSS)가 보급되고 있으므로 프로그램으로 차별화를 도모하는 것은 쉽지 않은 상황으로 될 수 있다. 그래서 데이터나 학습방법에 따라서 차이가 나오는 학습완료모델이 비즈니스적으로는 중요한 가치를 가지게 된다.

한편 학습완료모델과 같은 전자화된 프로젝트는 무단 복제나 무단이용하는 것이 유체물과 비교하여 기술적으로 쉽고 침해로 되기 쉽다는 특징이 있다. 그래서 이러한 학습완료모델의 지적재산 혹은 지적재산권을 어떻게 보호하는지가 문제된다.

이하에서는 학습완료모델을 구성하는 프로그램 부분 및 데이터 부분(학습완료 파라미터 부분)과 학습완료모델 전체에 대한 법적 쟁점에 관하여 서술한다.

2. 프로그램 부분

인공지능의 프로그램 부분에 관한 저작권법상 취급에 관해서는 프로그램 저작물의 일반론이 적합하다.

심층학습(딥러닝)을 예로 들면, 추상적인 신경망인 뉴럴 네트워크(Neural network)의 구조[뉴럴 네트워크의 단층수, 각 단층의 결합상태, 각 단층에서 데이터 처리방법, 각 노드(node)에서 함수의 종류, 오차의 수정방법 등]에 관하여는 아이디어에 속한다. 저작권법상 아이디어를 보호대상으로 하지 않으므로 뉴럴 네트워크(Neural network)의 구조에 관한 아이디어는 저작권법에 의해서는 보호되지 않는다.[35]

다만 인공지능을 컴퓨터 처리하기 위해서는 뉴럴 네트워크의 구조 등을 프로그램으로서 기술하게 된다. 뉴럴 네트워크의 구조 등을 기술한 프로그램은 표현물이므로 프로그램 저작물로 될 수 있다. 다만 프로그램이라면 모두가 저작물로 되는 것이 아니라

---

34) 알파고(AlphaGo)는 구글의 딥마인드가 개발한 인공지능 바둑 프로그램이다.

35) 아이디어는 예컨대 구체적인 사양서나 설계도 등에 표현되면 그들 표현은 저작물로서 보호될 수 있다.

저작권법 제2조 제1호에 정한 저작물의 정의규정상 요구되는 '창작성' 등의 요건을 충족할 필요가 있다. 상업베이스에서 개발된 인공지능 프로그램은 일반적으로는 복잡하고 고도한 프로그램이므로 기술한 선택의 폭이 넓고 창작성이 인정되며 일반론으로서는 저작물로서 요구할 가능성이 높다고 할 수 있다.

프로그램 부분이 프로그램 저작물에 해당하면, 해당 프로그램을 창작한 자가 저작자이다. 인공지능 프로그램은 통상 법인의 업무로서 창작되는 경우가 많다고 생각할 수 있다. 해당 법인의 종업원 등이 직무상 작성한 프로그램 저작물의 저작자는 계약 등에 특별히 정한 바가 없는 한 업무상저작물의 저작자인 그 법인이 되므로(저작권법 제9조[36]), 그 법인이 저작재산권 및 저작인격권을 누리게 될 것이다.

이처럼 인공지능 프로그램 부분은 프로그램 저작물로서 저작권법에 의하여 보호될 가능성이 높다.

3. 학습완료 파라미터(parameter) 부분

(1) 문제제기

그렇다면 인공지능의 학습완료 파라미터(매개변수)에 관한 저작권법상의 취급에 관하여는 어떻게 생각하면 좋을 것인가.

학습완료 파라미터[37]는 학습용 데이터셋을 인공지능 프로그램 부분을 판독시킴으

---

36) 저작권법 제9조(업무상저작물의 저작자) 법인 등의 명의로 공표되는 업무상저작물의 저작자는 계약 또는 근무규칙 등에 다른 정함이 없는 때에는 그 법인 등이 된다. 다만, 컴퓨터프로그램저작물(이하 "프로그램"이라 한다)의 경우 공표될 것을 요하지 아니한다.

37) '초거대AI'는 인공 신경망인 매개변수(파라미터)를 수천억 개까지 늘린 AI다. '초거대AI'는 대용량 데이터를 스스로 학습해 인간처럼 종합적 추론이 가능한 차세대 인공지능(AI)이다. 기존 AI보다 수백 배 이상의 데이터 학습량이 필요하며 판단 능력도 향상된 형태이다. 종래 바둑에만 특화된 알파고처럼, 기존 AI는 구체적 사업·목적·필요에 따라 설계되는 게 보통이었다. 이에 비해 초거대AI는 일단 구축만 해 두면 이를 통해 여러 AI 서비스를 개발할 수 있다. 기술기업 입장에선 매번 별도 AI를 개발하기보다 초거대AI 하나를 개발하는 게 효율적이라는 판단이 서게 됐다. 초거대AI는 이미 국내에도 많은 기업들이 개발·운영하고 있다. 한국에선 네이버가 오픈AI, 화웨이에 이어 2021년 5월 세계에서 세 번째로 초거대AI 하이퍼클로바(HyperCLOVA)를 공개했다. 돌봄이 필요한 독거노

로써 생성하고, 수치행렬(數値行列)로서 표현되는 경우가 많다고 생각된다. 이렇게 프로그램을 조작함으로써 출력물(output)이 발생하는 경우에 관해서도 출력물(output)이 저작물의 요건을 충족하는 한 저작권이 발생한다. 표현물이 단순한 기호인 것이 저작물성을 부정하는 이유로 되지는 않는다.

일본의 38)에서 법원은 중의원의원총선거의 입후보자의 당선예측판례 중, 총선거당락예상표사건(總選擧當落豫想表事件)을 ○, △, ▲의 기호로 나타낸 당락예상표에 관하여 국정수준의 정치동향의 일환으로서의 총선거의 결과예측을 한 지적정신활동의 소산이고, 게다가 그 표현에는 작성자의 개성이 나타나 있다고 하여, 저작물성을 인정하였다. 따라서 학습완료 파라미터가 수치인 것만을 이유로 저작물성이 인정되지 않는다고 하는 견해는 잘못이라고 생각할 수 있다.

그렇다면 수치로 표현된 학습완료 파라미터는 저작물로서 보호되는 것일까.

학습완료 파라미터(매개변수)는 데이터이지만, 종래의 프로그램에서 데이터는 프로그램 부분에 따라서 처리되는 대상으로서의 데이터인 경우가 많았지만, 학습완료 파라미터는 프로그램에 의한 처리방법의 근간을 규정하는 데이터인 점에서 가변적이지만 프로그램의 일부라고까지 말할 수 있다.

그런데 프로그램 부분과 데이터 부분의 의존관계가 강하고, 데이터 부분이 특정한 프로그램에 있어서만 이용할 수 있는 것에 관해서는 데이터 부분만을 복제하더라도 다른 프로그램에서는 동작하지 않고, 데이터 부분만으로는 이용가치는 낮은 것이 일반적일 것이다.

예컨대, 심층학습(딥러닝)형 인공지능에서는 학습완료 파라미터는 뉴럴 네트워크(Neural network)의 각 노드(node) 사이의 가중치(weight)를 나타낸 수치와 각 노드의 바

인에게 AI가 전화를 걸어 식사·수면·건강 관련 안부를 확인하는 클로바 케어콜, 녹취록 작성 등에 널리 활용되는 클로바 노트도 이 초거대AI를 이용한다. 이 밖에 카카오는 GPT-3 모델의 한국어 특화 버전인 KoGPT를, LG는 엑사원을, SK텔레콤은 에이닷을 보유하고 있다. 국내 기업들이 빠른 속도로 초거대AI를 구축할 수 있던 것은 AI 산업 역량이 그만큼 쌓여 있었기 때문이다. 한국일보 2023. 2. 27.자 기사 "한국이 챗GPT 못 만든 이유? '기술 격차'보단 '실패 용납 못 하는 문화'" 참조 〈https://www.hankookilbo.com/News/Read/A2023022318120003087?did=NA〉.

38) 東京地判昭和62·2·19 判夕629号221頁[總選擧当落予想表事件].

이어스(bias)의 수치이므로, 뉴럴 네트워크의 구조에 의존하고 있고, 특정한 뉴럴 네트워크에서 생성된 학습완료 파라미터를 구조가 다른 뉴럴 네트워크에서 그대로 이용하는 것은 원칙적으로 할 수 없다. 그래서 학습완료 파라미터만을 복제하는 행위는 의미가 없고 실제로 문제로 되는 것은 아니라고 생각된다.

또한 프로그램 부분과 파라미터 부분이 명확히 구분할 수 있는 경우도 있지만(예컨대, 각각 별개의 파일로서 보존되어 있는 등), 양자가 일체로 되어 있는 경우도 있다. 그럼에도 불구하고 학습완료 파라미터 부분만을 골라내서 그 보호를 생각할 실익이 있는 것인가는 의문도 생길 수 있다.

그러나 학습완료 파라미터만의 복제라도, 파라미터의 생성자 · 보유자의 이익을 부당하게 해치는 것으로서 문제로 될 가능성은 부정할 수 없다. 예컨대 어떤 자가 오픈소스 소프트웨어(OSS)로서 공개된 인공지능 프로그램을 사용하여 학습완료모델을 생성하였는데, 같은 오픈소스 소프트웨어(OSS)로서 공개된 인공지능 프로그램을 사용하고 있는 자가 학습완료 파라미터를 무단으로 이용한 경우이다.[39] 혹은 오픈소스 소프트웨어(OSS)를 사용하여 생성된 학습완료모델을 타인이 통째로 복제한 경우에, 오픈소스 소프트웨어(OSS) 부분의 복제는 저작권침해로 되지 않으므로, 학습완료 파라미터 부분에 관해서만 저작권침해가 문제되는 경우도 생각할 수 있다. 이러한 경우 학습완료 파라미터의 생성자는 프로그램 부분에 관하여 저작권을 가지지 않으므로, 학습완료 파라미터의 무단이용자에 대하여 프로그램 부분의 무단이용을 이유로 저작권침해를 물을 수 없다.

또한 학습완료모델 전체를 프로그램으로서 파악할 수 있는 경우에, 그 일부분의 학습완료 파라미터의 무단이용이 저작권침해로 되는지가 문제되는 경우에는 학습완료 파라미터 부분의 저작물성의 유무가 실질적으로는 저작권침해의 유무의 판단에 영향을 미친다.

---

39) 어떤 인공지능에 관하여 화상인식부분, 음성인식부분, 자연어인식부분 등의 부분에 오픈소스 소프트웨어(OSS)로서 공개된 인공지능 프로그램을 채용한 경우, 그들의 특정한 기능에 관하여 생성된 학습완료 파라미터를 다른 기업이 무단으로 이용하는 사례는 충분히 있을 수 있을 것이다.

그래서 데이터부분인 학습완료 파라미터가 저작권법에 의하여 어떻게 보호되는지가 문제된다.

(2) 저작물성[40]

1) 인간의 사상 또는 감정의 표현

학습형 인공지능의 경우, 학습완료 파라미터의 생성은 인공지능의 프로그램이 자동적으로 행한다. 저작물은 사상 또는 감정을 표현한 것일 필요가 있는데, 인공지능에게는 사상 또는 감정이 없다고 해석되므로 인공지능이 생성한 표현은 저작물로서 요건을 충족하지 못한다.

그런데 학습완료 파라미터를 생성할 때, 우선 인간이 학습용 데이터셋을 작성하고, 인공지능의 프로그램에 학습용 데이터셋을 준다는 점에서 인간이 관여할 필요가 있다. 그러나 그러한 학습용 데이터셋을 주는 것만으로써 학습완료 파라미터가 인간의 사상 또는 감정을 표현한 것이라고 하는 것은 곤란하다고 생각한다. 그래서 학습완료 파라미터는 저작물성은 없다는 견해도 충분히 있을 수 있다.

다만 학습완료 파라미터의 수치는 뉴럴 네트워크(Neural network)의 구조를 기초로 하고, 거기에 설정된 활성화 함수(Activation Function),[41] 출력층(output layer)에서 출력과 정답(正解) 데이터와의 오차(손실)율의 계산방법, 오차의 최소화방법 등에 따라서 계산된다. 이들은 학습완료모델 작성자의 사상을 체현한 것이다. 또한 인공지능에 투입한 학습용 데이터셋에 관하여 어떠한 데이터를 사용하고 어떠한 전처리를 하는가, 인공지능을 어떻게 학습시키는가, 학습횟수를 몇 회로 설정하는가 등에 따라서도 영향을 받는다. 이들도 학습완료모델 작성자의 사상이 체현한 것에 다름 아니다. 이처럼 학습완료 파라미터의 수치가 완성되는 과정에서는 적어도 현시점에서는 인간이 다수

---

40) 학습완료 파라미터가 저작권법으로 보호되기 위해서는 저작물로서의 요건(저작권법 제2조 제1호)을 충족할 필요가 있다. 여기에는 ① 인간의 사상 또는 감정의 표현, ② 창작성 유무가 문제된다.

41) 활성화 함수(Activation Function)란 인공 신경망(Neural Network)에서 사용되는 은닉층(Hidden Layer)을 활성화하기 위한 함수이다.

의 국면에 관여하고 인간의 사상이 반영된다고 할 수 있다. 따라서 학습완료 파라미터
는 학습완료모델 작성자의 사상이 체현된 뉴럴 네트워크의 구조나 학습용 데이터셋에
의한 학습에 기초하여 생성된 것이고, 인간의 사상을 표현한 것이라는 사고도 충분히
성립될 수 있을 것이다.

그렇다면 학습완료 파라미터의 작성에 관하여 학습완료모델 작성자의 창작의도와
창작적 기여가 있는 것이라면 컴퓨터를 도구로써 창작한 것이고, 학습완료 파라미터
는 학습완료모델 작성자의 사상 또는 감정을 창작적으로 표현한 것으로서 저작물성을
긍정할 여지는 있을 것이다. 여기서 창작의도(創作意圖)에 관해서는 "컴퓨터를 사용하여
스스로의 개성이 나타난다고 보여지는 어떠한 표현을 가지는 결과물을 만든다"는 정
도의 의도가 있으면 족하다는 것으로 생각된다. 다만 이렇게 생각하더라도, 학습완료
파라미터의 작성에 인간의 창작적 의도와 창작적 기여가 얼마나 있는 것인가에 관해
서는 사안마다 다르므로, 일률적으로 저작물성이 인정되는 것은 아닐 것이다.

예컨대 독창적인 뉴럴 네트워크를 구축한 경우에는 학습완료 파라미터의 저작물성
은 보다 인정되기 쉽지만, 일반적으로 널리 알려진 수법으로 구축한 뉴럴 네트워크에
서는 학습완료 파라미터의 저작물성은 보다 인정되기 어렵다고 하는 차이는 생길 수
있다고 보인다.

다만 이러한 견해에 대해서는 학습완료 파라미터의 수치 자체는 인공지능 프로그램
에 의해서 자동계산되는 것이고, 학습완료모델 작성자가 의도한 표현은 아니므로, 학
습완료 파라미터는 학습완료모델 작성자의 사상을 반영한 표현은 아니라는 지적(반대
견해)도 생각할 수 있다.

이 점에 관하여, 예컨대 아이의 사진을 촬영한 때에 셔터를 누른 순간에 예기치 않
게 좋은 표정을 한 경우나, 프로 카메라맨이 스포츠선수의 플레이를 연속셔터로 촬영
한 경우에, 아이의 표정이나 스포츠선수의 뛰어난 플레이를 포착한 일순간의 사진은
촬영자가 의도한 표현이 아니다. 그러나 그러한 사진에 저작권이 없다고 일반적으로
는 해석되지 않는다는 점을 고려하면, 표현이 작성자의 의도를 어디까지 반영한 것일
필요가 있는지에 관하여 논의의 여지가 있을 것이다. 확실히 이 카메라의 예의 경우에
는 촬영대상, 앵글, 피사체는 카메라맨에 의하여 결정된다고 말할 수 있지만, 학습완료

모델에서도 뉴럴 네트워크(Neural network)의 구조나 학습방법은 개발자에 의하여 결정되어지는 것이므로, 그 점에 관해서는 차이는 없다고 생각된다.

2) 창작성

학습완료 파라미터에 저작권이 발생하는가를 생각함에 있어서는 창작성이 있는지 여부가 문제된다.

고전적인 창작성 개념에 의하면 창작성이란 인간의 사상 또는 감정의 표현물(유출물)로서 개성이 드러나는 것이어야 하지만, 학습완료 파라미터의 생성에는 인간에 의한 지시 등의 관여가 있다고 하더라도 인공지능이 자동적으로 생성한 것이므로, 사상 또는 감정의 표현물로서의 개성이 있다고 생각할 여지는 있지만, 창작성이 인정되지 않을 가능성도 부정할 수 없다.

한편 창작성에 관하여 창작의 선택의 폭이 있는지 여부라는 기준으로 판단하면, 학습완료 파라미터는 얻어 내는 수치나 그 조합도 거의 무한의 선택지가 있으므로, 창작의 선택의 폭은 있는 것으로서 창작성을 인정할 여지는 있다(다만, 수치의 나열에 관하여는 표현할 수 있는 선택지는 한정되어 있고, 작성자의 선택의 폭은 없다는 견해나 사고방식도 있을 수 있다).

3) 소 결

이상과 같이 학습완료 파라미터의 저작물성에 관하여는 '사상 또는 감정'이나 '창작성'의 요건을 충족하지 못할 가능성이 있고, 저작물로서 인정되는지는 불투명하다.

나아가 가사 학습완료 파라미터가 저작물로서 인정된다고 하는 경우, 그 경우에 누가 저작자로 될 것인가 라는 것이 다음으로 문제된다. 이 점에 관하여 학습완료 파라미터의 작성에 창작적으로 기여한 자는 누구인가를 생각하면, 그것은 학습완료모델의 작성자라는 것으로 될 것이다. 따라서 가사 앞의 사고에 따라 학습완료 파라미터가 저작물로서 인정된다고 하더라도 뉴럴 네트워크의 구조 등을 구축한 자나 학습시킨 자는 저작자로 될 수 있지만, 원시 데이터(raw data)나 학습용 데이터셋(training datasets)의 단순한 제공자는 저작자로서는 인정되지 않는 것으로 될 것이다.

또 뉴럴 네트워크의 구조 등을 구축한 자와 학습시킨 자가 다른 경우에 어느 쪽이 저작자로 될 것인가의 판단과 결정은 어려운 문제이다. 학습완료 파라미터의 작성에 있어서 그들의 '창작의도'(intention of creation, 創作意圖)와 '창작적 기여'(creative contribution, 創作的 寄與)가 어느 정도 있었는가는 사안마다 개별적으로 검토하여야 할 것이므로 일률적으로 결론을 내리는 것은 곤란하다고 생각된다. 또 '학습시킨 자' 중에는 데이터의 가공 등을 통하여 학습완료모델의 정밀도를 높이는 등의 작업에 관여한 자도 포함될 수 있다. 따라서 데이터제공이더라도 학습완료모델의 작성에 적극적으로 관여한 경우에는 학습완료 파라미터의 저작자가 되는 경우도 있다고 생각된다.

(3) 편집저작물성

데이터 자체에는 저작물성이 인정되지 않는 경우이더라도, 그 집적물(集積物)에 관하여 저작물로서 인정되는 것으로서 편집저작물 즉 데이터베이스 저작물이 있다. 학습완료 파라미터 그 자체에 저작물성이 인정되지 않는 경우라 하더라도, 학습완료 파라미터는 데이터의 집적물이므로 데이터베이스 저작물 즉 편집저작물의 해당성도 문제된다.[42]

데이터베이스에서 중요한 것은 수집된 데이터가 컴퓨터에 의하여 검색가능한 시스템으로 되어 있는 것이고, 그 창작성은 정보의 '배열'이라기 보다, 수집후의 '선택'이고 '체계화'이며, 그리고 적절한 라벨링을 하는 것에 있다고 한다.[43]

우리 저작권법은 정의규정(제2조)에서, "편집물"은 저작물이나 부호·문자·음·영상 그 밖의 형태의 자료(이하 "소재"라 한다)의 집합물을 말하며, 데이터베이스를 포함한다(제17호)고 규정하고 있고, 나아가 "편집저작물"은 편집물로서 그 소재의 선택·배열 또는 구성에 창작성이 있는 것을 말한다(제18호)고 규정하고 있으며, 편집저작물은 독자적인 저작물로서 보호된다(저작권법 제6조 제1항). 또 제2조에서는 "데이터베이스"는

---

42) 苗村 憲司/小宮山 宏之(編), 『現代社会と著作権法』, 慶應義塾大学出版会, 2005, 123頁. 여기서는 프로그램의 구체적 동작을 상세히 규정하고 있는 데이터는 프로그램의 동작 자체를 상세히 규정한 것이므로, '데이터베이스' 저작물로 하는 것도 실태와 동떨어진 것이 된다고 지적하고 있다.

43) 三山裕三, 『著作権法詳説 ： 判例で読む14章 [第10版]』, レクシスネクシス・ジャパン/勁草書房, 2016, 133頁.

소재를 체계적으로 배열 또는 구성한 편집물로서 개별적으로 그 소재에 접근하거나 그 소재를 검색할 수 있도록 한 것을 말한다(제19호)고 규정하고 있고, 나아가 "데이터베이스제작자"는 데이터베이스의 제작 또는 그 소재의 갱신·검증 또는 보충(이하 "갱신 등"이라 한다)에 인적 또는 물적으로 상당한 투자를 한 자를 말한다(제20호)고 규정하고 있다. 결국 데이터베이스의 경우에도 그 소재의 선택이나 배열 또는 구성에 창작성이 있다면 편집저작물로서 보호된다.[44] 나아가 창작성이 없는 데이터베이스의 경우라도 이를 제작 또는 갱신하는 데 상당한 투자가 이루어졌다면 저작권 보호와는 별도로 제작 또는 갱신된 때로부터 5년간의 보호를 부여하고 있다.

한편, 데이터베이스에 관하여 일본 저작권법에서는 "논문, 수치, 도형 기타의 정보의 집합물로서 그들의 정보를 전자계산기를 이용하여 검색할 수 있도록 체계적으로 구성한 것"이라고 정의하고 있다.(일본저작권법 제2조 제1항 제10호의3). 그리고 "데이터베이스에서 그 정보의 선택 또는 체계적 구성에 의하여 창작성을 가지는 것은 저작물로서 보호한다"고 규정하고 있다(일본 저작권법 제12조의2 제1항).

비교법적으로 보면, 우리 저작권법은 편집저작물의 개념 속에는 소재의 '선택'이라는 요소가 들어가 있으나 데이터베이스의 개념 속에는 그러한 요소가 없다. 따라서 소재의 선택에 창작성이 있으면 그것만으로도 편집저작물이 성립할 수 있지만, 소재의 선택이 체계적으로 되어 있다고 하더라도 그것만으로는 데이터베이스로 성립할 수 없고 체계적 배열 또는 구성이라는 요소를 별도로 갖추고 있어야 데이터베이스로 성립할 수 있다. 이에 반해 일본 저작권법이 정보의 선택 또는 체계적인 구성에 의하여 창작성을 가지는 것을 데이터베이스 저작물로 정의함으로서 '선택'을 데이터베이스의 창작성의 요소로 하고 있는 것과 차이가 있다.[45]

이처럼 데이터베이스가 저작물로서 보호되기 위해서는, ① 정보를 검색할 수 있도록 체계적으로 구성되어 있을 것, ② 정보의 선택이나 체계적인 구성[46][47]에 관하여 창

---

44) 임원선,『실무자를 위한 저작권법』제6판, 한국저작권위원회, 2020, 74면.

45) 오승종,『저작권법』제5판, 박영사, 2021, 203면.

46) '여행업시스템사건'(旅行業システム事件)東京地裁平成26.3.14 平成21(ワ)16019 著作権侵害差止等

작성이 있을 것이 필요하다.

우선 ①의 요건에 관하여는, 학습완료 파라미터는 수치의 집합체이지만, 그 수치는 어디까지나 뉴럴 네트워크(Neural network)의 노드(node) 사이의 링크의 가중치(weight) 를 표현하는 것으로서, 학습완료 파라미터 자체를 검색할 수 있도록 체계적으로 구성 되어 있는 것은 아니고, 인공지능(AI)에게는 학습완료 파라미터를 검색하기 위한 검색 시스템 등은 설정되어 있지 않다. 학습완료 파라미터는 검색되는 대상으로서 이용되

請求事件)에서 법원은 정보의 '선택'에 관하여는 일정한 수집방침에 기하여 수집된 정보 중에서 그리고 일정한 선정기준에 기하여 정보를 선정하는 것이 필요하다고 판시하고, '체계적 구성'에 관해서는 수집·선택한 정보를 정리 통합하기 위하여 정보의 항목·구조·형식 등을 결정하여 양식을 작성하고, 분류의 체계를 결정하는 등의 데이터베이스의 체계의 설정이 이루어지는 것이 필요하다고 판시하였다.

　결론적으로 동경지방법원은 원고 CDDB의 저작물성 및 피고 CDDB가 원고 CDDB에 의거 작성된 복제물 내지 번안물이라 할 수 있는가 라는 쟁점에 관하여, 우선 데이터베이스의 저작물성(저작권법 2조 1항 10호의 3, 12조의 2)과 복제(2조 1항 15호), 번안(27조)의 의의를 언급한 뒤, 피고 CDDB(당초판 2006년판), 피고 CDDB(현행판), 피고 CDDB(신판)에 관해 각각 검토하였다. 구체적으로 ① 체계적 구성의 공통성, ② 체계적 구성의 복제 또는 번안성, ③ 정보 선택의 공통성, ④ 정보 선택의 복제 또는 번안성, ⑤ 의거성 등의 여러 점에 대해 검토하고, 결론적으로는 당초판·2006년판과 현행판에 대해서는 피고 CDDB가 원고 CDDB에 의거하여 작성된 복제물 내지 번안물이라고 하였다. 다만, 신판에 대해서는, 체계적 구성, 정보의 선택 어느 쪽에서도 복제 내지 번안에 해당하지 않는다고 판단하였다.

47) '여행업시스템사건' 항소심(知財高裁平成28.1.19 平成26(ネ)10038 著作権侵害差止請求控訴事件). 피고 CDDB가 원고 CDDB에 의거 작성된 복제물 내지 번안물이라고 할 수 있는가라는 쟁점에 대해 항소심은 1심과 결론을 일부분 달리하였다. 즉 관계형 데이터베이스인 원고 CDDB의 복제 내지 번안에 대하여 법원은 먼저 저작권법 12조의2 제1항 데이터베이스의 저작물성 의의와 관계형 데이터베이스의 저작물성을 언급하였다. 그리고 복제(21조) 및 번안(27조)의 의의를 말한 후 피고 CDDB가 원고 CDDB를 복제 내지 번안한 것이라고 할 수 있는지에 대해 검토하였다. 피고 CDDB(당초판·2006년판), (현행판), (신판)이 원고 CDDB의 복제물 내지 번안물이라고 할 수 있는지에 대하여 법원은 이들이 원고 CDDB에 의거하여 제작된 것으로서 피고 CDDB 각 판에서 원고 CDDB의 공통부분의 체계적 구성 및 정보선택의 본질적 특징을 직접 감득할 수 있다고 하여 원고 CDDB의 공통부분의 복제물이라고 인정함이 상당하다고 판단하였다.

　요컨대, 일본의 국내여행의 여행일정표, 견적서 작성을 위해 필요한 관광시설, 숙박시설, 도로, 시간표 등 각종 데이터를 데이터베이스화하여 PC를 이용하여 효율적으로 행정표, 견적서 등을 작성할 수 있도록 하는 여행업체용 시스템의 검색 및 행정작성 업무용 데이터베이스의 저작물성이나 복제성 등이 쟁점이 된 사안의 항소심이다. 원심(제1심)은 저작권 침해가 부정된 피고 CDDB(신판)에 대해 항소심에서는 침해성이 긍정되었다.

는 것이 아니고, 그 점에서 고객명부 등의 전형적인 데이터베이스와는 어디까지나 다른 성질의 것이다.

다음으로 ②의 요건에 관하여는, 정보의 선택이나 체계적인 구성에 관하여 창작성의 유무가 문제된다. 데이터베이스 저작물의 창작성에 관하여 판결례로서 이하가 있다.

타운페이지데이터베이스 사건(タウンページデータベース事件)[48]에서는 법원은 직업별 전화번호부인 타운페이지에 관하여 그 직업분류체계는 검색의 편리성의 관점에서 개개의 직업을 분류하고 이들을 계층적으로 겹쳐 쌓은 것으로 모든 직업을 망라하듯이 구성된 것이고, 원고 독자의 노력과 열정을 베풀었으므로 체계적인 구성에 의하여 창작성을 가진다고 판시하였다.

한편 익시스템 사건(翼システム事件)[49]에서는 법원은 통상적인 선택으로서 특유한 것이 인정되지 않는 데이터베이스나 형식지정 등의 오래된 순으로 나란히 늘어놓은 구성은 다른 업자의 데이터베이스에서도 채용되고 있다고 하여 창작성을 부정하였다.

학습완료 파라미터의 수치는 인공지능 프로그램이 자동적으로 생성하는 것이고, 정보의 선택이라는 것이 애초에 이루어지지 않는다. 한편 체계적인 구성에 관해서는 학습완료 파라미터는 인간이 결정하는 뉴럴 네트워크(Neural network)의 구조에 따라서 체계를 붙이는 부분도 있으므로 어떤 체계가 구축되는 것도 생각될 수 있고, 창작성이 인정될 여지는 있다. 그 경우 창작에 관여하고 있는 자는 뉴럴 네트워크의 구조 등으로부터 데이터의 체계적 구조를 창작한 자로서, 데이터를 제공할 뿐인 자는 창작에 실질적으로 관여하지 않으므로 저작자에 해당하지 않는다는 점에 유의할 필요가 있다.

이상과 같이, 학습완료 파라미터에 관해서는 어떤 체계가 구축되어 창작성이 인정될 여지는 부정할 수 없지만, 애초 정보를 탐색하기 위한 것은 아니므로 저작권법의 문언해석상 편집저작물의 요건을 충족하지 않을 가능성이 높다고 생각된다.

따라서 학습완료 파라미터가 편집저작물로서 인정되고 저작권 보호가 주어질 가능

---

[48] 東京地判平成12年3月17日, 判時1714号128頁[タウンページデータベース事件].

[49] 東京地中間判平成13年5月25日 判時1774号132頁 [自動車データベース事件 : 中間判決/ 翼システム 事件].

성은 낮다고 생각된다.

(4) 프로그램 저작물성

가사 학습완료 파라미터가 저작물로서 인정된 경우에 어떠한 종류의 저작물로서 인정되는가에 관해서는 프로그램 저작물의 해당성을 생각할 수 있다.

우리 저작권법상 정의규정(제2조) 제16호에서는, "컴퓨터프로그램저작물"은 특정한 결과를 얻기 위하여 컴퓨터 등 정보처리능력을 가진 장치(이하 "컴퓨터"라 한다) 내에서 직접 또는 간접으로 사용되는 일련의 지시·명령으로 표현된 창작물을 말한다고 규정되어 있다.

일본 저작권법에서 프로그램이란 "전자계산기를 기능하게 하여 하나의 결과를 얻을 수 있도록 여기에 대한 지령을 조합시킴으로써 표현하는 것"으로 되어 있다(일본저작권법 제2조 제1항 제10호의2). 프로그램 저작물에 해당하는 경우에는 일본 저작권법 제15조 제2항, 제47조의3 등의 적용을 받게 되므로, 그러한 논의를 할 실익이 있지만, 데이터인 학습완료 파라미터가 프로그램 저작물로 되는지가 문제된다.

일본 판례에 의하면, IBF 파일 사건(IBFファイル事件)[50]에서는 프로그램이 하드디스크에 인스톨한 애플리케이션 소프트웨어의 파일 정보를 기재한 데이터파일이 저작권법상 프로그램에 해당하는지 여부가 다투어졌다. 이 사건에서 법원은 데이터파일에 관하여 전자계산기에 대한 지령의 조합이 아니고, 저작권법에서 말하는 프로그램에 해당하지 않는다고 하였다.

한편 전차선설계용 프로그램 사건(電車線設計用プログラム事件)[51]에서는 법원은 프로그램 부분에 의하여 판독되는 정보를 기재한 단순한 데이터에 관하여 독립성이 없고, 개별적으로 이용할 수 없는 것이라고 하더라도, "데이터 부분을 판독하고 다른 프로그램과 협동함으로써 컴퓨터에 대한 지령을 조합시키는 것으로서 표현한 것으로 볼 수 있는 것이라면 저작권법상 프로그램에 해당한다"고 판시하였다. (다만, 법원은 본 사건의 데

---

50) 東京高決平成4年3月31日, 知裁集24巻1号218頁 [IBFファイル事件].
51) 東京知財平成15年1月31日判決 判時1820号127頁 [電車線設計用プログラム事件].

이터에 관하여 프로그램에 해당한다고 하더라도 창작성이 없다고 하여 저작물성을 부정하였다).

학습완료 파라미터의 프로그램 해당성에 관해서는 학습완료 파라미터는 프로그램과 일체로 되어 컴퓨터의 동작내용을 규정하는 것이므로 프로그램과 협동하는 것으로 컴퓨터에 대한 지령으로 되는 것이고, 프로그램에 관한 저작권법상의 정의나 전차선설계용 프로그램 사건(電車線設計用プログラム事件)의 판례에 입각하면 저작권법상 프로그램에 해당한다고 평가할 수 있다고 생각된다.

적어도 심층학습(딥러닝)에서는 학습완료 파라미터는 어떤 노드(node)로부터 다른 층의 노드(node)로 어떠한 출력을 하는가에 관하여 컴퓨터에게 지시하는 것이므로, 확실히 프로그램과 협동하고 컴퓨터에 대한 지령을 하는 것이고, 일반적으로는 저작권법상의 프로그램에 해당한다고 할 수 있을 것이다.

이상에서 학습완료 파라미터에 관하여 가사 저작물성이 인정되는 것이면 프로그램 저작물이라고 해석된다고 생각된다.

4. 학습완료모델 전체

앞에서 기술한 대로, 학습완료모델의 프로그램 부분이 저작권에 의하여 보호될 가능성은 높지만, 한편으로 프로그램 부분과 분리된 학습완료 파라미터 부분에 관하여는 저작권으로 보호되지 않는다고 해석될 가능성이 상당 정도라고 생각된다.

그렇다고 하더라도, 학습완료 파라미터 부분에 관해서만 제3자에 의하여 무단 복제 등이 이루어진 경우에 어떠한 저작권침해도 물을 수 없는 것일까. 학습완료모델은 프로그램 부분과 학습완료 파라미터 부분으로 구성되지만, 전체로서 1개의 프로그램으로서 기능한다. 그래서 학습완료 파라미터 부분만의 무단복제 등이 이루어진 경우라도 프로그램 부분과 일체로 되어 있는 학습완료모델의 저작권침해로 평가할 수 없는 것일까.

우선, 학습완료모델 전체에 대한 저작권 쟁점을 검토한다. 만약 학습완료모델 전체에 저작권을 생각할 수 있다면 데이터부분(학습완료 파라미터)에 관하여 제3자의 무단복제 등이 이루어진 경우에 학습완료모델 전체로서의 프로그램 저작물의 침해행위라고 하여 저작권침해를 묻는 것도 가능성이 있게 된다.

학습완료 파라미터가 프로그램과 협동하여 컴퓨터에 대하여 지시·명령으로서 표현된 것이면, 일본 판례 중 전차선설계용 프로그램 사건(電車線設計用プログラム事件)[52]에 의하면, 학습완료 파라미터는 저작권법상의 프로그램으로 해석할 수 있다. 그렇다면 프로그램과 학습완료 파라미터를 구별할 필요는 없고, "프로그램 + 학습완료 파라미터"의 총체를 프로그램이라고 생각하고, 총체로서의 프로그램에 학습완료모델 작성자의 사상 또는 감정 및 창작성이 있는지 여부를 판단하면 족하다. 결국 심층학습(딥러닝)에서는 학습완료 파라미터는 확실히 프로그램과 협동하여 컴퓨터에 대하여 지시·명령을 하는 것이므로, 저작권법적으로는 프로그램에 해당한다고 할 수 있다.

다음으로, 그 프로그램이 저작물성을 가지고 프로그램 저작물로서 취급되지만, 사상 또는 감정 및 창작성 유무는 학습완료모델이 어떠한 내용인지 여하에 달려 있고, 학습완료모델 전체를 프로그램저작물로서 파악할 수 있다면 그 일부인 학습완료 파라미터 부분을 침해하는 것이 저작권침해를 구성하는지가 문제된다.

그리고 일반적으로 저작권은 저작물의 전체가 이용되는 경우만이 아니라, 그 일부분으로도 저작물로서의 가치가 인정되는 부분이 이용되면 그 부분에 관하여도 미치게 된다.[53] 다만 저작권침해는 기본적으로는 저작물의 '사상 또는 감정' 또는 '창작성'이 있는 부분이 침해된 경우에 생길 수 있다.

예컨대, 역사 연구서에서 어느 해에 어떠한 사건이 있었는지라는 사실의 부분만을 빼내어 문장화하더라도 복제권 침해로는 되지 않는다. 또한 타인의 데이터베이스로부터 체계적인 구성을 모방함이 없이 상당량의 데이터만을 추출하여 자기의 체계를 구축하는 경우 이용한 정보의 덩어리에 정보의 선택이라는 관점에서 데이터베이스작성자의 창작성이 없으면 편집저작물(데이터베이스 저작물)의 침해로 되지 않는다고 해석된다.[54]

---

52) 東京知財平成15年1月31日判決 判時1820号127頁 [電車線設計用プログラム事件].
53) 加戸守行, 『著作權法逐條講義[6訂新版]』, 著作権情報センター, 2013, 136頁.
54) 中山信弘, 前揭書, 146頁.

일본 판례 중 시스템사이언스 사건(システムサイエンス事件)[55])에서도 법원은 "어떤 프로그램이 프로그램 저작물의 저작권을 침해하는 것으로 판단할 수 있기 위해서는 프로그램 저작물의 지령을 조합시켜 창작성을 인정할 수 있는 부분이 있고, 또 후에 작성된 프로그램의 지령의 조합이 프로그램 저작물의 창작성을 인정할 수 있는 부분에 유사할 필요가 있는 것은 당연하다"고 판시하였다.

이러한 판례 태도에 의하면, 학습완료 파라미터만을 무단이용하였다고 하더라도 학습완료모델의 창작성이 있는 부분을 침해하지 않는 한, 저작권침해는 성립하지 않는다고 해석될 것이다. 그래서 무단 복제된 학습완료 파라미터 부분에 사상 또는 감정 및 창작성이 있는지를 별로도 검토할 필요가 있다.

이 점에 관해서는 학습완료 파라미터에서 기술한 것과 동일한 논의가 적합하다. 즉 (i) 학습완료 파라미터가 인공지능 프로그램이 자동적으로 작성한 것인 점을 중시하는 관점에서는 학습완료 파라미터는 사상이나 감정 및 창작성은 인정되지 않는다는 사고방식으로 될 것이다. 한편 (ii) 학습완료 파라미터가 학습완료모델 작성자의 사상이 체현된 뉴럴 네트워크의 구조나 학습방법에 기초하여 생성된 것을 중시하는 관점에서는 학습완료 파라미터에도 사상 또는 감정 및 창작성 요건이 인정된다는 사고방식도 있을 수 있다.

따라서 학습완료모델에 관하여 프로그램과 학습완료 파라미터가 일체로 된 것이라고 파악하더라도 학습완료 파라미터 부분만이 복제된 경우의 저작권침해의 성립가부에 관해서는 현행 저작권법 아래서는 불투명하다고 하지 않을 수 없다.[56])

5. 학습완료모델의 저작자

학습완료모델 전체나 일부가 저작물로 되는 경우 학습완료모델의 작성에 관여한 프

---

55) 東京高決平成元年6月20日, 判時1322号138頁 [システムサイエンス事件].
56) 経済産業省商務情報政策局, 『オープンなデータ流通構造に向けた環境整備』, 産業構造審議会情報経済小委員会 分散戦略WG(第 6 回)事務局資料 (平成28年7月27日), 82頁.

로그래머나 데이터제공자 등의 관계자 중에서 누가 그 저작자로 되는 것일까. 이 점에 관해서는 앞에서 기술한 대로, 창작적인 표현에 실질적으로 관여한 자가 저작자이고, 이 기준에 따라서 저작자를 결정한다. 프로그래머라고 해서 반드시 저작자로 되는 것은 아니고, 거꾸로 데이터제공자라고 해서 반드시 저작자로 되지 않는다고 할 수도 없다.

또 저작자에 관해서는 '프로그램 부분 + 파라미터 부분'인 학습완료모델이 공동저작물인가 결합저작물인가에 따라서도 결론이 달라지게 된다.

저작권법 제2조 제1호에서는 '저작물'이란 인간의 사상 또는 감정을 표현한 창작물을, 제2호에서 '저작자'란 저작물을 창작한 자를, 제21호에서 '공동저작물'이란 2인 이상이 공동으로 창작한 저작물로서 각자의 이바지한 부분을 분리하여 이용할 수 없는 것을 말한다고 각 규정하고 있다. 즉 공동저작물이란 2명 이상이 공동으로 창작한 저작물로서 각자의 이바지한 부분을 분리하여 이용할 수 없는 것을 말한다(저작권법 제2조 제21호).[57] 따라서 어느 저작물이 공동저작물이 되려면 ① 공동의 창작(공동창작의사 + 공동창작행위 + 창작적 기여)과 ② 개별적 분리이용 불가능성 요건을 모두 충족해야 한다.

공동저작물의 저작자는 공동저작자의 공유로 되고 공유저작권으로서 공동저작물의 저작권 행사는 일정한 제한을 받는다(우리 저작권법 제15조 및 제48조).[58] 따라서 공동저작물의 저작인격권은 저작자 전원의 합의로 행사해야 한다. 다만 각 저작자는 신의에 반해 합의의 성립을 방해할 수 없다(법 제15조). 또한 공동저작물의 저작재산권은 저작인격권과 마찬가지로 저작재산권자 전원의 합의로 행사해야 한다. 다른 저작재산권자의 동의가 없으면 그 지분을 양도하거나 질권의 대상으로 할 수 없다. 다만 각 저작재산권자는 신의에 반해 합의의 성립을 방해하거나 동의를 거부할 수 없다(법 제48조).

이에 대하여 결합저작물이란 1개의 저작물과 같은 외관을 나타내고 있더라도 독립한 저작물이 결합하는 것이고, 분리하여 이용하는 것이 가능한 것을 가리키며, 각 저작물은 각각 독립한 존재로 된다. 소설이나 삽화나 악곡은 분리하여 이용할 수 있으므

---

57) 일본 저작권법 제2조 제1항 제12호에서도 "복수의 자가 공동하여 창작한 것으로서, 각인의 기여를 분리하여 개별적으로 이용할 수 없는 것을 말한다"고 규정하고 있다.

58) 일본 저작권법 제65조도 같은 취지이다.

로 공동저작물이 아니라, 결합저작물이 된다.[59] 판례도 일러스트와 설명문으로 이루어진 서적에 관하여 결합저작물이라고 한 것이 있다.[60]

따라서 학습완료모델이 공동저작물인 경우에는 복수의 저작권자가 학습완료모델 전체의 저작권을 공유하게 되고, 그 권리는 공유저작권으로서의 제한을 받게 된다. 한편 학습완료모델이 결합저작물인 경우에는 프로그램 부분의 저작권자와 파라미터 부분의 저작권자는 각각 저작권을 가지고, 일방만의 저작권자는 학습완료모델 전체에 대하여 저작권을 미칠 수는 없다.

프로그램부분과 데이터부분의 각각이 저작물인 것을 전제로 하여, 그들이 일체로 되어 있는 학습완료모델이 공동저작물인가, 결합저작물인가는 분리가능성과 개별이용가능성의 유무로 판단되므로, 인공지능의 프로그램 부분과 데이터부분의 결합 상태에 따라 개별적으로 판단되는 것이다.

심층학습(딥러닝)형 인공지능에서는 데이터 부분인 학습완료 파라미터는 뉴럴 네트워크의 구조와 일체적으로 결합되어 있으므로, 일반적으로는 분리가능성이 있다고 하더라도 개별이용가능성은 없으므로 공동저작물로 될 수 있다고 생각된다. 왜냐하면 '분리이용불가능성' 요건이란 저작권법상 분리하여 이용할 수 없는 것을 말하며 사실상의 분리이용가능성을 의미하기보다는 이를 분리해 이용하는 경우에는 저작물을 본래의 목적대로 이용할 수 없거나 저작물 본래의 가치가 현저히 저하될 수밖에 없는 것을 포함하는 것으로 이해함이 타당하기 때문이다.[61]

우리 판례도 글과 그림으로 이루어진 만화의 경우에 공동저작물로 다룬 경우가 있다. 하급심 판례[62]는 만화스토리작가가 창작하여 제공한 스토리 등과 이에 기초한 만화가의 그림 등이 결합하여 완성된 만화는 만화스토리작가와 만화가의 공동저작물이라고 본 사례에서, "'공동저작물'은 '2인 이상이 공동으로 창작한 저작물로서 각자의 이

---

59) 中山信弘, 前揭書, 197頁.

60) 東京地判平成9年3月31日 判時1606号118頁 [だれでもできる住宅介護事件].

61) PAUL GOLDSTEIN, COPYRIGHT, (Aspen Law & Business, New York, 2nd ed. 1998), pp.4: 7~4:13; 임원선, 앞의 책, 76~77면(재인용).

62) 서울북부지방법원 2008. 12. 30. 선고 2007가합5940 판결 : 확정 [손해배상(기)].

바지한 부분을 분리하여 이용할 수 없는 것'을 말하고(저작권법 제2조 제21호), 여기에서 '공동의 창작행위'는 공동창작의 의사를 가지고 공동저작자 모두 창작에 참여하는 것을 의미하지만, 시간과 장소를 같이해야만 하는 것은 아니고 상이한 시간과 상이한 장소에서도 공동저작자들이 공동창작의 의사를 가지고 각각 맡은 부분의 창작을 하여 각 기여부분을 분리하여 이용할 수 없는 저작물이 되면 족하며, 각 기여부분을 분리하여 이용할 수 없는 것은 그 분리가 불가능한 경우뿐만 아니라 분리할 수는 있지만 현실적으로 그 분리이용이 불가능한 경우도 포함한다."고 판시하였다.

또 '공동창작의 의사'의 의미에 대해 대법원 판례[63]에 따르면, "2인 이상이 공동창작의 의사를 가지고 창작적인 표현형식 자체에 공동의 기여를 함으로써 각자의 이바지한 부분을 분리하여 이용할 수 없는 단일한 저작물을 창작한 경우 이들은 그 저작물의 공동저작자가 된다. 여기서 공동창작의 의사는 법적으로 공동저작자가 되려는 의사를 뜻하는 것이 아니라, 공동의 창작행위에 의하여 각자의 이바지한 부분을 분리하여 이용할 수 없는 단일한 저작물을 만들어 내려는 의사를 뜻하는 것이라고 보아야 한다."고 판시하고 있다.

또 '공동창작의 의사' 유무의 판단기준에 대해 대법원 판례[64]에 따르면, 2인 이상이 시기를 달리하여 순차적으로 창작에 기여함으로써 단일한 저작물이 만들어지는 경우, 공동창작의 의사가 있는지 판단하는 기준이 문제된 사안에서, "2인 이상이 시기를 달리하여 순차적으로 창작에 기여함으로써 단일한 저작물이 만들어지는 경우에, 선행 저작자에게 자신의 창작 부분이 하나의 저작물로 완성되지는 아니한 상태로서 후행 저작자의 수정·증감 등을 통하여 분리이용이 불가능한 하나의 완결된 저작물을 완성한다는 의사가 있고, 후행 저작자에게도 선행 저작자의 창작 부분을 기초로 하여 이에 대한 수정·증감 등을 통하여 분리이용이 불가능한 하나의 완결된 저작물을 완성한다는 의사가 있다면, 이들에게는 각 창작 부분의 상호 보완에 의하여 단일한 저작물을 완성하려는 공동창작의 의사가 있는 것으로 인정할 수 있다. 반면에 선행 저작자에게

---

63) 대법원 2014. 12. 11. 선고 2012도16066 판결 [저작권법위반]('친정엄마' 사건).
64) 대법원 2016. 7. 29. 선고 2014도16517 판결 [저작권법위반]('사극 김수로' 사건).

위와 같은 의사가 있는 것이 아니라 자신의 창작으로 하나의 완결된 저작물을 만들려는 의사가 있을 뿐이라면 설령 선행 저작자의 창작 부분이 하나의 저작물로 완성되지 아니한 상태에서 후행 저작자의 수정·증감 등에 의하여 분리이용이 불가능한 하나의 저작물이 완성되었더라도 선행 저작자와 후행 저작자 사이에 공동창작의 의사가 있다고 인정할 수 없다. 따라서 이때 후행 저작자에 의하여 완성된 저작물은 선행 저작자의 창작 부분을 원저작물로 하는 2차적 저작물로 볼 수 있을지언정 선행 저작자와 후행 저작자의 공동저작물로 볼 수 없다."고 판시하였다.

학설에서는 공동저작물의 성립요건으로서 주관적인 공동창작의사가 필요한지 여부에 대해 대립이 있다. 우선 공동저작물로 되기 위해서는 각 저작자 사이에 1개의 저작물을 창작한다는 공동의사가 존재하고 또 공동으로 창작행위를 행하는 것이 필요하다는 것이 다수설(주관적 공동설)이다. 즉 우리나라와 일본 다수설은 공동의사에 대해 주관적 공동의사가 필요하다는 설이다.[65] 이에 반대하는 견해(객관적 공동설)는 표현물로부터 복수의 자가 공동 기여가 있다고 판단될 수 있으면 족하다는 소수설이 있다.[66] 소수설은 공동저작물에는 2인 이상의 행위주체가 사실행위로서의 창작행위를 공동으로 한다는 창작행위의 공동이 중요한 판단 요소이므로 객관적으로 보아 창작이라는 행위가 공동으로 행하여졌는지 여부에 의하여 당사자 간의 공동창작의 의사 즉 단일한 저작물을 만들어 내려는 의사를 추단할 수 있으면 족하다고 해석한다.[67]

---

65) 송영식·이상정, 『저작권법개설』 제8판, 세창출판사, 2012, 153면; 이해완, 『저작권법』 제3판, 박영사, 2015, 333면; 오승종, 『저작권법』 제4판, 박영사, 2016, 351면. 한편 주관적 공동설을 취하는 일본의 학설은, 中山信弘, 前揭書, 167頁; 三山裕三, 前揭書, 167頁.

66) 박성호, 『저작권법』 제2판, 박영사, 2017, 245~247면; 김원오, "공동저작물의 성립요건을 둘러싼 쟁점과 과제", 『계간저작권』 제94호(2011 여름호), 한국저작권위원회, 2011.6, 24면. 한편 객관적 공동설을 취하는 일본의 학설은, 半田正夫, 『著作權法槪說』 第14版, 法学書院, 2009, 57頁. 半田교수는 공동의사의 존재는 외부로부터는 식별이 곤란하고, 또 당사자에게도 용이하게 변경하기 쉬운 성질의 것이므로 객관적으로 보아 당사자 간에 서로 상대방의 의사에 반하지 않는다는 정도의 관계가 있으면 공동저작물이 된다고 한다.

67) 박성호, 앞의 책, 247~248면. 박성호 교수는 객관적 공동설을 취하면서도, 이에 더 나아가 창작행위의 공동관계가 인정되기 위해서는 그 창작 행위에 일정한 '동시성'(同時性)이 있어야 한다고 주장한다. 즉 공동창작의 행위에 시간적 연관성이 있어야 한다고 주장한다. 이에 따라 일정한 동시성이 인정되지 않는 후행 작가의 집필 부분은 공동저작물이 아니라 2차적 저작물이 된다고 주장한다.

이러한 주관적 공동창작의사 유무를 둘러싼 학설 대립의 실익을 보면, 주로 어떤 저작물에 사후적으로 다른 자가 개변한 경우 그 후에 창작된 저작물은 공동저작물이 될 수 있는가 아니면 2차적 저작물이 되는가라는 문제로 연결된다. 공동의사가 필요하다는 설을 취하면 2차적 저작물로 인정되는 경우가 많게 되고, 객관적 공동설(객관적 판단설)을 취하면 공동저작물로 인정되는 경우가 많게 된다. 다수설에 의하면 주체적인 공동의사가 없는 경우에는 공동저작물이 아니라 2차적 저작물이 된다고 보게 될 것이다.[68] 다수설에 의하면 공동저작물은 공동저작자의 공유가 되는 데 비해, 2차적 저작물은 저작권이 중첩적으로 존재할 뿐이며, 양자는 법적 효과가 다르다고 한다.[69]

어떤 기업이 인공지능의 개발을 기획하고, IT벤더(vendor)나 판매업자에게 해당 인공지능의 개발을 의뢰하려는 경우에는 공동의사와 공동의 창작행위가 있을 수 있다고 할 수 있지만, 오픈소스 소프트웨어(OSS)로서 공개된 인공지능 프로그램에 타인이 데이터를 판독시켜 학습완료모델을 작성한 경우에는 프로그램 저작물의 저작권자와 데이터를 판독시킨 자와 사이에 공동의사나 공동의 창작행위가 있다고는 할 수 없으므로, 공동저작물은 성립하지 않게 될 것이다.

6. 학습완료모델의 보호방법

앞에서 기술한 대로, 학습완료 파라미터, 더 나아가서는 학습완료모델이 저작권법에 의하여 보호되는지는 불투명하다. 따라서 학습완료모델을 법적으로 보호하기 위해서는 계약에 의해 그 보호방안의 흠결을 치유하든지, 아니면 영업비밀로서 부정경쟁방지법에 의한 보호를 주는 것을 중심으로 생각할 수 있다. 성문법에 의한 보호여부가 불투명하므로 그것보다는 계약으로 권리관계를 명확하게 해 둘 필요성이 높다고 할 수 있다. 또한 암호화·난독화 등의 기술적 보호수단을 강구하는 것도 중요하다.

다만 학습완료모델의 프로그램 부분에 관해서는 저작권에 의해 보호되는 경우가 많

---

68) 송영식·이상정, 앞의 책, 153면.
69) 中山信弘, 前揭書, 167頁.

고, 프로그램 부분이 보호되는 것이라면 그 라이선스를 통제하는 것으로 실질적으로 학습완료 파라미터의 이용도 통제할 수 있는 경우가 많다고 생각되므로, 학습완료 파라미터의 보호에 어디까지 구애받을 실익이 있는지는 검토할 여지가 있다. 또한 학습완료 파라미터가 저작권으로 보호되지 않는다고 하더라도, 학습완료 파라미터의 작성자는 프로그램 저작물의 저작권자와 협동하여 프로그램의 저작권자에게 학습완료모델의 무단사용에 대하여 저작권을 행사하여 망라하는 것으로 학습완료 파라미터의 보호를 도모하는 것도 생각할 수 있다. 다만 프로그램 저작권자가 반드시 이러한 협력을 해 준다고는 할 수 없으므로 여기에는 주의할 필요가 있다.

또한 학습완료모델이 법적으로 보호된다 하더라도, 그 실효성을 확보할 수 있는 것은 별개의 문제이고, 제3자가 학습완료모델을 무단이용한 경우에 그 사실을 파악하는 것이 현실적으로 곤란하다는 문제가 있다. 왜냐하면 학습완료모델은 닫힌 컴퓨터시스템 내에서 동작하고 그 소스코드는 비밀로 하는 것이 통상적이므로, 외부로부터 무단이용을 파악하는 것은 쉽지 않다. 또한 학습완료모델을 무단 이용하여 파생모델을 작성하는 경우, 파생모델의 내용(학습완료 파라미터)을 이해하더라도 무엇인가 특수한 세공을 하지 않는다면, 무단이용된 학습완료 파라미터를 이용한 흔적을 찾아내는 것은 곤란하다. 그리고 학습완료 파라미터는 새로운 데이터가 차례로 투입되어 시시각각으로 변화하는 경우도 많고, 그러한 경우에는 침해된 학습완료 파라미터와의 동일성을 인정하는 것도 어렵다. 그래서 저작권침해가 의심되는 경우라도 현재의 소송시스템에서는 실제로 소송을 제기하여 손해배상이나 금지를 구하는 것은 현실적으로 쉽지 않다고 생각된다.

다만 학습완료모델이 저작권법에 의하여 보호되는지가 불투명한 상황에서 현상 그대로는 학습완료모델을 작성하고자 하는 자가 학습완료모델에 대한 투자를 주저하게 되고, 학습완료모델을 발전시키는 것이 저해될 우려가 있다. 학습완료모델을 오픈소스 소프트웨어(OSS)로서 공개하는 것으로써 생태계(ecosystem)를 구축하는 움직임도 저해되는 것이 걱정스럽다.

또한 학습완료모델의 생태계(ecosystem)란 학습완료모델을 오픈소스 소프트웨어(OSS)로서 공개한 경우에 그것이 고성능·범용적이라면, 그것을 이용한 자가 증가하고 보다 다수의 데이터가 투입되고, 또 개발자 공동체(community)가 형성되어 개선이 속도감이 있게 이루어지므로, 학습완료모델의 성능·사용편의성이 향상되고, 무엇보다 먼저 이용자가 증가한다는 호순환이 생기는 시스템을 의미한다. 이러한 생태계(ecosystem)가 한번 구축되면 후발자가 진입하는 것이 어렵게 되고, 승자가 이익의 전부를 차지하는 '승자독식'으로 될 가능성이 있다. 다만 학습완료모델을 전부 공개하면 좋은 것이 아니고 학습완료모델에 관해서도 공개와 비공개(Open and close)의 사고방식이 중요하게 될 것으로 생각된다.

또한 학습완료모델을 이용하는 자도 어디까지가 법적 문제 없이 이용할 수 있는지가 명확하지 않아서 안심하게 학습완료모델을 이용할 수 없다. 따라서 입법 등에 의해 학습완료모델의 보호범위를 어느 정도 명확하게 하는 것이 필요할 것으로 생각한다.

제 **3** 편

인공지능의
보호와 규제

제11장

인공지능 관련 기술에 대한 지식재산법의 보호

이수미
(인하대학교 법학전문대학원 교수)

Ⅰ. 인공지능 관련 기술

인공지능에는 많은 종류의 응용기술이 포함되는데 이를 범주별로 나누어 본다면 기계학습(이하 'Machine Learning 또는 ML')이 인공지능 응용기술의 상위 범주에 있고, 하위 범주에는 영상처리(Image Processing), 자연어처리(Natural Language Processing), 음성처리(Speech Processing)가 들어간다. 기계학습이란 데이터를 수집하고 처리한 다음, 이를 인공 지능망(Neural Network)에 입력하여 지능망을 학습시키고, 추론 방법을 통해 결과물을 결정하는 과정으로 설명할 수 있다. 하위 범주의 응용기술 중 하나인 영상처리는 영상을 강화하거나 영상에서 정보를 추출하기 위해 영상을 조작하는 행위이다. 이는 영상의 향상 또는 복원, 얼굴 인식 및 인증, 이미지 및 비디오의 객체 및 패턴 감지 및 인식 등의 광범위한 응용을 위한 영상의 해석과 분석 행위이다.[1]

---

1) Frank Chau et al., Protecting Inventions Relating to Artificial Intelligence: Best Practices p. 21, https://ipo.org/wp-content/uploads/2022/02/AI-Patenting_white-paper_final.pdf (2023. 2. 8. 확인)

1. 미국 특허청의 인공지능 구성기술 분류

미국 특허청의 경우 인공지능 관련 기술을 8가지 구성기술로 분류하였는데(〈그림 1〉 참고) 구성기술 8가지가 소프트웨어, 하드웨어, 응용기술을 포괄하고 있어 하나의 명세서에 여러 가지의 AI 구성기술이 포함될 수 있다.[2]

〈그림 1〉 인공지능 관련 발명을 정의하는 8가지 구성기술[3]

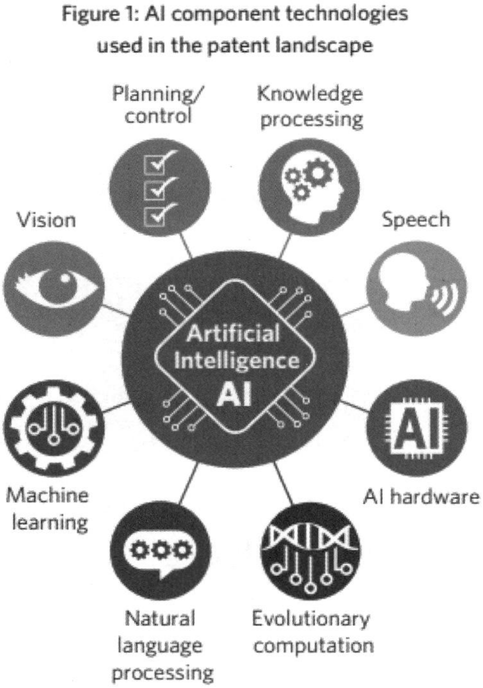

Figure 1: AI component technologies used in the patent landscape

Planning/control
Knowledge processing
Vision
Speech
Artificial Intelligence AI
Machine learning
AI hardware
Natural language processing
Evolutionary computation

위의 8가지 구성기술을 간략하게 설명하고 예시를 들어 보고자 한다.[4]

---

2) U.S. Patent and Trademark Office, "Inventing AI: Tracing the Diffusion of Artificial Intelligence with U.S. Patents", IP Date Highlights, No. 5, 2020, p. 3.

3) Id.

4) Id., at 3-4.

(1) Knowledge Processing이라는 구성기술은 세상과 관련된 정보를 표현하고 도출하며, 찾아낸 정보를 자동화시키는 기술이다. 예를 들어, 미리 정의된 'knowledge base'를 이용해서 회계오류를 찾아내는 알고리즘인 특허발명은 온라인 세금 보고 때에 실시간으로 회계오류를 찾아내는 데 사용되고 있다.

(2) Speech라는 구성기술은 음성인식에 관한 기술로 음향 신호를 통해 단어들의 배열을 이해하는 기술이다. 예를 들어 'Intelligent automated assistant'라는 제목의 미국특허는 Apple사의 Siri 또는 Amazon사의 Alexa와 같이 명확한 질문에 답하고 음성 명령에 응답하는 기술에 관한 것이다.

(3) AI Hardware란 현대 인공지능 알고리즘이 필요로 하는 상당한 컴퓨팅 능력에 관한 기술로서 프로세싱 효율성과 속도 향상을 통해 필요조건을 충족시키는 물리적 컴퓨터 부품에 관한 기술이다. 예를 들어 IBM사의 특허는 생물학적 뇌와 유사한 생물학적 뉴런 사이의 시냅스(synapses)를 모방하여 효율적인 정보처리를 하는 기구 발명에 관한 것이다.

(4) Evolutionary Computation 즉, 진화 계산은 자연적, 특히 진화적 측면을 사용하는 일련의 계산 루틴에 관한 기술이다. 정유회사 Chevron사가 가용 정유 매장량 예측을 위한 진화적 접근방법으로 특허를 받은 사례를 예로 들 수 있다. 이는 여러 옵션 사이에서 돌연변이라는 유전적 영감을 받은 알고리즘을 사용해서 여러 경쟁 모델을 평가하고 그중 가장 높은 성능의 모델을 선택하는 기술이다.

(5) Natural Language Processing 즉, 자연어 처리 기술의 핵심은 서면 언어로 인코딩된 데이터의 이해 및 사용에 있다. 미국의 어린이 병원이 소유한 특허는 텍스트를 사용하여 인간의 다양한 기억 방식을 가장한 방식으로 온톨로지를 구축하는 기술이다. 이렇게 구축한 온톨리지는 임상 기록에 청구 코드를 할당하는 작업 등 다양한 의료 관리 작업의 효율성을 높이는 데 사용된다.

(6) Machine Learning 즉, 기계학습 분야는 데이터로부터 학습하는 광범위한 계산 모델을 포함하는 개념으로 제품의 설명, 리뷰 및 기타 제품 기능을 분류하여 전자 상거래 플랫폼을 최적화하는 특허발명을 예로 들 수 있다.

(7) Vision 즉, 컴퓨터 비전은 이미지와 비디오에서 정보를 추출하고 이해하는 기술

로서 미국 병원이 소유한 특허인 대장내시경 검사에서 촬영된 이미지에서 이상 증상을 자동으로 탐지하는 기술을 예로 들 수 있다.

(8) Planning and Control 즉, 계획 및 제어 기술에는 특정 목표를 달성하기 위한 활동을 식별, 생성 및 실행하는 프로세스가 주를 이룬다. 제조 공장에서 비정상적인 상태가 발생할 때 고가의 워크플로우 분석을 줄일 수 있는 특허발명을 예로 들 수 있다. 이 발명은 시각, 소리 또는 기타 환경 조건을 이용해 잠재적인 문제를 감지하고 해결하는 방법에 대한 자동화 기술을 다루고 있다.

아래의 〈그림 2〉는 인공지능 관련 기술에 관한 특허출원이 급격히 증가하는 최근 경향에서, 1990년부터 2018년 사이, 인공지능 관련 8가지 구성기술의 공개된 특허출원 수를 그래프로 보여 주고 있다.[5] (1) Knowledge Processing과 (8) Planning and Control 분야에서 월등히 높은 특허출원 수를 보이는데 이 두 분야는 시스템을 제어하고, 계획을 개발하고, 정보를 처리하는 기술에 관한 발명을 주로 다룬다. 이 두 구성기술은 인공지능 기술에서 가장 일반적인 기술로서 (6) Machine Learning을 포함한 다른 구성기술에도 이 두 기술이 자주 포함된다.

2012년부터 (3) AI Hardware와 (6) Machine Learning의 특허출원 수가 현저히 증가한 현상은 딥 러닝을 위한 이미지 인식 및 기계학습에 획기적인 발전을 가져온 AlexNet의 개발을 이유로 들 수 있다. (3) AI Hardware와 (7) Computer Vision 특허출원 수의 증가는 영상 인식 기술의 발전과 이에 필요한 하드웨어의 계산 능력 및 성능의 상호 작용으로 인해 발생한 것으로 이에 맞는 컴퓨터 프로세서와 메모리가 AI Hardware에 포함된다. 자율주행 자동차도 다양한 기능과 성능의 AI Hardware를 필요로 한다.

---

5) Id., at 4-6.

〈그림 2〉 인공지능 관련 8가지 구성기술의 공개된 특허출원 수

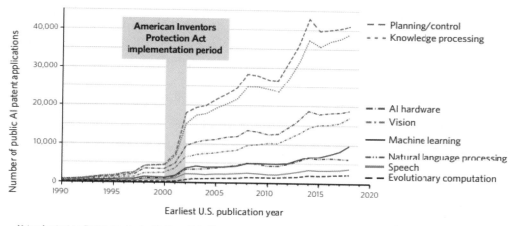

Notes: A patent application may be classified in multiple AI component technologies. Before 1990, the lines are indistinguishable at the graph scale.

2. 인공지능 기술의 단계별 권리 확보 가능 영역

인공지능 관련 기술에서 특허 보호 가능한 발명이 어디에 있는지 관련 기술을 단계적으로 분석해 보기로 한다.6)

(1) 학습 단계(Training Phase)7)

이 단계에서는 학습 데이터 준비하기, 학습 절차의 진행을 위한 학습 데이터 변환하기, 학습 데이터를 기계학습 모델에 입력하기, 학습 데이터를 기반으로 하여 기계학습 모델 맞추기, 학습된 기계학습 모델 테스트하기 등이 있다. 인공지능 또는 기계학습 모델에 따라 학습 단계에서 차이가 생길 수 있는데 어떤 모델은 라벨이 붙은 학습 데이터를 기반으로 한 지도학습(supervised training), 라벨이 없는 학습 데이터에서 숨은 구조를 추론하는 비지도 학습(unsupervised training), 부분적 라벨이 붙은 학습 데이터를

---

6) Weiguo (Will) Chen and Yunlai Zha, "Patent Protection on AI Inventions", National Law Review, Vol. XI, No. 242, 2022, https://www.nationalreview.com/article/patent-protection-ai-inventions. (2023. 2.13 확인)

7) Id., at 1.

기반으로 한 반지도 학습, 강화학습(reinforcement learning) 등의 학습으로 분류된다.

학습 데이터 준비하기에서는 의미 있는 학습 데이터 수집, 학습 데이터의 샘플 균형 조정, 학습 데이터 레이블링, 학습 데이터의 표준화, 학습 데이터 인코딩 또는 임베딩, 합성 학습 데이터 생성 등이 특허 보호 가능한 기술이다.

신규 기계학습 아키텍처 개발 과정에서는 새로운 신경망 아키텍처, 하이브리드 모델(집합적으로 작동하는 동종 신경망 또는 일반 도메인의 학습 데이터를 기반으로 학습 후 특정 도메인의 학습 데이터를 기반으로 학습한 변형된 신경망 그룹), 계층적 모델 등을 특허로 권리화할 수 있다.

(2) 응용 또는 추론 단계(Application or Inferencing Phase)[8]

응용단계는 학습된 모델을 예측, 추론, 분류 등의 작업에 실제로 적용하는 단계로, 인공지능 시스템의 실제 사용을 다루면서 침해 탐지가 쉬우므로 가치 있는 특허 영역이 될 수 있다. 인공지능 시스템은 사용자가 결정을 내리거나, 또는 이전에는 불가능했던 작업을 가능토록 도우면서 우리 일상의 모든 영역에 적용될 수 있으므로 특허출원 심사 과정에서 소프트웨어 발명에 대한 거절 사유인 '추상적 아이디어(abstract idea)' 거절을 쉽게 극복할 수 있을 것이다. 하지만, 단순히 입력 데이터를 받아 정확한 예측을 하는 블랙박스로 인공지능 기술 관련 특허 청구항을 작성한다면 심사관은 이를 단순한 인간의 활동으로 판단하고 특허적격성 불충족 거절을 내릴 가능성이 크다. 이런 경우 학습과정 또는 기계학습 모델의 구조에 관한 설명을 명세서에 추가하여 추상적인 개념이 아닌 구체적인 기술로 제시한다면 특허 거절의 확률을 낮추게 될 것이다.

3. 소프트웨어가 내장된 하드웨어[9]

학습 및 추론 프로세스를 가속하는 소프트웨어 로직이 내장된 하드웨어도 특허를

---

8) Id., at 2.
9) Id.

통해 여러 영역으로 보호받을 수 있다. 예를 들자면 GPU/TPU/NPU/xPU와 함께 학습 효율성을 향상하도록 특별히 설계된 하드웨어(예: 서로 다른 구성요소, 또는 유닛 간의 데이터 이동 감소), 컴퓨팅 집약적 단계의 계산 효율성을 개선하기 위한 메모리 레이 아웃 변경 등이 보호받을 수 있는 영역이다. 간편한 데이터 공유 및 효율적인 병렬 학습을 위한 처리 장치 배치[예: 워크로드를 프로세서에 균등하게 분배하기 위한 텐서(tensor) 분할], 계산 효율을 향상하기 위해 텐서(tensor)의 희소성을 충분히 활용하는 아키텍처 등도 특허받기에 유리한 영역이다.

4. 인공지능 모델의 견고성, 안전성, 신뢰성, 데이터 개인정보 보호[10]

최신 인공지능 시스템이라도 아직 견고성, 안전성, 신뢰성, 개인정보 보호 부분에서 해결해야 할 문제가 많다. 첫 번째 도메인에서 학습된 인공지능 모델은 첫 번째 도메인에서의 추론에 거의 완벽한 정확성을 가지고 있지만, 두 번째 도메인에 배치되면 첫 번째 도메인과 유사해도 추론의 정확도가 현저하게 떨어진다. 어떤 관심 도메인에 배치되더라도 인공지능 모델을 효율적이고 적응성 있게 학습시키는 작업에서 발생하는 기술은 중요한 특허대상 분야이다.

학습 데이터를 기반으로 학습된 인공지능 시스템은 적대적 공격에 쉽게 속임당할 수 있다. 이를 해결하기 위해 첫 번째 신경망과 경쟁하면서 이의 약점을 식별하도록 두 번째 심층 신경망을 설계할 수 있다. 이처럼 인공지능 시스템의 안전성과 신뢰성은 향후 몇 년간 중요한 주제로서 특허 보호 대상으로도 중요한 분야가 될 것이다.

인공지능 시스템에서 해결되어야 할 또 다른 중요한 주제는 개인정보 보호이다. 많은 경우 학습 데이터는 고객 데이터와 같이 민감한 데이터를 포함할 수 있다. 이 데이터 자체를 학습 데이터로 사용하는 경우 심각한 개인정보 침해의 문제를 발생시키게 된다. 특히 여러 주체가 자체 학습 데이터를 가지고 인공지능 모델 하나를 집학적으로 학습시킬 때 문제는 더욱 심각해진다. 학계와 업계에서는 데이터 개인정보 침해 문제

---

10) Id., at 2-3.

를 해결하기 위해 연합적으로 다양한 정보 보호 방법을 연구하고 있고, 이 분야에서 개발될 기술도 중요한 특허 보호 대상이 될 것이다.

II. 인공지능 관련 기술의 보호

1. 소프트웨어 발명의 특허 보호

인공지능 기술은 기본적으로 소프트웨어 기술이므로 인공지능 관련 기술 발명의 출원은 다른 여느 소프트웨어 발명의 출원과 동일한 문제에 직면하는데 그 중 대표적인 것이 소프트웨어 발명에 대해 엄격해진 '특허적격성' 요건이다. 또한 특허 청구항이 명확하고 간결하게 적혀 있고, 발명의 설명에 의해 충분히 뒷받침되어야 한다는 특허 청구항 기재요건도 특정한 결과를 얻기 위해 실행해야 하는 절차를 다루는 소프트웨어 발명에서는 충족하기 어려운 요건이 될 수 있다. 특허요건인 신규성과 진보성의 판단은 인간인 심사관이 출원 전에 공개된 선행기술과 출원 발명을 비교, 분석하는 행위인데 인공지능의 발전으로 인해 기존의 인간 중심 판단이 아닌 인공지능과 인간의 합작판단, 또는 인공지능에 의한 판단도 가능하게 되었다. 인공지능이 개입하는 신규성 및 진보성 심사가 현재 인간 중심의 특허제도에 어떤 변화를 가져올지 고민해야 하는 시점이다.

(1) 미국의 경우

1) 특허적격성

미국의 경우 소프트웨어 분야 발명의 특허적격성 기준이 2014년 Alice 대법원판결의 2단계 테스트로 (이하 'Alice/Mayo Test') 정해지면서 특허적격성의 문턱을 넘는 일부터 매우 어렵게 되었다.[11] 하지만, 미국 특허청이 2019년에 특허적격성 지침서 (이하 '2019 PEG')를 개정하여 Alice/Mayo Test의 2번째 단계를 2A 단계의 1항목, 2A 단계의 2항목, 마지막 2B 단계로 세분화하면서 명확하고 객관적인 기준을 제시하고자 노력

했고, 이로 인해 소프트웨어 발명에 대한 특허적격성 거절률이 낮아진 것으로 확인되었다.[12]

〈그림 3〉 개정된 2019 PEG의 Alice/Mayo Test[13]

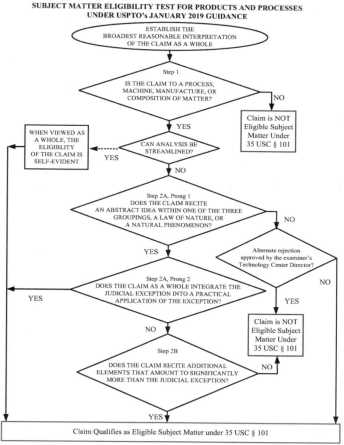

Nutter McClennen & Fish LLP, January 2019

---

11) 이해영, "소프트웨어 발명의 특허적격성: 2019-20년 CAFC 판례들", 「미국특허판례연구(III)」, 미국특허법연구회 편, 대한변리사회, 2022, 10면.

12) 이해영, 위의 책, 22면.

13) Thomas J. Tuytschaevers, Revised Guidance is a Promising Step for Subject Matter Eligibility Examination, 2019 https://www.nutter.com/ip-law-bulletin/revised-guidance-are-a-promising-step-for (2022.2.28. 확인).

미국 특허법 제101조에서는 모든 새롭고 유용한 방법, 기계, 제조품 또는 조성물 ("any new and useful process, machine, manufacture, or composition of matter,")에 대해 특허를 취득할 수 있다고 명시하고 있다. Alice/Mayo Test의 첫 번째 단계는 출원 발명의 청구항이 제101조의 특허대상 범주 안에 들어가는지를 묻는다. 그다음, 대상 청구항의 내용이 특허대상에서 제외되는 추상적 아이디어에 관한 것인지[14](2A 단계의 1항목), 그렇다면 청구항이 추상적 아이디어를 통합하여 실용적인 응용(practical application)으로 이끄는지(2A 단계의 2항목), 그것도 안 된다면 최종적으로 추상적 아이디어 그 이상을 훨씬 넘어선 발명적 개념(inventive concept)이 내재한 추가적인 요소들이 있는지를 묻는다(2B 단계).

2019 PEG에서는 청구항에서 인용된 추상적 아이디어를 세 범주로 나누고 있다.[15] 첫 번째로는 수학적 개념 즉, 수학적 관계, 수학 공식 또는 방정식, 수학적 계산이다. 두 번째로는 인적 활동을 조직하는 특정 방법, 예를 들어 위험회피, 보험, 헤징 등의 기본적인 경제 원칙 또는 활동, 계약 체결, 법적 의무, 광고, 마케팅, 판매 활동 등의 상업적 또는 법적 거래, 사회 활동, 교육 및 규칙 또는 지침 준수 등을 포함하는 개인행동 관리 또는 인적 관계 또는 상호 작용이 되겠다. 세 번째로는 관찰, 평가, 판단, 의견 등 인간의 마음에서 수행되는 정신적 과정이다. 청구항에 일반적인 컴퓨터가 구성요소로 포함되어 있더라도 청구항의 과정이 컴퓨터 없이 인간의 생각, 또는 펜과 종이만으로도 수행할 수 있는 작업이라면 추상적 아이디어의 범주에 들어가게 된다.[16]

추상적 아이디어에 관한 청구항임에도 불구하고, 청구항이 추상적 아이디어를 통합하여 실용적인 응용(practical application)으로 이끈다면(2A 단계의 2항목) 특허적격성을 통과할 수 있다. 이는 청구항의 추가적인 구성요소가 단독 또는 다른 요소들과 합체하여 실용적인 응용으로 통합될 수 있는지로 설명하기도 한다. 인공지능 관련 기술과 가

---

14) Diamond v. Diehr, 450 U.S. 175, 185 (1981). "자연법칙, 자연의 현상, 그리고 추상적 아이디어 (Laws of nature, natural phenomena, and abstract ideas)"를 특허대상의 세 가지 예외 사항으로 확립시켰다.

15) USPTO, 2910 Revised Patent Eligibility Guidance, 52-53.

16) Id., at 54-55.

까운 예로는 청구항의 추가적인 구성요소 또는 여러 구성요소의 결합으로 인해 컴퓨터의 기능이 향상되었거나, 다른 기술 또는 기술 분야가 향상된 경우가 되겠다.[17] 만약 추가 구성요소가 의미 없는 추가 해결 활동에만 사용되는 경우, 또는 특정 기술 환경 또는 사용 분야에 추상적 아이디어를 단순히 연결하는 역할을 하는 경우, 2A 단계의 2항목에 탈락하고, 마지막 단계인 2B 단계로 이동한다.[18]

위에서 설명한 실용적인 응용 부분이 없더라도 최종적으로 추상적 아이디어 그 이상을 훨씬 넘어선 발명적 개념(inventive concept)이 내재한 추가적인 요소들이 있는지를 판단한다(2B 단계). 미국 특허청 심사지침서에는 미국 법원이 인정한 '그 이상을 훨씬 넘어선 발명적 개념(inventive concept)'의 여러 사례를 나열하고 있다. 컴퓨터 기능을 향상하는 행위, 타 기술 또는 기술 분야를 향상하는 행위, 특정 기계를 사용하거나 특정 기계와 함께 추상적 아이디어를 적용하는 행위, 특정 물품을 다른 상태나 사물로 변형하거나 축소하는 행위, 잘 알려졌거나 일상적, 또는 업계의 통상적인 활동에 특별한 한계를 두거나, 비전형적인 단계를 추가하여 청구항을 특정한 유용의 용도로 한정하는 행위를 인정 사례로 들고 있다.[19]

인공지능 관련 기술 발명에도 위에서 설명한 Alice/Mayo Test가 적용되기 때문에 해당 기술 분야에서 특허적격성을 갖추기 위한 전략이 필요하다.[20] 최근 미국 판례 동향은 청구항에 구체적인 구성요소가 있더라도 청구항이 기능적인 언어로 표현되어 있다면 특허적격성이 없다고 보고 있다. 예를 들어 American Axle & Manufacturing, Inc. v. Neapco Holdings LLC[21]에서는 청구항이 샤프트 어셈블리를 제조하는 방법에 관한 것이었으나 샤프트 라이너 튜닝과 관련된 기능적 한계를 다루고 있고, 이는 혹의

---

17) Id., at 55.

18) Id.

19) USPTO, MPEP 2106.05 Eligibility Step 2B: Whether a Claim Amounts to Significantly More, 9th Edition, June 2020.

20) Frank Chau et al., Protection Inventions Relating to Artificial Intelligence Best Practices, p. 22, https://ipo.org/wp-content/uploads/2022/02/AI-Patenting_white-paper_final.pdf. 2023년 2월 23일 확인.

21) American Axle & Manufacturing, Inc. v. Neapco Holdings LLC, No. 18-1763 (Fed. Cir. 2019).

법칙에 해당한다고 하여 특허적격성에서 거절당했다. Yu v. Apple[22]의 대상 청구항에서도 구체적인 영상 센서인 카메라 부품을 다루고 있지만 법원은 일반적인 방법과 기계로 판단하여 특허적격성을 거절하였다.

인공지능 기술의 특성상 많은 매개변수(parameters)의 시스템을 청구항을 통해 구체적인 구조로 설명하는 것이 불가능하므로 기술을 블랙박스 처리하여 기능적 언어로 설명하는 게 훨씬 편리할 것이다. 하지만 기능적 언어로 청구항을 작성한다면 위에서 논의했던 미국 법원 판례에서와 같이 특허적격성을 통과하지 못할 것이다. 그러므로 특허적격성을 갖추기 위해서는 청구항에 인공지능 특정의 아키텍처 또는 인공 신경망의 학습 요소들이 명시되어 있어야 한다. 이로 인해 청구항이 실질적인 응용력으로 통합되었으므로 특허대상에서 제외되는 추상적 아이디어일지라도 Alice/Mayo Test를 통과하게 되고, 판례에서 지적했던 구조 없이 기능적 언어로만 작성된 청구항도 피할 수 있게 된다.[23]

인공지능 관련 발명에는 기능적 특징이 중요하겠지만 그 안에는 컨볼루션 신경망(CNN)과 반복 신경망(RNN)과 같이 일반적이지 않은 수준 높은 특정 아키텍처 구성요소가 들어가 있다. 이런 구성요소는 일반적('generic')이지 않은 특정 기계('particular machines')로서 일반적인 컴퓨터 시스템에 존재하지 않고, CNN은 영상처리에 RNN은 자연어 처리에 특화되어 특별한 응용 능력을 갖추므로 Alice/Mayo Test를 통과할 수 있다.[24] 미국 특허청은 아키텍처 구성요소 중심의 청구항과 함께 학습과정을 다루는 청구항도 특허적격성 자격을 갖춘 발명으로 보는데, 일반 컴퓨터 시스템이 아닌 특별한 작업을 수행하면서 인공 신경망을 학습하는 과정은 일반 컴퓨터 시스템에서 다루는 통상적인 과정이 아니기 때문이다.[25]

---

22) Yu v. Apple, 2020-1760 (Fed. Cir. June 11, 2021).

23) Frank Chau et al., supra note 17, at 22.

24) Id., at 23.

25) Id.

2) 발명의 설명과 청구범위 기재요건

위에서 설명한 바와 같이 인공지능과 기계학습 발명이 수많은 매개변수(parameters)의 특정 값에 의존하고 있지만, 특허적격성 요건과 마찬가지로 기능적 언어가 아닌 구체적인 아키텍처 구성요소와 학습 구성요소를 상세하게 설명해야 기재요건을 통과할 수 있을 것이다. 아키텍처를 설명하기 위해 핵심적인 추상 단계(abstraction level) 몇 개를 선정하는데 최상위 단계는 영상 분류 인공 신경망과 같은 기능적 구성요소로 시작한다. 그다음 단계로 CNN, RNN과 같은 아키텍처 패러다임을 설명하면서 해결해야 할 문제와 발명에서 제공하는 솔루션과의 관계, 그리고 아키텍처 패러다임이 어떻게 솔루션에서 사용되는지를 설명해야 한다. 다음 단계로 레이어, 노드 및 활성화 기능 수준에서의 네트워크 동작에 관한 기술적 설명이 포함되어야 한다. 예를 들자면, 각종 필터의 역할을 설명하면서 CNN이 노드 수준에서 어떻게 작동하는지, 그리고 발명의 개념이 각 단계에 촘촘히 엮어져 있어야 한다.[26]

학습과정을 설명하는 부분도 세 단계로 나누어 설명하면 편리하다. 최상위 단계에서는 기능적 설명이 들어가는데 예를 들어 이미지에서 물체를 분류하도록 학습된 인공 신경망을 설명할 수 있다. 다음 단계에서는 상위 단계의 학습 패러다임, 예를 들어 지도학습(supervised learning), 비지도학습(unsupervised learning), 강화학습(reinforcement learning)에 관해 설명한다. 마지막 단계에서는 지도학습 과정에서의 손실 기능(loss function) 또는 강화학습의 정책적 모델에 대해 구체적으로 설명한다.[27]

3) 신규성과 진보성

기하급수적으로 발전하고 있는 인공지능 기술은 이제 인간을 수동적으로 돕는 도구가 아니다. 인공지능은 인간 발명자의 기억력, 인지력, 지식을 확장하면서 이전에 할 수 없었던 발명의 과정과 결과를 확장해 놓았다.[28] 발명은 신규성과 진보성이라는 특

---

26) Id., at 27.

27) Id., at 27-28.

28) Tim W. Dornis, "Artificial Intelligence and Innovation: The End of Patent Law as We Know It", Yale Journal of Law & Technology, Vol 23, Fall 2020, p. 104.

허성 요건을 갖추어야 하는데 이는 '통상의 지식을 가진 자(이하 Person Having Ordinary Skill in the Art 또는 PHOSITA)'라는 업계의 평균적인 기술을 가진 가상의 인물이 알 수 있었고, 발명할 수 있었던 기술 능력이 판단 기준이 된다.[29) 인간이 인공지능의 도움으로 발명을 완성한 경우, 이를 또 달리 표현하자면 인간-인공지능 하이브리드 발명자의 경우 통상의 지식을 가진 자의 능력을 어떻게 정의해야 할지를 논의해야 할 때이다. 인공지능의 도움으로 통상의 지식을 가진 자의 능력이 높아지는 경우, 특허성의 통과 기준을 재조정해야 하고, 이는 특허를 받기 위한 발명의 전제조건이 바뀐다는 뜻이기도 하다. 인공지능으로 인해 순수한 인간인 현재의 '통상의 지식을 가진 자'를 인지적으로 증강된 인간-기계 사이보그로 변환시킴으로 나올 수 있는 결과에 대해서는 아직 연구되어 있지 않다.

다만, 특허성은 발명의 절차를 통해 나온 결과물 그 자체와 수준을 평가할 뿐, 발명의 완성 과정에서 필요했던 주관적 정신적 과정 즉 지능에 대해서는 고려하지 않는다.[30) 그러므로 발명을 완성시키기 위한 모든 과정이 진정한 인간의 창조 지능으로 인한 것인지, 아니면 기계적이고 영혼 없는 인공지능으로 인한 것인지는 고려사항이 아니다.[31)

(2) 우리나라의 경우

1) 특허적격성

우리나라의 경우 미국과 달리 소프트웨어 관련 기술에 대해 특허적격성, 또는 발명의 성립요건이 까다롭다고 볼 수 없다. 인공지능 관련 발명은 '소프트웨어에 의한 정보처리'에 기반을 두고 컴퓨터 등을 이용하여 구현하는 발명이므로 원칙적으로 인공지능 관련 발명의 성립요건 판단 기준은 컴퓨터 · 소프트웨어 관련 발명의 성립요건 판단 기준과 동일하다.[32) 인공지능 관련 발명에서 소프트웨어에 의한 정보처리가 하드웨어

---

29) Id.

30) Id., at 107.

31) Id.

를 이용하여 구체적으로 실현되는 경우에는 해당 소프트웨어와 협동하여 동작하는 정보처리 장치(기계), 그 동작 방법, 해당 프로그램을 기록한 컴퓨터로 읽을 수 있는 매체, 매체에 저장된 컴퓨터프로그램은 발명에 해당한다. 즉, 해당 발명에서 소프트웨어에 의한 정보처리가 하드웨어를 이용하여 구체적으로 실현되고 있는지가 소프트웨어 발명의 성립요건의 판단 기준으로 (i) 기기의 제어 또는 제어를 위해 필요한 처리를 구체적으로 수행하거나, (ii) 대상의 기술적 성질에 근거한 정보처리를 구체적으로 수행하는 경우 발명의 성립요건을 충족하게 된다.[33]

2) 발명의 설명과 청구범위 기재요건[34]

인공지능 기술 관련 발명에서 실시 가능 요건의 판단은 발명의 설명에 인공지능 기술 분야에서 통상의 지식을 가진 사람이 출원 시의 기술 상식에 근거하여 그 발명을 쉽게 실시할 수 있을 정도로 명확하고 상세하게 기재되어 있는지 여부가 기준이 된다. 인공지능 관련 발명이 쉽게 실시되기 위해서는 그 기술 분야에서 통상의 지식을 가진 사람이 발명을 구현하기 위한 구체적인 수단, 발명의 기술적 과제 및 그 해결수단 등이 명확히 이해될 수 있도록 발명에서 구현하는 인공지능 기술에 관한 구체적인 내용을 기재하여야 한다. 인공지능 관련 발명을 구현하기 위한 구체적인 수단으로는 학습 데이터, 데이터 전처리 방법, 학습 모델, 손실 함수(Loss Function) 등이 있다.[35]

예를 들어 인공지능 관련 발명을 구현하기 위한 구체적인 수단으로 입력 데이터와 학습된 모델의 출력 데이터 간의 상관관계를 구체적으로 기재해야 한다. 이는 ① 학습 데이터가 특정되어 있고, ② 학습데이터의 특성 상호 간에 발명의 기술적 과제를 해결하기 위한 상관관계가 존재하고, ③ 학습데이터를 이용하여 학습시키고자 하는 학습 모델 또는 학습 방법이 구체적으로 기재되어 있고, ④ 이와 같은 학습데이터 및 학습 방법에 의하여 발명의 기술적 과제를 해결하기 위한 학습된 모델이 생성되는 경우를

---

32) 특허청, 인공지능분야 심사실무가이드, 2021.12, 1301면.

33) Id., at 1302.

34) Id., at 1201.

35) Id.

의미한다. 강화 학습 기반의 인공지능 관련 발명의 경우 에이전트(agent), 환경(envi-ronment), 상태(state), 행동(action), 보상(reward) 간의 상관관계를 포함한 강화 학습방법을 구체적으로 기재하도록 한다.[36]

다만 인공지능 관련 발명을 구현하는 구체적인 수단이 발명의 설명이나 도면에 명시적으로 기재되지 않았더라도 출원 시의 기술상식을 감안할 때 통상의 지식을 가진 사람에게 명확히 이해될 수 있는 경우에는 이를 이유로 발명이 쉽게 실시될 수 없다고 판단하지 않는다.[37]

인공지능 관련 발명도 일반 발명과 동일하게 청구범위가 발명의 설명에 의하여 뒷받침되고, 발명이 명확하고 간결하게 기재되어야 한다. 인공지능 관련 발명은 시계열적으로 연결된 일련의 처리 또는 조작, 즉 단계로 표현할 수 있을 때 그 단계를 특정하는 것에 의해 '방법의 발명'으로 청구항에 기재할 수 있다. 또한 그 발명을 구현하는 복수의 기능으로 표현할 수 있을때 그 기능으로 특정된 '물건(장치)의 발명'으로 청구항에 기재할 수 있다.추가적으로 인공지능 관련 발명은 '컴퓨터프로그램 기록매체 청구항', '기록매체에 기록된 컴퓨터프로그램 청구항', '데이터 구조 기록매체 청구항' 형식에 추가하여, 학습모델이나 학습모델을 이용하는 물건을 청구하는 경우에는 '기록매체에 저장된, 학습모델을 구현한 컴퓨터프로그램 청구항', '학습모델을 이용하는 물건(장치) 청구항' 형식으로 기재할 수 있다.[38]

3) 신규성과 진보성

모든 발명은 신규성 및 진보성 요건을 갖추어야 특허권을 받을 수 있는데, 인공지능 관련 기술의 신규성 및 진보성 요건 충족을 위해 필요한 사항을 아래와 같이 설명해보고자 한다.

신규성, 진보성 판단의 대상이 되는 발명은 '청구항에 기재된 발명'이다. 청구항에 기재된 발명과 인용발명의 동일성의 판단은 인공지능 관련 발명을 구현하기 위한 구

---

36) Id., 1202면.

37) Id., 1201면.

38) Id., at 1206.

체적인 수단[학습 데이터, 데이터 전처리 방법, 학습 모델, 손실 함수(Loss Function) 등]을 고려하여 구성을 대비하여 양자의 구성의 일치점과 차이점을 추출하여서 판단한다. 청구항에 기재된 발명과 인용발명의 구성에 차이점이 있는 경우에는 동일한 발명이 아니며, 차이점이 없으면 청구항에 기재된 발명과 인용발명은 동일한 발명이다.[39]

진보성 인정여부는 ① 청구항에 기재된 발명을 특정한 뒤 ② 청구항에 기재된 발명과 공통되는 기술분야 및 기술적 과제를 전제로 통상의 기술자의 관점에서 인용발명을 특정하고, ③ 청구항에 기재된 발명과 가장 가까운 인용발명을 선택하고 양자를 대비하여 일치점과 차이점을 명확히 한 다음, ④ 이러한 차이점에도 불구하고 가장 가까운 인용발명으로부터 청구항에 기재된 발명에 이르는 것이 통상의 기술자에게 용이한지 여부를 다른 인용발명과 출원 시의 기술상식 및 경험칙 등에 비추어 판단한다. 인공지능 기술 분야에서 통상의 기술자는 '인공지능 기술 분야의 기술 상식'을 보유하고 있고, 출원발명의 과제와 관련되는 출원전의 기술 수준에 있는 모든 것을 입수하여 자신의 지식으로 할 수 있는 자로서, 실험,분석, 제조 등을 포함하는 연구 또는 개발을 위하여 통상의 수단을 이용할 수 있으며, 설계변경을 포함한 통상의 창작능력을 발휘할 수 있는 특허법상 상상의 인물이다.[40]

인공지능 관련 발명을 구현하기 위한 기술적 구성 중 데이터 전처리, 기계학습 방법, 학습 완료 모델 등에 관하여 구체적으로 특정하고 있고, 그 기술적 구성에 의하여 인용발명에 비하여 예측되는 효과 이상의 더 나은 효과를 갖는 경우 진보성을 인정받을 수 있다. 여기서 '데이터 전처리'가 구체적으로 특정된 경우란, 입력 데이터로부터 주요 특징(feature)을 도출하는 구성, 특정 규격화(벡터화, 정규화, 표준화)된 학습 데이터를 생성하는 구성 등을 구체적으로 기재하는 경우를 의미한다. 청구항에 기재된 발명이 '학습모델'에 관하여 구체적으로 특정하고 있고, 기계학습에 의한 학습모델의 생성 속도, 생성된 학습모델에 따른 예측의 정확도 등에서 인용발명에 비하여 예측되는 효과 이상의 더 나은 효과를 갖는 경우에도 진보성을 인정받을 수 있다. 여기서 '학습모

---

39) Id., at 1311.
40) Id., at 1311-1312.

델'이 구체적으로 특정된 경우란, 예를 들면 학습 환경 구성, 학습모델 검증, 복수의 학습모델들의 연계, 분산 또는 병렬 처리, 하이퍼 파라미터(hyper parameter) 최적화를 구현하는 구성 등을 구체적으로 기재하는 경우를 의미한다.

또한 '인공지능 관련 발명의 학습 결과물(결과 데이터)의 활용 등이 구체적으로 특정'된 경우, 즉 학습 완료 모델을 통해 출력된 결과물(결과 데이터)을 활용하는 구성, 출력된 결과물에 기반한 생산물(Products), 출력 결과물에 기반한 처리방법(Process) 등을 구체적으로 기재하는 경우에도 진보성을 인정받을 수 있다.[41] 특정의 학습완료 모델을 포함한 인공지능 관련 발명은 그 적용되는 산업분야에 따라 그 발명의 결과물 또는 효과가 달라지는 경우가 있다. 인공지능 관련 발명으로 인하여 특정 산업 분야의 장기 미해결 과제를 해소하였거나, 기술적 곤란성을 극복하였거나, 산업 분야의 변경에 따른 예측되는 효과 이상의 더 나은 효과가 발생하는 경우에는 출원발명과 인용발명 간 기술적 구성에 차이가 없다는 이유로 무조건 신규성, 진보성이 부정되지 않는다. 인공지능 관련 발명은 학습 데이터에 따라 학습모델의 성능 및 그 결과가 달라지는 경우가 있다. 출원발명이 학습 데이터에 특징이 있는 경우에는 출원발명과 인용발명 간 학습 데이터의 차이만으로 진보성을 인정하지 않지만, 출원발명에서 채택하고 있는 학습 데이터에 관한 특유의 정보처리가 특정되어 있는지, 학습데이터의 차이로 말미암아 예측되는 효과 이상의 더 나은 효과가 발생하였는지 등을 고려하여 신규성, 진보성을 판단하게 된다.[42]

2. Dataset 발명의 특허보호

데이터가 특허로서 보호받기 위해서는 먼저 특허적격성을 갖추어야 한다. 우리나라 특허법 발명의 정의에 따라 '자연법칙을 이용한 기술적 사상의 창작으로서 고도한 것'이어야 하는데[43] 특허적격성이 있다면 물건이나 방법의 유형으로 보호받을 수 있

---

41) Id., at 1320-1321.

42) Id., at 1322.

다.[44] 데이터 그 내용 자체는 객관적인 사실을 집합한 것으로 자연법칙의 이용도 아니고, 창작도 아닌 경우이기 때문에 발명이 되지 못하는 경우가 일반적이다. 하지만, 앞에서 설명한 바와 같이 데이터 그 자체와 내용물을 청구항으로 작성할 수 없고, 데이터를 방법발명으로 작성하는 경우, 데이터 생성 방법, 구조의 생성 방법, 데이터 세트를 획득하는 방법으로 청구항을 작성하는 전략으로 특허를 받을 수 있다.[45] 물건 방법의 경우, 데이터 매체 청구항의 형식으로 청구항을 작성할 수 있다.[46]

3. 저작권법

소프트웨어라는 창작물은 일반적으로 저작권의 보호를 받을 수 있으나,[47] 창작물에 내재한 기술, 설명, 예시 또는 구현된 아이디어, 절차, 과정, 작동방식, 원칙 또는 발견(이하 "아이디어")은 저작권의 보호에서 제외된다.[48] 표현은 저작권의 영역이고,[49] 아이디어는 특허의 영역이라는 아이디어-표현의 이분법을 따르더라도, 창작의 영역에서 저작자의 표현 부분과 비표현적인 아이디어 부분을 구분해 내는 일은 특허요건의 진보성 판단 만큼이나 어려운 문제이다. 컴퓨터 소프트웨어는[50] 작업의 수행을 목표로 만들어

---

43) 특허법 제2조 제1호.

44) 김창화, 제13장 지식재산권법에 의한 데이터의 보호, 「데이터법」, 인하대학교 법학연구소 AI · 데이터법 센터, 세창출판사, 2022, 345-346면.

45) 김창화, 위의 글, 345면.

46) 김창화, 위의 글, 345면.

47) 17.U.S.C. 102(a) Copyright protection subsists, in accordance with this title, in original works of authorship fixed in any tangible medium of expression ···

48) 17 U.S.C. 102(b) In no case does copyright protection for an original work of authorship extend to any idea, procedure, process, system, method of operation, concept, principle, or discovery, regardless of the form in which it is described, explained, illustrated, or embodied in such work. (저작자의 원저작물에 대한 저작권의 보호는 그 형태 여하를 불문하고 당해 창작물에 기술, 설명, 예시 또는 구현된 아이디어, 절차, 과정, 작동방식, 원칙 또는 발견에 적용하지 아니한다.)

49) 저작권법 제2조(정의) 1. "저작물"은 인간의 사상 또는 감정을 표현한 창작물을 말한다.

50) 저작권법 제2조(정의) 16. "컴퓨터프로그램저작물"은 특정한 결과를 얻기 위해 ··· 컴퓨터 내에서 ··· 사용되는 일련의 지시 · 명령으로 표현된 창작물을 말한다.

진 기능적 성격과 함께, 인터넷, 오픈소스 라이선싱, 네트워크 효과 등으로 인해 상호운용성("interoperability")이 중요한 창작물이다. 특히 플랫폼 중심 시장에서는 같은 기종 또는 다른 기종의 기기끼리 상호 간에 통신할 수 있고, 정보 교환이나 일련의 처리를 정확하게 실행을 위한 인터페이스 소프트웨어의 상호운용성이 필수이다. 플랫폼을 기반으로 한 대표 기술 기업들이 몰려 있는 미국의 경우 자유로운 영리 활동을 지지하는 정책을 펼쳐 왔고, 미국 법원 또한 1990년대 부터 소프트웨어에 대한 엄격한 저작권 보호보다는 상호운용이 가능한 범위 내의 복제 등과 같은 자유로운 이용을 허용해 왔다.

우리나라에서 컴퓨터프로그램은 특정한 결과를 얻기 위하여 컴퓨터 등 정보처리능력을 가진 장치 내에서 직접 또는 간접으로 이용되는 일련의 지시·명령으로 표현된 창작물로서 저작권법에 따라 보호받을 수 있다(저작권법 제2조 제16호). 다만, 프로그램 언어, 규약, 해법의 경우에는 저작권법의 보호 대상이 될 수 없으며(저작권법 제101조의2), 저작권법에 따라 보호 대상이 되는 컴퓨터프로그램인 경우에도 프로그램의 기초를 이루는 아이디어 및 원리를 확인하기 위하여 프로그램의 기능을 조사·연구·시험할 목적으로 복제하는 경우(저작권법 제101조의3 제1항 제6호)나 프로그램코드 역분석을 위한 경우(저작권법 제101조의4)에는 저작권이 제한될 수 있다.

데이터의 경우, 저작물이나 부호·문자·음·영상 그 밖의 형태의 자료('소재')의 집합물이라면 '편집물'로 인정받을 수 있다.[51] 편집물로서 그 소재의 선택·배열 또는 구성에 창작성이 있으면 '편집저작물'로서 저작권을 가지게 된다.[52] 하지만 창작성 없이 단순히 자료를 취합하는 데이터는 편집저작물로서 인정받지 못 한다. 만약 편집저작물 수준에 못 미치는 데이터일지라도 저작권법의 '데이터베이스'에 해당한다면[53] 저작권법 제4장 데이터베이스제작자의 보호 규정에 따라 제한적인 저작권법의 보호를 받을 수 있다.[54]

---

51) 저작권법 제2조 제17호.

52) 저작권법 제2조 제18호.

53) 저작권법 제2조 제19호 ("데이터베이스"는 소재를 체계적으로 배열 또는 구성한 편집물로서 개별적으로 그 소재에 접근하거나 그 소재를 검색할 수 있도록 한 것을 말한다).

54) 김창화, 앞의 글, 346-347면.

제12장

인공지능 창작물의 지식재산 보호

김원오
(인하대학교 법학전문대학원 교수, 법학연구소 소장)

Ⅰ. 서 설

1. AI가 창작에 활용되고 있는 실태

오늘날 인공지능(Artificial Intelligence: AI)은 인간이 설정한 조건에 근거하여 정보를 추출·분석하는 데 그치지 않고 데이터 학습이란 딥러닝을 통해 스스로 창작하기도 하며 지적 사고를 지닌 인간의 전유물(專有物)이라고 여겨졌던 미술, 음악, 글쓰기와 같은 '창작'(creation) 영역에도 이미 인공지능이 깊숙이 관여하고 있다.

예컨대 스페인의 말라가 대학은 작곡을 할 수 있는 인공지능 야무스(lamus)를 개발하였고, 2016년 메이지 대학은 비영리로 작곡 소프트웨어(SW) '오르페우스'를 운영하고 있다. 구글 딥드림(deep dream)은 고흐, 램브란트의 화풍과 구별하기 어려운 수준의 그림을 그리고, 듀엣(AI Duet)[1])을 통한 작곡도 하고 있다. 소니의 플로우 머신은 바하

---

1) 2017년, 인공신경망을 활용한 머신러닝 즉, 딥러닝을 활용한 인공지능 듀엣(AI Duet)을 구글에서 발표하면서, 음악을 연주하는 피아노 봇(piano bot)과 같은 하드웨어와 소프트웨어를 결합한 형태의 상품들도 세련된 수준으로 개발되기 시작했다. 실제로 인공지능 듀엣의 경우, 머신러닝 및 클라우드 소싱 기반 '마젠타(Magenta)' 프로젝트의 일환으로 만들어졌으며, 연구자들과 예술가들이 자연

에서부터 비틀즈까지 장르를 가리지 않고 음악을 자동으로 작곡하여 인터넷에 공개하고 있다.[2] 2016년 8월 10일 경기필하모닉은 '모차르트 VS 인공지능'이라는 주제로 에밀리 하웰(Emily Howell)이라 불리는 인공지능이 작곡한 오케스트라 곡을 공연하기도 하였다.[3]

한편 이미 2000년대 초반부터 인공지능은 사람을 대신하여 글을 써 왔는데, 대표적인 경우가 스포츠 관련 각종 기사를 자동으로 작성하여 언론사들에 공급해 온 내러티브 사이언스(Narrative Science)나 오토메이티드 인사이츠(Automated Insights)의 인공지능 프로그램[4]과 텐센트 로봇[5]을 들 수 있다. 미국의 테일러 브랜드(Tailor Brand)사는 인공지능을 활용하여 로고를 자동적으로 디자인하는 서비스를 제공하고 있다. 인상적인 The Next Rembrandt[6]가 만든 렘브란트 스타일의 초상화도 선보이고 있다. 2022년 8월 미국 콜로라도 주립 박람회에서 개최한 미술대회의 디지털 아트 부문에서 '스페이스 오페라 극장(Théâtre D'opéra Spatial)'이 최우수상을 수상하였는데 이 작품이 게임회사 CEO인 제이슨 앨런(Jason Allen)이 인공지능으로 제작한 그림이라는 사실이 알려지면서 인공지능이 그린 그림의 예술성을 비롯한 다양한 논쟁이 촉발되었다.[7]

이와 같이 음악이나 그림 등 비교적 패턴화하기 쉬운 분야에서는 인간의 구체적인

스럽게 협업하는 형태로 활용되고 있다.

2) 지디넷(Zdnet), "이젠 작곡까지⋯인공지능, 팝송도 만들었다", 2016. 9. 29.자 기사.

3) 아시아경제, "경기필하모닉, AI 작곡가 곡으로 공연⋯알고리즘 작곡가 김택수도 참여",2016. 7. 31 (http://view.asiae.co.kr/news/view.htm?idxno=2016073115331132658),

4) John F. Weaver, Robots Are People Too: How Siri, Google Car, and Artificial Intelligence Will Force Us to Change Our Laws, Praeger(2014), pp. 165-166.

5) "Tencent robots have written thousands of articles a day" (January 15 2019) International Intelligent Robot Industry News http://en.ii-robot.com/news/show.php?itemid=611.

6) The Next Rembrandt, www.nextrembrandt.com.(2023.1.23. 일 방문) 마이크로소프트사가 네덜란드 금융기관 ING, 렘브란트 박물관 등과 협업하여 개발한 '넥스트 렘브란트(The Next Rembrandt)'는 렘브란트 화풍을 재현하는 작품을 제작해 냈다. 연구팀은 렘브란트의 초상화 346점을 디지털 스캔하여 색채, 구도, 터치감 같은 특징을 컴퓨터에 입력하였고, 넥스트 렘브란트는 딥러닝 기술과 안면인식 기술을 통해 스스로 렘브란트의 작품과 유사하지만 새로운 그림을 만들어 냈다.

7) 이나라, 「[미국] 인공지능(AI) 창작작품, 콜로라도 주립 미술대회에서 최종우승」, 『저작권 동향 2022』 제17호, 한국저작권위원회, 2022.10.17.

지시 없이 AI가 스스로 창작물을 생성하는 것이 가능하게 되었다. 최근에는 적대적 신경망(GANs: Generative Adversarial Networks) 모델[8]과 같이 인공지능은 인간이 제공하거나 인간의 지시에 의해 수집된 빅데이터에 의존하지 않고도 스스로 학습함으로써 창작능력을 향상시키게 되었다. 아울러 딥러닝(deep learnning)[9] 기술에 기반한 생성형 AI(Generative AI)[10] 개념이 새롭게 부상[11]하고 있고 OpenAI가 운영하는 ChatGPT[12]의 이용자가 단시간에 급상승하면서 AI에 의한 저작 문제가 새롭게 조명되고 있다.

한편 과학기술 분야의 창작인 발명의 영역도 마찬가지이다. AI를 발명의 설계(아이디어 착상)와 분석, 선행기술 서치에 활용하고 특허 공백지대, 후보물질 발견, 청구범위 작성과 회피설계에 이용할 수 있게 되었다. 종국적으로 특허 데이터(공보와 논문)를 딥러닝하여 스스로 발명을 해내는 지능을 갖추게 되는 과정에 이르고 있다. 언론보도를 장식했던 DABUS[13]나 미국의 AI 발명 플랫폼 All Prior Art[14]도 대표적인 발명하는 인

---

8) 조영주 외, "GAN 적대적 생성 신경망과 이미지 생성 및 변환기술 동향", 전자통신동향분석 35권 제4호, ETRI, 2020년 8월호 91면 이하 참조.

9) 딥러닝은 데이터에서 지식을 추출하는 방식이 아닌 데이터에서 특징(feature)을 분석하여 이를 신경망에 저장하는 방식으로, 신경망에 저장된 특징 값은 빅데이터를 통하여 학습한 결과물이다. 이렇게 활용되는 딥러닝은 "데이터 분석 및 예측, 영상인식, 음성인식, 자연어처리, 보안 등 다양한 관련 분야의 기술수준을 향상시켰다"고 평가된다(김인중, "기계학습의 발전 동향, 산업화 사례 및 활성화 정책 방향", 이슈리포트 2015-017, 소프트웨어정책연구소, 2015, 4면).

10) 제너레이티브 AI는 이용자가 AI에게 어떤 것을 만들어 달라고 요구하면, 그 요구에 맞춰서 결과를 만들어 내는 인공지능을 말한다. 가트너가 '2022년 이머징 테크놀로지 하이프 사이클(Hype Cycle for Emerging Technologies, 2022)' 보고서를 발표하며, AI 자동화 및 가속화가 중요한 화두이며, 이를 위해 주목해야 할 기술로 제너레이티브 AI(Generative AI, 생성형 AI모델)를 선정했다.

11) 생성형 AI가 가능한 것은 바로 AI를 학습시키는 딥러닝 기술 때문이다. 생성형 AI는 데이터로부터 콘텐츠나 사물의 주요 특징들을 학습해 원작과 유사하면서도 새롭고 독창적인 결과물을 만들어 낼 수 있도록 알고리즘을 설계했다. 최근 생성형 AI의 급속한 진화는 이미지 생성형 AI인 '스테이블 디퓨전(Stable Diffusion)' 덕분이다. ('생성형 AI' 창작자 세상이 온다 … 미술계의 미래는? - LG CNS)

12) ChatGPT는 인터넷에 공개된 대규모 데이터를 바탕으로 만들어진 채팅 방식의 GPT(generative pre-trained transformer) 모델이다.

13) 인공지능 로봇 DABUS가 발명한 특허출원; Daria Kim, 'AI-Generated Inventions': Time to Get the Record Straight?, GRUR International, Volume 69, Issue 5, May 2020, pp. 443-456; 신테카바이오는 AI플랫폼을 통해 신약 후보물질을 발굴하고 있다(https://www.sedaily.com/News VIew/1VS3ZP6Q0T).

공지능이다. 디자인 영역[15])에서도 AI가 디자인 창작에 활용되고 있다.

2. AI창작물의 지식재산 보호와 관련된 논의의 주요쟁점

인공지능에 의하여 인간의 창작물과 구분하기 어려운 창작물이 다량으로 양산가능한 시대에 돌입함에 따라 AI가 인간만의 고유한 영역으로 간주되었던 창작의 영역에서 창작의 주체로 등장하게 되자 창작을 보호하는 지식재산법제에도 커다란 변화와 파장이 예상되고 있다. AI가 단순히 창작의 보조적 수단으로 활용되는 경우는 현재 저작과 발명의 과정에서 컴퓨터를 활용하는 것과 유사하게 해석할 수 있으나, AI와 인간이 공동으로 창작을 수행하는 경우 또는 AI의 독립적인 창작의 경우 AI의 창작 '주체성'과 그 결과물의 '지식재산보호'에 대한 새로운 논의가 필요하다. AI자체는 컴퓨터상 실행되는 프로그램(SW)의 일종이므로 현행 저작권법 제도하에서도 일정한 요건을 충족한 경우 프로그램 저작물로서 보호할 수 있으며 특정한 기능은 컴퓨터관련 발명으로도 보호받을 수 있다.

인공지능 창작물은 그 성격에 따라 특허법적 보호와 저작권 보호가 각각 문제될 수 있다. 현행 저작권법과 특허법은 인간만이 저작물과 발명의 창작 주체가 될 수 있도록 제한하고 있어, 현행법하에서는 인공지능에 의한 창작물이 생성되더라도 저작물로 인정받기 어렵고 AI를 발명자로 기재하여 특허출원할 수 없고 출원의 적법승계 논리도 (AI법인격을 따로 인정하지 않는 한) 인정되기 어렵다.[16]) 양 법제는 인간창작자주의 등 공통된 문제도 있지만 무방식주의를 취하는 저작권과 달리 등록주의와 심사주의를 취하

---

14) 전정화, "인공지능(AI) 창작에 대한 특허법적 이슈" 보고서, IP Focus 제2020-10호, 한국지식재산연구원, 2020. 6면.

15) 단순 알고리즘을 활용하는 '그래스호퍼(grasshopper)', 데이터 분석기능이 탑재된 '드림캐처(dream catcher)' 등 인공지능 활용 디자인소프트웨어가 존재한다.

16) 미국특허청, EPO와 영국특허청은 인공지능 로봇 DABUS가 발명한 특허출원 건에 대해 발명자가 사람이어야 한다는 요건을 충족하지 못하였음을 이유로 거절 결정하였으나 이유는 조금씩 다르다. 디자인의 경우 등록된 사례도 있다. 반면 호주와 인도 캐나다, 중국에서는 등록을 허여한 바 있다. 다른 자세한 것은 제7장 '창작의 주체로서 인공지능' 부분 참조

는 특허권의 본질상 인공지능이 신규성, 진보성을 가진 발명을 자동으로 만들어 냈다 하더라도 자동으로 특허권이 설정되지는 않기 때문에 출원 및 심사과정상의 특별취급 문제 등 인공지능 창작물의 저작권 문제와는 다소 다른 국면의 검토와 논의가 필요하다고 할 수 있다.

AI창작물과 관련하여 제기되는 저작권법과 특허법상의 공통된 쟁점은 크게 몇 가지로 나누어 볼 수 있다.[17] 첫째 AI창작물은 특허법상 발명 또는 저작권법상 저작물로서 인정될 수 있는지, 둘째 AI창작물이 발명이나 저작물로 인정된다면 그 발명가나 저작자는 AI인지 아니면 그 배후에 있는 인간인지 여부, 셋째 AI의 창작자적격성 여부와 별개로 그 생성 결과물에 대한 지식재산권 귀속에 관한 문제이다. 넷째, 만약 현행 저작권법이나 특허법의 체계상 AI창작물에 대한 법적 보호가 어려운 경우 어떤 대안이 강구되어야 하는지 등이 문제 된다.

등록을 위한 심사를 거치는 AI에 의한 발명의 법적 취급에 관해서는 추가적으로 신중한 재검토를 요하는 문제가 있다. 첫째, 특허출원단계에서 발명자 표시[18] 및 인공지능에 의한 발명에 대한 특허(출원)권을 어떻게 사람에게 승계하여야 하는지가 문제 된다. 둘째, 특허심사단계에서도 발명능력의 차이가 있는 인공지능에 의한 발명과 사람의 발명을 동등한 잣대로 심사할 것인지 아니면 더 엄격한 기준을 적용할 것인지에 대한 문제 등 심사과정상의 특별취급에 관한 쟁점이 더 존재한다.

3. 인공지능창작물(AI-Generated Output: AGO) 및 그 인접 개념

(1) '인공지능창작물'(AI-Generated Output: AGO)

오늘날의 인공지능은 사람이 창작과정에서 활용하는 단순한 '도구'가 아니라, 사람의 개입이 없거나 적어도 그 개입이 극히 미미한 상황에서 인공지능이 자동으로 창작

---

17) 차상육, "인공지능 창작물의 저작권법상 보호 쟁점에 대한 개정방안에 관한 연구", 계간 저작권 2020 봄호, 5면 이하

18) 미국법에 의하면 기계 또는 인공지능 소유자는 AI가 수행한 발명의 발명자로 등록하면 안 된다. 발명하지 않고 발명자로 등록하는 것은 형사 제재 대상이 될 수 있다.

물을 생산할 수 있게 되었다. 사람이 개입하지 않거나 그 개입이 최소화된 상황, 즉 '사람의 창작적 기여가 없거나 극히 미미한 상황에서 인공지능이 자동 생산한 창작물'을 '인공지능에 의한 창작물' 또는 '인공지능창작물'(AI-Generated Output: 이하 AGO로 약칭)이라 정의한다.

AGO는 분야에 따라 'AI에 의한 발명(AI-generated invention: 이하 AGI)'과 'AI에 의한 저작물(AI-Generated Works: 이하 AGW)'으로 대별된다. '인공지능생성물'이란 용어도 사용되고 "인간의 직접적인 관여 없이 알고리즘 학습을 통해 창작능력을 가진 컴퓨터 또는 컴퓨팅 기반의 기계장치로부터 생성된 창작물"로 정의하여 '인공지능 창작물'[19]이란 용어도 사용되고 있다.[20] 음악분야는 '컴퓨터로 생성된 작곡(computer-generated composition)'은 다시 '컴퓨터에 의해 자동 작곡된 음악(automated composition by computer)'과 '컴퓨터의 도움을 받는 작곡(computer-aided composition)'으로 구분하여 설명하기도 한다.[21] AGW는 전자의 범주에 속하는 개념이다. 또한 최근 '빅데이터를 이용하는 인공지능과 빅데이터를 이용하지 않는 인공지능의 발전과 이용이 혼재되고 있지만[22] AGW는 굳이 어느 한 종류의 방식에 한정 짓지 않는 개념으로 사용한다. 또한 도구형 인공지능과 독립형 인공지능을 구분하여 사용 시에는[23] AGW는 독립형 AI에 의한 생성물을 의미한다고 할 수 있다.

---

19) 필자에 따라 비슷한 용어가 혼용되어 사용되고 있다. 인공지능이 자동으로 생산한 결과물이 저작물로서의 '창작성'(originality)을 갖추었는지는 다소 논란의 여지가 있다. 인공지능이 생산한 결과물이 대다수는 저작권 법리가 요구하는 창작성 수준을 충족한다고 전제하고 '인공지능창작물'이란 용어를 사용하기로 한다. 중립적 용어로 '인공지능 생성물', '인공지능 산출물'이란 용어가 사용되기도 한다.

20) 정원준, "인공지능 창작물의 보호에 관한 법적 쟁점과 정책적 과제", 정보통신방송정책 제31권 제6호, 3면.

21) 김진호, "컴퓨터의 지원을 받는 작곡, 그 역사와 이론", 음악과 민족, 제35호(2008), 285-310, 285-286면

22) 정진근, "영국 CDPA 제9조 제3항은 인공지능 창작을 보호하는가?" 계간 저작권 제33권 (3)호 한국저작권위원회, 2020 14면.

23) 최현숙, "인공지능에 의해 창작된 미술품과 저작권법상 저작물성", 민사법의 이론과 실무, 2020.12. 158면 이하.

(2) AI 지원 창작물(AI-Assisted Output: AAO)

'컴퓨터로 생성된 작품(computer-generated Works)'을 '컴퓨터에 의한 자동작품(auto-mated Works by computer)'과 '컴퓨터의 도움을 받는 작품(computer-aided Works)'으로 구분하여 설명하는 것에 대비하자면 AGW는 전자의 범주에 속하고 'AI 지원 작품'(AI-Assisted Works)은 후자의 범주에 속한다. 즉 AAO는 사람이 AI를 창작의 도구로 활용해 만든 결과물(computer-assisted output)에 불과하므로 그 배후에 인간이 창작자로 존재하는 경우에 해당한다. 컴퓨터로 생성된 작품(computer-generated Works)은 영국의 저작권법(CDPA)에서 유래된 개념으로 컴퓨터의 도움을 받아 만들어진 저작물이지만 본래적 의미에서 인간 저작자가 없는 경우를 전제하여 규정된 것이다.[24]

(3) AI 관련 발명[25]

AGI와 구별되는 용어로 '인공지능 관련 발명' 또는 '인공지능에 관한 발명'이란 개념이 별도로 사용되고 있다. AI 관련 발명은 인공지능의 기능을 개선하는 기술적 구성요소인 학습 프로그램, 학습데이터, 학습용 모델/파라미터가 중심이 되어야 하는 발명이다. 알고리즘이 핵심인 경우 SW 발명, 컴퓨터 관련 발명과 유사하기도 하지만 구별하는 것도 가능하다. 이를 적어도 발명 기재요건에 대한 심사기준에 추가하거나 가이드할 필요는 있으므로 AI 관련 발명의 심사기준이 재정립될 것으로 보인다.

---

24) 정진근, 위의 논문, 9면, CDPA 제9조 제3항의 'arrangement'는 컴퓨터를 이용하여 생성한 저작물의 창작과정에 존재하는 일련의 인간의 '간접적' 기여행위를 의미한다.

25) 제11장 '인공지능 관련 기술에 대한 지식재산법의 보호' 부분 참조

II. 국제적 논의 동향 개요

1. 개 요

국내외적으로 이미 인공지능 창작물의 저작권 보호나 특허법적 보호에 대한 검토에 관한 논의와 연구가 활발히 진행되고 있다. 인간이 AI를 창작의 도구로 활용하는(창작의 과정 중 일부 도움을 받는) 단계를 넘은 인공지능창작물 AGO에 대한 권리보호 체제를 향후 어떻게 구축할 것인지에 대해 다양한 논의가 전개되고 있다. WIPO는 AI와 IP정책에 대한 공개 의견을 수렴하여 보고서를 발표한 바 있고, 일본은 2015년부터 "차세대 지식재산 시스템 검토 위원회"의 보고서에서 AI지재권 이슈가 취급되었고 미국 특허청도 2020년 AI관련 IP정책에 대해 실시한 설문조사의 결과를 집대성해 발표한 바 있고, 유럽 EU위원회도 IP&AI 리포트를 공표하였고, AIPPI 같은 국제단체도 입장 표명을 하고 있다.

2. WIPO 등 국제기구나 단체에서의 논의

(1) WIPO에서 인공지능과 지식재산권에 대한 정책 논의

WIPO는 AI 기술동향 보고서[26]에 이어 2019년 12월 13일, AI와 IP정책에 대한 공개 의견모집 절차를 개시하여 AI기술 발전에 따라 지식재산 정책 입안자들이 직면하게 될 가장 시급한 문제의 해결에 도움이 되는 피드백을 요청하여 코멘트를 정리하여 이슈페이퍼를 발행하였다.[27] 동 의견문의는 AI가 IP에 어떤 영향을 미치는지에 관한 것

---

26) WIPO (2019). WIPO Technology Trends 2019: Artificial Intelligence. Geneva: World Intellectual Property Organization. Available at https://www.wipo.int/publications/en/ details.jsp?id=4386.

27) https://www.wipo.int/export/sites/www/about-ip/en/artificial_intelligence/call_for_comments/ pdf/org_be nevolent_ai.pdf. COMMENTS ON "DRAFT ISSUES PAPER ON INTELLECTUAL PROPERTY POLICY AND ARTIFICIAL INTELLIGENCE", 14 FEBRUARY 2020.

으로 주요 질문내용과 이슈는 i) AI에 관한 이슈가 어떤 영역에서 발생하는지에 대해서는, 특허, 저작권, 데이터, 디자인, 기술격차 및 역량 구축, IP관리 결정에 대한 책임 등을 설문 문항으로 제시, ii) AI에 의해 자동적으로 생성된 발명에 관하여 그 발명자를 누구로 할 것인가에 대한 이슈를 포함하고 있으며, iii) 컴퓨터 기반 발명의 특허 대상 문제 및 특허성에 관한 가이드라인, 비자명성(진보성) 관련 이슈에 대해 묻고 있고, iv) 이외에도 AI가 생성한 발명에 공개의 요건을 부과해야 하는지 v) 저작권과 관련 권리에 대해서는 침해 및 예외, 딥 페이크 기술(deep fakes technology), 일반적 정책 이슈 분야의 질문을 하고 있으며, vi) 데이터에 대하여는 IP정책이 데이터와 관련한 새로운 권리의 창작을 고려해야만 하는지, 만약 고려해야만 한다면 어떤 형태의 데이터를 보호 대상으로 감안해야 하는지 등이다.[28] WIPO는 이 쟁점을 다시 3차례 논의에 붙인 내용들을 각각 정리해 지식재산 영향보고서[29]를 계속해서 발행해 오고 있다.

(2) AIPPI

AIPPI(International Association for the Protection of Intellectual Property)도 2019년 "인공적으로 생성된 창작물의 저작권"에 대한 입장표명을 하였다.[30] AIPPI의 결론에 따르면 인공지능 생성 저작물은 저작물의 창작에 인간의 개입이 있고, 다른 보호 조건이 충족된 경우에 한해서 보호의 대상이 되며, 인공지능이 생성한 저작물은 인간의 개입이 없다면 보호될 수 없다는 결론을 내리고 있다.[31] AIPPI는 2020년 총회에서 'AI 발

---

28) WIPO의 AI-IP Draft의 주요 내용 : (특허) ① 발명권과 소유권, ② 특허요건과 심사지침, ③ 진보성 또는 비자명성, ④ 공개, ⑤ 특허 일반 정책적 고려사항, (저작권과 인접권) ⑥ 창작권과 소유권, ⑦ 저작권 침해 및 예외, ⑧ 딥페이크(Deep Fakes) 기술, ⑨ 저작권 일반 정책 이슈, (데이터) ⑩ 데이터 관련 그 밖의 권리, (디자인) ⑪ 창작과 소유에 대한 권리, (기술격차 및 역량 개발) ⑫ 역량개발, (IP 관리 결정에 대한 책임) ⑬ IP 관리 결정에 대한 책임

29) WIPO/IP/AI/3/GE/20, WIPO Conversation on Intellectual Property (IP) and Artificial Intelligence (AI): Third Session, available at https://www.wipo.int/meetings/en/details. jsp?meeting_id= 59168.

30) 2019 AIPPI World Congress London Adopted Resolution, "Copyright in Artificially generated Works" Sep. 18, 2019, p.2.

31) 2) AI generated works should only be eligible for protection by Copyright if there is human

명의 발명자권에 대한 결의안'도 발표하였는데, AI 이용 발명의 발명자권에 대한 국제
조화 요구와 특허보호대상에서 제외하거나 일반발명 대비 차별 금지를 천명하고 AI
자체는 발명자로서 불인정하지만 AI를 이용한 발명에 대한 자연인 발명자[32]를 인정해
야 한다는 입장을 밝히고 있다.

3. 미국에서의 논의 동향

(1) 저작권 부여 논란

미국은 저작자 정의규정은 없지만 저작권 등록 실무제요(Compendium)[33]에서 인간
에 의해 창작된 저작물만 등록가능하다고 보고 있다. 미국은 원숭이 셀카사건 판결[34]
에서도 이 점을 분명히 하였으며,[35] 최근 인공지능에 의한 미술작품 '파라다이스로 가
는 최근 입구'의 직무저작 등록을 거절[36]하기도 하였다. 최근에 Kristina Kashtanova
는 2021년 9월 해당 소설의 스토리를 썼으며, 여기에 이미지 합성 서비스인
Midjourney AI를 사용하여 삽화를 만들어 완성한 만화에 대한 저작권 등록을 미국 저
작권청이 인정하였다는 보도가 있으나 AI를 창작주체로 인정한 것이 아니라 인간 창

---

intervention in the creation of the work and provided that the other conditions for protection are met. AI generated works should not be protected by Copyright without human intervention.

32) 예컨대, AI를 이용하여 의도한 발명(물건, 방법)을 창작한 자연인; 발명 창작에 활용된 AI 알고리즘
을 설계한 자연인(일반적 AI 제외) ; 과제해결 위해 AI 알고리즘의 훈련용 데이터 등을 선택한 자연
인; 과제해결 위해 훈련된 AI의 입력용 데이터 등을 선택한 자연인; AI 알고리즘의 출력이 발명을 구
성함을 인식한 자연인 등.

33) Compendium of U.S. Copyright Office Practices, 3rd Edition(2021) [306 human authorship requirement]

34) Naruto v. Slater, 888 F.3d 418, 2018 WL 1902414 (9th Cir. 2018): 정확하게 말하면 원숭이를 대신
하여 저작권 침해소송을 제기한 동물보호단체에 대하여 원숭이에게는 저작권이 발생하지 않기 때
문에 저작권 침해 소송을 제기할 소송적격이 없다는 판결을 내렸다.

35) 이성웅, "원숭이 셀카의 저작자성—미국의 Naruto v. Slater Case를 중심으로", 계간 저작권, 2017
봄호, 2017, 95-129면.

36) Second Request for Reconsideration for Refusal to Register A Recent Entrance to Paradise, (Correspondence ID 1-3ZPC6C3; SR # 1-7100387071) 2022.2.14.

작의 도구로 활용하였다고 보았을 뿐이다.[37)]

(2) 미국특허청(USPTO)의 설문조사[38)]

2020년 8월 USPTO는 Director's Forum을 통해 일반인을 상대로 'AI발명에 특허부여여부'와 관련하여 일반인에게 의견수렴을 구하는 내용(Request for Comments on Patenting Artificial Intelligence Inventions)의 관보를 게재하였는데, 그 가운데 특기할 사항은 자연인 이외의 어떤 개체(entity)가 발명의 착상에 기여한 경우에 미국의 현행법령이 그 발명을 고려하여 개정되어야 하는지, AI 발명에 독특하게 적용될 특허적격성(eligibility) 요건이 필요한가? AI 발명에 독특하게 적용될 명세서 기재요건이 필요한지 등을 공중에 질의하였다.[39)] 이런 사정에 비추어 볼 때, 미국에서의 AI발명에 대하여 특허를 허여할 것인지의 여부에 대하여 USPTO가 결정하지 못하고 최종적으로 법원의 판단에 맡기게 될 것이라고 추단하기도 하였다.[40)]

설문답변 결과를 종합해 보면, 응답자는 AI에 대해 국제적으로 통일된 정의가 없고, 현재의 AI수준은 사람의 개입 없이 발명하거나 저작자가 될 수 없으므로, IP관련법 개정필요 시 이를 고려해야 한다고 하였으며, 대다수의 의견은 현재 미국의 IP법들은 AI 진화를 다룰 수 있는 방향으로 개정되고 있다고 답변하였고, AI를 위한 새로운 특허 또는 분류의 도입에는 찬·반이 나뉘었다.

특허와 관련하여 다수의견은 i) AI를 컴퓨터로 구현한 발명의 하위집합으로 보는 것에 동의하였으며, ii) 법인의 발명 또는 특허권 소유 가능여부에 대해 현행 특허법을 변경할 필요는 없으며, 양도를 통해 법인이나 법인격 없는 단체가 발명의 소유자가 될

---

37) 저작권 등록의 의미에 대한 해설은 전재림, "최근 AI 창작물의 미국 저작권청 등록 사례에 대한 검토", COPYRIGHT ISSUE REPORT 2022-29, 한국저작권위원회 참조.

38) 특허청, 인공지능(AI)과 지식재산백서, 2022, 41-45면의 내용을 참고하여 정리.

39) Federal Register on 08/27/2019, https://www.federalregister.gov/documents /2019/08/27/ 2019-18443/ request-for-comments-on-patenting-artificial -intelligence-inventions

40) Daniel Gervais, "Is Intellectual Property Law Ready for Artificial Intelligence?", GRUR International, 69(2), 2020, 118.

수 있다고 대답하였고, iii) AI의 발전에 따라 USPTO나 법원에서 "당업자" 수준을 결정하는 법적 기준 검토가 필요하다고 답변하였으며, iv) AI가 이전에는 볼 수 없었던 다량의 정보를 활용한 선행기술의 확산을 유발하고 그에 따른 관련성 발견의 어려움을 초래하는 등 여러 이슈들의 검토가 USPTO에 의해 이루어져야 한다고 응답하였다.

상표와 관련하여 AI를 USPTO가 상표검색에서 사용할 경우 상표등록 가능성에 대한 영향은 검색 효율성을 향상시킨다는 데에 다수가 동의하였으며, 저작권의 저작자 인정부분과 관련하여서는 알고리즘, 데이터 선택 등 사람이 관여하는 AI기술 수준으로 볼 때 법 개정이 불필요하다는 다수의견과 AI소유자나 최종형태를 완성하는 자에게 저작권을 부여해야 한다는 소수의견이 있었다. DB에 대하여 다수의견은 알고리즘 훈련에 사용되는 DB와 데이터셋은 영업비밀보호법하에서 민사 또는 형사처벌이 가능하다고 판단되고, 현행 계약 또는 영업비밀 관련 법으로도 보호 가능하다고 응답하였다.

4. EU에서의 논의 동향

(1) 로봇규제지침(Guidelines on Regulating Robotics)[41]

AI기술은 EU 집행위원장이 주력하고 있는 집행위의 6대 정책과제 중 하나로, EU는 2014년 이후로 '신뢰할 수 있는 AI윤리 가이드라인' 마련 등 윤리적 기반 마련을 위한 노력을 기울여 왔다. 이어 EU집행위원회는 위험기반 접근방식(risk-based approach)에 따른 인공지능백서를 먼저 발표한 후 2021년 인공지능법초안을 발표한 바 있다. EU는 2014년 로봇 기술의 법률적, 윤리적 이슈 검토를 통해 새로운 규범체계를 정립하고자 로봇법 프로젝트를 진행하여 「로봇규제지침(Guidelines on Regulating Robotics)」을 제정하였다. 동 지침이 다룬 이슈[42] 중 IP와 관련하여서는 로봇의 발명과 콘텐츠 등을 특

---

41) Guidelines on Regulating Robotics, Grant Agreement number 289092, Regulating Emerging Robotic Technologies in Europe: Robotics facing Law and Ethics, 2014.9.22. 〈http://www.robolaw.eu〉.

42) 여기에는 자율주행차, 수술로봇, 로봇인공기관, 돌봄 로봇 등 4가지 분야에 대한 규제와 과제가 포함되어 있다. 로봇규제지침에서 고려하는 법적 이슈에는 i) 건강, 안전, 소비자, 환경규제, ii) 법적

허권, 상표권, 저작권 등 지식재산권으로 보호할 필요가 있다고 보았다.

(2) EU 위원회의 IP&AI Report

유럽집행위원회(EU Commission)는 「지식재산과 인공지능(Intellectual Property and Artificial Intelligence) 보고서」를 발표했다.[43] 이 보고서[44]는 주요국의 인공지능 관련 정책, 인공지능과 인간의 상호작용을 위한 노력 및 인공지능과 EU의 미래 등을 주제로 인공지능이 초래할 불확실성에 대한 대비를 촉구했다. 이 보고서는 지식재산권 체계 안에서 새로운 기술의 발전과 적용에 관한 문제를 실무가 및 법학자의 관점에서 설명했다. 또한 인공지능이 지식재산권 체계에 미치는 영향에 초점을 맞추고 있으며, 인공지능의 산출물 및 지식재산권의 보호와 신뢰할 수 있는 AI의 잠재적 긴장감에 집중하여 분석했다. 주요 내용은 지식재산권에 의한 인공지능의 보호와 관련한 i) 인공지능의 IP 보호(The IP protection of AI), ii) 알고리즘을 생성하는 데이터의 사용 iii) 인공지능 학습을 위한 데이터 사용과 저작권(Copyright and the use of data for trainning AI), iv) 인공지능이 만든 결과물에 관한 지식재산권 보호(IP protection for assets generated by AI), v) IP와 투명성과 설명가능성 간의 상호작용(The interplay between IP and Transparency and explainability) 등이다.

5. 일본에서의 논의

일본의 지식재산전략본부는 2015년 1월 27일 "차세대 지식재산 시스템 검토 위원

책임, iii) 지식재산권, iv) 개인정보 · 데이터 보호, 5) 법적 거래능력 여부 등이 있다.

43) Iglesias, M., Shamuilia, S. Anderberg, A., Intellectual Property and Artificial Intelligence — A literature review (2019), EUR 30017 EN, Publications Office of the European Union, Luxembourg, 2021, ISBN 978-92-76-30695-5, doi:10.2760/8600,JRC119102.

44) 유럽 집행위원회가 펴낸 이 보고서는 EU 공동연구센터(Joint Research Center, JRC)의 신규 연구결과물로, 지난 2018년 JRC가 발표한 「인공지능: 유럽의 관점(Artificial Intelligence: A European perspective)」을 기초로 하여 작성되었다[한국지식재산연구원(번역), 인공지능과 지식재산, IP Report 제2020-02호, 2020 참조].

회"(次世代知財システム檢討委員會)의 회합을 열고, 인공지능(AI) 창작물의 저작권 보호 여부 및 인공지능 창작물을 포섭할 수 있는 저작권 제도의 방식에 관하여 검토한 바 있다. 일본 새로운 정보재 검토위원회 보고서에서는, AI생성물의 정의를 "일정한 입력에 기반하여 학습된 모델이 출력한 것"이라 하고,[45] 또한 AI생성물은 "AI를 도구로써 이용한 창작물"과 "AI에 의해 자율적으로 생성되는 창작물(AI창작물)"의 쌍방을 포함한 광범위한 개념으로 되어 있다.[46] 동 보고서에서는 'AI를 도구로써 이용한 창작물'과 'AI창작물' 각각에 대해 언급하고 있다.[47]

동 보고서에 따르면, 학습된 모델의 이용자가 창작적 기여가 인정되지 않는 것 같은 간단한 지시를 입력하고 학습된 모델에서 출력된 것은 'AI창작물'에 해당하고, 저작물로서 저작권법상의 보호를 받지 못한다고 가정한다. 이 경우, 학습된 모델의 이용자는 학습된 모델에 대하여 지시를 주었음에도 불구하고, 'AI창작물'이 저작물에 해당하지 않게 된다. 또한 학습된 모델의 이용자가 'AI창작물'을 공표한 경우에는 이 "AI창작물"은 누구나 자유롭게 이용할 수 있는 퍼블릭 도메인(public domain)이 된다. 이러한 일본 보고서의 태도는 이른바 '공유론'(公有論)에 가깝다.

---

45) 知的財産戰略本部 檢証・評価・企画委員会, 新たな情報財檢討委員会, 新たな情報財檢討委員会報告書―データ・人工知能(AI)の利活用促進による産業競争力強化の基盤となる知財システムの構築に向けて, 平成29년(2017년) 3月, 26頁.

46) 知的財産戰略本部 檢証・評価・企画委員会, 新たな情報財檢討委員会, 앞의 보고서, 26頁.

47) i) AI를 도구로써 이용한 창작물: AI생성물을 만들어 내는 과정에서 학습된 모델의 이용자에게 창작 의도가 있고, 동시에 구체적인 출력인 AI생성물을 얻기 위한 창작적 기여가 있으면, 이용자가 사상・감정을 창작적으로 표현하기 위한 도구로써 AI를 사용하여 해당 AI생성물을 만들어 낸 것으로 생각할 수 있으므로, 해당 AI생성물에게는 저작물성이 인정되고 그 저작자는 이용자가 된다. ii) AI 창작물: 이용자의 기여가 창작적 기여가 인정되지 않을 정도로 간단한 지시에 머무는 경우, 해당 AI 생성물은 AI가 자율적으로 생성한 'AI창작물'이라고 정리되고, 현행 저작권법상 저작물로 인정되지 않게 된다. 知的財産戰略本部 檢証・評価・企画委員会, 新たな情報財檢討委員会, 앞의 보고서, 36頁.

III. AI 생성물(AGO)의 현행 지식재산권법에 의한 보호의 한계

1. 인간 창작자주의 원칙상 한계

(1) AGI에 대한 태도와 특허심사사례

현행 저작권법과 특허법은 인간 창작자주의를 채택하여 인간만이 저작물과 발명의 창작 주체가 될 수 있도록 제한하고 있다. 따라서 현행 발명자주의(Inventorship) 원칙 하에서는 인공지능에 의한 발명이 완성되더라도 AI를 발명자로 기재하여 특허출원할 수 없고 출원의 적법승계 논리도(AI 법인격을 따로 인정하지 않는 한) 인정될 수 없는 실정이다. 미국특허청, EPO와 영국특허청 및 한국 특허청[48]은 인공지능 로봇 DABUS가 발명한 특허출원 건[49]에 대해 발명자가 사람이어야 한다는 요건을 충족하지 못하였음을 이유로 거절 결정하였으나 이유는 조금씩 다르다. 유럽 특허청은[50] 형식적 규칙에 중점을 두었지만 영국 특허청은 보다 실질적인 측면을 고려했으며[51] 미국 특허 및 상표청은 법정 문언[52]에 의존했다. 디자인의 경우 등록된 사례[53]도 있다. 호주[54]와 인

---

48) 한국 특허청은 자연인이 아닌 인공지능(AI)을 발명자로 한 특허출원이 허용되지 않는다는 이유로 인공지능(AI)이 발명했다고 주장하는 특허출원에 대해 2022년 9월 28일 무효처분을 내렸다.

49) 미국의 인공지능 개발자 Stephen Thaler(스티븐 테일러)가 DABUS(Device for the Autonomous Bootstrapping of Unified Sentience)라는 이름의 인공지능을 발명자로 표시한 국제특허출원이다. 이 AI는 다중 신경망을 연결하여 새로운 아이디어를 만들어 내어 그 아이디어의 효과를 계산해 내는 시스템이다. Thaler 박사는 DABUS로부터 얻은 두 개의 결과를 출원하였는데, 이는 프랙탈 기하학(fractal geometry)을 활용한 음료수 용기 제작방법과 수색구조 상황에서 눈에 잘 띌 수 있도록 작동하는 비상 신호등에 관한 것이었다.

50) 유럽특허청은 유럽특허협약(European Patent Convention: EPC) 제81조 및 동 협약 시행령 제19조 제1항에 근거하여 발명자가 사람이어야 한다는 요건을 충족하지 못하였다는 거절이유를 공개하였다.

51) 영국 특허법 제7조 제3항 및 제13조 규정에 따라 특허출원한 발명에 대하여 발명자로 표시한 기계의 명칭은 영국 특허법에 규정한 요건을 충족하지 못하였고, 출원인이 발명자로부터 출원할 수 있는 법적 지위를 넘겨받은 것이 없다는 점을 밝히면서 거절결정하였다. 영국특허청의 결정은 최근 고등법원 판결(Thaler v The Comptroller-General of Patents, Designs And Trade Marks [2020] EWHC 2412 (Pat).)에서도 지지되었다.

52) 미국특허법(35 U.S.C. § 100(f))에 따르면 '개인(individual)'만이 발명자가 될 수 있고 종종 다른 나

도, 남아프리카공화국 등 몇몇 나라는 예외적으로 특허를 인정하기도 하였다.[55]

양 법제는 같은 창작자주의 원칙을 취하더라도 저작권법상 저작자성(Authorship)과 달리 특허법상의 발명자성(Inventorship)은 발명의 착상단계부터 관여를 요하며 과제의 발견과 과제의 해결 방법 모색이라는 구체적인 기술적 사상을 도출해야 하므로 어떤 식으로든 인간의 개입이 필요한 경우가 많다. 인공지능 발명 뒤에는 어떤 식으로든 기여한 인간이 있다고 할 수 있는데, AI를 이용하여 의도한 발명(물건, 방법)을 창작한 자연인, 발명 창작에 활용된 AI 알고리즘을 설계한 자연인(일반적 AI 제외), 과제해결을 위해 AI 알고리즘의 훈련용 데이터 등을 선택한 자연인, 과제해결을 위해 훈련된 AI의 입력용 데이터 등을 선택한 자연인, AI 알고리즘의 출력이 발명을 구성함을 인식한 자연인 등을 들 수 있다. 인공지능자체의 발명자적격 인정의 필요성이 상대적으로 작지만 향후 인공지능이 인간과 협업하여 발명이라는 결과물을 산출하는 상황이 늘어날 것에 대비하기 위하여 인공지능 발명자 인정을 위한 상대적 판단 방법에 대한 고민은 필요하다. 인공지능 발명자 인정을 위해서 설명가능성, 자율성 및 기여도를 판단하여 단순 도구, 단순 보조자, 공동 발명자, 단독 발명자로 인공지능의 역할을 구분할 수 있는 구체적인 논의가 진행된 바 있다.[56]

라에서도 '자연인(natural person)'만이 발명자일 수 있는 것으로 되어 있다. 미국 특허법에서 발명은 발명의 착상(conception of the invention)과 발명의 구체화(reduction to practice), 두 단계 절차로 이루어진다. 발명자가 되기 위해서는 반드시 발명의 착상에 기여해야 하며, 발명의 구체화에만 개입한 경우 발명자로 보지 않는다.

53) 가구 제조사인 카르텔(Kartell)과 프랑스 유명 디자이너 필립 스탁(Philippe Starck)은 지난 2019년 밀라노 가구쇼에서 인공지능(AI)으로 개발한 〈A. I.〉 의자를 공개했다. 그리고 Kartell사는 〈A.I.〉 의자를 창작자 미기재(The designer has waived the right to be cited) 상태로 유럽연합지식재산청(EUIPO)에 디자인 등록했다. 창작자 기재를 필수 사항으로 규정하고 있는 한국·미국·일본 등과 달리, 유럽연합공동체디자인법은 창작자 기재를 의무사항으로 규정하고 있지 않기 때문이다.

54) 2021년 7월 30일, 호주 연방법원은 인공지능(AI) 시스템이 발명자가 될 수 있다는 획기적인 판결을 했다(Thaler v Commissioner of Patents [2021] FCA 879)

55) 차상육, 인공지능(AI) 관련 특허법상 쟁점에 관한 연구, 법학논고, vol., no.80, 경북대법학연구원, 2023, 385-427면 참조.

56) 황인복·신혜은, "인공지능 발명에 대한 고찰 — AI 발명자 인정의 전제 요건을 중심으로", 산업재산권 vol., no.72, 한국지식재산학회, 2022, 111-171면 참조

(2) AGW에 대한 태도 및 저작자성 부정사례

미국은 저작자 정의규정은 없지만 저작자성(Authorship)에 관한 원칙 및 저작권 등록 실무제요(Compendium)상으로 볼때 인간에 의해 창작된 저작물만 등록가능하다는 입장이다. 미국은 원숭이 셀카사건 판결에서도 이 점을 분명히 하였으며 최근 인공지능에 의한 미술작품 '파라다이스로 가는 최근 입구'의 직무저작 등록을 거절하기도 하였다. 최근에 Kristina Kashtanova는 2021년 9월 해당 소설의 스토리를 썼으며, 여기에 이미지 합성 서비스인 Midjourney AI를 사용하여 삽화를 만들어 완성한 만화에 대한 저작권 등록을 미국 저작권청이 인정하였다는 보도[57]가 있으나 AI를 창작주체로 인정한 것이 아니라 인간 창작의 도구로 활용하였다고 보았을 뿐이다.[58] 유럽연합(EU)의 경우도, 저작자 적격에 대한 명문규정은 없지만 자연인인 인간만이 그 주체가 될 수 있다고 해석하고 있다. 이것은 유럽 사법법원이 내린 Infopaq 판결[59]에도 암시되어 있다. 법원은 저작물의 독창성은 저작물이 저작자의 창의성을 반영해야 한다고 밝혔다. 즉, 작품은 그것을 만든 자연인의 사상을 반영해야 한다. 일본과 우리나라는 명문규정에서 인간만 저작자로 한정하고 있는바, 우리 저작권법(제2조 1호)도 저작물을 인간의 사상 또는 감정의 창작적 표현물로 정의하거나 해석하여 저작권의 향유 주체는 오로지 인간만 가능한 것으로 보고 있다. 베른협약은 저작물의 "저작자"를 정의하지 않고 이를 계약 당사자에게 맡기지만, 그 텍스트와 역사적 맥락[60]은 협약의 목적상 저작자(author)와 저작자성(authorship)은 저작물을 창작한 자연인을 의미한다고 강하게 시사하고 있다.[61] 결국 AI에 의해 자동적으로 생성된 작곡, 그림 등의 AGW는 그 작성

---

57) 박찬근 기자, AI가 그려도 저작권 인정…원작자 "예술 기여 넓어져", SBS 뉴스.

58) 저작권 등록의 의미에 대한 해설은 전재림, "최근 AI 창작물의 미국 저작권청 등록 사례에 대한 검토", COPYRIGHT ISSUE REPORT 2022-29, 한국저작권위원회 참조.

59) Infopaq International A/S Danske Dagblades Forening, JUDGMENT OF 16. 7. 2009 — CASE C-5/08.

60) 베른협약은 저작재산권의 존속기간을 저작자의 사망을 기준으로 하고 있고 저작인격권을 저작자에게 귀속시키고 있어서(베른협약 제6조의2) 저작자는 인간을 전제로 하는 것으로 해석되고 있다.

61) Ginsburg JC (2018) People not machines: authorship and what it means in the Berne Convention. IIC Int Rev Intellect Prop Compet Law 49:131

주체가 인간이 아니므로 적어도 현행법상 저작물로 보호할 수 없다는 것에 국내외적으로 별다른 이견이 없다.[62]

2. 발명과 저작물에 대한 창작자 특정과 재산권의 권리 귀속의 어려움

(1) AGI에 대한 저작권 귀속결정의 어려움

원칙적으로 특허를 받을 수 있는 권리나 저작권은 발명자성(inventorship)이나 저작자성(authorship) 판단에 기초하여 창작의 주체에게 권리가 부여되는 것이라 할 수 있다. 그러나 발명자성(inventorship)이나 저작자성(authorship)의 문제와 권리귀속(owner-ship) 주체를 정하는 것은 별개이며 관점의 차이도 있다. 창작자와 재산권자가 항상 일치하지 않으며 특허를 받을 수 있는 권리나 저작재산권은 양도에 의해 다른 주체에 귀속될 수 있다. 또한 다분히 정책적 요소가 개입될 수 있다. 저작권법상 직무저작의 경우 저작자는 종업원이지만 법인에게 저작권을 귀속시키기도 한다. 한편 저작권법에서는 저작자에게 저작인격권이 주어지므로 저작자(창작자)가 누구인지가 중요하나 특허법에서 발명자표시권은 형식적 권리로 상대적으로 법적 의미가 미미하다. 특허법 제37조 제1항에서 "특허를 받을 수 있는 권리는 이전할 수 있다"고 되어 있으므로, AI 보유자와 조작자 사이에 AI가 한 발명에 대한 특허받을 권리의 귀속에 관해서 내부적인 규율을 계약으로 정하는 것이 통상적일 것이다. 즉 특허를 받을 수 있는 권리를 조작자가 AI 보유자에게 이전함으로써 AI보유자가 특허권을 취득할 수 있는 길이 있다.[63] 그러나 자동적으로 생성되는 AGI의 경우 특허를 받을 수 있는 권리가 AI 조작자에게 발생한다고 보기 어렵다. 특히 미국법에서는 발명은 발명의 착상(conception of the invention)

---

62) Annemarie Bridy, "Coding Creativity: Copyright and the Artificially", Stan. Tech.L. Rev., Vol. 5(2012), pp. 7-8; Ralph D. Clifford, "Intellectual Property in the Eraof the Creative Computer Program: Will the True Creator Please Stand up?", Tul.L. Rev., Vol. 71(1997), pp. 1687-1693; 오승종, 『저작권법』, 제2판, 박영사, 2012, 62-63면; 김윤명, "인공지능(로봇)의 쟁점에 대한 시론적 고찰", 『정보법학』, 제20권 제1호(2016), 160면.

63) 윤길준, "인공지능이 한 발명에 대한 특허", 법제, 2018권 2호, 법제처, 2018, 287-288면.

과 발명의 구체화(reduction to practice), 두 단계 절차로 이루어지는데, 발명자가 되기 위해서는 반드시 발명의 착상에 기여해야 하며, 발명의 구체화에만 개입한 경우 발명자로 보지 않는다. 따라서 AI 조작자나 소유자가 발명의 착상에 관여하지 않은 경우가 다반사이고 발명의 구현 과정이 자동적으로 이루어지는 면에서 모두 발명자로 보기 어렵다. 이에 따라 후술하는 바와 같이 직무창작의 법리를 통해 특허를 받을 수 있는 권리를 회사가 취득한 후 다시 라이선스나 양도계약을 통해 권리관계를 조율하는 법리가 등장하고 있다.

(2) AGW에 대한 저작권 귀속결정의 어려움

1) 저작권은 저작물을 창작한 때부터 '저작자'에게 원시적으로 귀속된다. "저작재산권"은 물론 저작인격권도 창작의 완성과 더불어 저작자에게 귀속되며 어떠한 절차나 형식의 이행을 필요로 하지 아니한다. 그런데 AGW에 대해서는 AI에게 저작자의 지위를 인정할 수 없으므로 그 산출물은 창작성 등 여타 저작물성을 갖춘 경우에도 저작권 귀속주체를 정할 수 없게 된다. 이에 따라 공유론(公有論)이 등장하기도 하지만 향후 법 개정 또는 독자적 보호론에 입각해 모종의 권리를 부여할 경우, 누구를 저작자로 보고 누구에게 저작권을 귀속시켜야 하는지는 여전히 입장 정리가 필요하다.

2) 지금까지 선행연구에서 그 귀속주체가 될 수 있는 자들은 (i) 인공지능 자체, (ii)인공지능을 만든 프로그래머, (iii) 그러한 프로그램의 사용자, (iv) 공동저작자 등 의견이 분분하다. (i) 우선 인공지능 자체에 대한 법인격 부여는 전자인간 등 법인격부여론이 전제가 되어야 하고 그 타당성에 관한 심오한 철학적 논의는 차치하고서라도 저작권 제도 본질론에 입각하여 볼 때 그 권리의 주체로 타당하지 않다. 먼저 자연권론에 의할 경우 저작자의 인격적 권리로부터 재산권이 비롯됨을 알 수 있다. 즉 인공지능 창작물의 경우 저작자의 인격이 발현되었다고 볼 수 없으므로 인격적 보호법익이 존재한다고 할 수 없다. 실정권론에 의한다 할지라도 창작자에게 권리를 부여하는 목적은 그들로 하여금 창작에 대한 인센티브를 부여하기 위함이다. 그러나 인공지능은 이러한 인센티브를 부여하지 않아도 얼마든지 창작물을 양산해 낸다. (ii) 인공지능 사용자

를 저작자로 보고 권리를 부여하여야 한다는 견해가 있다. 아이디어가 아닌 표현을 보호하는 저작권법의 법리상 인공지능 사용자는 아이디어를 표현에 고정(fix)시킨 자로 볼 수 있으므로 저작자가 될 수 있고, 정책적으로 보더라도 사용자를 저작자로 보아 저작권이라는 인센티브를 부여하는 것이 인공지능 창작물이 대중에 공개되어 시장에 유통되는 것을 활성화할 수 있는 합리적 방안이므로 타당하다는 것이다.[64]

3. 구분의 어려움과 대량생산 체제가 야기하는 문제점

(1) 구별 곤란과 남용의 우려

인공지능창작물(AGO)과 인간 창작물 간 구별 곤란이 공유론의 논거로도 논해지고 있듯이 양자 간 보호에 차별이 생기면 사람들은 인공지능창작물을 자신의 창작물이라고 주장하며 특허를 취득하거나 저작권으로 보호받으려는 유혹을 느끼게 될 것이고, 이러한 '거짓 창작주장'의 진위를 판별하는 것은 현실적으로 매우 어렵다. 이 점이 공유론 체제의 가장 큰 비판점이란 지적도 있다.[65] 따라서 그 남용을 통제할 수 있는 새로운 제도적 장치가 필요하다. 일례로 후술하는 바와 같이 인공지능이 만들어 내는 창작물은 구별표시를 하고 의무적으로 등록하도록 하여 '거짓 저작권 주장'을 사전에 방지하거나 사후 규제하는 방안에 관한 검토가 필요하다.

(2) 급격한 희소성의 상실 초래

1) AGW의 양산체제가 저작권 보호체제에 미치는 영향

인공지능은 사람과 달리 시간과 공간의 제약을 받지 않고 쉬지 않고 창작물을 대량으로 생산할 수 있다. 역사상 다작하는 작가로 꼽히는 셰익스피어조차 평생 36편의 희

---

64) 미국의 저작물 정의에 충실한 해석으로 Pamela Samuelson, "Allocating Ownership Rights in Computer-Generated Works", 47 U.PITT. L. REV. 1185(1986) pp. 1202-1205.

65) Robert Yu, "The Machine Author: What Level of Copyright Protection is Appropriate for Fully Independent Computer-Generated Works?", University of Pennsylvania Law Review, Vol.165 Iss.5, 2017, p1266.

곡을 썼을 뿐이다. 이에 비해 인공지능은 구글 도서관 프로젝트로 인해 주요 도서관의 디지털화된 장서와 DB화된 논문자료, 인터넷상의 어마어마한 웹자료, 문화아카이브 자료 및 유튜브, SNS 등 방대한 자료를 학습할 수 있다. 이러한 방대한 데이터 학습을 바탕으로 매우 빠른 속도로 쉬지 않고 자동으로 작품을 만들어 낼 수 있다. 이미 오래 전 음악 작곡용 프로그램인 Datatron은 한 시간 동안 4천곡을 썼다고 알려지고 있다.[66] 특히 생성형 AI(Generative AI)의 보급과 이용자수가 급증하면서 이러한 현상은 더욱 가속도를 낼 것으로 보인다. 그만큼 저변이 확대되면서 급증하는 AGW는 재화로서의 희소성이 위협받을 수 있다. 이에 AGW의 양산체제가 보편화될 경우 저작권보호체제에 미치는 영향 분석이 중요해진다.

저작권 제도는 콘텐츠의 창작성과 희소성(scarcity)을 기반으로 그 복제나 유통을 제한하고 라이선스를 통하여 창작한 권리자의 이익 창출을 도모하는 시스템이다. 그런데 인지능력과 창작능력을 지닌 AI에게도 저작자의 지위를 인정하고 이러한 AI가 산출하는 콘텐츠가 폭발적으로 증가하게 되면 저작권 제도가 지닌 이러한 의미는 퇴색될 수밖에 없다.[67] 저작권제도는 일품제작에 기반을 두고 형성된 제도로 공업적으로 산업적으로 양산 가능한 디자인이나 특허품의 보호법제인 산업재산권법과 매우 다른 접근방법으로 법리가 형성되어 온 점도 유의하여야 한다.[68]

2) AGI의 양산체제로 인한 문제점

AGW와 마찬가지로 AGI의 양산에 따라 특허권의 가치하락이 수반될 가능성도 상

---

66) 1956년 Martin Klein과 Douglas Bolitho라는 두 명의 수학자가 Tat Pan Alley 노래를 작곡하기 위해 Datatron이라는 디지털 컴퓨터를 프로그래밍 했다. Klein 박사는 라디오 전자 잡지(Radio Electronics Magazine)의 1957년 6월호에 "우리는 인간이 한 시간 동안 만들 수 있는 대중음악을 비록 그 질적 수준은 낮지만 비슷한 수준으로 더 많이 더 빠른 속도로 만들 수 있다"고 언급한 바 있다 (김현경, "인공지능 창작물에 대한 법적취급 차별화 방안 검토—방식주의 도입을 중심으로", 충남대학교 법학연구 제29권 제2호. 충남대법학연구소, 2018, 124-125면)

67) Lemley M (2019) IP in a world without scarcity. In: Mendis D et al (eds) 3D printing and beyond. Edward Elgar, Cheltenham, pp. 30–54.

68) 예컨대 당장 응용미술품은 원칙적으로 디자인보호법의 보호대상이고 분리가능성 요건이 충족되는 경우에만 예외적으로 저작권 보호가 가능하다는 점에 유의하여야 한다.

존하며 만약 AGI의 발명자 적격을 인정하지 아니할 경우, AGI임을 공개하지 않고 이를 특허출원하거나 유통시킬 수도 있고, 통상의 발명과 구별해 내기도 어려우므로 결과적으로 AGI에 대한 특허권이 폭발적으로 증가될 가능성도 있다. 이로 인해 권리분쟁의 증가, 과도한 선행기술조사의 부담, 명세서 공개요건, 차별적 진보성 판단의 테스트를 거치지 않은 특허의 남발로 인한 부작용, 사후 AGI임이 밝혀질 경우 무효사유나, 무권리자의 출원으로 취급 등에 관한 기준이 없으면[69] 상당한 혼란이 예상된다. 따라서 이를 양지로 끌어들이기 위해 발명자표시란에 AGI임을 표시하게 하고 특별한 법적 취급을 요하는 방안이 마찬가지로 필요하다.

4. 공공의 영역(Public Domain)에 두는 경우의 장단점

(1) 공유론의 논거

공유론'(Public Domain)은 주로 AGW와 관련해 주장되고 있는데 저작자 인정이 곤란하거나 저작물성이 부정되어 저작권 보호 밖에 놓여지므로 AGW는 자연스럽게 공유의 영역에 있게 됨으로써, 누구나 자유롭게 이용할 수 있도록 해야 한다는 주장이다. 우선 철학적 근거로 자연권 이론에 비추어 볼 때 인간이 창작과정에 개입하지 않아 권리인정이 어렵고 공리주의적 관점에서 저작권괴물(copyright troll) 출회가 공익에 반한다는 이유를 들고 있다.[70] 둘째, 법리적으로는 앞서 살펴본 바와 같이 ⅰ) 생성 AI 자체는 인간이 아니므로 저작자의 지위를 인정하기 어렵기 때문에 결국 AGW는 저작물이 아니므로 창작성 여부와 관계없이 저작물성을 인정하기 어렵거나 ⅱ) AGW는 창작성이 없어나 사상 또는 감정의 표현처리가 없어 저작물성을 인정하기 어렵다는 이유이다. ⅲ) 아이디어 표현 이분법의 법리상 표현의 단절로 인해 인공지능 개발자가 AGW의 저작자가 될 수 없다는 논리를 펴기도 한다.[71] 한편 산업정책적·법정책적 이

---

69) 현행 특허법은 발명자의 성명과 주소만을 기재하도록 규정하고 있어서 진정한 발명자가 아닌 제3자('참칭 발명자')를 발명자로 표시할 경우에 이에 대한 구제방안을 마련하고 있지 않다.

70) 이해원, "테크노 크레아투라(Techno Creatura) 시대의 저작권법", 저스티스, 제158-1호, 한국법학원, 2017. 146-147면.

유 등의 견지에서 AGW에 대해 저작물성과 저작자의 지위까지도 인정할 수 있지만, 저작권은 귀속하게 할 수 없다는 주장도 있다. 즉 인공지능에 의한 활발한 창작활동은 단기적 또는 중기적 관점에서 긍정적 효과를 가질 수 있지만, 전술한 바와 같이 여러 가지 현실적 문제점이 궁극적으로 저작권 제도가 지닌 의미를 퇴색시킬 수 있다는 점에서 AGW에 대해서는 저작권을 인정하지 않아야 한다는 인식도 있다.

(2) 비판적 견해

인공지능 창작물(AGO)의 공유영역 귀속에 대해서는 부정적인 견해가 더 지배적이다. 특히 부정적인 태도는 특히 인공지능 관련 기술개발과 인공지능을 활용한 콘텐츠 창작에 주력하고 있는 기술개발연구자와 콘텐츠 창작자들에게서 발견할 수 있었는데, 저작권을 허용하지 않고 공유영역에 포섭하는 것을 반대하는 근거는 인공지능 개발 의욕 상실 및 인공지능 창작물의 질적 저하, 인공지능의 새로운 기법 도입 등을 위한 지속적 유지 및 개선 노력의 필요성이었다. 한편 이와 같은 주장은 인공지능 창작물을 저작권법에 포함하여 보호하고자 한다면 보호 수준을 낮추면서 인간 창작물과 구별하여 별도의 원칙이나 기준을 적용하는 방식으로 법적 성격을 부여해야 한다는 것으로 해석할 수 있다. 창작능력을 갖추게 되는 경우에 인공지능을 저작자로서 보호하여 실질적 운영자 또는 이용자는 저작권자로서 이중적 틀을 반영한 특별법의 구축이 필요하다는 견해도 있다.[72] 결국 제한된 법적 보호를 제공함으로써 AI 기업가 정신을 장려하는 것과 장기적으로 인간의 독창성을 보호하는 것 사이의 균형을 유지해야 한다는 취지이다. 이와 같은 법적 공백지대에 관한 논의는 결국 특허법이나 저작권법의 개정이나 특별법에 의한 대안적 보호방안에 대한 모색의 문제인데 특히 부정경쟁방지법에 대한 분석이 필요하며 제3의 보호방법이나 대안에 대한 깊이 있는 논의도 요청된다.

---

71) 이해원, 위의 논문, 148-149면.

72) 차상육, "인공지능 창작물의 저작권법상 보호 쟁점에 대한 개정방안에 관한 연구", 계간 저작권 제33권 제1호, 한국저작권위원회, 2020, 62면.

5. 부정경쟁방지법 일반조항(2조 1호 파목)의 적용 검토

(1) 부정경쟁방지법 일반조항(파목)에 의한 보호

AGO의 보호문제는 국제적 이슈로서 국제조약의 체결을 통한 보호방법이 먼저 결정되고 차후 이를 국내법으로 수용에 의한 입법 절차를 밟는 것이 바람직하므로 상당한 기일이 소요될 것으로 보인다. AGO를 새로운 입법을 통해 보호하지 못하는 과도기간 동안에도 일응 성과모용행위에 관한 부정경쟁방지법 일반조항(파목)에 의한 보호가 가능할 수 있다. AI창작물은 보호가치 있는 상당한 투자나 노력으로 만들어진 성과물에 해당하고 이의 무단사용은 공정한 상거래 관행이나 경쟁질서에 반하는 방법으로 자신의 영업을 위하여 타인의 경제적 이익을 침해하는 행위에 해당할 여지가 충분히 있기 때문이다.

(2) 한계

보충적 일반조항(파목)의 남용적 적용 경향에 대한 비판의견이 강하다. 부당하게 공유의 영역을 축소할 수 있기 때문이다. 특허법과 저작권법에서 의도적으로 보호를 하지 않는 AGO를 소정의 '타인의 성과'에 해당한다고 하여 보호하게 되면 이러한 비난에서 벗어나기 어려운 측면이 있다. 한편 주류판례에 의하면 동 조항은 경쟁업자 상호간에만 적용되는 한계가 있다. 대법원[73]은 "권리자와 침해자가 경쟁 관계에 있거나 가까운 장래에 경쟁 관계에 놓일 가능성이 있는지를 고려해야 한다"고 판시하고 있어서 '타인'의 범위는 경쟁상대방으로 제한하여 해석하고 있다. 아울러 국제적 관행과 보편성이 떨어지는 조항이어서 과도기적 역할을 제대로 수행하게 될지는 의문이다.

---

73) 대법원 2020.3.26. 선고 2016다276467 판결.

IV. 인공지능저작물(AGW)의 대안적 보호방법론에 관한 쟁점

1. 대안적 보호방법론에 관한 논의

(1) 단일체제와 이원적 차등 보호

인공지능발명(AGI)이나 인공지능저작물(AGW)을 기존의 일반 발명이나 저작물과 대등하게 보호할 것인가? 아니면 이원적으로 구분하여 차등을 둘 것인지에 대한 정책적 판단이 먼저 선행되어야 한다. 이에 대한 논의는 주로 AGW를 중심으로 논의되어 왔는데 초기에 견해 대립이[74] 팽팽하였으나 최근의 경향은 차별론 쪽으로 기울어져 가는 경향이 보인다. 최근 국가지식재산위원회가 'AI 지식재산권' 신설을 검토하면서 i) 인간 IP와 차별화되는 '인공지능 IP'의 창작물을 보호하고 보호 수준에 차이를 둠 ii) 보호를 위한 등록제 도입 검토, 인간 창작물과의 구별을 위한 표시제 도입 검토 iii) 인공지능 창작의 특성을 고려하여 권리 귀속, 집합적 권리 설정 등 검토, iv) 권리 범위 설정(인격권은 불인정, 배타적 재산권적 권리 인정 등, 공익적 목적으로 사용하는 경우 권리 제한 등), v) 보호기간: 특성을 고려하여 단기 보호 vi) 보호범위 및 침해 제재: 형사 제재는 배제하고 민사 제재만 허용(균등침해 인정 안하고 동일성 침해만 허용) 등에 대하여 논하는 것도 이러한 차별적 취급에 바탕을 두고 있는데, 왜 차별적으로 취급해야 하는지에 대한 합리적 근거와 이원적 운영이 가져오는 부작용과 영향평가에 대한 신중한 검토가 이루어졌는지는 불투명하다. 발명과 특허법의 보호체제의 특성이 저작물에 대한 보호체제와 비교되는 차이점을 충분히 고려하지 못한 것으로 보인다.

---

74) AGI는 인간보다 쉽고 빠르게 창작되며 양산할 수 있는 체제여서 희소가치가 떨어지므로 그 보호기간과 보호범위를 줄여야 한다는 의견과 결과물로서의 가치에 차이가 없고 AI산업 발전을 위한 인센티브 제공차원에서 동일한 권리로 보호해야 한다는 의견이 대립한다.

(2) 기존법률 개정과 특별법 제정

AGI는 보호요건, 보호기간, 보호범위에 있어 차등을 두지 않는 방향이어서 기존법률(특허법과 발명진흥법)에 약간의 특례규정을 두는 정도로 처리할 수 있다. 그러나 AGW와 같이 권리 본질에 확실한 차별을 둔다면 별도의 등록시스템이나 신고시스템 하에서 그 보호에 적합한 인센티브만 부여하는 새로운 권리창설이 필요할 수 있다. 나아가 기존의 저작물의 보호체제에 혼선을 가져올 우려도 있으므로 분리하여 별도의 특별법하에 새로운 어프로치를 취하는 것이 바람직해 보인다.

2. AGW에 대한 엄격한 인정과 '약한 저작권 보호(Thin copyright protection)' 이론

편집물의 저작권보호와 지도와 같은 사실적 저작물의 보호와 관련해 등장하였던 '약한 저작권 보호(Thin copyright protection)' 이론[75]을 적용하여 AGW의 보호요건은 엄격히 하면서 보호범위를 한정하고, 침해판단은 엄격히 하면서 제3자의 이용에 대해서는 공정이용 가능성을 높여 주는 방식의 접근도 제시된 바 있다.

먼저 AGW 창작성의 경우 originality보다 엄격한 creativity로 해석할 필요가 있다는 견해[76]가 있다. 둘째, 침해의 객관적 판단기준을 '실질적 유사성(substantial similarity)'이 아닌 '현저한 유사성(striking similarity)'을 요건으로 하고, 구제에 있어서도 형사처벌은 배제할 것을 제안하고 있다.

또한 인공지능 창작물과 인간의 창작물을 구별하기 위하여 새로운 등록제도와 표시제도의 도입을 고민하여야 하며, 보호기간도 5년 정도의 단기로 설정할 것을 주장한다. 나아가 물권적 권리를 채권적 권리로 약화시켜 비록 침해에 해당한다고 하더라도 그 사용의 금지보다는 보상금 지급을 전제로 한 법정사용허락 체제가 제시되기도 한다.

일부 학자들은 '저자가 없는' 'AI 생성 결과물'을 남용으로부터 보호하기 위해 특별한

---

75) 손승우, "인공지능 창작물의 저작권 보호", 정보법학 제20권 제3호. 한국정보법학회(2017), 83-110면.
76) 정원준, "인공지능 창작과 저작권법의 딜레마", 고려법학 제95호, 2019, 276면.

인접권리나 약한 저작권[77] 등 기존의 저작권과 차별되는 권리의 도입을 주장한다.[78] 즉 강한 AI가 생산한 창작물(콘텐츠)의 경우에는 인접권에 의해서 보호되든 AI이용자의 권리(저작권)로 보호되든, 그 존속기간을 기존의 저작권이나 저작인접권에 비해서 대폭 축소해서 규정할 필요가 있다고 한다.[79] AI가 생산한 콘텐츠는 이론적으로는 생산되는 순간 동시에 전세계적으로 소비되기 때문이라고 한다.

3. AGW의 차별적 보호 시 검토가 필요한 핵심 사항

(1) 보호기간

인공지능 창작물의 보호 기간은 별도의 등록 없이 디자인이 보호될 수 있는 부정경쟁방지법상 형태 모방행위 금지 규정(제2조 제1호 자목)의 3년 기간이나, 별도의 등록 없이 보호되는 데이터베이스나 표시된 콘텐츠 등의 보호 기간 5년을 고려할 때 6년 정도의 보호 기간이 적당하다는 의견도 있다.[80]

(2) 권리의 성격과 침해판단

1) 채권적 보상청구권으로 대체[81]

인공지능 창작의 보호가 저작권제도의 연원에서 비롯되는 것이 아니라 투자의 보호에서 비롯된다고 보는 한 인공지능 창작물에 대하여는 비배타적 보상청구권으로 제한하는 방안을 고려해 볼 수 있다. 인공지능 창작물의 양적 증가, 창작과정의 비투명성 등에 비추어 볼 때 개별적 사용허락의 어려움이 발생할 수밖에 없다. 투자에 따른 보

---

77) 손승우, 앞의 논문 106면; 정원준 앞의 논문, 288면 이하.

78) Senftleben M, Buijtelaar L (2020) Robot creativity: an incentive-based neighboring rights approach. Eur Intellect Prop Rev 42:797-806

79) 정상조, "인공지능시대의 저작권법 과제", 계간 저작권 2018 여름호, 2018, 67면.

80) 윤선희·이승훈, "4차 산업혁명에 대응한 지적재산권 제도의 활용 – '인공지능 창작물 보호제도'를 중심으로", 산업재산권 제52호, 한국지식재산학회, 2017, 155-197면.

81) 김현경, 앞의 논문, 139-140면.

상의 전보라면, 사전에 허가를 득해야 하는 준물권적 배타적 권리보다는 사후 보상청구권을 행사할 수 있도록 하는 방안이 더욱 적정, 유용하다고 볼 수 있다. 이러한 경우 인공지능 창작에 대한 권리는 금전적 보상청구권으로 축소되게 된다. 또한 이러한 보상청구권을 개별적으로 행사하게 될 경우 개별이용허락의 단점이 그대로 드러나므로 집중행사할 수 있는 방안도 함께 고려되어야 할 것이다.

2) 물권적 권리 부여 시 침해판단기준의 재정립

유사저작권 같은 물권적 권리 부여 시 AGW가 다른 저작물의 보호받는 표현을 어떻게 침해하였는지에 대하여 실질적인 입증이 어렵다. 저작권 침해를 주장하기 위해서는, 저작권침해를 의심받는 자의 저작물이 원저작물에 '의거(依據)'하여 제작되어야 하고, 침해를 의심받는 저작물과 원저작물이 동일하거나 '실질적으로 유사할 것(substantial similarity)'을 입증하여야 한다. 이러한 입증은 인간에 의한 창작물 간에도 어려운 부분이지만 창작과정을 유추하기 어려운 인공지능의 창작에 있어서는 더욱 어려울 수밖에 없다.[82] 따라서 침해는 동일성 범위 내로 한정하여 판단할 필요가 있다.

(3) 방식주의 도입 : 별도 등록제와 집중관리시스템

현행 저작권 제도는 저작권 발생에 어떠한 절차나 형식을 필요로 하지 않는 무방식주의를 취하고 있다(저작권법 제10조 제2항). AGW에 대해 차별적이고 제한적인 보호로 인한 부작용과 혼선을 피하기 위해서는 그 창작물에 일정한 표시를 하여 AGW를 인간의 저작물과 구별하여 등록하고 별도로 집중관리하도록 하는 방안을 생각해 볼 수 있다.

(4) 식별 표시제와 허위표시에 대응

한편 대안적 보호론자들은 AGW의 등록을 의무화한 경우에도 이를 인간의 창작물로 허위 등록하여 보다 강한 저작권 보호를 받으려는 행위에 대해 이를 통제하고 규제할 필요가 있다는 데 대체로 의견일치를 보여 준다. 이 문제는 인공지능 창작물에 관

---

82) 김현경, 앞의 논문, 125면.

한 권리를 기존의 법체제와 분리하여 새로운 권리 체계로 구성하는 경우에도 마찬가지로 발생한다. 그러나 실무적으로 인공지능 창작물인지 인간의 창작물인지 식별하기란 매우 어려운 일이다. 따라서 이용자들이 인공지능에 의한 작품임을 구별해 볼 수 있도록 일정한 표시제도가 필요하다. 이는 마치 자타상품 식별표지를 보호하는 상표법상 품질보증이나 혼동방지차원에서 실시되는 여러 제도적 장치83)와 유사하다. 저작권법상 디지털저작물의 권리관리정보의 표시와 그 임의적 훼손의 처벌도 비슷한 맥락에서 둔 규정이라 할 수 있다. 콘텐츠에 대한 표시제도는 현행 「콘텐츠산업 진흥법」에서도 찾아볼 수 있다. 84)

특허법에서는 발명을 재산권으로만 보호함에도 발명자가 누구인지 출원서상에 분명히 밝히도록 되어 있다. 이로써 모인출원여부를 판단하거나 발명자권 인정의 토대로 삼고 있다. 그런데 정작 저작인격권까지 인정하는 저작권보호체제는 저작물에 저작자 표시는 저작자 추정효과를 부여할 뿐 성명표시권 보장차원에서 자유롭게 무명, 이명을 선택할 수도 있고, 저작자 표시를 강제하지는 않고 있다. 특허권과 같이 등록주의를 취하는 지적재산권의 경우라면 등록 심사 과정에서 이러한 거짓 주장을 걸러낼 수 있다. 또한 특허 허위표시를 금지하거나85) 특허청의 기만 행위에 대해 특허법 제228조나 제229조 위반죄86)로 형사처벌이 가능하다. 무방식주의를 취하는 저작권에

---

83) 상표법상 혼동방지표시 제99조(선사용에 따른 상표를 계속 사용할 권리);
   ③ 상표권자나 전용사용권자는 제1항에 따라 상표를 사용할 권리를 가지는 자에게 그 자의 상품과 자기의 상품 간에 출처의 오인이나 혼동을 방지하는 데 필요한 표시를 할 것을 청구할 수 있다.
84) 콘텐츠산업진흥법 제37조 제1항에서 대통령령으로 정하는 방법에 따라 콘텐츠 또는 그 포장에 제작연월일, 제작자명 및 이 법에 따라 보호받는다는 사실을 표시하도록 하고 있다.
85) 특허법 제224조(허위표시의 금지) 누구든지 다음 각 호의 어느 하나에 해당하는 행위를 하여서는 아니 된다.
   1. 특허된 것이 아닌 물건, 특허출원 중이 아닌 물건, 특허된 것이 아닌 방법이나 특허출원 중이 아닌 방법에 의하여 생산한 물건 또는 그 물건의 용기나 포장에 특허표시 또는 특허출원표시를 하거나 이와 혼동하기 쉬운 표시를 하는 행위
86) 특허법 제228조(허위표시의 죄) 제224조를 위반한 자는 3년 이하의 징역 또는 3천만원 이하의 벌금에 처한다. 제229조(거짓행위의 죄) 거짓이나 그 밖의 부정한 행위로 특허, 특허권의 존속기간의 연장등록, 특허취소신청에 대한 결정 또는 심결을 받은 자는 3년 이하의 징역 또는 3천만원 이하의 벌금에 처한다.

서는 최소한의 창작성만 구비하면 저작권이 발생하며 등록을 요하지 않으므로 특허권과는 상황에 차이가 있다. 물론 저작권법에도 특허법과 유사하게 거짓 사실을 등록하는 자를 형사처벌하는 규정은 있고(제136조 제2항 제2호[87]), 저작자를 허위로 표시하여 공표하는 경우를 처벌하는 규정(제137조 제1항 제1호[88])이 있다. 미 저작권법에도 기만적 등록과 허위표시 등을 규제하는 규정이 있다.[89] 이 규정들을 상황에 맞게 수정하여 재정립할 필요가 있다. 생각건대 기존의 저작권 보호체제와 달리 방식주의를 도입해 등록된 인공지능 창작물에 대하여만 소정의 보호를 인정하는 체제로 변화될 경우 AGW를 창작 당시부터 인간이 인위적 개입 없이 자동적으로 인공지능 창작물임이 표시되도록 설계(designed by AI copyright)되는 방식이 타당해 보인다.[90] 인공지능이 창작한 것임을 알려 주는 식별자가 인공지능의 창작프로그램을 통해 자동화된 방식으로 인공지능 창작물에 내재되도록 의무화하여 인간의 개입에 의한 조작가능성이 최대한 차단되어야 할 필요가 있기 때문이다.

V. 인공지능 발명(AGI)에 대한 특허법상 보호의 특수문제

1. AGO에 대한 양 법제의 보호방식과 접근방법의 차이

(1) AGI와 AGW의 취급상 차이점

저작권법상 저작자성(Authorship)과 달리 특허법상의 발명자성(Inventorship)은 발명

---

87) ② 다음 각 호의 어느 하나에 해당하는 자는 3년 이하의 징역 또는 3천만원 이하의 벌금에 처하거나 이를 병과할 수 있다. 2. 제53조 및 제54조(제90조 및 제98조에 따라 준용되는 경우를 포함한다)에 따른 등록을 거짓으로 한 자

88) 제137조(벌칙) ① 다음 각 호의 어느 하나에 해당하는 자는 1년 이하의 징역 또는 1천만원 이하의 벌금에 처한다. 1. 저작자 아닌 자를 저작자로 하여 실명 · 이명을 표시하여 저작물을 공표한 자

89) Section 1325(Liability for action on registration fraudulently); Section 1326(Penalty for false marking) ; Section 1327(Penalty for false representation).

90) 김현경, 앞의 논문, 152면.

의 착상단계부터 관여를 요하며 과제의 발견과 과제의 해결 방법 모색이라는 구체적
인 기술적 사상을 도출해야 하므로 어떤 식으로든 인간의 개입이 필요한 경우가 많다.
이는 발명자권, 발명자 표시, 특허를 받을 수 있는 권리 귀속, 공동 출원, 상세한 설명
의 기재 방식, 공유 특허, 특허권 귀속 등 특허 제도 전반에 걸쳐 있는 문제의 시작점이
된다. 등록을 위한 심사를 거치는 AI발명의 법적 취급에 관해서는 추가적으로 신중한
재검토를 요하는 문제가 있다. 첫째, 특허출원단계에서 발명자 표시 및 발명자적격과
관련해 자연인으로만 한정되어야 하는지 인공지능과 같은 기계도 발명자가 될 수 있
는지가 문제된다. 둘째, 기계 또는 인공지능이 수행한 발명에 대한 특허(출원)권을 어
떻게 사람에게 승계하여야 하는지가 문제된다. 셋째, 특허심사단계에서도 발명능력의
차이가 있는 인공지능에 의한 발명과 사람의 발명을 동등한 잣대로 심사할 것인지 아
니면 더 엄격한 기준을 적용할 것인지에 대한 문제 등 심사과정상의 특별취급에 관한
쟁점이 더 존재한다.

이 밖에도 직무창작에 있어 특허법은 발명자주의를 취하고 있어 특허를 받을 수 있
는 권리가 종업원인 발명자에게 일단 귀속되는 반면(예약승계 허용) 저작권에서는 사용
자주의를 취하고 있어 직무저작인 경우 법인 등에 저작권 자체(인격권 포함)가 원시귀
속되는 차이점이 있다.

(2) 체제 내 보호 시 차별적 취급에 대한 접근방법의 차이

심사에 의해 비교적 단기인 단일 특허권을 부여하는 특허법 체제하에서는 후술하는
직무창작의 법리를 제외하고 인공지능 발명(AGI)에 대한 법적 취급에 관해서도 크게
이론이 없다. 이에 비해 다양한 대상과 보호방법이 공존하고 보호기간이 장기인 저작
권법 체제하에서는 인공지능저작물(AGW)의 보호방법에 대해서도 다양한 대안이 논의
되고 있다.

1) 창작성 없는 DB에 준한 보호가능성 검토

AGW에 대한 제3의 독자적 보호방법론을 주장하는 대부분의 저자들이 대표적으로
들고 있는 사례가 EU의 사례이다. 창작성이 없어 저작물성을 인정받지 못하는 데이터

베이스에 대해 공리주의적 관점에서 투자를 보호한다는 이념과 보호방법이 전통적 보호방식과 차별화되는 방식을 취했기 때문이다. 'EU DB지침'[91]에 따르면 데이터베이스 콘텐츠의 수집, 검증 또는 표시에서 질적 또는 양적으로 "실질적인 투자(substantial investment)"를 한 점이 인정되는 경우, 회원국들은 데이터베이스 제작자에게 기존의 저작권과 구별되는 "독자적인 권리(sui generis right)"를 부여해 줄 것을 명백히 하고 있다.[92] 이에 따라 데이터베이스 제작자가 갖게 되는 권리로는, ① 콘텐츠의 "무단 추출 (unauthorised extraction: 데이터베이스의 전부 또는 실질적인 부분을 기타 매체에 의한 수단이나 형태로 영구적 또는 일시적으로 이동시키는 행위)" 및 "무단 재이용(unauthorised reutilization: 사본유포, 온라인 전송 기타 유형의 전송에 의하여 데이터베이스의 전부 또는 실질적인 부분을 대중에게 공개하는 모든 형식의 행위)"을 금지할 수 있는 권리, ② 타인에게 양도, 이용허락, 질권 설정 등을 할 수 있는 권리가 있다. 우리도 이에 영향을 받아 입법을 단행[93]하였으나 미국과 일본은 도입하지 아니하였다. AGW에 대한 보호도 물권적 권리를 인정하는 방식으로 갈 경우 데이터베이스 제작자 권리처럼 보호기간을 단기로 잡고 조건부 갱신 등 보호체제에 참고가 될 것으로 보인다.

2) 저작인접권에 준한 보호가능성 검토

인공지능에 의하여 생성된 결과물의 배포와 전송에 관한 권리를 일종의 저작인접권 (neighboring right)으로 인정하자는 입법론적인 견해도 있다.[94] 저작인접권 제도는 우리나라, 일본, 독일, 프랑스와 같은 대륙법계 국가에서 성립·발전해 온 제도이다.[95]

---

91) Directive 96/9/EC of the European Parliament and of the Council of 11 March 1996 on the legal protection of databases.

92) 제7조 제1항, Recitel 39.

93) 2003년 개정된 저작권법에서는 편집저작물보다 상위개념인 〈편집물〉이라는 용어를 도입(제2조)함과 동시에 EU지침과 유사하게 창작성 있는 DB는 〈편집저작물〉의 하나로 보호하고, 〈창작성 없는 DB〉의 경우 그 제작자를 저작인접권에 유사한 배타적 권리를 부여하여 보호하는 방식으로 입법을 단행하였다.

94) Senftleben M, Buijtelaar L (2020) Robot creativity: an incentive-based neighboring rights approach. Eur Intellect Prop Rev 42:797-806.

95) 이에 관해서는, 최경수, 국제지적재산권법, 도서출판 한울, 2001, 38면 이하; 박덕영·이일호, 국제저

저작인접권이란 실연자, 음반 제작자 및 방송사업자에게 부여되는 저작권에 인접하는 권리이고, 저작물을 직접 창작하지는 않지만, 공중이 다양한 저작물에 접근할 수 있도록 매개하거나 사회적 전달자 역할을 수행하는 주체에게 부여되는 권리이다. 따라서 인공지능의 생성물 자체에 대한 권리는 아니며, 다른 사람이 음원에 고정하거나 실연하는 것을 금지할 수 없다는 점에 유의할 필요가 있다.

(3) 직무상 창작의 법리 유추

창작자 저작자주의의 유일한 예외인 직무저작물의 법적 처리에서의 저작자 취급과 같이 인공지능 창작물의 저작자 지위를 인간이나 법인에 부여하는 해결책의 하나로 제시되고 있다. 인공지능을 창의적인 종업원 혹은 사용자와 독립된 계약자로 보는 직무상저작물 모델이 제안되기도 하였다.[96] 한편 직무발명은 종업원 등이 업무범위 내에서 행한 발명은 발명자인 종업원 등에게 원시적으로 귀속하나, 사용자에게는 직무발명에 대한 일정한 권리를 부여하는 제도이다. 인공지능이 발명자인 경우에도 발명에 대해 직무발명의 법리를 적용하는 것이 가능하나, 발명진흥법 제10조 제1항 및 제13조상의 예약 승계 규정과 발명진흥법 제15조 및 제16조상 직무발명에 대한 보상 규정은 성격상 자연인을 전제로 한 것이므로 직접 적용이 어렵다. 다만, 이러한 규정들은 우리나라 직무발명 법제가 발명자주의를 채택하고 있어서 필요한 요건이므로, 인공지능 발명에 대해 별도 계약이나 사용자가 부담해야 하는 의무 없이 특허를 받을 수 있는 권리를 원시적으로 사용자에게 귀속시킴으로써 인공지능의 계약 능력과 인공지능에 대한 보상이 필수적으로 요구되지 않는 사용자주의 취지의 입법을 검토할 필요가 있다는 견해[97]도 제시되고 있다.

작권과 통상문제, 세창출판사, 2009, 153면 이하. 미국 저작권법에는 우리나라 저작권법의 저작인접권 제도가 존재하지 않는다. 미국저작권법에서 실연, 음반제작, 방송은 창작성이 인정되는 경우 저작물로 보호된다(미국 저작권법 제102조). 이와 마찬가지로 영국 저작권법도 방송, 음반 등을 저작권으로 보호하고 그 권리자 역시 저작자가 된다고 규정한다(영국 저작권법 제9조 제2항).

96) Yanisky-Ravid, S., Generating Rembrandt: Artificial Intelligence, Copyright, and Accountability in the 3A Era—The Human-Like Authors are already here—A New Model, Michigan State University Law Review, 2017, 659-726.

2. AGI 특허출원 단계에서의 쟁점

창작은 사실행위로서 인간이 할 수 있고 현행법은 인간만을 발명자·창작자로 인정하고 있어, 특허법 내 보호체제로 수용 시 법개정 없이는 인정 곤란하다. EPO는 기계는 법인격이 없어 재산을 소유할 수 없고, 기계는 발명에 대한 권리를 보유할 수 없으므로 고용 관계 또는 승계를 통해 권리를 이전할 수 없다고 했는데, 이는 지능 수준과 관계없이 기계는 도구로 간주되어야 한다는 것이다.

EPO도 향후 반세기 정도가 지나면 AI이 법률의 변화를 요구하는 단계까지 진화할 수 있음을 언급한 바 있다. 법률의 변화 이전에 어떠한 방식이든 인간의 통념을 변화시키는 AI의 진화에 AI를 발명자로 지정한 애봇(Ryan Abbott) 박사의 다음 4가지 주장은 신중한 재검토를 요하는 문제이다. 첫째, 특허 발명자가 자연인으로만 한정되면 안 되며 인공지능과 같은 기계도 발명자가 될 수 있어야 한다. 둘째, 기계 또는 인공지능이 수행한 발명의 소유권은 기계 또는 인공지능의 소유자에게 귀속되어야 한다. 셋째, 기계 또는 인공지능 소유자는 기계가 수행한 발명의 발명자로 등록하면 안 된다. 발명하지 않고 발명자로 등록하는 것은 형사 제재 대상이 될 수 있다. 넷째, 기계 또는 인공지능을 발명자로 인정하는 것은 발명의 진정한 소유권자를 찾는 데 필요한 시작점이다.

3. AGI 특허심사 시 현행 특허법 적용상의 쟁점

(1) 특허요건 해석에 미치는 영향 검토

아래 표와 같이 기존의 특허요건 적용과 해석에 있어 인공지능이 관여한 발명은 여러 가지 영향을 미칠 수 있어 그 심사와 행정에 고려해야 할 여러 변수가 있을 수 있다.

---

97) 전영관·이성엽 외, "직무상 인공지능 발명에 대한 사용자주의 도입에 관한 시론적 연구", 경제규제와 법, vol.15, no.1, 통권 29호, 서울대학교 법학연구소, 2022, 217-235면.

〈표 1〉 AGI 심사 시 발생할 수 있는 특허요건별 쟁점[98]

특허요건	주요이슈	인공지능이 관여한 발명에 대한 검토
산업상 이용 가능성	• 실시가능성	• 상세한 기술설명과 배경정보를 알 수 없는 경우가 많아 실시가능성이 없거나 부족
	• 실시효과	• 부정적 사회효과, 위험한 발명은 심사를 통해 배제 필요
	• 구체성과 실체성	• 과학적 발견과 기술발명의 경계를 불투명하게 하는 창작을 심사를 통해 통제 필요
신규성	• 신규성에 미치는 영향	• 기술공개에 대한 비용을 대폭 감소시켜 선행기술 정보를 지나치게 확대할 우려 존재
	• 심사에 미치는 영향	• 과도한 선행기술정보로 검색/판단의 불확실성 초래
	• 행정에 미치는 영향	• 불필요한 행정력 낭비, 업무적 압박 증가
진보성	• 기술분야의 문제	• AI 기술이 발전할 경우 진보성의 판단이 특정기술분야가 아닌 모든 기술분야를 의제할 수 있다는 문제
	• 통상의 지식을 가진 자	• 진보성의 판단 주체로 숙련된 기술자(the skilled person) 이외에 숙련된 기계발명자(the skilled machine)를 고려할 필요에 대한 검토

(2) 특허요건 심사에 대한 특례설정[99]

AGI를 특별법 제정 없이 특허법 체제로 수용해 보호할 경우에도 AGI 특성을 고려해서 일반발명에 대한 특허출원과 차별적인 특허요건 심사가 이루어져야 한다는 견해가 유력해지고 있다. 첫째, 신규성 판단과 관련하여 과도한 선행기술 발생과 심사부담, 과다 공개로 인한 통상발명 연구 발전저해 문제를 고려해야 한다. 둘째, AI를 이용해 용이하게 발명하거나 창작할 수 있다면 법상 진보성·창작성 인정요건에 대한 기준의 재정립이 필요하다. AI발명 관련 진보성 이슈로서 ① AI 발명에 있어서 해당 발명의 산업분야를 특정할 수 있는가?(융합 발명의 보편화) ② AI 창작에 의한 발명에 대해 '통상의 지식을 가진 자' 기준을 유지할 것인가?[100] ③ 모든 것이 자명해질 수 있으므로[101]

---

98) 지식재산연구원 보도자료에서 인용, 인공지능 기술의 발전, 특허제도에 미치는 영향은?

99) 이 쟁점들에 대한 자세한 것은 지식재산연구원에서 나온 보고서[(전정화, 인공지능(AI) 창작에 대한 특허법적 이슈, IP Focus 제2020-10호(2020.9.16.) 12-19면 참조.

진보성 판단 기준을 높이거나 다른 각도에서의 접근이 필요하지 않은가?(판단기준의 2 원적 적용) ④ 결국 결합발명의 진보성 판단에 관한 논의로 정리해 볼 수 있다. 셋째, 불 특허사유 판단과 관련하여 AI 생성발명 중 킬러로봇, 지능도박 툴(tool), 은닉절도 툴 (tool) 등은 인간사회를 위협할 가능성이 있으며, 공적질서를 위험에 빠트릴 수 있는 것 으로서 권리부여를 금지할 필요가 있으나, 이는 현행 규정인 일반적인 공서양속 위반 으로 파악하여도 무방할 것이다.

VI. 소 결

이제 인공지능 기술은 인공지능이 어떠한 구조와 체계를 토대로 아웃풋(output)을 생성하는지 인간이 예측할 수 없으며, 동시에 인공지능은 인간이 제공한 데이터에도 의존하지 않는 발전단계를 보이고 있다. 나아가 인간의 창작물과 구분하기 어려운 인 공지능에 의한 창작물(AGO)이 다량으로 양산될 수 있는 시대가 되었다. 이러한 상황 을 고려할 때, 인공지능이 관여한 창작물에 관한 논의는 인공지능발명(AGI)이나 인공 지능저작물(AGW)을 중심으로 이루어져야 하며, AGO를 특허법과 저작권법상 어떻게 취급할 것인지, 아니면 다른 방법에 의한 대안적 방안에 대한 연구와 논의가 본격적으 로 요구되는 시기가 되었다.

AGI와 AGW 모두 인간 창작자주의(Human Inventorship, Authorship) 원칙하에서 법적 보호 대상인 발명이나 저작물로 인정받기 어렵다는 것이 현재의 상황이지만 AGI는 배 후의 인간이 승계에 의한 특허출원 적격을 인정받는 추세라 할 수 있다. AGI와 달리 AGW는 누구나 자유롭게 이용할 수 있도록 공유의 영역에 두자는 공유론도 나름대로 의의가 있으나 기본적으로 저작권 제도는 저작물을 보호함으로써 활발한 창작활동을

---

100) 이상미, "인공지능 시대의 진보성 판단 시 '통상의 기술자' : From PHOSITA To MOSITA", 지식재산 연구, vol.15, no.3, 한국지식재산연구원, 2020, 1-36면.

101) Ryan Abbott, Everything Is Obvious, UCLA Law Rev. Vol 66(1) (2018), at 35.

지원하고, 유통을 촉진한다는 생각을 바탕에 두고 있는 만큼 인간의 저작과 구분하기 힘든 AGW를 법적 공백지대로 방치하는 것은 오남용의 소지가 크다고 할 수 있다. 이렇게 하여 등장한 이론이 소위 '얇은 저작권론(thin copyright theory)'으로 제3의 독자적 보호방법을 대안으로 제시하고 있다. '얇은 저작권론'에 따라 창작성을 보다 엄격하게 판단하고 보호기간을 단축하고 침해판단을 동일성 범주로 한정하고 형사구제를 배제하는 방안은 AGW의 권리설계에 필수적으로 요구되는 요소임에는 분명하다. 또한 AGW를 창작 당시부터 인간의 인위적 개입 없이 자동적으로 인공지능 창작물임이 표시되도록 설계(designed by AI copyright)되는 방식이 타당해 보인다.

AGW와 달리 AGI에 대해서는 인간 창작자주의(Human Inventorship, Authorship)하에서도 발명자적격을 인정하는 국가가 등장하고 있다. 향후 창작주체의 경계가 해체되어 기계창작자주의(Machine Inventorship, Authorship)가 도입될 수 있고 생성 AI 기술발전으로 아이디어 구상부터 표현의 완성에 이르는 창작과정의 통제체제 변화로 인해 저작자와 발명자를 정하는 룰 자체가 변경될 수 있다. 또한 특허요건 적용과 해석에 있어 인공지능이 관여한 발명은 여러 가지 영향을 미칠 수 있어 그 심사와 행정에 고려해야 할 여러 변수를 반영하여야 한다. AGI를 특별법 제정 없이 특허법 체제로 수용해 보호할 경우에도 AGI 특성을 고려해서 일반발명에 대한 특허출원과 차별적인 특허요건 심사가 이루어질 수 있도록 심사기준을 정비해 나가는 것이 숙제가 되었다. 다만 지식재산 보호체제의 국제성에 비추어 볼 때 대안적 방안의 내용들을 법안을 제정해 바로 시행하기에는 시기상조로 보이고 국제적 합의과정을 지켜보아야 할 것이며 그 과도기적으로 부정경쟁방지법이 일부 역할을 수행할 것으로 예견된다.

제13장

인공지능과 개인정보보호

윤종수
(법무법인 광장 변호사)

Ⅰ. 인공지능 시대의 개인정보 보호

1. 개인정보자기결정권과 개인정보 보호법

개인정보자기결정권은 자신에 관한 정보가 언제 누구에게 어느 범위까지 알려지고 또 이용되도록 할 것인지를 그 정보주체가 스스로 결정할 수 있는 권리이다.[1] 이는 개인의 사생활 활동이 타인으로부터 침해되거나 사생활이 함부로 공개되지 아니할 소극적인 권리는 물론, 오늘날 고도로 정보화된 현대사회에서 자신에 대한 정보를 자율적으로 통제할 수 있는 적극적인 권리까지도 보장하려는 데에 그 취지가 있다.[2] 개인정보자기결정권은 헌법에 명시되지는 않았지만 헌법 제17조의 사생활의 비밀과 자유, 헌법 제10조 제1문의 인간의 존엄과 가치 및 행복 추구권에 근거를 둔 일반적 인격권, 이와 함께 그리고 우리 헌법의 자유민주적 기본질서 규정 또는 국민주권원리와 민주

---

[1] 헌법재판소 2005. 5. 26.자 99헌마513, 2004헌마190(병합) 결정; 대법원 2014. 7. 24. 선고 20149933 판결 등.

[2] 대법원 1998. 7. 24. 선고 96다42789 판결.

주의 원리 등을 이념적 기초로 하는 독자적 기본권으로 평가된다.

개인정보 보호법은 개인정보자기결정권을 구체화한 법률이다. 개인정보의 정의 및 보호원칙, 개인정보 보호위원회의 구성과 권한, 정보주체의 동의 등 개인정보의 처리 근거, 개인정보의 안전한 관리 및 정보주체의 권리, 손해배상 및 벌칙 등에 관한 규정을 포함하고 있다. 개인정보 보호법의 가장 핵심적인 내용이면서 실무상 가장 논란이 많은 부분은 개인정보의 개념과 개인정보처리의 근거인 정보주체의 동의이다.

개인정보 보호법을 포함하는 개인정보보호 관련법들은 적용 대상인 개인정보의 개념표지를 '식별가능성' 및 '결합용이성'으로 정하고 있다. 개인정보 보호법은 개인정보를 "살아 있는 개인에 관한 정보로서 성명, 주민 등록번호 및 영상 등을 통하여 개인을 알아볼 수 있는 정보 및 해당 정보만으로는 특정 개인을 알아볼 수 없더라도 다른 정보와 쉽게 결합하여 알아볼 수 있는 정보"라고 정의한다(법 제2조 제1호 가목, 나목). 현행 개인정보 보호법은 쉽게 결합할 수 있는지 여부에 대해 "다른 정보의 입수 가능성 등 개인을 알아보는 데 소요되는 시간, 비용, 기술 등을 합리적으로 고려하여야 한다"는 규정(법 제2조 제1호 나목 후단)을 추가함으로써 나름 식별가능성과 결합용이성이 규범적 판단 대상임을 밝히고 그 해석을 위한 기준을 제시하고 있지만 여전히 해석상 어려움이 있다.

또한 개인정보보호 관련법들은 개인정보를 처리할 수 있는 가장 기본적인 법적 근거를 '고지에 의한 동의(informed consent)'로 정하고 있다. 실제 실무에 있어 활용되는 대부분 개인정보처리의 법적 근거 역시 정보주체의 사전 동의이다. 그러나 구체적인 사안에서 이러한 동의 요건이 제대로 충족되었는지 여부가 자주 논란의 대상이 되고 있고 실질적인 정보주체의 권리보호에 도움이 되는지 의문이 제기되는 등 그 제도적 한계가 지적된다. 방대한 데이터의 상시처리, 데이터 활용 범위 및 목적의 유연성과 변동성, 다수의 관여자에 의한 분산처리, 사람이 개입하지 않는 자동처리, 데이터 분석의 복잡성 등의 특징을 갖는 인공지능에 있어 이러한 논란은 더욱더 두드러진다.

2. 인공지능에 의한 개인정보 처리의 특징

(1) 빅데이터 처리

인공지능의 출발은 1950년대까지 올라갈 수 있지만 인공지능이 본격적으로 주목받게 된 것은 대규모의 디지털 데이터를 처리할 수 있게 되면서다. 어떤 데이터의 입력값과 이에 대응한 출력값을 알려 주면 입력과 출력 사이의 관계에 대해 스스로 데이터를 학습하는 머신러닝(Machine Learning)과 인간의 대뇌가 정보를 처리하는 방법과 인간 두뇌에 대한 이해를 바탕으로 인간의 신경망 구조를 흉내 낸 인공신경망에 바탕을 둔 기술로 정답 없이 학습용 데이터 집합만을 주는 비지도학습인 딥러닝(Deep Learning)이 등장한 것인데,[3] 이 두 기술 모두 방대한 데이터, 즉 빅데이터 처리에 기반을 두고 있다.

정보통신, 금융, 의료 등 거의 모든 분야에서 생성, 수집, 분석, 활용되고 있는 빅데이터는 필연적으로 개인정보의 처리를 포함하게 된다. 빅데이터의 수집에 개인정보 보호법이 적용되어야 하는지와 관련해서 법원은, 빅데이터 업체가 트위터사로부터 수집한 트위터 정보에는 개인정보와 이에 해당하지 않은 정보가 혼재되어 있을 수 있는데 국민의 사생활의 비밀을 보호하고 개인정보에 관한 권리를 보장하고자 하는 개인정보 보호법의 입법 취지에 비추어 그 정보의 제공에는 개인정보 보호법의 개인정보에 관한 규정이 적용되어야 한다고 판시한 바 있다.[4] 빅데이터는 정형적인 데이터 외에 실시간 대화 등 비정형적 데이터를 수집 처리하고, 많은 부분 자동 프로세스에 의하여 처리되기 때문에 개인정보 이슈가 두드러질 수밖에 없다. 개인정보처리의 자동화란 정보주체 모르게 정보가 수집되고, 수집된 정보의 처리는 전부 또는 일부를 인간이 직접 조작하지 아니한 상태에서 기계나 장치가 스스로 작동하여 처리함으로써 개인정보자기결정권의 행사를 어렵게 만드는 것이기 때문이다.[5]

---

3) 김성용 · 정관영, "인공지능의 개인정보 자동화 처리가 야기하는 차별 문제에 관한 연구", 『서울대학교 법학』 제60권 제2호, 서울대학교, 2019, 316면.
4) 대법원 2015. 7. 16. 선고 2015도2625 전원합의체 판결.

또한 빅데이터는 필요한 정보만 수집, 이용하는 쪽으로 운영되기 어렵고, 데이터의 양이 많으면 많을수록 더 향상된 결과를 만들어 낼 수 있기 때문에 최대한 많은 데이터를 수집해서 가능한 한 오래 보유하고자 한다. 이는 개인정보 보호원칙 중 가장 기본인 개인정보처리자는 개인정보의 처리 목적을 명확하게 하여야 하고 그 목적에 필요한 범위에서 최소한의 개인정보만을 적법하고 정당하게 수집하여야 한다는 '개인정보 최소수집의 원칙'과 정면으로 부딪힌다.

(2) 정보처리의 불투명성

머신러닝과 딥러닝 환경에서 정보주체가 자동화된 결정의 존재와 그 구조를 이해하는 것은 거의 불가능하다. 인공지능의 빅데이터 처리는 거대한 데이터를 처리하기 위한 클라우드·분산처리 등 데이터 처리기술의 발달로 학습과 이용을 위해 수많은 데이터가 복잡하게 연계된다. 그 과정에서 어떤 개인정보가 포함되어 있는지, 어디에 저장되고 어떻게 처리되는지 정확히 알기 어렵다.[6] 기계학습의 원리 자체가 기계학습을 통한 수많은 데이터의 분석을 통해 예상하지 못한 상관관계를 찾아내고 그로부터 새로운 용도와 통찰을 찾아내는 데 있으므로, 개인정보를 수집함에 있어 애초에 목적을 명확하게 특정하고 그 목적 범위 내에서 개인정보를 이용하고 처리하는 것을 보장하기 쉽지 않다. 게다가 블랙박스(Black Box)로 불리우는 알고리즘의 특성상 투명하게 처리의 내역을 알기도 힘들다. 최근에 설명 가능한 인공지능(eXplainable AI), 즉 어떠한 근거로 결정과 판단을 내렸는지 사람이 이해할 수 있도록 설명 가능한 인공지능이 주요한 화두로 떠오르고 이를 실현하기 위한 기술적인 방안들이 나오고 있지만, 이 역시 사후적인 설명이어서 처리과정의 투명성과 그에 대한 사전 인식을 고양시키기는 쉽지 않다. 게다가 투명성을 지나치게 강조할 경우 오히려 알고리즘의 조작이나 남용, 보안 침해의 위험성이 증가되는 문제도 있다.

---

5) 김성용·정관영, 위 논문, 321면.

6) 이아람, "개인정보 생명주기(Lifecycle)에 따른 인공지능(AI) 개인정보보호", 『정보와 통신』 제39권 제12호, 한국통신학회, 2022, 3면.

(3) 정보처리 결과의 불확실성

정보처리의 불투명성은 정보처리 결과의 불확실성으로 이어진다. 인공지능과 빅데이터 기술이 발달할수록 점점 더 자동화된 정보처리에 의존하고, 정보주체의 지위와 삶에 중대한 영향을 미치는 주요 결정들이 인공지능에 의하여 이루어진다. 자동화된 정보처리는 악의적인 조작이나 부정확한 분석을 방지하고 가치중립적이고 정확한 의사결정으로 정보주체에게 특화된 서비스를 제공하는 등 새로운 혜택을 줄 수 있다. 그러나 인간의 개입이 배제된 상태에서 명확하게 파악하기 어려운 알고리즘에 의하여 오로지 기계가 수많은 데이터의 연계와 분석을 통하여 찾아낸 상관관계나 결과에 따른 결론은 정보주체에게 예기치 못한 불이익을 줄 수 있고 이에 대한 정보주체의 대응수단이 제한적일 수밖에 없다. 나아가 그러한 분석결과가 정보주체의 지위에 어떻게 영향을 미치는지도 파악하기 어렵다면 정보주체에 대한 불이익과 차별이 은밀하게 이루어지게 되어 이에 대한 대응은 아예 불가능해진다.

게다가 빅데이터 처리에 의한 인공지능의 학습과 개발된 인공지능을 통한 데이터 처리 과정에서 의도치 않은 개인식별이 이루어질 수 있다. 빅데이터의 처리과정은 데이터와 데이터 사이의 연결성을 본질적인 요소로 하기 때문에 해당 정보의 수집 단계에서는 개인과의 연결성도 없고 식별성도 없었지만, 데이터를 결합하여 처리하는 과정에서 특정 개인이 식별되고 연결될 가능성을 배제할 수 없기 때문이다.[7]

3. 인공지능에 의한 개인정보 보호

인공지능은 개인정보 처리수단으로 활용되고, 경우에 따라서는 보안을 위협하거나 개인정보를 침해하기도 하지만 개인정보보호를 위한 보안기술로도 활용될 수 있다. 완전 자동화된 사람과 컴퓨터 판별(CAPICHA), 사용자인증, 이상거래탐지 등이 그에 해당한다.[8] 그 밖에 뒤에서 살펴보는 바와 같은 개인정보의 비식별화조치에도 인공지능

---

7) 최경진, "개인정보보호 관련법의 해석에 있어서 이익형량론과 일반적 이익형량 규정의 필요성에 관한 고찰", 『사법』제1권 제40호, 사법발전재단, 2017, 89면.

이 활용될 수 있다.[9)]

II. 인공지능의 개인정보처리에 있어 주요 법적 문제

1. 사전동의

빅데이터에 개인정보가 포함되어 있는 경우 해당 데이터를 활용하고자 하는 기업은, 원칙적으로 정보주체로부터 개인정보의 수집·이용에 관한 사전동의를 받아야 한다. 그러나 인공지능의 개인정보처리에 있어 개인정보처리자와 정보주체 모두를 당혹스럽게 만드는 건 개인정보처리의 법적 근거로 가장 많이 활용되고 있는 정보주체의 사전동의가 이루어지기 어렵다는 점에 있다. 개인정보처리자가 정보주체로부터 개인정보처리의 수집, 이용 및 제3자 제공을 위한 동의를 받을 때에는 각각의 동의 사항을 구분하여 정보주체가 이를 명확하게 인지할 수 있도록 알리고 동의를 받아야 한다. 또한 동의를 받을 때는 법률에서 정한 각 사항들을 정보주체에게 고지해야 하고, 어느 하나의 사항을 변경하는 경우에도 다시 이를 알리고 동의를 받아야 한다. 그러나 앞서 본 바와 같이 기계학습의 원리 자체가 기계학습을 통한 수많은 데이터의 분석을 통해 예상하지 못한 상관관계를 찾아내고 그로부터 새로운 용도와 통찰을 찾아내는 데 있으므로, 개인정보를 수집함에 있어 애초에 목적을 명확하게 특정하기 쉽지 않다.

게다가 개인정보의 수집, 이용이 상시적으로 이루어지는 만큼 어느 순간에 수집목적 등의 변경사항이 발생하는 경우에는 적시에 다시 적절한 동의절차를 진행하기 곤

---

8) 신영진, "우리나라의 인공지능(AI)서비스를 위한 개인정보보호 개선방안", 『융합정보논문지』 제11권 제3호, 중소기업융합학회, 2021, 23면.

9) 데이터의 개인정보 특성을 분석하여 사전에 정의된 통계 데이터 모델을 이용하여 완전히 새로운 데이터를 생성하는 방식으로 비식별화처리를 할 수 있는 재현데이터(Synthetic data) 생성기술인 GAN(Generative Adversarial Network), 데이터 암호화 이후에도 통계적 특성이 변경되지 않는 특징을 활용하여 동형암호화 데이터를 기계학습에 적용하는 동형기계학습 등이 있다. 나준채·신원용, "차세대 인공지능을 위한 비식별화 기술", 『전자공학회지』, 대한전자공학회, 2022, 24면.

란하다. 결국 이를 회피하기 위하여 개인정보 수집 시 정보주체로부터 동의를 받을 때 이용목적 등을 추상적이거나 불명확하게 기재하여 동의를 얻게 된다. 이에 따라 정보주체가 수집목적에 기재된 내용으로부터 장래에 개발될 데이터를 활용한 서비스에서 자신의 개인정보가 활용되는 양태를 구체적으로 예상하기 어려운 경우 해당 정보주체의 동의는 개인정보 보호법상 적법한 동의로 인정받지 못할 가능성이 있고 이는 수집목적 외의 이용행위로 판단되어 이용이 금지되는 결과로 이어진다.[10]

인공지능 챗봇 서비스인 '이루다'의 개인정보침해 사건[11]에서 서비스 업체는 별개의 서비스인 '텍스트앳' 앱 서비스와 '연애의 과학' 앱 서비스에서 수집한 카카오톡 대화문장 등 개인정보를 해당 서비스 DB 외에 별도의 DB인 학습 DB에 저장한 후 이를 이루다 모델 개발을 위한 알고리즘 학습 과정에서 이용하고 그중 일부를 이루다 서비스 운영에 이용하였다. 이와 관련하여, 서비스 업체는 이용자로부터 '분석의 대상이 되는 메시지'를 '신규 서비스 개발'[12] 목적으로 이용한다는 점에 대해 동의를 받았고, 법원의 판결에 따르면 수집 목적 내 이용인지 여부를 판단하는 기준으로 이용자 의사와 합치되는지 여부, 이용자의 예상 가능성, 이용자가 불측의 손해를 입을 우려 등이 고려되어야 하는데, 이에 의하면 수집목적 범위 내에서 개인정보를 이용한 것이라고 주장하였다. 그러나 개인정보보호위원회는 '텍스트앳'과 '연애의 과학' 서비스 개인정보처리방침에 서비스 이용 과정에서 '분석의 대상이 되는 메시지'를 수집한다는 점과 개인정보의 수집 및 이용 목적으로 '신규 서비스 개발'이 명시되어 있다는 이유만으로, 이용자가 '이루다'와 같은 기존 서비스와 전혀 다른 신규 서비스의 개발과 서비스 운영에

---

10) 박규홍, "인공지능채팅 서비스의 개인정보보호법 위반으로 인한 제재처분 사례 분석 — 비정형 데이터 수집이용에 관한 법적쟁점", 『경제규제와 법』 제14권 제1호, 서울대학교 아시아태평양법연구소, 2021, 135면.

11) https://www.pipc.go.kr/np/default/agenda.do?op=view&mCode=E030010000&page=17&isPre=&mrtlCd=&idxId=2021-0257&schStr=&fromDt=&toDt=&insttDivCdNm=&insttNms=&processCdNm#LINK

12) 연애의 과학 서비스의 개인정보처리방침과 약관에는 "라. 신규 서비스 개발 및 마케팅·광고에의 활용. 신규 서비스 개발 및 맞춤 서비스 제공, 통계학적 특성에 따른 서비스 제공 및 광고 게재, 서비스의 유효성 확인, 이벤트 및 광고성 정보 제공 및 참여기회 제공, 접속빈도 파악, 회원의 서비스 이용에 대한 통계"라는 부분이 존재한다.

자신의 개인정보가 이용될 것을 예상하고 이에 동의하였다고 보기 어렵다고 판단하였다. 이 사건의 경우에도 서비스 업체는 개인정보 수집 당시 신규 서비스가 개발되기 전이었으므로 장래의 서비스 개발을 위해 이용목적을 '신규 서비스 개발'이라는 매우 추상적인 표현을 사용한 것으로 보인다. 그러나 이러한 추상적인 표현 대신 실제 이루 다 서비스의 개발 과정에서 활용된 정보 이용 방식대로 상세히 적시하였다면 이용자 들이 이를 가볍게 여기고 동의하지는 않았을 것이라는 점[13]을 고려하면, 인공지능 서 비스 개발의 특성상 구체적인 목적을 제시하기 어려운 사정을 감안하더라도 이를 개 인정보 보호법상 적법한 동의로 인정받기는 쉽지 않을 것이다.

2. 공개된 개인정보의 수집, 이용

빅데이터는 데이터 보유자로부터 수집하거나 제3자로부터 제공을 받는 경우도 있 으나 많은 경우 인터넷상에 공개된 데이터를 웹스크래핑이나 크롤링하는 방법으로 수 집된다. 이렇게 수집된 데이터에 개인정보가 포함되어 있을 경우 정보주체로부터 따 로 동의를 받아야 하는지에 대해서는 명확한 기준이 존재하는 것은 아니다.

공개된 개인정보를 수집할 경우 정보주체로부터 동의를 받아야 하는지에 대해서 대 법원은 "이미 공개된 개인정보를 정보주체의 동의가 있었다고 객관적으로 인정되는 범위 내에서 수집·이용·제공 등 처리를 할 때는 정보주체의 별도의 동의는 불필요 하다"고 판시한 바 있다. 또한 "정보주체의 동의가 있었다고 인정되는 범위 내인지는 공개된 개인정보의 성격, 공개의 형태와 대상 범위, 그로부터 추단되는 정보주체의 공 개 의도 내지 목적뿐만 아니라, 정보처리자의 정보제공 등 처리의 형태와 그 정보제공 으로 인하여 공개의 대상 범위가 원래의 것과 달라졌는지, 그 정보제공이 정보주체의 원래의 공개 목적과 상당한 관련성이 있는지 등을 검토하여 객관적으로 판단하여야 할 것이다"라고 판단하였다.[14] 개인정보보호위원회가 발간한 표준 개인정보 보호지침

---

13) 소병수·김형진, "소셜미디어상의 개인정보 활용과 보호― AI 채팅로봇 '이루다'의 개인정보 침해 사건을 중심으로", 『법학연구』 제24집 제1호, 인하대학교, 2021, 190면.

도 "인터넷 홈페이지 등 공개된 매체 또는 장소에서 개인정보를 수집하는 경우 정보주체의 동의 의사가 명확히 표시되거나 인터넷 홈페이지 등의 표시 내용에 비추어 사회통념상 동의 의사가 있었다고 인정되는 범위 내에서만 이용할 수 있다"는 입장을 취하고 있다(표준 개인정보 보호지침 제6조 제4항). 결국 공개된 개인정보의 경우 반드시 정보주체의 명시적인 동의가 없더라도 정보주체의 동의가 있었다고 객관적으로 인정되는 범위 내에서는 수집, 이용할 수 있다는 취지로 보인다. 인공지능이 웹스크래핑이나 크롤링을 통해 개인정보가 포함된 공개된 데이터를 수집하여 인공지능의 학습데이터로 사용하는 경우 정보주체의 동의가 있었다고 객관적으로 인정될 수 있는지 여부는 두 경우로 나누어 살펴볼 필요가 있다.

  우선 데이터를 인공지능의 학습 데이터로 활용하는 경우이다. 이에 관하여 법원의 판단이나 개인정보보호위원회의 유권해석은 찾아보기 어렵다. 인공지능의 학습데이터로 사용하는 경우의 타인의 권리 침해 여부는 저작권법이나 부정경쟁방지법과 관련해서도 논란이 많은 상황이다. 저작권 침해의 경우 저작권법 제35조의5에 따른 공정이용에 해당하는 것으로 보아 면책 대상이 될 수 있다는 적극적 견해도 있고, 인공지능의 빅데이터 분석인 데이터마이닝 과정의 저작물 이용을 저작권의 제한사유로 추가하는 개정안[15]도 나와 있으나 아직 확립된 법리가 존재하는 것은 아니다. 개인정보보호와 관련해서도 크게 사정이 다르지는 않지만, 인공지능의 데이터 학습이 특정 정보주체를 식별하거나 타깃으로 삼아 프로파일링 등 특정 주체를 파악하기 위한 것이 아니고 분석결과의 제3자 공개가 예정되어 있지 않다면, 이미 공개된 개인정보의 경우 인공지능의 학습용으로 사용하는 것이 애초의 공개의 범위와 달라진다거나 정보주체의 의사에 반한다고 단정하기 어렵다는 견해가 가능하다. 더구나 이익형량의 관점에서 인공 데이터 학습을 위한 개인정보의 처리를 통해 얻을 수 있는 이익과 정보주체의 개인정보자기결정권 보호로 얻을 수 있는 이익을 비교형량하였을 때, 개인정보자기결정권이 침해될 정도로 후자의 이익이 더 중하다고 단정짓기는 어렵다는 점에서도 그

---

14) 대법원 2016. 8. 17. 선고 2014다235080 판결.

15) 저작권법 전부개정법률안(도종환 의원 등 13인 발의, 의안번호 2107440, 제안일자 2021. 1. 15.).

러한 결론을 뒷받침한다. 그렇다면 빅데이터 시대에 공개된 개인정보를 인공지능의 학습 데이터로 활용하는 것은 '정보주체의 동의가 있었다고 객관적으로 인정되는 범위 내'에 해당한다고 봐도 큰 무리는 없어 보인다. 다만, 민감정보에 속하는 개인정보에 대해서는 주의가 필요하다. 개인정보보호법은 사상·신념, 노동조합·정당의 가입· 탈퇴, 정치적 견해, 건강, 성생활 등에 관한 정보와 유전정보, 범죄경력자료, 특정 개인의 생체정보, 인종이나 민족에 관한 정보 등을 민감정보로 정의하고, 원칙적으로 민감정보의 처리를 금지하고 있다. 다만 예외적으로 정보주체의 명시적인 별도의 동의가 있거나 법령에서 민감정보의 처리를 요구하거나 허용하는 경우에 한하여 처리가 가능하다(개인정보보호법 제23조). 따라서 웹사이트 등 데이터 출처의 성격에 비추어 민감정보가 포함되어 있을 가능성이 큰 경우에는 이를 수집의 대상에서 제외하거나 뒤에서 보는 바와 같은 가명처리를 하여 활용하는 것이 좀더 안전할 것이다.

다음으로 수집된 데이터를 데이터베이스로 구축하여 인공지능 서비스 제공에 활용하는 경우이다. 내부적인 학습용으로 사용하는 것과 달리 외부에 대한 서비스 제공에 활용하는 것은 서비스의 성격에 따라 정보주체의 동의의 의사를 인정하기 어려운 경우가 있을 것이고, 수집된 데이터가 그대로 외부에 공개될 경우에는 정보주체의 개인정보자기결정권의 침해 정도가 더 클 것이므로 이익형량의 관점에서도 개인정보보호법 위반으로 판단될 가능성이 크다고 할 수 있다.

3. 인공지능에 의한 차별

인공지능에 의한 개인정보의 자동화된 처리는 차별이라는 예민한 사회적·법적 문제를 불거지게 만들 우려가 있다. 검색엔진이나 알고리즘에 의하여 작동되는 기존의 정보처리 장치 등에서도 알고리즘[16]의 편향성에 따른 차별이 종종 문제가 되곤 하였다.

---

16) "어떤 문제의 해결을 위하여, 입력된 자료를 토대로 하여 원하는 출력을 유도하여 내는 규칙의 집합으로, 여러 단계의 유한 집합으로 구성되는데, 각 단계는 하나 또는 그 이상의 연산을 필요로 한다. 이러한 알고리즘은 프로그래밍을 통해 컴퓨터와 같은 기계가 이해할 수 있는 언어로 구성된다." 출처: 표준국어대사전.

알고리즘은 어디까지나 인간이 만드는 것인 만큼 만드는 사람의 편향성이 알고리즘에 반영될 수 있기 때문이다. 머신러닝이나 딥러닝 같은 최근의 인공지능에는 이러한 차별의 문제가 좀더 복잡해진다. 입력되는 데이터 자체에 편향된 정보가 포함되고 이들이 적절하게 걸러지거나 중립화될 수 있는 다른 데이터들과 함께 분석되어 균형을 갖추지 못하는 경우 알고리즘 자체가 편향되지 않더라도 차별적인 결과가 나올 수 있기 때문이다. 게다가 인공지능의 블랙박스(Black Box)적 메커니즘으로 인한 정보처리결과의 불확실성 때문에 애초 의도하지 않았던 편향성 증폭이라는 결과가 발생할 수도 있다.

인종혐오주의와 같은 전통적인 차별을 인간이 아닌 기계가 그대로 재현시켜 사회적 파장을 일으키는 문제도 있지만 정보주체에게 좀 더 직접적인 영향을 미칠 위험이 있는 것은 프로파일링(profiling)이다. EU의 GDPR은 Article 4 (4)에서 프로파일링(profiling)을, "자연인과 관련된 특정 개인적 측면, 특히 해당 자연인의 업무 성과, 경제적 상황, 건강, 개인적 선호도, 관심사, 신뢰도, 행동, 위치 또는 움직임과 관련된 측면을 분석하거나 예측하기 위해 개인 데이터를 사용하는 모든 형태의 자동화된 개인 데이터 처리"로 정의한다. 프로파일링은 자동화 처리(automated processing)에만 바탕을 둔 채 개인정보를 처리하는 방법 내지는 프로파일을 개인에게 적용하는 것을 구성요소로 하는 빅데이터 환경에서 이루어지는 자동화된 데이터 기법으로 자동화 처리의 한 종류라고 할 수 있다.[17] 프로파일링은 일반적인 자동화 처리와 달리 정보주체의 정체성 등 개인적인 측면을 평가하고 더 나아가 행태나 행적을 예측하는 작업을 수반하므로 정보주체에 미치는 영향이 더 클 수밖에 없다. 프로파일링은 자동화된 처리의 단순한 결과가 아니라 자동화된 평가이기 때문이다.[18]

이에 대한 대응으로 알고리즘의 투명성을 달성하기 위한 방안을 들 수 있다. 인간에 의한 직접적인 규제라고 할 수 있는 '감사기술(Auditing Technigues)'의 적용이 가능하도록 알고리즘이 어떻게 동작되는지 중립적인 제3자에 의해 검사와 검토가 이루어질 수

---

17) 김성용 · 정관영, 위 논문, 321면.
18) 박노형 · 김효권, "자동화된 결정에 관한 개인정보보호법 정부 개정안 신설 규정의 문제점—EU GDPR과의 비교 분석", 『사법』 1권 62호, 사법발전재단, 2022, 370면.

있도록 사전조치를 취할 의무를 부과하는 것도 그중 하나이다.[19] 한편, GDPR은 프로파일링을 포함하는 자동화된 정보처리에 대한 정보주체의 권리를 강화하는 규정을 두고 있다. 즉, 프로파일링의 경우에도 개인정보보호 원칙에 따른 보호조치를 취해야 하고, 정보주체의 권리인 열람권(Right of access by the data subject, Article 15)과 반대권(Right to object, Article 21)을 규정하면서 프로파일링이 그 대상임을 명확하게 하는 한편, Article 22에서 "프로파일링 등 자동화된 개별 의사결정"이라는 제목으로 프로파일링에 대한 특별규정을 두어 오로지 자동화된 처리에만 의존하여 내려진 결정에 종속되지 않을 정보주체의 권리를 인정하고 있다.[20] 즉 정보 주체의 권리로서 프로파일링 등, 본인에 관한 (1) 법적 효력을 초래하거나, (2) 이와 유사하게 본인에게 중대한 영향을 미치는 자동화된 처리에만 기초하는 결정의 대상이 되지 않을 권리를 갖는다. 다만 예외적으로 그 결정이 컨트롤러와 정보주체 간 계약의 체결이나 이행을 위하여 필요한 경우, 그 결정이 유럽연합 또는 회원국 법률에 의하여 허용되는 경우, 그 결정이 정보주체의 명시적 동의에 근거한 경우는 적용되지 않는다.

III. 인공지능 기술에 대응하기 위한 국내 관련법 개정 및 규제 동향

1. 자율규제

인공지능기술 발전의 속도나 양상 등에 비추어 볼 때 그로 인한 정보주체의 이익 침해나 개인정보보호 규제 체제에 미치는 영향을 예측하고 완벽한 대비를 하는 것은 사실상 불가능하다. 따라서 모든 것을 법이나 규제로 대응하기보다는 윤리적 기준을 정

---

19) 김성용 · 정관영, 위 논문, 336면.

20) Article 22 "The data subject shall have the right not to be subject to a decision based solely on automated processing, including profiling, which produces legal effects concerning him or her or similarly significantly affects him or her".

립하고 관여 당사자들이 자율적으로 이를 준수하는 윤리적 접근 방식이 필요하다.

EU 집행위원회(European Commission)는 2019년 「신뢰할 수 있는 AI윤리 가이드라인 (Ethics guideline for trustworthy AI)」[21]을 발표하였다. 본 가이드라인은 (1) 인간의 주체성과 감독권 보장, (2) 기술적 견고성과 안전성, (3) 개인정보보호와 데이터에 대한 인간의 통제권, (4) 투명성, (5) 다양성과 비차별성, 공정성, (6) 환경적, 사회적 행복, (7) 책임성 등 7개 원칙으로 구성되어 있다. 집행위원회는 2020년 「인공지능 백서 — 우수성과 신뢰에 대한 유럽의 접근 방식(White Paper on Artificial Intelligence : a European approach to excellence and trust)」[22]도 발표하였는데, 인공지능에 관한 개인정보보호를 위한 신뢰 생태계 및 AI규제 프레임워크를 포함하고 있다.

국내에서도 2020년 공개된 「인공지능 윤리기준」에서 데이터 편향성, 알고리즘 차별, 프라이버시침해 등의 인공지능 윤리 이슈 사례들에 대응하기 위해 인공지능 전 주기에서 모든 사회 구성원이 참조할 수 있는 자율규범으로서 인공지능 윤리기준을 마련하였다. 인간성을 위한 인공지능(AI for Humanity)을 위하여 인공지능 개발·활용 전 과정에서 고려해야 할 3대 기본원칙(인간 존엄성 원칙, 사회의 공공선 원칙, 기술의 합목적성 원칙)과 10대 핵심요건(인권보장, 프라이버시 보호, 다양성 존중, 침해금지, 공공성, 연대성, 데이터 관리, 책임성, 안정성, 투명성)을 제시하였다.[23]

개인정보보호위원회는 2021. 5. 「인공지능(AI) 개인정보보호 자율점검표」를 배포하였다.[24] 인공지능 기술이 적용된 새로운 서비스가 도입, 확산됨에 따라 개인정보침해 등 다양한 사회적 문제 발생이 우려되므로, 인공지능의 개발자나 운영자가 개인정보의 적법, 안전한 처리와 침해예방 등을 위해 개인정보 보호법에 따른 준수사항의 사전

---

21) https://digital-strategy.ec.europa.eu/en/library/ethics-guidelines-trustworthy-ai

22) https://commission.europa.eu/publications/white-paper-artificial-intelligence-european-approach-excellence-and-trust_en

23) 과학기술정보통신부 보도자료, "사람이 중심이 되는 인공지능(AI) 윤리기준", 인공지능기반정책과, 2020. 12.

24) https://www.pipc.go.kr/np/cop/bbs/selectBoardArticle.do?bbsId=BS217&mCode=D010030000&nttId=7347

점검 또는 서비스 운영과정의 수시점검에 활용가능한 자율점검표를 제공함을 목적으로 작성되었다. '적법성, 안전성, 투명성, 참여성, 책임성, 공정성'을 인공지능 개인정보보호의 6대 원칙으로 정하고, 단계별로 법령상 준수해야 할 의무 또는 권장하는 내용에 대한 16개의 점검항목과 54개의 확인사항을 제시하고 있다.

2. 데이터 3법 개정

(1) 주요 내용

2011년에 제정된 개인정보보호법은 공공과 민간 부문 모두에 적용되는 일반법으로서 오랜 논의와 입법 시도 끝에 제정에 이르게 된 법률이다. 그러나 정보통신망법 등 개인정보호법 제정 이전에 민간부문을 규율하던 기존 법률들의 개인정보 보호 규정이 유지되고 그러한 규정들이 개인정보 보호법의 규정과 충돌하거나 일반법과 특별법 관계에 따른 해석에 있어 혼란을 주는 등 공공과 민간을 통합적으로 규율하는 일반법으로서의 역할을 완전히 수행하지 못하였다. 게다가 개인정보 보호법이 개인정보보호의 사각지대를 제거하고 모든 분야에서 동일하게 개인정보보호 수준을 확보하고자 제정되었던 만큼 개인정보를 처리하기 위한 엄격한 요건과 그러한 요건을 준수하지 못했을 때 부과되는 행정제재, 형사벌, 민사책임 등의 규정에 중점이 주어지고, 개인정보의 활용이나 정보화 등 변화된 환경에서의 합리적이고 균형 잡힌 정보처리의 허용에 대해서는 상대적으로 소홀하여 시대에 뒤떨어진다는 비판을 받았다.

이에 4차 산업혁명 시대를 맞아 핵심 자원인 데이터의 이용 활성화를 통한 신산업 육성이 범국가적 과제로 대두되고 있고, 특히, 신산업 육성을 위해서는 인공지능, 클라우드, 사물인터넷 등 신기술을 활용한 데이터 이용이 필요한 상황임을 개정 이유로 한 개인정보 보호법 등 데이터 3법, 즉 대표적인 개인정보 보호법제인 개인정보 보호법, 정보통신망 이용촉진 및 정보보호 등에 관한 법률, 신용정보의 이용 및 보호에 관한 법률이 2020. 2. 4. 개정되어 2020. 8. 5.부터 시행되었다. 그 주요내용은 (1) 개인정보 관련 개념과 체계를 명확히 하고, (2) 가명정보 개념을 도입하고 목적 제한 원칙을 완화하여 일정 범위 내의 처리를 허용하며, (3) 개인정보 보호체계 일원화를 위해 정보통신망법의 개인정보 관련 규정을 이관하고 개인정보 보호위원회의 독립 부처화와 권한의 일원화이다. 그중 인공지능과 밀접하게 관련되어 있는 것은 가명정보 제도의 도입과 개인정보 처리 범위의 목적 제한 완화이다. 일정한 가명처리를 거친 가명정보(법 제2조 제1의2호)의 경우 통계작성, 과학적 연구, 공익적 기록보존 등을 위하여 정보주체의 동의 없이 처리할 수 있도록 허용하고(법 제28조의2), 당초 수집 목적과 합리적으로 관련된 범위에서 정보주체에게 불이익이 발생하는지 여부, 암호화 등 안전성 확보에 필요한 조치를 하였는지 여부 등을 고려하여 대통령령으로 정하는 바에 따르는 경우에는 정보주체의 동의 없이 개인정보를 이용, 제공할 수 있다고 규정(법 제15조 제3항, 제17조 제4항)하여 수집목적 외 추가 처리의 허용범위를 넓혔다.[25]

(2) 가명정보

1) 비식별조치

데이터의 활용과정에서 개인정보 침해의 위험성을 줄이고 개인정보 보호법 등 관련법에 의한 규제 리스크를 줄이는 가장 직접적인 방법은 데이터의 개인 식별성을 제거하여 개인정보에 해당하지 않게 만드는 일이다. 비식별조치는 데이터에서 개인을 식별할 수 있는 요소를 전부 또는 일부 삭제하거나 대체하는 등의 방법을 활용, 개인을 알아볼 수 없도록 하는 조치를 의미한다.

비식별조치는 사전 동의 없이 개인정보를 처리할 수 있는 근거로 역할하므로 동의 절차의 유지를 전제로 그 작동 방식과 효과를 개선하고자 했던 다른 사례들과는 구분된다. 정부는 2016. 6. 30. 「개인정보 비식별조치 가이드라인」을 공표하였다. 당시 개인정보 보호법령의 틀 내에서 빅데이터가 안전하게 활용될 수 있도록 하는 데 필요한 개인정보의 비식별 조치 기준과 비식별 정보의 활용 범위 등을 명확히 제시함으로써 기업의 불확

---

25) GDPR 제6조 제4항의 "compatible purpose" 규정과 유사한바, 목적 구속의 원칙에서 목적 합치의 원칙을 채택한 것으로 볼 수 있다. 다만 시행령에도 명확한 기준이 제시되어 있지 않아 향후 합리적으로 관련된 범위의 개별적, 구체적 판단에 필요한 기준이 보완될 필요가 있다. 전승재, "개인정보, 가명정보 및 마이데이터의 활용 범위 ― 데이터 3법을 중심으로", 『선진상사법률연구』 통권 제91호, 2020, 253면.

실성을 제거하여 기업투자와 산업 발전을 도모하는 한편, 국민의 개인정보인권 보호에
도 소홀함이 없도록 하는 것을 가이드라인의 목적으로 제시하였다. 사전 검토, 비식별
조치, 적정성 평가, 사후 관리와 같이 비식별 조치 및 사후관리 절차를 마련하고, 가명
처리(Pseudonymization), 총계 처리(Aggregation), 데이터 삭제(Data Reduction), 데이터 범
주화(Data Suppression), 데이터 마스킹(Data Masking)의 비식별조치 방법을 제시하였다.
이에 대해서 비식별조치의 개념과 적정성 판단이 불확실하고 가이드라인의 법적 근거
가 없다는 비판이 제기되어 논란이 거세었고, 결국 가이드라인에 근거한 정보처리에
대해 시민단체가 형사고소 등 법적 조치를 취하는 지경까지 이르렀다.

비식별조치가 개인정보 침해의 위험성을 제거하기 위한 가장 확실한 방안임에도 불
구하고 비식별조치가 갖는 근본적인 한계는 개인정보 개념의 불확정성에 있다. 앞서
본 바와 같이 개인정보 보호법제들이 다른 정보와 쉽게 결합하여 알아볼 수 있는 정보
를 개인정보로 분류하고 그 해당여부를 식별가능성과 결합용이성이라는 불확정개념
에 따라 판단하게 함으로써 개인정보 범위의 확정에 어려움이 있어 왔다. 이는 개인정
보 규제의 범위에서 벗어나기 위하여 개인정보에 해당하는 요소를 제거하는 비식별조
치의 어려움에 그대로 연결된다.

2) 가명정보의 의미와 한계

데이터 3법을 개정하면서 도입된 가명정보는 논란이 되었던 비식별조치의 법적 근거
를 마련하기 위한 것이므로 그 내용에 있어서 위 비식별조치 가이드라인과 큰 차이가 없
다. 가명정보는 가명처리함으로써 원래 상태로 복원하기 위한 추가 정보의 사용·결합
없이는 특정 개인을 알아볼 수 없는 정보(법 제2조 1호 다목)를 의미한다. 가명처리는 개인
정보의 일부를 삭제하거나 일부 또는 전부를 대체하는 등의 방법으로 추가 정보 없이는
특정 개인을 알아볼 수 없도록 처리하는 것을 말하는바(법 제2조 1의2호), 개인정보 보호
법은 구체적인 가명처리 방법을 따로 명시하지는 않았다. 가명정보는 시간·비용·기
술 등을 합리적으로 고려할 때 다른 정보를 사용하여도 더 이상 개인을 알아볼 수 없는
정보인 익명정보(법 제58조의2)와 달리 어디까지나 개인정보에 속한다. 그럼에도 불구하
고 가명정보는 통계작성, 과학적 연구,[26] 공익적 기록 보존 등을 위하여 정보주체의 동

의 없이 처리 가능하다(법 제28조의2). 여기서의 '처리'란 개인정보의 수집, 생성, 연계, 연동, 기록, 저장, 보유, 가공, 편집, 검색, 출력, 정정(訂正), 복구, 이용, 제공, 공개, 파기(破棄), 그 밖에 이와 유사한 행위를 말하는 것(법 제2조 2호)으로 개인정보를 다루는 모든 행위가 포함된다. 또한 개인정보의 파기, 정보주체의 개인정보 열람·정정·삭제·처리정지 요구권 등 개인정보에 적용되는 정보주체의 권리 등 주요 규정들이 적용되지 않는다(법 제28조의7).[27] 대신 개인정보처리자는 가명정보를 처리하는 경우에는 원래의 상태로 복원하기 위한 추가 정보(매칭 테이블 등)를 별도로 분리하여 보관·관리하는 등 해당 정보가 분실·도난·유출·위조·변조 또는 훼손되지 않도록 대통령령이 정하는 바에 따라 안전성 확보에 필요한 기술적·관리적 및 물리적 조치를 하여야 하고, 가명정보의 처리 목적, 제3자 제공 시 제공받는 자 등 가명정보의 처리 내용을 관리하기 위해 대통령령으로 정하는 사항에 대한 관련 기록을 작성하여 보관하여야 한다(법 제28조의4). 또한 재식별의 위험성을 제거하기 위하여 특정 개인을 알아보려는 목적의 처리 금지, 의도하지는 않았지만 생성된 식별정보에 대한 즉시 조치 의무를 부과하고 있다(법 제28조의5). 서로 다른 개인정보처리자 간 가명정보 결합은 정부 지정 전문기관이 수행하도록 했고, 결합 정보의 외부 반출 시에는 가명정보나 익명정보로 처리 후 전문기관의 장의 승인하에 반출하도록 하였다(법 제28조의3). 가명정보 특례 규정의 내용이나 위치에 비추어 보면 보건의료 데이터와 같은 민감정보도 가명처리 규정이 적용되는 것으로 해석된다.

개인정보 보호법의 가명정보는 EU GDPR의 'pseudonymisation'[28] 개념을 많이 참

---

26) 개인정보 보호법 제2조 제8호는 "과학적 연구"란 기술의 개발과 실증, 기초연구, 응용연구 및 민간 투자 연구 등 과학적 방법을 적용하는 연구를 말한다고 규정하고 있다.

27) 적용이 제외되는 규정은, 제20조(정보주체 이외로부터 수집한 개인정보의 수집 출처 등 고지), 제21조(개인정보의 파기), 제27조(영업양도 등에 따른 개인정보의 이전 제한), 제34조(개인정보 유출 통지 등) 중 제1항(유출 통지), 제35조(개인정보의 열람), 제36조(개인정보의 정정·삭제), 제37조(개인정보의 처리정지 등), 제39조의3(개인정보의 수집·이용 동의 등에 대한 특례), 제39조의4(개인정보 유출 등의 통지·신고에 대한 특례), 제39조의6(개인정보의 파기에 대한 특례), 제39조의7(이용자의 권리 등에 대한 특례), 제39조의8(개인정보 이용내역의 통지)로서 상당히 많은 규정들이 그 대상이다.

28) Article 4 (5) 'pseudonymisation' means the processing of personal data in such a manner that the personal data can no longer be attributed to a specific data subject without the use of

고한 것으로 보인다. 그럼에도 불구하고 개인정보 보호법의 가명정보는 GDPR의 가명
정보와는 맥락에 있어 차이가 있다. GDPR이 여러 규정에서 원용하고 있는 기술적·관
리적 조치 중 하나인 가명처리는 공익적 기록보존 목적, 과학적 또는 역사적 연구목
적, 통계적 목적을 위한 처리를 적법하게 만드는 안전조치에 포함되어야 하는 데이터
최소화 원칙을 준수하기 위한 기술 및 관리적 조치에 포함되고, 그것도 그러한 목적을
달성할 수 있어야만 포함될 수 있다. 따라서 가명처리로 문제가 다 해결되는 것이 아
니라 가명처리로 데이터 최소화 원칙이 준수되어야 하는지 판단하여야 하며, 가명처
리가 다른 조치들과 함께 개인정보주체의 권리 및 자유를 위한 적정한 안전조치가 될
수 있는 것으로 인정이 되어야 비로소 조건을 충족하는 것이다. 이러한 규정 형식은
정보처리자 입장에서는 가명처리 하나에만 의존할 수는 없다는 점은 부담으로 다가오
지만, 반면 다른 조치들을 함께 취함으로써 가명처리의 적정성이 보완될 여지가 있다
는 점에서는 부담이 덜어진다. 이와 비교하여 우리의 가명정보 규정을 보면, "통계작
성, 과학적 연구, 공익적 기록보존 등을 위하여 정보주체의 동의 없이 가명정보를 처
리할 수 있다"라고 아주 간명하게 규정하고 있다. 가명처리 하나로 정보주체의 동의
없이 개인정보 처리가 가능하다. 그리고 개인정보 보호법의 관련 규정과 가이드라인
을 보면 위 규정에 해당하는 적정한 가명처리의 판단은 오로지 식별가능성 여부에 있
다. 정보처리자 입장에서는 가명처리 하나만 하면 사전 동의를 안 받아도 되니 부담이
줄었지만, 반면 가명처리의 식별가능성이라는 정말 판단하기 힘든 요소로만 적정성을
충족해야 하는 부담을 온전히 지게 된 것이다. 다른 보완조치를 아무리 추가해도 식별
가능성의 기준을 충족하지 않으면 가명정보 규정에 의지할 수 없다. 실무상 활용의 정
도가 기대보다 못미치는 것도 가명처리의 불확실성 때문에 법적 리스크에서 벗어나지
못하는 점에 있다고 할 수 있다.

---

additional information, provided that such additional information is kept separately and is
subject to technical and organisational measures to ensure that the personal data are not
attributed to an identified or identifiable natural person.

3. 개인정보 보호법 2차 개정

(1) 주요 내용

데이터3법 개정에서 제대로 정리되지 못한 규정들의 정비와 함께 추가적인 도입이 필요한 제도들을 반영하기 위해 데이터 3법 개정 후 2년 만에 다시 개인정보보호법의 대폭적인 개정안이 마련되어 2023. 2. 27. 국회 본회의에서 가결되었다. 정보통신서비스 제공자 등에 대한 특례 정비와 형벌 중심의 제재를 과징금 등의 경제벌 중심으로 전환하는 등 그동안 문제로 지적됐던 부분을 개선하고 있다. 또한 이동형 영상정보처리기기 운영기준, 개인정보의 국외 이전 및 국외 이전 중지 명령 등을 도입하였다. 특히 인공지능, 빅데이터 환경에서 정보주체의 통제권을 강화하는 한편 정보주체 주도의 데이터 유통을 도모하기 위하여 두 가지 제도가 새로 도입되었다. 개별법을 통해 분야별로 도입되고 있던 개인정보 전송요구권을 전반적으로 수용하는 한편, 완전히 자동화된 개인정보처리에 따른 결정을 거부하거나 그에 대한 설명 등을 요구할 권리를 규정한 것이다.

(2) 개인정보 전송요구권

정보주체는 데이터의 생성에 기여하고 개인정보의 처리로 법적 · 사회적 · 경제적 이해관계에 가장 큰 영향을 받음에도 불구하고 개인정보의 유통에 개입하기가 용이하지 않았다. 정보처리자끼리 데이터를 주고받는 과정에 제3자 제공에 대한 동의권으로 겨우 관여할 수 있을 뿐이었다. 이에 반해 정보주체 주도의 데이터 유통 생태계에서는 정보주체가 적극적으로 데이터를 이전받는 자와 데이터의 범위, 목적 등 이용조건을 설정하면, 이를 충족하는 정보처리자들이 이용하게 된다. 이용이 시작된 후에도 일정 범위에서 상황 변화에 따라 정해진 절차에 따라 이용 조건을 변경하거나 이용을 중단시키기도 한다. 이와 같이 정보주체가 주도하는 데이터 유통 생태계를 구현하고자 하는 모델이 마이데이터(MyData)이다.

정보주체가 주도하는 마이데이터의 실현을 위해서는 기술적 도구의 지원이 필요하다. 개인정보관리를 지원하는 플랫폼인 PIMS(Personal Information Management System), 개인이 안전하고 구조화된 방법으로 자신의 데이터를 저장, 관리, 활용하도록 지원하는 PDS(Personal Data Store, 이하 'PDS'라 함) 등이 그 역할을 하게 되는데[29] 다양한 기술과 방식으로 구현될 수 있다. 마이데이터의 실현은 이러한 기술적 지원과 함께 법적 지원도 필요한바 이번 개정안에 포함된 개인정보 전송요구권이 그 역할을 한다. 개정안은 정보주체가 개인정보처리자에게 그가 처리하는 자신의 개인정보를 정보주체 본인, 개인정보관리 전문기관 또는 안전조치의무를 이행하고 대통령령으로 정하는 시설 및 기술 기준을 충족하는 자에게 전송할 것을 요구할 수 있도록 하고, 개인정보 전송요구의 요건 등을 정하였다(안 제35조의2). 기존 정보 주체의 권리들은 개인정보의 오·남용을 통제하는 관점에서만 다뤄진 반면, 개인정보 전송요구권은 자신에 관한 정보를 스스로의 통제하에 적극적으로 활용하고자 하는 정보주체를 위한 것이라 할 수 있다. 데이터 플랫폼과 개인정보 전송요구권에 의하여 뒷받침되는 마이데이터는 개인정보자기결정권의 실현을 위한 적극적, 능동적 모델이다. 정보주체는 자신의 개인정보에 대한 통제권과 이를 효율적으로 행사할 수 있는 기술적 지원에 힘입어 좀 더 안심하고 상호이익을 위해 개인정보의 활용을 확대하는 방향으로 움직이게 된다. 다만 실제 정보주체가 주도적으로 자신의 개인정보에 대한 통제권을 행사하고 적극적인 활용에 나설 의지와 역량이 있는지는 또 다른 문제이다. 개인정보 전송요구권의 원래의 취지를 뒷받침할 수 있는 전반적인 환경이 조성될 필요가 있다.[30]

(3) 자동화된 개인정보처리에 대한 정보주체의 권리

개정안은 정보주체의 권리 중 하나로 완전히 자동화된 개인정보 처리에 따른 결정을 거부하거나 그에 대한 설명 등을 요구할 권리를 규정(제4조 제6호)하고, 완전 자동화된 결정에 대한 정보주체의 권리로 정보주체는 인공지능 기술을 적용한 시스템을 포함하는 완전히 자동화된 시스템으로 개인정보를 처리하여 이루어지는 결정이 자신의 권리 또는 의무에 중대한 영향을 미치는 경우에는 해당 결정을 거부하거나 자동화된 결정에

---

29) 조성은 외 4인, 『개인주도 데이터 유통 활성화를 위한 제도 연구』, 정보통신정책연구원, 2019, 36면.

30) 신용정보법에서 마이데이터 사업자라 하여 신설한 본인신용정보관리업의 경우 정보주체를 중심으로 모인 데이터를 활용하는 새로운 데이터 기반 금융서비스일 뿐 정보주체 주도의 데이터 유통생태계를 구현하는 것으로 보기 어렵다는 비판이 있는바 시사하는 바가 크다.

대한 설명 등을 요구할 수 있도록 하였다(제37조의2). 다만, 자동화된 결정이 제15조 제1항 제1호·제2호 및 제4호에 따라 이루어지는 경우에는 위 권리가 인정되지 않는다.

위 규정은 앞서 본 바와 같은 프로파일링을 포함하는 자동화된 정보처리에 대한 정보주체의 권리를 강화하는 GDPR의 규정과 같은 맥락에 있다. 다만, 정보주체의 권리 측면에서 자동화된 결정을 원칙적으로 허용하는 개정안 조문의 내용과 구조는 이를 예외적으로 허용하는 GDPR의 규정과 상당한 간극을 보인다는 지적이 있다.[31] 개정안에 따르면 정보주체는 자동화된 결정이 이루어진 사후에 그에 대응하기 위하여 거부권과 설명 등을 요구할 권리를 스스로 원용해야 하고, 이러한 권리를 행사하기 위하여 문제 된 결정이 자동화된 결정에 해당하는지, 그러한 결정이 자신의 권리와 의무에 중대한 영향을 미쳤는지를 입증해야 할 책임을 부담하므로 실제 현실에서 대응권의 행사를 가로막는 심각한 장벽이 아닐 수 없다는 것이다. 법이 시행되고 실무상 운영상황과 그 파장을 지켜본 후 추가 개정 등의 논의가 있어야 할 것으로 보인다.

IV. 인공지능 환경에서 개인정보보호 패러다임의 변화

1. 동의중심 모델의 한계와 극복[32]

(1) 사전동의 제도의 딜레마

개인정보처리를 위한 정보주체의 사전동의는 '고지에 의한 동의(informed consent)'이어야 동의로서 의미가 있다. 개인정보 보호법도 개인정보처리자가 개인정보를 수집·

---

31) 박노형·김효권, 위 논문, 370면.

32) 본 항의 내용은 저자의 졸고인, 윤종수, "사물인터넷, 블록체인, 인공지능의 상호운용에 있어서 개인정보자기결정권의 실현 및 데이터 이용 활성화 — 동의 중심에서 거버넌스 모델로", 『정보법학』 제24권 제3호, 한국정보법학회, 2020 및 윤종수, "사물인터넷, 블록체인, 인공지능의 상호 운용에 있어서 개인정보자기결정권의 실현 및 데이터 이용 활성화(2)", 『정보법학』 제25권 제3호, 한국정보법학회, 2021에 기초한 것이다.

이용하기 위해 정보주체로부터 동의를 받을 때에는 개인정보의 수집·이용 목적, 수집하려는 개인정보의 항목, 개인정보의 보유 및 이용 기간, 동의를 거부할 권리가 있다는 사실 및 동의 거부에 따른 불이익이 있는 경우에는 그 불이익의 내용을, 제3자에게 제공하기 위하여 동의를 받을 때에는 제공받는 자, 제공받는 자의 개인정보 이용 목적, 개인정보의 항목, 제공받는 자의 개인정보 보유 및 이용기간을 각 알려야 하고, 위 사항을 변경하는 경우에도 이를 알리고 동의를 받아야 한다고 명확하게 규정하고 있다(법 제15조 제2항, 제17조 제2항).

그러나 계속 반복적으로 경험하게 되는 동의서를 앞에 두고 정보주체는 제시된 고지사항을 이해할 의지도 없고, 이해하려고 해도 이해하기 쉽지 않다. 갈수록 복잡해지는 사회적 관계, 인공지능 등 고도화되는 기술, 생소한 비즈니스와 서비스 환경하에서 자신이 결정해야 하는 동의가 정확히 어떠한 결과를 초래하고 어떤 맥락에서 이루어지는 것인지 이해하는 것은 결코 쉬운 일이 아니다. 사회적 관계의 설정을 거부하거나 서비스 이용을 거절하기 힘든 상황하에서는 그 전제가 되는 개인정보 처리의 동의 여부를 자신의 의지대로 선택하기는 사실상 불가능하다. 이러한 경험들이 반복되면 동의 절차에 대한 피로감은 커지고 동의의 의미에 대해서는 점점 더 무감각해지며 결국 타성에 젖어 사전동의는 형식이 되어 간다. 더 큰 문제는 동의절차를 거쳤다는 이유로 정보주체의 이익을 보호하기 위한 나머지 장치들이 소홀하게 다뤄지는 데 있다. 정보주체가 제대로 동의의 의미를 이해했느냐와 상관없이 형식적인 방법이든, 변칙적인 방법이든 정보주체로부터 동의만 받아 내면 개인정보처리자는 별 위험부담 없이 정보주체의 개인정보를 이용할 수 있다는 점에서, 사전동의는 개인정보처리를 위한 제일 간명하고 확실한 적법 근거이다. 번거롭게 정보주체의 이익을 위한 다양한 장치를 마련하거나 사후 규제의 위험을 부담하는 것은 뒷전으로 밀린다.

반면, 모든 정보처리에서 정보주체의 사전 동의를 받는 것은 프로세스상 엄청난 부담이 주어지는 것이고 그로 인한 비효율과 비용 또한 만만치 않다. 특히 개인정보 보호법은 앞서 지적한 동의 제도의 형식화를 막고 정보주체의 이익을 최대한 보호하기 위하여, 상세한 고지사항을 명확하게 알려야 하는 것 외에, 동의에 필요한 상세하고 엄격한 요건을 규정하고 있다. 이처럼 정보주체의 이익을 보호하기 위한 상세하고 엄격한 규정들은 이를 준수해야 하는 정보처리자에게는 의도하지 않은 법 위반의 위험성과 높은 거래비용 등 엄청난 부담을 준다. 더구나 변동사항이 생길 때마다 다시 동의 절차를 밟아야 하는데, 사물인터넷, 인공지능 등 관련 기술에 기반한 사업자의 경우 서비스 이용을 개시할 때는 동의를 받을 수 있는 접점이 존재하므로 그나마 동의를 받는 것이 가능할 것이나, 기존 동의자를 대상으로 추가적인 동의를 받는 것은 전혀 다른 상황이 된다. 그들과 다시 접촉하는 것 자체가 힘들고, 연락이 되어도 이를 무시하면 동의를 받을 다른 방법이 없게 되므로 사업수행에 어려움이 생긴다. 형사처벌을 포함하는 강력한 제제 규정을 갖고 있는 우리의 개인정보 보호법하에서 정보처리자는 함부로 법 위반의 리스크를 부담하기도 어렵고, 그렇다고 사소한 추가 동의 때문에 사업의 내용을 변경할 수도 없는 입장에서 계속 불안정한 지위에 처하게 된다.

(2) 동의 중심 모델의 한계와 극복

개인정보자기결정권의 개념이 소극적인 홀로 있을 권리(the right to be let alone)로 일컬어지는 전통적인 프라이버시권에서 '개인이 자신에 관한 정보가 어디까지 이용되는가를 결정하고 그 정보에 대하여 자신이 자유롭게 통제할 수 있는 자기결정권'을 의미하는 정보프라이버시(Information Privacy)권이라는 적극적 개념으로 확장되었음은 앞서 본 바와 같다. 정보프라이버시권은 사적 영역과 공적 영역의 이분법적 분리를 전제로 공적 영역의 간섭으로부터 사적 영역을 소극적으로 보호하려는 전통적인 프라이버시권과는 다르게 작동해야 하는 권리이다. 다시 말해 지금의 개인정보자기결정권 모델은 사회적 변화에 따라 외부와의 관계 맺음이 활발해지는 상황에서도 개인의 결정의 자유를 보호하고 사회적 관계 형성에 적극적으로 참여하면서 능동적인 자유민주체제의 주체로서 활동할 수 있도록 스스로 자신에 대한 정보의 흐름을 통제하려는 권리로 이해해야 한다. 하지만 많은 논의들은 개인정보자기결정권을 이야기하면서도 여전히 사적 영역과 그 외부의 영역을 이분법적으로 분리하는 태도를 견지하고 있는 것으로 보인다. 소극적인 방어 수단으로서의 정보주체의 동의에 의존하는 태도는 이러한 사적 영역과 그 외부의 영역을 이분법적으로 분리하는 시각에서 아직 벗어나지 못한 상황임을 잘 보여 준다. 공·사 영역을 이분법적으로 분리하는 태도를 견지하는 정보주체에게 정보 처리에 관한 자기결정권을 아무리 보장하더라도, 실질적으로는 사적 영역을 외부의 영향으로부터 보호하는 데 급급하며 정보 공개의 의미를 제대로 이해하지 못한 채 소극적·수동적으로 반응한다. 이러한 소극적·수동적 대응은 동의 제도에 대한 과도한 의존으로 이어질 수밖에 없고, 정보주체의 다른 권리들이나 정보처리 프로세스의 참여 기회는 형식적이거나 경직된 것이 되어 버린다. 기술의 발달은 오용 및 남용의 우려에도 불구하고 개인이 좀 더 능동적으로 사회에 참여하고 타인과 적극적인 관계를 맺을 수 있는 환경을 만들었다. 사적 영역과 공적 영역은 명확하게 나누어진 고립된 관계가 아니라 보다 활발하게 상호작용을 하면서 서로 영향을 받는다. 인공지능이 구현하는 초연결 지능정보사회는 이러한 상호작용을 더욱더 극대화하고 있다. 개인정보자기결정권의 행사는 결코 정보주체 혼자서 감당해야 하는 과제가 아니다.

(3) 거버넌스 모델의 실현

　동의 제도에 의존하는 소극적, 수동적 자율성 보호의 한계를 극복하기 위해서 개인정보자기결정권의 보호는 '적극적, 능동적 이익 보호'로 전환할 필요가 있다. 여기서의 이익은 일방의 이익이 아니라 상호성에 터잡은 상호이익을 의미한다. 수동적 동의가 아닌 상호이익을 추구하는 적극적 합의에 따라 개인정보 처리가 이루어져야 하고, 자율성에 기반한 공정한 합의가 보장될 수 있다면 그동안 부정적으로 인식되어 온 개인정보의 영리적 이용에 대해서도 전향적인 입장이 가능하다는 의미이다. 이러한 적극적, 능동적 합의 모델로 정보주체와 정보처리자의 관계가 설정되는 경우, 개인정보의 활용은 정보주체의 양해하에 일방적으로 이루어지는 것이 아니라 정보주체와 정보처리자가 함께 개인정보 활용으로 상호이익을 얻기 위해 협력하는 모습으로 나타난다.[33] 그리고 개인정보자기결정권의 실현은 동의라는 사전규제에 집중되던 것에서 벗

---

[33] 개인정보보호 관련 기술도 종래의 데이터 보호를 위한 기술에서 데이터 활용을 위한 기술로 초점이 옮겨가고 있는바, 기존의 PETs(Privacy Enhancing Technologie)는 인증, 데이터 무결성, 기밀성, 접근제어, 부인 봉쇄 등을 목적으로 하여 데이터 그 자체를 온전히 본인의 소유로 보호하는 데 집중하였다면, 최근에는 데이터를 적극적으로 서비스 제공자에게 제공하고 공유함에 있어 프라이버시의

어나 정보주체의 개인정보 처리과정에의 적극적 참여와 지속적인 처리 내용의 고지, 정보주체의 적극적 관여를 위한 권리들의 실질적 실현, 투명성과 감사가능성의 강화를 통한 사후관여 내지 사후통제에 초점이 맞춰진다. 이는 특히 사물인터넷, 인공지능 기술의 상호운용에서 매우 중요한 의미를 갖는다. 위 상호운용 시스템에서는 데이터의 흐름이 지속적으로 이루어지고 조건과 상황에 따라 역동적인 대응이 이루어지므로 정보 처리는 다양한 요인에 의해 그 양상이 계속 변화한다. 따라서 수집 동의를 할 때나 제3자 제공이 이루어질 때와 같이 다른 주체에게 정보가 이동할 때 제공된 설명만으로는 정보처리의 맥락을 이해하기 힘들다. 정보처리자 내에서 정보처리가 어떻게 이루어지고 있는지 알지 못하는 상황에서 열람 요구, 처리 정지, 정정 및 삭제 청구권 등의 권리를 행사하기는 어렵다. 따라서 개인정보자기결정권의 실현을 위해서는 정보처리의 경과마다 지속적으로 상세한 설명이 제공될 필요가 있다. 동의에 근거하여 개인정보처리가 이루어졌다 하더라도 그 후에는 정보주체의 관여를 배제하는 것이 아니라 자기결정권을 계속 행사할 수 있도록 참여의 기회를 보장해 줌으로써 동의 제도가 갖는 한계를 극복해야 한다. 따라서 개인정보자기결정권의 보호는 정보주체에게 모든 부담이 주어지는 것이어서는 안 되고, 정보주체와 공공, 민간이 함께 그 부담을 나눌 필요가 있다. 이런 점에서 적극적, 능동적 이익 보호 모델은 거버넌스(governance)[34] 구조를 띠게 된다. 공동의 목표를 달성하기 위하여, 주어진 자원 제약하에서 모든 이해 당사자들이 책임감을 가지고 투명하게 의사 결정을 수행할 수 있게 하는 제반 장치를 넓은 의미의 거버넌스로 이해한다면, 개인정보자기결정권의 실현을 위한 적극적,

---

침해를 최소화할 수 있는 기술개발에 집중하고 있다. 최근 강조되는 자기정보통제의 큰 축은 본인의 정보를 가능한 한 프라이버시의 침해를 받지 않도록 익명 또는 가명으로 처리하도록 하는 익명권(Right to anonymity) 보장과, 개인정보를 활용하기 시작한 시점에서도 정보주체의 동의 철회, 정보 열람, 처리 제한, 정보 삭제 등 사후적 통제를 보장해 주는 접근 요청(Data Subject Access Right; 이하 DSAR)으로 구성하고 있다고 한다. 주문호, "정보주체의 자기정보통제권 확보 방안 연구", 고려대학교 정보보호대학원, 박사학위논문, 2020, 208면.

34) 거버넌스는 자주 사용되는 용어이긴 하지만 정확한 의미에 대해서는 명확하게 합의된 바는 없다. 전통적인 국가나 조직에서 소수의 권력 집단에 의한 수직적인 정책결정 방식을 의미하는 '통치'로서의 거버먼트(government)에 대조되는 개념으로서, 다양한 이해관계자들이 함께 정책을 결정하는 '협치'로서의 거버넌스 개념이 등장했다고 할 수 있다.

능동적 모델은 윤리적 정당성과 상호 신뢰에 기반을 둔 주요 주체가 참여하는 거버넌스 체제를 어떻게 구축할 것인가에 핵심이 있다.

(4) 데이터 신탁

데이터 신탁은 특정 주체가 데이터에 대한 권리를 갖고 있는 개인이나 조직을 대신해서 데이터 이용을 위한 집합적인 이용조건을 설정하고 그에 따라 제3자에게 데이터를 이용하게 하는 것을 말한다. 개인정보자기결정권을 갖는 개인인 정보주체가 자신의 개인정보를 신탁하여 처리하게 함으로써 정보주체가 개인정보자기결정권을 행사하기 어려운 한계를 극복하여 실질적으로 개인정보자기결정권을 실현하는 한편, 데이터의 유통과 이용을 적극적으로 활성화하고자 하는 방안이다.

데이터 신탁은 데이터 이용 주체와 그 이용을 통제하는 주체를 확실하게 분리함으로써 개인정보 이용의 투명성과 공정성을 높이고자 한다. 복잡하고 빠르게 변화하는 초연결 지능정보사회를 살아가는 개인인 정보주체의 입장에서는 홀로 개인정보자기결정권을 제대로 행사하기에는 정보나 관련 지식이 부족하다. 게다가 개인인 정보주체에 비해 데이터를 이용하여 서비스를 하고자 하는 주체들은 상대적으로 규모가 큰 사업주체이다. 따라서 정보주체가 자신의 개인정보자기결정권을 적극적, 능동적으로 행사하여 상호성에 터잡은 공정한 이용 관계를 설정하고 싶어도 협상력에서 밀리고 투여할 수 있는 자원은 제한적이므로 아무래도 한계가 있다. 더구나 전반적인 정보처리 프로세스에의 참여에 의한 지속적인 사후관여, 사후통제는 개인정보자기결정권의 실현에 있어 핵심적인 부분이지만, 개인인 정보주체로서는 아무래도 감당하기 쉽지 않다. 결국 데이터 이동권의 행사로 자신의 정보에 대한 통제권을 확보하고 마이데이터 플랫폼을 통해 데이터 이용에 대한 자신의 구체적인 의사를 실현할 수 있다고 하더라도 이를 정보주체가 온전히 감당하게 하는 것은 앞서 본 바와 같은 기존의 동의제도와 유사한 문제점을 야기할 수 있다. 따라서 자기결정권 행사의 부담을 온전히 정보주체에 부담시키는 것이 아니라 전문성과 역량을 가진 수탁자가 다양한 정보주체의 데이터를 모아 집합적인 이용조건을 파악한 다음 구체적 데이터 이용조건은 개인이 아닌 수탁자의 협상력과 전문성에 기한 합의를 통해서 구체화하고, 이어지는 데이터의 처리에 있어서도 사후 모니터링과 정기적인 리포트를 통해 지속적으로 관여하는 데이터 신탁 플랫폼이 중요한 의미를 갖는다. 데이터 신탁은 최근 들어와 소개된 제도[35]로 그 법적 성격부터 실제 운영 방식이나 제도적 장치 등 아직 검토해야 될 내용들이 많이 남아 있다.

2. 리스크 규제체제로의 전환 가능성과 이익 형량 체계의 재검토

인공지능과 빅데이터의 부작용, 특히 개인정보 및 사생활 침해우려를 사회적으로 큰 편익을 제공하는 고도의 과학시술의 활용에 수반되는 부작용, 곧 '리스크'의 문제로 해석하여 이를 관리하는 규제방식으로 다루어야 한다는 견해가 있다.[36] 즉 인공지능과 빅데이터의 개인정보 처리는 공동체의 이익과도 관련이 있고, 리스크가 발생하는 이유가 고도의 과학기술 혁신에 수반되는 문제이자 시스템적인 문제로서 개인에 의해 그 리스크가 적절히 평가 관리될 수 없다면, 리스크의 성질, 그 중대성 및 개연성 등을 종합적으로 평가하여 그 결과에 따라 적절한 규제수단을 선정하여 관리를 해야 한다는 것이다. 앞서 본 바와 같이 인공지능과 빅데이터가 야기하는 개인정보 침해의 문제는 정보주체가 판단하기 어려운 정보처리에 따른 결과의 불확실성, 예측 불가능성이 존재한다는 점에서 리스크 규제이론에서 정의하는 리스크와 유사하고, 공동체의 이익과도 밀접한 관계가 있기 때문에 근본적인 가치들 간의 조화와 균형을 가능하게 하는 리스크 규제적 접근이 필요하다는 것이다. 이러한 리스크 규제적 접근은 많은 시사점을 준다. 예를 들어 건강에 관한 정보는 개인정보보호법 제23조에서 규정하는 민간정보로서, 별도의 동의를 받거나, 법령에서 민감정보의 처리를 요구하거나 허용하는 경우 외에는 처리하여서는 아니 되는 것으로 다른 개인정보에 비해서 더 엄격하게 취급

---

35) 일본에서 2016년 12월 제정된 「관민데이터 활용 추진 기본법」에 기하여 2017년부터 의견수렴과 논의를 거쳐 정책적으로 추진되고 있는 '정보은행' 사업이 데이터 신탁의 한 사례라 할 수 있다.

36) 윤혜선, "빅데이터 규제의 새로운 패러다임 모색을 위한 연구―개인정보 보호법제의 한계와 리스크 규제체제로의 전환가능성에 대한 검토를 중심으로", 『경제규제와 법』 11권 1호, 서울대학교 아시아 태평양법연구소, 2018, 89-91면.

되고 있는데, 암세포를 현미경으로 촬영한 슬라이드 사진과 같이 오히려 그 민감도나 유출 시의 위험성이 온라인에서의 행태 정보 등 다른 정보들보다 높다고 보기 어렵고 정보주체 입장에서도 효과적인 치료법을 위해 적극 활용되길 원하는 것으로 추측할 수 있는 정보들이 있다. 이러한 공동체의 이익에 기여할 수 있는 정보를 형식적으로 민감정보로 분류하여 그 효용과 위험을 파악하기 쉽지 않은 개인정보 주체에게 모든 부담을 지우는 것은 결코 바람직하지 않다.

이와 함께 인공지능 시대에 정보처리에 의한 사회적 가치를 고양하면서도 실질적인 개인정보자기결정권을 보장하기 위해서 법의 개정이나 규범적 해석을 통한 이익형량의 적극적 고려가 필요하다. 다른 기본권과 마찬가지로 개인정보자기결정권도 헌법 제37조 제2항의 법률유보의 원칙 및 비례의 원칙과 명확성의 원칙 등 기본권 제한의 원칙에 따라 제한할 수 있고, 사법적으로는 구체적 이익형량에 따라 다른 권리와의 우열을 따질 수 있는 권리이지 제한이 불가능한 절대적 권리는 아니다.[37] 법원은 "정보주체가 공적인 존재인지, 개인정보의 공공성과 공익성, 원래 공개한 대상 범위, 개인정보 처리의 목적·절차·이용형태의 상당성과 필요성, 개인정보 처리로 침해될 수 있는 이익의 성질과 내용 등 여러 사정을 종합적으로 고려하여, 개인정보에 관한 인격권 보호에 의하여 얻을 수 있는 이익과 정보처리 행위로 얻을 수 있는 이익 즉 정보처리자의 '알 권리'와 이를 기반으로 한 정보수용자의 '알 권리' 및 표현의 자유, 정보처리자의 영업의 자유, 사회 전체의 경제적 효율성 등의 가치를 구체적으로 비교 형량하여 어느 쪽 이익이 더 우월한 것으로 평가할 수 있는지에 따라 정보처리 행위의 최종적인 위법성 여부를 판단하여야 하고, 단지 정보처리자에게 영리 목적이 있었다는 사정만으로 곧바로 정보처리 행위를 위법하다고 할 수는 없다."[38]고 판시하여, 정보주체와 정보처리자 사이의 이익형량뿐만 아니라 표현의 자유, 사회 전체의 경제적 효율성 등의 가치까지 비교 형량하여 정보처리 행위의 위법성 여부를 판단하여야 함을 명확히 하고 있다.

그런데 개인정보보호법은 제15조 제6호에서 개인정보의 수집·이용 근거 중 하나

---

37) 헌법재판소 2008. 10. 30.자 2006헌마1401 결정: 대법원 2016. 8. 17. 선고 2014다235080 판결 등.
38) 대법원 2016. 8. 17. 선고 2014다235080 판결.

로서 일종의 이익형량을 규정하면서 "개인정보처리자의 정당한 이익을 달성하기 위하여 필요한 경우로서 명백하게 정보주체의 권리보다 우선하는 경우"로 한정하고 있다. 정보처리자의 정당한 이익과의 비교 형량을 규정하면서도 '명백하게 정보주체의 권리보다 우선하는 경우'라고 하여 정보주체에게 우월적 지위를 부여하고 있고, 정보처리자와의 이익형량 외에 제3자의 이익이나 공익과의 이익형량은 제외되어 있다. 게다가 그나마 도입된 이익형량도 개인정보의 수집과 이용 단계에서만 허용하고 있고 제3자 제공을 포함한 다른 개인정보 처리행위에 대해서는 침묵하고 있다. 물론 법원의 판단에 따르면 현재의 개인정보 보호법하에서도 적극적인 이익형량이 가능한 것으로 보이나 개인정보 보호법의 소극적인 태도는 실무에 있어 이익형량에 따른 적법한 정보처리를 머뭇거리게 하고 법 해석에서도 확고한 기준을 제시하지 못하게 한다. 해석론에서 이익형량이 적극적으로 역할하지 못하는 상황에서는 입법적으로 보다 명확한 이익형량 규정이 도입될 필요가 있다. 더 나아가 개인정보보호 관련법이 예상할 수 있는 모든 개인정보의 합법적 처리 사유를 열거하여 규정하지 못한 이상 실제에 있어서 합법적인 평가가 요구되는 개인정보의 처리 유형들에 대하여 현행 규정하에서도 합법적이라고 평가받을 수 있는 방법뿐만 아니라, 개인정보에 대하여 권리를 가지는 정보주체가 본래의 개인정보보호 관련법의 보호 목적을 넘어서 권리를 부당하게 행사하는 경우에도 이를 통제하고 제한할 수 있는 법해석이 가능하도록[39] 일반적 이익형량 규정의 도입도 고려할 만하다.

3. 개인정보의 활용과 가치 환류 체계

데이터 경제(Data Economy)란 개인, 기업, 국가 등 경제주체가 만들어 내는 모든 데이터가 활용되기 쉽도록 자유롭게 흐르고 가공되어 경제주체들의 공동자본이 됨으로써, 혁신적 비즈니스, 서비스와 같은 경제적 가치가 창출되는 경제를 말한다. 데이터

---

39) 최경진, "개인정보보호 관련법의 해석에 있어서 이익형량론과 일반적 이익형량 규정의 필요성에 관한 고찰", 『사법』 통권 40호, 사법발전재단, 2017, 107면.

는 가치창출의 원천이자 촉매로서 역할 한다. 데이터의 공급자, 중개자, 구매자 등이 연결된 가치사슬을 통해 데이터가 생성, 수집, 저장, 분석, 이용, 가공, 공유됨으로써 데이터 경제가 구현된다. 이때 데이터 가치화에 따른 수익의 독점 문제가 발생한다. 원천 데이터로서 개인정보를 제공한 정보주체는 데이터 가치화에 분명 기여했다고 볼 수 있는데, 정보주체의 개인정보자기결정권은 자신에 대한 정보를 자율적으로 통제할 수 있는 점에 중점을 둘 뿐이고, 동의에 따라 활용된 개인정보로부터 창출되는 경제적 가치의 배분에 대해서는 별다른 고려가 없다. 오히려 개인정보자기결정권의 행사로 자신에 대한 정보의 처리를 허락하더라도 개인정보의 영리적 이용에 대해서는 부정적인 입장을 취하는 경우가 많다. 하지만 소극적, 수동적 자율성 보호의 한계를 넘어 적극적, 능동적 합의 모델로 정보주체와 정보처리자의 관계가 설정되는 경우, 개인정보의 활용은 정보주체의 양해하에 일방적으로 이루어지는 것이 아니라 정보주체와 정보처리자가 함께 개인정보 활용으로 상호이익을 얻기 위해 협력하는 모습으로 나타난다. 이 경우 정보주체에 대한 이익배분은 당연히 고려될 수 있고, 공공의 이익이나 비영리적 목적 외에 상업화를 포함한 적극적 활용도 포함한다.[40] 결국 수동적 동의가 아닌 상호이익을 추구하는 적극적 합의에 따라 개인정보 처리가 이루어져야 하고, 자율성에 기반한 공정한 합의가 보장될 수 있다면 그동안 부정적으로 인식되어 온 개인정보의 영리적 이용에 대해서도 전향적인 입장이 가능하다. 따라서 그러한 이용으로 창출된 가치에 대해서도 원천 데이터 제공자인 개인정보주체의 자신의 기여분에 대한 권리를 인정할 필요가 있다. 개인정보 자기결정권을 인격권으로 보는 입장에서도 인격권의 재산적 가치를 부정하는 것은 아니며 오히려 정보주체가 데이터 유통체계에 적극적으로 참여하는 것은 바람직하다. 개인정보의 유통에 따른 프라이버시의 양극화

---

[40] 원천 데이터 생산자인 개인정보주체의 수익 배분권데이터를 가공, 활용하여 발생한 수익으로 데이터 생산자인 정보주체에게 지급하는 배당금을 데이터 배당(Data Dividend)이라 한다. 원데이터의 공급자로서 데이터 가치화에 기여한 정보주체에게 수익을 배분하는 것으로, 지역화폐의 데이터를 비식별정보로 가공, 분석한 뒤 연구소, 기업 등에 판매, 판매 수익을 개인정보제공에 동의하고 이용 실적이 있는 카드 36만 782개 보유자에게 각 120원씩 배당한 경기도의 사례가 있다. https://www.etnews.com/20200220000337

를 우려하는 견해도 있지만, 핵심은 공정한 합의 모델이 실현되느냐에 있다.

문제는 정보주체의 기여에 대한 객관적인 가치의 산정이다. 데이터의 가치는 활용 주체에 따라 다르게 평가될 수밖에 없다. 또한 데이터의 처리는 원천 데이터의 가공과 결합, 데이터 분석, 통찰과 효용, 활용과 판매 등의 단계를 거치는데, 이처럼 다른 정보와 결합하거나 분석, 가공을 거쳐 비로소 가치가 창출되거나 증가하므로 원천 데이터의 기여분을 정확하게 파악하기 어렵다. 이러한 가치산정의 어려움 때문에 원천 데이터인 개인정보의 사용대가를 조세 형태로 국가가 징수하여 국민의 기본소득으로 배분하자는 주장이 있다. 이는 데이터를 도로나 다리와 같은 공공재(Public Goods) 내지 수많은 사람이 같이 만들어서 어떤 개인이 단독으로 소유권을 주장하기 어려운 공유부(Commons Wealth)로 파악한다.[41] 이러한 데이터세의 과세대상은 개인이 창출한 원시 데이터의 사용가치이므로 조세회피에 대한 대응인 EU의 디지털 서비스세나 BEPS(소득이전을 통한 세원잠식) 다자간 협의체[42]의 디지털세와는 다른 맥락이다. 즉, 데이터세는 국내외 IT 기업들이 개인의 원시데이터를 사용함에 따른 수수료를 징수하는 것이므로 IT 기업이 창출한 이익에 과세하고자 하는 디지털세나 디지털서비스세와는 그 성격이 다르다.[43] 과세표준은 수익이 아닌 데이터 활용에 대한 대가이므로 일종의 목적세 또는 부담금에 해당한다. 개인정보의 가치 환류를 위한 시스템의 복잡성과 운영의 어려움을 해결하고자 하는 방안이라 할 수 있는데, 데이터세 도입에 따른 편익보다 비용이 더 큰 경우에는 이용자에게 비용의 전가가 발생할 수 있고 관련 산업의 발전과 해외 경쟁력에 부정적인 영향을 미칠 수 있다는 점에서 신중한 검토가 필요할 것이다.

---

41) 김신언, "기본소득 재원으로서 데이터세 도입방안", 『세무와 회계연구』통권 제23호, 한국세무사회, 2020, 11면.

42) OECD/G20 Inclusive Framework on BEPS, Tax Chanllenges Arising from Digitalisatin-Interim Report 2018 참고.

43) 김신언, 위 논문, 26면.

V. 결 론

최근 많은 이들의 관심을 한몸에 받고 있는 ChatGPT는 놀라운 수준의 인공지능 기술이 이미 우리 가까이에 와 있다는 것을 실감하게 한다. 마치 인간과 대화를 하듯 ChatGPT에게 질문을 던지고 그 질문에 대한 답을 받아보면서 한편으로는 감탄스럽고 새로운 가능성에 대한 기대로 흥분되지만, 그 모든 것이 결국 우리들의 개인정보가 포함된 데이터 처리에 기반을 두고 있고, 어떠한 정보들이 어떤 식으로 처리되고 다른 데이터와 어떻게 연결되는지 전혀 알 수 없으며, 어떠한 대답이 나올지, 그로 인한 예상치 못할 파장이 무엇인지 전혀 예측하기 어렵다는 점을 문득 깨닫는 순간 ChatGPT가 던지는 답변을 그저 편안하게 즐길 수만은 없게 된다. 인공지능 기술의 발전과 역할의 확대는 여러 분야에서 법적 문제를 야기하지만 개인정보보호 분야 만큼 직접적이고 근본적인 논의가 이루어지는 분야는 없다. 머신러닝, 딥러닝 등 지금의 인공지능의 주류는 모두 빅데이터에 기반을 두고 있고, 초연결 사회에서 데이터의 흐름과 통제에 관한 논의는 개인정보 보호법제의 영역이기 때문이다. 개인정보 보호법제의 논의는 애초 개인정보 보호와 정보주체의 권리보장에 방점을 두고 시작했다고 할 수 있으나 데이터 경제로 상징되는 현대 정보화시대에 데이터 활용이 창출하는 경제적, 사회적 가치와 개인의 사회적 관계 형성의 중요성이 강조되면서 정보주체의 개인정보자기결정권이 보다 적극적이고 능동적인 권리로 인식되어 개인정보의 보호와 활용이라는 두 가치의 균형을 잡는 쪽으로 초점이 이동하였다고 할 수 있다. 그러나 인공지능이 점점 더 주도적 역할을 하는 환경에서는 정보처리의 불투명성과 함께 결과의 불확실성, 예측 불가능성이 존재하고 이는 공동체의 이익과도 밀접하다는 점에서 개인정보의 문제는 단순히 정보주체의 권리보호의 문제가 아니라 리스크 규제와 같은 차원에서 전 사회적인 대응이 필요하다는 인식이 도출된다. 이 글은 그러한 인식하에 인공지능의 개인정보처리에 있어서 주요 법적 문제에 대한 분석과 인공지능 기술에 대응하기 위한 국내 관련법 개정 및 규제 동향을 살펴보는 것을 넘어 인공지능 환경에서 개인정보보호 패러다임이 어떻게 변화해야 하는지에 대한 논의를 시도해 보았다. 동의 중심 모델에서 거버넌스 모델로의 전환, 리스크 규제 체계와 이익형량 체계의 구축, 개인정보의 활용에 따른 가치환류 논의는 다소 도발적인 면도 있고 아직 치밀한 논리와 실현 방안이 명확하지 않은 것임을 부인할 수 없다. 하지만 분명 인공지능 환경이 더 성숙되어 갈수록 위와 같은 논의들은 점점 더 구체화될 것으로 예상된다.

제14장

인공지능 규제기준과 원칙

—유럽연합(EU)의 인공지능정책과 인공지능명령을 중심으로—

정남철
(숙명여자대학교 법과대학 교수)

I. 디지털 시대의 도래와 인공지능에 대한 규제 필요성

지난 2021년 4월 21일 유럽집행위원회는 인공지능명령(Regulation on AI)안을 제안하였다. 이는 인공지능을 규율하는, 구속력 있는 최초의 규범이다. 이러한 인공지능명령안이 제정되기 전부터 유럽연합은 인공지능에 대한 신뢰를 확보하기 위해 노력해 왔다. 2020년 2월 19일에 발표된 유럽집행위원회의 인공지능백서는 인공지능명령의 이론적 토대가 되고 있다. 인공지능백서는 인공지능의 불확실성을 견제하기 위한 '신뢰 생태계'를 강조하고 있다. 또한 인간중심적 인공지능에 대한 신뢰형성을 토대로 디지털 정책을 구축하고 있다. 정보통신기술의 발전으로 인한 디지털화(digitalization, Digitalisierung)와 인공지능의 도전은 중요한 시대적 과제가 되고 있다.[1] 디지털화는 시대의 대세(Megatrend)로 부상하고 있다.[2] 유럽연합은 디지털 단일시장의 구축을 미래 데이터 전략의 핵심적 요소로 보고 있다.[3] 즉 디지털 시장의 우위를 확보하여 디지털

---

[1] 정남철, "디지털 시대의 행정법 소묘", 법률신문 제5025호(2022. 10. 17), 12면.

[2] Schröder, Neue Grundrechte für ein digitales Zeitalter?, JZ 2019, S. 953.

[3] 유럽연합은 2018년 5월 15일 신뢰를 받는 디지털 단일시장의 완성에 관해 논의하기 시작하였고, 디

의 자본화를 위해 시도하고 있다. 현대사회는 비약적인 정보통신기술의 발전으로 디지털화가 가속되고 있다. 이러한 디지털화는 인공지능의 발전과 불가분의 관계에 있다. 인공지능과 디지털화는 빅 데이터의 처리로 인류에게 편리를 가져다주지만, 개인정보의 유출이나 사생활의 침해 등의 문제를 초래할 수 있다. 머신러닝(machine learning)의 사용과 같이 인공지능시스템에 의해 편견이나 차별의 문제도 발생할 수 있다. 이처럼 인공지능과 디지털화는 민주주의를 위협하는 중대한 도전이자 현대국가의 중요한 과제가 되고 있다.[4] 인공지능시스템에 의한 행정결정은 민주적 정당성을 확보할 수 있는지도 어려운 문제이다. 특히 알고리즘에 기초한 인공지능시스템은 절차적 정당성을 확보하는 것이 쉽지 않다.[5] 새로운 민주적 정당성 확보와 관련하여 수용(受容), 참여 및 공개를 강조하는 견해가 유력하다.[6]

　인공지능의 규제정책을 수립하기 위해서는 '인공지능'에 대한 개념 정의가 필수적이다. 국내의 법령에는 인공지능의 개념을 명쾌하게 정의한 규정이 없다. 예컨대「정보통신망 이용촉진 및 정보보호 등에 관한 법률」제4조 제2항 제7의2호,「전자정부법」제18조의2 등에서 "인공지능 등", "인공지능 기술" 등의 용어가 사용되고 있을 뿐이다. 이에 반해 유럽연합은 오랫동안 인공지능의 개념을 정의하기 위한 노력을 하였고, 여러 차례의 수정 작업을 거쳐 인공지능명령에서 이를 자세히 정의하고 있다. 2018년 4월 25일에 유럽집행위원회는 '유럽을 위한 인공지능(Artificial Intelligence for Europe)'에 관한 커뮤니케이션에서 인공지능을 "특정한 목표를 달성하기 위해 자신의 상황을 분석하고 어느 정도의 자율성을 가지고 행동하면서 지적 행위를 보여 주는 시스템"으로 정의하였다. 이러한 개념 정의에서 '상황 분석', '부분적 자율성', '지적 행위' 등의 용어

지털 단일시장의 구축에 관한 전략을 수립하고 있다(정남철, "유럽연합(EU) 인공지능규범의 제정과 특징",『유럽헌법연구』제38호(2022. 4), 218면.

4) Schröder, Rahmenbedingungen der Digitalisierung der Verwaltung, VerwArch 2019, S. 331 ff.; Schliesky, Digitalisierung: Herausforderung für den demokratischen Verfassungsstaat, NVwZ 2019, S. 696 ff.

5) 행정의 민주적 정당성에 관한 문제는 정남철, "행정과 사법의 민주적 정당성 확보를 위한 공법적 과제",『법조』통권 제727호(2018. 2), 442면 이하.

6) Schmidt-Aßmann, Das allgemeine Verwaltungsrecht als Ordnungsidee, 2. Aufl., S. 102 f.

가 사용되고 있다. 그러나 이는 인공지능의 특징을 부분적으로 보여 주고 있지만, 인공지능에 대한 개념 정의로는 부족한 점이 없지 않았다. 인공지능 고위전문가그룹(High-Level Expert Group on AI)은 인공지능명령에서 이를 수정하여 더 자세히 정의하고 있다. 즉 인공지능시스템을 "복합적인 목표 아래에 데이터의 획득, 수집한 (구조적·비구조적인) 데이터의 해석, 데이터에서 도출되는 정보 처리나 지식의 추론, 목적달성을 위한 최선의 조치로 물질적으로나 디지털 차원으로 작동하는, 인간에 의해 설정된 소프트웨어(또한 경우에 따라서는 하드웨어) 시스템"[7]이라고 정의한다. 여기서는 인공지능의 역할이 데이터의 획득, 수집한 데이터의 해석, 그리고 지식의 추론이나 정보의 처리라는 점을 부각하고 있다. 인공지능이 데이터처리와 매우 밀접한 관련이 있음을 보여 준다. 또한 인공지능시스템은 원칙적으로 '소프트웨어 시스템'이라는 점을 주목해야 한다. 인공지능규범의 정의에서는 예외적으로 하드웨어 시스템도 인공지능시스템으로 볼 수 있는 규정을 마련하고 있다.

인공지능의 핵심은 '지능을 가진 기계'라는 점이다. 이러한 기계는 단순히 물질적인 것이 아니라 스스로 학습하고 자율적으로 결정할 수 있는 특징을 가진다. 지능이란 "주어진 데이터에서 스스로 학습하는 능력"과 같은 정보기술시스템의 특성으로 이해된다.[8] 인공지능의 원초적 모습은 1950년 영국의 앨런 튜링(Alan Turing)이 발표한 논문에서 사용한 기계지능(machine intelligence)의 용어로 거슬러 올라간다. 여기서도 지능을 가진 기계가 인공지능의 초기 모델이었다고 볼 수 있다. 인공지능의 아버지로 불리는 미국의 인지과학자 마빈 민스키(Marvin Minsky)는 1952년 무작위로 컴퓨터 장치에 연결되는 신경네트워크 학습기계(SNARC)를 창안하였다.[9] 인공지능의 개념은 규제 대상을 확정하기 위해서도 필요하다. 근래에 부상한 인공지능은 일상생활뿐만 아니라

---

7) "Artificial Intelligence (AI) systems are software (and possibly also hardware) systems designed by humans that, given a complex goal, act in the physical or digital dimension by perceiving their environment through data acquisition, interpreting the collected structured or unstructured data, reasoning on the knowledge, or processing the information, derived from this data and deciding the best action(s) to take to achieve the given goal."

8) Wischmeyer, Regulierung intelligenter Systeme, AöR 143(2018), S. 3.

9) J. Buyers, Artificial Intelligence: The Practical Legal Issues (Somerset 2018) 4.

제도에도 적지 않은 영향을 줄 수 있다. 미래의 인공지능은 단순한 데이터의 처리가 아니라 스스로 학습하고 알고리즘(algorithm)에 따라 독자적으로 판단할 수 있다.[10] 이러한 인공지능의 출현은 사회적 리스크를 내포하고 있다.

유럽연합 인공지능규범에 정의된 인공지능의 개념에는 "목적 달성을 위한 최선의 조치로 물질적으로나 디지털 차원으로 작동하는" 소프트웨어 시스템을 특징으로 하고 있다. 여기서 "목적 달성을 위한 최선의 조치"가 어느 정도의 자율성을 보장하는지, 또 인간의 개입을 어느 범위까지 배제할 수 있는지도 문제이다. 인공지능의 자율성과 결정이 인간에게 어떤 영향을 미칠 것인지를 예측하기는 어렵다. 알고리즘에 의한 지배, 즉 알고크러시(algocracy)는 자유로운 정치적 의사형성을 왜곡할 수 있고, 이는 민주주의를 중대하게 위협할 수 있다.[11] 이를 방지하기 위해서는 공동체 구성원들의 참여와 의사소통이 중요하며, 인간의 자유의사를 억제하지 않도록 인공지능시스템을 설계해야 한다. 빅 데이터와 알고리즘에 기초한 인공지능시스템은 전제적 통치로 이어질 수 있어 인공지능시스템에 대한 관리와 감독은 중요한 과제이다. 그런 점에서 인공지능과 민주주의원리는 서로 긴장관계를 형성하고 있다. 그러나 이러한 우려에 대해 긍정적 시각도 있지만, 인공지능이 민주주의에 위협이 될 수 있음을 부인하기는 어렵다. 인공지능의 발전은 실시간 가상의 공간에서 의견수렴을 하며 의회민주주의의 시간적·공간적 한계를 극복할 수 있지만, 입법권의 약화와 왜곡된 의견수렴으로 의회민주주의의 위기로 이어질 수도 있다.[12] 앞으로 인공지능에 대해 어떤 방식의 규제체계

---

10) 알고리즘은 알고리스무스(algorismus)라는 라틴어에서 유래된 것으로 "계산 또는 문제해결의 과제를 수행함에 있어 일련의 개별적 단계 또는 규칙들을 순차적으로 거쳐 나가는 과정"이라고 이해된다(테런스 J. 세즈노스키 지음/권정민 감수, 안진환 옮김, 『딥러닝 레볼루션: AI시대 무엇을 준비할 것인가』, 한국경제신문, 2019, 177면). 이러한 알고리즘은 정보의 왜곡을 통해 편견과 차별의 문제를 초래할 수 있다.

11) Unger, Demokratiesche Herrschaft und künstliche Intelligenz, in: Sebastian Unger/Antje von Ungern-Sternberg, Demokratie und künstliche Intelligenz, S. 113 f.

12) 이러한 문제점에 대해서는 홍석한, "민주주의에 대한 인공지능의 위험과 규범적 대응 방안", 『헌법학연구』 제28권 제1호(2022), 127-159면; 정남철·계인국·김재선, 『미래세대 보호를 위한 법적 과제 4: 인공지능(AI)에 대한 유럽연합(EU)의 규제체계와 대응전략을 중심으로』, 한국법제연구원, 2020, 83-85면 참조.

와 규제방식을 채택할 것인지는 당면한 국가적 과제이다. 이와 관련하여 유럽연합의 인공지능정책과 인공지능명령안은 많은 시사점을 던져 주고 있다.

Ⅱ. 유럽연합 인공지능정책의 변천과 발전

유럽연합의 인공지능정책을 이해하기 위해서는 유럽연합 인공지능정책의 변천과 그 발전과정을 살펴볼 필요가 있다. 지난 2019년 4월 8일 유럽연합은 인공지능에 관한 윤리 가이드라인(EU guideline on ethics in artificial intelligence)을 마련하였다. 인공지능시스템의 제조 구상, 개발, 배치 및 시행 등의 과정에서 고려해야 하는 윤리 규정이나 원칙을 만든 것이다. 인공지능 가이드라인은 유럽연합의 인공지능 고위전문가그룹(AI HLEG)에 의해 만들어진 것이다. 인공지능 가이드라인은 7가지 핵심요건으로 ① 인간의 관리·감독, ② 기술적 견고성과 안전성, ③ 프라이버시와 데이터 거버넌스, ④ 투명성, ⑤ 다양성·비(非)차별·공정성, ⑥ 사회적·경제적 복지, ⑦ 도덕적 책무성을 강조하고 있다.[13] 이러한 윤리 가이드라인은 인공지능으로 발생할 수 있는 윤리적·사회적·법적 문제가 고려되고 있는데, 이러한 내용은 이후에 발표되는 인공지능백서의 토대가 된다. 그러나 이러한 인공지능 윤리 가이드라인은 구속력이 없고 법적 의무를 부과할 수 없다.

특히 유럽연합의 인공지능정책은 인간중심적이고 인간의 기본권을 보호하는 방향으로 추진되어야 한다는 점을 강조하고 있다. 또한 인공지능이 인간에게 유해한 영향을 주거나 역효과를 가져오지 않도록 주의하고 있다. 인간의 자율을 중대하게 침해하거나 오도하지 않아야 한다고 보고 있다. 인공지능의 불확실성 때문에 인공지능의 안전성과 기술적 견고성이 강조되고 있다. 이 문제는 신뢰할 수 있는 인공지능시스템을 구축하는 것과 밀접한 관련이 있다. 인공지능의 생애 주기에서 발생할 수 있는 오류나

---

13) 정남철·계인국·김재선,『미래세대 보호를 위한 법적 과제 4: 인공지능(AI)에 대한 유럽연합(EU)의 규제체계와 대응전략을 중심으로』(주 12), 53면 참조.

불일치를 개선하고 안전하다고 신뢰할 수 있는 견고한 알고리즘을 만들어야 한다고 보고 있다. 그런 점에서 불확실성과 리스크를 함축하고 있는 인공지능에 대한 인간의 관리와 감독은 중요한 의미가 있다. 인공지능에 대한 관리나 감독의 방식도 고전적인 명령규제적 방식이 아니라 자율과 협력에 기반을 두고 있는 거버넌스 메커니즘 (governance mechanism)을 통해 이루어져야 한다는 점을 강조하고 있다. 인공지능의 기술적 견고성(robustness)과 안전성은 이처럼 인공지능이 초래할 수 있는 위험과 리스크를 고려한 것이다. 예컨대 견고한 알고리즘을 갖추고 사이버공격이나 사이버테러 등에 대비해야 한다는 것도 그러하다. 알고리즘의 조작과 시스템의 중단에 대응할 수 있는 비상계획도 마련해야 한다고 강조한다. 인공지능은 데이터의 수집을 통해 성정체성이나 정치적 성향, 종교관이나 가치관 등 개인의 민감정보를 추론할 수 있고, 이를 통해 개인정보나 프라이버시를 중대하게 침해할 수 있다. 그런 점에서 인공지능의 생애 주기에서 단계별로 이에 대한 대비를 마련해야 한다. 인공지능시스템은 결론을 도출하기 위한 모든 과정이 추적될 수 있고, 알고리즘에 의한 결정방식이 투명하게 제공되어야 한다. 또한 인공지능에 의한 데이터의 조작이나 편견이 발생하지 않도록 해야 한다고 본다. 유럽집행위원회는 인공지능의 사회적·환경적 측면에서도 UN이 제시한 지속가능한 발전목표(SDGs: Sustainable Development Goals)를 실현하기 위해 노력하고 있다. 유럽연합은 인공지능 윤리 가이드라인에서 제시한 7가지 핵심 요건을 실현하기 위해 기술적 방법과 비기술적 방법을 모두 고려하고 있다. 기술적 방법에는 인공지능의 설계, 설명 방법, 실험 및 평가 등이 있으며, 비기술적 방법에는 행동강령, 표준화, 승인, 교육 등이 포함된다.

유럽집행위원회는 2020년 2월 19일 소위 유럽의 데이터 전략(European Strategy for Data)을 발표하여 데이터 단일시장을 형성하여 국제적이고 혁신적인 과정, 생산 및 서비스를 목표로 하고 있다. 또한 유럽집행위원회는 같은 날 인공지능백서(White Paper on Artificial Intelligence)를 발표하였는데, 인공지능백서에는 유럽연합 인공지능정책의 기본방향과 정책, 인공지능에 대한 규제체계 등이 포함되어 있다. 유럽연합은 기술발전의 혜택을 누릴 수 있는 인공지능생태계(AI ecosystem)를 구축하려고 한다. 이를 실현하기 위한 구체적 방안으로 경제계와 공공행정의 우월생태계(ecosystem of excellence)와 인공지능에 대한 신뢰생태계(ecosystem of trust)를 형성하는 것을 제시하고 있다. 우월 생태계는 기업과 공공행정에서 인공지능을 활용하고 그 개발을 지원할 수 있는 우수한 생태계를 구축하는 것을 의미한다. 또한 인공지능에 대한 개발과 지원을 주요한 내용으로 한다. 신뢰생태계는 인공지능이 인류에 가져올 기회와 리스크에 대해 고려한 것으로서 인공지능시스템의 부정적 효과와 관련되어 있다. 신뢰생태계는 인공지능에 의한 프라이버시 침해, 차별 및 사법적 권리구제 등과 밀접한 관련이 있다. 이 부분은 유럽연합의 규제체계의 핵심적 내용이다.

유럽연합은 2021년 4월 21일 인공지능명령을 제안하면서 인공지능에 대한 법적 체계를 형성하고 있다. 인공지능시스템의 높은 리스크를 규제할 수 있는 것이 신뢰할 수 있는 인공지능을 구축하는 중요한 요소라고 파악한다. 이 규범을 제정한 중요한 목적은 인공지능의 개발자, 배치자 및 사용자에게 그 사용과 관련된 기준을 제시하는 것이다. 구체적이고 명확한 요건과 의무를 규정함으로써 신뢰할 수 있는 생태계를 구성할 수 있다고 보고 있다. 그런 점에서 인공지능백서는 인공지능명령의 중요한 토대가 되고 있다. 인공지능명령은 이를 위해 리스크에 기초한 규제체계를 구축하고 있다. 이러한 인공지능명령은 유럽연합 인공지능정책이 집약되어 있다고 볼 수 있다. 이처럼 인공지능에 대한 유럽연합의 규제전략과 정책은 역동적으로 발전하고 있다.

Ⅲ. 유럽연합 인공지능백서의 구상과 특징

1. 인간중심적인 인공지능 생태계의 구축

인공지능에 대한 유럽연합의 규제방식은 경쟁력 강화와 더불어, 인간의 존엄과 가치, 데이터보호 등을 존중하고 있다. 인간의 자율성을 붕괴시키지 않도록 신뢰할 수 있는 인공지능시스템을 구축해야 한다고 보고 있다. 이러한 인간중심적 인공지능은 신뢰할 수 있고 윤리적이어야 한다. 이를 위해 인간의 감독이 중요한 역할을 한다. 특히 높은 리스크의 인공지능(high-risk AI)에 대해서는 인간의 감독이 필수적이다. 인간

중심적 인공지능정책은 인간의 존엄과 프라이버시권 등의 기본권의 보장, 민주주의, 정의, 평등 등의 중요한 가치와 법령을 준수하는 것이며, 시민의 권리를 보호할 수 있는 인공지능생태계를 말한다. 이러한 인공지능정책은 인권을 존중하고 유럽이 추구하는 이념과 가치를 반영하는 것이다. 이에 대해 유럽연합 기본권 헌장(EU Charter of Fundamental Rights)이나 유럽인권협약 등은 중요한 기준이 된다.

인간중심적 인공지능 생태계를 구축하기 위한 구체적 방안으로 유럽연합은 전술한 경제계와 공공행정의 우월생태계와 인공지능에 대한 신뢰생태계로 구분하여 접근하고 있다. 우월생태계는 인공지능의 활용과 개발 지원에 역점을 두고 있지만, 신뢰생태계는 인공지능이 초래할 수 있는 불확실성과 리스크에 대한 대비이다. 우월생태계와 신뢰생태계는 일견 모순·대립하는 것으로 보이지만, 유럽연합의 디지털 전략에 비추어 보면 상호보완적이다. 유럽연합의 인공지능 생태계는 한편으로는 인공지능의 기술적 발전, 다른 한편으로는 인공지능에 대한 규제와 신뢰확보라는 이원적 전략을 구축하고 있다.

유럽연합은 데이터경제의 혁신을 주도하기 위해 노력하고 있으며, 산업부문이나 기술시장 등에서 이러한 점이 두드러지고 있다. 산업이나 상업 등의 분야에서의 데이터는 디지털 경제의 핵심적 요소이며, 이에 대한 통제가 필요하다. 데이터의 접근이나 재사용 등에 대한 공정하고 투명한 규칙을 세워야 하고, 프라이버시나 개인정보 등을 침해하지 않도록 해야 한다. 데이터의 보관처리나 데이터 투자 등에 대한 사회기반시설 확충을 강화할 계획도 수립되어 있다. 유럽연합은 연구기관이나 신생 창업 스타트업(Start-ups), 로봇공학 등에 대한 지원에 매우 적극적이다. 또한 유럽집행위원회는 유럽데이터 공간에 관한 프로젝트를 추진하고 있으며, 클라우드(cloud) 기반시설의 통합을 계획하고 있다. 이처럼 유럽연합은 데이터 전략은 적극적이며, 데이터 경제의 주도권을 잡기 위해 노력하고 있다.

연구분야에 대한 재정지원 프로그램(Horizon 2020)도 그러한 사례이다. 이 프로그램은 기후변화, 노령화 등 현안을 과학기술과 연결하여 만든 새로운 전략이다. 또한 유럽집행위원회는 보건, 교통, 스마트병원이나 자율차량 등의 대규모실험시설 재정지원을 하는 디지털 유럽 프로그램(Digital Europe Programme)을 추진하고 있다. 유럽집행위원회는 이러한 연구지원 프로그램을 비롯한 디지털 유럽 프로그램에 매년 10억 유로 (Euro)를 투자할 계획을 세웠다.14) 그러나 유럽연합은 인공지능이 사회에 미치는 영향을 고려하여 인간의 존엄과 가치, 프라이버시 보호 등도 강조하고 있다. 또한 개인의 기본권 보장뿐만 아니라 사회적 측면에서도 지속가능한 발전목표(SDGs)의 달성, 민주적 절차나 사회적 권리 등을 강조하고 있다.

2. 경제계 및 공공행정의 우월한 인공지능 생태계 구축

유럽연합은 전술한 바와 같이 기업과 공공행정에서 우월한 인공지능 생태계를 구축하려고 한다. 이를 위해 구체적인 실천방안을 제시하고 있다. 첫째, 유럽연합 회원국 간의 협력체계를 구축하는 것이다. 이와 관련하여 유럽집행위원회는 2018년 12월 7일에 '인공지능 조정계획(Coordinated Plan on AI)'을 발표하였고, 여기서 인공지능의 개발과 사용을 장려하기 위한 회원국과의 협력을 제시하였다.15) 이러한 인공지능 조정계획에는 회원국 간의 연구와 투자, 시장활용, 기술 및 재능, 데이터 및 국제협력 등에 관한 협력을 위한 70여 개의 공동조치를 포함하고 있다. 인간중심적 인공지능의 구상도 여기서 처음 탄생한 것이다.16)

둘째, 연구와 혁신 공동체의 노력이나 성과를 강조하고 있다. 경제력이 있는 인공지능 연구소 간의 협력체계의 구축도 여기에 속한다. 우수한 연구자의 유치와 최신 기술의 발전 등을 개선하기 위한 노력도 포함된다. 유럽연합, 회원국 및 민간부문의 투자를 연계하여 우수한 실험센터의 구축도 목적으로 하고 있다. 대학과 고등교육기관에서 우수한 학자들을 유인하고 인공지능과 관련된 우수한 학위프로그램을 제공하는 것을 계획하고 있다. 또한 디지털 교육을 강조하고 있으며 인공지능과 관련된 교육이나

---

14) 정남철 · 계인국 · 김재선,『미래세대 보호를 위한 법적 과제 4: 인공지능(AI)에 대한 유럽연합(EU) 의 규제체계와 대응전략을 중심으로』(주 12), 41면 참조.

15) COM(2018) 795 final.

16) Guckelberger, Öffentliche Verwaltung im Zeitalter der Digitalisierung, Baden-Baden 2019, S. 112.

훈련 시스템을 개선하기 위해 데이터학습이나 예견적인 분석 등을 통해 인공지능과 관련된 기술을 잘 활용할 수 있도록 지원하고 있다.

셋째, 유럽연합은 중소중견기업(SMEs)에 대한 지원을 보장해야 한다는 점을 강조하고 있다. 이를 위해 디지털 혁신 허브(Digital Innovation Hubs), 주문형 인공지능 플랫폼 (AI-on-demand platform) 등을 강화하고, 중소중견기업 간의 협력을 구축해야 한다고 보고 있다. 또한 높은 수준의 디지털 혁신 허브를 구축한 회원국과 계속적으로 협력하고 인공지능 혁신과 관련하여 중소중견기업에 대한 재원을 마련해야 한다는 점을 강조하고 있다. 그리고 유럽집행위원회와 유럽투자기금(European Investment Fund)에서는 인공지능의 혁신을 위한 자금조달을 마련하고 있는데, Q1 2020에서 1억 유로(Euro)의 예비계획(pilot scheme)을 추진하였다.

넷째, 유럽집행위원회는 민간부문과의 협력관계를 구축하려고 한다. 즉 광범위한 공사협력 또는 민관협력(PPP)을 통해 파트너십(partnership)을 형성하도록 권장하고 있다. 인공지능에 관한 연구 및 혁신 어젠다에 민간부문이 적극적으로 참여하고 있으며, 공동투자의 유인을 장려하고 있다. 연구재정지원 프로그램에서 이러한 민관협력이 활성화되어 있다. 공공행정 외에 병원·교통시설 등 사회기반시설에서도 인공지능시스템을 확대하는 것을 포함하고 있다. 이처럼 공익과 관련된 공공부문에서도 인공지능에 의한 상품 및 서비스를 확대하고 있다.

다섯째, 인공지능백서에서는 데이터와 컴퓨터 기반시설(computing infrastructure)의 접근을 보장하고 있는데, 데이터의 접근 및 관리가 중요하다. 그런 점에서 데이터의 증가와 인공지능의 활용이 유럽연합에 새로운 기회를 가져올 것으로 예상하고 있다. 이와 관련하여 유럽집행위원회는 디지털 유럽 프로그램에 의한 수행이나 퀀텀 컴퓨팅 (quantum computing)에 40억 유로(Euro) 이상을 투자하는 것을 구상하고 있다.

마지막으로 인공지능백서에서는 국제사회의 협력과 인공지능의 윤리적 측면을 강조하고 있다.[17] 경제협력개발기구(OECD),[18] 국제연합(UN), 유네스코(UNESCO)[19] 등

---

17) 국내에서도 인공지능의 윤리규범에 관한 논의가 활발하다(예컨대 고학수·박도현·이나래, "인공지능 윤리규범과 규제 거버넌스의 현황과 과제",『경제규제와 법』제13권 제1호, 2019, 7-36면 참조).

국제기구나 단체와의 협력이나 다자포럼에서 인공지능의 문제를 논의하고 있다. 이러한 인공지능권고안은 유럽연합의 인공지능정책에도 영향을 미치고 있다. 경제협력개발기구의 인공지능권고안은 유럽연합 차원에서도 이미 중점적으로 논의된 사항들이다.[20] 이처럼 인공지능에 대한 국제적 연대에서는 인간의 존엄을 비롯한 프라이버시·개인정보 보호, 다원주의, 차별금지 등을 지지하고 있다.

3. 인공지능에 대한 신뢰생태계의 구축

유럽연합은 인공지능에 대한 불확실성으로 인해 신뢰생태계를 강조하고 있다. 이러한 불확실성은 입법의 적용이나 집행에 장애가 될 수 있다. 인공지능이 초래할 리스크와 안전·차별 등의 문제뿐만 아니라 알고리즘에 의한 결정의 정보 비대칭 등에 대한 우려를 해결하기 위해 신뢰생태계를 구축하려고 한다. 이러한 신뢰생태계를 구축하기 위해서는 인공지능에 대한 규제가 필수적이다. 이와 관련하여 어떤 방식으로 규제체계(regulatory framework)를 구축할 것인가를 고민하였고, 2019년 4월 유럽집행위원회는 전술한 바와 같이 고위전문가그룹을 만들어 신뢰할 수 있는 인공지능 가이드라인을

---

18) 경제협력개발기구(OECD)는 2019년 5월 22일 장관급 회의에서 인공지능권고안(Recommendation on Artifitial Intelligence)을 마련하였다. 이는 인공지능에 대한 최초의 정부간 기준이며, 디지털경제정책위원회(CDEP: Committee on Digital Economy Policy)의 제안을 토대로 한 것이다. 위 권고안에는 5개의 핵심원리로서 ① 성장, 지속가능한 개발 및 안녕(well-being), ② 인간중심적 가치 및 공정성, ③ 투명성과 이해가능성, ④ 견고성, 보안 및 안전, ⑤ 책임성을 제시하고 있다. 이와 관련하여 인공지능 연구 및 개발에 대한 투자, 인공지능에 대한 디지털생태계의 육성, 인공지능에 대한 실현가능한 정책환경의 조성, 노동시장 전환에 대한 준비와 인간의 능력 형성, 신뢰가능한 인공지능에 대한 국제적 협력을 정책수립자에게 제안하고 있다(https://legalinstruments.oecd.org/en/instruments/OECD-LEGAL-0449, 최종확인일: 2022. 12. 18).

19) 유네스코(UNESCO)도 2021년 11월 9일부터 11월 24일까지 개최된 제41차 정기회의에서 인공지능의 윤리에 관한 권고안을 제시하였다. 이 권고안에서도 인간의 존엄성과 기본적 자유, 인권의 보호와 진작을 중시하고 있다. 또한 UNESCO 인공지능권고안에는 중요한 원칙으로 비례성과 무해성(Do No Harm), 안전과 보안, 공평성과 비차별(non-discrimination), 지속가능성, 프라이버시권과 데이터보호, 인간의 감독(human oversight)과 결정, 투명성과 해명가능성, 책임성과 책무성 등을 제시하고 있다(https://unesdoc.unesco.org/ark:/48223/pf0000381137, 최종확인일: 2022. 12. 26).

20) Guckelberger, a.a.O., S. 123.

제정하여, 7가지 핵심요건을 강조하고 있다.[21] 현행 법체계나 규제체계만으로 투명성이나 추적가능성, 인간감시 등에 적절히 대응하기 어렵다는 점을 인식하고, 소비자와 기업의 신뢰를 얻을 수 있는 새로운 규제체계를 확보할 필요가 있다고 보고 있다. 이러한 규제체계는 유럽연합의 입법, 원칙 및 가치에 맞으면서 사회적·환경적·경제적으로 적절한 결과를 보장해야 한다는 점을 강조하고 있다. 또한 인공지능시스템의 과정이나 결론 도출 등에 대해 인간의 관리·감독이 확보되어야 한다고 보고 있다. 인공지능명령은 이러한 논의의 연장선상에서 등장한 것이며, 통일적인 규제체계를 위해 만들어진 것이다.

신뢰생태계와 관련하여 가장 우려가 되는 것은 개인정보 및 프라이버시 침해의 문제이다. 데이터의 처리로 익명화되지 않은 개인정보의 유출이나 민감정보의 추적 등이 우려된다.[22] 또한 인공지능의 알고리즘에 의해 인종차별이나 젠더차별 등이 발생할 수도 있다. 이처럼 인공지능은 인간의 존엄과 가치, 자유, 민주주의 등과 같이 유럽연합이 추구해 온 중요한 가치에 부정적 영향을 미칠 수 있고, 시민의 기본권을 중대하게 침해할 수 있다. 인공지능에 의한 침해나 피해 등에 대해 효과적인 사법적 권리구제도 제한될 수 있다. 유럽집행위원회는 이러한 문제를 해결하기 위한 규제체계를 정비해서 신뢰생태계를 구축하려고 한다.

유럽집행위원회는 인공지능이 초래할 '안전'과 '책임'의 문제에 대해서도 인식하고 있다. 인공지능이 초래하는 안전문제는 목전의 손해발생 개연성에 해당하는 위험의 문제보다는 잠재적 위험성을 의미하는 리스크(risk)와 밀접한 관련이 있다. 사물인터넷(IoT)이나 로봇, 인공지능은 인간의 감독이나 통제가 적어 데이터에 의존하거나 자율적으로 작동하게 되며, 예측하지 못한 위험과 리스크를 초래할 수 있다. 종전의 책임체제만으로 이에 효과적으로 대응하기가 쉽지 않다는 점을 인식하고 그 대응방안을

---

21) Guckelberger, a.a.O., S. 112 f.

22) 유럽연합에서는 유럽공동체데이터보호지침, 유럽공동체 데이터보호령을 비롯하여 2016년 4월 27일에는 데이터보호기본령(GDPR: General Data Pretection Regulation)이 제정되었다. 이에 대해서는 정남철, "유럽연합 및 독일의 데이터보호법제의 변화와 특징", 『유럽헌법연구』 제22호(2016. 12), 161면 이하; 동인, 『행정법의 특수문제』, 법문사(2018), 152면 이하.

고민하고 있다. 앞으로 사물인터넷, 자율주행자동차 등에 의한 안전사고가 발생할 경우 누구에게 책임을 물을 것인지가 중요한 쟁점이 될 것이다.[23] 인공지능의 자율적 판단에 전적으로 의존하는 자율주행자동차에 의한 사고의 경우 운전자에 대해 책임을 물을 수 있는지, 아니면 이러한 사고를 적극적으로 제지하지 않은 운전자에 대해 책임을 귀속시킬 수 있는지는 현실적으로 쉽지 않은 문제이다. 또한 이러한 자율주행자동차의 제조사나 프로그램의 설계 등에 대해 제조물의 하자에 대한 책임을 물을 수 있는지도 문제이다. 이러한 불확실성에 대해 현행법만으로 충분한지, 아니면 안전과 책임에 대한 새로운 규율체계를 수립해야 하는지를 고민하고 있다. 인공지능시스템이 설치된 제품의 하자에 대한 책임도 마찬가지이다. 이러한 리스크와 불확실성에 대해 기업에 명확한 안전기준을 제시할 필요가 있다고 보고 있다.

4. 인공지능에 대한 규제체계와 규제방식

위에서 언급한 인공지능의 리스크와 책임의 문제를 해결하고 인공지능에 대한 신뢰생태계를 형성하기 위해서는 인공지능에 대한 규제체계를 조정·보완할 필요성이 있다고 강조한다. 이와 관련하여 유럽연합에는 이미 제조물안전기본지침(General Product Saftey Directive),[24] 인종평등지침(Race Equality Directive),[25] 그리고 전술한 데이터보호기본령(GDPR: General Data Protection Regulation)[26] 등이 제정되어 있다. 그러나 이러한 기존의 입법으로 인공지능으로 초래될 문제를 효과적으로 대응할 수 있는지가 문제다. 인공지능시스템의 안전과 리스크는 예측하기 어려운 측면이 있다. 유럽연합의 제조물안전에서 말하는 '안전' 개념은 종전의 기계적·화학적 리스크뿐만 아니라 사이버

---

23) 유럽집행위원회는 이미 2020년 2월 19일 '인공지능·사물인터넷 및 로봇공학의 기술과 안전에 관한 보고서(Report on the safety and liability implication of Artificial Intelligence, the Internet of Things and robotics)'를 발표하였다(COM(2020), 64 final.).

24) Directive 2001/95/EC.

25) Directive 2000/43/EC.

26) Regulation (EU) 2016/679.

리스크도 포함한다. 무인 자율주행자동차의 안전사고나 인공지능에 의한 인격적 침해나 재산상 피해 등에 대해 어떤 방식으로 책임을 물을 것인지에 대해서는 많은 논의가 필요하다. 이처럼 인공지능으로 발생한 손해와 관련하여 그 책임자와 책임의 범위 등도 현실적으로 쉽지 않은 문제이다. 이러한 문제는 민사법적 손해배상청구뿐만 아니라 공법상 손해배상청구(국가배상청구)의 대상이 될 수도 있다.[27] 유럽연합에서는 개인정보보호의 문제도 중요한 문제로 부상하고 있으며, 인공지능시스템에 의한 개인정보의 침해도 심각한 사회적 문제가 될 것이다.

유럽연합은 인공지능에 대한 입법체계를 개선할 필요가 있다고 보면서, 현행 유럽연합 및 회원국 입법의 적용과 그 효과적인 집행이 보장되어야 한다고 강조한다. 규제대상인 인공지능의 모호성이나 투명성 부족으로 인해 법위반 여부를 판단하거나 손해배상을 청구하기가 쉽지 않다고 보고 있기 때문이다. 또한 유럽집행위원회는 현행 법체계에서 입법의 범위가 제한되어 있다고 보고 있다. 예컨대 소프트웨어(software)에 대해 제조물안전법령이 적용될 수 있는지, 또 소프트웨어의 업데이트로 인공지능이 장착된 상품의 기능이 변경됨으로써 발생할 수 있는 상품의 리스크가 현행 법령에 따라 적절히 해결될 수 있는지 등이 문제이다. 그리고 유럽연합은 안전의 개념이 변경될 필요가 있다고 보고 있다. 사이버안보, 개인 보안 리스크 등의 문제에서 현행 유럽연합의 입법이 적절히 대응할 수 있는지를 고민하고 있다.

유럽연합은 규제체계를 설계하기 위한 법적 요건의 유형을 제시하고 있다. 즉 인공지능시스템의 훈련용 데이터, 데이터와 기록의 유지, 정보의 제공, 견고성과 정확성, 인간의 감독, 특별한 인공지능 애플리케이션에 필요한 개별 요건(예컨대 원거리 생체정보 식별) 등이 여기에 속한다.[28] 유럽연합은 지금까지 추구해 온 중요한 가치와 이념, 법령, 시민들의 권리 보호를 강화하는 것이 중요하다고 보고 있다. 따라서 이를 위해 인공지능시스템을 교육하기 위한 훈련용(또는 학습용) 데이터(training data)가 마련되어야

---

27) 리스크 행정에서의 국가배상책임에 관한 논의로는 정남철, 『헌법재판과 행정소송』, 법문사, 2022, 587면 이하.

28) 정남철 · 계인국 · 김재선, 『미래세대 보호를 위한 법적 과제 4: 인공지능(AI)에 대한 유럽연합(EU)의 규제체계와 대응전략을 중심으로』(주 12), 72면 참조.

한다고 보고 있다. 상품 및 서비스를 계속해서 생산하거나 제공하는 인공지능시스템의 안전성을 합리적으로 보장해야 한다는 것이다. 이를 위해 현행 유럽연합의 안전법령을 준수해야 한다. 이러한 훈련용 데이터는 위험상황을 피해야 하는 모든 시나리오에 대비할 수 있도록 설계되어야 한다. 또한 알고리즘의 프로그래밍과 관련된 모든 기록과 데이터를 보존해야 한다고 보고 있다. 이러한 요건은 인공지능의 복잡성이나 모호성 등에 비추어 앞으로 인공지능시스템에 의해 초래되는 잠재적 문제들을 해결하는 데에 도움을 줄 수 있다.

높은 리스크가 있는 인공지능시스템에 대해서는 적극적인 방식으로 적절한 정보가 제공되어야 한다. 이러한 정보는 인공지능의 능력과 한계, 인공지능시스템이 의도한 목적, 작동이 기대되는 조건 등과 관련하여 명확하여야 한다. 또한 높은 리스크를 가진 인공지능시스템은 기술적으로 견고하고 정확해야 한다. 유럽집행위원회는 비례에 적합한 규제를 사용하기 위해 리스크를 '높은 리스크'와 '제한된 리스크'로 구분하여 접근하고 있다. 그러나 높은 리스크(high-risk)의 분류를 어떻게 할 것인지가 중요한 문제이다. 유럽집행위원회는 높은 리스크가 있는 인공지능시스템에 대해서는 명확하게 이해하기 쉬운 규율을 해야 한다고 보고 있다. 이러한 높은 리스크의 인공지능을 분류하기는 어려운 과제이다. 대체로 보건, 교통, 에너지, 그 밖의 공공부문(이민, 국경통제 등) 등에서 높은 리스크를 가진 인공지능이 활용될 수 있다.

유럽연합의 인공지능정책의 핵심적 요소는 인간중심적 인공지능이며, 인공지능시스템이 인간의 자율에 부정적인 영향을 미치지 아니하도록 이를 설계하고, 또 적합한 관리·감독을 해야 한다는 것이다. 특히 높은 리스크를 가진 인공지능에 대해서는 인간의 관리·감독은 매우 중요하다. 인간의 감독이 없이 인공지능시스템이 독자적인 결정을 해서는 아니 되며, 인공지능시스템에 대한 모니터링(monitoring)을 통해 실시간으로 이에 개입하거나 정지시킬 수 있어야 한다. 마지막으로 원거리 식별을 목적으로 한 생체정보의 수집 및 사용에는 신중한 접근이 요구된다. 즉 원거리 생체정보식별(remote biometric identification) 시스템은 그 사용의 목적이나 범위 등에 따라 기본권에 대한 영향이 달라질 수 있다. 유럽연합의 데이터법제는 자연인의 식별목적으로 생체정보를 사용하는 것을 원칙적으로 금지하고 있으며, 데이터보호기본령(GDPR)은 매우 제한된 범위에서 예외적으로만 허용하고 있을 뿐이다. 그 밖에 유럽연합은 이러한 요건을 승인하고 보장하기 위해 사전적합성평가(prior conformity assessment)를 강조한다. 이는 심사, 감독 및 승인을 포괄하는 절차이다.

IV. 유럽연합 인공지능명령의 주요내용

1. 인공지능명령의 제정배경 및 적용범위

유럽연합이 2021년 4월 21일 인공지능명령안을 제안함으로써 최초의 인공지능규범이 창설된 것이다.[29] 유럽연합은 인공지능이 급속한 기술적 발전과 경제적·사회적 혜택을 가져올 수 있지만, 새로운 리스크와 부정적 영향을 초래할 수 있다는 점을 인식하여 균형 있는 접근이 필요하다고 보았다. 유럽집행위원회는 인공지능에 관한 규제체계를 추진하면서 유럽연합 역내시장에 설치된 인공지능시스템의 안전성을 확보하고 유럽연합의 가치와 기본권 등을 규율하는 현행법에 일치해야 한다는 점을 인식하고 있었다. 또한 이를 위한 효과적인 법집행과 거버넌스 체계를 구축해야 한다고 보았다. 그리고 인공지능에 대한 투자와 혁신을 장려하기 위한 법적 확실성을 확보할 필요가 있었다. 이를 위해 인공지능명령이 제정된 것이다. 인공지능명령의 제정으로 유럽연합에 처음으로 인공지능법(Artificial Intelligence Act)이 제정된 것이다.[30] 인공지능명령의 제정은 신뢰할 수 있고 안전한 인공지능 단일시장의 개발을 발전시키는 데 필요한 과제였다.

인공지능명령의 제정은 우선 그 효력에 있어서 중요한 의미가 있다. 유럽연합의 명령(regulation, Verordnung)은 회원국에 대해 직접 구속력을 미친다. 원칙적으로 간접적

---

29) 국내에서도 유럽연합의 인공지능명령에 대한 관심이 높아지고 있다[김중권, "EU인공지능명령안의 주요 내용과 그 시사점", 『헌법재판연구』 제8권 제2호(2021), 65-100면 참조].
30) COM(2021), 206 final.

효력을 가지는 지침(directive, Richtlinie)과 구별된다. 지침은 원칙적으로 회원국에 대해 간접적 효력만을 미치며, 대체로 일정한 기한까지 회원국법으로 전환되는 것이 보통이다. 그런 점에서 인공지능명령의 제정은 인공지능에 대한 구속력 있는 규제체계를 만든 것이다. 유럽연합의 인공지능규범을 제정한 목적은 인공지능의 개발자, 배치자 및 사용자에게 그 사용과 관련된 요건과 의무를 명확히 제시하여 신뢰할 수 있는 인공지능시스템을 구축하는 것에 있다. 인공지능시스템에 대한 높은 리스크를 고려하여 신뢰할 수 있는 인공지능의 국제적 허브를 만들고, 중소중견기업에 대해서는 행정적·재정적 부담을 낮추기 위해 인공지능명령안을 만든 것이다.

　종전의 입법만으로 인공지능에 대한 규제와 시민의 기본권 보호에는 한계가 있었기 때문에 이러한 인공지능명령이 제정된 것이다. 인공지능명령은 유럽연합 내의 인공지능시스템뿐만 아니라 유럽연합에 인공지능시스템을 출시하거나 설치하는 제3국의 제공자에게도 적용된다[인공지능명령 제2조 제1항 (a) 참조]. 인공지능명령은 유럽연합 내의 인공지능을 사용하는 자에게도 적용된다. 제3국의 인공지능시스템이 생산한 제품이 유럽연합 내에서 사용될 때 그 제3국의 개발자에 대해서도 인공지능명령이 적용된다. 그러나 인공지능명령은 군사적 목적으로만 사용되거나 개발된 인공지능시스템에는 적용되지 아니하며, 제3국의 공공기관이나 국제기구에 대해서도 그 적용이 배제된다 (인공지능명령 제2조 제3항 및 제4항).

2. 인공지능명령의 구조 및 특징

　유럽연합의 인공지능명령은 총 12편으로 구성되어 있다. 제1편에는 범위와 정의, 제2편에는 금지되는 인공지능의 실행, 제3편에는 높은 리스크의 인공지능시스템, 제4편에는 확실한 인공지능시스템을 위한 투명성 의무, 제5편에는 혁신 지원의 조치를 규정하고 있다. 제6편, 제7편 및 제8편에는 거버넌스와 실행을 규정하고 있으며, 제9편에는 행동강령(codes of conduct)을 규정하고 있다. 제10편에는 비밀 준수와 벌칙 등을, 제11편에는 권한위임과 위원회 절차를 두고 있다. 그리고 제12편에는 최종규정(final provisions)을 두어 유럽연합 입법의 개정사항을 규율하고 있다.

인공지능명령은 리스크를 근거로 의무와 책임을 강조하고 있다. 법학 분야에서 리스크(Risiko)는 목적의 손해발생의 개연성을 의미하는 위험(Gefahr)과 구별된다. 이에 반해 리스크는 불확실성을 전제로 하는 잠재적인 사건발생의 개연성을 의미한다.[31] 인공지능명령은 리스크의 정도에 따라 수용할 수 없는 리스크(unacceptable risk), 높은 리스크(high-risk), 제한된 리스크(limited risk), 최소의 리스크(minimal risk)로 분류한다. 리스크의 수위에 따라 4단계로 분류한 것이다.[32] 최소의 리스크는 비디오 게임이나 스팸 필터 등과 같이 자유로운 사용이 가능한 애플리케이션을 말하고, 제한된 리스크는 챗봇(Chatbots)과 같이 투명성 의무를 부담하는 인공지능을 말한다. 인공지능명령은 인간중심적 인공지능시스템을 지향하고 있으므로 인간의 권리, 인간의 생활과 안전 등에 명백한 위협이 되는 인공지능시스템을 금지하고 있다. 인공지능명령은 이를 수용할 수 없는 리스크로 분류하고 있다. 인간의 행위를 조작하거나 왜곡하는 방식이나 신체적·정신적 피해를 주는 방식으로 인간의 무의식이나 잠재의식의 기술을 배치하는 인공지능시스템의 출시나 서비스 제공은 금지된다. 공공기관이나 자연인의 신뢰성 분류나 평가를 대표하여 특정한 자연인에 대해 비우호적으로 대하거나 유해한 취급을 하는 인공지능시스템도 여기에 해당한다[인공지능명령 제5조 제1항 (c) 참조]. 특히 안면인식이나 지문, 보행사진 등과 관련하여 실시간 원거리 생체정보식별의 사용은 원칙적으로 금지된다. 예컨대 중국에서 개발된 소셜 스코링(Social Scoring)도 그러하다. 또한 법집행을 위해 일반공중이 접근할 수 있는 장소에서 실시간 원거리 생체정보식별을 하는 것도 허용되지 아니한다.

---

31) 이에 대한 상세는 정남철, 『행정법의 특수문제』, 법문사, 2018, 288-289면 참조.

32) 한편, 독일 데이터윤리위원회(deutsche Datenethikkommission)는 리스크를 5가지 유형으로 구분하고 있다(Jüngling, Die Digitalstrategie der EU-Kommission: Regulierung von künstlicher Intelligenz, MMR 2020, S. 443). 1단계는 특별한 조치가 없고, 손상이 없거나 거의 없는 경우를 의미하고, 5단계는 알고리즘시스템의 전부 또는 일부가 금지되는 경우이다. 2단계에서는 투명성의무, 리스크영향분석의 공표 등 형식적·실질적 요건을 충족하거나 감시절차가 수반된다. 3단계에서는 추가적으로 사전적 허가절차가 필요한 경우이다. 4단계에서는 감독기관에 의한 계속적인 통제가 필요한 경우이다. 이 단계는 중대한 손상가능성이 있는 적용에 해당한다.

3. 높은 리스크의 인공지능시스템에 대한 대응

수용할 수 없는 리스크 외에 인공지능명령에서 주목할 부분은 높은 리스크의 인공지능(high-risk AI)이다. 인공지능명령은 리스크에 기초한 규제방식을 채택하고 있으며, 높은 리스크의 목록을 규정하고 있다. 인공지능명령에는 이러한 높은 리스크의 인공지능시스템(high-risk AI systems)을 자세히 규정하고 있다. 높은 리스크의 인공지능시스템에는 인간의 건강이나 안전에 피해를 줄 리스크나 기본권에 부정적 영향을 미칠 수 있는 리스크가 있어야 한다(인공지능명령 제7조 제1항 참조). 높은 리스크의 인공지능시스템은 부록 Ⅲ에 규정되어 있다. 여기에는 생체정보식별, 교통·수도·가스 등 중요한 사회기반시설, 교육 및 직업 교육, 고용 및 근로자 관리, 필수적인 사적·공적 서비스 향유 및 접근, 기본권 침해와 관련된 법집행, 이주·망명 및 국경통제, 사법행정(司法行政) 및 민주절차 등과 관련이 있다.[33] 높은 리스크의 인공지능시스템을 출시하거나 그 서비스를 제공하기 전에 제공자나 정당한 대표자는 유럽연합 데이터베이스에 등록하여야 한다(인공지능명령 제51조).

높은 리스크의 인공지능시스템에 대해서는 '리스크관리시스템'이 필요하다(인공지능명령 제9조). 인공지능시스템의 모든 생애에 걸친 지속적인 관리시스템을 구축하여야 한다. 이러한 높은 리스크의 인공지능시스템에 대해서는 예견가능하고 투명한 리스크의 식별 및 분석이 필요하다. 높은 리스크의 인공지능에는 엄격한 요건이 부여된다. 적절한 리스크평가 및 저감 시스템, 높은 수준의 데이터 설정, 결과의 추적가능성을 위한 일지(日誌) 기록, 문서화와 정보제공, 적절한 감독, 높은 수준의 정확성과 견고성, 사이버보안 등의 요건을 충족하여야 한다. 인공지능명령 제16조에는 높은 리스크의 인공지능시스템 제공자에 대한 의무를 자세히 규정하고 있다. 특히 인공지능명령은 높은 리스크의 인공지능에 대해 품질관리시스템을 갖추어야 한다. 또한 높은 리스크의 인공지능은 시장출시나 서비스 제공을 하기 전에 관련 법령과의 합치성 심사를 거쳐야 한다.[34]

---

33) 정남철, "유럽연합(EU) 인공지능규범의 제정과 특징"(주 3), 234면.

4. 인공지능시스템의 관리 및 감독

인공지능에 대한 불확실성을 제거하기 위해서는 인공지능시스템에 대한 인간의 관리·감독이 중요하다. 인공지능명령에는 인공지능시스템의 관리·감독에 관한 규정을 두고 있다. 인공지능명령에는 인공지능을 시장에 출시하기 전에 '합치성 평가(conformity assessment)'를 하도록 규정하고 있다. 우선 각 회원국이 합치성평가 기관의 지정 및 평가 등을 통지하는 평가심사기관을 지정하거나 설치하도록 하고 있다(인공지능명령 제30조). 또한 합치성평가에 대해 통지받은 인증기관은 높은 리스크의 인공지능시스템이 합치성 평가절차에 적합하다는 것을 확인하도록 규정하고 있다(인공지능명령 제33조). 그리고 각 회원국은 정당한 이익을 가진 당사자가 인증기관의 결정에 대해 이의신청을 할 수 있는 절차를 보장하도록 하고 있다(인공지능명령 제45조).

인공지능명령은 특정한 인공지능시스템에 대해 투명성 의무를 규정하고 있다. 인공지능시스템의 제공자는 인공지능이 인간과 소통하는 것을 보장해야 한다. 감정인식시스템이나 생체분류시스템을 사용하는 자는 그 시스템의 작동을 이에 노출된 자연인에게 통지하도록 규정하고 있다. 딥 페이크(deep fakes)를 생산하거나 조작하는 인공지능시스템은 폐쇄하도록 하고 있다(인공지능명령 제52조). 다만, 예술이나 연구 등을 위해 이에 대한 예외를 허용하고 있다. 딥 페이크에 대한 규제는 여전히 불충분하며, 선거와 관련된 정치분야에서 논란이 되기 때문에 명확한 규율이 요구된다는 주장이 있다.[35]

인공지능명령은 높은 리스크의 인공지능시스템을 시판한 후 모니터링 시스템을 설치하고 문서로 작성하도록 규정하고 있다(인공지능명령 제61조). 유럽연합 역내에 설치된 높은 리스크의 인공지능시스템을 제공하는 자는 기본권을 보호하고 있는 유럽연합법을 위반하는 오작동이나 심각한 사고에 대해 보고하도록 규정하고 있다. 그리고 인

---

34) 상세는 정남철, "유럽연합(EU) 인공지능규범의 제정과 특징"(주 3), 235면.

35) Ebert/Spiecker gen. Döhmann, Der Kommissionsentwurf für eine KI-Verordnung der EU, NVwZ 2021, S. 1191 f.

공지능명령을 적용하는 업무를 수행하는 국가의 관할 행정청이나 인증기관은 그 임무를 수행하는 과정에서 얻은 데이터와 정보의 비밀을 유지해야 한다. 특히 지식재산권이나 기업의 비밀, 거래정보 등이 여기에 해당한다. 그 밖에 각 회원국은 인공지능명령의 규정에 따라 과태료와 같은 행정질서벌(administrative fines)에 관한 벌칙 규정을 만들어야 한다(인공지능명령 제71조).

5. 인공지능시스템에 대한 혁신 지원 및 거버넌스

유럽연합은 혁신적인 인공지능시스템을 위한 규제를 하고 있다. 즉 각 회원국의 관할 행정청이나 유럽연합 데이터보호국이 인공지능 규제샌드박스(AI regulatory sandbox)를 설정하여 출시하거나 서비스를 제공하기 전에 제한된 시간 동안에 혁신적인 인공지능시스템의 개발이나 검사를 하거나 인증하도록 하고 있다(인공지능명령 제53조). 인공지능명령에는 유럽연합 내의 인공지능에 관한 문제를 관할하는 기구로 유럽인공지능위원회(European Artificial Intelligence Board)를 설치하도록 규정하고 있다. 이 기구는 회원국의 감독청과 유럽집행위원회 간의 협력과 조정을 위한 것이다. 유럽인공지능위원회는 각국을 대표하는 회원국의 감독기구와 유럽데이터보호관(European Data Protection Supervisor)으로 구성된다. 그 밖에 유럽집행위원회와 회원국은 인공지능시스템에 대한 자발적 적용을 장려하는 행동강령을 제정할 것을 장려하고 있다(인공지능명령 제69조).

V. 평가 및 과제

유럽연합은 인공지능 윤리가이드라인과 인공지능백서에 이어 인공지능명령을 제정하였다. 이러한 인공지능규범은 회원국에 대해 직접적인 구속력을 가진다는 점에서 중요한 의미가 있을 뿐만 아니라 제3국의 인공지능 개발자·배치자 또는 사용자에게도 적용된다는 점에서 국내에도 적지 않은 영향을 미칠 것이다. 행정자동결정, 즉 자동화 행정행위의 법적 문제가 부상하고 있으며, 행정기본법 제20조에는 '자동적 처분'에 관한 규정이 도입되었다. 여기에 인공지능 기술을 적용한 시스템이 포함되어 있다.[36] 그러나 인공지능시스템을 자동적 처분에 포함한 것은 절차법적 측면에서 적지 않은 문제가 발생할 수 있다. 인공지능시스템의 도입으로 행정절차가 취약해질 우려도 있다.[37] 그러나 독일의 입법례와 같이 인공지능시스템에 의한 행정결정에 대해서는 직권조사, 의견제출 및 청문 등에 대해 예외규정을 마련해야 한다. 이러한 입법이 정비되지 않은 상황에서 인공지능시스템을 자동적 처분에 포함함으로써 여러 가지 절차적 위법 문제가 발생할 수도 있다.[38] 이처럼 인공지능시스템의 등장으로 전통적인 규범체계와 규범방식으로는 이에 대응하기 어렵다는 점에서 패러다임의 전환이 논해지고 있다.[39] 인공지능시스템의 적용은 행정의 법률적합성 원칙의 준수, 절차적 규정의 예외, 민주주의 및 법치국가원리 등의 관점에서 적지 않은 법적 문제를 초래할 수 있다.[40]

유럽연합 인공지능명령과 이에 따라 제정될 예정인 회원국의 인공지능법에 대한 분석이 필요하다. 앞에서 살펴본 바와 같이 유럽집행위원회는 '인간중심적' 인공지능시스템을 기초로 하여 우월생태계와 신뢰생태계를 구축하려고 한다. 또한 이를 토대로 제정된 인공지능명령은 리스크에 기초한 규제방식을 채택하였다. 여기서 주목할 점은 인간의 권리, 생활과 안전 등에 명백한 위협이 되는 인공지능시스템을 금지하고 있다는 사실이다. 유럽연합 인공지능명령은 이를 수용할 수 없는 인공지능으로 분류한다. 인간의 행위를 조작하거나 왜곡하는 방식이나 신체적·정신적 피해를 주는 방식으로 인간의 무의식이나 잠재의식의 기술을 배치하는 인공지능시스템의 출시나 서비스 제

---

36) 정남철, "행정기본법의 제정 의미와 주요 내용", 『법제』 통권 제693호(2021. 6), 55-56면.

37) 법제처, 『행정기본법 해설서』(2021), 211면.

38) 자동적 처분의 도입에 따른 절차적 문제점에 대해서는 정남철, "인공지능 시대의 도래와 디지털화에 따른 행정자동결정의 법적 쟁점: 특히 행정기본법상 자동적 처분의 문제점을 중심으로", 『공법연구』 제50집 제2호, 2021. 12, 231면 이하.

39) 심우민, "인공지능 시대의 자유와 민주주의, 그리고 입법", 『인공지능과 법』(한국인공지능법학회), 94면 이하.

40) Guggenberger, Einsatz künstlicher Intelligenz in der Verwaltung, NVwZ 2019, S. 846.

공을 원칙적으로 금지하고 있다. 이는 인공지능시스템이 초래할 가장 우려되는 부정적 측면인데, 인공지능명령은 이를 수용불가한 것으로 보고 있다. 인공지능명령에서 주목해야 할 부분은 높은 리스크가 있는 인공지능에 대해 특별한 규율을 두고 있으며, 또 이에 대해 엄격한 요건을 설정하고 있다는 것이다.

유럽연합의 인공지능명령은 각 회원국의 인공지능법 제정에 중요한 모델이 될 뿐만 아니라, 비회원국에 대해서도 적지 않은 영향을 미칠 것이다. 유럽연합의 인공지능정책이 추구하는 목표는 인간의 존엄성에 기초한 인공지능시스템의 구축이며, 또한 신뢰생태계는 인공지능이 초래할 위험과 리스크를 제어할 수 있는 안전장치이다. 이러한 인공지능정책의 기본방향과 규제전략은 타당하며, 국내의 인공지능규범을 제정할 때 이를 적극적으로 수용할 필요가 있다. 인공지능시스템이 초래할 리스크에 대한 규제체계를 확립하는 것이 중요하다. 유럽연합과 그 회원국인 독일은 리스크에 기초한 규제전략을 수립하고 있다. 유럽연합에서 논의되는 리스크에 대한 책임 문제도 새롭게 조망할 필요가 있다.

앞으로 정부는 인공지능규범을 제정하기 위한 로드맵(Roadmap)을 수립하여야 한다. 이를 통해 인공지능의 규제기준 및 기본원칙을 확립하여야 한다. 지난 2020년 12월 23일 대통령 직속 제4차 산업혁명위원회 전체회의에서 과학기술정보통신부는 사람이 중심이 되는 '인공지능(AI) 윤리기준'을 마련하였다. 이러한 윤리기준은 경제협력개발기구(OECD) 인공지능 권고안과 유럽연합 등의 인공지능 윤리 원칙을 반영하고 있다고 밝히고 있다.[41] 여기서 최고가치인 인간성을 위한 3대 기본원칙과 10대 핵심요건을 제시하고 있다. 3대 기본원칙으로 인간의 존엄성 원칙, 사회의 공공성 원칙, 기술의 합목적성 원칙을 밝히고 있다. 또한 이를 실천하기 위한 10대 핵심요건으로 ① 인권보장, ② 프라이버시 보호, ③ 다양성 존중, ④ 침해금지, ⑤ 공공성, ⑥ 연대성, ⑦ 데이터 관리, ⑧ 책임성, ⑨ 안전성, ⑩ 투명성을 제시하고 있다.

이로써 정부는 인공지능에 대한 윤리원칙을 마련하고 있지만, 이를 실천할 수 있는 구체적인 인공지능 정책을 수립해야 한다. 인공지능정책의 기본목표와 방향 등을 명

---

41) 과학기술정보통신부, 2020. 12. 23.자 보도자료.

확히 제시할 필요가 있다. 과학기술정보통신부에서 발표한 '사람이 중심이 되는' 인공지능 윤리기준은 유럽연합의 인간중심적 인공지능시스템을 연상시킨다. 또한 이는 경제협력개발기구(OECD)의 인간중심적 가치(Human-centred values)와도 유사하다. 인공지능규범의 기본목표는 인간의 존엄성 존중을 바탕으로 한 인공지능시스템을 구축하는 것이어야 한다. 인공지능에 대한 규제전략을 어떤 방향으로 설계할 것인지는 중요한 문제이다. 과학기술정보통신부는 인공지능 윤리기준은 정부와 공공기관, 기업, 이용자 등이 인공지능의 개발과 활용 전 단계에서 준수해야 할 주요 원칙과 핵심요건이라고 설명한다. 그러나 인공지능의 개발 및 활용 이후의 리스크에 대한 대비가 필요하다. 이를 위해서는 인간의 관리와 감독이 중요하다. 또한 인공지능시스템에 대한 신뢰와 투명성을 확보해야 한다. 이러한 작업은 정부가 주도하기보다 거버넌스 체제가 바람직하다. 수준 높은 인공지능정책을 수립하기 위해서는 경제, 과학, 법학, 디지털윤리(digitale Ethik),[42] 공공부문과 민간부문 등의 각계 전문가로 구성된 '전문가그룹'이 구성되어야 한다. 이제 인공지능에 대한 논의는 윤리적 차원을 넘어 점차 규범적 차원으로 전환되어야 한다.[43]

인공지능규범을 제정할 때 원칙적으로 '금지'해야 할 인공지능시스템을 우선적으로 확정하는 작업이 필요하다. 인간의 존엄과 프라이버시권 등 기본권과 자유, 차별금지, 민주주의 등 사회의 본질적이고 중요한 가치를 훼손할 수 있는 인공지능시스템의 설계와 개발은 금지되어야 한다. 인공지능에 대한 규제정책을 수립할 때 높은 리스크가 있는 인공지능시스템을 분류하는 작업이 중요하다. 기본권에 큰 영향을 줄 수 있는 생체정보식별을 비롯한 사회기반시설, 교육, 의료, 형사사법(刑事司法) 등의 분야에서는 인공지능의 리스크가 크다. 이러한 영역에서는 인공지능시스템의 활용이나 이용 등에 대해 엄격한 요건을 규정하여야 한다. 데이터의 기록과 보존, 정보제공, 기술적 견고

---

42) 한편, 독일에서는 디지털윤리의 문제가 부상하고 있다(Wischmeyer/Herzog, Digitale Ethik in der Demokratie, JZ 2019, S. 696 ff. 참조).

43) 국내에서도 의료분야에서 인공지능의 규범화 논의가 있다(김재선, "인공지능 의료기기 위험관리를 위한 규범론적 접근: 인공지능 소프트웨어 규범화 논의를 중심으로", 『공법연구』 제46집 제2호 (2018), 131-154면 참조).

성과 안전성 확보, 모니터링 등에 관한 규정을 마련해야 한다.

　인공지능에 대한 규제는 인류가 추구해 온 핵심적 가치를 유지하면서 인공지능이 초래할 위험이나 리스크를 합리적으로 관리·감독시킬 수 있는 방향으로 추진되어야 한다. 유럽연합의 각 회원국은 유럽연합 인공지능명령이 제정된 후 국내의 인공지능법을 마련하기 위한 준비작업을 하고 있다. 이러한 시대적 도전에 적절히 대응하기 위해 정부는 '인공지능법'을 마련하기 위한 기초작업을 서둘러 진행할 필요가 있다. 국회에는 「인공지능산업 육성에 관한 법률안」, 「인공지능 기술 기본법안」, 「인공지능교육진흥법안」 등 다양한 법률안이 상정되어 심사 중이다. 그러나 인공지능에 대한 기본방향과 정책이 반영되지 않은 개별 법령이 난맥상을 이루는 것은 바람직하지 않다. 인공지능에 관한 일반법의 제정이 먼저 마련되어야 한다. 국내에서도 인간의 존엄과 신뢰에 기초한 인공지능시스템을 구축하고, 인공지능의 규제기준과 원칙, 그리고 이를 실현할 수 있는 구체적 규제전략을 포함한 '인공지능법'의 탄생을 기대해 본다.

제15장

인공지능 알고리즘의 규제*

심우민
경인교육대학교 사회과교육과 부교수
(입법학센터장)

Ⅰ. 서 론

최근 주목받고 있는 인공지능의 기술적 발전은 현재 우리의 생활환경을 지배하고 있는 법규범적 지형의 변화를 추동하고 있다. 이에 국내외적으로 인공지능 및 그 알고리즘을 규제하기 위한 다양한 논의들이 이어지고 있다. 그러나 아직까지 구체적이고 명확한 입법적 대안이 제시된 경우는 많이 찾아볼 수 없는 상황이다. 그 이유는 아무래도 인공지능의 기술적 속성이 전통적인 법적 규율의 목적과 대상에 있어 차이점을 보이기 때문이라고 할 수 있다. 물론 이것이 패러다임 전환으로까지 이어질 수 있는 것인지에 대해서는 좀 더 이론적이고 심층적인 분석이 필요하겠지만,[1] 적어도 종래 법적 관념으로는 해소할 수 없는 무언가가 존재한다.

---

* 이 글은 전반적으로 심우민, "인공지능의 발전과 알고리즘의 규제적 속성", 법과 사회 제53호, 2016 과 "IT법체계 전환의 내용과 방법론: 신기술에 대한 상시적 입법영향평가", 법학평론 제9권, 2019 등을 바탕으로, 기존에 필자가 연구해 온 '아키텍처 규제론'과 '알고리즘 규제론'을 입법정책 방향설정의 관점에서 수정 · 보완한 것임을 밝힌다.

1) 이와 같은 패러다임에 관한 논의의 단초는 심우민, "인공지능과 법패러다임 변화 가능성: 입법 실무 거버넌스에 대한 영향과 대응 과제를 중심으로", 법과 사회 제56호, 2017을 참고할 것.

따라서 보다 본격적인 인공지능 알고리즘 규제에 관한 논의를 진척시키기 위해서는 인공지능과 그 알고리즘을 대상으로 하는 법적 규제에 관한 입법이 어떻게 이루어지는 것이 타당한 것인지에 대한 분석이 이루어져야 할 필요가 있다. 이를 위하여 이 글에서는 다소 새로운 관념적 배경을 가지는 '알고리즘 규제(algorithmic regulation)'라는 개념적 도구를 활용한다. 이는 단순하게 말하자면 알고리즘이 그저 규제대상으로서의 기술적 객체로서만 존재하는 것이 아니라, 그 자체가 인간의 행위를 규율할 수 있는 매개체로서 등장하고 있다는 사실에 주목하는 용어이다. 이를 통해 향후 알고리즘 규제에 관한 입법이 어떻게 이루어지는 것이 바람직한 것인가, 그리고 이를 위한 입법 전략은 무엇인지를 논구해 볼 것이다.

특히 이제까지 한국사회의 IT입법은 당대의 정책적 목적을 달성하기 위해 다양한 입법들을 중복적으로 산출해 왔으며, 그 결과 매우 복잡하고 중첩적인 규제 지형을 가지게 되었다. 따라서 이후 인공지능 알고리즘 활용이 전면화된 상황에서 이를 규율하기 위한 새로운 입법이 추가되게 되면, 더욱더 규제 체계 복잡성이 증대될 수밖에 없을 것으로 판단된다. 바로 이 지점에서도 보다 선명한 입법적 지향점과 전략 설정이 요구된다.

II. 인공지능과 알고리즘 규제

1. 알고리즘의 규범적 논제

(1) 알고리즘의 법규범적 불확정성

인공 신경망의 판단 구조는 궁극적으로 인공지능의 판단 및 행위가 규범적 차원에서 예견가능성이 현저하게 떨어질 가능성이 높아질 수 있다는 문제를 일으킨다. 바로 이러한 문제가 불확정성(Indeterminacy) 테제이다. 법규범적 대응을 위해서는 법적 사안을 어느 정도 확정할 수 있어야 함에도 관련 사실 및 인과관계를 정확하게 확정할 수 없어 이에 대한 법규범적 대응 또한 난관을 겪게 된다. 즉, 다소 고정적인 기술 환경이 전제된 상황에서 그러한 기술이 발생시킬 위험 및 법익침해의 문제에 대해서는 기술에 관한 확정적인 기술적 · 관리적 보호조치 및 각종 인허가 요건 등을 법령 등에 명시함으로써 대부분의 사안에 대해 법규범적으로 대응할 수 있다. 그러나 현재의 인공지능 기술은 앞서 언급한 바와 같은 인과관계 파악상의 어려움 등과 같은 문제점이 전제되어 있기 때문에 이에 대해 예방적 견지에서 법규범을 통해 접근하기에는 한계가 있다.

사실 불확정성의 문제는 근대 법체계가 본원적으로 가지고 있는 속성이라고 할 수 있다. 법의 불확정성 문제는 이미 법철학적 측면에서도 오랜 시간 동안 중요한 쟁점이 었는데, 특히 미국의 법현실주의(Legal Realism)와 비판법학(Critical Legal Studies)은 법의 불확정성 문제2)를 예외적인 현상이 아니라 당연한 것으로 받아들일 수 있는 이론적 가교를 놓았다고 볼 수 있다. 그렇다면 인공지능 기술의 일상화 · 보편화로 인하여 법의 불확정성이 증대되는 상황은 법규범적인 측면에서 전적으로 새로운 것은 아니다. 다만 변화하는 기술적 환경이 법의 불확정성을 과거보다 더욱 부각시킬 수밖에 없다는 점, 현실적 규제 논의에서도 불확정성 문제를 그 중심에 놓을 수밖에 없는 현실이 전개되고 있다는 점을 확인하는 것은 상당한 의미가 있다.

(2) 알고리즘 투명성 요청과 인간 개입 불가피성

인공지능 기술이 법규범적인 측면에서 불확정성을 극대화한다는 점은, 향후 이에 대한 법적 대응을 어떻게 수행할 수 있을지 여부가 중요해짐을 시사한다. 가장 유효한 대응 방식은 시시각각 유동적으로 변화하는 알고리즘 자체가 투명성을 확보하도록 함으로써 가능한 위험을 최소화하는 방안들을 지속해서 마련해 나가는 것이라고 할 수

---

2) 이러한 불확정성을 가장 극명하게 설명하는 학자로는 던컨 케네디(Duncan Kennedy)가 있다. 그가 이러한 불확정성을 주장하는 이유는 법을 모종의 공식과 같은 결정적인 것으로 인식하는 우리들의 허위적인 믿음을 우리들 스스로 부정하기 위함이라고 주장한다. 결국 이러한 불확정성에 대한 이해 방식은 던컨 케네디가 속해 있는 비판 법학운동 그룹의 테제인 "법은 정치적이다"라는 주장으로 연결된다. 김정오, "자유주의 법체계에 대한 구조적 분석과 비판—던컨 케네디의 비판법담론을 중심으로", 연세법학연구 제2권, 1992, 672-682면.

있다.

알고리즘 투명성의 요청은 현실 법규범적 논의를 알고리즘의 구성 과정과 그것을 통한 기계적 판단 결과가 가지는 영향을 사전에 예측할 수 있도록 하는 방안에 관한 논의로 이끈다. 물론 자율적인 기계 학습을 통해 구성되는 알고리즘을 사전에 모두 정확하게 예측하는 데에는 한계가 있을 수밖에 없기 때문에 이러한 투명성 확보가 용이한 것은 아니다. 따라서 알고리즘 투명성의 요청은 그것의 실현가능성 여부를 넘어서서 다분히 규범적 이상향 또는 지향을 의미한다고 보는 것이 타당하다. 이는 현재의 기술 수준에서 알고리즘으로 인한 '차별'과 '위험'을 가급적이면 방지하기 위한 최선의 노력을 수행해야 한다는 일종의 현재적·당위론적 요청이다.

결국 인공지능 알고리즘의 투명성을 확보하기 위하여 주안점을 두어야 하는 쟁점은 두 가지로 축약된다. 하나는 학습 데이터의 건전성 또는 질의 문제로서 얼마나 정확한 (또는 공정한) 데이터들을 활용할 수 있을지 여부이다. 다른 하나는 자율적 학습을 통해 구축한 알고리즘이 얼마나 비차별적이고 위험성이 없는 판단 결과를 산출해 낼 것인지의 문제이다.

그런데 위 두 가지 쟁점 요소들을 분석해 보면, 결국 인간의 개입이 불가피하다는 점이 명확해진다. 즉 인공지능 서비스를 통해 영업을 영위하고자 하는 사업자들은 인공지능이 비교적 정확하고 공정한 데이터를 학습할 수 있도록 개입할 필요가 있다. 그리고 학습 데이터 선별 또는 초기 알고리즘 구축 등 무엇을 원인으로 하든 차별적이거나 위험성 있는 판단 결과가 도출되는 경우에도 그것을 통해 서비스를 제공하고자 하는 이들은 그 결과를 통제하기 위해 개입할 필요가 있다.

인공지능 서비스에 관해 언급함에 있어, 인공지능 기술의 미래상에 도취되어 온전히 인간의 개입이 없는 상황을 상정하고 법규범적 대응 방안에 관해 논하는 경우가 빈번하게 발생하고 있다. 이러한 담론은 인공지능 기술의 규제 불가능성을 강하게 주장하면서, 법규범적 논의 지형을 모호하게 한다. 그러나 결국 관련 인공지능 서비스를 상용화하고자 하는 이들이 존재할 수밖에 없는 상황을 고려한다면, 이들 사업자는 수익 목적을 달성하기 위해 또는 제기 가능한 법적 책임을 회피하기 위해 데이터와 판단 결과에 대한 통제가 가능한 서비스들을 출시할 수밖에 없을 것이다. 따라서 인공지능 알고리즘 투명성을 확보하기 위한 시도는 인공지능 서비스 개발자, 관리자 및 사업자 등을 기본적인 규율대상으로 하는 것이라고 할 수 있다.

이와 유사한 관점은 인공지능 규제법안 논의 초기에 EU 의회가 EU 집행위원회에 대한 권고로서 의결한 「로보틱스에 관한 시민법 규칙 권고안」(이하 'Civil Law Rules on Robotics')[3]에서도 발견할 수 있다. 동 권고는 일반원칙 부분에서 다음과 같이 서술하고 있다.

T. 아시모프의 법칙은 자율성과 자체학습 기능이 내장된 로봇을 포함한 로봇의 설계자 와 생산자, 운영자에게 적용되는 것으로 간주되어야 한다. 이러한 법칙은 기계 코드로 변 환될 수 없기 때문이다.

결국 알고리즘 투명성을 확보하기 위한 책임 또는 책무는 개발자, 관리자 및 사업자 등에게 귀결될 수밖에 없다.[4]

2. 알고리즘 규제의 의미

(1) 기술과 규범의 상호작용

이상과 같은 새로운 규범적 쟁점을 산출해 내는 인공지능 알고리즘에 관한 입법을 고민함에 있어서는, 다소 원론적으로 돌아가서 기술과 (법)규범은 상호 어떠한 관계를 가지는 것인지에 대한 분석에서부터 시작하는 것이 타당할 것이다.

기술과 법의 관계에 대해서는 기술과 사회의 관계에 관한 종래의 정보사회학 담론

---

3) European Parliament, European Parliament Resolution of 16 February 2017 with Recommendations to the Commission on Civil Law Rules on Robotics (2015/2103(INL)), 2017.2.16.

4) 여기서 책임(Liability)이라고 하는 것은 다소 법률적 차원의 책임 또는 의무를 부과한다는 의미이고, 책무(Accountability)는 아직은 법률적 수준에 이르지 못한 일종의 도덕적 소명 의무 등으로 이해할 수 있다. 물론 책무의 경우에도 간접적으로 법규범적인 유도를 위한 시도가 불가능한 것은 아니라 는 점은 당연하다.

으로부터 시사점을 발견할 수 있다. 기술과 사회에 관한 논의 지형은 '기술결정론 (Technology Determinism)', '사회 구성주의(Social Constructivism)', 그리고 '기술-사회 공진 화론(Co-evolution of Technology and Society)' 등으로 구분해 볼 수 있다.5) 기술결정론은 사회적인 요인들이 기술적 발전에 따라 변화한다는 입장이고, 사회 구성주의는 기술 적 발전은 사회적 필요성에 따라 이루어진다는 주장이다. 그러나 현실적 측면을 고려 해 볼 때, 이러한 양극단의 견해는 상호 절충될 필요가 있다. 현실적인 견지에서 기술 과 사회의 상호 영향을 인정함을 전제로, 이 둘의 관계의 분석에 초점을 맞출 필요가 있다.

이러한 측면에서 제기되는 입장이 바로 기술-사회 공진화론이다. 기술-사회 공진화 론은 기술과 그 발전이 사회적 변화와 필요를 추동하기도 하고, 사회적 변화와 필요가 기술적 발전을 추동하기도 한다는 관점이다. 이러한 기술-사회 공진화론의 함의는 기 술과 법의 관계에 그대로 원용될 수 있다. 기술은 법의 종속변수가 될 수도 있고, 법이 기술의 종속변수가 될 수도 있다. 이러한 관점은 현재의 신기술 도입에 관한 규제 논 의에 상당한 시사점을 제공해 준다.

일반적으로 새로운 기술이 출현하면 그러한 기술이 선사하는 가능성과 유용성에 주 목하다 보니, 이를 사회적으로 수용하기 위한 법령 개선의 필요성이 주목받는 현상이 발생한다. 그 결과 무분별한 규제 철폐 혹은 완화의 요구가 발생하는 경우가 많다. 그 러나 역으로 그러한 기술 도입으로 인하여 이전에는 예측할 수 없었던 새로운 사회 문 제가 대두될 수 있다는 점은 상대적으로 소홀하게 다루어지는 경향이 있다. 즉 단순한 규제 철폐 또는 완화의 요청은 상당 부분 기술결정론적 시각을 전제하는 것인데, 이는 사회 구성주의적 시각과 균형을 맞추어야 할 필요가 있으며, 이러한 지점에서 기술-사 회 공진화론이 설득력을 가진다.

입법 정책적 측면에서 이러한 기술-사회 공진화론을 실천적으로 구현하기 위해서 는, 기술과 관련한 (법)규범 형성에 있어 사회 구성원들 간의 소통, 즉 '소통적 규범형 성'이 중요하다.6) 새로운 기술의 출현에 대해 어떠한 규범적 기준을 설정할 것인지에

---

5) 이에 관한 개괄적 논의에 대해서는 심우민, 정보사회 법적규제의 진화, 한국학술정보, 2008, 29면 이하.

대해서는 사회적 필요와 요구를 반영할 수 있어야 한다. 이러한 과정을 통하여, 전통적인 법규범적 가치 중에서 유지해야 할 가치와 그렇지 않은 가치에 대한 사회적 합의가 필요하다. 또한 기술적 발전으로 인해 변화된 사회상에 부합하는 새로운 규범적 가치를 사회적으로 논의해야 하는 경우도 있을 것이다.

　예를 들어, 최근 논란이 되었던 우버 택시(Uber Taxi)의 국내 진출 문제와 관련하여 일각에서는 새로운 기술 변화를 수용하지 못하는 국내 규제의 현실에 대한 비판이 있었다. 일견 타당한 지적이라고도 볼 수 있겠지만, 다른 측면에서 보자면 기존 운수 사업자 및 노동자의 전통적 이해관계와 이에 관한 법규범적 가치(기대)는 결코 무시할 수 없는 사회적 요인이라고 볼 수 있을 것이다. 따라서 정상적인 국내 진출을 위해서는 국내의 전통적인 이해관계 및 규범적 가치에 대한 진지한 고려는 물론이고, 이에 따른 사업방식의 일부 변경도 먼저 생각해 보았어야 했다는 비판이 가능하겠다.

(2) 아키텍처 규제와 알고리즘 규제

　결국 기술-사회 공진화론의 견지에서, 인공지능 알고리즘은 새로운 규범 창출의 원인이기도 하고 또한 규범적 규제의 대상이기도 하다. 사실 인공지능 및 그 알고리즘의 발전은 일반적인 논의 범주를 넘어서는 다소 새롭다고 할 수 있는 법규범적 사유와 판단을 요청하고 있는데, 그것은 바로 기술과 사회가 상호 작용 속에서 규범적 쟁점들을 산출해 내고 있는 것이라고 볼 수 있다. 이는 인공지능 알고리즘에 대한 단순한 법적 효과의 귀속 문제를 넘어서서, 알고리즘 그 자체가 인간의 행위를 규제하는 요인으로 등장할 수 있는 가능성까지도 관심 범주를 확장토록 한다. 따라서 이하에서는 인공지능 알고리즘이 법적 규제와 유사한 역할을 수행하게 되는 상황에 대해 고찰해 보고자 한다. 그 이유는 이러한 알고리즘의 역할이 추후 법규범적 연구의 중요한 쟁점들을 사사해 주기 때문이다.

　인공지능 기술은 뇌과학 또는 인지과학 등의 연구 성과가 접목되면서 비약적인 발

---

6) 소통적 규범형성의 배경이론에 대해서는 김정오 · 심우민, "현대적 입법정책결정의 배경이론 모색: 사회적 구성주의 이론 도입을 중심으로", 법학연구 제26권 제2호, 2016 참조.

전을 거듭하고 있다고 볼 수 있다. 최근 논의되고 있는 딥러닝은 이러한 과학적 성과의 반영이라고 할 것이다. 그런데 이러한 연구 성과들이 더욱 빛을 발할 수 있는 것은 데이터 활용에 관한 IT(Information Technology)기술이 그간 지속적으로 성장해 왔기 때문이다. IT기술은 인터넷 등을 기반으로 지속적인 발전을 거듭해 오고 있으며, 최근에는 모바일 통신 기술의 보급과 데이터 활용 기술의 발전으로 사실상 거의 모든 생활 영역에서 일상화되고 있다. 다소 단순하게 보자면, 뇌과학 또는 인지과학은 인공지능 개발을 위한 기초연구라고 할 수 있고, IT기술은 이러한 연구의 성과를 현실에 구현하는 실현수단에 해당한다고도 볼 수 있을 것이다. 따라서 인공지능에 관한 법적 문제를 고민함에 있어서는 이제까지 발전해 온 IT법학적 함의를 고려하지 않을 수 없다.

IT법학의 고유성을 확보해 주는 주요한 논리는 바로 아키텍처 규제(Architectural Regulation)에 관한 관념이었다. '아키텍처'라는 용어는 인간이 인위적으로 만들어 낸 구조를 의미한다. 아키텍처는 자연적인 사실로서의 존재가 아니라 인간이 의도적으로 구축한 구조이며, 이는 역설적으로 인간 스스로의 행위를 규제(제약)하기도 한다.[7] 예를 들면, 주거지역 등에 자동차의 과속을 방지하기 위해 설치한 과속방지턱은 운전자의 행위를 규제하는 요인으로 작용한다. IT법학자들은 바로 이러한 '아키텍처 규제'적 속성에 주목하고 있으며, 이를 IT법학 또는 사이버법학의 고유성을 부각시키기 위한 방안으로 활용하고 있다.[8] 물론 개념적으로 보자면 이러한 아키텍처 규제의 사례가 비단 인터넷 등 네트워크가 현출하는 공간에서만 발생하는 것은 아니다. 그러나 소통을 매개하는 네트워크 자체는, 일반적인 현실 오프라인 공간과는 달리, 전적으로 인간의 설계에 입각하여 형성된 일종의 구조물이라고 할 수 있다. 따라서 네트워크 소통에 있어서는 아키텍처의 규제적 속성이 전면적으로 문제시될 수밖에 없다.

---

[7] 이러한 '아키텍처 규제'가 특히 문제시되는 점은 아키텍처의 설계자들이 관련 규제의 내용을 실질적으로 결정하게 되는 입법자와 유사한 역할을 수행하게 된다는 점에 있다. 이러한 아키텍처 규제와 법적 규제의 비교에 대해서는 심우민, "정보통신법제의 최근 입법동향", 언론과 법 제13권 제1호, 2014, 88-91면 참고할 것.

[8] 심우민, "이행기 IT법학의 구조와 쟁점: 가상현실과 인공지능의 영향을 중심으로", 언론과 법 제15권 제1호, 2016, 192면.

그렇다면 이제까지 IT법학에서 논해지던 아키텍처 규제론은 인공지능과 관련하여 어떠한 시사점을 가질 수 있을 것인지의 문제를 생각해 보아야 한다. 필자는 인공지능 기술 자체도 일종의 아키텍처 규제의 맥락에서 이해할 수 있다고 판단한다. 다만 다음과 같은 차이점이 있을 것으로 판단된다. 과거 인터넷 등 네트워크 아키텍처의 다양한 요인들 중 핵심은 통신규약의 일종이라고 할 수 있는 '프로토콜(protocol)'이라고 할 수 있다. 이는 기본적으로 시스템 간 데이터 교환을 위해 사용하는 통신 규칙이다. 그러나 이러한 프로토콜은 말 그대로 상호 소통을 위해 준수해야 하는 규칙이기 때문에 다소 정적이고 소극적인 특성을 가진다. 이와 달리, 인공지능과 관련하여 아키텍처 규제의 속성을 노정하는 기능을 수행하는 것은 바로 '알고리즘'이라고 할 수 있다. 알고리즘은 일반적으로 어떠한 주어진 문제를 풀기 위한 절차나 방법을 기술한 것을 의미한다. 인공지능은 일종의 소프트웨어 또는 프로그램으로서 스스로 학습하고 결과물을 산출해 내는 알고리즘에 의해 구성된다. 그리고 이러한 알고리즘은 학습 결과에 따라 그 자체를 수정하고 재생산해 내기도 한다. 따라서 인공지능 알고리즘에 근거한 아키텍처 규제적 속성은 일정부분 동적이고 적극적인 특성을 가진다고 볼 수 있다. 이하에서는 논의의 맥락에 따라 인공지능이 가지는 아키텍처 규제적 속성을 종래 네트워크의 아키텍처 규제 속성과 구분하기 위하여 '알고리즘 규제(Algorithmic Regulation)'라는 용어[9]를 사용하기로 한다.[10]

---

9) 알고리즘 규제(algorithmic regulation)라는 용어는 또한 최근 오라일리(Tim O'Reilly)가 사용하고 있는데, 그가 사용하고 있는 이 용어는 정부의 법 집행 및 규제에 관하여 컴퓨터 알고리즘을 활용하자는 취지를 가지고 있다. 즉 일종의 새로운 규제 거버넌스의 운영을 의미하는 것이다. 따라서 오라일리의 용어 사용과 필자의 용어 사용은 논의의 차원이 다르다고 볼 수 있다. 오라일리의 알고리즘 규제에 대해서는 Tim O'Reilly, "Open data and algorithmic regulation", in Brett Goldstein & Lauren Dyson(Eds.), *Beyond Transparency: Open Data and the Future of Civic Innovation*(Code for American Press, 2013), 289-300면 참조.

10) '알고리즘 규제'라는 용어가 '알고리즘에 대한 규제'의 의미로 단순하게 오인될 수도 있을 것이다. 이에 대해서는 입법 실천 전략 구상의 측면을 다루는 이하 Ⅲ절에서 별도로 논한다. 다만 여기에서 이용어는 '법적 규제'와 대비되는 규제의 한 양식을 의도한 것이다. 즉 법규범이 아닌 '알고리즘에 의한 규제'를 의미한다.

3. 알고리즘 규제의 법사회학적 분석과 법 관념의 변화

(1) 법진화론 연구

알고리즘 규제 관념의 출현은 규범적 시각의 변화를 추동한다. 법 관념 또는 패러다임 변화에 관한 연구는, 다분히 사회 현상에 주목하고 있는 사실학 연구와 법규범 자체에 초점을 맞추고 있는 규범학 연구 사이에 위치하고 있다. 그런 의미에서 사실학과 규범학 간의 가교를 놓아 주고 있는 법사회학 연구에 대해 현시점에서 주목해 볼 필요가 있다. 법사회학 연구 분야 중 이와 관련한 것은 법진화론이다. 1970년대 이래로 현대적 법진화론의 논의가 출현했다. 근대 자유주의 법 관념의 붕괴 현상과 맞물려 있다. 즉 새로운 법체계 또는 패러다임의 출현 가능성을 보여 주는 것이라고 할 수 있다.

법진화론의 입장에서 법규범 및 패러다임의 변화를 가장 극명하게 보여 주는 것은 노넷과 셀즈닉(P. Nonet & P. Selznick)의 응답적 법(responsive law)에 관한 논의이다.11) 이들은 법의 진화해 나가는 단계를 '억압적 법'(repressive law), '자율적 법'(autonomous law), '응답적 법'(responsive law)으로 구분하여 접근한다.12) '억압적 법'이란 권위적이고 억압적인 권력에 대한 봉사자로서의 법을 의미한다. 여기서의 법은 기본적으로 매우 광범위한 재량권을 가진 주권자의 명령이며, 법과 국가를 별도로 구분하지 아니한다. '자율적 법'은 억압을 최소화시키고 사회통합을 높일 수 있는 있는 분권화된 제도로서의 법을 의미하며, 이는 통상적으로 '법의 지배'로 칭해지는 체제를 의미한다. 현대의 법실증주의자들과 자연법비판론자들이 공통적으로 주장하는 행정 결정의 법 기속성, 법제도의 자율성, 이데올로기와 법의 준별, 사법의 순수성 등이 이 법의 특징이다. 마지막으로 '응답적 법'이란 사회적 필요와 기대에 부응하는 촉진제로서 기능하는 법을 의미하며, 이는 법현실주의자들과 기능주의적·실용주의적·합목적적 법 정신을 주장하는 자들이 그 필요성을 줄기차게 강조해 온 법을 의미한다.

---

11) 노넷-셀즈닉의 법진화론에 관한 설명으로는 양건, 법사회학(아르케, 2004), 237-242면.

12) Philipe Nonet & Philip Selznick, *Law and Society in Transition: Toward Responsive Law*(Harper & Row, 1978). 이 책의 국문 번역본은 정동호·신영호(역), 법과 사회변동(나남, 1986)이 있다.

노넷과 셀즈닉은 법진화론 분야에 있어, 여타의 일반 법사회학 연구들과 유사하게 외부적이고 사실적인 요인에 초점을 두는 것이 아니라, 법규범 또는 법체계가 가지는 구조적 잠재성에 방점을 두고 있다. 물론 이들이 법체계 밖에 있는 사회 변화 및 권력의 역할을 부정하지는 않는다. 분명히 그들은 많은 사회적 변화들이 외부적인 영향의 결과임을 인정[13]한다. 그러나 그런 외부적 영향은 부차적인 수준에 머무를 수밖에 없다고 주장한다. 즉 외부 환경은 그 자체만으로 법 변동을 야기하지는 않는다. 오히려 외부적 환경은 주로 법 내부의 발전 잠재성을 유발하거나 저해하는 데 작용하는 것이라고 보고 있다.[14]

응답적 법이라는 다소 새로운 유형의 법 패러다임을 이들이 언급하고 있는 원인들에는 다음과 같은 것들이 있다. 첫째, 형식적인 기준에 따르면 법적 판단 및 추론보다는 법의 목적을 우위에 두는 현상(법형식주의 탈피), 둘째, 전통적인 법과 법적 판단의 권위 약화(법적 공공성 및 책무 등의 관념 변화), 셋째, 법의 개방성과 소통성의 요청에 따른 참여 등가(법의 정치적 성격), 넷째, 법의 형식적 합법성과 정당성 보다는 실질적 역량(목적달성의 가능성 여부)의 중시(재판을 통한 규제보다 행정규제)가 그것이다.[15] 이러한 법규범적 변화를 표로 정리해 보면 다음과 같다.

〈표 1〉 노넷과 셀즈닉의 법진화론

	억압적 법	자율적 법	응답적 법
법의 목적	질서	정당화	권능(competence)
정당성	사회방위와 국익	절차적 공정성	실질적 정의
법적 추론	자의적, 개별적	법적 권위 중시 (형식주의 및 법률주의)	목적적
재량	광범위	협소(입법에 의한 제한)	목적 구속의 전제하에 확대

* 출처: 양건, 『법사회학』(아르케, 2004), 238면 참조 및 변형.

---

13) Philipe Nonet & Philip Selznick, 앞의 책, 20면.

14) 양건, 앞의 책, 239면.

15) 양건, 앞의 책, 239면.

(2) 응답적 법으로의 변화 맥락

노넷과 셀즈닉의 법진화론적 관점, 특히 응답적 법에 관한 내용은 실제 현재적 관점에서의 법규범 변화의 맥락과 상당히 조응한다. 우선 AI 기술의 발전으로 인한 법규범 변화의 특성과 맥락을 좀 더 명확히 정리해 보면 다음과 같다.

첫째, 불확정성(비결정성)이 과거에 비해 급격히 증가 및 확산될 것이다. 과거 인간 중심의 상황판단에 기계적 판단이 개입해 들어오기 때문에, 그러한 판단의 방향과 속도 모두를 예측하기 힘들다. 물론 AI을 그 자체로 인공적 지능으로 볼 것인지, 아니면 인간의 판단과 활동을 보조하는 지능적 개체(Intelligence Augmented)로 볼 것인지 여부에 대한 논란이 있다. 달리 말하여, 강한 AI과 약한 AI 구분을 둘러싼 논란에 대해 명확한 정답을 찾기 힘든 상황이기는 하지만, 어떠한 경우든 과거 인간의 소통만을 중심 대상으로 했던 법적 판단구조를 상당히 바꾸어 놓을 것으로 판단된다.

둘째, 법규범에 관한 인식 토대라고 할 수 있는 사회 구조적인 변화가 야기될 것이다. AI 기술의 근간이라고 할 수 있는 빅데이터 분석은 물론이고, 클라우드 컴퓨팅 및 사물인터넷(IoT) 기술의 발전은 소위 초연결사회로의 변화에 기여할 것이다. 그러나 이러한 기술발전은 단지 인간의 편의성을 향상시키는 수준을 넘어, 전통 산업사회 기반 구조와 권력 관계를 변화시킬 것으로 예측되고 있다.[16]

셋째, 기술적 발전이 거듭할수록 과거보다 더욱 급격한 국경 간 규제 충돌 및 갈등이 발생할 것으로 예측된다. 향후 AI 관련 서비스는 전통적으로 통용된 국경을 넘어선 개별 이용 주체들 간의 연결을 추구하고, 이 과정에서 수집되는 다양한 데이터들을 활용하게 될 것이다. AI 네트워크 연결 게이트웨이 역할을 하게 될 플랫폼 서비스 사업자들은 인간 이용자들의 편의성을 더욱 증진시키기 위해, 국경을 넘어선 이용자 확보에 더욱 관심을 집중할 것이다. 이 과정에서 개인정보 보호규제, 내용규제, 각종 행정규제(인허가 및 행위 규제) 기준 내용과 그 설정방식 등을 둘러싼 규제충돌 및 상충 현상

---

16) 전통적인 일자리 및 고용구조의 변화는 양극화 현상 등을 매개로 하여 사회 구조적인 권력관계 변화 또한 유발할 것으로 보인다. 이와 관련해서는 미국의 Executive Office of President, *Artificial Intelligence, Automation, and the Economy*, 2016.12. 보고서를 참조해 볼 만한 의미가 있다.

이 급속히 확산될 것이다.

(3) 향후 법 관념의 변화 방향

이상과 같은 변화의 특성과 맥락에 입각해 볼 때, 노넷과 셀즈닉이 제시했던 응답적 법과 유사한 단계를 거치면서 향후 변화가 더욱 신속하게 이루어질 것으로 보인다. 즉 법 자체가 보유하고 있던 내재적 잠재력이 AI의 보편화 영향과 같은 외부적 환경으로 인하여 더욱 가시화될 것이라고 예측할 수 있다. 그 이유는 다음과 같이 정리할 수 있다.

첫째, 법의 불확정성이 증가한다는 것은 입법환경의 변화를 사전에 예측하기 어려워진다는 점을 의미한다. 이제까지 교과서적이고 전통적인 근대사회에서 형식적 합리성과 예측 가능성이 사회 구성원들의 규범적 기대의 근간이었다고 할 수는 있지만, AI 기술 발전으로 인해 사회 변화가 급속히 전개되면서 그러한 규범적 기대에 기반한 안정성을 유지하는 데 난관이 발생할 것이다. 따라서 형식적인 법의 내용과 기준보다는 그러한 법규범이 가지고 있는 목적 자체의 달성이 중요시 여겨질 것이며, 그런 맥락에서 법집행권자의 규제적 재량이 더욱 중요해질 것이다.[17] 이러한 상황에서 실제 법제 개선 및 입법실무는 그러한 행정적 재량을 일정부분 기속시킬 수 있는 규제 목적을 명확히 제시하는 데 기여할 수 있어야 할 것이다.

둘째, 사회-구조적인 변화는 경제, 정치, 문화, 등 제반 영역들에 있어 급격한 변화를 추동할 것이다. 이에 사회는 종전의 이해관계와 규범적 관행이라는 측면에서 과거와는 차원이 다른 변화를 경험하게 될 것이다. 따라서 과거와 같이, 이미 전제된 규범 내용, 의식 및 기대에 바탕을 둔 형식적 추론만으로는 사안을 해결하기 힘들게 된다. 새로운 구조 변화, 더욱 정확하게는 이해관계 및 그것의 유지 필요성에 관한 본질적인

---

17) 신속한 상황 변화가 다차원적으로 이루어지는 상황에서, 법치행정 원칙에 입각한 전통적인 법적 규율방식과 마찬가지로 모든 법적 판단의 요건들을 사전에 법에 명시해 두기는 어렵다. 따라서 현대 입법기술에 있어서는 일반조항이나 불확정 개념의 활용 빈도가 증가하고 있는 상황이다. 과거에는 이러한 입법기술 활용의 증가를 단순히 편의적인 입법방식으로 치부해 온 것이 사실이지만, AI 알고리즘의 불확정성을 전제로 본다면 보다 원론적인 입법방식으로 격상되고 있는 상황으로도 평가해 볼 수 있다.

의문을 제기받게 되고, 이를 통해 목적적인 법 형성 및 적용에 관한 추론을 행할 수밖에 없는 상황이 전개될 것이다.

셋째, 급격한 정보통신 기술의 유입으로 인한 사회변화에 더하여, 글로벌 차원의 플랫폼 서비스의 증가는, 국가들이 보유하고 있는 규제 충돌이 더욱 확산하는 상황에서, 국제적 차원의 법규범적 기준이 다소 일원화될 수 있다는 가능성도 있지만, 그 과정에서 규범적 교착 상태와 논란이 더욱 수위 높게 전개될 가능성이 있다. 결국 이런 문제에 대한 종국적인 해결 방안은 규제와 입법은 물론이고, 법적 의사결정의 목적(규제의 목적)을 명확히 하여, 그러한 목적에 맞는 규범적 해소방안을 지속적으로 모색해 나가는 것이라고 할 수 있다. 결과적으로 일국의 법규범적 변화만을 상정하여 대응하는 데에는 한계가 있을 수밖에 없다.

넷째, 서비스 사업자들뿐만 아니라. 또 다른 수범자들인 개인 이용자들로부터 비롯된 규제개선 요청이 더욱 증가할 것이라는 점을 예측해 볼 수 있다. 특히 과거에는 생각하지 못했던 서비스 구현 양식들이 등장하게 되면서 이에 관한 다양한 법규범적 변화 요청이 드높아질 가능성이 높으며, 이에 따라 법규범은 과거와 같은 방식의 형식적인 요건과 개념에 기반한 대응방식을 유지하는 데 어려움이 있을 것으로 보인다. 결과적으로 목적을 중심으로 한 법적 규제에 관한 판단을 허용해 주면서도, 그러한 법적 판단 결과가 당초 입법의 취지와 목적과는 달리 운용되는 것을 방지할 수 있는 과거와는 다른 유형의 법규범적 패러다임 대응방식의 출현이 필요하다.

Ⅲ. 알고리즘 규제와 입법정책

1. 알고리즘 규제의 실무적 양면성

인공지능에 관한 관심이 최근 수년간 지속되면서, 이제는 그러한 인공지능의 기술적 기반이라고 할 수 있는 '데이터'와 '알고리즘'에 대한 규제 및 정책 이슈에 세계가 주목하고 있는 양상을 보이고 있다. 이는 단순히 포괄적인 인공지능의 위험성에 주목하기

보다는 구체적이고 현실적인 입법정책을 모색하고 있는 단계에 이르렀음을 보여 준다.

특히 알고리즘에 관한 규제 및 정책은 인공지능 관련 입법정책의 구체화에 있어 중요한 의미를 가진다. 그 이유는 인공지능이 데이터에 대한 학습을 통해 자율적 판단을 위한 알고리즘을 구성 및 수정해 나가는 것이기는 하지만, 기술적 · 관리적 측면에서 보면 소위 파라미터 조정 과정을 거친 알고리즘이 최종 결과물을 산출하고, 그것이 결국 최종적인 서비스로 연계되기 때문이다. 이를 분설하면, 인공지능의 학습대상인 '데이터'에 관한 입법정책이 '데이터 제공자'와 '인공지능 서비스 제공자' 간 영역이라고 한다면, 최종 판단 결과물을 산출하는 '알고리즘'에 관한 입법정책은 '인공지능 서비스 제공자'와 '이용자' 간 영역이라고 할 수 있다.

이러한 측면에서 '알고리즘'에 관한 규제 및 정책은 실제 서비스 제공과 이용에 있어 중요한 의미를 가지며, 일상생활 속에 노정되는 서비스 양태를 결정짓는 중요한 축으로서 기능하는 것이다. 물론 그렇다고 하여 데이터 관련 입법정책이 중요성을 가지지 않는다는 것은 아니다. 다만 실제 이용자 보호 등의 현실적 측면에서 '알고리즘 입법정책'이 상대적으로 중요성을 가진다는 점을 언급하고자 하는 것이다.

정책 및 규제 현장에서 알고리즘 규제라는 용어가 빈번하게 사용되고 있다. 이러한 알고리즘 규제는 구제체적으로 '알고리즘에 의한 규제(regulation by algorithms)'와 '알고리즘에 대한 규제(regulation of algorithms)'라는 두 가지의 의미로 구분하여 접근이 가능하다.[18] 이렇게 본다면 앞서 Ⅱ절에서 설명한 알고리즘 규제는 전자의 의미를 가진다.[19] 그럼에도 불구하고, 이하에서 이 용어를 이렇게 구분하여 접근하는 것은 실제 입법 현장에서의 용어 관행을 좀 더 세분화하여 접근하기 위한 것이다.

첫째, '알고리즘에 의한 규제'이다. 이는 인공지능 알고리즘이 서비스 제공자와 이용자를 단순히 매개하는 수단에 그치는 것이 아니라, 이용자의 일상생활을 포괄적으로 제약 또는 조종할 수 있음을 의미한다. 인공지능 기술의 일상적인 활용은, 물론 그 정

---

18) 심우민, "인공지능의 발전과 알고리즘의 규제적 속성", 법과 사회 제53호, 2016, 41-70면; 이원태,
　 "알고리즘 규제의 두 가지 차원과 정책적 함의", 사회과학연구, 제32권 제2호, 2020, 183-216면.

19) 즉 앞서 Ⅱ절에서 설명한 '알고리즘 규제'는 바로 '알고리즘에 의한 규제'를 뜻한다.

도의 차이는 있겠지만, 기술 그 자체가 궁극적으로는 인간의 개입 없는 기계적인 자율적 판단 수행을 목표로 한다. 따라서 이용자는 본인에게 제공되는 서비스에 대해 비판적 평가보다는 무비판적 의존 양상을 보일 수 있다. 즉, 이 의미는 인공지능 알고리즘과 그 산출물에 대한 신뢰와 의존 현상을 나타내는 것으로, 이용자의 생각과 행위가 인공지능의 기계적 판단에 종속되는 현상을 불러일으킬 수 있다는 점을 지칭하는 것이다. 이것이 현재 인공지능 규제와 관련해 국내외적으로 논의되고 있는 '위험(risk)'의 의미이다. 이러한 위험은 단순하게는 소비자 선택 및 시장에 왜곡 현상을 불러일으킬 수 있으며, 더 나아가 거시적 차원에서는 민주적 의사결정의 왜곡까지도 유발할 수 있다는 점을 내포한다.

둘째, '알고리즘에 대한 규제'이다. 이는 사실상 위에서 언급한 '알고리즘에 의한 규제' 관념에서 비롯되는 것이라고 할 수 있다. 즉 알고리즘에 의해 제기되는 '위험'을 사전에 예방하거나 사후에 대응하기 위해 규제가 필요하다는 것이다. 그런 의미에서 '알고리즘에 의한 규제' 관념과 '알고리즘에 대한 규제' 관념이 동일하게 '알고리즘 규제'라는 용어로 통칭되는 것이다. 다만 통상 '알고리즘에 대한 규제'는 입법정책적으로 국가 공동체가 어떤 규제 방식을 선택할 것인가의 문제와 결부되는 것으로, 알고리즘에 어떤 입법유형(types of legislation)과 입법기술(techniques of legislation)을 적용할 것인지의 판단에 관한 것이다. 조금 더 분설하면, 규제 및 입법의 정당성과 필요성은 '알고리즘에 의한 규제' 관념에 의해 뒷받침되고, 규제 방식과 수준은 '알고리즘에 대한 규제' 관념에 의해 뒷받침된다. 현재 우리나라의 입법정책 실무에서는 전자의 관점보다는 후자의 관점이 더욱 강화되는 양상을 보여 주고 있다. 그것은 인공지능 알고리즘 규제의 정당성과 필요성을 단순하게 상정해 버리기 때문이다.

알고리즘 규제라는 용어의 양면적 의미를 명확히 하는 것은 향후 인공지능 알고리즘과 연계된 입법정책적 대응방안을 모색하는 데 있어 중요한 의미를 가진다. 인공지능에 관한 규제 및 정책 담론이 국내외적으로 활성화되고 있는 이유는, 기술 그 자체가 산출해 내는 위험성에도 불구하고, 종국적으로 달성할 수 있는 사회적·경제적 편익이 더욱 클 것이라고 보기 때문이다. 따라서 향후 규제의 필요성과 관련 정책을 합리적으로 마련하기 위해서는 인공지능 알고리즘이 산출해 내는 위험, 즉 알고리즘에 의한 규제 관점에서의 역기능이 무엇인지를 명확하게 규명해 나가야 할 필요가 있다. 이러한 작업이 선행될 때 알고리즘에 대한 규제의 수준과 방식이 구체화될 수 있을 것이다. 이러한 단계적 사고를 거치지 않고 단순하게 예견 가능한 위험만을 제기하는 수준에서, 경성법(hard law)적인 전통적 규제방식을 동원하게 되면, 오히려 인공지능 기술 활용을 통한 사회적·경제적 편익이라는 순기능을 인위적으로 제약하는 결과를 가져오게 될 것이다.

이상과 같은 이론적 배경을 전제로, 이하에서는 현재 상황에서 인공지능 규제 또는 입법 정책의 동향을 체계적으로 개관해 보고, 이를 통해 향후 보다 나은 지능정보사회 구현을 위한 대응방향을 제언해 보고자 한다.

2. 알고리즘의 규제에 관한 입법정책 분류와 개관

사실 인공지능 및 그 알고리즘 규제에 관한 국제적인 논의는 지속적인 변화 과정 속에 있다고 할 수 있다. 따라서 이를 온전히 개관해 보기 위해서는 모종의 분류 체계를 전제로 한 이념형적 접근방식을 취할 수밖에 없을 것이다. 결국 앞서 논의한 불확정성 증대에 따른 알고리즘 투명성에 관한 현실적인 요청 방식을 그것의 규제적 강도(剛度)에 따라 분류해 보자면 다음과 같다.

첫째, 다소 강제적인 법률적 규제보다는 인공지능 개발 및 서비스 사업자들의 윤리적인 자율적 통제를 기대하는 방식이다. 둘째, 상용화된 인공지능 서비스들에 관해 활용할 수 있는 공적인 인증체계를 법규범적으로 구축하는 방안이 있다. 셋째, 법규범상 직접적으로 특정 권리를 설정하거나 의무를 규정하는 방식이 있다. 넷째, 이상의 법규범적 대응에 더 나아가서 인공지능 알고리즘 활용상의 법적 요건들을 직접 설정하는 방식이다. 이상과 같은 분류는 규제 강도, 보다 엄밀하게는 법규범에 의한 직접적인 기본권 제한의 정도에 입각한 분류라고 할 수 있다.

(1) 윤리 규범 정립 유형

다소 강제적인 법률적 규제보다는 인공지능 개발 및 서비스 사업자들의 윤리적인 자율적 통제를 기대하는 규제 유형이다. 이 유형은 원칙적으로 법적 또는 규제적 대응이라고 보기 힘든 측면이 있기 때문에, 상정하고 있는 규율 강도가 가장 낮은 단계라고 할 수 있다. 다만 법률적 차원에서 이러한 윤리적 접근을 유도하는 등의 규정을 둘수 있다는 측면에서 온전히 비법률적 접근이라고 보기는 어렵다. 이러한 윤리적 접근의 대표적인 사례로는 EU 집행위원회(European Commission)의 「신뢰할 만한 인공지능 윤리 가이드라인(Ethics Guidelines for Trustworthy AI)」20)과 우리나라의 「인공지능(AI) 윤리기준」21)이 있다. 전자의 경우에는 EU 집행위원회가 주도하기는 했지만 인공지능고급전문가그룹(High-Level Expert Group on Artificial Intelligence)이 작성 주체이고, 집행위원회는 이의 활용을 권고하는 성격을 가진다. 반면 후자인 우리나라의 경우는 정부가 주도했고, 실제 법률적으로는 「지능정보화 기본법」제62조 제4항22)에 근거를 두고 있다.

(2) 인증체계 활용 유형

상용화된 인공지능 서비스들에 활용할 수 있는 공적인 인증체계를 법규범적으로 구축하는 유형이다. 종래 국내에서 이러한 인증체계를 활용하는 방식은 개인정보 또는 정보보호 분야에서 빈번히 활용되어 왔으며, 이들은 대부분 국가(공공기관) 주도의 인증체계였다. 이는 국가 중심적 규제 관행에서 비롯된 것일 수도 있고, 민간 인증사업의 희소성으로 인한 것일 수도 있다. 어쨌든 이 방법은 직접적인 행정적 의무나 책임을 인공지능 개발 및 서비스 사업자에게 우선적으로 부과하는 것이 아니라는 측면에서 다소 완화된 법률적 접근방법일 수 있다. 대표적인 사례는 EU 집행위원회가 발의한 「인공지능법(안)」23)에 '적합성평가(conformity assessment)'라는 이름으로 규정되어

---

20) High-Level Expert Group on Artificial Intelligence (2019, 4, 8), Ethics Guidelines for Trustworthy AI, European Commission.

21) 관계부처 합동, 사람이 중심이 되는 「인공지능(AI) 윤리기준」, 2020.12.23.

22) 제62조(지능정보사회윤리) ④ 정부는 지능정보기술 또는 지능정보서비스 개발자 · 공급자 · 이용자가 준수하여야 하는 사항을 정한 지능정보사회윤리준칙을 제정하여 보급할 수 있다.

23) European Commission (2021, 4, 21). Proposal for a regulation laying down harmonised rules on Artificial Intelligence(Artificial Intelligence Act) and amending certain Union legislative acts(COM/2021/206 final).

있다.[24] 사실 이러한 인증체계 방식은 인공지능 담론 활성화 초기에 일본이 제안했던 「AI 개발가이드라인(안)」에도 포함되어 있었다.[25]

(3) 권리 및 의무 설정 유형

법규범상 직접적으로 인공지능 개발 및 서비스 사업자에게 특정 권리를 설정하거나 의무를 부과하는 유형이다. 권리나 의무 설정을 통한 접근 방식은 전통적인 법적 접근 방식이라고 할 수 있으며, 다소 강화된 기본권 제한의 방식이다. 특히 권리 부여의 경우에도 그에 대응하는 상대방에게는 의무가 부과된다는 점에서 타방의 기본권 제한이 발생한다. 이런 측면에서 실질적으로는 규제적 성격을 가진다. 이에 관한 대표적인 예시로는, 사실상 알고리즘에 대한 규제의 초기 사례라고 할 수 있는 EU의 「개인정보보호규칙(General Data Protection Regulation: GDPR)」이 있다. 동 규칙 제13조~제15조에서는 "프로파일링을 포함한 자동화된 의사결정의 존재, 그리고 적어도 그러한 경우 이에 사용되는 로직에 관한 의미 있는 정보와 해당 처리가 정보 주체에 대해 갖는 중요성과 예상 결과"를 정보주체에게 정보 관리자가 설명토록 하는 의무를 부과했다. 이는 결과적으로 설명요청권(right to explanation)을 정보주체에게 부여한 것이다.[26] 이와 유사한 맥락으로, EU 「온라인 플랫폼 규칙」 제5조도 온라인 플랫폼 사업자(검색엔진 포함)는 자사 웹사이트 화면에 배열되는 업체·상품 등의 우선순위를 결정짓는 주요 변수(main parameters) 및 고려되는 각 변수 간의 상대적 중요도를 약관에 명시해야 한다고 규정하고 있다.[27]

---

24) Article 19 (Conformity assessment).

25) AIネットワーク社会推進会議事務局(総務省情報通信政策研究所調査研究部) (2016. 12. 28). 〈「AI 開発ガイドライン」(仮称)の策定に向けた国際的議論の用に供する素案の作成に関する論点〉.

26) Regulation (EU) 2016/679 of the European Parliament and of the Council of 27 April 2016 on the protection of natural persons with regard to the processing of personal data and on the free movement of such data, and repealing Directive 95/46/EC (General Data Protection Regulation).

27) Regulation (EU) 2019/1150 of the European Parliament and of the Council of 20 June 2019 on promoting fairness and transparency for business users of online intermediation services.

(4) 기술적·관리적 조치 규정 유형

이상의 법규범적 대응에 더 나아가서 직접적으로 인공지능 알고리즘 활용상의 법적 요건들을 설정하는 유형이다. 현행 정보보호 법제들이 특정 기술 활용에 관한 기술적·관리적 보호조치 요건들을 법령상 의무화하는 방식과 유사한 행정규제라고 볼 수 있다. 이러한 행정규제를 정립해 활용하려면 인공지능 알고리즘 기술이 명확화되어 어떠한 법적 의무 조치를 강제할 것인지에 관한 정책적 판단이 부분적으로라도 확정될 수 있어야 한다. 이에 대한 대표적인 사례는 EU의 「인공지능법(안)」에서 발견할 수 있다. 동 법안 제16조[28])에서는 고위험 인공지능 시스템 제공자에게 품질관리시스템 마련 의무, 기술문서 작성의무 및 시스템 생성 로그 보관의무 등을 부과하고 있으며, 제52조[29])에서는 "제공자는 자연인과 상호작용하는 인공지능 시스템을 설계하고 개발하는 경우, 자연인에게 인공지능 시스템과 교류하고 있음을 알리는 기능을 삽입해야 한다"는 등의 직접적인 기술적·관리적 보호조치를 의무화하고 있다.

3. '알고리즘에 의한 규제' 관념에 기반한 입법정책 방향

(1) 불확정성의 입법기술적 고려

앞서 살펴본 알고리즘에 대한 규제 유형들, 즉 현실적으로 구체화되어 가고 있는 규제 수준과 방식들 중 최종적인 선택은 어떤 기준에 따라 이루어져야 하는지 검토할 필요가 있다.

규제 유형의 선택은 반드시 법적 또는 규범적 차원의 규제부터 선택해야 하는 것은 아니다. 인공지능의 사회적·경제적 편익을 증대시킬 수 있는 비법적 수단이 있다면 당연히 이것부터 채택하는 것이, 헌법적으로 요청되는 비례성 원칙의 견지에서 타당할 것이다. 즉 비법적 접근으로는 제기되고 있는 위험이나 역기능에 적절히 대응할 수 없다고 판단되는 경우, 비로소 법적 규제 방식을 고려할 수 있는 것이다.

---

28) Article 16 (Obligations of providers of high-risk AI systems).
29) Article 52 (Transparency obligations for certain AI systems).

그런데 현시점에서는 인공지능 알고리즘 규제에 대한 기준을 명확하게 설정하는 데 한계가 있다는 점이 정책 또는 규제를 위한 의사결정 과정에서 중요한 난제로 등장하고 있다. 그 이유는 인공지능 기술이 활용될 수 있는 영역 자체가 광범위할 뿐만 아니라, 그것의 구현 방식과 수준도 사전에 일의적으로 확정할 수 없기 때문이다. 바로 이 지점이 규제 대상으로서의 인공지능 알고리즘이 가지는 불확정성(indeterminacy)을 나타내는 것이다. 규제 대상이 불확정적이라는 것은 명확성의 원칙에 입각한 일반성 (generality)을 가지는 근대의 전통적인 규제 방식을 구현하기 어렵다는 점을 의미한다.

이러한 문제점들은 선도 국가들의 입법 과정에서도 고려되고 있다. 예를 들어, 영국 디지털문화스포츠미디어부에서 발간한 「AI규제에 대한 혁신 친화적 접근방식 확립 (Establishing a pro-innovation approach to regulating AI)」 보고서는 EU의 「인공지능법(안)」 에서 제시했던 바와 같은 고정적인 개념정의 방식[30]을 지양해야 한다는 취지를 명확하게 밝히고 있다.[31] 이 보고서는 인공지능 규제에 있어 인공지능 기술 그 자체보다는 그것의 활용을 대상으로 하는 것이어야 하며, 이를 위해 인공지능 규제 범위의 유연성을 확보할 필요가 있다는 입장을 보여주고 있다. 또한 인공지능의 핵심 특징을 적응력 (adaptiveness)과 자율성(autonomy)이라고 제시하고, 이에 기반해 영역별로 더 세부적인 개념정의를 구성해 나가야 한다는 입장을 취하고 있다.

물론 EU의 「인공지능법(안)」에도 인공지능 알고리즘의 불확정성에 대한 고려가 담겨 있다. 예를 들어, 고위험 인공지능에 관한 기준을 제6조에서 제시하면서,[32] 제7조에서는 EU 집행위원회가 부속서(annex) III 업데이트를 통해 고위험 인공지능의 범주를 넓힐 수 있도록 권한을 부여하고 있다.[33] 이는 사실상 「인공지능법(안)」의 주된 규제 목적이 고위험 인공지능의 관리에 초점을 맞추고 있다는 점을 고려한다면, 고위험 인공지능의 개념적 범주가 유동적일 수밖에 없다는 불확정성을 나타내는 것으로 평가

---

30) Article 3 (Definitions) (1).

31) Department for Digital, Culture, Media and Sport (2022, 7, 18). *Establishing a pro-innovation approach to regulating AI — An overview of the UK's emerging approach*, 9면 이하.

32) Article 6 (Classification rules for high-risk AI systems).

33) Article 7 (Amendments to Annex III).

할 수 있다.

(2) 위험 기반 접근방식의 필요성과 영향평가

인공지능 기술 및 서비스의 불확정적인 성격은 이에 대한 규제 목적 달성의 불확정성을 야기한다. 이러한 측면에서 전통적인 법적 규제와 같이 포괄적인 규제 기준을 정립해 활용하기보다는, 위험 기반 접근방식(risk-based approach)을 취하고 있다. EU「인공지능법(안)」도 '제안이유 (14)'[34]에서 이를 명확하게 밝히고 있으며, 이러한 취지에서 동 법안은 인공지능의 위험을 금지된 위험(unacceptable risk), 고위험(high risk), 제한적 위험(limited risk), 최소 위험(minimal risk)으로 분류하고, 각 범주에 부합한다고 판단되는 규제방식을 설정하고 있다.

이러한 위험 기반 접근방식은 실제 기술적 불확정성이 전제된 상황에서 보편적으로 논의되는 규제방식이다. 결국 제기되는 위험이 무엇이고, 그러한 위험의 정도에 따라, 규제 방식과 수준을 달리 선택하게 된다는 것을 의미한다. 따라서 위에 언급한 '알고리즘에 대한 규제의 유형' 중 어떤 것을 선택할 것인지의 문제는 위험 정도에 관한 판단 결과에 따라 달라진다. 그렇다면 정책적 대응이 필요한지, 아니면 법규범적 규제방식 중 어떤 유형을 선택할 것인지의 문제는 제기되는 위험이 무엇인지에 대한 규명을 요청한다. 바로 이 지점에서 등장하는 것이 '영향평가(impact assessment)'이다.

EU 국가들은 이미 영향평가를 보편적으로 활용하고 있음에도, 최근 EU 의회가 의결한「디지털 시대의 인공지능에 대한 결의안(Resolution on artificial intelligence in a digital age)」[35]은 영향평가의 중요성을 재차 강조하고 있다. 동 결의안은 '입법조치 및 관련 로드맵'에 관한 내용에 관해 기술하면서, 제123항에서는 "인공지능과 같은 분야

---

34) (14) AI 시스템에 대해 비례적이고 효과적인 규제 수단을 도입하려면 명확하게 정의된 위험 기반 접근방식을 준수해야 한다. 그러한 접근방식은 규칙의 유형과 내용을 인공지능 시스템이 생성할 수 있는 위험의 강도와 범위에 맞게 세분화해 나가야 한다. 따라서 모종의 인공지능 관행을 억제하기 위하여, 고위험 인공지능 시스템의 요건과 관련 운영자에 대한 의무를 규정하고, 특정 인공지능 시스템에 대한 투명성 의무를 규정하는 것이 필요하다.

35) European Parliament resolution of 3 May 2022 on artificial intelligence in a digital age (2020/2266(INI)).

에서 새로운 디지털 법안을 발표하기 전에, EU 집행위원회가 적절한 예측 및 위험 분석을 통해 심층적인 사전 영향 평가를 수행할 것을 촉구한다"고 제시하고 있다. 이는 위험기반 접근 방식의 전제로서 영향평가의 중요성을 시사한다고 볼 수 있다.

영향평가의 중요성은 인공지능 규제에 대해 그간 미온적인 태도를 취해온 미국에서도 나타나고 있다. 대표적인 것이 최근에 수정 발의된 「알고리즘 책무성 법안(Algorithmic Accountability Act)」[36]이다. 이 법안은 인간의 개입이 없는 '자동화된 의사결정 시스템(Automated Decision System)'뿐만 아니라, 인간이 의사결정을 하더라도 인공지능 알고리즘 등의 도움을 받는 '증강된 중요 의사결정 프로세스(Augmented Critical Decision Process)'에도 자체적인 영향평가를 실시하고 그 결과(연례) 보고서를 연방 FTC에 제출토록 하고 있다. 이러한 영향평가 체계의 구성은 기본적으로 인공지능 알고리즘을 활용하는 기업들의 책무성을 강화하기 위한 수단으로 기능하며, 연방 FTC 차원에서는 인공지능 알고리즘 활용 상황과 그에 따른 위험에 대해 지속적으로 추적 및 평가할 수 있는 기반을 제공한다고 볼 수 있다.

IV. 결론을 대신하여: 알고리즘 관련 입법정책을 위한 제언

인공지능 알고리즘에 대한 규제 및 정책 구현 방식에 관한 쟁점은 향후에도 지속적으로 제기될 것으로 보인다. 그러나 이제까지와는 다른 점은, 과거 논의가 포괄적인 방향성을 제시하는 수준에 그쳤다면, 이제는 인공지능 알고리즘의 활용 영역 또는 방식에 따라 세분화된 규제 및 정책을 추진하는 단계로 접어들고 있다는 점이다. 이는, 앞서 살펴본 바와 같이, 다양한 국가들이 인공지능 알고리즘에 대한 규제의 실제 유형들을 구체적으로 제시하기 시작했다는 점에서 확인할 수 있다.

그러나 중요한 것은 주요 선도국에서 어떠한 인공지능 알고리즘 규제 방식을 채택

---

36) Wyden, R., Booke, C., & Clarke, Y. (2022. 2. 3). Algorithmic Accountability Act of 2022(S.3572, H.R.6580).

했는지 여부가 아니라, 우리 현실에 맞는 인공지능 입법정책이 무엇인지이다. 주요 국가들이 다양한 방식의 알고리즘에 대한 규제 유형을 제시하고는 있지만, 실제로 이러한 규제 유형들이 본격적으로 적용되어 그것이 의도한 효과를 발휘하기 위해서는 인공지능 알고리즘이 제기하는 위험 및 역기능에 대한 현실적 분석 및 평가가 선행되어야 하기 때문이다. 이렇게 될 때, 인공지능 알고리즘 활용의 순기능을 선취하여 그 발전을 저해하지 않으면서도, 그와 관련해 발생할 수 있는 위험을 사전에 예방하거나 사후에 효과적으로 대응할 수 있을 것이다. 이런 의미에서 아직까지 주요 국가들의 규제 및 정책 담론은 면밀한 영향분석을 거치고 있는 상황이라고 할 수 있을 것이다.

우리나라도 서구 국가들과 마찬가지로, 최근 알고리즘을 직접적인 대상으로 하는 법률안 및 관련 정책이 지속적으로 제시되고 있다. 그러나 이러한 움직임은 인공지능 알고리즘의 영향에 대한 분석에 기반하기보다는, 임기응변적인 실체적 입법 결과에만 관심을 기울이는 경향이 있다. 그러다 보니, 주로 서구 선도국가들이 제시하고 있는 법안의 내용들을 그대로 활용하는 경우가 적지 않다. 이러한 입법 실무상의 한계를 명확하게 극복해야, 우리 현실에 적합한 알고리즘 규제 방식을 고안하고 활용할 수 있을 것이다.

이를 위해서는 우리나라 알고리즘 유관 법제에 관한 명확한 검토 및 분석은 물론, 인공지능 알고리즘 활용 상황에 대한 면밀한 영향평가를 실시할 필요가 있다. 영향평가는 일반적인 정보통신, 방송, 기타 미디어 등 개별 분야에서 이루어질 수도 있겠지만, 우리나라의 경우에는 제도화된 절차로 「지능정보화 기본법」 제56조에서 '지능정보서비스 등의 사회적 영향평가'를 규정하고 있어, 이를 활용해 볼 수 있을 것이다. 물론 이 규정을 기반으로 의미 있는 영향평가를 실시하기에는 부족한 점이 있지만, 개별 정부 부처들은 이 규정을 근거로 관련 분야 입법 및 정책 구상을 위한 영향평가를 실시해 볼 수 있을 것으로 판단된다. 이러한 영향평가에 터 잡아, 향후 우리나라에서 제시되는 알고리즘에 대한 규제가 효과적인 위험 기반 접근방식을 보여 주기를 기대해 본다.

제4편

인공지능의
법적 책임

제16장

인공지능과 계약법

김현진/손영화
(인하대 법학전문대학원 교수)

Ⅰ. 서 론

인공지능은 유일하게 현존하는 인류인 호모 사피엔스(Homo Sapiens)[1]를 가장 위협하는 것으로 지목된다.[2] **지능**(intelligence)이란 "문제를 찾아서 이를 해결하는 기술들의 집합,[3]" "다양한 환경에서 복잡한 의사결정의 문제를 해결하는 능력,[4]"이다. 그렇다면 **인공지능**(Artificial intelligence)이란 무엇인가? 인공지능이란 용어를 최초로 고안한 사람은 1955년 미국의 신경과학자이자 컴퓨터과학자인 존 매카시(John McCarthy)로, 그는 인공지능을 "지능형 기계를 만드는 과학과 공학(the science and engineering of making

---

[1] 18세기 칼 폰 린네(Carl Von Linne)는 세상의 여러 동식물에 대해 가명을 붙이면서, 인간에게는 "슬기로운 사람"의 라틴어를 붙인 것이 그 시초이다.

[2] 세계적인 베스트셀러 '사피엔스'의 출판 10주년 특별판에 추가된 서문은 인공지능인 ChatGPT 3이 썼는데, 저자인 이스라엘 역사학자 유발하라리는 "AI 혁명은 우리가 알고 있는 인류의 역사가 끝났고 역사상 처음으로 권력의 중심이 인류의 손아귀에서 벗어나고 있다는 신호"라고 주장했다(Yuval Harari. Sapiens- A Brief History of Humankind, special edit., Vintage, 2021).

[3] 하워드 가드너, 지능이란 무엇인가? 사회평론, 2016 참조. 가드너 교수는 '다중지능' 개념을 창안하였는데, 지능은 논리, 수학지능, 언어지능뿐만 아니라 음악지능, 신체운동지능, 공간지능, 대인관계지능, 자기이해지능, 자연이해지능, 영성지능으로 구성된다.

[4] 이대열, 지능의 탄생— RNA에서 인공지능까지, 바다출판사, 2017.

intelligent machines)"이라고 정의하였다.[5][6] 이후 인공지능을 (기술적으로) 어떻게 정의할 것인지에 대한 여러 견해가 있었으나,[7] 현재는 인공지능에 대한 기술적 표준으로 합리적인 행동을 지표로 하는 **"합리적 에이전트**(rational agent)" 내지 **"지능형 에이전트**(intelligent agent)" 모델이 널리 통용된다. 합리적 에이전트란 최상의 결과를 얻기 위하여 행동하는데, 인공지능 발전 초기에는 논리적인 기반하에 특정한 목표를 달성하기 위한 결정을 의미하였으나, 확률모델과 머신러닝을 기초로 하는 현재에는 **"불확실한 환경을 인지하여 성공가능성을 극대화하기 위하여 행동하는 시스템"**을 의미한다.[8] 이와 같이 '인공지능'은 법률적 용어라기보다는 기술적 용어로서, 인공지능과 관련된 기술은 현재에도 계속 발전하고 있으며 방향성과 관련하여 최근에는 **생성형 인공지능**(Generative AI)이 대세이다.

　이 글에서는 인공지능을, 합리적 에이전트를 기본 모델로 하여, "복잡한 목표를 달

---

5) 인공지능의 역사에 관하여는 Smith, Chris et al., "The History of Artificial Intelligence," History of Computing CSEP 590A University of Washington(2006), 1-27; Russell/Norvig, Artificial Intelligence: A Modern Approach(4th edi.), Prentice Hall Press, 2020, 16-28 참조.

6) 다음 해 여름, 인공지능의 씨앗이 심어졌다고 평가되는 유명한 다트머스 회의를 위한 "인공지능에 관한 다트머스 여름 리서치 프로젝트 제안서"에 이 용어가 등장하였다. 다트머스 여름캠프는 2달간 진행되었는데, 마빈 민스키, 나다니엘 오체스터, 클로드 섀넌 등 10명이 주도하였다.

7) 인공지능은 내적 사고 과정과 추론의 산물로 볼지, 외부적 특성으로서 지적인 행동에 주목할지 그리고 '인간'의 성과를 모델로 하는 것으로 이해할지, 아니면 최적의 결과를 가져오기 위한 '합리성'을 의미하는 것으로 볼지에 따라 역인공지능에 대한 시각이 달라질 수 있는데, 위 두 가지 기준에 따라 두 측면으로 접근할 수 있다. 그리고 역사적으로 인공지능은 ① 인간처럼 사고하는지(Thinking Humanly) ― 인지모델링 접근, ② 인간처럼 행동하는지(Acting Humanly) ― 튜링테스트 접근, ③ 합리적으로 사고하는지(Thinking Rationally) ― 사고법칙 접근, ④ 합리적으로 행동하는지(Acting Rationally) ― 합리적 에이전트 접근 등 네 가지로 분류된다(Russell/Norvig, op. cit., pp. 1-4).

8) 인공지능과 지능형로봇이 반드시 동일한 개념은 아니지만, 「지능형 로봇 개발 및 보급 촉진법」에서는 '지능형 로봇'을 '외부환경을 스스로 인식하고 상황을 판단하여 자율적으로 동작하는 기계장치(기계장치의 작동에 필요한 소프트웨어를 포함한다)'고 규정하고 있다. 한편, EU집행위원회의 전문가 보고서는 인공지능을 "복잡한 목표하에, 데이터 취득을 통하여 환경을 인식하고, 수집한 구조화되거나 구조화되지 않은 데이터를 해석하거나, 이러한 데이터로부터 도출한 정보를 처리하고, 주어진 목표를 달성하기 위하여 최상의 행동을 결정하는 방법으로, 물리적 또는 디지털 공간에서 행동하는, 인간이 디자인한 소프트웨어(또는 하드웨어) 시스템"이라고 정의하고 있는바(High-Level Expert Group on Artificial Intelligence set by the EU Commission, "Ethics Guidelines for Trustworthy AI", 2019, p. 36의 용어 설명 참조), 합리적인 에이전트 개념과 일맥 상통한다.

성하기 위하여 **불확실한 환경을 인지하여** 일정한 자율성을 가지고 **성공가능성을 극대화한** 최적의 행동을 결정할 수 있는 기술[9]"이라고 이해한다. 나아가 인공지능이 인간을 위하여 사용되어야 하고, 이러한 목적이 점검되고 통제가능하며, 또한 그렇게 되어야 함을 전제로 논의를 진행한다.[10] 이러한 이해를 바탕으로 하여 인공지능과 **계약법**의 관계를 서술하고자 한다.

OpenAI가 개발한 언어모델로 2022년 11월 출시한 '사전훈련된 생성 변환기(Generative Pre-trained Transformer)'인 인공지능 ChatGPT[11]에게 "인공지능과 계약의 관계는 어떠한가?"라는 질문을 하였더니, "인공지능은 계약의 체결, 협상, 이행 및 관리 측면에서 기존의 방식을 변화시켜 계약과 관련된 절차의 효율성과 정확성을 향상시키고, 위험을 줄이며, 전략적 자산으로서 계약의 가치를 증진시킬 수 있다."고 대답하였다. 대형언어모델(Large Language Model) 기술로 구동되는 ChatGPT는 인터넷에 있는 방대한 데이터에서 패턴을 찾아내어 새로운 텍스트를 생성한다. ChatGPT에게 미국 한 로스쿨에서 시험을 치르게 하였더니 C+ 수준의 답안을 작성하였다는 사실은,[12] ChatGPT가 뛰어난 지능을 갖고 있음을 보여 준다. ChatGPT의 등장으로 촉발된 생성형 인공지능의 발전 경쟁은, 텍스트를 입력하여 그림을 그려 주는 달리(DALL-E 2)[13]와 미드저니(MidJourney),[14] 영상을 만들어 주는 이마젠(Imagen)[15]과 디자이너(Designer)[16]에 이르기까지 비약적 혁신을 보여 준다.[17] 이제 기계가 지능이 있는 것처럼 행동하는

---

9) https://hai.stanford.edu/sites/default/files/2020-09/AI-Definitions-HAI.pdf (2023년 2월 1일 최종 방문).

10) 아이작 아시모프(Issac Asimov)의 로봇공학 3원칙과 유사하다.

11) https://openai.com/blog/chatgpt (2023년 2월 1일 최종방문).

12) 미국 미네소타 로스쿨 교수들은 네 개의 강의에서 ChatGPT로 하여금 실제로 90개의 객관식 문제와 12개의 에세이 문제를 풀게 하고 채점을 하였다(Jonathan H. Choi, Kristin E. Hickman, Amy B. Monahan, & Daniel Schwarcz, "CHATGPT GOES TO LAW SCHOOL," Minnesota Legal Studies Research Paper No. 23-03).

13) https://openai.com/product/dall-e-2 (2023년 2월 1일 최종방문).

14) https://www.midjourney.com/home/?callbackUrl=%2Fapp%2F (2023년 2월 1일 최종방문).

15) https://imagen.research.google/ (2023년 2월 1일 최종방문).

16) https://designer.microsoft.com/ (2023년 2월 1일 최종방문).

약한 인공지능(weak AI)을 넘어,[18] 기계가 실제로 의식적으로 생각을 하는 강한 인공지능(strong AI)의 실현가능성이 점점 높아지는 것 같다. 현재 기술 범위에서 인공지능은 약한 인공지능의 범주에 속하는 것으로 이해할 수 있지만, 향후 기술의 발달로 강한 인공지능이 출현할 수 있을 것이다.[19]

　인공지능과 관련한 계약법적 논의는 다양한 시각에서 이루어지고 있다. 계약의 성립 단계에서 인공지능이 한 의사표시의 효과를 누구에게 귀속시킬 수 있는지,[20] 인공지능과 계약에서의 사적자치 내지 계약자유와의 관계는 어떠한지,[21] 전자인 도입을 포함하여 인공지능 자체를 계약의 주체로 할 수 있는지[22] 나아가 블록체인 등의 기술과

---

17) 2023년 메타는 연구자들의 업무를 돕기 위해 라마(LLaMa. Large Language Model Meta AI)라는 이름의 대형언어모델을 오픈소스 형태로 출시하였다https://github.com/facebookresearch/llama/tree/main/llama (2023년 2월 1일 최종방문).

18) 강한 의미의 인공지능과 약한 의미의 인공지능의 구별은 1980년 버클리대 철학교수 존 설의 '중국인 방(Chinese room)'의 비유에서 비롯되었다. 그에 따르면 인공지능이 실제 사고를 하고 '마음(mind)'이 있다고 보는 강한 의미의 인공지능 가설과 인공지능은 단지 마음이 있는 것처럼 행위할 뿐이라는 약한 의미의 인공지능 가설을 구별할 필요가 있다고 한다(Searle. "Minds, brains, and programs," Behavioral and Brain Sciences 3.03, (1980), 417-424 참조). 한편, 옥스퍼드대 철학교수 닉 보스트롬은 인간의 능력을 넘어서는 초지능(superintelligence)의 개발 또는 출현이 갑작스럽고 폭발적일 가능성이 크다고 경고한다(Bostrom, Superintelligence: Paths, Dangers. Strategies, Oxford University Press (2014), Chapter 15).

19) Russell/Norvig, op. cit., pp. 32-33. 인간의 능력을 넘어서는 초지능 또는 초인공지능에 관한 내용은 정진명, "인공지능의 표시에 대한 고찰", 비교사법 제26권 제1호(2019)), 6-7; 이상용, "인공지능과 계약법: 인공 에이전트에 의한 계약과 사적 자치의 원칙", 비교사법 제23권 제4호(2016), 1643-1644 참조.

20) 이에 대한 선행연구로는 우선, 김진우, "자율시스템에 의한 의사표시의 귀속", 전남대 법학논총 제38권 제4호(2018); 오병철, "전자적 의사표시에 관한 연구", 연세대학교 박사학위논문(1996); 이상용, 앞의 논문; 정진명, 앞의 논문 등.

21) 이에 대한 상세한 논의는 이상용, 앞의 논문; 황원재, "인공지능 시대의 계약자유 원칙과 법적용상의 문제점", 조선대 법학논총 제27권 제1호 등 참조.

22) 이에 대하여는 앞 장에서 자세히 다룬다. 이에 대한 선행연구로는 우선, 김진우, "인공지능에 대한 전자인 제도 도입의 필요성과 실현방안에 관한 고찰", 저스티스 통권 제171호(2019); 박수곤, "자율적 지능 로봇의 법적 지위에 대한 소고", 국민대 법학논총 제31권 제2호(2017); 신현탁, "인공지능(AI)의 법인격 − 전자인격(Electronic Person) 개념에 관한 소고", 인권과 정의 제478호(2018); 오병철, "전자인격 도입을 전제로 한 인공지능 로봇의 권리능력의 세부적 제안", 법조 제69권 제3호(2020) 등 참조.

결합된 스마트계약을 어떻게 이해할 것인지23) 등이다. 항을 바꾸어 차례로 살펴보자.

II. 인공지능을 이용한 계약의 성립

인공지능이 알고리즘을 통하여 특정한 목표를 위하여 스스로 의사결정을 하고 인간의 개입 없이 개별계약을 체결하는 경우,24) 계약법적으로 **우선 인공지능에 의하여 체결되는 계약이 유효하게 성립했다고 볼 수 있는지**가 문제된다. 계약이 법적으로 유효하게 성립하기 위해서는 당사자 사이에 의사의 합치가 있어야 하는바, 이는 우리 민법과 같은 대륙법계에서뿐만 아니라 영미법계에서도 마찬가지이다.25) 한편, 자율적 인공 에이전트를 이용한 계약의 경우 이용자는 체결된 특정 계약의 내용을 알지 못할 수 있으므로 의사 합치 요건의 충족 여부에 관하여 의문이 제기된다.26) 즉 **인공지능의 행위를 계약법상 의사표시로 인정할 수 있을지, 만약 인정할 수 있다면 누구의 의사표시로 볼 것인지**가 주된 쟁점이다.

---

23) 김제완, "블록체인 기술의 계약법 적용상의 쟁점 ― 스마트계약을 중심으로", 법조 제67권 제11호 (2018); 김진우, "스마트계약과 약관통제에 관한 시론적 고찰", 비교사법 제27권 제1호(2020) 등.

24) '알고리즘계약(Algorithmic Contracts)'은 계약당사자 일방 또는 쌍방이 계약체결 여부나 계약체결 조건을 결정하기 위하여 알고리즘을 사용하는 계약을 말한다. 여기서 '알고리즘'은 계산의 경우 또는 특히 컴퓨터에 의한 문제 해결 작업의 경우에 따라야 하는 프로세스 또는 규칙의 집합이다. 알고리즘과 계약 조건을 결정하는 사람 사이의 중요한 차이는 컴퓨터가 사람보다 규칙을 더욱 잘 실행할 수 있다는 사실로, 알고리즘의 결과를 예상할 수 있는 인간의 능력은 제한적인 반면, 알고리즘은 인간이 할 수 없는 데이터의 폭과 조건의 수를 계산할 수 있다(Lauren Henry Scholz, "Algorithmic Contracts", 20 Stan. Tech. L. Rev. 128). (2017), pp. 134-135.

25) 영미법에서는 계약이 법적으로 유효하게 성립되기 위하여 계약 당사자 간 의사의 합치, 즉 합의 (Agreement) 외에 약인(約因, Consideration), 계약 체결 능력(Legal Capacity), 항변 사유가 없을 것(No Defense)이 요구된다.

26) 자율적 인공 에이전트에 의한 '자율적인 의사표시'에서는 AI 사용자의 의사와 실제로 AI가 실시한 표시 사이에 괴리·차질이 발생할 수 있는 '자율성 리스크(Autonomie-risiko)'도 점증하기 때문이다 (臼井豊, "「コンピュータ・AIによる契約締結」に関わる法律行為法上の論点整理と解決手法の覚書―ドイツの演習教材にうかがえる，デジタル時代における「法律行為論の動揺・限界」", 「立命館法学」第392号(立命館大学法学部, 2020), 142面).

1. 자동시스템과 자율시스템

인공지능이 스스로 계약을 체결하는 경우 인공지능의 의사표시는 기계를 이용한 '전자적 의사표시'와 구별되어야 한다. '전자적 의사표시'는 표의자에 의하여 작성되고 컴퓨터와 같은 전자적 통신수단을 이용하여 수령자에게 전달되는 것으로, 표의자는 표시행위의 한 방법으로 전자적 통신수단을 선택한 것일 뿐, 표의자가 효과의사를 가지고 표시행위를 한다는 점에서 일반적 의사표시와 다르지 않다.[27] 다시 말해, 기계를 이용한 전자적 의사표시는 표시할 때의 조작 실수 등 '기계 조작의 잘못'과 효력 발생과 관련된 '도달'의 판단에 특별한 배려를 필요로 할 뿐 일반적인 의사표시와 다른 취급을 할 필요가 없기 때문이다.[28] 그러나 인공지능이 개별계약을 체결하는 행위는 계약 체결 시점에 인간의 개입이 배제된다는 점에서 전자적 의사표시와는 구별된다. 그런데 인공지능을 활용하여 계약을 체결하더라도, 인공지능이 추천해 주고 인공지능을 운용하거나 이용하는 인간이 그 계약체결 여부를 최종적으로 결정하는 것이라면 이는 전자적 의사표시가 될 것이다. 한편 알고리즘을 통한 계약은 인공지능 또는 기계가 사전에 설정된 목표를 수행하기 위하여 직접 개별계약을 체결하는 것으로, 사용되는 인공지능 또는 기계의 자율성 정도에 따라 자동시스템과 자율시스템으로 나뉜다.[29]

---

27) 다만 전자적 통신수단을 통한 표시행위는 전통적인 계약법이 예상하지 못하였던 사항이므로, 국내외 여러 법령에서 거래에서 통용되는 전자적 의사표시의 효력을 분명하게 해 두기 위하여 그 유효성을 명시하고 있다(가령, 전자문서 및 전자거래 기본법 제4조 제1항 참조, 국제규범 및 다른 나라의 입법례에 대한 비교법적 검토는 우선, Samir Chopra and Laurence F. White, A Legal Theory for Autonomous Artificial Agents, The University of Michigan Press, 2011, 61 이하; 이상용, 앞의 논문, 1655 이하 참조).

28) 臼井豊, 前揭論文, 143面.

29) 개념적으로 자동시스템과 자율시스템을 정의하는 것은 간단해 보이지만, 복잡한 알고리즘이 사용되는 실제 현실에서는, 인공지능이 사용 분야나 내용에 따라 매우 다양하다는 점에서 둘의 구별이 어렵고, 자율성도 정도에 따라 스펙트럼을 이룬다. 참고로 Chopra/White, op. cit., pp. 30-31에서는 인공지능의 자율성을 낮은 자율성(low complexity), 중하 수준의 자율성(medium-low complexity), 중상 수준의 자율성(medium-high complexity), 고도로 복잡한 에이전트의 자율성(hypothetical highly sophisticated agent) 스펙트럼으로 분류한다.

먼저 자동(automatic) 시스템은, 가령 자동판매기와 같이 사전에 입력된 프로그램에 따라 일정한 기준이나 조건이 충족되면 특정한 표시가 자동적으로 생성되어 이를 전자적으로 전송한다. 이 경우 시스템 운용자는 구체적으로 언제, 누구와, 어떠한 내용으로 개별계약이 체결될 것인지 알 수 없으나, 계약의 조건이나 내용은 통제할 수 있다. 만약 사전에 프로그램의 규칙과 프로토콜을 특정할 수 있다면, 기본계약으로 당사자가 어떠한 의사표시를 하고 그에 따라 계약이 언제, 어떻게 성립되는지를 세세하게 정할 수 있다. 이러한 기본계약이 없다고 하더라도 자동 시스템을 이용하는 것 자체를 자신의 의사표시를 위한 도구로 사용하겠다는 의사표시로 보아 이에 법적 구속력을 지울 수 있다. 즉 자동시스템에서의 계약 체결은 운용자의 미리 정해진 의사를 실행하는 것에 불과하다.30) 이와 같이 자동시스템에 포괄적 효과의사를 인정하면, 자동시스템을 통한 표시에 의하여 계약이 성립되고, 효과의사의 주체인 시스템 운영자에게 그 효과가 직접 귀속된다는 점이 설명가능하다.

반면, 자율(autonomous) 시스템은 자율성을 가지는 인공지능이 계약을 체결하는 것으로, 기계가 자율성을 가진다는 의미는, 인공지능이 스스로 목표를 설정하거나 독자적 의지를 가진다기보다는 인간이 그 행위를 통제하기 어렵다는 것이다. 인공지능이 비지도(unsupervised) 학습과 강화(reinforcement) 학습을 통하여 딥러닝을 하고 인공신경망을 구축하여 스스로 새로운 데이터를 생성하는 경우, 다른 시스템이나 외부 요인과의 상호작용으로 매개변수가 많아지면 예측 가능성은 더욱 떨어질 것이다. 즉 자율시스템 운영자는, 자동시스템의 경우와는 달리, 계약 체결의 조건과 내용을 미리 통제하기가 어렵게 된다. 이는 합리적 에이전트 모델에 부합하는 것이므로, 인공지능과 관련된 계약법적인 논의는 자율시스템에 따른 계약 성립에 집중하겠다.

2. 인공지능의 자율성과 의사표시

자율시스템에서 **인공지능의 행위를 계약법상 의사표시로 인정할 수 있을까?** 이 질

---

30) 지원림, "자동화된 의사표시", 저스티스 제31권 제3호(1998).

문은 **인공 에이전트의 법적 지위를 어떻게 볼 것인가**라는 질문과 연결된다. 인공 에이전트의 법적 지위에 관하여는 국내외적으로 세 가지 접근방법이 있다. (i) 인공지능을 의사연락의 단순한 도구로 보는 견해, (ii) 인공지능을 당사자의 대리인 또는 이와 유사한 것으로 보는 견해, 마지막으로 (iii) 인공지능에 법인격을 인정하여야 한다는 견해인데, 차례로 살펴본다.

(1) 단순한 도구로서의 인공지능

인공지능을 이용자의 '단순한 도구'나 '의사연락의 수단'으로 보는 접근법이다.[31] 이 경우 앞서 살펴본 자동화된 의사표시와 유사하게 취급될 것이다. 즉 인공 에이전트를 이용하여 체결된 계약은 인공 에이전트의 모든 행위가 이용자의 행위로 취급되므로 이용자를 구속한다. 이는 인공 에이전트의 제한적 능력을 직관적으로 포착한 것이다. 만약 인공지능의 자율성이 비교적 낮은 정도여서 그 행위가 예측가능한 범위에 있다면, 인공지능을 의사연락의 단순한 도구로 보는 것이 상식적이고, 인공지능의 운영자나 이용자의 의도나 예상, 오인 유무 등과 무관하게 계약의 효력을 인정할 수 있을 것이다. 그러나 이 견해는 인공지능 관련 기술이 고도화되면서, 인공 에이전트의 표시내용이 이용자가 전혀 예상할 수 없는 것이었던 경우 또는 사후적으로 밝혀진 이용자의 의사에 반하는 경우를 설명할 수 없는 법적 허구에 불과하다는 비판이 제기된다.[32]

(2) 법인격 없는 대리인으로서의 인공지능

상당한 자율성을 가지는 인공지능을 단순한 도구로 보는 것이 적절하지 않다면, 인공 에이전트를 '대리인(agent)'으로 보아 대리 법리를 적용 내지 유추적용하자는 접근법이다.[33] 주어진 목표를 달성하기 위하여 자율성을 가지고 최적의 행동을 결정하는 인

---

31) Lerouge, "The Use of Electronic Agents Questioned Under Contractual Law: Suggested Solutions on a European and American Level", 18(2) J. MARSHALL J. COMPUTER & INFO. L(2000).

32) Chopra/White, "Artificial Agents and the Contracting Problem: A Solution via an Agency Analysis", University of Illinois Journal of Law, Technology & Policy(2009), 371-372.

33) Fischer, "Computers as agents: a proposed approach to revised UCC Article 2", Ind. LJ, 72

공 에이전트의 행위는 본인을 위하여 법률행위를 하고 그 효과를 본인에게 귀속시키는 대리인의 행위와 비슷하다. 실제로 자율성을 가진 인공지능이 계약을 체결하는 모습은 대리인을 통해 계약을 체결하는 것과 외관이 유사하다. 이에 따르면 인공 에이전트가 주어진 권한 범위 내에서 행위하였다면 그 행위는 이용자, 즉 본인에게 귀속될 수 있게 된다. 각국의 법 체계는[34] 대리인이 권한 범위를 넘어서 행위한 경우 일정한 요건하에 본인에게 책임을 귀속시키는 것을 허용하는바, 구체적인 형태는 법체계마다 다르지만, 외관에 대한 상대방 측의 신뢰나 인식 가능성 등의 사정을 고려한다는 점은 공통적이다. 그러나 현행 민법상 대리인이 되기 위해서는 행위능력자일 필요는 없지만 적어도 의사능력이 있어야 하므로, 인공지능이 직접 대리행위를 할 수 없다. 인공 에이전트가 법인격 주체가 아니라는 점, 법적 행위능력이 없다는 점에서 비판을 받는 것도 같은 맥락이다. 이러한 비판에 대하여는, 과거 로마법상 노예들은 법인격 주체가 아니면서도 노예주들을 위한 행위를 할 수 있었음을 들어 대리인이 반드시 법인격 주체일 필요는 없다고 하거나,[35] 대리제도는 대리인에게 권리나 의무를 부여하는 것이 아니어서 미성년자와 같이 행위능력이 제한되어 있는 자들 역시 대리인이 될 수 있다는 점을 들어 반박하기도 한다.[36] 그러면서 자율성을 가지는 인공지능의 행위 방식이 대리인의 의사표시와 유사하고, 계약에 참여하는 당사자들의 이해관계를 적절히 조정하기 위하여 그 의사 귀속의 문제를 따져 볼 필요가 있다는 점에서 대리 법리를 '유추' 적용하자고 한다.[37]

(1996), 545-570.

34) 대리권의 부여 방식은, 법 체계마다 달라, 대륙법은 법률행위에 의할 것을 요하는 반면, 영미법, 특히 미국법에서는 권한 수여가 폭넓게 인정된다.

35) Kerr, "Ensuring the Success of Contract Formation in Agent-Mediated Electronic Commerce", 1 ELECTRONIC COM. RES. (2001), 183-202.

36) Chopra/White, "Artificial Agents and the Contracting Problem: A Solution via an Agency Analysis", University of Illinois Journal of Law, Technology & Policy (2009), 376-378.

37) 이상용, 앞의 논문, 1676 이하; 장보은, "인공지능의 발전과 계약 — 계약법의 역할을 중심으로," 저스티스 통권 제183호(2021. 4), 127.

(3) 법인격 주체로서의 인공지능

자율시스템을 이용한 계약에 대리 법리를 적용하는 것이 가장 적절하지만, 권리능력의 부여 여부는 성문법 국가에서 입법자의 결단이기 때문에 인공지능에 법인격이 없는 한 대리 법리를 적용하거나 유추적용할 수 없으므로,[38] 논리적 귀결로서 인공지능에 법인격을 인정하여 대리인으로 다루자는 접근법이다.[39] 이에 따르면, 인공 에이전트를 자연인인 대리인과 달리 볼 이유가 없으므로 법률효과를 본인에게 귀속시킬 수 있고, 나아가 본인에 대한 책임을 묻는 것 외에 인공 에이전트에 대하여도 책임을 물을 수 있다는 점에서 이점이 있다.[40] 그러나 인공지능에 법인격을 인정하자는 주장에 대해서는, 이론적 타당성은 물론 실제적 필요성의 관점에서도 강한 비판이 있다. 인공지능에 대한 법인격을 인정할 경우, 이를 위한 제도적·물적 기반을 갖추기 위하여 상당한 비용이 들고, 혁신을 위축시킬 위험이 있으며, 무엇보다 기존 법질서에 미치는 충격이 상당할 것이라고 한다.[41] 또한 인공지능이 법적 의미에서 의사를 형성하고 법률행위를 한다고 볼 것인지에 대한 논의는 인공지능이 '인간과 유사하게 사고'하는지를 기준으로 하는 것으로, '합리적 행동'을 지표로 하는 합리적 에이전트 모델과는 맞지 않는다는 점, 무권대리인으로서 또는 법인격 주체로서 인공지능 자체에 대하여 책임을 부담시킬 수 있는가 하는 논의는 법적 선언 이전에 사회적 합의가 필요한 사항이라는 점에서, 현 단계에 인공지능 자체에 책임을 지우기가 어렵다면, 대리 법리를 유추적용함에 있어 이러한 점을 고려하여야 할 것이지,[42] 당장 책임을 묻기 위한 이론적 근거를 만들기 위해 법인격을 인정하자는 주장은 주객이 전도된 것이다.

---

38) 김진우, 앞의 논문, 115-116.

39) Kerr, *op. cit.*, 183-202.

40) 영미법에서라면 '권한 보장(warranty of authority)'의 법리를 이용하여, 대륙법, 가령 우리나라의 민법에서라면 제135조를 원용하여 인공 에이전트를 상대로 소를 제기하여 무권대리인의 책임을 물을 수 있기 때문이다.

41) 이성진, "인공지능과 법인격 인정", 민사법의 이론과 실무(2020. 8. 31), 83면.

42) 同旨 장보은, 앞의 논문, 127-128.

Ⅲ. 인공지능을 이용한 계약의 효력

자동시스템이나 인공지능의 자율성이 낮아서 인공지능을 의사표시의 도구처럼 볼 수 있는 경우 계약의 당사자를 확정하거나 계약의 효력을 인정하기 쉽다. 이에 따르면 계약 책임은 시스템을 운영하거나 이용함으로써 포괄적 효과의사를 형성한 자에게 귀속되므로, 개별 계약에 대한 당사자의 진의를 묻지 않고도 계약이 성립되고, 알고리즘, 소프트웨어나 하드웨어상의 기계적 오류가 있어 당사자가 예측하지 못한 결과가 발생하였다고 하더라도, 이를 이유로 상대방과 체결된 계약의 효력을 부인하기는 어렵다.[43] 반면, 인공지능에게 상당한 자율성이 인정되는 알고리즘 계약에서는 시스템 운영자나 이용자에게 포괄적 효과의사를 인정하는 것만으로는 계약의 효력과 관련하여 여러 가지 문제가 발생한다. 우선 계약과 관련된 이해관계인이 여럿 있어서 계약의 당사자를 확정지어야 하고, 나아가 인공지능의 행위가 당사자의 진의와 다른 때에는 이해관계를 조정하기 위한 방법이 간구되어야 할 것이다.

1. 계약의 당사자 확정

인공지능에 의하여 계약이 체결되는 경우, **시스템 운영자나 이용자 중 계약의 당사자를 누구로 볼 것인지, 즉 누가 계약 책임을 지는 것인지**가 문제될 수 있다. 즉 특정 거래에서 인공지능의 행위에 대하여 인공지능을 기술적으로 운영하는 운영자가 '당사자'가 될 수도 있고, 운영자가 아닌 별도의 이용자가 '당사자'가 될 수도 있다. 이 경우 대리 법리를 유추적용하면, 인공지능이 누구를 위하여 행위하는지를 기준으로 당사자를 확정할 수 있을 것이다. 우선 시스템 운영자가 인공지능을 통하여 알고리즘 계약을 체결할 것을 예정하고 이에 따라 시스템에 접속하는 제3자와 사이에 계약이 체결되었다면, 인공지능의 행위는 운영자를 위한 것으로 운영자가 계약의 당사자가 되고 계약

---

43) 시스템 개발자나 관리자에게 그 책임을 묻는 것은 별론으로 한다. 김진우, 앞의 논문, 107; Chopra/White, *op. cit.*, p. 46.

책임을 진다. 한편, 가령 인공지능을 이용한 경매 사이트와 같이 시스템에서 운영하는 소프트웨어를 이용하여 거래에 참여하고자 하는 이용자가 있는 경우, 시스템에 접속한 제3자가 소프트웨어의 호가에 맞추어 계약을 체결하였다면, 인공지능의 행위는 운영자나 제3자가 아닌 이용자를 위한 것으로 이용자가 계약의 당사자가 된다. 반면, 가령 구글의 "알렉사"와 같은 인공지능 스피커가 제3자의 음성 주문에 따라 이를 승낙하는 내용의 계약을 체결하였다면, 인공지능의 행위에 대하여 '본인'이 되는 자는 이 시스템의 운영자일까 아니면 이 시스템을 이용하여 거래를 하려는 이용자일까? 이 경우 이 프로그램이 누구의 이익을 위하여 거래를 체결하는지가 기준이 되어야 할 것이다. 스스로 의사표시를 하는 이용자가 인공지능의 행위에 대하여 '본인'이 되는 것이므로, 제3자의 의사표시가 의도하지 않게 인공지능스피커를 통하여 상대방에게 전자적 방법으로 전달되었다면 이는 제3자에 의한 전자적 의사표시가 될 뿐이다.[44]

다른 한편, 계약의 양 당사자들이 동일한 인공지능을 활용하여 계약을 체결할 수도 있다. 가령, 인터넷 경매사이트에서 이용자에게 경매의 최대 호가를 결정하도록 하고 웹사이트 운영자를 위하여 경매에 의하여 계약을 체결하는 경우가 그러하다.[45] 민법상 쌍방대리는 본인의 이익을 해칠 염려가 있으므로 원칙적으로 금지되지만, 당사자들이 이를 알고서 허락한 경우에는 허용된다(민법 제124조). 당사자들이 상호 장기적인 거래를 유지하고자 하거나 신속하고 편리한 거래의 효용이 큰 분야에서는 당사자들의 포괄적 사전 동의하에 인공지능의 행위가 양 당사자에게 귀속되는 경우가 더욱 많아질 것으로 보인다.[46]

---

44) 이와 관련하여 2017년 미국에서 아마존의 인공지능 스피커 에코(Echo)에게 6세 소녀가 "알렉사, 인형의 집과 쿠키를 사 줘"라고 말하자 결제가 승인되어 집으로 배송된 사건이 있었다. 샌디에이고 TV의 아침 뉴스는 이 사건을 다루면서 말미에 남성앵커가 "알렉사, 나에게 인형의 집을 주문해 줘"라고 말했다. 그 결과 뉴스를 시청하고 있던 가정의 모든 에코가 활성화되어 반응하여 주문이 이루어졌다. 상대방인 아마존 입장에서는 의사표시가 요소가 갖추어져 주문을 목적으로 한 의사표시가 있었다라고 해석할 수 있으나 주문을 한 주체에게는 효과의사와 표시의사는 물론 행위의사조차 없었다. 그리하여 TV 앵커의 보도를 제3자의 주문으로 오인하고 이러한 청약에 대해 승낙을 하였다고 하더라도, 애초에 제3자의 청약의 의사표시를 인정할 수 없으므로 계약이 유효하게 성립되었다고 볼 수는 없을 것이다. 이에 대해 자세히는 김진우, 앞의 논문, 109-110 참조.

45) Chopra/Whit, *op. cit.*, p. 45; 장보은, 앞의 논문, 130.

2. 인공지능의 결정이 당사자의 진의와 다른 경우 위험의 배분

인공지능의 행위 규칙이 충분히 특정되지 않았거나(specification errors, 설정오류), 인공지능에게 자율성이 주어진 경우(induction errors, 추론오류)[47] 결과적으로 인공지능에 의하여 이루어진 의사표시나 체결된 계약의 내용이 당사자의 진정한 의사에 반할 위험이 존재한다. 이러한 이유로 **인공지능이 당사자가 원하지 않는 계약을 체결하였다면, 그러한 계약의 효력을 그대로 당사자에게 귀속시키는 것이 타당한가**라는 문제가 대두된다. 즉, 이용자가 내용을 스스로 검토하였더라면 그러한 의사표시나 계약을 하지 않았을 경우, 이때 언제나 계약이 유효하다고 하면 이용자에게 가혹한 결과가 될 수 있고, 반대로 단지 이용자의 의사에 반한다는 이유만으로 계약의 효력을 부정한다면 상대방에게 가혹한 결과가 될 수 있기 때문이다. 따라서 상황에 따라 이용자와 상대방 사이에서 적절하게 위험을 배분할 필요가 있다. 이에 인공 에이전트를 이용한 계약에서 발생할 수 있는 위험들을 배분하기 위한 법적 수단을 검토해 보자.

(1) 착오법리 적용 여부

먼저 적정한 위험배분을 실현하는 법적 수단으로 착오의 법리를 생각해 볼 수 있다. 민법은 의사표시는 법률행위의 내용의 중요부분에 착오가 있는 때에는 취소할 수 있

---

46) 장보은 앞의 논문, 130.

47) 그 외 오작동오류(malfunction errors)로 유형화하여 체계적으로 분석하기도 한다(Chopra/White, *op. cit.*, p. 38). 여기서 '설정오류'는 인공 에이전트가 이용자가 설정한 규칙을 적용하지만 그 규칙이 충분히 주의 깊게 설정되지 않는 경우를, '추론오류'는 재량을 가진 에이전트가 본인이 반대하지 않는 계약들로부터 실제로는 본인이 반대하는 계약을 잘못 추론해 내는 경우를, '오작동오류'는 본인이 에이전트를 위하여 정한 규칙이나 조건이 의도된 결과를 가져오지 못하게 하는 소프트웨어 또는 하드웨어의 문제를 의미한다(이상용, 앞의 논문, 1668면 이하 참조). 위 논문은 '설정오류'로서 투자자가 경제상황을 잘못 파악하여 수익률과 위험을 부적절하게 설정한 결과 예상하지 못한 거래가 이루어진 경우를, '추론오류'로서 인공 에이전트가 설정된 평균 위험의 범위 내에서 거래를 하였지만 투자자의 성향에 비하여 극도로 위험한 상품을 일부 매수하여 큰 손실이 발생한 경우를, '오작동오류'를 인공 에이전트가 프로그램상의 문제로 시가 100원짜리 금융상품을 1000원에 매수하는 청약을 한 경우를 각각 예로 들고 있다.

지만, 그 착오가 표의자의 중대한 과실로 인한 때에는 취소하지 못한다고 규정한다(민법 제109조). 그러나 **인공지능이 자율성에 기해 당사자가 원하지 않는 계약을 체결한 것은** 표의자가 착오에 빠져서 의사표시를 한 경우와는 구별된다.[48] 왜냐하면, 인공지능이 당사자의 진의를 파악하여 반드시 이를 실현하도록 설계된 것이 아니라 주어진 목적을 달성하기 위하여 합리적으로 최적의 선택을 하도록 자율성이 부여되었다면, 결과적으로 계약을 체결함이 당사자가 진정으로 원하는 바가 아니었더라도 그 과정에 착오가 개입된 것은 아니기 때문이다. 따라서 인공지능의 행위가 자율권이 부여된 그 권한 범위 내인 한, 계약의 효력은 당사자에게 귀속되어야 하고, 이는 마치 대리인의 행위가 수권 범위 내이면 본인이 구체적인 계약에 대하여 알지 못하였거나 대리인이 본인이 진정으로 원하는 바와 달리 재량권을 행사한 경우에도 계약이 유효하게 성립되어 그 효력이 본인에게 귀속되는 것과 유사하다고 하겠다.[49]

그렇다면 인공지능의 행위가 권한 범위 내인지 여부가 재판상 다투어지는 경우 법원은 당사자가 설정한 목적과 알고리즘을 분석하고 인공지능 행위의 결과 등을 종합적으로 고려하여 판단하여야 할 것이다. 물론 당사자가 거래를 통하여 달성하려는 목적을 분명하게 제시하기도 쉽지 않고, 분명한 목적을 입력하였더라도 구체적으로 인공지능이 어떤 경로를 통하여 의사결정을 하는지 명확하게 알지 못하면 인공지능의 행위를 예측하기 어렵다. 이에 '설명 가능한 인공지능(XAI: Expalinable Artificial Intelligence)' 기술[50]이라고 하여 인공지능의 의사결정과정을 이해할 수 있도록 인간에게

---

48) 가령, 표의자가 알고리즘 추천에 따라 거래를 하였는데, 인공지능의 추천이 당사자가 계약을 통하여 달성하려는 목적을 제대로 파악하지 못한 것이었다면 표의자는 착오에 기하여 의사표시를 한 것이다. 다만, 이는 동기의 착오에 불과하여, 통설과 판례에 따르면 우리 민법의 해석상 상대방과의 계약을 취소하려면 이러한 착오가 상대방에 의하여 유발되었거나 공통의 동기 착오가 있는 등의 특별한 사유가 있어야 한다(대법원 1992.2.25. 선고 91다38419 판결; 대법원 2006. 11. 23. 선고 2005다13288 판결 등).

49) 장보은, 앞의 논문, 131; 대리 법리를 계약상 문제에 적용하는 해결 방법이 직관적일 뿐만 아니라 다른 이론에 비해 책임분배 귀속에 있어 나은 결과를 가져온다는 점에서 선호된다고 한다(Chopra/White, *op. cit.*, p. 43).

50) AI가 신용카드 신청이나 학업 평가, 입사 여부 판정 등 사람의 선별이나 평가에 관련되는 경우 "왜 그러한 판단을 내렸는가?"라고 하는 판단 기준이나 과정은 검증되어야 하고 설명 가능성이 높아야

설명하는 기술이 발전하고 있다.[51] 따라서 인공지능의 의사형성 과정을 전혀 알 수 없다기보다는, 의사해석에 준하여 당사자가 설정한 목적과 알고리즘의 분석, 인공지능 행위의 결과 등을 종합적으로 고려하여 인공지능의 행위가 권한 범위 내인지 여부를 판단할 수 있다고 전제한다.

(2) 표현대리 법리의 유추적용

민법은 대리인이 그 권한 내에서 본인을 위한 것임을 표시한 의사표시는 직접 본인에게 대하여 효력이 생긴다고 규정한다(민법 제114조). 대리제도하에서 행위를 하는 자(대리인)와 효과를 받는 자(본인)가 분리되는데, 사적자치의 원칙과 관련하여, 특히 임의대리에 있어서 이를 대리의사, 즉 본인을 위하여서 하려고 하는 대리인의 효과의사에 대한 효과가 주어지는 것에 지나지 않는다고 보는 다수설의 견해는 대리 제도를 사적자치의 확장으로 이해한다.[52] 그런데 대리권이 흠결된 경우 법률행위의 효력이 발생할 수 없지만, 민법은 대리권 수여 표시에 의한 표현대리(민법 제125조), 권한을 넘은 표현대리(제126조), 대리권 소멸 후의 표현대리(제129조) 등 세 가지 유형의 표현대리를 규정하고 그 요건이 충족되면 본인으로 하여금 표현대리 행위에 대한 책임을 지도록

한다. 그래서 설명 가능한 인공지능이 대두되게 된 것이고, 설명 가능한 인공지능은 AI 솔루션을 인간이 이해할 수 있도록 하는 방법과 기술의 총칭으로 사용된다. 예측 결과나 추정 결과에 이르는 프로세스가 인간에 의해 설명 가능하게 되어 있는 것이 중요하다. 미국의 DARPA(Defense Advanced Research Projects Agency : 방위고등연구계획국)가 주도하는 연구 프로젝트에서 처음으로 사용되었다.

51) 안재현, XAI 설명 가능한 인공지능, 인공지능을 해부하다, 위키북스, 2020, 3-6면 참조. 1975년 처음 등장한 설명가능한 의사 결정 체계라는 용어는, 2004년 XAI라는 전문용어로 자리를 잡았다. 계산력 등 물리적 제약으로 제한된 범위에서 사용되었던 XAI는 최근 머신러닝 기술과 하드웨어 성능의 발전으로 그 사용에 관한 논의가 활발해졌다. XAI를 통해 인공지능 시스템의 출력 결과에 대한 신뢰도가 높아진다면, 의사 결정을 위하여 인공지능이 적극적으로 활용될 것이다.

52) 곽윤직 편집대표, 민법주해[Ⅲ], 박영사, 1992, 252-254(송덕수 집필); 이에 반해 법률행위에 있어서 '행위' 측면과 '규율' 측면을 분리하여, 전자는 대리인에 의하여 행해지지만 후자는 대리인이 본인을 위하여 하는 행위임을 표시하였고 이렇게 행위하는 권한을 본인으로부터 부여받은 이상 본인의 것이라고 설명하는 견해는 대리 제도는 사적자치의 실천 그 자체로 본다[이영준, 민법총칙(개정증보판), 박영사, 2007, 497-499].

하고 있다. 대리권이 없음에도 불구하고 본인에게 효력이 발생한다는 결과는 사적자 치의 원칙과 관련하여 의문이 제기될 수 있으나 다수설은 표현대리를 무권대리의 일 종으로 보아 거래의 안전을 위하여 법이 특별히 본인에게 책임을 부여한 것이라고 이 해한다.[53)]

그러한 의미에서 자율성을 가지는 인공지능의 의사표시가 그에게 부여된 권한 범위 를 넘어선 경우, 이를 바로 본인의 의사표시로 인정할 수는 없으나, 거래계에서 인공 지능이 활발하게 이용되어 거래의 안전을 보호할 필요가 있으므로, 관련된 위험을 배 분함에 있어 대리 법리를 유추적용하자는 논의가 있다. 그리하여, 인공 에이전트에 (법 인격 부여 여부를 막론하고) 대리인 (유사한) 지위를 인정한다면, 대리와 표현대리의 법리 가 그대로 (유추)적용될 것이고 인공 에이전트에 의하여 표시된 의사가 이용자의 의사 와 다를 경우, 이용자가 여기에 구속되는지 여부는 인공 에이전트의 의사표시가 이용 자로부터 수여받은 권한 범위 내인지, 아니라면 상대방이 권한 범위 내라고 믿을 만한 정당한 이유가 있었는지 여부 등에 의하여 결정된다. 외관을 신뢰한 제3자를 보호하고 거래안전을 보장하는 표현대리 규정을 살펴보아야 하는데, 특히 이용자가 인공지능을 통하여 계약을 체결하고자 하였던 사실로부터 기본대리권이 인정될 것이므로, 인공지 능이 권한 범위를 넘어서는 계약을 체결하는 상황은 민법 제126조 표현대리와 유사하 다. 따라서, 계약의 상대방이 인공지능의 행동이 권한이 있다고 믿을 만한 정당한 사 유가 있다면, 당사자는 이에 대하여 책임이 있을 것이다. 가령, 인공지능 에이전트를 이용한 계약체결이 일반화된 상황이라면 계약 상대방이 인공지능이 그러한 계약 체결 에 대하여 충분한 권한이 있다고 신뢰할 수밖에 없을 것이다.[54)]

---

53) 영미법에서는 표현대리를 금반언의 법리에서 찾고 있다. 영국법상 금반언에 의한 대리와 표현대리 권의 관계에 대해 처음 언급한 판결은 Rama Corporation Ltd. v. Proved Tin and General Investment Ltd. 사건(Rama Corporation Ltd. v. Proved Tin and General Investment Ltd. [1952] 2 Q.B. 147)으로, Slade 판사는 표현적 대리권은 … (중략) … 단순히 금반언의 한 형태에 지나지 않 고(a form of estoppel), 실제로 그것은 금반언에 의한 대리(agency by estoppel)라고 불리고 있다 고 판시하였다. 영국 학설도 대체로 판례의 견해에 따른다.

54) 미국의 통일컴퓨터정보거래법(the US Uniform Computer Information Transactions Act) 제107조 제d항에서는 전자에이전트를 사용한 사람은 전자에이전트의 작동이나 작동의 결과를 아무도 알지

여기서 '정당한 사유'가 있는지 여부는 상대방의 선의 무과실은 물론, 본인 측의 사정을 포함하여 제반 사정을 종합적으로 고려하여 판단하여야 할 것이다.[55] 가령, 인공지능을 사용하여 시스템 이용자가 제3자와 거래를 하였는데 인공지능이 자율성에 따라 운영자가 전혀 예상하지 못한 거래를 하였고 그 행위가 인공지능에게 부여된 권한범위를 벗어나는 것이었다면 상대방의 인식과 '본인' 측의 사정을 모두 살펴야 할 것이다. 그런데 일반적으로 시스템 운영자는 알고리즘을 설계할 때에 권한 내의 행위를 하도록 적절한 목표를 입력하여야 할 것이므로, 만약 오류가 있다면 운영자는 기술적으로 이를 수정하여 권한 외의 행위를 방지할 수 있을 것이다. 따라서 계약 상대방이 인공지능의 행위를 권한 범위 내의 행위라고 믿었고 그렇게 믿음에 과실이 없다면, 정당한 사유가 인정되어 이러한 외관을 창출한 운영자가 그에 대한 책임을 질 것이다. 그러나 그 의사표시가 정상적인 거래라고 보기 어려운 정도였다면, 계약 상대방으로서는 시스템의 문제를 예상하거나 권한 범위 내의 행위가 아니라고 의심할 수 있었을 것이므로, 종합적으로 판단할 때 정당한 사유가 인정될 수 없어 운영자에게 계약 책임이 귀속되기는 어려울 것이다.

다른 한편, 만약 시스템 운영자 외에 인공지능을 이용하여 거래하는 자가 있어 그가 이용하는 인공지능이 시스템에 접속한 제3자와 계약을 체결하였다면, 거래 상대방인 제3자의 입장에서 인공지능의 행위가 이용자의 권한 범위 내라고 믿을 만한 정당한 사유가 있는지, 구체적인 거래의 내용, 거래의 관행 등을 종합적으로 고려하여 판단하여

못한 경우에도 이에 구속된다고 규정하고 있다. 또한 미국통일전자거래법(the U.S. Uniform Electronic Transactions Act)에서는 전자대리인(electronic agent)이라는 용어를 명시적으로 채택한 후 제14조 제1항에서 사람이 전자대리인의 행위나 그에 따른 합의내용을 인식하거나 검토하지 않았더라도 그 계약이 성립할 수 있다고 규정하고 있다[이충훈, "인공지능(Artificial Intelligence)을 이용한 의사표시의 주체", 법학연구 제30권 제1호(연세대학교 법학연구원, 2020), 291면].

55) 종래 다수설과 판례는 민법 제126조의 '정당한 사유'란 상대방이 대리인에게 당해 대리행위를 할 권한이 있었다고 믿었고 그렇게 믿는 데에 과실이 없음을 의미한다고 하여 상대방 측 사정만을 고려하였으나, 최근에는 상대방의 선의 무과실뿐만 아니라 외관 작출에 관여한 정도 등 본인 측의 사정을 포함하여 제반 사정을 종합적으로 살펴야 한다는 견해가 유력하다(곽윤직 · 김재형, 민법총칙[민법강의II] 제9판, 박영사, 2013, 369면; 김상용, 민법총칙 전정판, 화산미디어, 2009, 601면; 양창수 · 김재형, 민법I 계약법 제3판, 박영사, 2020, 202면 등 참조).

야 할 것이다. 나아가 인공지능을 이용한 거래가 증가하면서, 인공지능의 자율성을 고려할 때 권한 범위를 다소 넘어서는 결과가 발생할 수 있음을 인식한 이용자가 이를 방지하기 위한 조치를 취할 것을 기대할 수도 있다. 인공지능을 이용한 일상적인 거래의 경우에는 객관적으로 정상적인 거래가 아니라고 인식하기 어려울 것이므로 이용자가 계약책임을 지는 경우가 대부분일 것이다. 그러나 일상적인 거래가 아니고 객관적으로 정상적인 거래가 아니라고 인식될 정도라면, 이용자에게 계약 책임이 귀속되지 않을 것이다.

(3) 무권대리인 책임의 유추적용 여부

이와 같이 표현대리 법리를 유추적용하여도 당사자에게 계약 책임을 귀속시키기 어려운 경우, 협의의 무권대리 책임을 고려할 수 있을지 문제된다. 만약 당사자가 인공지능의 행위를 추인하여 자신에게 그 효과를 귀속시키고자 한다면 이를 부인할 이유는 없다. 문제는 당사자가 이를 추인하지 않는다면, 민법상 무권대리인과 같이 인공지능에게 직접 책임을 지울 수 있는지 여부이다. 현행 민법상 법인격이 없는 인공지능에게 계약의 이행이나 손해배상을 청구하는 것은 인정될 수 없다. 법이론적으로 인공지능에 법인격과 책임재산을 부여하는 방안도 고려할 수 있을 것이지만,[56] 이러한 방안은 아직 논의단계에 있을 뿐 현재 상황에서 현실적이지 않고, 인공지능과 불법행위책임에서의 논의와 마찬가지로[57] 인공지능 프로그램을 설계하거나 제작한 자연인이나 법인 가운데 누구에게 책임을 지울 것인가의 문제로 넘어간다.[58]

---

56) 가령, 운영자가 보험에 가입하도록 하여 해결할 수 있다는 견해[김진우, 앞의 논문, 13, 김동주/권현영/임종인, "인공지능 로보어드바이저의 활성화에 따른 부작용 최소화를 위한 제도적 보완점", 한국융합학회논문지 제8권 제10호(한국융합학회, 2017), 69]도 있으나 아직 그러한 상품은 없다. 한편, 보험가입과 관련하여 "보험회사가 그러한 위험을 보장할 준비가 되어 있는지, 그러한 보험상품이 있다면 보험료는 어떻게 책정하여야 하는지, 이러한 금융 문제에 더하여 기업이 보험에의 가입을 거부할 위험은 없는지, '지능형 컴퓨터'가 보험회사에 매달 보험료 납입을 깜빡하면 어떻게 되는지와 같은 수많은 질문을 하며 보험가입이 현실적이지 않다는 견해가 있다(Jean-Francois Lerouge, *op. cit.*, p. 411).

57) 인공지능과 불법행위책임과의 관계는 다음 장에서 다룬다.

58) 가령, 자율주행 자동차의 운행 중에 발생한 자동차 사고의 운전자나 제3자에게 발생한 손해에 대해

그런데, 실제로 무권대리인 책임 법리를 유추적용하여 인공지능의 배후에 있는 누군가에게 책임을 부담하도록 함으로써 문제를 해결해야 하는 상황은 거의 없을 것이다. 왜냐하면, 우선 인공지능의 자율성을 고려할 때 인공지능의 권한 범위가 비교적 넓게 해석될 여지가 있고, 가사 인공지능의 행위가 권한 범위를 벗어났다고 하더라도 여러 제반 사정을 종합하여 계약 상대방이 권한이 있다고 믿을 만한 정당한 사유가 인정된다면 표현대리 법리를 유추적용하여 '본인'이 계약 책임을 부담할 것이기 때문이다. 결국 외관을 신뢰한 거래 상대방을 보호할 만한 정당한 사유가 없는 나머지 경우라면 계약의 효력을 부인한다고 해서 상대방에게 크게 부당하다고 보기는 어렵지 않을까. 따라서 이러한 경우를 대비하여 인공지능 자체 또는 그 배후의 누군가가 책임을 진다고 무리하게 이론 구성을 할 실익은 별로 없다고 생각된다.59)

IV. 스마트계약과 인공지능

블록체인 기술의 발달은 공개 암호화 기술을 이용하여 블록체인상에서 일어나는 모든 거래정보에 대한 신뢰 가능한 확인수단을 제공한다. 그 결과 계약 당사자들에게 감시비용과 기회주의적인 행동 가능성을 줄이는 새로운 도구로서,60) 블록체인 기술을

서 누가 책임을 부담할 것인가에 대한 논의가 있는데, 제조업체에 보상을 요청하는 것은 불공평하다는 견해가 있다(James Marson, Katy Ferris and Jill Dickinson, The Automated and Electric Vehicles Act 2018 Part 1 and Beyond: A Critical Review, Sheffield Hallam University Research Archive (SHURA), p. 1. 〈http://shura.shu.ac.uk/25174/〉). 영국에서는 2018년 7월 의회에서 「자율주행과 전기차에 관한 법률(Automated and Electric Vehicles Act 2018)」이 통과되면서 강제 자동차보험 대상이 자율주행 자동차까지 확대되었다. 동법은 교통부장관이 조건을 충족하는 자율주행 자동차 모델을 리스트화해 공표할 것, 자율주행 중 사고가 났을 때는 보험사가 일차적으로 보상할 책임을 질 것, 보험을 부보하지 않은 경우에는 책임을 차량 소유자가 질 것, 자율주행차 사고에 대해서도 과실상계 원칙을 적용할 것, 불법 개조가 이뤄진 경우나 중요한 소프트웨어 갱신을 하지 않은 데 기인하는 손해에 대해서는 보험사는 그 지급 책임의 일부 또는 전부를 면할 수 있을 것 등을 주요 내용으로 한다.

59) 同旨 장보은, 앞의 논문, 132.

60) 리마베라 드 필리피, 아론 라이트, 코드가 지배하는 세상이 온다. 미래의 창, 2018. 136면.

기반으로 하여 계약 내용을 자동으로 실행하는 컴퓨터 프로그램이 개발되었는데 이것
이 스마트계약이다. 스마트계약은 계약의 교섭과 이행이 자동으로 실행하는 컴퓨터
프로그램이므로 전통적인 계약의 모습을 가지고 있지 않다. 그 결과 스마트계약은 계
약법뿐만 아니라 금융법, 소비자법, 전자거래법 등 다양한 법률 분야에서 많은 문제를
제기하고 있다.[61] 특히 계약법적 측면에서는 스마트계약을 법적 의미의 계약으로 볼
수 있는지, 스마트계약은 어떻게 성립하고, 어떤 법적 효력을 가지는지, 그리고 불이행
의 경우에는 어떻게 처리되는지가 문제된다. 이하에서 살핀다.

1. 스마트계약의 연혁과 개념

(1) 스마트계약의 연혁

"스마트계약"이라는 아이디어는, 1994년 미국의 변호사이자 컴퓨터과학자인 닉 자
보(Nick Szabo)에 의해 창안되었다.[62] 그는 계약상의 급부와 반대급부를 프로그램 로직
을 통하여 확정할 수 있으므로 다양한 종류의 계약 조건을 소프트웨어와 하드웨어에
내장할 수 있다고 생각하였다. 그리하여 그는 계약당사자가 합의한 계약 조건을 컴퓨
터 코드로 만들어 컴퓨터가 인간 대신에 계약 조건을 해석하고 실행하도록 하는 아이
디어를 구상하였다. 그 목적은 무엇보다도 거래에 대한 위험과 비용을 줄여 계약 실행
에 대한 인간적 신뢰를 포기하도록 하고, 이를 통하여 계약당사자는 상대방에 대한 신

---

61) 스마트 계약에 대한 국내문헌으로 김동민, "블록체인 기술을 이용한 스마트계약의 구조와 그 특징
에 관한 소고", 비교사법 제28권 제3호, 2021; 김성호, "블록체인기술 기반의 스마트 계약에 대한 민
사법적 검토", 한양법학 제30권 제3집, 2019; 김제완, "블록체인 기술의 계약법 적용상의 쟁점―'스
마트계약(Smart Contract)"을 중심으로", 법조 제727호, 2018; 김현수, "블록체인기반 스마트 컨트랙
트와 계약법적 쟁점에 관한 小考", 법학논총 제44권 제2호, 2020; 이규옥, "블록체인 기술 기반 스마
트 컨트랙트에 관한 법적 연구", 성균관대학교 박사학위논문, 2019; 송인방·양영식, "스마트계약
법제화를 위한 시론(試論)적 검토", 법학연구 제81호, 2021; 정경영·백명훈, 디지털사회 법제연구
(II)―블록체인 기반의 스마트계약 관련 법제연구, 한국법제연구원, 2017; 정진명, 블록체인 기반
스마트계약의 법률문제, 비교사법 제25권 제3호(통권82호), 2018 참조.

62) Nick Szabo, "Formalizing and Securing Relationships on Public Networks", First Mondy, Vol. 2,
No. 9, 1997

뢰를 부여할 필요 없이 단지 기계가 수행하는 기능만 신뢰하도록 하는 것이었다.[63] 컴퓨터에 의해 운영되는 자동화를 통해 인간의 개입을 더욱 감소시키는 코딩 언어를 개발한다는 닉 자보의 제안은 제안 당시에는 매우 혁명적이었으나, 1990년대에는 이러한 아이디어를 실현할 기술이 개발되지 않아 구체화되지 못했다. 그러나 최근 블록체인 기술을 적용한 비트코인(Bitcoin)이나 이더(Ether)같은 가상화폐가 개발되고, 또한 디지털 저작권 관리(Digital Rights Management: DRM)가 가능한 프로그램이 개발됨에 따라 스마트계약이 가능하게 되었다.

(2) 스마트계약의 개념

닉 자보는 스마트계약[64]을 "계약의 조건들을 실행하는 컴퓨터화된 거래 프로토콜[65]"이라고 정의하였다. 아직 스마트계약을 정의하고 있는 국내법은 없으나,[66] 계약상의 권리의무와 연계되지 않고 오로지 코드에 의하여 정의되고 자동적으로 이행되는 관계인 "코드에 의하여 규정되는 관계"라는 견해[67]도 있고, 협의로는 "블록체인 기

---

63) 즉 스마트계약을 디자인하는 일반적 목적은 "통상의 계약 조건을 만족시키고, 악의적이고 우연한 예외를 최소화하며, 신뢰할 수 있는 중개자에 대한 필요성을 최소화"하고, 연관된 경제적 목적은 "사기로 인한 손실, 중개 및 집행비용, 그리고 다른 거래비용을 최소화"하는 것이었다.

64) '스마트계약(smart contract)'이라는 용어는 엄밀한 의미에서 '똑똑하다'는 것, 즉 지능을 전제로 하는 것이 아니라 계약 조항이 코드화된 것을 의미하므로 '자동화된 계약' 또는 '코드화된 계약'이라는 용어가 적절하지만, 실무 및 학술적으로 이미 '스마트계약'이라는 용어로 널리 번역되고 있어(정진명, "블록체인 기반 스마트계약의 법률문제", 블록체인 규제개선 연구반 결과보고서, 한국인터넷진흥원, 2018, 33면) 그렇게 사용하기로 한다.

65) Nick Szabo, Smart Contracts : Building Blocks for Digital Markets, 1994 (https://www.fon.hum. uva.nl/rob/Courses/InformationInSpeech/CDROM/Literature/LOTwinterschool2006/szabo.best.v wh.net/smart.contracts.html 참조(2023년 2월 1일 최종방문).

66) 미국에서는 「2014년 온라인시장보호법(Online Market Protection Act of 2014: H. R. 5892)」 제3조 (i)호가 "스마트계약"이란 "종종 다중 서명기술을 활용하는 암호로 입력된 약정으로, 이는 어떤 예정된 매개변수가 충족될 경우에 자동으로 또는 다수당사자를 위하여 거래 또는 재산이전의 실행과 공개기록을 허용한다."고 정의하고, 애리조나주법 제44편(상거래) 제26장(전자거래) 제5조(블록체인 기술) 44-7061. E. 2.는 "스마트계약"이란 "분산되고, 탈중앙화되고, 공유되고, 복제된 원장(ledger)에서 시행되며, 그 원장을 보관하고 그 원장에 자산 이전을 지시할 수 있는 사건에 응한 프로그램(event-driven program)"이라고 정의하고 있다.

67) 김제완, 앞의 논문, 164면.

술을 기반으로 계약의 자동실행이 보장된 컴퓨터 코드"로, 광의로는 "코드가 상대방의 의사표시와 합치된 경우 이는 청약과 승낙의 구조를 가진 계약과 유사하므로 코드에 따라 상대방의 의사표시가 행하여진 것"이라는 견해[68]도 있으며, 계약 성립 이후 당사자나 법원이 계약을 철회하거나 변경하는 것이 상대적으로 쉬우면 '약한 스마트계약,' 계약을 철회하거나 변경하는 것이 불가능하거나 무의미하면 '강한 스마트계약'이라고 하는 견해[69]도 있다. 생각건대 닉 자보의 개념정의는 자동판매기와 같이 이행이 자동으로 이루어지는 계약 구조와 스마트계약의 차이를 구분하기 어렵고, 스마트계약은 계약 조건이 코드화된 컴퓨터 프로토콜로서 거래당사자의 직접적인 개입이나 관여가 필요하지 않은 점에서 법적 의미의 계약이라고 할 수 없지만, 계약조건이 사전에 코드화되고, 계약조건이 충족되면 그 실행이 자동으로 이루어지는 특성을 고려할 때 기술적 측면에서는 컴퓨터 프로그램이지만 법적 측면에서는 '코드화된 계약'이라고 하겠다.[70]

스마트계약은 계약의 교섭이나 이행을 전자적으로 수행하는 컴퓨터 프로그램이라는 측면에서, 서로 다른 기업 간에 표준양식을 사용하여 상업적 거래를 컴퓨터와 컴퓨터 간에 행하는 '전자문서교환(Electronic Data Interchange: EDI)'과 유사하다. 그러나 스마트계약은 블록체인 기술을 이용하여 거래의 안전성을 확보하고, 이더 등의 가상화폐를 이용하여 계약의 이행까지 보장하며, 나아가 특정 요건이 충족되면 계약의 이행에 대한 인간의 개입이나 관여 없이 자동으로 실행된다는 점에서 전자문서교환과 구분된다. 또한 스마트계약은 계약체결을 자동화하고 인간의 개입을 최소화한다는 점에서, 계약당사자 일방 또는 쌍방이 계약체결 여부나 계약체결 조건을 결정하기 위하여 알고리즘을 사용하는 '알고리즘계약(Algorithmic Contracts)'과 유사하지만, '탈중앙화 자율기구(Decentralized Autonomous Organizations: DAOs)'를 창설하는 이더리움의 능력에

---

68) 정경영·백명훈, 앞의 논문, 32면.

69) Max Raskin, "THE LAW AND LEGALITY OF SMART CONTRACTS", 1 GEO. L. TECH. REV. 305 (2017), p. 309-310.

70) 정진명, 전게 연구결과보고서, 34면.

의해 계약체결뿐만 아니라 채무의 이행을 자동화하고, 계약당사자 사이의 이행에 대한 신뢰를 제거한다는 점에서 알고리즘계약과 구별된다. 스마트계약은 모든 당사자가 공유하는 일종의 '구속력'을 가지며, 모든 조건이 프로그램 코드에 의하여 자동으로 실행되며, 인간의 관여를 규율하는 목적을 가진 조건이 더 이상 필요하지 않은 '자가실행계약(self-enforceable contract)'이라고 할 수 있다.[71]

2. 스마트계약의 구조와 특성

(1) 블록체인 플랫폼에서 개발된 스마트계약

오늘날 스마트계약은 안전한 분산원장기술(DLT: distributed ledger)이 가진 기술적 이점을 활용하기 위하여 블록체인 기반의 플랫폼에서 개발되고 있다.[72][73] 스마트계약은 블록체인 기술이 실현된 대표적인 응용사례로, 블록체인 네트워크에 참여한 계약당사자가 계약 내용을 프로그램 코드로 작성하여 블록체인에 기록하면 블록체인 기술은 계약 조건이 충족되는 경우에 블록체인에 기록된 계약 내용을 참고하여 해당 계약을 자동으로 실행한다.[74] 블록체인 기술은 프로그램된 계약이 지속적으로 실행되도록 하고, 일체의 외부 관여 없이 자산보유자의 디지털자산이 직접 이전될 수 있도록 한다. 스마트계약은 사전에 정해진 특정 조건이 충족되면 자동으로 실행되는 애플리케이션으로,[75] 블록체인은 기술적으로 스마트계약의 거래정보를 기록하는 데 불과하다

---

71) 정진명, 전게 연구결과보고서, 48면.

72) 블록체인은 2008년 10월 31일 사토시 나카모토(Satoshi Nakamoto)라고 불리는 익명의 개발자에 의해 공개된 비트코인 백서를 통해 세상에 소개되었다(Satoshi Nakamoto, Bitcoin: A Peer-to-Peer Electronic Cash System (2008), Bitcoin.org https://bitcoin.org/bitcoin.pdf 참조 (2023년 2월 1일 최종방문). 블록체인은 전 세계에 분산되어 있는 동기화된 노드(node)의 네트워크에서 순차적인 기록으로 데이터를 저장하는 데이터베이스인데, 블록체인은 P2P 네트워크, 공개키와 개인키 암호체계, 그리고 합의 메커니즘(consensus mechanism)을 주요한 구성요소로 하면서 투명성과 보안성을 강화한 기술이라고 평가된다(프리마베라 드 필리피, 아론 라이트, 앞의 책, 37면 이하 참조).

73) 김제완, 앞의 논문, 153-157면; 김현수, 앞의 논문, 173-174면; 정진명, 앞의 논문, 934-935면.

74) 정경영·백명훈, 앞의 논문, 37면.

75) 그리하여 스마트계약의 개념 요소로, 첫째 블록체인 기술을 활용할 것, 둘째 계약의 이행이 자동화

고 볼 수 있지만, 스마트계약을 구현하기 위해서는 네트워크를 통해 일어나는 모든 거래정보를 확인 및 감독하고 실행할 수 있는 블록체인 기반의 플랫폼이 필요하다는 점에서 블록체인은 스마트계약의 필수요건이라고 하겠다.[76]

(2) 이더리움 스마트계약의 구조

2013년에 등장한 이더리움(Ethereum)[77]은 스마트계약을 구동하는 대표적인 플랫폼이다.[78] 스마트계약의 내용은 이더리움 블록체인 자체적 프로그램 언어인 솔리디티(Solidity)를 통하여 작성되고, 계약 내용을 담고 있는 프로그램 코드는 컴퓨터가 이해할 수 있는 이진코드(binary code, 0과 1로 구성)로 변환되어 이더리움 지갑 프로그램(wallet program)에 포함된 이더리움 가상머신(Ethereum Virtual Machine: EVM)에서 실행된다.[79] 이더리움 가상머신은 스마트계약을 처리하는 가상의 컴퓨터로서 블록체인을 구성하는 노드를 작동시키며, 지갑 프로그램은 지갑주소(wallet address)를 통해 트랜잭션(transaction)[80]을 발행한다. 이더리움 블록체인은 이더(Ether)라는 가상화폐를 사용하여 계정 간 계약(peer-to-peer contract)으로 특정 조건이 충족되면 이더가 자동으로 이동되도록 설계되어 있다. 이와 같이 이더리움 블록체인 기반의 스마트계약은 계약 조건에 대한 모든 정보를 포함하고 있으며, 모든 예상 가능한 행위를 자동으로 실행할 수 있으므로 신뢰할 수 있는 제3자 없이도 거래가 가능하다.

가령 재화를 판매하는 자 A가 스마트계약을 체결하고자 하는 경우 이더리움 스마트계약을 법적으로 분석하면, ① 코드설계, ② 코드공개, ③ 조건성취, ④ 계약의 자동

되도록 설계될 것, 셋째 그 실체가 프로그램일 것을 들기도 한다(정경영·백명훈, 앞의 논문, 32면).

76) 정경영·백명훈, 앞의 논문, 31면.

77) 이더리움의 창시자인 비탈릭 부테린(Vitalik Buterin)에 따르면, "이더리움은 비트코인과 동일한 데이터 구조를 가지고 작동하지만, 프로그래밍 언어를 내장하고 있다는 점이 가장 큰 차이점"이다.

78) 정경영·백명훈, 앞의 논문, 38면.

79) 이더리움 가상머신과 스마트계약에 대한 설명은 프리마베라 드 필리피, 아론 라이트, 앞의 책, 51면 이하 참조.

80) 여기서 '트랜잭션'이란 외부 거래를 기록하기 위해 단말기 등에서 생성하여 컴퓨터시스템으로 전송되는 데이터를 의미한다.

실행의 단계로 이루어진다.[81] 첫째, 코드설계는 A가 이더리움 블록체인 네트워크에 참여하여 이더리움 플랫폼에서 이더리움 지갑 프로그램이 요구하는 프로그램 언어로 한다. 코드설계는 불특정 다수인에게 재화를 제공하겠다는 A의 내심적 효과의사로 볼 수 있다. 둘째, 코드공개는 A가 프로그램 언어로 작성한 소스코드를 컴파일링하여 블록체인에 기록하는 것인데, 컴파일링된 소스코드는 프로그램 언어를 이해하는 자만이 그 의미를 이해할 수 있으므로 A는 소스코드의 내용을 설명하는 문서(white paper)를 계약 언어로 작성하여, 가령 자신의 계약주소를 이용하여 "1이더를 지급하면 재화를 제공한다."는 메시지를 적절한 방법으로 공개한다. 코드 공개는 A의 불특정 다수인에 대한 내심적 효과의사의 표시로, 이를 청약의 유인으로 볼지 아니면 청약으로 볼지에 대하여 논의의 여지가 있지만 수요자 B의 조건성취만 있으면 A의 의사를 묻지 않고 계약이 자동으로 실행되는[82] 기술적 측면을 고려한다면 A의 코드공개는 청약에 유사한 성질을 가진다고 할 수 있다.[83] 셋째, B가 A의 계약주소로 1이더를 송금하는 행위는 승낙의 의사표시인 동시에 사실행위에 해당한다. 즉 B의 송금은 승낙 의사가 들어 있는 포함적 의사표시이며, 선이행 의무의 성질을 가지는 계약의 이행으로 볼 수 있다. 넷째, B에 대한 재화의 제공은 자동화된 계약의 실행행위로, A의 의사에 기한 행위는 아니지만 이미 프로그램 코드에 예정되어 있는 것이므로 조건의 실행이라고 할 수 있다. 이와 같이, 이더리움 스마트계약은 특정 조건이 성취되면 청약자의 의사를 묻지 않고 계약이 자동으로 실행되는 특수한 유형의 의사실현계약이라고 할 수 있다.[84]

---

81) 이하 정경영 · 백명훈, 앞의 논문, 108-9면의 분석에 따른다.

82) 한편, A의 코드 공개를 청약의 유인으로 보는 경우에도 B가 거래신청(조건성취, 청약)을 하는 경우 자동으로 계약이 실행되므로 사실상 청약과 유사하다고 할 수 있다. 이와 같은 계약구조는 인터넷 상에서 가격비교를 통하여 보험을 판매하고자 하는 보험회사의 보험계약 체결과 유사하다.

83) 정경영 · 백명훈, 앞의 논문, 108.

84) 同旨 정경영 · 백명훈, 앞의 논문, 109면.

3. 스마트계약의 계약법적 과제

(1) 스마트계약의 계약성

스마트계약은 법적으로 구속력 있는 약정이다.[85] 근거로 첫째 스마트계약에 의하여 당사자 일방이 상대방에게 블록체인 기술에 기반을 둔 디지털 재화의 이전이라는 법적 효과가 인정된다. 둘째, 스마트계약에서 당사자의 의사는 사전에 지정된 조건에 관한 계약을 체결하기로 결정하는 순간에 표시된 것이다. 셋째, 스마트계약의 성립과정에 청약과 승낙이 존재한다. 스마트계약에서 청약은 프로그램 코드가 분산화 원장에 기록되어 불특정 다수인에게 공개된 때 이루어지고 프로그램 코드로 일정 금액의 이더를 송금할 때 승낙이 이루어져 계약이 성립된다. 넷째 스마트계약의 방식이 전자적 수단일 뿐이다.

그런데 스마트계약은 전통적인 계약과 구분되는 다음과 같은 특성을 갖는다. 첫째, 전통적인 계약은 계약자유의 원칙, 특히 계약방식의 자유에 따라 구두, 서면, 전자적 방식 등 다양한 방식으로 체결될 수 있지만, 스마트계약은 오로지 전자적 방식으로만 체결된다. 둘째, 스마트계약에서 프로그램 코드로 표현되는 계약 조건은 당사자의 계약관계를 관리하는 '문서'의 역할을 함과 동시에 지식재산권의 대상이라는 이중적 성격을 갖는다.[86][87] 셋째, 스마트계약의 핵심은 프로그램 코드에 있으므로 스마트계약

---

85) Alexander Savelyev, *op. cit.*, p. 123; 정진명, 앞의 논문, 946면.

86) 정진명, 앞의 논문, 941면. 특히 이용자의 요구에 기반한 특정 스마트계약의 프로그램 코드는 소프트웨어 개발과정으로 간주될 수 있어 스마트계약에 대한 후속 권리 배포는 관련 지식재산권 및 라이선스의 틀 속에서 이행되어야 할 것이다.

87) 블록체인에 스마트 계약을 배치할 수 있다. 스마트 계약을 통해 상표의 첫 번째 또는 그 이후의 사용에 대한 타임스탬프의 증거를 제공할 수 있으며, 이를 법원이나 등록기관에 증거로 제시할 수 있다. 2020년 5월 WIPO는 특정 날짜와 시간에 디지털 파일이 있음을 증명하기 위한 전자 서명 인증서를 제공하는 새로운 디지털 비즈니스 서비스인 WIPO PROOF를 시작하였다(Anne Rose, Mishcon de Reya, "ブロックチェーン : 知的財産権の登録の変革と未登録の知的財産権の保護の強化", WIPOマガジン, 2020. 7. 〈https://www.wipo.int/wipo_magazine_digital/ja/2020/article_0002.html〉); WIPO PROOF는 각 특정 시점에서 자산의 디지털 파일이 존재한다는 증거를 생성하여 향후 법적 분쟁의 위험을 완화하고 공식적인 IP 권리의 궁극적인 등록을 위한 기반을 마련하기 위한 효율적인 도구를 제공한다(WIPO, "WIPO PROOF: WIPO Introduces New Business Service

조건은 컴퓨터 언어로 표현되는데, 컴퓨터 언어는 기계에 의한 해석의 재량권을 허용하지 않는다. 보통 프로그래머들이 오라클이라고 부른 신뢰할 수 있는 제3자 소스를 이용하여 계약기간 동안 거의 실시간으로 변화하는 조건에 대응하며 전통적 계약보다 역동적이다.[88] 스마트계약 조건은 불리언 로직(boolean logic)[89]에 기초하여 기계에 의하여 해석되므로, 인간의 두뇌에 의하여 해석되는 전통적인 계약과 달리, 스마트계약에는 계약의 해석에 관한 기존 법원칙이 적용되지 않는다.[90] 넷째, 스마트계약은 일단 체결되면 그 실행에 계약당사자 또는 제3자의 의사도, 어떠한 추가적인 승인이나 행위도 필요하지 않다. 컴퓨터가 모든 조건을 확인하고 디지털자산을 이전하면서 블록체인 데이터베이스에 그 이전을 기록하기 때문에 스마트계약은 기술적으로 모든 당사자를 구속한다.[91] 그리하여 스마트계약의 해석에 있어 오류 및 주관적 재량에 따라 달라질 수 있는 인간의 기회주의적 행동이나 효율적인 계약위반은 고려될 여지가 없다.[92] 다섯째, 전통적인 계약은 불이행에 대한 구제 또는 강행법규를 집행할 기관이 필요한데 반해, 스마트계약은 그 이행을 위하여 집행기관이 필요하지 않다.

(2) 스마트계약의 성립과 의사표시

스마트계약은 특정 조건이 충족되면 자동으로 실행되는데, 민법상 계약은 계약당사자의 서로 대립하는 의사의 합치가 있어야 성립하고, 여기서 의사표시는 법률효과의 발생을 목적으로 하는 의사의 표시로, 사법적인 법률관계의 발생, 내용의 변경 및 소

That Provides Evidence of an Intellectual Asset's Existence", May 27, 2020. ⟨https://www.wipo.int/pressroom/en/articles/2020/article_0012.html⟩).

88) 프리마베라 드 필리피, 아론 라이트, 앞의 책, 127면 이하 참조.

89) '불리언 로직'이란 모든 값이 'TRUE' 또는 'FALSE'로 환원하는 대수(algebra)의 한 형태로서 각 비트마다 1 또는 0의 값을 가지는 이진 코드에 맞는다.

90) 정진명, 앞의 논문, 941면.

91) 정진명, 앞의 논문, 941면.

92) Alexander Savelyev, "Contract Law 2.0: 'Smart' Contracts As the Beginning of the End of Classic Contract Law", Information & Communications Technology Law, Vol. 26, No. 2, pp. 116-134 (2017))

멸을 의욕하는 법률효과를 가진 의사이어야 한다. 따라서 우선, 스마트계약의 경우에 프로그램 코드가 코드설계자의 의사를 내용적으로 표시한 것으로 볼 수 있는지가 문제된다. 스마트계약의 프로그램 코드는 대부분 이용자가 해독할 수 없는 'blackbox' 알고리즘이므로 기본적으로 이용자가 자신의 의사를 표시하는 데 적합하지 않다.93) 즉 이용자가 스마트계약을 이용하겠다고 계약 조건을 프로그램 코드에 입력하는 때 당사자의 의사표시가 있다고 볼 수 있다.94) 만약 스마트계약의 프로그램 코드에 코드설계자의 의사가 들어 있다면 그 의사는 표시되어야 하고, 그 의사표시는 코드설계자가 개인키로 자신의 표시에 서명함으로써 발신되며, 도달은 표시를 포함하는 블록이 블록체인에 연결됨으로써 이루어진다. 이 경우 코드설계자의 신분은 공개키로 블록에 기록된 표시를 해독함으로써 검증될 수 있다.95) 그러므로 스마트계약에서 표의자의 의사표시는 새로운 블록이 블록체인에 연결된 때 도달한 것으로 볼 수 있다.

다음으로, 스마트계약을 체결하는 경우 프로그램 코드에 표시된 의사를 누구에게 귀속시킬 것인지가 문제된다. 의사의 귀속주체로 의사를 표시한 계약당사자는 물론 스마트계약의 개발자 및 스마트계약이 실행되는 컴퓨터와 시스템 등이 고려된다. 현행법상 자연인과 법인만이 법적 주체로서 인정되므로 컴퓨터는 계약당사자가 될 수 없어 다음과 같이 견해가 대립한다.96) 첫째 자동화 장치와 자율시스템을 구별하여 의사의 귀속을 결정하자는 견해, 둘째, 양자의 구분의 한계를 인식하고 의사의 귀속을 사용자와 개발자 사이에 적절히 분배하자는 견해, 셋째, 고유한 법인격을 가진 전자적 인격의 법적 규정을 주장하는 견해가 그것이다. 생각건대, 자동화 장치와 자율시스템

---

93) 정진명, 전게 연구결과보고서, 41면.

94) 정진명, 앞의 논문, 947면; 김제완, 앞의 논문, 166면.

95) 그러나 블록체인은 여러 병렬 작업 공간에 새로운 블록의 계산에 필요한 연산능력을 분산하여 여러 지점에서 블록체인을 확인할 수 있도록 만들어졌으므로 새로운 블록의 연결 시점이 블록체인에서 제거되면 트랜잭션이 후발적으로 무효가 되는 문제가 발생한다. 이러한 반전의 위험을 회피하기 위하여 대부분의 블록체인 이용자는 적어도 6개의 후속블록이 형성된 후에만 블록의 최종적인 보유를 인정한다. 그리고 블록체인이 만들어졌는지의 여부 및 그것이 언제 제거되었는지의 여부는 추후에 정확하게 밝혀질 수 있다.

96) 이하의 견해 대립은 정진명, 앞의 논문, 947면에서 재인용함.

은 양자의 구분이 실무상 명확하지 않고, 컴퓨터가 법적 주체로서 현행 법률과 어떻게 부합하는지에 대한 해답을 주지 못한다는 점, 전자적 인격에 법인격을 부여함은 현실상 적절하지 않고, 스마트계약은 그 배후에 존재하는 자연인의 일반적인 동의에 바탕을 두고 있다는 점에서 의사의 귀속을 인간의 의사확정에서 구하는 둘째 견해가 현재로서는 타당하다.[97]

계약체결 방식의 자유 및 계약상 자유로운 언어선택의 원칙에 따라 계약당사자는 계약 언어를 선택할 수 있으므로, 스마트계약에서 프로그램 코드의 사용은 이것을 명시적인 의사표시로 볼 수 있다. 한편, 스마트계약은 거래를 단순화하고 특히 대량거래를 용이하게 하므로 약관규제법의 적용이 문제되고, 스마트계약은 프로그램 코드를 이용하여 체결되므로 프로그램 코드가 약관인지 여부가 문제된다. 스마트계약은 약관에 의한 계약으로 볼 수 있다는 견해[98]와 스마트계약은 자동적으로 실행되고 약관의 문제조차 발생하지 않는다고 하는 견해가 대립하고 있다.[99] 비록, 스마트계약의 경우 계약 자체는 프로그래밍 언어로 작성되고 있지만, 어느 계약조건이 일방 당사자가 다수의 고객과 계약을 체결하기 위하여 미리 마련한 계약의 내용인 이상 약관으로서의 성질을 가진다고 할 것이고, 그래서 프로그래밍 언어로 작성된 계약조항에 대하여도 약관법이 적용되어야 할 것이다.[100]

물건의 취득에 대하여 이더(Ether)나 비트코인(Bitcoin)과 같은 가상화폐로 대금을 지급하는 경우 그 계약을 매매계약으로 볼 것인지, 교환계약으로 볼 것인지, 아니면 도급계약으로 볼 것인지가 문제될 수 있다. 생각건대 거래당사자는 이더, 비트코인, 기타 다른 가상화폐를 매매대금으로 합의할 수 있으므로, 디지털 재화의 판매를 목

---

97) 同旨 정진명, 앞의 논문, 947면.

98) 코드는 법이 아니라 계약적 합의에 불과하므로 약관법을 비롯한 강행법의 제약을 벗어날 수 없다 (김진우, "스마트계약에 의한 소비자계약의 체결과 자동실행", 선진상사법률연구 통권 제95호, 2021, 107면).

99) 김진우, "스마트계약과 약관통제에 관한 시론(試論)적 고찰", 비교사법 제27권 제1호, 한국비교사법학회, 2020, 189면.

100) 김진우, 전게논문, 220면.

적으로 하는 스마트계약은 그 대금이 가상화폐라고 하더라도 매매계약이라고 할 수 있다.[101]

(3) 스마트계약의 효력과 이행

스마트계약은 계약의 체결과 동시에 그 이행이 자동으로 이루어진다는 점에서, 계약이 먼저 성립하여 그 효력이 발생하고, 계약당사자는 계약의 효력에 따라 일정한 급부의무를 부담하며, 계약당사자가 계약상의 급부의무를 이행하지 못할 경우에 채무불이행이 발생하는 전통적인 계약법 원칙의 적용에 한계가 있다. 그러므로 스마트계약은 그 효력과 이행에 있어 기존 계약법 원칙과 어떠한 차이가 있는지에 대한 검토가 필요하다.

스마트계약은 코드설계자가 프로그램 코드를 설계하여 블록체인에 기록하면 누구든지 코드에서 정하고 있는 특정 조건을 충족하면 계약이 자동으로 실행된다. 모든 조건이 프로그램 코드에 의하여 자동으로 실행되며, 인간의 관여를 규율하는 목적을 가진 조건이 더 이상 필요하지 않은 '자가실행계약'이므로, 스마트계약에서는 계약상의 의무가 자동으로 이루어지고, 스마트계약으로부터 계약상의 이행의무 즉 채무가 발생하지 않는다. 계약당사자는 스마트계약을 체결할 당시에 자신들의 의사를 표시하였으므로 자신들의 의사의 결과에 구속되는 것이고, 스마트계약의 효력은 채무의 발생이 아니라 기술적 수단에 의한 연대라는 구속력을 갖는다.

또한 스마트계약의 내용은 기계적으로 조종되는 "만일 ~이라면 ~이다(if-then)"는 프로그램 코드로 구성되므로, 프로그램 코드는 조건의 발생여부를 명확하게 결정할 수 있어야 하므로 스마트계약은 진실 아니면 거짓으로 표시될 수 있는 사건과 조건에만 적합하다는 한계를 갖는다. 즉 프로그램 코드는 엄격한 연산규칙에 따라 컴퓨터에 의해 해석되거나 실행되므로 스마트계약에는 불확정한 법적 개념을 사용할 수 없으며,

---

101) 이에 반하여 비트코인, 이더 및 기타 유사한 지급수단의 이전은 물건과 권리의 성격이 없으므로 법적 의미로 처리할 수 없고, 단순한 사실행위에 속한다는 견해도 있다(정진명, 전게 연구결과보고서, 50면).

또한 프로그램 코드로 작성된 계약은 전통적인 방식의 계약의 해석이 불가능하다.[102]

(4) 스마트계약의 불이행

스마트계약은 계약의 성립과 이행이라는 두 과정을 블록체인 기술을 이용하여 동시에 이루러지므로 이행의 문제를 남기지 않는다. 그리하여 스마트계약은 원칙적으로 채무불이행이 발생하지 않으며, 또한 계약상의 위험부담도 문제되지 않는다.[103] 채무불이행의 경우에 채권자가 가지는 모든 구제수단, 예컨대 손해배상, 계약해제, 이행청구 등은 그것이 프로그램 코드에 명시적으로 규정되지 않는 한 스마트계약에서는 아무런 역할을 하지 못한다.

그러나 기술적 오작동으로 인하여 스마트계약이 이행되지 못하는 경우 스마트계약의 불이행이 문제될 수 있다. 가령, 해커의 공격으로 스마트계약이 운용되는 플랫폼이 정지되었다면 프로그램 코드에 표시된 당사자의 권리의무가 기술적 오작동에도 불구하고 계속 존재하는지 아니면 스마트계약이 소멸되는지가 문제된다. 스마트계약은 완전한 자가 집행력과 그에 대한 신뢰가 강화된 경우에만 의미가 있으며, 이 경우 프로그램 코드의 실행을 방해하는 기술적 오작동은 각 당사자에 대한 이행의 불가능성을 의미하고 나아가 스마트계약은 다른 플랫폼에서 실행하는 것이 불가능하며, 또한 복제될 수도 없으므로 스마트계약의 기술적 오작동은 스마트계약을 소멸시킨다고 할 수 있다.[104] 이 경우 스마트계약의 당사자는 계약이 실행될 수 없다는 동일한 위험에 처하게 되고 오작동의 결과에 대하여 원칙적으로 플랫폼 운영자에게 그 책임을 물을 수 있어야 할 것이다.[105] 물론, 기술적 오작동이 플랫폼 운영자의 고의 및 중과실에 기해서 발생한 것이 아닌 경우에는 플랫폼 운영자에게 기술적 오작동에 대한 책임을 묻기는 어려울 것이다.

---

102) 정진명, 앞의 논문, 959면.

103) 정경영·백명훈, 앞의 논문, 133면.

104) 정진명, 앞의 논문, 961면.

105) 정진명, 앞의 논문, 961면; Alexander Savelyev, *op. cit.*, p. 131.

한편 계약이 이행되었다고 하더라도 법적 분쟁의 소지가 전혀 없는 것은 아니다. 스마트계약에서 급부가 이미 이행된 경우에도 그 이행된 급부에 하자가 있다면 불완전이행과 하자담보책임이 문제될 수 있다.106) 따라서 스마트계약에서 급부의 하자에 대한 판단은 컴퓨터 프로그램이 아니라 거래당사자가 내리므로 코드설계자는 거래상 대방에게 이를 위한 분쟁해결 방법을 제공하여야 하고,107) 스마트계약의 급부에 하자가 있는 경우 기술적으로는 물건의 반환을 조건으로 이미 지급된 대금을 반환하도록 하는 프로그램이 마련되어야 할 것이다. 나아가 스마트계약의 자가실행계약(self-enforceable contract) 성격 및 원칙적으로 중지할 수 없는 특성은 소비자 보호에 문제를 초래한다. 따라서 현재 상황에 따르면 소비자계약(B2C-Vertrage) 관련 스마트계약은 소비자 보호와 관련하여 법적 장애 발생 가능성이 낮은 거래에 주로 사용될 것으로 보인다.108)

(5) 스마트계약의 청산

마지막으로, 스마트계약의 경우 급부장애에 대한 청산은 어떻게 처리될 것인지 문제된다. 먼저 스마트계약에서 계약당사자가 계약 성립의 하자를 이유로 계약을 취소하거나 무효로 할 수 있을까. 그런데 스마트계약은 분산되고, 탈중앙화되고, 공유된 분산화 원장이므로 후발적으로 트랜잭션을 변경하거나 수정하는 것이 원칙적으로 배제된다. 그럼에도 불구하고 이미 이행된 스마트계약을 청산하는 경우에 코드설계자는 블록체인상의 트랜잭션을 무효화하고 새로운 원장을 작성하여야 한다.109)

---

106) 김제완, 앞의 논문, 181면.

107) 김제완, 앞의 논문, 180면.

108) 김진우, 앞의 논문(스마트계약에 의한 소비자계약의 체결과 자동실행), 95면, 119면.

109) 이른바 hard fork. 2016년 6월 블록체인 암호화폐역사상 가장 큰 해킹사건인 The DAO 해킹사건은 이더리움으로 환전을 가능하게 한 스프릿 기능의 취약점을 이용하여 해커들이 공격을 하였고 해커들이 새롭게 만든 더다오 프로젝트를 통해 약 520억 원을 부정하게 이동시킨 사건이었다. 다행히 해커들이 이동시킨 이더리움은 출금되지 않았고 사건대응과정에서 이더리움 커뮤니티는 거래를 무효화하고 새로운 장부를 작성하기로 하였으나 이에 반발한 일부 이더리움 소유자들은 거래의 무효를 부정하고 종래의 이더리움을 'Ethereum Classic(ETC)'이라는 이름으로 별개로 운영하고 있다.

다음으로, 소비자보호를 위해서 계약의 효력이 발생한 이후에도 소비자가 청약을 철회할 수 있는 규정이 종종 있는데, 스마트계약의 경우 청약철회가 가능한지 여부가 문제된다. 그런데 스마트계약은 근본적으로 사회적 약자나 소비자에 대한 특별 보호를 반영하지 않으므로[110] 스마트계약 본래의 취지에서 벗어나지 않으면서 청약철회를 가능케 하는 시스템을 구축하는 것이 어려운 과제이자 스마트계약의 활용에 있어 중요한 관건이 될 수 있다고 하겠다.[111]

4. 결 론

스마트계약이 기존의 전통적인 계약법에 대한 패러다임의 전환을 가져올지에 대하여는 낙관하기 어렵다. 스마트계약은 기존의 계약보다 더 효율적이고 효과적일 수 있지만, 프라이버시, 계약의 형식화, 지나친 표준화, 가명을 쓰는 당사자들, 나아가 범죄이거나 부도덕적인 계약 등에서 한계가 있기 때문이다. 스마트계약의 투명성은 상당히 높지만, 대부분의 블록체인이 완전히 익명이 아니라 가명인 계정에 의존하므로, 거래 당사자가 확인되지 않을 때도 이를 위해 신원확인 기술이 사용될 수 있어 프라이버시의 문제가 발생한다. 그렇다면 비밀유지가 중요한 계약에는 부적절할 것이다. 다음으로 스마트계약은 형식적인 프로그래밍 언어에 의존하므로 이진 체계의 로직을 기반으로 만들어져 분산되고 탈중앙화되고 공유되는 거래구조를 토대로 모든 계약문제를 사전에 해결하는 것이 가능한지 의문이고, 열린 조항이나 당사자들의 계속되는 거래관계를 구성할 유연성을 제공하지 못한다. 또한 스마트계약의 규격화와 자동화 편향에 따라 법률산업의 구조적인 변화를 초래할 수 있다. 다른 한편, 스마트계약이 암호기술에 배타적으로 의존하는 '범중립적' 시스템을 만드는 데 이용될 수 있어, 마약, 총기류 등 위험한 물품의 상업적 거래를 진행하여 범죄행위를 조장할 수 있다는 우려가 제기된다.[112]

---

110) 정경영·백명훈, 앞의 논문, 134면.
111) 정진명, 앞의 논문, 961.

---

112) 범죄의 거래조건과 그에 대한 대가지급을 규정하는 스마트계약 덕분에 스마트계약에 사전에 규정
    된 거래조건에 일치하는 방식으로 범죄를 실행하기만 하면 되고, 위법행위를 공모하거나 범죄에 대
    한 대가를 논의하기 위해 서로 의견을 나눌 필요도 없다. 합의적 사항에 관한 한 블록체인은 합법과
    불법을 구별하지 않고, 블록체인은 자율적으로 운영되며 감시비용과 기회주의적 행동을 감소시키
    지만 불손한 의도를 가진 자들이 가상자산을 이용해 추적하기가 어려울 것이다(프리마베라 드 필리
    피, 아론 라이트, 코드가 지배하는 세상이 온다. 미래의 창, 2018, 148).

제17장

인공지능과 불법행위책임

백경희
(인하대학교 법학전문대학원 교수)

Ⅰ. 인공지능 관련 불법행위의 주요 사례

현시점에서 인공지능과 관련하여 발생하는 불법행위의 양상으로 상정해 볼 수 있는 것으로 인공지능을 탑재한 자율주행시스템의 운용 중 발생한 교통사고나 인공지능을 활용한 의료 관련 기술을 의료진이 의료행위에 사용하다가 발생한 의료사고, 그리고 인공지능 트레이딩 봇(AI trading bot)을 이용한 이른바 '극초단타 매매'를 통한 수익을 얻는 방식을 홍보하여 투자자를 모집하였으나 그러한 방식이 실현 불가능하여 투자자에게 손해를 야기한 경우, 그리고 ChatGPT를 사용하여 작성한 문건에서 다른 사람의 인격권을 침해하게 된 경우를 들 수 있다. 관련된 주요 사례를 살펴보면 다음과 같다.

1. 인공지능 탑재 자율주행자동차 운전 시 야기된 교통사고

(1) 우버 소속 자율주행자동차의 보행자 충격 사고

2018. 3. 19. 미국의 애리조나 주에서 인공지능을 탑재한 자율주행자동차가 시험주행 중 도로에서 보행자를 충격하여 사망에 이르게 한 사고가 발생하여 충격을 준 바 있다. 동 사고는 위 일시의 일요일 밤에 우버(UBER) 소속의 자율주행자동차에 긴급상

황을 대비한 백업 운전사가 동승한 상황에서 발생한 것인데, 자율주행기술이 관련된 첫 번째 보행자 교통사고이다. 동 사고에 대하여 사고 차량에 설치된 블랙박스 영상과 미 연방교통안전위원회(NTSB)의 조사 결과 자율주행자동차량에 탑승한 백업 운전사가 주행 중 휴대전화를 보느라 주의가 산만해져 도로의 전방주시의무를 게을리하고 자동화된 운전 시스템의 작동을 감지하지 못한 것이 충돌의 직접적 원인이라고 하였다. 또한 미 연방교통안전위원회는 우버사가 자율주행에 대한 안전계획이나 충돌 관련 가이드라인을 제시하지 않았고 운전자를 적절하게 감독하지 않았던 점도 사고 원인으로 작용하였음을 지적하였다.

(2) 테슬라의 오토파일럿 주행으로 인한 교통사고

테슬라는 자율주행기술을 적극적으로 도입하였고, 그중 오토파일럿(Autopilot) 기능이나 완전자율주행 구현 기능(Full Self Driving Capability)은 자율주행의 마지막 단계인 운전자 없는 주행을 하는 것을 목표로 한 기술이다. 그러나 2018년 오토파일럿 기능을 사용하던 테슬라 차량이 11대의 차량과 충돌하여 1명의 사망자와 17명의 부상자가 발생하자, 미국 도로교통안전국(NHTSA)은 오토파일럿 기능을 탑재한 테슬라 차량에 대한 전반적인 조사를 시작하기도 하였다. 이후 2021년 11월에도 완전자율주행 구현 기능이 탑재된 테슬라 모델S가 고속도로에서 급정거하며 8중 충돌사고를 일으켜 9명의 부상자가 발생하였다. 조사 결과 당시 운전자는 사고 발생 30초 전 테스트용인 '베타' 단계의 완전자율주행 구현 기능을 사용하였는데, 완전자율주행 베타 소프트웨어가 정보를 처리하지 못한 상황에서 활성화되는 순간에 적절하게 반응하지 못하고 급정거되는 '팬텀브레이킹' 현상이 나타난 것으로 파악되고 있다.

2. 인공지능을 활용한 의료 관련 기술이 연계된 의료사고

의료행위에 있어서 인공지능의 활용 영역은 왓슨 등의 진단행위, 인공지능을 사용한 영상자료 판독 기술, 로봇수술을 그 예로 들 수 있다. 의료진은 이러한 의료 관련 기술을 활용하여 환자에 대한 진단·치료를 수행하기도 하는데, 만약 그 기술이 불완전하여 잘못된 정보를 의료진에게 제공하거나 오작동하여 오진을 하거나 수술이 실패하게 될 경우 의료사고가 발발하여 불법행위에 해당하게 된다.

(1) 왓슨 등의 진단행위

2017년 5월 중국에서 개최된 '바둑의 미래 서밋'행사에서 알파고(AlphaGo)가 바둑 세계 1위인 커제를 상대로 3전 전승을 거둔 후 데미스 허사비스 딥마인드(DeepMind Technologies Limited) 최고경영자(CEO)는 알파고의 은퇴를 선언하면서 이와 관련한 범용인공지능(AGI, Artificial Genenal Intelligence)을 의학 및 공학 분야에 집중하겠다고 발표하였다. 당시 글로벌리서치기업 프로스트앤드 설리번(Frost & Sullivan)에서 발표한 자료에 의하면 의료분야에서 전 세계 AI 시장수익규모는 2014년도 633.8백만 달러에서 2021년도에는 2억 달러에 이를 것으로 예측하였다. 그 추세로 IBM에서는 의료관련 인공지능으로 왓슨(Watson)을 개발하였고, 의사에게 암환자의 치료방법 등을 제시하는 '왓슨 포 온콜로지'(Watson for Oncology)와 개인 유전자 정보를 분석해 질병을 진단하는 '왓슨 포 지노믹스'(Watson for Genomics) 등이 출시되었다. '왓슨 포 온콜로지'는 IBM이 메모리얼 슬론 케터링(MSK, Memorial Sloan Kettering) 암센터와 협업하여 개발한 인공지능으로 인터넷을 통해 '왓슨 헬스 클라우드'에 정보를 저장하고 필요할 때 정보를 재전송하는 방식으로 사용되고 있으며, 자체적인 데이터베이스에 종양학과 관련된 전문지식과 의학 학술지 300개, 의학서 200개 등 1500만 쪽 분량의 의학정보가 구축되어 의사가 환자의 정보를 입력하면 빅데이터를 바탕으로 가장 확률 높은 병명과 성공 가능성이 큰 치료법 등을 알려주는구조이다. '왓슨 포 지노믹스'는 IBM이 미국의 진단정보 관련 회사인 퀘스트 다이어그노스틱스(Quest Diagnostics)와 협력하여 개발한 인공지능으로 환자의 유전체정보 등을 활용하여 개인에게 적합한 처방 및 치료법을 제안하는 것으로 고안하였다.[1]

그러나 소위 'AI 의사의 효시'로 각광받던 왓슨은 의학적 검증의 부족으로 실제 효과

---

[1] 정영훈, "보건의료분야의 인공지능과 소비자이슈", 『소비자정책동향』 제78호, 한국소비자원, 2017, 5면.

가 기대에 미치지 못하는 평가를 받았고 결국 IBM은 적자를 이유로 왓슨헬스를 포기하게 되었다. 실제 인도의 마니팔 병원에서 왓슨 포 온콜로지를 사용하여 3년간 암으로 치료받은 환자를 분석한 결과 왓슨 포 온콜로지의 제안 의견과 인간 의사의 의견 사이에 일치율이 암종별로 차이가 커 임상현장에서 적용하는 데에 어려움이 있었고, 왓슨 포 온콜로지가 미국과 유럽의 의료데이터를 기반으로 하였기 때문에 인종적 특수성이나 국가별 의료체계 차이가 반영되지 않았기 때문에 한계가 있었던 것이었다.

(2) 인공지능을 사용한 영상자료 판독 기술

인공지능은 엑스레이(X-ray), 컴퓨터단층촬영(CT), 자기공명영상(MRI) 등의 영상자료를 토대로 질환을 조기 진단하거나 정확한 진단을 보조하는 데에도 활발하게 개발·활용되고 있다. 치료방법이나 약제 처방의 경우 의사마다 신뢰하거나 선호하는 방법이 다를 수 있으나 영상자료 판독을 통해 질환을 발견하는 것은 의사에 따라 의견차가

〈그림 1〉 뷰노의 전립선 MR 영상 분석 소프트웨어 PROMISE-I[2]

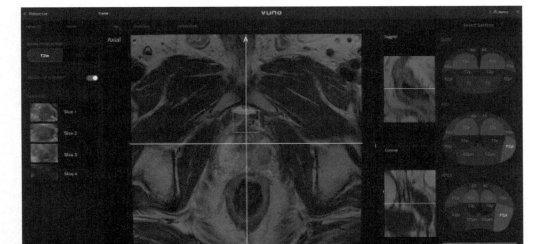

---

2) 2021. 1. 5. 로봇신문, 의료 AI기업 '뷰노', 전립선 MR 영상 분석 SW 식약처 인증(http://m.irobotnews.com/news/articleView.html?idxno=23513)

거의 발생하지 않기 때문에, 인공지능을 사용한 영장자료 판독 기술은 확장되고 있는 추세이다.

국내 기업 중에서는 '뷰노', '루닛' 이 대표적이다. 뷰노는 컴퓨터단층촬영(CT), 자기공명영상(MRI) 등 의료 영상과 진단 자료를 분석해 환자의 폐 질환 여부를 스스로 판단하는 솔루션을, 루닛은 AI 영상인식 기술을 이용해 가슴과 유방 엑스레이(X-ray) 사진에서 폐 질환과 유방암을 진단하는 기술을 개발하고 있다.[3]

(3) 로봇수술

로봇수술은 첨단 수술 기구인 로봇을 환자에게 장착하고 수술자가 원격으로 조종하여 시행하는 수술방법이다. 1992년에 로보독(RoboDoc)이라는 정형외과 수술용 로봇이 처음으로 개발된 이래 1994년 이숍(Aesop)이라는 복강경 수술의 보조로봇이, 1998년 본격적인 복강경 수술로봇으로 Zeus가 등장하게 되었다. Zeus 시스템에서는 실제의 물리적 수술을 로봇이 담당하고 의사는 내시경화면을 보면서 마스터 기구를 움직이는 방법으로 로봇을 원격으로 조작하는 방식을 취하였었다. 그러나 이러한 시스템은 입체적 영상전달이 불가능하고 사용의 편의성 등이 부족하여 시장에서 사라졌고, 그 후 1999년 미국 인튜이티브 서지컬사(Intuitive Surgical)에서 다빈치 로봇(da Vinci)이 개발되었는데 이 로봇은 오늘날까지 복강경 로봇수술 분야에서 독점적 지위를 유지하고 있다. 다빈치(da Vinci)시스템도 원격조작 방식을 취하고 있지만 Zeus에 비해서 향상된 영상과 다양한 수술조작기술을 보강하여 의사들의 적응에 필요한 학습시간을 상당히 줄일 수 있도록 하였다.[4]

현재의 로봇수술은 아직까지 원격조작 방식을 위주로 채택하고 있지만 향후의 로봇수술은 의사의 원격조종 외에 증강현실(Augmented Reality)이 접목되거나 진단 및 수술에도 AI를 통한 기계학습이 결합될 가능성이 아주 높다.

---

3) 정영훈, 전게논문, 6면.

4) 정주노·이선일, "수술 로봇의 핵심 기술 및 개발시 주요 고려 사항", 『로봇공학회지』 제6권 제1호, 한국로봇학회, 2009, 5면.

〈그림 2〉 다빈치 로봇 시스템[5]

외과 의사 콘솔 (SURGEON CONSOLE)　　환자 카트 (PATIENT CART)　　비전 카트 (VISION CART)

3. 인공지능 트레이딩 봇이나 ChatGPT의 사용으로 타인에게 손해를 야기한 경우

인공지능 트레이딩은 사람 사이의 직접적 개입 없이 인공지능이 과거의 데이터를 기반으로 기술 분석을 토대로 한 결정으로 자동으로 자산을 거래하는 프로그램으로, 특히 가상화폐 시장에서 활용되고 있다. 그렇기에 현실에서도 가상화폐 대출 플랫폼을 목적으로 하는 회사가 자신이 보유하고 있는 비트커넥트코인을 투자자들이 입금한 비트코인과 교환한 뒤 트레이딩 봇을 이용한 극초단타 매매를 통하여 얻은 수익을 주된 수입원으로 하여 이를 투자자들에게 수익으로 지급하는 사업구조를 가지고 있다고 홍보하였는데, 우리나라 하급심 법원은 이러한 사업구조가 진실에 부합한다고 보기 어렵고 지속 가능하지도 않고, 해당 회사가 투자를 받았던 주요 방식인 Lending 방식은 트레이딩 봇의 존재와는 무관하게 그 자체로 지속 가능한 자금원을 확보할 수 없는 구조인 점 등을 고려할 때 해당 회사의 사업은 이윤 창출 없이 투자자들이 투자한 돈을 이용해 투자자들에게 수익을 지급하는 '폰지 사기'에 해당한다고 본 바 있다.

---

5) https://www.intuitive.com/en-us/patients/da-vinci-robotic-surgery/about-the-systems.

또한 텍스트를 제시하면 이를 인식하여 대화 형식으로 다음에 이어질 문구를 예측하여 글을 작성하는 형태의 인공지능 언어 서비스인 ChatGPT를 사용하여 작성한 문건이 다른 사람의 저작권이나 인격권을 침해하거나 업무를 방해하는 경우가 발생할 수 있다. 연구 영역에서 ChatGPT를 활용하여 논문을 작성시킬 경우 ChatGPT에 내재된 정보나 문헌의 저작권이 명확하지 않는다면 불확실하거나 저작권이 침해된 상태의 결과물을 창출하게 된다. 교육 영역에서도 학생들이 ChatGPT로 과제나 시험 답안을 작성하여 제출한다면 그것이 대필이나 부정행위로 인정될 경우 학교의 업무를 방해할 수도 있다.

II. 불법행위책임의 법체계

1. 일반법인 「민법」의 경우

「민법」제750조는 "고의 또는 과실로 인한 위법행위로 타인에게 손해를 가한 자는 그 손해를 배상할 책임이 있다."라고 정하고 있다. 그러므로 불법행위로 인한 손해배상책임의 성립요건으로는 ① 가해자의 고의·과실, ② 가해행위의 위법성, ③ 가해행위와 인과관계 있는 손해의 발생이 필요하다.

「민법」의 불법행위책임은 가해행위가 고의 또는 과실에 기인한 경우에만 책임이 있다는 과실책임의 원칙에 기인하며, 이때의 과실은 통상적인 사람을 기준으로 하여 마땅히 하여야 할 의무를 태만히 하였거나, 또는 하지 아니하면 아니 될 의무를 이행하지 아니한 경우를 말하므로, 그와 같이 하지 아니한 것이 불가항력적이었다면 과실이 있다고 볼 수 없다.[6] 위법성은 불법행위의 핵심적인 성립요건으로서, 법률을 위반한 경우에 한정되지 않고 전체 법질서의 관점에서 사회통념상 위법하다고 판단되는 경우도 포함할 수 있는 탄력적인 개념이다.[7] 불법행위로 인한 손해배상책임을 지우려면

---

6) 대법원 1979. 12. 26. 선고 79다1843 판결.

위법한 행위와 원고가 입은 손해 사이에 상당인과관계가 있어야 하고, 상당인과관계의 유무는 결과 발생의 개연성, 위법행위의 태양 및 피침해이익의 성질 등을 종합적으로 고려하여 판단하여야 한다.[8)]

불법행위로 인한 손해배상에 있어서「민법」제763조는 채무불이행으로 인한 손해배상에 관한「민법」제393조를 준용하고 있다. 그 손해배상은 제393조 제1항의 통상손해와 동조 제2항의 특별손해로 분류되는바, 전자는 특별한 사정이 없는 한 그 종류의 채무불이행이 있으면 사회일반의 거래관념 또는 사회일반의 경험칙에 비추어 통상 발생하는 것으로 생각되는 범위의 손해를 말하고, 후자는 당사자들의 개별적, 구체적 사정에 따른 손해를 말한다.[9)] 그리고 불법행위로 인한 손해배상사건에서 피해자에게 손해의 발생이나 확대에 관하여 과실이 있거나 가해자의 책임을 제한할 사유가 있는 경우에는 배상책임의 범위를 정함에 있어서 당연히 이를 참작하여야 하고, 나아가 책임제한의 비율을 정할 때에는 손해의 공평 부담이라는 제도의 취지에 비추어 손해 발생과 관련된 모든 상황이 충분히 고려되어야 하며, 책임제한에 관한 사실인정이나 비율을 정하는 것이 사실심의 전권사항이라고 하더라도 형평의 원칙에 비추어 현저히 불합리하여서는 안 된다.[10)]

한편 채무불이행책임과 불법행위책임은 각각 요건과 효과를 달리하는 별개의 법률관계에서 발생하는 것이므로 하나의 행위가 계약상 채무불이행의 요건을 충족함과 동시에 불법행위의 요건도 충족하는 경우에는 두 개의 손해배상청구권이 경합하여 발생하고, 권리자는 위 두 개의 손해배상청구권 중 어느 것이든 선택하여 행사할 수 있다.[11)]

---

7) 대법원 2001. 2. 9. 선고 99다55434 판결, 대법원 2021. 6. 30. 선고 2019다268061 판결.

8) 대법원 2007. 7. 13. 선고 2005다21821 판결, 대법원 2022. 9. 16. 선고 2017다247589 판결.

9) 대법원 2018. 7. 11. 선고 2017다263703 판결, 대법원 2019. 4. 3. 선고 2018다286550 판결, 대법원 2022. 5. 26. 선고 2021다300791 판결.

10) 대법원 1998. 9. 4. 선고 96다6240 판결, 대법원 2003. 1. 10. 선고 2000다34426 판결.

11) 다만 동일한 사실관계에서 발생한 손해의 배상을 목적으로 하는 경우에도 채무불이행을 원인으로 하는 배상청구와 불법행위를 원인으로 한 배상청구는 청구원인을 달리하는 별개의 소송물이므로, 법원은 원고가 행사하는 청구권에 관하여 다른 청구권과는 별개로 그 성립요건과 법률효과의 인정

2. 특별법의 경우

(1)「제조물책임법」

제조물의 결함으로 인하여 제조물의 이용자 또는 제3자의 생명, 신체 등에 인신사고가 발생한 경우, 제조물의 제조업자나 판매자에게 결함제조물로 인한 손해배상책임을 지우는 법리를 제조물책임(Product Liability, Produkthaftung)이라 한다. 우리나라는 판례를 통하여 제조물책임을 인정해 오다가 2000. 1. 12. 법률 제6109호로「제조물책임법」을 제정하여 2002. 7. 1.부터 시행하고 있다. 즉, 물품을 제조·판매하는 제조업자는 그 제품의 구조·품질·성능 등에 있어서 그 유통 당시의 기술수준과 경제성에 비추어 기대 가능한 범위 내의 안전성과 내구성을 갖춘 제품을 제조·판매하여야 할 책임이 있고, 이러한 안전성과 내구성을 갖추지 못한 결함으로 인하여 소비자에게 손해가 발생한 경우에는 불법행위로 인한 손해배상의무를 부담하게 된다.[12]

제조물책임의 요건으로는 제조물에 결함이 있어야 하고, 그 결함이 제조업자의 과실로 인하여 생긴 것이어야 하며, 결함으로 인하여 손해가 야기되어야 하며, 이 경우 제조물의 제조업자나 판매자는 결함제조물로 인한 손해배상책임을 부담하게 된다(동법 제3조 제1항). 만약 제조업자가 제조물의 결함을 알면서도 그 결함에 대하여 필요한 조치를 취하지 아니한 결과로 생명 또는 신체에 중대한 손해를 입은 자가 있는 경우에는 그 자에게 발생한 손해의 3배를 넘지 아니하는 범위에서 배상책임을 지는바(동법 제3조 제2항), 이는 징벌적 손해배상의 성격을 지닌다.

우리나라의「제조물책임법」은 위험책임 내지 결함책임에 근거를 두어 무과실책임을 인정한 것으로 평가되고 있으므로, 피해자 측에서는 제조업자의 과실이라는 주관적 요건을 입증할 필요가 없다. 그러나 피해자 측에서는 여전히 객관적 요건으로서 제

여부를 판단하여야 한다. 계약 위반으로 인한 채무불이행이 성립한다고 하여 그것만으로 바로 불법행위가 성립하는 것은 아니다.; 대법원 1983. 3. 22. 선고 82다카1533 전원합의체 판결, 대법원 2008. 9. 11. 선고 2005다9760, 9777 판결, 대법원 2011. 8. 25. 선고 2011다29703 판결, 대법원 2021. 6. 24. 선고 2016다210474 판결.

12) 대법원 2004. 3. 12. 선고 2003다16771 판결.

조물에 결함이 존재하였다는 것, 피해자에게 손해가 발생하였다는 것, 그 결함과 피해자의 손해 사이에 인과관계가 존재한다는 것을 증명하여야 한다.

(2) 「자동차손해배상보장법」

우리나라에서 「자동차손해배상보장법」이 제정되어 시행되기 전에는 자동차로 인한 교통사고에 대하여는 일반법인 「민법」에 의하여 규율되어 민법 제750조 등의 규정에 근거하여 손해배상책임이 발생하였다. 원래 「민법」의 불법행위의 법리에 따를 경우 피해자는 가해자인 운전자의 고의 또는 과실, 책임능력, 인과관계 등을 증명하여야 한다. 하지만 「자동차손해배상보장법」의 제정 이후 「자동차손해배상보장법」은 「민법」의 특별법에 해당하므로 동법이 우선 적용되고, 「민법」에서의 요건보다 손해배상책임의 요건이 대폭 간소화되었다.

「자동차손해배상보장법」 제3조 본문에서는 자기를 위하여 자동차를 운행하는 자는 그 운행으로 사람을 사망하게 하거나 부상하게 한 경우에 그 손해배상책임을 진다고 규정하여 피해자는 불법행위의 법리에 따른 요건을 증명할 필요 없이 자동차의 운행으로 손해를 입었다는 사실만 증명하면 된다. 단, 승객이 아닌 자가 사망하거나 부상한 경우에 자기와 운전자가 자동차의 운행에 주의를 게을리하지 아니하였고, 피해자 또는 자기 및 운전자 외의 제3자에게 고의 또는 과실이 있으며, 자동차의 구조상의 결함이나 기능상의 장해가 없었다는 것을 증명한 경우나 승객이 고의나 자살행위로 사망하거나 부상한 경우와 같은 면책사유가 없어야 한다(동법 제3조 단서).

이때 '자기를 위하여 자동차를 운행하는 자'의 의미는 일반적, 추상적으로 자동차의 운행을 지배하여(운행지배) 그 이익을 향수하는(운행이익) 책임주체로서의 지위에 있는 자를 말한다. 운행지배 및 운행이익의 상실여부는 자동차나 그 자동차열쇠의 관리상태, 소유자의 의사와 관계없이 운행이 가능하게 된 경위, 소유자와 운전자의 인적 관계, 운전자의 차량반환의사의 유무 등 여러 사정을 종합적으로 평가하여 이를 판단하여야 한다. 따라서 통상적으로 그 지위에 있다고 인정되는 자동차의 소유자는 비록 제3자가 무단히 그 자동차를 운행하다가 사고를 내었다 하더라도 그 운행에 있어 소유자의 운행지배 및 운행이익을 완전히 상실하였다고 볼 수 없는 경우에는 그 사고에 대하

여 위 법조의 운행자로서의 책임을 진다.[13)

Ⅲ. 주요 사례에 대한 불법행위책임 구성

1. 자율주행자동차 운전 시 야기된 교통사고[14)

자율주행자동차는 아래 그림과 같이 다수의 첨단 장비에 의하여 수집된 정보를 다시 인공지능을 통한 의사결정과정을 거치면서 운행을 하게 된다.

〈그림 3〉 자율주행자동차의 자율주행기술[15)

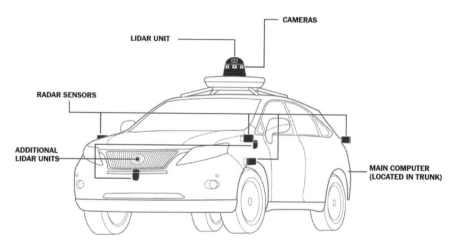

By Guilbert Gates | Source: Google | Note: Car is a Lexus model modified by Google.

---

13) 대법원 1988. 3. 22. 선고 87다카1011 판결.

14) 백경희, "자율주행자동차의 시험주행에 대한 규제에 관한 고찰", 『동아법학』 제79호, 동아대학교 법학연구소, 2018, 16-22면.

15) 2017. 5. 14. The New York Times, "Lyft and Waymo Reach Deal to Collaborate on Self-Driving Cars."

그렇기 때문에 자율주행자동차가 지니는 위험성은 기계를 통하여 정보의 수집이 이루어진 뒤 인공지능인 컴퓨터를 통하여 의사를 결정하는 과정이 얽혀 있어 정보와 의사결정과정이 순환적으로 이어지지 않을 경우 오류가 발생한다는 것에 있다. 예를 들어 도로의 환경이나 신호 체계의 변경과 같은 정보가 곧바로 소프트웨어 등의 프로그램에 반영되지 않거나 도로에 공사나 갑작스러운 차량 혹은 보행자의 이상행동과 같이 예상치 못한 변수가 나타날 경우, 정보와 의사결정과정 사이에 시간적 간극이 벌어지면서 자율주행기술이 위험을 인식하지 못함으로써 교통사고를 유발할 가능성이 높다. 인간 운행자에게는 도로 내의 응급상황 등으로 인하여 경찰이나 건설 노동자가 차량을 다른 방향으로 진행시키도록 하는 움직임을 인식하는 것은 간단한 작업에 불과하지만, 자율주행시스템의 카메라, 레이더 및 의사결정을 수행하는 인공지능에게는 미리 계획되지 않은 돌발상황에 해당하여 대처하기 어려운 상황에 봉착하기 때문이다. 따라서 인공지능을 탑재한 자율주행자동차가 인간의 능력과 조화를 이룰 수 있다고 하더라도, 여전히 이론과 현실에는 괴리가 있으며, 이는 곧 자율주행자동차에 탑재된 인공지능 자체의 '인격'에 대한 문제와 직결된다. 자율주행자동차는 단계별 수준에 따라 인공지능이 인간 운전자에 의하여 지배되는 경우와 인간 운전자를 배제하고 단독으로 판단하는 경우가 존재하게 된다.

자율주행자동차에 대한 자율주행 수준(Automation Level)은 자동차기술자협회(SAE: Society of Automotive Engineers)의 도로차량용 자동주행시스템에 관련된 용어의 분류와 정의(Surface Vehicle Recommended Practice, Taxonomy and Definitions for Terms Related to Driving Automation Systems for On-Road Motor Vehicles)를 적용하고 있는데, 기술의 적용도에 따라 0~5단계의 6단계로 나뉜다. 0단계(No Automation)는 자율, 자동주행 기능이 없는 것으로 오로지 운전자에 의하여 조향장치와 가감속, 주행환경 모니터링, 긴급상황에 대한 대처가 이루어지며, 1단계(Driver Assistance)는 조향장치와 가감속에 대한 조작을 시스템과 운전자가 공동으로 수행하되 주행환경 모니터링과 긴급상황 대처는 운전자가 수행하게 된다. 2단계(Partial Automation)는 1단계에서 공동으로 수행할 수 있던 조향장치와 가감속에 대한 조작을 시스템이 전담하게 되며, 3단계(Conditional Automation)에서는 긴급상황에 대한 대처를 제외한 나머지를 시스템이 수행하게 된다. 4단계

(High Automation)와 5단계(Full Automation)부터는 조향장치와 가감속, 주행환경 모니터링, 긴급상황에 대한 대처를 시스템이 모두 지배하여 운전자의 관여가 부재하게 되는데, 4단계의 경우 설정된 특정한 조건 내에서만 자율주행을 하는 반면 5단계의 경우 전적으로 시스템이 관장하게 되는 완전 자율주행을 하게 되는 것이다. 제시한 수준 중 1∼3단계의 경우 인간 운전자가 주(主)가 되고 인공지능은 차량의 운행을 보조하는 수준에 머무르지만, 4, 5단계에 해당하는 완전자동화단계의 자율주행자동차는 인공지능이 주가 되어 인간의 개입이 배제된다. 예를 들어 미국의 법제상 테슬라의 오토파일럿 기능은 제조사의 기대와 달리 2단계로 규제되고 있다.

〈그림 4〉 자율주행 수준 단계[16]

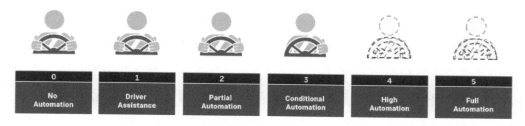

자율주행 수준에 따른 인공지능의 역할은 자율주행자동차의 시험 주행 중 발생한 교통사고와 관련하여 인공지능에 대한 별도의 책임을 부과할 것인지의 문제와 연계된다. 특히 4, 5단계에 이르는 자율주행자동차의 인공지능은 자율주행자동차를 전적으로 통제하여 운행하기 때문에, 교통사고 발생 시 자율주행자동차의 인공지능에게 인격을 인정하여「자동차손해배상보장법」상 책임의 주체로 파악할 것인지 아니면 프로그램과 같은 제조물에 불과하여 제조물책임법에 따라 해결할 것인지의 논의가 뒤따르는 것이다. 현시점에서 자율주행자동차의 자율주행 단계의 규제는 인간을 온전히 배제하지는 않으면서 4, 5단계의 상용화를 저지하고 있으며, 더 나아가 자율주행자동차의 인공지능에게 인격을 법적으로 인정하지 않은 상태이므로 자율주행자동차 자체를

---

16) https://www.nhtsa.gov/technology-innovation/automated-vehicles-safety.

「자동차손해배상보장법」의 책임 주체로 파악할 수는 없다. 즉, 자율주행자동차의 운행을 지배하고 운행이익을 향유하는 자는 여전히 사람이고, 4, 5단계에 해당하는 오토파일럿 기능이나 완전자율주행 구현 기능에 대해서도 사람의 운전을 보조하는 단계로 사용하도록 하고 있는 이상, 사람이 아닌 자율주행자동차에게 「자동차손해배상보장법」의 책임을 부담지울 수는 없다고 할 것이다. 다만, 자율주행자동차는 제조되거나 가공된 동산으로 「제조물책임법」이 적용되는 '제조물'에 해당하므로(동법 제2조 제1호), 자율주행자동차의 결함으로 인하여 인간 운전자 또는 제3자의 생명, 신체 등에 인신사고가 발생하거나 재산상 손해가 발생한 경우, 제조물의 제조업자나 판매자는 결함제조물로 인한 손해배상책임을 부담할 소지가 있다(동법 제3조 제1항). 그러나 이때에도 제조자 측에서 자율주행자동차의 기술적 한계를 이유로 현재의 과학·기술의 수준으로는 결함의 존재를 발견할 수 없었다는 점을 들어 면책을 받을 수 있는 상황이 여전히 존재한다(동법 제4조 제1항 제2호).

한편 우리나라에서 자율주행자동차의 시험주행을 통하여 발생할 수 있는 교통사고 피해에 대하여는 「자율주행자동차의 안전운행요건 및 시험운행 등에 관한 규정」 제4조의 '손해배상책임 및 보험가입'에서 "자율주행자동차를 시험·연구 목적으로 임시운행허가를 받으려는 자동차 소유자나 자동차를 사용할 권리가 있는 사람(이하 "자율주행자동차 임시운행허가 신청인"이라 한다)은 해당 차량의 운행으로 발생된 교통사고 피해에 대하여 「자동차손해배상보장법」 제3조에 따른 손해배상책임을 져야 한다"고 하고(제1항), "자율주행자동차 임시운행허가 신청인은 교통사고 피해에 대한 적절한 손해배상을 보장하기 위하여 「자동차손해배상보장법」 제5조 제1항 및 제2항에 따른 보험 등에 가입하여야 한다"고 하여(제2항) 자동차손해배상책임을 부담하도록 하고 있다. 자율주행자동차의 시험주행 역시 자동차를 당해 장치의 용법에 따라 사용하는 운행에 해당하고, 시험주행과정에서 다른 사람을 사망하게 하거나 부상하게 한 경우 금전적 손해배상책임을 부담한다고 할 것이다. 자율주행자동차가 시험주행 허가를 통하여 도로에서 운행될 때에는 다른 일반 차량과 동일하게 신뢰의 원칙(Vertrauensgrundsatz)에 따라 자율주행자동차 운행자의 과실 여부를 판단하게 될 것이다. 즉, 자율주행자동차의 운행자가 제반 교통규범을 준수하여 운행하였을 경우, 다른 교통관여자가 교통규범을 준수할 것을 신뢰하면 족하고, 그가 교통규범에 위반하여 비정상적으로 행동할 것까지 예견하고 이에 대한 방어조치를 취할 의무는 없을 것이다.

2. 인공지능 활용 의료행위로 발생한 의료사고

현재 의료영역에서 활용하고 있는 인공지능의 양상을 나누어 볼 때, 독자적 체계를 지니고 독립적 판단이 가능한 왓슨과 같은 경우 인격의 부여 논의가 가능한 반면, 독자적 체계는 지니고 있으나 독립적 판단이 불가능한, 로봇수술에 활용되는 다빈치시스템과 같은 경우 인격의 부여 자체가 불가능하다고 보인다. 즉, 전자의 경우 인간이 오랫동안 구축해 온 다양한 증례보고나 의학교과서, 의학논문 등의 자료와 환자 개인의 정보를 제공한다면 의사의 추가 개입 없이 결론이 도출됨에 반하여, 후자의 경우 환자에게 부착된 로봇을 의사가 원격으로 작동을 하여 그 동작이 로봇 카트로 전달되어야 하는 구조를 지니므로 인간의 개입이 필요하다는 것에 차이가 있기 때문이다.

독립적 판단을 수행하는 인공지능을 이용한 의료행위가 활발해진다면 인공지능의 잘못된 판단으로 의료사고가 발생하여 환자의 생명과 신체에 손해를 가한 경우, 누구에게 어떠한 민사책임을 추궁할 수 있는지가 문제될 수 있다. 이때 상정할 수 있는 민사책임의 양상은, 기본적으로 의료과실에 관한 민사법적 책임구조의 틀에서 판단되어야 할 것인바, 인공지능에 법적 인격을 인정할 수 없는 경우와 인공지능에 법적 인격을 인정할 수 있는 경우에 따라 그 내용이 달라질 것이다. 현시점에서는 인공지능이 불완전한 상황이기 때문에 자율주행자동차와 마찬가지로 인공지능에 인격을 부여하지 않는 입장이 우세하지만, 자율주행자동차의 인공지능보다 왓슨의 인공지능이 독립적 판단이 가능하다는 점에서 향후 인공지능에 인격을 부여한다면 왓슨과 같은 형태에 먼저 도입될 가능성이 높다.

이하에서는 이를 전제로 왓슨과 같은 형태로 인공지능에 인격을 부여하는 경우의 잘못된 활용을 먼저 살펴보고, 인격을 부여하지 않을 경우의 잘못된 활용에 대하여 검토하고자 한다.

(1) 의료행위의 특수성과 의료과실에 대한 불법행위책임 구조

의료행위는 질환의 치료로서 사람의 생명을 구하고 신체의 완전성을 확보하기 위한 목적으로 인간의 생명과 신체에 수술이나 주사, 투약 등의 침습적인 행위를 행하게 되는바, 전자를 구명성(救命性)이라 하고 후자를 침습성(侵襲性)이라고 한다. 한편 의료행위의 객체가 되는 인체는 개개의 인간마다 외관, 성격, 체력, 체격, 체질, 면역력, 약물에 대한 반응에 있어서 차이를 지니고 있으므로 다양성과 함께 예측하기 어렵게 된다.[17] 의료의 이와 같은 여러 가지 특성으로 인하여 의료행위가 의학이나 의료기술에 관하여 전문적 지식을 체득하여 국가로부터 면허를 부여받은 전문가인 의료인에게 허용되고, 의료행위에 의료인의 지식과 경험에 근거한 폭넓은 재량이 부여된다.[18]

의료행위의 특수성에서 알 수 있듯이 의료인의 의료행위는 환자의 생명과 건강을 관리하는 행위이기 때문에 일반적인 불법행위보다는 전문가로서의 한층 더 높은 주의의무 또는 최선의 주의의무가 요구된다. 의료인의 법적 주의의무는 선량한 관리자의 주의로서[19] 진료 당시의 일반의학적 지식 정도의 능력을 갖춘 통상적 의료인의 위법

---

17) 신현호 · 백경희, 『의료분쟁의 이론과 실제(상)』, 박영사, 2022, 41-48면.

18) 한편 의료행위의 특수성은 환자 측에 대하여는 증명부담을 경감 내지 완화시키는 작용을 하기도 한다. 대법원 1995. 2. 10. 선고 93다52402 판결, 대법원 1996. 6. 11. 선고 95다41079 판결, 2001. 3. 23. 선고 99다48221 판결; "의료행위가 고도의 전문적 지식을 필요로 하는 분야이고, 그 의료의 과정은 대개의 경우 환자나 그 가족이 일부를 알 수 있는 점 외에 의사만 알 수 있을 뿐이며, 치료의 결과를 달성하기 위한 의료기법은 의사의 재량에 달려 있는 것이기 때문에 손해발생의 직접적인 원인이 의료상의 과실로 말미암은 것인지 여부는 전문가인 의사가 아닌 보통인으로서는 도저히 밝혀 낼 수 없는 특수성이 있어서 환자 측이 의사의 의료행위상의 주의의무위반과 손해의 발생 사이의 인과관계를 의학적으로 완벽하게 입증한다는 것은 극히 어려우므로, 이 사건에 있어서와 같이 환자가 치료도중에 사망한 경우에 있어서는 피해자 측에서 일련의 의료행위 과정에 있어서 저질러진 일반인의 상식에 바탕을 둔 의료상의 과실 있는 행위를 입증하고 그 결과와 사이에 일련의 의료행위 외에 다른 원인이 개재될 수 없다는 점, 이를테면 환자에게 의료행위 이전에 그러한 결과의 원인이 될 만한 건강상의 결함이 없었다는 사정을 증명한 경우에 있어서는 의료행위를 한 측이 그 결과가 의료상의 과실로 말미암은 것이 아니라 전혀 다른 원인으로 말미암은 것이라는 입증을 하지 아니하는 이상, 의료상 과실과 그 결과 사이의 인과관계를 추정하여 손해배상책임을 지울 수 있도록 입증책임을 완화하는 것이 손해의 공평 · 타당한 부담을 그 지도원리로 하는 손해배상제도의 이상에 맞는다고 하지 않을 수 없다."

19) 대법원 2005. 9. 30. 선고 2004다52576 판결; 대법원은 의사가 환자에게 부담하는 진료채무의 법적 성질에 관해 "의사가 환자에게 부담하는 진료채무는 질병의 치유와 같은 결과를 반드시 달성해야

한 결과발생의 사실적 가능성에 대한 합리적인 예견가능성을 전제로 하는 결과예견의무와 그 결과발생을 저지함에 적절한 조치를 강구할 결과회피라는 두 가지 의무의 구조로 되어 있다.[20] 대법원은 "의료과오사건에 있어서의 의사의 과실은 일반의 의사가 그 당시 의학상 일반적으로 인정된 지식과 기술에 의해서 결과발생을 예견할 수 있음에도 불구하고 그 결과발생을 회피하지 못한 과실이 검토되어야 할 것"이라고 설시하였다.[21]

(2) 인공지능 이용 의료행위 시 발생 가능한 불법행위책임[22]

1) 인공지능을 활용할 수 있는 의료인의 범위와 분업의 원칙

우리나라 현행 「의료법」은 의료인의 종별에 대하여 의사, 치과의사, 한의사, 조산사, 간호사의 5가지로 구분하여 규정하고 있고, 이 중 진단을 비롯한 의료행위를 직접 수행할 수 있는 주체는 의사, 치과의사, 한의사(이하에서는 '의사'라고 통칭한다)에 한정된다. 한편 의사가 되기 위하여는 「고등교육법」에 따른 평가인정기관의 인증을 받아야 하는데, 왓슨은 자연인이 아니므로 보건복지부장관으로부터 면허를 부여받을 수 있는

할 결과채무가 아니라 환자의 치유를 위하여 선량한 관리자의 주의의무를 가지고 현재의 의학수준에 비추어 필요하고 적절한 진료조치를 다해야 할 채무, 이른바 수단채무라고 보아야 하므로 진료의 결과를 가지고 바로 진료채무불이행사실을 추정할 수는 없으며 이러한 이치는 진료를 위한 검사행위에 있어서도 마찬가지"라고 하여 수단채무의 성격을 강조하였다. 또한 대법원은 의사의 주의의무에 관하여 "의사의 진찰·치료 등의 의료행위를 함에 있어서는 사람의 생명·신체·건강을 관리하는 업무의 성질에 비추어 환자의 구체적인 증상이나 상황에 따라 위험을 방지하기 위하여 요구되는 최선의 조치를 취하여야 할 주의의무가 있고, 의사의 이와 같은 주의의무는 의료행위를 할 당시 의료기관 등 임상의학 분야에서 실천되고 있는 의료행위의 수준을 기준으로 삼되, 그 의료수준은 통상의 의사에게 의료행위 당시 일반적으로 알려져 있고 또 시인되고 있는 이른바 의학상식을 뜻하므로 진료환경 및 조건, 의료행위의 특수성 등을 고려하여 규범적인 수준으로 파악되어야" 한다고 하였다.; 대법원 1987. 1. 20. 선고 86다카1496 판결, 대법원 2001. 3. 23. 선고 2000다20755 판결, 대법원 2004. 4. 9. 선고 2003다33875 판결 등 참조.

20) 대법원 1984. 6. 12. 선고 82도3199 판결.

21) 대법원 1984. 6. 12. 선고 82도3199 판결.

22) 백경희·장연화, "인공지능을 이용한 의료행위와 민사책임에 관한 고찰", 『법조』 제724호, 법조협회, 2017, 100-115면.

의사의 지위를 취득할 수 없다. 임상현장에서도 의료관련 인공지능인 왓슨의 경우 의료적 의사결정 과정을 돕는 임상 의사결정 지원 시스템(clinical decision support system)의 기능을 하고 있었으므로, 왓슨을 활용할 수 있는 의사가 진단을 비롯하여 수술, 투약 등의 계획을 수립하고 그 수행 여부를 최종적으로 결정한다고 보아야 할 것이다.

한편 의사가 왓슨과 같은 인공지능으로부터 의료행위에 있어서 의사결정에 대한 조력을 받게 된다면 인공지능과 의사 사이에 분업이 발생하는데, 이때 신뢰의 원칙을 적용할 수 있는지 문제될 수 있다. 의료인 면허 제도에 의하여 의료행위의 주체를 제한하고 있는 현 상황에서는 의사와 인공지능 사이의 분업의 원칙이나 신뢰의 원칙을 직접적으로 적용하기는 어려울 것이고, 의사가 진단과정에서 왓슨의 도움을 받더라도 왓슨에게 의료윤리와 경험은 전무하여 이러한 고려요소는 의사를 기준으로 판단할 수밖에 없으므로, 결국 최종적 책임은 의사가 부담하게 될 것이다.

2) 인공지능에 인격을 인정할 수 없는 경우

인공지능에 인격을 인정할 수 없다는 측면에서는 인공지능은 권리·의무의 주체가 될 수 없으므로 인공지능을 의료행위에 활용한 의사 본인이 책임을 부담할 수밖에 없다. 따라서 의사는 「민법」 제750조에 의하여 고의 또는 과실로 환자에게 생명·신체상의 손해를 가하였다는 것에 대한 불법행위책임을 부담하게 될 것이다.

3) 인공지능에 인격을 인정할 수 있는 경우

인공지능의 독립성을 인정하여 인격을 부여할 수 있다는 측면에서는 의사는 인공지능을 환자에 대한 자신의 의료행위에 사용한다는 것이라는 점에 초점을 맞추어 살펴보아야 한다. 즉, 독자적으로 판단을 진행하는 왓슨의 경우에도 사전에 의학정보 등과 함께 환자의 의료정보를 의사가 세팅해 주어야 한다는 점을 고려한다면, 왓슨에게 인격을 인정한다고 하더라도 왓슨은 그 의사와의 관계에서 피용자의 지위에 귀착될 뿐 사용자의 지위가 될 수는 없다고 파악하여야 한다. 따라서 인공지능과 의사의 관계는 피용자와 사용자에 해당하여 「민법」 제756조의 사용자책임과 제760조의 공동불법행위책임까지 성립할 수 있다.[23]

의료행위에 있어 인공지능을 사용한다고 결정하는 것은 사용자가 피용자를 선임하는 것이라고 볼 수 있고, 인공지능의 정보 처리가 제대로 이루어지고 있는지 감시하는 것은 사용자가 피용자를 감독하는 것이라고 할 수 있으므로 이 과정에서 사용자인 의료기관의 장 혹은 의사의 과실이 존재하지 않을 경우에는 면책이 될 여지도 있다. 다만 인공지능 스스로 의료정보를 잘못 처리하여 부적절한 판단으로 의료행위를 수행하였다면 인공지능만의 책임으로 남게 될 것이다.

(3) 인공지능 기술 적용 제품으로서 의료기기에 해당 여부와 제조물책임의 구성

현행 「의료기기법」 제2조 제1항에 의할 때 의료기기는 '사람이나 동물에게 단독 또는 조합하여 사용되는 기구 · 기계 · 장치 · 재료 · 소프트웨어 또는 이와 유사한 제품으로서 ① 질병을 진단 · 치료 · 경감 · 처치 또는 예방할 목적으로 사용되는 제품, ② 상해 또는 장애를 진단 · 치료 · 경감 또는 보정할 목적으로 사용되는 제품, ③ 구조 또는 기능을 검사 · 대체 또는 변형할 목적으로 사용되는 제품, ④ 임신을 조절할 목적으로 사용되는 제품'으로 규정하고 있다. 그리고 식품의약품안전처는 인공지능 기술을 적용한 제품과 관련하여 어떠한 요건을 갖추었을 때 의료기기에 해당하는지 여부에 관하여 「빅데이터 및 인공지능(AI) 기술이 적용된 의료기기의 허가 · 심사 가이드라인」을 발표하였다. 동 가이드라인에서는 의료용 빅데이터를 분석하여 질병을 진단 또는 예측하는 독립형 소프트웨어 형태의 의료기기로 기계학습 기반의 인공지능 기술이 적

---

23) 타인인 인공지능을 사용하여 의료행위에 종사하게 한 자 및 그 자에 갈음하여 그 의료행위를 감독하는 자가 의료기관의 장 혹은 의사가 될 것이고, 타인인 피용자는 인공지능이 될 것인바, 인공지능이 의료행위로써 환자에게 손해를 준 경우, 의료기관의 장 혹은 의사가 인공지능의 사용에 있어 선임 및 사무감독을 게을리하지 않았음을 증명하지 못하면 그 손해를 배상할 책임을 부담하게 된다. 사용자책임의 근거로 대법원은 "민법이 불법행위로 인한 손해배상으로서 특히 사용자의 책임을 규정한 것은 많은 사람을 고용하여 스스로의 활동영역을 확장하고 그에 상응하는 많은 이익을 추구하는 사람은 많은 사람을 하나의 조직으로 형성하고 각 피용자로 하여금 그 조직 내에서 자기의 담당하는 직무를 그 조직의 내부적 규율에 따라 집행하게 하는 것이나 그 많은 피용자의 행위가 타인에게 손해를 가하는 경우도 상대적으로 많아질 것이므로 이러한 손해를 이익귀속자인 사용자로 하여금 부담케 하는 것이 공평의 이상에 합치된다는 보상책임의 원리에 입각한 것"이라고 판단한 바 있다(대법원 1985. 8. 13. 선고 89다카979 판결).

용된 의료기기로, 하드웨어와 함께 구성된 인공지능 소프트웨어의 경우에 적용되며, 「의료기기법」과 「의료기기 허가·신고·심사 등에 관한 규정」, 「의료기기 품목 및 품목별 등급에 관한 규정」에 근거를 두고 있다. 그 예로 질병을 진단·예측하는 임상결정지원(Clinical Decision Supporting: CDS) 소프트웨어나 의료영상진단보조(Computer-Aided Detection/Diagnosis: CAD) 소프트웨어 등을 들고 있다.[24]

따라서 우리나라 현행 법제상 앞서 살펴본 왓슨 포 온콜로지나 뷰노와 같은 독립형 소프트웨어 등은 「의료기기법」의 적용을 받으며, 동시에 「제조물책임법」의 제조물에 해당하므로 요건을 갖출 경우 제조물책임도 적용될 소지가 있다. 예를 들어 인공지능을 의료행위에 이용하고자 할 때, 인공지능을 의료인이 아닌 제조업자로서 소프트웨어 기술자가 초기 설정을 진행하였을 경우, 그 설정이 잘못되어 의료사고가 발생한 경우가 그러하다.

3. 인공지능 트레이딩 봇이나 ChatGPT의 사용으로 인한 불법행위책임

자산시장에서 인공지능을 활용한 트레이딩 봇을 적용하여 사람 대신 거래를 하도록 하는 경우가 늘고 있다. 투자자 본인의 위험하에 트레이딩 봇을 적용하여 거래하는 것은 고의 또는 과실로 인한 위법행위도 아니고 타인에게 손해를 가한 것 또한 아니어서 그 자체만으로는 「민법」 제750조의 불법행위책임을 구성하지 아니한다. 그러나 앞서 언급한 서울고등법원의 판단에서와 같이 피고 회사가 투자자를 유치하기 위한 수단으로 인공지능을 활용한 트레이딩 봇을 전면에 내세우면서 극초단타 매매를 투자자 대신 수행하여 수익을 지급함을 적극 홍보하는 것은 피고 회사 스스로 변제능력 또는 수익창출능력이 없음을 알았음에도 불구하고 원고를 기망하여 이 사건 회사에 투자하게 하는 불법행위를 하였다고 보았다.[25] 이 경우 트레이딩 봇에 제조물로서의 결함이 있

---

24) 『빅데이터 및 인공지능(AI) 기술이 적용된 의료기기의 허가·심사 가이드라인』, 식품의약품안전처, 2019. 10, 1면.

25) 서울고등법원 2022. 7. 7. 선고 2020나2029116 판결.

다고 하기 어려우므로 특별법인 「제조물책임법」을 적용하거나, 트레이딩 봇에 인격을 인정하여 민사상 불법행위책임을 물을 수는 없다. 즉, 트레이딩 봇에는 불법행위의 성립요건을 충족할 만한 부분이 없고 오로지 이를 기망의 수단으로 사용한 자연인 혹은 법인의 불법행위만이 문제되는 경우라 하겠다.

한편 OpenAI사는 대규모 인공지능 모델인 'GPT-3.5' 언어 기술을 기반으로 한 대화 전문 인공지능 챗봇으로 ChatGPT를 2022. 11. 30. 공개하였고, 전 세계의 이목이 집중되고 있다. OpenAI사는 위 ChatGPT가 프로토 타입이기 때문에 아직 미완의 상태임을 밝히면서 "대화 형식을 통해 ChatGPT가 후속 질문에 답을 하고, 자신의 실수를 인정하고, 잘못된 전제에 이의를 제기하기도 하며, 부적절한 요청을 거부할 수 있다."고 소개하고 있다.[26] 따라서 현시점에서 ChatGPT를 사용한 논문 등의 문건 작성이 불완전하다는 것을 이유로 ChatGPT의 제조물에서의 결함을 주장할 수는 없을 것이다. 이는 「제조물책임법」 제4조 제1항 제2호의 "제조업자가 해당 제조물을 공급한 당시의 과학·기술 수준으로는 결함의 존재를 발견할 수 없었다는 사실"에 해당하는 것으로, OpenAI사가 그 사실을 입증한 경우에는 「제조물책임법」에 따른 손해배상책임을 면하게 된다 하겠다. 한편 ChatGPT를 활용하여 학생들이 과제나 시험 답안을 작성하여 제출하는 것도 행위자인 학생들이 부정행위를 한 것이기에 학교 업무 방해의 불법행위책임은 행위자인 학생들이 부담하는 것이지 ChatGPT의 문제라고 할 수 없을 것이다.

---

26) https://openai.com/blog/chatgpt/(2023. 2. 20. 최종방문)

제18장

인공지능과 형사책임

최준혁
(인하대학교 법학전문대학원 교수)

I. 들어가며

1. 형사사법과 인공지능: 동지와 적

최근에 다시 영화화된 프랭크 허버트의 소설 『듄』에는 논리적인 사고능력을 최고로 발휘할 수 있도록 훈련받은 사람들로서 인간 컴퓨터라고 할 수 있는 '멘타트'가 등장하며, 우주선을 조종하는 우주 조합의 항법사는 컴퓨터의 도움을 받지 못하며 스파이스를 섭취하지 않으면 일할 수 없다. 그런데 이 소설의 설정이 왜 인간이 컴퓨터의 도움을 받지 못하냐면, 컴퓨터와 생각하는 기계, 의식이 있는 로봇 등에 반대하는 성전(聖戰)인 '버틀레리안 지하드'가 일어났기 때문인데 이 성전의 가장 중요한 계명은 "인간의 정신을 본뜬 기계를 만들어서는 안 된다."였다.[1]

영화나 소설 등에서는 인공지능이 사람을 살해하는 경우를 종종 찾을 수 있다. 아서 C. 클라크의 소설을 스탠리 큐브릭이 영화화한 『2001년 스페이스 오딧세이』(1968)에 나오는 컴퓨터 HAL은 자신의 임무를 완수하기 위해 우주선에 타고 있던 비행사들을

---

1) 프랭크 허버트(김승옥 옮김), 『듄1』, 황금가지, 2001.

살해한다. 알렉스 가렌드 감독의 『ex machina』(2015)에 나오는 여성형 인공지능 에이바는 인간의 형태를 갖추고 건물 밖으로 탈출하기 위해 인간들을 해친다.

위의 예들은 상상의 산물이지만 사실 형사사법에서 인공지능은 이미 활용되고 있다. 그런데 형사사법의 관점에서 보면 인공지능은 서로 모순되는 두 가지 지위를 갖는다. 한편으로는 형사사법의 '동지'가 될 수 있으며 다른 한편으로는 형사사법의 '적'도 될 수 있다.[2] 아래에서 'II. 형사절차에서의 인공지능의 활용'은 동지의 측면에 관한 서술이며 'III. 인공지능의 형사책임'은 인공지능이 적이 될 수 있는지, 인공지능 자체를 적으로 볼 수 없다면 누구에게 책임을 물어야 하는지에 대한 설명이다.

2. 강한 인공지능과 약한 인공지능의 구별

이 논의를 위해서는 현재 인공지능 개발과 연구분야에서 가장 폭넓게 쓰이는 기준인 약한 인공지능과 강한 인공지능이 유용할 수 있다고 보인다. 1980년에 철학자 설(Searl)은 이 구분을 제시하면서 약한 인공지능은 기계가 마치 지능적인 것처럼 행동하는 것을 말하고 강한 인공지능은 기계가 사고를 시뮬레이션하는 것이 아니라 실제로 의식적으로 사고하는 것을 말한다고 보았다.[3]

일반적인 설명에 의하면 약한 인공지능은 인간과 동일한 수준의 지성과 마음을 가지고 있지는 못하나 한정된 분야에서 인간의 지능활동과 유사한 결과물을 발생시키는 인공지능이다. 보통 인간을 보조하는 수준의 인공지능으로 특정한 문제해결 또는 업무수행에 그 기능이 국한된다.[4] 지금까지의 인공지능의 발전은 대체적으로 구체적인 과제들에 대한 경쟁이 주도하였는데 자율주행차를 위한 DARPA Grand Challenge, 사물인식을 위한 ImageNet 경진대회, 미국의 TV 퀴즈프로그램인 Jeopardy!, 아니면 체스나 바둑에서의 인간과의 대결 등이었다.[5] 이러한 개별적인 영역에서는 인공지능이

---

2) 양천수, 『인공지능 혁명과 법』, 박영사, 2022, 153면.

3) 러셀 · 노빅(류광 옮김), 『인공지능: 현대적 접근방식 2(제4판)』, 제이펍, 2021, 411면.

4) 전지연, "인공지능의 범죄주체성", 『법의 미래』, 법문사, 2022, 97면.

인간의 능력과 동등한 수준에 도달한 것으로 보이거나 특정한 영역에서는 인간보다 뛰어난 능력을 보일 수 있다.

　강한 인공지능은 인간과 동일한 수준의 폭넓은 지적 활동을 수행할 수 있는 인공지능 또는 인간 수준의 지능이 있다고 보이는 것이 아니라 실제로 그런 지능을 가지고 생각하고 느낄 수 있는 인공지능을 말한다.[6] 이 단계를 넘어선 초지능이 논의되기도 한다. 다시 아래의 서술과 연결시키면 약한 인공지능은 주로 형사사법의 '동지'의 문제이며 강한 인공지능 이후는 '적'의 문제이다.

II. 형사절차에서의 인공지능의 활용

1. 들어가며

　인공지능을 법률 분야에서 활용하는 예는 매우 다양한데, 문서를 해석하고 분석함으로써 법조인의 업무를 보조하는 서비스, 복잡한 증거자료를 분석하고 분류하는 서비스, 자료를 검색하고 분석함으로써 특정 사건에 대하여 예측하는 서비스 등이다.[7]

　이러한 방식은 법률과 마찬가지로 실용적인 분야인 의학에서의 인공지능의 활용과 비슷하다고 보인다. 의료 인공지능은 복잡한 의료 데이터에서 의학적 통찰을 도출하는 인공지능, 이미지 형식의 의료 데이터를 분석 및 판독하는 인공지능, 연속적 의료 데이터를 모니터링하여 질병을 예측하는 인공지능으로 구별할 수 있다.[8] 복잡한 의료 데이터를 분석하여 환자의 질병을 진료하거나 진단하고 치료결과를 예측하는, 즉 의사의 역할을 수행하는 인공지능의 대표는 IBM의 왓슨이다. 왓슨 포 온콜로지는 단순

---

5) 러셀·노빅(류광 옮김), 『인공지능: 현대적 접근방식 2』, 462면.
6) 전지연, "인공지능의 범죄주체성", 97면.
7) 한국포스트휴먼연구소·한국포스트휴먼학회 편저, 『인공지능의 이론과 실제』, 아카넷, 2019, 106면.
8) 최윤섭, 『의료 인공지능』, 클라우드나인, 2018, 65면.

히 가능한 치료법을 권고하는 것에서 나아가 치료법에 대한 우선순위도 매겨 주기 때문에 의료행위로 볼 가능성이 높다. 그러나 현재 왓슨은 실패했다고 평가되며, 처음부터 IBM은 왓슨은 의사를 대체하는 것이 아니라 보조할 뿐이라고 강조하였다. 반면 딥러닝의 기술적 발전, 특히 이미지 데이터 분석과 관련된 발전은 의료 분야에서의 의료영상 데이터 분석에서 해당 분야 전문의와 동등하거나 심지어 능가하는 성과를 보이기도 한다.[9] 의학 분야에서의 인공지능 활용과 연결된 법적 쟁점에 관한 논의, 즉 인공지능이 의사를 대체할 수 있는지에 관한 논쟁, 인공지능이 의료사고를 내면 그 책임은 누가 져야 하는지, 의료 인공지능의 정확성과 안전성, 효용을 어떻게 검증할 수 있는지 등의 접근방향[10]도 법률에서의 논의와 비슷하다.

어떠한 행위가 범죄인지와 그 범죄에 대한 법률효과인 형벌과 보안처분을 규정한 법규범의 총체가 형법이다. 형법이 구체적 사건에 적용되고 실현되기 위해서는 형법을 적용하고 실현하기 위한 법적 절차, 즉, 범죄를 수사하여 형벌을 과하고 선고된 형벌을 집행하기 위한 절차가 필요하며 이러한 절차를 형사절차라고 한다.[11] 이 중 수사와 기소, 공판절차에서는 형사분쟁의 전제가 되는 사실관계의 확정이 주로 문제가 되며, 확정된 사실관계가 형사법상 어느 죄책에 해당하는지에 대한 판단과 그 판단에 의해 확정된 죄책에 따른 양형은 규범에 대한 판단으로서 모두 공판단계에서 이루어지며 각각의 단계에서 모두 약한 인공지능을 활용할 수 있다는 설명[12]도 있다.

형사절차에 인공지능을 활용하려는 시도는 이미 우리나라를 비롯하여 여러 곳에서 이루어졌다. 아래에서는 그 상황을 설명하며 형사절차에서의 인공지능을 활용할 때 고려해야 할 점을 함께 논의한다.

---

9) 최윤섭, 『의료 인공지능』, 413면.

10) 최윤섭, 『의료 인공지능』, 285면.

11) 이재상·조균석·이창온, 『형사소송법(제14판)』, 박영사, 2022, 3면.

12) 양천수, 『인공지능 혁명과 법』, 154면.

2. 범죄예방과 범죄수사

(1) 범죄예방과 인공지능

1) 감시카메라

영국은 2008년의 연구에 의하면 세계에서 CCTV가 가장 대중화된 국가로서 420만 대의 카메라가 작동 중이었는데 이는 14명의 시민당 1대이며, 영국인은 평균적으로 매일 카메라에 300회 찍힌다고 추정되고 있었다.[13] 다른 국가와 달리 영국에서는 CCTV가 범죄예방에 유의미하고 바람직한 영향을 끼치는데 그 이유는 경비벽이나 경비원 등 다른 도구가 함께 사용되기 때문이라고 해석되고 있었으며,[14] 최근 영국은 CCTV에 실시간 자동 안면 인식 기술을 연결하여 대규모 집회에서 용의자를 식별하는 데 활용하고 있다. 특히 런던은 자동 안면 인식 시스템이 장착된 CCTV를 통하여 촬영된 시민의 얼굴과 용의자를 비교하여 유사한 자가 발견되면 주변에 있는 경찰관이 해당 인물을 검문하도록 하고 있다.[15] 안면인식 기술이 CCTV를 이용한 분석기술과 결합하여 범죄수사의 효율성을 높이는 예로, 영국 경찰은 2017년 5월에 유럽축구연맹(UEFA) 챔피언스리그 결승전이 열리는 카디프 스타디움에서 CCTV를 활용해 범죄용의자를 검거하였다. 이때 사용된 시스템은 일본전기주식회사(NEC)가 개발한 것으로 10m 이상 떨어진 거리에서 촬영한 영상을 통해서도 안면인식이 가능할 정도의 성능을 보유하고 있고, 선글라스와 모자로 얼굴 일부를 가리더라도 인식할 수 있다.[16]

2018년 기준으로 중국에 3억5천만 대 이상, 미국에 7천만 대 이상의 감시카메라가 있다. 중국을 비롯한 여러 국가는 감시기술을 기술 개발이 더딘 다른 나라들에 수출하

---

13) 시겔(이민식·김상원·박미랑·박정선·신동준·윤옥경·이성식·황성현 옮김), 『범죄학(제10판)』, 센게이지러닝, 2012, 118면.

14) 시겔(이민식·김상원·박미랑·박정선·신동준·윤옥경·이성식·황성현 옮김), 『범죄학』, 118면.

15) 강미영·정혜진, "무인순찰 로봇에 의한 영상 수집과 증거능력", 『비교형사법연구』 제24권 제4호, 한국비교형사법학회, 2023. 1, 443면.

16) 윤지영·김한균·감동근·김성돈, 『법과학을 적용한 형사사법의 선진화 방안(VIII): 인공지능 기술』, 한국형사정책연구원, 2017, 267면.

기 시작했는데, 대상 국가 중에는 국민을 억압하고 소수 공동체에 감시를 집중한다는 평판을 듣는 국가들도 있다.[17]

2) 개인정보처리

서울특별시 민생사법경찰단은 2018년 8월 국내 최초로 인터넷 불법 대부업 광고 등 범죄 수사에 머신러닝 기법이 적용된 인공지능 알고리즘을 도입한다고 발표하였다.[18] 인공지능을 활용하게 된 계기는 민생범죄와 관련된 불법 온라인 광고물이 증가하면서 수사기관의 적발을 피하기 위해 한글을 파괴하거나 은어 · 신조어 · 기호 등을 활용하는 광고물도 급증하였으나 인터넷의 특성상 검색이 어렵고 생성삭제가 쉬워 증거수집이 쉽지 않기 때문이었다. 2018년 5월부터 7월까지 인터넷상 불법 대부업 광고물에 대한 단속 과정에 인공지능 기술을 적용하는 시범사업을 실시한 결과 인공지능 알고리즘의 분류정확도는 인간 수사관이 작성한 정답 대비 82%에 달하였으며 인간 수사관이 인지하기 못한 새로운 키워드를 발견하기도 하였기 때문에, 서울시 특별사법경찰은 2019년 4월 보도자료를 통해 국내 최초의 'AI 수사관'의 존재를 알렸다.[19]

AI 수사관은 빅데이터 처리기술로 사회관계망서비스, 블로그 등 온라인 콘텐츠 가운데 불법성이 의심되는 게시들이나 이미지를 실시간으로 수집 · 저장하고 불법 콘텐츠에서 자주 발견되는 패턴 등을 기계에 학습시켜 도출한 결과물을 이용해 불법게시물을 분류하는 과제를 수행하였으며, 수사관이 일일이 인터넷 사이트를 방문하거나 검색하는 기존 방식과 비교해서 막대한 양의 수사 단서를 신속하고 정확하게 찾을 수 있었고 단순 반복 업무를 자동화해 업무의 효율을 획기적으로 높일 수 있었다. 그러나 2019년 5월 개인정보보호위원회는 AI 수사관을 이용한 개인정보의 수집 · 이용행위를 법령상 근거 없이 이뤄지는 온라인 불심검문과 유사하다고 판단하여 개인정보보호법

---

17) 러셀 · 노빅(류광 옮김), 『인공지능: 현대적 접근방식 2』, 423면. CCTV를 활용한 중국의 소수민족 감시에 대하여 대런 바일러(홍명교 옮김), 『신장 위구르 디스토피아』, 생각의힘, 2022.

18) 홍지은 · 이동희, "개인정보를 이용한 인공지능 알고리즘과 범죄 수사 ─ 'AI 수사관'에 의한 「개인정보보호법」 위반 결정을 중심으로", 『형사정책』 제34권 제2호, 한국형사정책학회, 2022. 7, 47면.

19) 홍지은 · 이동희, "개인정보를 이용한 인공지능 알고리즘과 범죄 수사 ─ 'AI 수사관'에 의한 「개인정보보호법」 위반 결정을 중심으로", 47면.

에 위반된다는 결정을 하였다.[20]

3) 범죄예측

범죄예측은 크게 범죄 예측, 범죄피해자 예측, 범죄자 예측 등 3가지로 구분할 수 있다. 그런데 범죄자 예측과 피해자 예측은 개인의 프라이버시가 침해된다는 점과 민감한 개인정보의 수집 범위가 제한적이라는 점에서 연구 및 활용이 제한되었기 때문에 지금까지의 범죄예측 시스템은 시간별, 장소별 범죄 위험도를 기반으로 한 범죄발생의 시간과 장소를 전망하는 시공간 범죄예측이 주를 이루고 있다.[21] 범죄자 예측과 피해자 예측에 편향성이 개입될 수 있다는 것을 보여 주는 실제의 예로, 시카고에서 2017년 40만 명을 대상으로 총기폭력의 가해자 또는 피해자가 될 가능성을 예측하는 알고리즘을 만들었는데 이 알고리즘에 따라 잠재적 가해자로 지목된 1,500명 중 85%가 흑인이었고 실제로 저지르지도 않은 범죄에 대한 예측 때문에 잠재적 가해자로 지목되는 것은 부당하다는 여론이 일어나자 결국 이 알고리즘의 사용은 약 2년 6개월 후에 중지되었다.[22]

2015년 뉴욕 경찰청은 아자비아(AZAVEA)라는 인공지능 기업과 계약해서 뉴욕 경찰청의 과거 데이터에 기반하여 미래에 발생할 범죄를 예측하는 서비스를 받기로 했다.[23] 이 서비스는 과거의 범죄 데이터를 분석해서 해당 시간대에 어느 곳에서 범죄가 발생할지를 예측하고, 누가 범죄자와 피해자가 될지도 예측한다.

우리나라 경찰청의 범죄위험도 예측·분석 시스템(PRE-CAS: Predictive Crime Risk Analysis System)[24]은 치안·공공데이터를 통합한 빅데이터를 최신 알고리즘을 적용한

---

20) 홍지은·이동희, "개인정보를 이용한 인공지능 알고리즘과 범죄 수사 - 'AI 수사관'에 의한 「개인정보보호법」 위반 결정을 중심으로", 53면.

21) 김병수, "특정인에 대한 범죄예측 시스템의 문제점과 개선방안", 『형사법연구』 제33권 제3호, 한국형사법학회, 2021. 9, 243면.

22) 정소영, "형사사법에서의 인공지능 사용에 대한 유럽의회 결의안 - '인공지능에 의한 결정' 금지에 관하여", 『형사정책』 제34권 제2호, 한국형사정책학회, 2022. 7, 155면.

23) 정상조, 『인공지능, 법에게 미래를 묻다』, 사회평론, 2021, 127면.

24) 안경옥, "빅데이터를 활용한 범죄예측의 문제점과 개선방향", 『비교형사법연구』 제24권 제4호, 한국비교형사법학회, 2023. 1, 69면.

인공지능으로 분석하여 지역별 범죄 위험도와 범죄발생 건수를 예측하고 효과적인 순찰 경로를 안내하는 시스템이라고 한다. 프리카스는 기존에 있었던 범죄발생 통계 중심의 단편적 분석에서 벗어나, 범죄통계·112신고 등 치안데이터와 인구·주요업종·건물유형 등의 공공데이터를 융합해 분석한다는 장점이 있다. 프리카스는 전국 시·군·구를 도시형, 도농복합형, 주거중심형, 산업중심형, 관광중심형, 농림수산중심형 등 6개의 군집으로 분류하고, 각 지역의 주요범죄(강도, 성폭력, 절도, 폭력)와 무질서행위(시비, 행패소란, 청소년비행, 무전 식사·승차, 술 취한 사람, 보호조치, 위험방지, 기타 경범, 소음, 노점상)의 발생위험도를 분석한다.

(2) 순찰로봇: 위험방지와 증거수집의 중첩

인공지능시스템을 장착한 순찰로봇을 도입하는 사례를 찾을 수 있다.[25] 아랍에미레이트 두바이 정부는 2017년 5월 세계 최초로 로봇경찰인 로보캅을 도심에 배치하였는데, 자율주행을 통한 거리 순찰, 9개국어를 구사할 수 있는 능력을 이용한 시민안내, 가슴에 부착된 태블릿을 이용한 범죄 신고 등이 가능하며 카메라와 안면 인식 프로그램을 활용하여 범죄자를 찾아낼 수도 있다. 미국에서도 공원 또는 아파트를 순찰하는 로봇을 도입한 사례가 있으며, 우리나라에서는 2022년 1월 시흥시에서 자율주행 순찰로봇을 도입한 이래 서울 관악구, 원주시 등에서도 이를 운행하고 있다.

그런데 범죄 예방 목적으로 순찰로봇에 장착한 카메라를 통한 영상 촬영이 범죄사실의 증거수집활동이 된다면, 이는 수사이기 때문에 법률에 근거가 있어야 하며 그렇지 않으면 위법한 수사가 될 수 있다.

(3) 범죄수사에서의 안면인식 알고리즘 활용

앞에서 살펴보았듯이 안면인식 알고리즘은 범죄수사에 자주 활용된다. 영국의 예를 들었지만, 미국 샌프란시스코도 2019년 6월 아나폴리스에서 발생한 총기 난사 사건 용의자의 신원을 확인하기 위해서 안면인식 기술을 이용하였다. 그러나 안면인식 알

---

25) 강미영·정혜진, "무인순찰 로봇에 의한 영상 수집과 증거능력", 422면.

고리즘 사용이 미국을 지나친 억압의 감시국가로 만들 수 있으며 정부가 악용할 수 있다는 우려가 제기되었고, 샌프란시스코는 미 주요 도시 중 최초로 경찰과 다른 정부기관에서의 안면인식 기술 사용을 금지하였다.[26] 2020년에 아마존도 1년 동안 안면인식 기술을 경찰에 제공하지 않겠다고 선언한 후, 2021년에는 추가적인 발표가 있을 때까지 그 기간을 무기한 연장하겠다고 하였다.[27]

3. 공판절차

AI에 의한 법률상담의 가능성 등 AI가 변호사를 돕는 역할을 수행할 수 있을 것이라는 전망이 나오고 있다.[28] 사실 형사재판에서의 죄책판단은 정교하게 정립된 해석방법과 범죄체계론에 기반을 두고 있기 때문에 약한 인공지능이라고 하더라도 그동안의 해석방법과 범죄체계론을 학습함으로써 규범적 판단인 죄책판단을 어느 정도 수행할 수 있다고 말할 수 있다.[29] 다만 우리나라에서는 아직 형사재판에서 인공지능이 이용되고 있지 않으며, 2018년 4월 대법원은 인공지능을 도입하여 열린 지능형 법원을 만들겠다는 의지를 천명한 바 있다.[30]

미국의 각 주에서는 COMPAS(Correctional Offender Management Profiling for Alternative Sanctions: 교정 위반자 관리 프로파일링), PSA(Public Safety Assessment: 공중안전평가), LSI-R(Level of Service Inventory Revised)의 세 가지 기본시스템 중 하나를 사용하는 것이 보통인데, 캐나다 회사인 멀티헬스시스템스(Multi-Health Systems)가 개발한 LSI-R은 범

---

26) 김희정, "지능정보화 시대의 알고리즘 차별에 대한 법적 소고 — 미국의 알고리즘 차별 사례를 중심으로", 『홍익법학』 제21권 제3호, 홍익대학교 법학연구소, 2020. 9, 509면.

27) 정소영, "형사사법에서의 인공지능 사용에 대한 유럽의회 결의안 — '인공지능에 의한 결정' 금지에 관하여", 156면.

28) 법률신문 2023. 2. 19. "챗GPT, 곧 복잡한 법리 분석도 해낼 것"(https://www.lawtimes.co.kr/Legal-News/Legal-News-View?serial=185456).

29) 양천수, 『인공지능 혁명과 법』, 155면.

30) 이나래, "인공지능 기반 의사결정에 의한 법률적 규율 방안", 『LAW & TECHNOLOGY』 제15권 제5호, 서울대학교 기술과법센터, 2019. 9, 38면.

죄 경력에서부터 성격 패턴에 이르는 다양한 요소의 정보를 수집한다.[31] PSA는 로라·존아널드 재단이 형사사법 연구자들과 협력하여 피의자의 위험을 판사가 파악하는 데 도움이 되도록 개발한 위험 평가 도구로서 피의자가 공판 전에 석방될 경우 새로운 범죄를 저지를 가능성과 향후 법원 공판절차에 출석하지 않을 가능성을 예측하며, 폭력범죄를 저지를 위험도 추가적으로 평가하며 그 결과는 판사가 재판에서 보조 도구로 활용한다. PSA는 그동안 공판전 석방절차에서 유색인종 피의자나 가난한 피의자들에 대한 판사의 편견이 작용하는 상황을 극복하기 위한 것으로 이를 통해 공공의 안전 증진, 범죄 감소 등의 효과가 있었다고 평가되었다.[32]

COMPAS는 상습성 평가를 위한 상용 시스템으로서 노스포인트(Nothpointe)사에서 만들었으며 범죄 참여, 관계나 생활 방식, 성격 또는 태도, 가족 및 사회적 배제와 같은 다섯 가지 주요 영역에서 변수를 평가한다. 이 시스템이 피고인에게 매긴 위험점수를 판사가 피고인에 대한 보석 또는 가석방을 결정하거나 또는 형량을 정할 때 참고하는데[33] 판사가 피고인의 양형이나 가석방 여부를 판단할 때 COMPAS 알고리즘의 결과에 구속되지는 않지만, 제시된 COMPAS의 판단결과를 배척할 만한 확실한 근거가 없는 한 알고리즘의 결과에 따라 판단하게 되어 COMPAS가 사실상 구속력을 가질 우려가 있다.[34]

COMPAS에 대한 비판적인 견해는, 한 나라가 법정에 투입하는 소프트웨어임을 감안하면 약 70% 정도의 정확성은 우려스러우며 만약 의료계라면 이 정도의 확률은 정말이지 불충분하다고 여겨질 것이라고 지적한다. 특히 문제가 있다고 보이는 부분으로, 재범 확률이 가장 높은 것으로 예측된 그룹에서 실제로 얼마나 많은 사람들이 재범을 저질렀는지에 대한 결과를 보면 경미한 범법행위에서는 70%를 조금 웃도는 예측률을 보였지만 폭력을 수반한 범법행위를 저지를 것이라고 예측된 사람들의 재범률은

31) 한국포스트휴먼연구소·한국포스트휴먼학회 편저, 『인공지능의 이론과 실제』, 107면.
32) 한국포스트휴먼연구소·한국포스트휴먼학회 편저, 『인공지능의 이론과 실제』, 111면 이하.
33) 러셀·노빅(류광 옮김), 『인공지능: 현대적 접근방식 2』, 423면.
34) 이나래, "인공지능 기반 의사결정에 의한 법률적 규율 방안", 38면.

25% 정도에 불과하였다. 그런데 이 정도의 예측은 이 분야의 문외한도 할 수 있다는 것이다.[35]

공정성과 관련하여 알고리즘이 같은 점수를 배정한 모든 개인은 인종과 무관하게 재범 확률이 대략 같게 나와야 하는데 COMPAS 모형이 배정한 위험점수 10점 만점에 7점인 사람 중 백인의 재범률은 60%이고 흑인의 재범률은 61%여서 보정하기 좋도록 설계되었으나, 범죄를 저지르지 않았지만 위험점수가 높았던 비율은 흑인이 45%이고 백인이 23%여서 기회 균등을 제공하지는 않았다. 그런데 보정성이 좋으면서도 기회 균등을 제공하는 알고리즘은 불가능하다는 문제가 있다.[36] COMPAS에 대해서는 특정 인종에 대한 차별과 함께 성차별의 문제도 있는데, 남성이 여성보다 재범비율이 높음에도 불구하고 남성에게 맞게 설계된 알고리즘을 이용하여 여성의 재범위험성을 과대 예측한다는 지적도 있었다.[37]

나아가 알고리즘에 대한 적법절차도 문제가 된다. 알고리즘에 대한 적절한 공개가 있어야 그 알고리즘을 활용한 판결에 대한 반박도 할 수 있는데, 알고리즘이 공개되지 아니하면 판결의 결과에 대한 반박기회를 상실할 수 있다는 이유에서이다. 가령 2016년 6월경, 훔친 차량을 이용해 도주하면서 총격을 가한 혐의로 기소된 루미스(Loomis)는 COMPAS에 의해 권고된 징역형과 동일한 6년의 징역형을 선고받자 위스콘신주 대법원에 상고하였다.[38] 루미스는 COMPAS의 평가에 따르면 자신이 장래 폭력과 재범 위험성이 높다고 나왔는데 인공지능 평가시스템의 유효성을 평가할 기회를 가지지 못했기 때문에 적법절차 위반이라고 하였고, 개별화된 선고가 아니라 집단에 대한 평가를 특정개인에게 무분별하게 대입하는 것도 적법절차 위반이며 알고리즘이 여성과 남성을 위한 별도의 척도를 가지고 있다는 점도 위헌이라고 주장하였다. 그러나 위스콘신주 대법원은 이러한 것들이 모두 적법절차에 대한 피고인의 권리를 침해하지 않는

---

35) 카타리나 츠바이크(유영미 옮김),『무자비한 알고리즘』, 니케북스, 2021, 20면.

36) 러셀·노빅(류광 옮김),『인공지능: 현대적 접근방식 2』, 427면.

37) 김희정, "지능정보화 시대의 알고리즘 차별에 대한 법적 소고 ― 미국의 알고리즘 차별 사례를 중심으로", 508면.

38) State v. Loomis 881 N.W.2d 749 (Wis. 2016)

다고 판단하였다.

4. 형집행과 교정

(1) 보호관찰에서의 위험성 예측

보안처분 중 하나인 보호관찰에서도 인공지능이 활용되고 있다. 법무부는 범죄 징후가 있는 고위험 대상자에 대하여 차별화된 맞춤형 지도감독을 실시할 수 있도록 범죄 징후 예측시스템을 2019년 2월부터 도입하였다.[39] 이 시스템은 성폭력범죄로 인해 위치추적 전자장치(전자장치부착법 제2조 제4호. 속칭 '전자발찌')를 부착한 자를 대상으로 하며 재범에 영향을 미치는 과거 범죄수법, 이동경로, 정서상태, 생활환경 변화 등을 수집, 분석하여 이상징후가 있을 경우 이를 보호관찰관에게 알려 맞춤형 지도감독방법을 제공한다. 특히 이상징후 상시 분석 및 알림의 기능은 빅데이터 분석기법 등을 통해 자동으로 종합 분석된 정보를 통해 재범으로 이어질 수 있는 정상 패턴 이탈 등의 이상징후를 상시 탐지하여 보호관찰관에게 제공한다고 한다.[40]

보안처분의 선고과정에서 사용되고 있는 재범위험성도구는 직관적 방법, 임상적 방법, 통계적 방법, 혼합적 방법 중 임상적 방법과 통계적 방법을 혼합한 방법을 사용하고 있으나 그 출발점은 기본적으로 통계적 방법이다. 인공지능 재범위험성판단도구도 기본적으로 통계를 기반으로 한다는 점에서 기존의 재범위험성평가도구와 동일한데, 인공지능 재범위험성판단도구는 막대한 빅데이터를 기반으로 기존보다 훨씬 많은 문항을 판단기준으로 삼을 수 있다는 점에서는, 통계적 측면에서 기존의 모델보다 더 발전된 형태로 볼 수 있을 것이다. 양자 간에 본질적인 차이가 존재하는 부분은, 최종적인 판단 및 보완을 인간이 하는지 아니면 인공지능이 하는지 여부이다.[41]

---

39) 안경옥, "빅데이터를 활용한 범죄예측의 문제점과 개선방향", 71면.
40) 안경옥, "빅데이터를 활용한 범죄예측의 문제점과 개선방향", 71면.
41) 장진환, "인공지능재범위험성평가도구의 도입가능성과 규범적 문제점 — 보안처분 선고절차에서의 적용가능성을 중심으로", 『형사정책』 제34권 제1호, 한국형사정책학회, 2022. 4, 55면.

(2) 로봇 교도관?

2011년 지식경제부(현 산업통상자원부)가 추진했던 융복합기술기반 교정교화서비스 로봇 개발사업의 일부로 로봇 교도관이 개발되었다.[42] 로봇 교도관의 외관은 미국 등에서 상용화된 감시로봇보다 더 인간유사성이 높은 모습으로 개발되었는데, 피부, 움직임 등의 세심한 측면까지 인간과 유사하게 만들려고 하지는 않았으나 인간의 머리, 손, 발 등에 상응하는 외양을 구현하였다.[43] 150cm의 키에 체중 70kg인 로봇 교도관은 몸체에 부착된 4개의 바퀴를 움직여 사람의 보행과 비슷한 속도로 이동할 수 있고 얼굴 부위에는 영상을 감지하고 이상행동을 판별할 수 있는 장치가 부착되었다. 로봇 교도관은 음원추적 및 음성인식 기능을 통해 수용자들의 얼굴과 행동 등을 통합적으로 인식한 후 신원을 확인할 수 있었고, 비상시에는 즉각적으로 그 사실을 중앙통제실에 통보하도록 설계되었다.

로봇 교도관은 반복되는 순찰이나 위험한 업무 등에 로봇을 투입해서 교정 분야의 인적 자원을 확보하고 교도관들이 업무로 받는 스트레스를 감소시킬 수 있을 것으로 기대되었다. 그러나 2012년 4월부터 계획하였던 시범운용 자체가 무기한 연기되면서 사실상 계획이 백지화되었다. 로봇 교도관 도입과 관련해서 교정시설 내 인간적 교감의 부재와 인권침해의 가능성 등이 사업 초기부터 지속적으로 제기되었으나, 이 계획이 무산된 직접적인 이유는 기계적 결함과 오작동, 야간순찰 시에 발생하는 소음 때문이었다고 한다.[44]

일본에서는 민영교도소를 중심으로 수용자의 처우를 위해 서비스 로봇을 활용하고 있는데 시마네현 하마다시의 민영교도소인 시마네 아사히 사회복귀촉진센터에서는 배식이나 식기 반납업무에 로봇이 활용되고 있고 야마구치현 미네시에 있는 민영교도소 미네 사회복귀촉진센터에는 식기반납 및 단순순찰업무를 수행하는 로봇이 도입되

---

42) 윤지영, "형 집행 단계에서의 첨단과학기술의 활용", 『형사정책연구』 제27권 제2호, 한국형사정책연구원, 2016. 여름, 181면.

43) 주현경, "지능형 로봇으로서의 교정로봇과 법적 쟁점", 『법학연구』 제29권 제2호, 충남대학교 법학연구소, 2018. 5, 53면.

44) 윤지영, "형 집행 단계에서의 첨단과학기술의 활용", 182면.

어 있다고 한다.[45] 로봇은 일반적으로 산업용 제조로봇과 서비스로봇으로 구별되는데, 교정에 활용되는 로봇은 기존의 산업용 제조로봇과 구별되고, 사람을 상대한다는 점에서 서비스로봇과 유사하지만 그 역할이 경비·감시라는 점에서 서비스로봇과 구별된다고 보면[46] 일본의 민영교도소에서 활용하는 로봇 중 배식이나 식기반납으로 기능이 한정되는 로봇은 단순한 서비스로봇으로 사회에서의 식당에서도 종종 볼 수 있는 것과 다르지 않으며 결국 교정로봇으로 볼 때의 핵심기능은 시설의 경비와 재소자에 대한 감시이다.

5. 형사절차에서의 인공지능의 활용 여부를 판단하는 기준

형사절차에서 인공지능을 활용할지 여부를 판단하는 기준으로 유럽평의회가 2018년 채택한 AI 유럽사법윤리헌장의 내용을 참고할 수 있다. 이 헌장은 사법절차에서의 인공지능을 활용할 때 다음 5가지 원칙을 준수해야 한다고 한다.[47]

① 기본권 존중의 원칙: 인공지능 도구와 서비스의 설계와 채택이 기본권에 부합함을 확인한다.

② 차별금지의 원칙: 개인 혹은 개인집단 간의 차별을 창출하거나 강화하는 것은 특히 금지한다.

③ 품질과 보안의 원칙: 사법적 결정과 데이터의 처리와 관련하여, 검증된 소스와 무형데이터를 학제 간 연구를 통하여 정련된 모델에 따라 보안된 기술환경에서 사용한다.

④ 투명성, 불편부당성, 공정성의 원칙: 데이터 처리방법을 접근가능하고 이해할 수 있도록 하고, 외부감사를 허용한다.

---

45) 윤지영, "형 집행 단계에서의 첨단과학기술의 활용", 192면.
46) 주현경, "지능형 로봇으로서의 교정로봇과 법적 쟁점", 56면.
47) 한상훈, "인공지능과 형사재판의 미래: 인공지능 배심원의 가능성 모색", 『법의 미래』, 법문사, 2022, 97면.

⑤ 이용자에 의한 통제의 원칙: 지시적인 접근방법을 배제하고, 이용자가 정보를 가진 행위자로서 선택의 통제권을 행사하도록 한다.

실제로 유럽에서는 체코, 조지아, 헝가리, 폴란드, 세르비아, 슬로바키아에서 인공지능 알고리즘의 자동화된 의사결정 시스템을 사용하여 형사사법의 판사 또는 법집행공무원에게 사건을 배분하였고 그에 대한 실태조사가 2018년 가을부터 2019년 봄까지 행해졌다. 그에 대한 연구결과에 따르면 해당 알고리즘의 투명성은 확보되지 않았으며 알고리즘을 공급한 회사 이외에 피고인이나 사건관계자, 판사는 알고리즘이나 소스코드에 접근할 수 없었다. 해당 알고리즘의 공정성 또는 정확성에 대한 외부감사 절차도 없었으며 알고리즘이 내린 결정을 모니터링할 책임도 어느 기관에도 할당되어 있지 않았다는 문제점이 있었다.[48]

유럽사법윤리헌장은, 형사사건에서는 공정한 재판을 보장하기 위하여 민감정보에 따른 차별을 방지하여야 하므로 인공지능의 사용을 최대한 유보해야 한다고 적시하였다. 특히 개인의 재범가능성을 예측하는 알고리즘의 사용은 현재로서는 기본권과 양립하기 어려우므로 가장 마지막까지 사용을 고려해서는 안 된다고 밝히면서 미국의 COMPAS 프로그램과 영국의 HART 프로그램을 예로 들었다.[49]

Ⅲ. 인공지능의 형사책임

1. 누구의 책임인가?

2012년 구글 검색창에 베티나 불프(Bettina Wulff)를 입력하면 자동으로 '베티나 불프

---

48) 정소영, "형사사법에서의 인공지능 사용에 대한 유럽의회 결의안 ―'인공지능에 의한 결정' 금지에 관하여", 147면.
49) 정소영, "형사사법에서의 인공지능 사용에 대한 유럽의회 결의안 ―'인공지능에 의한 결정' 금지에 관하여", 149면.

매춘부'라는 문구가 완성되는 일이 있었다. 베티나 불프는 2010년부터 2012년까지 독일 대통령으로 재직하였던 크리스티안 불프(Christian Wulff)의 배우자로서 독일 역사상 가장 젊은 대통령 부인으로서 대중에게 인기가 많았다. 그런데 베티나 불프가 성매매에 종사했다는 소문이 이미 2006년부터 돌기 시작했으며,[50] 구글 검색창의 자동완성 문구로 '베티나 불프 매춘부' 또는 '베티나 불프 에스코트' 등이 나타났다.

베티나 불프는 이 문구로 인해서 명예훼손을 당했다고 주장했는데 가해자를 특정하기가 어렵다는 문제가 있었다. 구글 검색 알고리즘은 이용자들이 가장 많이 입력하는 검색어 데이터를 바탕으로 자동 완성 문구를 추천한다. 그러니까 이 문구는 구글이 의도적으로 만든 것도 아니며 검색 알고리즘에 오류 또는 실수가 있었던 것도 아니었으며, 다만 이용자들이 해당 문구를 빈번하게 검색했기 때문에 검색창에 베티나 불프라는 단어를 입력하면 그 다음에 들어갈 단어를 알고리즘이 예측하여 완성한 것뿐이다. 그러므로 이 단어가 명예훼손에 해당한다면 그 책임은 그 검색어를 미리 입력한 수많은 구글 이용자에게 물어야 한다고 보이는데, 구글이 이 문제에 대해서 어떠한 책임을 질지가 쟁점이 되었다.[51]

국가별로 명예훼손을 판단하는 기준과 법률을 적용하는 방식이 다른데, 미국의 법원은 구글에 아무런 책임이 없다고 본 반면 독일과 프랑스의 법원은 구글에 책임이 있다고 판결하였다.[52] 이는 공인의 명예훼손에 대한 사안을 해결하는 방식이 국가마다 다르다는 점과 비슷하다. 가령 영화 『래리 플린트(The People vs. Larry Flynt)』(1996)가 보여 주듯이 미국 연방대법원은 공인에 대한 패러디는 비록 피해자에게 정서적으로 고통을 가할 의도로 행해졌다고 하더라도 미국 헌법이 보장하는 표현의 자유에 해당한다고 판단한다.[53] 반면에 독일연방대법원은 바이에른주 수상인 슈트라우스(Strauβ)

---

50) "Bettina Wulff wehrt sich gegen Verleumdungen", Süddeutsche Zeitung 2012. 10. 7. (https://www.sueddeutsche.de/politik/klage-gegen-google-und-jauch-bettina-wulff-wehrt-sich-gegen-verleumdungen-1.1462439)

51) 정상조, 『인공지능, 법에게 미래를 묻다』, 123면.

52) 정상조, 『인공지능, 법에게 미래를 묻다』, 125면.

53) Hustler Magazine, Inc. v. Falwell, 485 U.S. 46 (1988).

를 성행위를 하는 돼지로 표현한 캐리커처를 실은 잡지 『konktret』가 피해자의 인격권을 침해하였다고 판단하였다.[54]

　구글의 검색어 자동완성으로 돌아가면, 이는 명백히 서비스 제공자의 의도는 아니었으며 제공자가 이러한 문제를 포함한 발생 여지가 있는 모든 예외 상황을 고려하는 것도 현실적으로 불가능하다. 또한 어떤 집단이 범죄를 목적으로 특정 정보를 과도하게 입력한 것은 아니고, 다수의 무고한, 그러나 인종과 관련하여 편협한 시각을 가진 사용자들이 무의미하게 입력한 정보를 통해 결과가 도출되었다면 사용자들이 비록 미풍양속에 어긋나는 정보를 입력하였다고 해서 그 개개인이 법률에 어긋나거나 인공지능을 통해 타인에게 피해를 입히기 위한 행위를 하였다고 볼 수는 없다. 나아가 챗봇과 같은 경로를 통해 사용자가 입력한 정보는 공개된 게시물이 아니라 사적인 대화에 가깝기 때문에, 사용자가 인공지능 챗봇과 대화하는 내용이 불법적인 의미를 담고 있다고 하더라도 이를 처벌하는 것은 개인의 사생활을 적극적으로 침해하는 결과로 이어질 것이다.[55]

　명예훼손죄 또는 모욕죄보다 중요한 법익인 사람의 생명과 신체가 훼손된 경우, 가령 삼풍백화점 붕괴[56]나 성수대교 붕괴[57]에서 과실범의 공동정범을 처벌하는 예에서 보여 주듯이 형사책임을 귀속시킬 누군가를 '찾아야' 하는 상황이 존재한다고 판단할 수 있다. 이때 소위 강한 인공지능이라면 AI의 형사책임이 논의될 수 있다.

2. 인공지능의 형사책임이 논의되는 상황

(1) 자율주행자동차

교통사고에서 운전자의 과실이 있는지 여부를 판단하는지와 다르게, 자율주행차는

---

54) Die Strauß-Entscheidung: BVerfGE 75, 369.

55) 남구현, "인공지능에 대한 오해의 불식을 통한 형사법과의 관계 고찰", 『법학논총』 제34권 제1호, 국민대학교 법학연구소, 2021, 211면.

56) 대법원 1996. 8. 23. 선고 96도1231 판결.

57) 대법원 1997. 11. 28. 선고 97도1740 판결.

운전자가 직접 운전하는 것이 아니라 자율주행시스템에 의하여 자동차 스스로 판단하고 이동하므로, 사고가 발생하였을 때 형사책임을 지울 수 있는지와 지울 수 있다면 누구를 대상으로 할지가 문제가 된다.

자율주행자동차에 사용되는 자율주행기술의 단계분류를 위해서는 미국 도로교통안전국(NHTSA)의 5단계 분류를 일반적으로 활용한다.[58] 이 중 운전자가 자동차의 운행에 개입하지 않는 단계에서는 사고발생 시 운전자에게 업무상과실치상의 책임을 묻기 어렵다. 운전자가 스스로 운전했어야 하는데 그렇지 않았음이 비난의 근거가 된다고 볼 수도 있겠으나, 그렇게 설명한다면 운전자는 자율주행자동차를 이용할 이유가 없다. 그렇다면 운전자 개인이 아니라 자동차 제조사나 판매사 또는 자율주행차에 사용된 AI의 제작사, 아니면 그러한 회사에 관여한 자연인 중 누구에게 책임을 물어야 하는가? AI가 자율적으로 판단했다고 볼 수 있다면 AI에게 책임을 물어야 한다고 생각할 수도 있다. 왜냐하면 이미 고도로 자율화되어 활동하는 AI라면 제조자나 프로그래머 등 배후에 있는 자연인이 AI의 세부적 활동과정 모두에 대하여 구체적으로 통제하고 관리할 수 없기 때문이다.[59]

(2) 자율살상무기

드론을 조작하는 방법은 두 가지인데 첫 번째는 사람이 외부에서 조종기 등을 사용하여 조작하는 것으로, 이 방법은 사람이 드론의 외부에 존재한다는 점을 제외하면 비행기의 조종과 큰 차이가 없다. 중앙관제센터 등에서 다수의 드론을 동시에 조종하는 경우도 여기에 포함된다. 두 번째는 드론이 자신의 판단하에 움직이는 것이다. 현재 운영되는 각종 항공기의 오토파일럿(Autopilot) 시스템은 사전에 입력된 경로에 따라 비행을 하거나 일정 조건의 비행 상태를 지속하는 기능을 수행할 수 있어서 초급 단계의 자율비행으로 볼 수 있는데, 현재의 드론 기술은 드론에 인공지능을 탑재하고 심층

---

58) 한성훈, "자율주행차의 기술단계에 따른 형사책임에 관한 연구", 『형사법연구』 제32권 제3호, 한국형사법학회, 2020. 9, 279면.

59) 전지연, "형법상 전자인(e-person)의 가능성", 『비교형사법연구』 제21권 제2호, 한국비교형사법학회, 2019. 7, 11면.

강화학습을 통해 드론이 더욱 높은 자율성과 판단능력을 보유하도록 하는 방향으로 나아가고 있다. 궁극적으로 드론의 자율비행은 사람의 지원을 전혀 받지 않는 완전자율 비행단계를 지향한다.[60]

즉, 자율살상무기인 드론에서는 자율주행자동차에서의 형사책임과 비슷한 상황이 발생한다. 자율주행자동차와 다르게 자율살상무기 등에서는 고의범이 문제가 되는데, 만약 AI의 '고의'를 말하는 것이 가능하다면 형법이론에서 고의와 관련하여 발생시킨 이론을 그대로 AI에 적용할 수 있다는 생각도 해 볼 수 있다. 가령 자율살상무기인 드론이 안면인식기술을 활용하고도 적의 장군이 아니라 그의 쌍둥이를 살해한 경우[61] 또는 교정로봇이 상황판단을 잘못하여 체포할 필요가 없는 재소자를 체포한 경우[62] 등이 그러하다. 다만 이를 위해서는 현재의 형법이론, 특히 범죄체계론을 인공지능에 적용할 수 있는지 검토할 필요가 있다.

3. 인공지능의 형사책임과 현재의 범죄체계론

(1) 행위론

1) 전통적인 행위론

형법에서 범죄는 구성요건에 해당하는 위법하고 책임있는 행위라고 정의한다(형식적 범죄개념). 범죄가 성립하기 위해서는 행위가 있어야 하며 행위는 범죄론체계의 최상위의 개념으로서의 지위를 갖는다. 행위의 개념을 설명하는 이론인 행위론은 행위에 대한 이해와 범죄론체계와의 관련성을 탐구하는 분야로서, 일정한 방법론 위에서 범죄의 모든 발생형태를 포괄하는 행위개념을 모색한다.[63]

---

60) 윤영석, "드론에 관한 형사법적 일고찰", 『과학기술법연구』 제25집 제3호, 한남대학교 과학기술법연구소, 2019. 8, 105면.

61) Bartneck · Lütge · Wagner · Welsh, 『Ethik in KI und Robotik』, Hanser, 2019, S. 59의 사례. 이 사례는 객체의 착오에 해당한다.

62) 주현경, "지능형 로봇으로서의 교정로봇과 법적 쟁점", 69면의 사례. 이 사례는 위법성조각사유의 전제사실의 착오에 해당한다.

그와 관련해서는 의사에 기하여 외부세계에 야기된 인과과정이 행위라는 인과적 행위론, 행위자가 목적을 설정하고 이를 달성하기 위해 인과과정을 지배조종하는 과정이 행위라는 목적적 행위론, 사회성 또는 사회적 중요성을 행위개념의 기준으로 제시하는 사회적 행위론, 인격의 표현으로 의사에 의하여 지배되거나 지배가능한 인과적 결과에 대한 책임 있고 의미있는 형성물이 행위라는 인격적 행위론 등이 제시되었다. 이 중에서 사회적 행위론은 다른 행위론과 달리 '사회적 의미성'이라는 행위 외부의 제3자적 평가의 관점에서 행위를 바라보기 때문에, 인공지능과 인간과의 근본적인 차이를 염두에 두지 않고 그 사회적 의미만을 기준으로 판단한다는 점에서 인공지능의 행위성을 인정하기가 수월해 보인다는 설명[64]도 있다.

그럼에도 불구하고 행위론에서 말하는 행위는 인간의 행위이다. 행위 개념은 행위와 행위가 아닌 것을 구별하는 한계기능을 갖는데 인간의 행위가 아닌 것은 처음부터 행위에 포함되지 않는다. 인과적 행위론에서의 유의성, 인격적 행위론에서의 인격은 이를 잘 보여 주며 목적적 행위론의 출발점은 '인간의 모든 행위가 목적적 행위'라는 이해이며, 사회적 행위론에서도 행위는 '인간의 의사에 의해 지배되거나 지배가능한 사회적으로 중요한 행태'라고 정의한다.[65] 이러한 출발점에 따르면 AI의 행동과 그 결과는 처음부터 형법상의 행위라고 할 수 없다.

2) 전자인(e-person)에 대한 논의?

법인의 범죄능력과 형벌능력에 관한 기존의 논의도 형법학계의 전통적인 이해를 반영한다. 범죄의 주체를 자연인으로 파악하는 대륙법계 전통에 따라 법인의 범죄능력을 부정하면서도 양벌규정을 통하여 법인의 형벌능력은 인정하는 견해가 우리의 다수설이지만, 이는 현행법이 양벌규정을 두고 있고 그 내용이 자연인에 대한 처벌에 부가

---

63) 이재상 · 장영민 · 강동범, 『형법총론(제11판)』, 박영사, 2022, 84면.

64) 황만성, "인공지능의 형사책임에 관한 소고", 『법과 정책』 제24집 제1호, 제주대학교 법과정책연구원, 2018. 3., 366면; 정혜욱, "AI의 책임능력", 『중앙법학』 제23집 제4호, 중앙법학회, 2021. 12, 64면.

65) 김성돈, 『형법총론(제8판)』, SKKUP, 2022, 160면. '인간의 지배(조종)'를 논의하는 Frisch, 『Strafrecht』, Vahlen, 2022, 1/20도 참조.

하여 법인 또는 그 대표자가 이를 소홀히 관리감독한 것에 대한 책임을 묻는다는 실무의 입장에 근거하고 있을 뿐이다.

하지만, 영미에서는 법인의 범죄능력을 인정하고 있는데 그 이유는 실질적 필요성 때문이다.[66] 양벌규정의 취지, 즉 법인에 대한 처벌은 법인격이 부여되었기 때문이 아니라 종업원 등의 배후에 있는 존재에 대한 처벌이 필요하기 때문이라는 설명 역시 법규범이 사회 내에서 수행하는 기능 내지 목적에 초점을 맞춘다.[67] 루만(Luhmann)의 체계이론에 기반하여 행위가 아니라 소통, 자연인이 아니라 인격성에 초점을 맞출 경우 탈인간중심적 형사사법이 가능하다는 주장[68]도 있다. 어떤 자가 어떤 능력을 가지거나 어떤 능력을 가지고 있어야 한다는 물음도 존재론적으로 확정되는 것이 아니라 사회적으로 부과된다는 설명[69]이다.

AI가 지능, 자율성, 의사자유라는 관점에서 인간과 유사하다면 그러한 속성과 관련되는 형법적 책임을 AI에게 부과하는 것이 당연하다는 설명도 있다.[70]

(2) 책임론

1) 전통적인 책임론

행위에 대한 기존의 이해는 책임개념에서도 발견된다. 책임은 국가형벌권의 근거와 한계가 되며, 책임원칙이란 범죄행위자에게 형벌을 가하기 위하여는 반드시 행위자의 책임이 전제되어야 한다는 원칙이다.[71] 범죄체계론에서의 책임이란 구성요건해당성과 위법성(즉, 불법)과 구별되는 단계인데 책임이란 불법행위를 하지 않고 적법행위를

---

66) 김호기 · 최준혁 · 김택수, 『기업의 경제활동에 관한 형사법제 연구(II) ―주요 국가의 기업의 형사처벌 방법에 대한 연구』, 한국형사정책연구원, 2010, 32면.

67) 전지연, "형법상 전자인(e-person)의 가능성", 7면.

68) 양천수, 『인공지능 혁명과 법』, 164면.

69) 윤지영 · 김한균 · 감동근 · 김성돈, 『법과학을 적용한 형사사법의 선진화 방안(VIII): 인공지능 기술』, 245면.

70) 그에 관하여 김영환, "로봇 형법(Strafrecht für Roboter)", 『법철학연구』 제19권 제3호, 한국법철학회, 2016, 154면.

71) 이재상 · 장영민 · 강동범, 『형법총론』, 10면.

선택할 수 있었음에도 불구하고 불법행위로 나아간 점에 대한 비난가능성을 의미하며, 이렇게 설명하기 위해서는 행위주체에게 자신의 행위의 불법 또는 적법성을 판단할 수 있는 능력이 전제되어야 한다.[72] 즉, 비난의 근거는 개인의 주체성이며, 심리적으로 건강한 성인은 범죄행위를 할 것인지를 항상 주체적으로 결정할 수 있다고 전제한다. 다만 이때의 주체성은 자유의지에서 말하는 의미는 아니며 형식적인 의사형성 가능성 또는 그 능력으로 보아야 할 것이다.[73]

그런데 형법에서의 책임개념은 논의의 위치에 따라서 다양한 의미가 있다.[74] 형벌의 목적과 정당성을 논의하는 형벌이론에서의 책임은 행위자에 대한 개인적 비난을 위해 필요한 요건의 총체이다. 즉, 형법적 불법이 무엇인가가 문제가 된다. 아래에서 살펴보듯이 판례는 "귀책사유로서의 책임이 인정되는 자에 대해서만 형벌을 부과할 수 있다는 것은 법치국가의 원리에 내재하는 원리인 동시에 인간의 존엄과 가치 및 자유로운 행동을 보장하는 헌법 제10조로부터 도출된다"고 하는데 이때의 책임이란 행위자에게 개인적인 비난을 할 수 있는 경우에 한하여 형벌을 부과할 수 있다는 의미이다. 가령 행위자에게 고의 또는 과실이 없었다면 그를 처벌할 수 없는데, 그에 대한 처벌이 책임원칙 위반이라고 할 때는 고의와 과실이 형법적인 불법에 속하며 그것이 흠결되었기 때문이다. 반면에 형법이론에서의 책임이란 행위자에게 개인적 비난을 가하기 위한 요건이나 형법적 불법에 해당하지 않는 것을 의미한다. 그러므로 범죄체계론에서의 책임이란 불법을 무엇으로 정의하는지에 따라 정의되는데, 불법개념에 더욱 많은 요소를 포섭할수록 형법이론에서의 책임 개념의 내용은 줄어들게 된다.

범죄체계론에서의 책임의 의미가 무엇인지에 대한 통설의 입장인 규범적 책임개념에 따르면 책임의 본질은 비난가능성이다. 즉, 행위자가 행위 당시 스스로의 자유의지에 따라 적법한 행위를 할 수 있음에도 불구하고 그렇게 하지 않았다는 점이 책임비난

---

72) 김성돈, 『형법총론』, 169면.

73) 최준혁, "형법 제10조 제2항의 해석론", 『형사정책』 제30권 제3호, 한국형사정책학회, 2018. 12, 119면.

74) 이하의 설명은 최준혁, 『주취범죄 엄정 대응을 위한 법제 개선 방안 연구』, 법무부 정책연구용역 보고서, 2022, 16면.

의 대상이기 때문에, 행위자는 자유의지를 가진 사람이어야 한다.[75] 이는 실무에서도 마찬가지인데, 헌법재판소는 특정경제범죄 가중처벌 등에 관한 법률 제4조 제4항 위헌소원에 관한 결정[76]에서 다음과 같이 밝힌다.

> 형벌에 관한 형사법의 기본원리인 책임원칙은 두 가지 의미를 포함한다. 하나는 형벌의 부과 자체를 정당화하는 것으로, 범죄에 대한 귀책사유, 즉 책임이 인정되어야만 형벌을 부과할 수 있다는 것이고('책임 없으면 형벌 없다'), 다른 하나는 책임의 정도를 초과하는 형벌을 과할 수 없다는 것이다(책임과 형벌 간의 비례원칙).
> 귀책사유로서의 책임이 인정되는 자에 대해서만 형벌을 부과할 수 있다는 것은 법치국가의 원리에 내재하는 원리인 동시에 인간의 존엄과 가치 및 자유로운 행동을 보장하는 헌법 제10조로부터 도출되고, 책임의 정도에 비례하는 법정형을 요구하는 것은 과잉금지원칙을 규정하고 있는 헌법 제37조 제2항으로부터 도출된다(헌재 2007. 11. 29. 2005헌가10).

헌법재판소는 "책임 없으면 형벌 없다", 즉 모든 처벌의 전제가 책임이라고 하는 책임원칙의 내용을 구체화하기 위해서 헌법 제10조의 인간의 존엄과 가치를 끌어들이고 있어, 형벌이 자연인만을 대상으로 한다는 전제에서 출발하고 있다고 보인다.

2) 책임개념의 변화?

행위개념과 마찬가지로, 형법의 책임개념은 인간의 도덕적 인격과 밀접하게 연관되어 발전되어 왔기 때문에 로봇 형법은 반드시 책임개념의 혼돈으로 이어질 가능성이 있다는 지적[77]은 설득력이 있다. 책임원칙을 인간의 존엄에 대한 헌법규정에서 도출하는 헌법재판소의 입장은 이를 잘 보여 준다.

그러나 인공지능에게 법률상 전자인으로서의 지위를 부여하거나 인간의 범주를 넓

---

75) 최준혁, 『주취범죄 엄정 대응을 위한 법제 개선 방안 연구』, 16면; 양천수, 『인공지능 혁명과 법』, 162면.

76) 헌법재판소 2019. 4. 11. 선고 2015헌바443 전원재판부 결정.

77) 김영환, "로봇 형법(Strafrecht für Roboter)", 166면.

혀서 포함시키면 인공지능의 형사책임능력을 인정할 수 있다고도 생각할 수 있다.[78] 규범적 책임론에 따라 범죄를 인격의 표명이라고 하더라도 책임의 전제는 그러한 인격에 귀속된 의식의 동일성이며, AI가 의식을 가질 수 있다는 점과 자기의 행위에 관한 기억의 동일성이 있다는 점을 인정하면 형사책임의 전제로서의 인격의 동일성을 인정할 수 있다는 설명[79]이 있다. 행위개념에서의 설명과 마찬가지로 사회적으로 AI에게 부여하는 역할이 의미를 가지는 정도에 따라 책임능력을 인정할 수 있다는 설명[80]도 있다.

(3) 형벌론

1) 전통적인 설명

형벌은 해악으로 행위자에게 작용하며 형벌의 평등성을 확보하기 위해서는 그 해악의 정도가 형벌이 부과되는 대상자에게 공평해야 하기 때문에 벌금보다는 자유형, 즉 시간의 박탈이 공평한 형벌이다.[81] 형벌을 부과하는 전제는 개인적인 해악으로 감지될 수 있을 것이므로 형벌은 자연인에게만 부과될 수 있으므로 형벌의 목적도 자연인에 대해서만 달성될 수 있다.[82]

2) 새로운 관점?

AI에 대한 형벌로서 생각할 수 있는 재프로그램화가 현행 형법이 규정하고 있는 형벌에 해당하지 않으며 이는 신체형이나 생명형, 세뇌 등과 같은 이미 극복된 과거의 형사제재와 동일하다는 비판[83]은 있다. 반면에 AI가 양심의 가책, 후회, 치욕과 같은

---

78) 이원상, "인공지능 대응에 있어 형사법 이론의 한계", 『형사법의 신동향』 제59호, 대검찰청, 2018. 6, 465면.

79) 전지연, "형법상 전자인(e-person)의 가능성", 17면.

80) 김성돈, "전통적 형법이론에 대한 인공지능 기술의 도전", 『형사법연구』 제30권 제2호, 한국형사법학회, 2018. 6, 108면.

81) 최준혁, "벌금형의 합리적 산정가능성 — 형법 제70조 제2항에 대한 검토를 중심으로", 『형사정책』 제26권 제3호, 한국형사정책학회, 2014. 12, 16면.

82) 전통적인 설명에 대해 김성돈, "전통적 형법이론에 대한 인공지능 기술의 도전", 108면.

부정적인 감정을 명확히 드러낼 수 있을지 현재로서는 말하기 어렵지만 AI에게 형사책임을 부과하여 처벌하는 것이 사회 전체적인 측면에서 상징적인 의미가 있으며[84] 재산형의 부과도 가능하다는 설명[85]도 있다.

IV. 맺으며

인공지능은 형사사법의 '동지' 또는 '적' 어느 쪽도 될 수 있으며 인공지능의 발전은 '사람'의 행위라는 전제에서 출발하는 형법이론에 대한 새로운 도전이 되고 있다.[86]

---

83) 김영환, "로봇 형법(Strafrecht für Roboter)", 161면.
84) 김성돈, "전통적 형법이론에 대한 인공지능 기술의 도전", 109면; 양천수, 『인공지능 혁명과 법』, 165면.
85) 이원상, "인공지능 대응에 있어 형사법 이론의 한계", 468면; 전지연, "형법상 전자인(e-person)의 가능성", 18면.
86) 김성돈, 『형법총론』, 167면.

제19장

인공지능에 기반한 행정작용의 법적 규율

채영근
(인하대학교 법학전문대학원 교수)

Ⅰ. 서 론

인공지능(AI)의 성능향상에 따른 그 활용과 영향은 괄목할 만하다. 최근 출시된 챗GPT는 산업생태계에 커다란 지각변동을 초래하고 있다. 공공행정 분야에서의 AI의 활용과 영향은 아직 민간분야만큼 두드러지지는 않으나, 이미 여러 나라에서 다양한 인공지능기반 기술을 공공행정에 활용하고 있고 우리 정부 역시 많은 노력을 기울이고 있다. 인공지능의 활용은 공공행정의 정확성과 효율성을 높일 수 있어 공공행정서비스 혁신의 주요 수단으로 큰 기대를 모으고 있다.

오늘날 행정은 국민의 생명과 안전 보호, 질서유지는 물론 국민의 경제생활과 복지 등 공공복리를 위해 다양한 서비스를 제공하며 커다란 역할을 수행하고 있어 행정국가화하고 있다. 무수히 다양한 사무를 담당하는 만큼 공공행정분야에서의 인공지능기술의 활용 가능성은 무궁무진하며, 이를 통해 행정서비스의 질을 개선할 여지도 그만큼 크다. 그러나 민간분야와 달리 공공행정은 국민의 보편적 지위를 보장해야 하므로 형평성 요청이 크고, 형사처벌이나 행정제재 등 강제력에 의한 중대한 법익침해의 가능성이 존재하므로 신중한 접근이 요청된다. 이러한 이유로 인해, 공공행정분야는 법치주의가 더욱 요청된다. 법치행정은 행정작용이 국민의 대표기관인 의회가 제정한 법률에 근거해야 한다는 형식적 법치주의부터 법의 내용이 정당해야 하고 법위반 시 사법상의 구제가 적절히 보장되어야 한다는 실질적 법치주의를 포괄한다. 더 나아가 행정기관의 권한이 급팽창한 행정국가 시대의 행정법은 적절한 사전통지 및 청문절차의 보장을 통한 행정의 투명성을 요구하고 있다. 즉 법치행정의 원칙은 행정작용의 법적 안정성, 형평과 정의 그리고 절차적 투명성을 요구하고 있는 것이다.

그러나 인공지능기술은 그 성능이 향상될수록 블랙박스적 성질로 인해 그 결정에 대한 이해나 설명이 곤란하게 되어 행정의 투명성 요청과 충돌하고, 상대방의 적대적 기계학습이나 해킹을 통해 알고리즘의 안정성이나 효과성이 위협받을 수 있으며, 데이터 자체에 내재된 편향이나 편견에 영향을 받아 불공평한 사무처리를 초래할 수 있고, 위법성판단이나 고의과실에 대한 입증 곤란 등으로 사법상 구제가 어려워지는 등 다양한 문제를 내포하고 있다. 인공지능기술이 내포하고 있는 리스크는 인공지능기술 일반의 문제이기도 하나, 그중 일부는 공공행정분야에서 더욱 관심을 기울이고 관리해야 할 리스크 요소이다.

공공행정분야에서의 인공지능기술 활용은 현재 대부분 행정의 보조적인 임무에 국한되고 있다. 방대한 정보를 분석하는 데 탁월한 능력을 발휘하는 인공지능기반 프로그램을 활용하여 법집행을 위한 단속이나 조사의 효율성과 정확성을 개선한다거나, 질문을 이해하고 그 질문에 부합하는 법령상의 정보를 찾아 정리하고 대답을 하는 인공지능기반 프로그램을 활용하여 민원서비스를 제공하는 등의 역할이다. 이와 같이 인공지능기술을 행정의 보조수단으로만 활용하는 경우, 모든 최종적인 판단과 결정은 여전히 공무원이 내리므로 아무 문제가 없다고 할 수 있을까? 이와 같은 보조적인 기능제공에서 나아가, 법령에서 일정한 사실을 행정기관에 알리도록 하는 신고의 수리와 신고필증의 교부와 같은 이른바 기속행위의 경우에 인공지능이 공무원을 대신하여 행정사무를 전적으로 처리하도록 할 수 있을 것인지, 더 나아가 보다 복잡하고 다양한 이해관계를 조정해서 결정을 내려야 하는 개발행위 허가와 같은 재량행위에 있어서도 인공지능이 공무원을 대신하게 할 수 있을 것인지가 문제된다.

인공지능기술의 공공행정분야에서의 활용은 매우 다양한 차원에서 이루어질 수 있고 그에 수반되는 리스크 역시 다양하므로 이에 대한 관리 역시 유형에 맞춰 개별적으로 대응해야 한다. 인공지능활용 리스크의 관리는 종전의 행정작용법상의 기준에서 접근하기보다는 새로운 인공지능기술에 대한 이해와 그 고유한 리스크의 관점에서 접근하는 것이 중요하다. 기속행위에 인공지능을 활용하는 것은 괜찮고 재량행위에 활용하는 것은 불가하다는 식의 행정법도그마에 근거한 이분법적 접근은 큰 도움이 되지 못할 것이다. 따라서 공공행정분야에서의 인공지능 활용문제는 해당 행정작용의 내용 및 성질과 이에 접목되는 인공지능기술의 내용, 리스크, 및 관리가능성이라는 양 측면을 함께 고려하여 규율되어야 한다.

　앞으로 점점 더 많은 정부의 임무가 직간접적으로 인공지능, 보다 정확하게는 기계학습 알고리즘에 의한 디지털시스템에 의해 수행되게 될 것으로 보인다.[1] 이에 따라 자동화된 행정국가 현상은 행정법분야의 새로운 도전이 될 것이다. 인공지능에 기반한 행정은 수많은 공법적 함의를 내포하는 것이고 외국에서도 아직 그 허용성 및 허용범위를 둘러싼 논의가 활발하다. 우리나라는 2021년 행정기본법을 제정하면서 '자동적 처분'에 관한 근거조항을 마련하고 인공지능에 의한 자동적 처분도 가능한 것으로 규정하였으나 이로 인해 논의가 완결되었다고 볼 수는 없고 이러한 논의의 단초를 제공한 것으로 이해하는 것이 마땅하다. '인공지능에 기반한 행정'에 관한 다층적인 논의

---

[1] 펜실베이니아대학의 Cary Coglianese 교수에 의하면, 앞으로 행정기관은 기계학습 알고리즘으로 구동되는 디지털 자동화에 점점 더 의존하게 될 것이며 고도로 자동화된 국가는 오랜 행정법 원칙을 쉽게 충족할 수 있을 뿐만 아니라 기계학습 알고리즘의 책임 있는 사용은 전문가에 의한 의사결정 및 민주적 책임성이라는 행정법의 핵심 가치를 충족한다는 측면에서 현재보다 훨씬 더 잘 수행할 수 있다며 낙관론을 펴고 있다. Cary Coglianese, Administrative Law in the Automated State, Summary, the Journal of the American Academy of Arts & Sciences 150 Daedalus 104 (2021). 현실에서 나타나고 있는 AI시스템의 도입과 확대는 결국 행정분야의 결정에도 영향을 미칠 수밖에 없고, 결국 사회는 AI 자동화시스템에 지배당하고 말 것이라는 견해도 있다. Anthony J. Casey & Anthony Niblett, The Death of Rules and Standards, 92 Ind. L.J. 1401,1404 (2017). 공공행정분야에서의 AI기술의 활용이 계속 가속화될 가능성이 높은 이유를 정치경제적 역동성에서 찾기도 하는데, 기계학습 역량을 확장하고 수익화하기 위해 경쟁하는 기업들이 국내 정치환경을 지배하고 있고, 많은 나라들이 세계전략적 목적에서 다른 주권 국가들과 경쟁적으로 AI기술 역량을 배양하고 도입을 서두르고 있다는 점을 강조하기도 한다. Mariano-Florentino Cuellar & Aziz Z. Huq, Privacy's Political Economy And The State Of Machine Learning: An Essay In Honor Of Stephen J. Schulhofer, 76 NYY Annual Survey Of American Law 317 (2019).

는 현재진행형이다.[2) 이 장에서는 공공행정 분야에서의 인공지능 활용 사례를 살펴보고 행정법적 관점에서 살펴야 할 쟁점들을 소개한다.

II. 공공행정분야에서의 인공지능 기술의 활용

1. 자동화의 개념

자동화는 보다 넓은 개념으로, AI가 도입되기 훨씬 이전부터 사무의 자동화가 이뤄져 왔다. '자동화'(automation)는 "노동력에 의존하고 있던 생산 활동에 기계력을 도입해 가는 과정과 프로세서를 자동적인 수단에 의해 행할 수 있도록 하는 과정의 총칭"이라 정의되고 있다.[3) 기계 자동화는 기계 시스템 및 장치를 사용하여 작업을 자동화하는 것이다. 예를 들면, 조립라인 기계, 컨베이어 벨트, 자동보관 및 검색 시스템이 있다. 기계 자동화는 특정 작업을 수행하도록 설계되었으며 사전에 정의된 규칙 및 절차에 따라 작동한다. 반면 AI에 의한 자동화는 인공지능과 기계학습 알고리즘을 사용하여 작업과 프로세스를 자동화하는 것을 말한다. AI기반 자동화시스템은 변화하는 조건과 환경을 학습하고 적응하도록 설계되었으며 기계자동화에 비해 더 넓은 범위의 작업을 수행할 수 있다. 또한 AI기반 자동화 시스템은 대량의 데이터를 처리하고 패턴과 추세를 식별하고 예측할 수 있어 복잡하고 동적인 작업에 적합하다. 즉, 기계적 자동화와 AI에 의한 자동화는 모두 작업과 프로세스를 자동화하는 데 사용되지만 수행할 수 있는 작업의 유형과 기능이 다르다. 기계적 자동화는 미리 정의된 규칙과 절차에 따라 특정 작업을 수행하도록 설계된 것을 말하지만, AI기반 자동화는 학습하고 적응하도

---

2) 인공지능에 관한 일반법의 제정움직임이 있는 것과 마찬가지로 인공지능에 기반한 행정에 관한 일반법 제정을 위한 준비도 국회 및 여러 기관에서 활발히 진행되고 있다. 이유봉 외, "AI기반 행정을 위한 입법방안 연구", 법제연구원 연구보고 22-01 (2022.10.31).

3) 컴퓨터인터넷IT용어대사전. (일진사 2011.1.20.) 네이버 지식백과에서 인용. https://terms.naver.com/entry.naver?docId=815815&cid=42344&categoryId=42344

록 설계되어 복잡하고 동적인 작업에 적합하다. 자동화는 AI시스템의 핵심기능 중 하나이다.

AI기반 자동화와 비AI기반 자동화 사이의 주요 차이점을 요약하면 다음과 같다. 첫째, 복잡성이다. AI기반 자동화 시스템은 변화하는 조건을 학습하고 적응하도록 설계되었기 때문에 일반적으로 복잡하고 동적인 작업에 더 적합한 반면 비AI기반 자동화 시스템은 일반적으로 보다 간단한 작업을 위해 설계되었으며 사전에 정의된 규칙 및 절차에 따라 작동한다. 둘째, 데이터 처리여부이다. AI기반 자동화 시스템은 대량의 데이터를 처리하고 패턴과 추세를 식별할 수 있어 예측을 하고 의사결정을 자동화하는 데 사용할 수 있다. 반면 비AI기반 자동화 시스템은 일반적으로 사전에 정의된 데이터 입력을 기반으로 작동하며 대량의 데이터를 처리하거나 예측할 수 있는 기능이 없다. 셋째 유연성이다. AI기반 자동화 시스템은 다양한 작업과 프로세스를 수행하도록 훈련 및 조정할 수 있으므로 AI기반이 아닌 자동화 시스템보다 더 유연하다. 비AI기반 자동화 시스템은 일반적으로 특정 작업을 수행하도록 설계되었으며 다른 기능을 수행하도록 조정할 수 없다. 넷째, 인간과의 상호 작용 필요성 여부이다. AI기반 자동화 시스템은 독립적으로 의사결정을 내리고 작업을 수행할 수 있으므로 비AI기반 자동화 시스템보다 직접적인 인간과의 상호작용이 덜 필요할 수 있는 반면, 비AI기반 자동화 시스템은 일반적으로 효과적으로 작동하기 위해서는 더 직접적인 인간의 상호작용과 감독이 필요하다.

그러나 AI기반 자동화와 비AI기반 시스템의 구분이 항상 명확한 것은 아니다. 단순한 규칙기반 시스템에서 보다 발전된 AI기반 시스템에 이르기까지 다양한 자동화 시스템이 존재한다. 예를 들면, 현금자동인출기(ATM)는 비AI기반 자동화 시스템으로 간주될 수 있지만 이미지 인식이나 패턴 인식과 같은 AI의 일부 요소를 사용하여 금융사기를 탐지하는 시스템을 추가할 수도 있다. 마찬가지로 자동화된 조립 라인은 간단한 규칙기반 시스템을 사용하여 로봇의 움직임을 제어할 수 있지만 AI를 사용하여 생산을 최적화하고 실시간으로 결함을 식별할 수도 있다. 많은 경우에 AI기반 자동화 시스템과 비AI기반 시스템 간의 구분은 이분법적인 선택이 아니라 정도의 문제이다. 시스템이 AI기반 또는 비AI기반으로 간주되는지 여부는 사용되는 특정 기술 및 기능과 전체 자동화 프로세스에 통합되는 방식에 따라 달라진다.

2. 공공행정분야에서의 자동화

(1) 기계적 자동화

공공행정 분야에서 행정서비스의 질이나 효율성을 제고하기 위해 자동화시스템을 활용하기 시작한 것은 이미 오랜 일이다. 교통신호기나 속도제한 감지 카메라는 가장 손쉬운 자동화 사례이다. 또 다른 예로 국세청 홈택스 연말정산 간소화서비스는 일정한 공제대상 정보만 입력하면 연말정산 환급금을 자동으로 계산해 알려 준다. 이러한 자동화 시스템들은 단순하지만, 이로 인해 행정의 효율성은 크게 높아졌다.

기존에 행정법에서 주로 논의되었던 '행정자동결정'은 이와 같이 정형적·구조적이고 비교적 단순하며, 공무원의 질적 개입이 가능하고, 결과예측이 가능한 비AI기반 자동화를 대상으로 하였다.[4]

이와 같은 '행정자동결정'에 관한 입법을 정비한 독일의 경우, 연방조세법전에 전자동화 행정행위를 도입하여, 세액산정 등과 관련하여 담당 공무원에 의해 처리될 필요가 없는 경우 재무관청은 이미 존재하는 납세자에 대한 정보 및 납세자가 제출한 정보에 따라 전적으로 자동화된 방식으로 이를 결정, 수정, 취소, 철회, 폐지, 또는 변경할 수 있도록 하였다.[5] 이 외에도 최근 배터리법, 전기전자제품법, 연방공무여행비용법 등에서 전자동화 행정행위 발령에 대한 근거가 마련되었다.[6] 특히 배터리법은 행정청의 배터리 등록 및 배터리회수 시스템에 대한 허가, 등록철회 및 허가철회, 배터리회

---

4) 반면, '인공지능 기반 자동행정'은 '알고리즘'을 통해 비정형적, 비구조적이며 매우 복잡한 구조적 특성을 지닌다. 알고리즘의 기술적 우월성으로 여러 질적 문제에 대한 처리는 가능하지만 결과에 대한 예측이 어렵고, 알고리즘과 그에 따른 행정행위 간 구조적 설명이 곤란하고, 공무원의 의사 개입이 사실상 불가능하거나 개입이 있는 형태라도 형식적 개입에 그칠 가능성이 크다. 김도승, "인공지능 기반 자동행정과 법치주의", 미국헌법연구 제30권 제1호, 2019, 105, 117~118.

5) 이재훈, "전자동화 행정행위 도입 후 독일 행정절차법제 논의의 전개 양상", 공법학연구 제19권 4호, 481, 489 (2018).

6) 이재훈, "법률을 통한 자동적 처분 규율에 대한 고찰", 법제 제697권 109~148 (2022.6.).

수 시스템 관련 법령상의 요건준수 명령 등에 따른 행정청의 행정행위는 전적으로 자동화된 설비를 통해 발령할 수 있다고 규정하고 있다.[7] 관할 행정청은 이러한 행정행위를 전자동화 방식으로 발령할 것인지 아니면 전통적인 공무원에 의한 방식으로 발령할 것인지 결정할 수 있는 재량이 부여되어 있다. 독일의 이러한 입법례는 비AI기반 자동화 기술을 염두에 두고 행정청의 재량판단이 개입되지 않은 기속행위에 적용되는 것으로 규율하였으나, 최근 AI기반기술의 허용여부도 논의되고 있다고 한다.[8]

프랑스의 경우에도, 파리시 고등학교 입학플랫폼, 실업급여 등 신청, 지방자치단체의 공공서비스에 관한 결정 등에서 알고리즘이 활용되고 있다.[9] 프랑스가 2009년 도입한 대학입학 결정 방식인 APB 시스템은 학생의 선호전공, 지정순위 및 가족의 거주지 세 가지 요소를 기준으로 대학측이 전혀 관여하지 않는 완전 자동화된 방식의 시스템이며, 2018년에 대학입학제도 개혁의 일환으로 도입한 파쿠르쉽 시스템 역시 국립대학 입학결정이라는 재량적 행정결정을 알고리즘에 의하도록 하고 있는데, 인공지능이 아닐 뿐만 아니라, 복잡성이 낮고 인간의 개입가능성이 존재하는 보조적 알고리즘이라 한다.[10]

(2) 우리나라 공공분야에서 활용되고 있는 AI기술

우리나라 공공행정분야에서의 AI기술 활용은 아직 대부분 실험적 단계에 있다고 할 수 있다. AI기술 활용 현황에 대한 체계적인 조사가 부족하나, 일부 선행 연구[11]에 의

---

7) 이재훈, 위 논문.

8) 자동장치, 자동화절차, 전자적 행정행위(행정행위의 전자적 구현과 전달), 컴퓨터행정행위 등의 용어가 독일 연방 행정절차법에서 사용되다가 2017년 '완전자동화 행정행위'에 관한 규정이 도입되었다고 한다. 정남철, "인공지능 시대의 도래와 디지털화에 따른 행정자동결정의 법적 쟁점 ─ 특히 행정기본법상 자동적 처분의 문제점을 중심으로", 공법연구 제50집 제2호, 231, 235~238 (2021).

9) 김혜진, "알고리즘 행정결정의 법적 쟁점 ─ 프랑스 대학입학플랫폼의 사례를 중심으로", 행정법연구 제69호, 203, 207~208 (2022).

10) 김혜진, 위 논문, 212.

11) 차남준, 이은경, 안태준, 이상만, 김광욱, 방정미, "인공지능을 활용한 적극행정의 차세대 모형 제시 ─지능형 능동 행정 서비스로의 진화", 한국행정연구원, 이슈페이퍼 통권 104호, 10 (2021-10)(사용자의 별도의 요청이 없더라도, 사용자에게 필요한 행정서비스를 맞춤형으로 자동 제안하는 행정서

하면 급부행정서비스 분야와 행정조사 분야, 그리고 민원상담 분야 등에서 일부 실험적 활용이 이루어지고 있는 것으로 보인다. 민원서식 자동작성서비스(제주시, 대전시 등), 민원서비스(병무청 챗봇 '아라', 서울시 '서울온'), 독거노인 생활지원(김포시 '다솜이'), 공공시설 관리(울산시 국가산단지능화, 스마트도로인프라, 창원시 국공유지 모니터링체계, 금천구 AI보행자 알리미, 은평구 대형폐기물수거시스템) 등이 그것이다.

3. 미국 공공행정분야에서의 인공지능 활용

미국 연방정부는 2020년 행정명령 13960호를 발령하여, 행정업무 수행에 있어서의 AI 채택 및 그 사용에 관한 지침을 수립했다. 동 명령은 연방기관들로 하여금 정부를 현대화하고 AI에 대한 대중의 신뢰를 구축하는 방식으로 AI 채택을 가속화할 것을 명하고 있다.[12] 독립적 연방기관인 미국 행정회의(Administrative Conference of the United States)는 연방정부 기관의 인공지능기술 도구 활용실태를 종합적으로 조사한 보고서[13]를 발간하였는데, 연구 대상 기관의 거의 절반(45%)이 AI 및 관련 기계학습(ML) 도구를 실험한 바 있다고 한다. 그리고 여러 기관에서 이미 다양한 AI프로그램을 활용하여 국가사무를 수행하고 있고 행정사무를 개선하고 있다고 한다. 인공지능 기술이 가장 발달한 미국에서의 공공행정분야 활용사례는 인공지능 기반 행정의 현재와 미래를 보여 주는 것이므로 여기에서 비교적 상세하게 소개한다. 요약하면 다음과 같다.

• 정부규제집행: 공정거래(시장 효율성), 작업장 안전, 의료 및 환경보호 분야

비스를 제안); 한지영, 공공부문 AI활용 활성화 과제: 영국의 공공부문 AI 활용 가이드라인의 주요 내용과 시사점, 한국정보화진흥원 (2019).

12) Promoting the Use of Trustworthy Artificial Intelligence in the Federal Government, Exec. Order No. 13960, 85 Fed. Reg. 78,939 (Dec. 3, 2020).

13) David Freeman Engstrom 외 3인, Government by Algorithm: Artificial Intelligence in Federal Administrative Agencies (Report Submitted to the Administrative Conference of the United States)(2020.2.). 미국의 독립적 연방기관인 미국 행정회의(Administrative Conference of the United States)에 제출된 이 보고서에서 저자들은 미국 연방정부의 주요 142개 기관들의 AI활용 실태를 조사하였다.

- 행정처분 및 재결: 지적재산권관련 처분이나 장애수당 지급 관련 재결절차
- 감시감독: 공중 치안이나 안전 분야의 리스크 감시 분석
- 데이터 구축: 소비자민원부터 날씨정보 등 정부의 막대한 공공 데이터로부터 유용한 정보체계 구축
- 민원 커뮤니케이션: 복지수혜자, 납세자, 난민신청자, 기업 등 이해관계자와의 소통수단
- 자율주행자동차: 우편물배달 서비스

연방 정부기관이 사용하고 있는 AI 프로그램들은 기존의 기계학습 수준부터 자연어 및 이미지 데이터를 사용한 보다 발전된 고급 심층학습(딥러닝)에 이르기까지 AI기술 전체 범위를 망라한다.[14] 위 보고서가 심층적으로 분석하고 있는 7가지 활용 사례를 소개하면, 행정규제집행, 하이브리드 행정/형사 집행, 정식재결, 처분(혹은 약식재결), 규제분석, 공공참여(public engagement) 및 공공서비스 제공분야인데, 이러한 행정작용 유형은 행정법의 주요한 행정작용을 망라하는 것이다.

(1) 행정규제집행

증권거래위원회(The Securities and Exchange Commission: SEC)는 기업의 증권법 위반행위를 적발하기 위한 알고리즘 수단들을 사용하고 있다. 규제집행 분야에서 행정은 제한된 인력 및 수단으로 인해 모든 법위반행위를 적발해 낼 수 없으므로 규제당국의 법집행에는 재량이 주어질 수밖에 없다. 그러나 선별적 규제집행은 행정의 법치주의에 심각한 문제를 초래한다. 이러한 문제를 해결하기 위해 증권거래위원회는 식별할 수 있는 잠재적인 법위반자의 범위를 좁혀주는 AI도구를 개발하여 활용하고 있다. 증권거래위원회가 사용하고 있는 AI기반 도구는 주식발행기업 리스크평가(the Corporate

---

14) David Freeman Engstrom 외 3인, 상게보고서 Executive Summary 6. 그러나 미국 역시 전문가 관점에서 보았을 때, 사용되고 있는 AI프로그램 중 오직 12% 정도가 고급 수준에 이르렀으며, 그 나머지 활용들에서는 아직 정확성이나 효율성을 확보하기 어려울 것으로 보았다. 위 보고서 7면.

Issuer Risk Assessment: CIRA)인데, 회계 및 재무 보고의 사기행위(fraud)를 표적으로 한다. 기업들은 매년 기업회계재무보고서를 제출하는데, SEC 직원들은 의심스러운 수입에 관련된 기업을 식별하는 데 도움이 되는 ML도구를 사용하고 있다. 이 도구는 과거 기업의 보고서 데이터에 대해 교육을 받고 랜덤포레스트 모형을 사용하여 '수익을 수정'하거나 '과거에 집행조치를 받은 사례'와 같은 지표를 사용하여 부정행위 가능성을 예측한다. 집행담당 직원은 그 결과를 면밀히 조사하고 다양한 다른 분석기법 및 자료를 함께 고려하여 인간의 통찰력을 발휘한다. 그 외에도 거래기반 시장 위법행위, 특히 내부자거래를 대상으로 하는 ARTEMIS(Advanced Relational Trading Enforcement Metrics Investigation System)와 ATLAS(Abnormal Trading and Link Analysis System), 그리고 SEC 직원이 연방 증권법을 위반할 수 있는 금융서비스전문가를 예측하는 데 이용하는 Form ADV Fraud Predictor와 같은 AI도구들이 있다. 규제대상 기업이나 개인의 위법행위를 예측하는 데 활용하는 이러한 AI도구들은 국세청, 의료보험지원센터, 환경청 등 법집행권한을 가진 여러 규제기관에서도 활용하고 있다.

(2) 하이브리드 행정/형사 조사

국토안보부 소속 행정/형사 법집행기관인 관세국경국(Customs and Border Protection: CBP)은 국경보안 및 생체정보기반 출입국시스템에 AI기술을 도입하는 데 많은 자원을 투자했다. CBP의 안면인식 및 리스크예측프로그램은 대테러 임무에 기여한다. 안면인식은 지문만큼 정확하지는 않고 회피에 취약할 수 있지만 모바일 지문 스캐너보다 더 간편한 인터페이스를 제공한다. 즉 안면인식 카메라를 배치함으로써 CBP는 개인별 지문보다 더 넓은 규모와 더 빠른 속도로 생체정보 데이터를 수집할 수 있다. 또한 이 기술을 통해 CBP는 더 광범위한 사진 데이터베이스와 여행자들을 일치시킬 수 있으며 동시에 여권 및 비자와 같은 덜 신뢰받는 종이 여행문서에 대한 의존도를 줄일수 있다. 리스크예측 프로그램은 잠재적인 위협을 식별하기 위한 것이며 여행자뿐만 아니라 화물과 같은 인간이 아닌 개체도 평가한다. FBI나 여러 주의 경찰당국들 역시 유사한 AI기반 예측 치안전략 프로그램을 활용하고 있다.

(3) 정식재결(Formal Adjudication)[15]

사회보장위원회(Social Security Administration: SSA)는 시민들의 장애수당 신청에 대한 재결 절차에서 인공지능 기술을 활용하고 있다. SSA의 재결은 시간이 오래 걸리고, 그에 따라 사건의 적체가 심할 뿐만 아니라, 소속 행정법판사(Administrative Law Judges: ALJs)들에 따라 인용률이 크게 차이가 나 재결에 대한 신뢰가 크게 떨어지는 문제를 안고 있었다. SSA는 재결의 효율성과 질을 개선하기 위해 분석에 사용되는 데이터의 품질을 개선하는 데 노력해 왔으며 초기부터 전자사례 관리도구를 채택했다. SSA CARES 이니셔티브는 인공지능과 자연언어처리(Natural Language Processing: NLP) 기술을 사용하여 사례 파일을 자동으로 스캔하고 중복된 의학적 증거를 식별하며 배제해야 할 증거 부분을 제안하는 소프트웨어이다. SSA 재심위원회(Appeals Council)는 사례처리를 개선하기 위해 클러스터 알고리즘을 사용했다. SSA는 소속 ALJ들이 비슷한 유형의 사건을 집중 검토함으로써 정책 및 규정에 대한 전문지식을 축적하고 연구시간을 단축하여 사건처리 시간과 오류를 줄이는 데 도움이 될 수 있다고 판단하여 각 ALJ에게 무작위로 선택된 사건군을 클러스터기법 알고리즘을 적용하여 사건을 처리할 순서를 정해 주는 방식을 취하였다. 클러스터링 도구는 유사한 청구 사건들을 제공하기위해 SSA의 사례 관리시스템에서 신청인의 연령, 장애, 출신배경 및 기타 사실을 포함한 사용가능한 메타 데이터를 사용한다. 사례 처리시간을 줄이기 위한 또 다른 노력의일환으로 SSA는 수혜가능성이 있는 신청을 신속하게 처리하기 위한 두 가지 메커니즘을 개발했다. 초기 신청단계에서 사례처리를 개선하기 위해 SSA는 신속장애결정(Quick Disability Determination: QDD) 프로그램을 채택했다. 이 모델은 종전의 1차 결정사례들을 기반으로 선택된 "의료기록, 치료표준, 의학적 징후 및 소견과 같은 요소"를기반으로 매기는 점수를 사용하여 수혜가능성이 가장 높은 신청을 자동으로 식별하는프로그램이다. 그리고 SSA는 2차 재검토 단계에서 수혜신청이 거부되었지만 여전히

---

15) 미국행정절차법(Administrative Procedure Act: APA)은 'adjudication'을 "처분(order)을 내리는 행정청의 절차"로 정의하고 있다. 5 U.S. Code §551. 직역하면 행정처분절차가 되겠으나, 우리나라에서는 대부분 이를 '재결'로 번역하여 사용하고 있다. 채영근, 적법절차원칙 구현을 위한 청문제도 운영 방안, 행정법학 제23호 1, 6 (2022) 참조.

수혜가능성이 높은 청구를 예측하여 3차 청문단계에서 청구를 신속하게 처리하는 도구를 개발했다. SSA는 또한 재결 결정문의 질을 개선하기 위해 NLP기반의 Insight 프로그램을 개발했다. 청문단계에서 Insight프로그램은 의견 초안의 문제점을 식별하는 데 사용되어 ALJ가 규정에서 요구하는 분석을 적절하게 수행했는지 확인한다. Insight 프로그램은 4차 재심단계에서는 ALJ 재결서에 적시된 의견의 일관성여부를 식별하는 데 사용된다. Insight 프로그램의 사용은 3차 청문단계에서는 의무이나 4차 재심단계에서는 임의적이다.

(4) 처분(혹은 약식재결, Informal Adjudication)[16]

SSA와 유사하게, 특허상표청(Patent and Trademark Office: PTO) 역시 특허출원 및 상표등록 신청과 관련해 사건적체 문제에 직면해 왔다. 이러한 문제를 개선하기 위해 PTO는 특허 상표 분류 및 검색을 개선하기 위한 AI/ML 표준도구를 개발해 사용하고 있다. PTO는 전문기관과 계약을 통해 새로운 특허 출원을 협력적 특허분류(Cooperative Patent Classification: CPC) 코드로 분류한다. 해당 전문기관은 ML모델과 인간의 전문지식을 결합하는 인간 참여형 접근방식을 사용하고 있다. ML분류기는 신청서의 사양, 청구 및 도면을 입력하여 사용하고 인간 전문가가 생성한 레이블에 대해 훈련하여 특허 신청서로부터 출력 CPC코드 세트로의 매핑을 학습하여 분류결정 절차를 간소화하고 분류의 질적 향상을 가져왔다. PTO는 더 나아가 ML도구를 특허검색 프로세스에 통합하는 다른 방법을 고안했다. PTO는 콘텐츠기반 추천 엔진을 사용하여 특정 신청에 대한 선행기술을 제안하는 "AI기반 검색 플랫폼"을 구축할 계획이다. 검색의 일관성을 촉진하고 여러 이질적인 데이터베이스 중 어딘가에 있을 수 있는 선행기술을 더

---

16) 미국 행정절차법(APA)상의 행정처분 절차는 정식재결(formal adjudication, A유형), 약식재결(informal adjudication, B유형)과 기타 재결(C유형)로 분류된다. 정식재결은 APA가 정하고 있는 청문 등 엄격한 행정절차를 준수해야 하는 경우이고, 약식재결은 개별법률이 정하고 있는 청문 등 행정절차를 따르도록 하는 경우이며, 기타재결은 APA나 개별법률상의 청문을 요하지 않는 경우이다. 미국 연방정부의 처분은 기타 재결이 90%에 해당할 정도로 대부분의 처분은 여기에 해당한다. 예를 들면, 미국 특허상표청(US PTO)의 특허최초출원은 C유형 재결에 해당한다.

빨리 도출하기 위해 검색질의를 확장하기 위해 신경 단어 임베딩(동의어와 유사)을 사용할 계획이다. PTO는 또한 상표분류를 자동화하기 위해 AI/ML 도구를 실험했다. 실험적인 AI시스템은 상표디자인 코드를 제안하는 것을 목표로 한다. 이 지도분류도구(supervised classification task)는 상표 이미지를 입력으로 사용하여 각 이미지에 적용가능한 디자인 코드를 출력한다. 검색은 상표 심사 과정에서 매우 중요한 부분이기 때문에 PTO는 검색을 보다 정확하고 효율적으로 만들 수 있는 딥러닝 모델의 표준도 만들었다. 딥러닝 표준은 이미지(예: 신청 마크)를 입력으로 받아 기존 데이터베이스에서 시각적으로 가장 유사한 이미지 목록을 출력한다.

(5) 규제분석(Regulatory Analysis)

일반적으로 행정입법(rulemaking)에는 정책적 고려사항과 현황에 대한 평가가 혼합되어 있으며 복잡한 기술적 판단도 일상적으로 포함된다. 연방기관들은 오랫동안 그러한 판단을 내리는 데 도움이 되는 통계적 의사결정 기술을 사용해 왔지만 AI/ML기술의 활용은 여기에 새로운 차원의 정교함을 더하고 있다. 많은 기관에서 AI/ML도구를 규칙제정을 위한 분석 절차에 통합하기 시작했으며 이러한 기술의 사용은 앞으로 더욱 중요해질 것이다. 식품의약국(Food and Drug Administration: FDA)은 "연방부작용보고시스템(Federal Adverse Event Reporting System: FAERS)"에 AI/ML기술 도구를 사용하고 있다. 의약품에 대한 사전승인 단계에서의 연구는 약물 또는 치료용 제품의 가능한 모든 부작용이나 문제를 식별할 수 없기 때문에 FDA는 부작용 및 투약오류 보고서에 대한 데이터분석을 통해 시판 후 감시 및 리스크평가 시스템을 운영하고 있다. FDA는 이러한 분석 결과를 사용하여 규칙 및 지침을 제정하거나 업데이트하며 승인 결정을 재평가하기도 한다. FAERS 데이터베이스는 FDA가 시판 후 감시활동을 지원하기 위해 유지 관리하는 여러 데이터베이스 중 하나이다. FAERS에는 "FDA에 제출된 부작용보고서, 투약오류보고서 및 제품품질불만사항"이 포함되어 있다.[17) FDA는 FAERS 데

---

17) FAERS 데이터베이스의 정보는 2가지 경로로 수집되는데, 환자, 요양기관 및 의료전문가가 "FDA MedWatch"에 자발적으로 정보를 제출하는 것이 전체의 5%를 차지하고, 제조업체가 FDA에 제출해

이터베이스로 유입되는 부작용에 대한 수백만 건의 텍스트기반 보고서를 분석하고 새로운 안전문제를 식별하기 위해 텍스트마이닝과 자연어분석(NLP)기법을 조합한 AI기반 도구를 개발하였다.

(6) 행정입법의 고지와 의견제출절차 및 이의신청처리절차에서의 활용

미국 연방기관은 매년 2,500-4,000개의 최종 규칙을 공포한다. APA가 규율하는 행정입법(rulemaking)의 절차적 요건에 따라 행정기관은 규칙안을 사전에 고지하고 이해관계자들에게 의견제출 기회를 제공해야 한다.[18] 행정기관 대부분은 행정기관범용 웹사이트 Regulations.gov를 사용하여 통지 및 의견제출 절차를 수행한다. Regulations.gov를 뒷받침하는 백엔드 시스템을 통해 행정기관은 의견들을 추적, 검토하고 Regulations.gov에 공개적으로 다시 게시하여 다른 이해당사자가 제출된 의견들을 볼 수 있도록 하고 있다. 이 시스템은 몇 가지 기초적인 기준에 따라 의견들을 정렬하고 그룹화할 수 있지만 ML을 사용하지는 않는다. 온라인 플랫폼은 참여 비용을 낮추었고 대규모 참여로 이어져 규제 당국은 더 많은 이해관계자로부터 전례 없는 양의 의견제출을 받고 있다. 제안된 규칙안이 언론보도 또는 조직적인 대중동원 노력으로 인해 광범위한 관심을 받는 경우, 행정기관은 종종 원칙적으로 관련은 있지만 일반적으로 입안에 적합하지 않은 의견들을 다수 접수하게 된다. 그리고 제출된 의견 내용이 변호사나 전문가에 의해 작성된 경우에도 여기에 포함된 자세한 정보는 행정기관의 처리능력을 압도할 정도이다. AI/ML 도구는 연방기관이 이러한 많은 양의 의견 정보를 처리하는 데 도움이 될 수 있다. 예를 들어, AI/ML 도구는 중복되거나 형식적인 편지를 식별하고, 전반적인 의견을 요약하며, 관련 의견을 식별하는 데 도움을 제공함으로써 정

야 하는 정보가 전체의 95%를 차지한다. FAERS는 수집하는 정보의 폭을 고려할 때 FDA의 시판 후 감시체계에 유용하다.

18) 대부분의 의견제출 기간은 일반적으로 30일에서 60일이다. 그 이후 행정기관은 최종규칙을 작성하는 데 의존한 모든 정보를 공개해야 한다. 이러한 요건들, 즉 자의적인 결정을 예방하기 위한 안전판을 준수하는 것은 최종규칙을 사법심사에서 보호하는 중요한 역할을 한다. APA상의 요건을 준수하지 않으면 소송이 촉발될 수 있으며, 특히 중요하거나 논쟁의 여지가 있는 규칙의 경우에 더더욱 그러하다.

부의 중요한 자원을 절약하고 규칙의 질을 향상할 수 있는 데 도움이 된다. 연방 통신
위원회(FCC)의 망 중립성 규칙 제정 과정에서 AI/ML을 사용하여 의견을 분석한 사례
가 있고 CFPB(소비자금융 보호국)에서 자연언어처리(NLP)기법을 사용하여 소비자 불만
을 처리한 사례가 있다.

(7) 자율주행자동차를 이용한 행정서비스.

미국 우체국(United States Postal Services: USPS)이 개발하고 있는 우편물배달 자율주행자
동차 기술은 AI의 물리적, 동적 표현으로서 USPS에 뚜렷한 법적 영향을 미친다. 미국 우
체국은 운영비용의 급상승으로 수년째 막대한 적자에 시달리고 있다. 인건비 상승, 연료
요금 상승, 교통사고 비용 등 비용인상요인은 큰 반면, 우편요금 인상은 어려워, 만성적
자 상태에 있으며 높은 리스크를 안고 있는 행정기관으로 분류되고 있다. 일반적으로 자
율주행 차량은 AI를 사용하여 장착된 센서(일반적으로 카메라, 레이더 및 광선레이더의 조합)의
데이터를 해석하는 탑재 컴퓨터를 통해 길을 찾는다. 컴퓨터의 AI는 도로에서 시청각 신
호에 반응하는 인간 운전자로부터 캡처한 데이터를 사용하여 운전기술에 대해 교육을
받는다. 차량의 컴퓨터는 센서 데이터를 도로 배치, 속도제한, 교통 표지판 위치 및 기타
내비게이션과 관련된 정보를 나타내는 상세한 디지털 지도와 결합한다. 일부 복잡한 자
율주행차 시스템은 주행 패턴을 조정하기 위해 주변 차량과 데이터를 교환한다. 정교함
의 정도에 따라 자율주행차는 상황에 개입하기 위해 인간 운전자가 대기상태를 유지하
도록 요청하거나 요구할 수 있다. USPS는 2014년부터 우편물 및 소포 운송을 위한 AI 애
플리케이션을 테스트해 왔다. 현재 두 가지 실험 단계 프로젝트인 자율배송 차량과 자율
장거리 트럭 실험을 진행하고 있다. USPS는 또한 최근 세 번째 잠재적 응용 프로그램인
무인 항공기(UAV)에 대한 제안 요청서를 공고했다. USPS는 향촌지역에서 자율배송 실험
을 진행하였고, 고속도로에서 장거리 자율트럭 시험운행을 실시하였다.

Ⅲ. 공공행정 분야 AI기술 활용의 명암

1. 긍정론[19]

인공지능은 일상에서 반복되는 작업을 생산적으로 자동화하여 업무처리 속도를 높일 수 있고 보다 많은 사무를 처리할 수 있다.[20] 인공지능 챗봇은 공무원의 설명 및 안내 사무를 대신 수행하여 24시간 행정서비스를 제공할 수 있다. 기존에 인간이 감수했던 위험한 일이나, 인간이 할 수 없었던 일들도 인공지능을 탑재한 로봇이 수행할 수 있게 되어 인간의 한계를 극복할 수 있다. 거의 모든 영역에서 새로운 발명에 힘입어 난제들을 해결할 수 있게 된다. 이와 같은 인공지능의 활용으로 공무원들은 보다 어렵고 복잡한 문제해결에 역량을 집중할 수 있게 된다.

인공지능은 주어진 프로그램에 따라 기계적 적용을 통해 정책 및 법률의 통일적인 구현을 제공할 수 있고, 이는 결과적으로 실질적인 평등을 강화하고 행정기관을 법률이 정한 임무와 역할에 제한할 수 있다. 또한 일관되고 충돌하지 않는 법률 시스템을 보장함으로써 법을 안정시킬 수 있다. 그리고 인공지능은 시민들의 법적 권리에 대한 이해와 접근성을 증가시켜 법적 결과를 예측하고 그에 따라 행동을 수정할 수 있게 함으로써 시민들의 준법의식을 고양하고 법질서 확립에 기여할 수 있다.[21]

---

19) AI기술의 활용에 대한 대표적인 낙관론으로는 Richard M. Re & Alicia Solow-Niederman, Developing Artificially Intelligent Justice, 22 STAN. TECH. L. REV. 242 (2019); Anthony J. Casey & Anthony Niblett, The Death of Rules and Standards, 92 IND. L.J. 1401 (2017); E. Volokh, Chief Justice Robots. Duke L. J., 68, 1135 (2019). Volokh 교수는 심지어 사법부 대법원 판사의 역할까지 AI기술이 대체할 수 있다고 보고 있다.

20) AI예측 도구들을 활용하여 SEC는 부족한 단속인력을 보다 정확하고 효과적인 조사 및 단속에 배치하여 집행의 효율성을 높일 수 있었고, PTO 심사관들은 잠재적으로 관련된 수만 개의 상표를 수동으로 검색하는 소모적인 작업에서 벗어나 처분여부를 결정하는 실질적인 심사에 노력과 시간을 사용할 수 있었다.

21) Cary Coglianese & David Lehr, Regulating by Robot: Administrative Decision Making in the Machine-Learning Era 105 Geo. L.J. 1147, 1152 (2017).

기계학습 알고리즘은 정부의 의사 결정에 도움이 되는 보다 정확한 예측을 할 수 있다. 빅데이터를 활용한 정교한 알고리즘에 기반한 행정은 보다 더 정밀한 행정결정을 가능하게 만들고 오류를 감소시켜 행정법적 갈등상황을 회피할 수 있다. 기계학습 시스템은 암묵적인 편견, 인지 오류 및 피로와 같은 인간의 한계를 제거함으로써 인간의 판단에서 발생하는 불가피한 편향과 불일치를 줄이는 데 도움이 될 수 있다.[22]

인공지능에 의한 행정작용은 정확도 감소 없이 효율성 향상을 가능하게 하거나 반대로 효율성 감소 없이 정확도 향상을 가능하게 함으로써 정확도와 효율성 사이의 상충 문제를 해결할 수 있다. 미국의 사례들에서 행정청들은 행정법규 집행을 위한 단속 및 조사업무에 기계학습 도구를 활용한 결과 법위반 행위자에 대한 AI 예측에 기반하여 단속의 효율성을 높이고 비용을 크게 줄인 바 있다.[23] AI 도구들이 실제로 양과 질의 상충문제를 해결할 수 있다면 행정청은 행정법이 추구하는 다른 가치들을 고려할 여지도 생겨난다. AI도구는 당사자의 존엄성 보호와 같은 적법절차의 가치를 고양하는 데 도움이 될 수 있다. 암기적이고 반복적인 작업을 제거함으로써 AI는 행정처분 또는 행정재결 담당 공무원이 절차상의 공정성에 더 집중할 수 있게 할 수 있다. 즉, 당사자를 더 광범위하게 참여시키고 영향을 받는 당사자들에게 복잡한 법적 조항을

---

22) 미국의 예를 들면, 미국 연방 사회보장위원회(Social Security Administration)에서의 장애 판정에 관한 일부 연구에 의하면, 판정담당공무원의 결정은 유색인종의 신청을 선호하지 않는 경향이 있는 인종적 불공정을 보여 주었다. 즉, 담당공무원이 누구냐에 따라 사회보장 수혜 비율이 10% 미만에서 90% 이상에 이르기까지 크게 다르게 나타났다고 한다. 기계학습 도구가 인간의 의사결정을 대신하거나 보완하는 방식으로 사용된다면 인간의 판단에 잠재적으로 존재하는 모순 및 기타 결점을 줄일 수 있다. Cary Coglianese & Lavi M. Ben Dor, AI In Adjudication and Administration, 86 Brooklyn L. Rev. 791, 827~828 (2021).

23) 이미 소개한 미국의 사용 사례인 사회보장위원회의 재결에 활용된 클러스터링 도구나 '신속장애결정'(QDD) 도구는 정확도를 개선하는 동시에 담당자에 따른 인용률의 격차 및 사건적체를 줄일 수 있었다. 또 다른 사례에서 미국 환경보호청(Environmental Protection Agency)이 단속대상 배출시설을 무작위로 식별하는 대신 기계학습 알고리즘을 사용하여 수질오염 검사 대상 시설을 지정하면서 수질관리법 위반 사항을 찾는 정확도를 600퍼센트나 높일 수 있음을 보여 주었다. 그리고 잠재적 독성화학물질을 식별하는 데 사용되는 기계학습 도구에 대한 연구에 의하면, 정부가 식별된 모든 독성화학물질에 대해 독성화학물질당 거의 $980,000를 절약할 수 있음을 보여 주었다. Cary Coglianese & Lavi M. Ben Dor, 위 논문, 827~828.

설명하는 데 시간을 할애할 수 있는 것이다. 시민들은 행정절차에 더 참여하고 발언할 기회를 가질 때 그 절차를 더 합법적인 것으로 인식하고 결과를 수용하려 할 것이다. 이와 같은 당사자의 존엄성 보장 가능성은 인공지능이 가져다줄 정확성이나 효율성과는 별개의 가치이다.

자율주행 자동차 기술을 공공행정서비스에 도입하는 경우 안전성이 개선되어 사고율이 낮아질 것이다. 이는 결국 국가가 부담해야 하는 국가배상 책임과 차량 수리에 대한 비용을 감소시키고 교통혼잡도 감소에 따라 연료 비용도 절감할 것으로 예상한다. 또한 운송업체의 노동생산성을 높이고 운전자의 고용을 감소(또는 잠재적으로 제거)시키기 때문에 고용비용을 절감할 수 있다.

2. 인공지능 리스크[24]

인공지능은 단순한 기호처리가 아니라 딥러닝알고리즘으로 만들어지면서 그 구조상 우리가 예측 못하는 문제가 발생한다. 이러한 현상을 속칭 '블랙박스'적 성질이라 부르는데, 인공지능의 딥러닝 과정을 거쳐 나온 최종 출력에 대해서는 그 설계자도 어

---

24) 인공지능도입에 대한 대표적인 회의론으로는 Andrew C. Michaels, Artificial Intelligence, Legal Change, And Separation Of Powers, 88 U. of Cin. L. Rev. 1083 (2020); Cathy O'Neil, Weapons of Math Destruction (2016); Tim Wu, Will Artificial Intelligence Eat the Law? The Rise of Hybrid Social-Ordering Systems, 119 Colum. L. Rev. 2001 (2019) 등이 있다. 콜럼비아대학의 Wu 교수는 ML이 인간 판사를 완전히 대체할 가능성은 낮다고 주장한다. 그는 재결(adjudication)이 '쉬운' 사례들과 '어려운' 사례들이 섞여 있는데, ML 도구는 쉬운 사례에는 유용하지만 새로운 무리의 사실이 제시될 때는 "위험하거나 터무니없는" 결과를 생성하게 될 것이라고 지적한다. 따라서 "어려운 사례에 대해서는 AI의 저울과 효율성을 인간의 판단과 혼합하는" "사이보그" 시스템의 출현을 예측한다. 사적 영역 혹은 민간 영역에서는 AI에 의한 분쟁해결이 빠르게 증가하고 있고, 효율성과 비용절감을 초래할 것으로 보고 있다. 그러나, 이러한 경향성이 행정처분이나 법원의 재판영역까지 미칠 것인가? AI기술을 보조적인 도구로 사용하는 것에 대해서는 그 유용성이나 필요성에 이의가 없다. 그러나 더 나아가 AI가 행정처분결정자 혹은 판사의 역할을 대신하도록 할 것인가에 대해서는 찬반 양론이 크게 나뉘고 있다. 심지어 재판업무의 보조적인 역할, 즉 판례 정리나 판결문초안이나 의견서초안 작성을 하도록 맡기는 것 역시 사람에 의한 이러한 기능을 퇴보시켜 결국 AI의 역할에 인간은 종속되고 최종적인 판단마저도 AI가 결국 좌지우지하는 결과를 초래하게 될 것으로 보는 우려도 있다. Andrew C. Michaels, Artificial Intelligence, 위 논문, 1087~88.

떻게 그러한 최종 판단이 나왔는지 알기 어렵다고 한다.[25] 인공지능의 의사결정이 더 신속하고 정확해질수록 인공지능 내부 메커니즘은 더 알기 어려워진다. 알고리즘이 내리는 결과물인 출력은 종종 표시되는 데이터와의 관계가 세상이 작동하는 방식에 대한 상식적인 이해와 일치하지 않는다는 점에서 직관적이지 않다. 심지어 시스템의 소스 코드와 데이터를 완전히 공개하고 시스템 작동을 관찰할 수 있는 기회가 주어진다고 해도 그 과정을 이해할 수 없는 경우가 발생한다.

　인공지능은 투입된 데이터를 분석하여 의사결정을 내리는 만큼, 기본 데이터에 편향성(biases)이 포함되어 있는 경우, 기계학습이 데이터에 내장된 불평등을 구체화할 수 있다.[26] 즉, AI는 인간의 관행과 시스템에서 파생된 편향과 편견을 반영하는 한계가 있다. 기계학습이 편향을 인코딩하는 경우 심각한 결과를 초래한다. 미국의 예를 들면, 범죄위험 평가프로그램이 백인보다 아프리카계 미국인에 대해 더 높은 위양성률을 나타낸다거나, 취업지원자 평가프로그램이 기존 인구통계학적 구성으로 인해 여자대학을 졸업한 지원자에게 더 낮은 점수를 매기는 결과를 초래한 경우이다. "공정한 기계학습"에 대한 많은 솔루션이 제안되었지만 근본적인 문제는 다양한 공정성 개념이 서로 양립할 수 없다는 것이다. 인간의 결정 자체가 종종 편견의 원인이라는 점을 감안할 때 AI기반 결정이 인간의 결정과 비교하여 어떻게 작동할 것인지에 대한 중요한 의문이 남는다.[27]

---

25) 한국인공지능법학회 편, 위의 책, 60.

26) Cary Coglianese & Lavi M. Ben Dor, 위의 논문, 829. Solon Barocas & Andrew D Selbst, "Big Data's Disparate Impact" 104:3 Cal. L. Rev. 671 (2016). "데이터과학자인 캐시 오닐은 자신의 저서 '대량살상 수학무기'에서 알고리즘과 빅데이터는 전혀 객관적이지 않고 불평등을 자동화할 수 있으므로 오히려 더 위험하다고 주장한다. 왜냐하면 인공지능의 최종 출력과 판단은 컴퓨터 자체가 하는 일이라기보다는 사실상 인간의 손길이 많이 닿아 있다. 인공지능이 제시하는 출력인 판단은 데이터를 학습한 결과인데 이때 데이터는 우리와 같은 일반 사람들의 인터넷 검색, 사진, 쇼핑기록 등 생활 전반에 걸친 모든 것들로 만들어진다(대표성 편향). 그리고 이 중 어떤 데이터를 특정 인공지능이나 로봇에 학습시킬지, 학습시킬 때 어떤 컴퓨터 알고리즘을 사용할지는 인간이 결정하는데 이때 인간이 가진 편견이 개입될 수 있다(알고리즘 편향)." 한국인공지능법학회 편, 인공지능과 법, 59 (2019).

27) "이 편향(대표성 편향)은 인공지능이어서 가지게 되는 편향만이 아니라 이미 인간 사회가 가지고 있는 무의식적 편향이다." 한국인공지능법학회, Id. 61.

알고리즘이 제한된 기본 데이터에 의존하거나 알고리즘이 제대로 설계 또는 테스트 되지 않은 경우 정확성의 흠결로 이어질 수도 있다.[28] 알고리즘 시스템은 단순히 일을 잘못 처리하여 효율성 향상이라는 잘못된 포장 아래 의사결정의 품질을 저하시킬 수 있는 것이다. 공공행정분야에 있어서 법률의 해석과 적용은 끝이 없고 어려운 작업이 다. 알고리즘 출력은 법령상의 요건을 준수하지 않거나 정부 정책에서 벗어나는 오류 를 야기할 수도 있다.

인공지능 알고리즘 도구에 대한 행정기관의 의존도가 높아지면 규제상대방에 의한 적대적 학습에 노출될 위험 역시 커진다. 인공지능 모델을 대상으로 오작동, 오류 등 의 역기능을 유발하는 공격을 적대적 기계학습, 혹은 적대적 인공지능이라고 부른다. 정부가 행정결정 절차에 투명성을 더 부여할 때마다 이러한 결정은 보다 더 적대적 행 위에 취약해진다. 행정결정의 이해당사자들은 자신에게 유리한 결과를 얻을 가능성을 극대화하기 위해 자신의 행동을 조정한다. 알고리즘이 특정 변수 또는 컷오프에 의존 하는 것으로 알려지면, 규제 대상자는 시스템에서 원하는 결과를 확보하기 위해 해당 변수들과 그것들이 취하는 값을 조작할 수 있다. 적대적 기계학습 또는 기계학습을 사 용하여 알고리즘 모델을 속이는 것은 이러한 고유한 리스크를 더욱 악화시킨다. 더 간 단한 형태의 적대적 기계학습으로도 적대세력들은 알고리즘이 측정하도록 설계된 기 본 특성을 변경하지 않고서도 자신들에게 유리한 결정을 얻기 위해 알고리즘 도구를 부당하게 이용할 수 있다. 극단적으로, 규제 상대방은 도구 자체에 접근하여 새로운 데이터를 제공하여 결과를 손상시킬 수도 있다. 이와 같은 적대적 기계학습 가능성은 불평등한 분배 구조를 더욱 악화시킬 수 있다. 컴퓨터 과학자와 양적 통계 분석가로 무장한 기업은 정부의 알고리즘 집행 도구를 분석하거나 리버스 엔지니어링을 하여 자신에게 긍정적인 결정을 내리도록 유도하거나 불리한 결정을 피하기 위해 필요한 조치를 할 수 있다. 이러한 부작용은 특히 정부기관에 알고리즘 서비스를 제공하는 계 약자가 다른 비즈니스 관계에서 금전적 이익을 위해 알고리즘 도구를 수익화하거나 악용할 경우 증폭될 수 있다.

---

28) Cary Coglianese & Lavi M. Ben Dor, 위의 논문, 829.

AI도구는 공무원의 재량권과 독립성을 대체하여 공공행정의 심의 및 적응 능력을 고갈시킬 수 있다. 문제는 인간에 의한 최종 판단 및 심사가 명목상 남아 있는 경우에도 재량의 대체가 발생할 수 있다는 것이다. 그 한 가지 이유는 자동화 편향 때문인데, 즉, 의사결정자가 자동화된 예측에 과도하게 의존하게 되면 그러한 의존이 비합리적이고 잘못된 경우에도 마찬가지로 작동한다는 것이다. 예를 들면, 할당받은 처리 사건을 기한 내에 처리해야 하는 특허청의 심사관은 AI도구가 제시한 검색 결과를 의심하여 별도의 노력을 기울일 가능성은 적으며 사회보장위원회의 ALJ 역시 AI 오류자동감지장치가 제시하는 오류사례만을 검토할 가능성이 커진다는 것이다. 더 나아가 기계학습 예측을 통해 개별 ALJ는 자신의 성향을 다른 동료들의 성향과 쉽게 비교할 수 있게 되어 결정의 독립성을 위협할 수 있게 된다. 그리고 알고리즘 검색 도구는 기록에 대한 공무원의 관여를 감소시켜 공무원에 의한 최종판단을 기능적으로 약화시킬 수 있다. 이러한 모든 현상은 구체적 타당성있는 예외적인 결정의 출현이나 법령을 변화하는 상황에 맞추려는 역동적인 해석노력을 억누를 수 있다.

이 밖에도 공공행정분야 AI도구가 내포하는 리스크는 일반적인 인공지능 기술이 야기하는 리스크 문제를 공유한다. 즉, 공공행정분야 AI도구가 수집하고 공유하는 개인정보는 사생활침해의 잠재적 위험이 있고, 공공행정분야에서 도입하려는 자율주행 자동차나 로봇은 노동환경에 커다란 위협요소가 되며, 국가안보나 치안 목적에서 안면인식 기술 활용을 확대하고 빅데이터와 결합하려는 노력은 소설이나 영화 속에 등장하는 끔찍한 감시사회로 이끌 가능성이 있다.

3. 공공행정분야 AI의 활용이 야기하는 행정법적 문제점

(1) 법치주의와의 관계

근본적으로 인공지능에 기반한 행정작용이 과연 법치주의(Rule of law)와 양립가능한지 문제된다.[29] 인공지능은 스스로 어떤 결정을 할지 선택하고 그 결정을 실행할 수

---

29) Aziz Z. Huq, Artificial Intelligence and the Rule of Law (The Routledge Handbook of the Rule of

있는 자율성(Autonomy)의 특징을 가지고 있으며 '예측곤란'이라는 창의적 특성을 가지고 있어 인간의 판단을 기계의 의사결정으로 대체할 경우, 투명성, 예측가능성, 공평, 절차적 공정 등 법치주의가 추구하는 가치에 반할 수 있다. 법치주의는 형식적, 실체적, 절차적 관점에서 다른 함의를 가진다. 법은 일반적이야 하고, 개방적이야 하며, 추급효이며, 명확해야 하고, 일관성이 있어야 하며, 안정적이어야 하며, 복종할 수 있어야 하며, 공무원들에 의해 집행되어야 한다. 이와 같은 법의 형식성 요청은 법의 생성 및 적용 방식에 관한 것이며 법의 내용에 대한 판단이 가미된다. 법치주의에 대한 두 번째 이해는 실체적 측면에서 법은 기본적 인권을 충분히 보호해야 하며 개인의 자유와 자연적 정의에 대한 전통적인 생각, 그리고 더 일반적으로는 정부와 피지배자 사이의 관계에서 정의와 공정성에 대한 이념을 포함해야 한다. 이와 같은 법의 실체적 내용이 법질서에 안정성과 일관성을 부여한다. 마지막으로 법치주의는 공정한 법정에서 청문기회를 가질 권리, 증거를 제시하고 법적 주장을 할 권리, 결정에 대한 합리적인 설명을 받을 권리와 같은 절차보장을 내용으로 한다. 법치주의는 법원과 같은 사법기구를 포함한 다소 구체적인 제도적 형태를 요하며, 판사가 재량권을 행사하고 필수적으로 판결을 내리는 것을 전제하고 있다.

　인공지능에 기반한 행정작용은 법치주의의 실체적·절차적 요청과 충돌할 가능성이 크다. 인공지능에 대한 행정의존도가 높아질수록 중요한 의사결정에서 인간의 개입은 축소되게 되는데, 알고리즘이 제안한 결론을 따르면서도 그 정확한 이유를 이해하거나 설명할 수조차 없게 된다면 그 결론이 과연 정의와 공정을 담보한다고 감히 말할 수는 없을 것이다. 행정처분 뿐만 아니라 재판절차마저 인공지능 프로그램의 영향을 받게 된다면, 마찬가지로 판결에 대한 합리적인 설명을 기대하기 어려워질 수 있고, 공정한 법정 그 자체가 원천적으로 존재하기 어려워질 수 있다. 왜냐하면, 인공지능 알고리즘에 관한 정보에 익숙하거나 정보를 가진 자와 그렇지 못한 자 사이에는 절차에 미치는 영향력에 있어 넘어설 수 없는 커다란 격차가 발생하기 때문이다.

　인공지능에 의해 완전히 자동화된 의사결정은 참여권과 대심주의를 중심으로 구축

　Law).

된 절차적 법치주의 관점에서 근본적인 문제를 야기한다. 올바른 행정작용에 대한 공적인 가치판단을 시행하는 절차가 청문절차에서의 지리하고 복잡한 심의 및 토의과정이 아니라 컴퓨터서버 창고에서 진행된다면, 기계의 판단이 완벽하고 정확하다고 입증되더라도 우리는 무언가 잃고 있는 것은 아닌가 하는 생각이 들게 될 것이다.

그러나 실제 법치주의의 규범적 효력과 기계학습으로 대변되는 인공지능 기술 간의 상호작용은 훨씬 더 복잡하고 모호하다. 법치주의라는 추상적인 개념이 특정한 제도적 형태에 의해서만 실현될 필요가 있는지에 대한 의문을 제기할 수도 있다.[30] 오히려 기술변화가 법치주의의 개념과 현실 사이의 관계에 대한 수정을 요구할 수 있으며, 기존의 규범적 개념과 실제 제도와의 상관관계는 더 이상 기술변화의 환경에서 유지되지 않을 수 있다는 주장도 제기되고 있다. 법치주의와 관련된 사회적 또는 인간적 선은 그들이 결합하게 된 특정 제도적 형태에서 분리될 수 있으며 기술발전은 이러한 가치를 훼손하거나 또는 반대로 이를 고취할 수 있는 새로운 방법을 제공할 수도 있다. 그 어느 쪽이든 법치주의의 규범적, 개념적, 제도적 요소는 일반적으로 인식되는 것보다는 덜 견고하다.

실제로 많은 경우, 기술에 대한 보다 강력한 규범적 반대는 기술이 채택되었다는 사실만으로 나타나는 것이 아니라 오히려 그 채택이 초래한 사회정치적 함의와 권력과 자원의 배분에 미치는 기술의 역동성에 기인한다. ML의 채택은 사회적 권력과 지위의 차이를 악화시킬 가능성이 있어 법치주의를 압박하게 된다.

(2) 인공지능에 의한 행정처분 허용 여부

행정기본법 제20조[31]는 자동적 처분의 근거를 마련하면서 인공지능기술을 적용한 완전히 자동화된 시스템에 의한 처분 가능성도 열어 두었다. 다만, 이와 같은 완전히 자동화된 처분에 대하여 기속행위에 한하여 허용하고 있다. 현재 국내법상 이와 같은

---

30) Aziz Z. Huq, 위 북챕터 10~11.
31) 행정기본법 제20조(자동적 처분) 행정청은 법률로 정하는 바에 따라 완전히 자동화된 시스템(인공지능 기술을 적용한 시스템을 포함한다)으로 처분을 할 수 있다. 다만, 처분에 재량이 있는 경우는 그러하지 아니하다.

자동적 처분의 개별 근거법률은 존재하지 않는다.[32] 이에 대해서는 민주적 정당성 및 법률유보의 문제를 입법적으로 해소하였다는 평가[33]가 있으나, 단지 '입법지침을 정한 것에 불과'하다고 평가하는 견해도 있다.[34]

법제처의 해석에 의하면, "'완전히 자동화된 시스템'은 단지 행정처분의 발급의 모든 단계가 전적으로 프로그래밍된 경우만이 아니라, 인공지능에 기반하여 기계의 자기학습을 상정하여 행정처분의 발급단계가 프로그래밍된 경우를 포함"한다[35]고 하여 그 범위를 넓게 인정하고 있다. 그러나 처분에 재량이 있는 경우에는 자동적 처분의 도입을 허용하지 않고 있다. 이에 대하여 "기속행위의 경우에는 하나의 바른 결정만이 고려될 수 있어 자동적 처분을 도입하는 것이 자연스러우나, 처분에 재량이 있는 경우에는 인공지능을 활용한 처분이 쉽지 않다는 점을 고려"[36]하였다고 하나, 기속행위와 재량행위에 대한 구별이 쉽지 않다는 점이나, 데이터처리분석 능력이 날로 발전하고 있는 AI도구의 활용을 과도하게 제약할 것이라는 점, AI 활용을 시도하는 행정작용의 다양성과 알고리즘의 블랙박스적 성격 등의 측면에서 볼 때 동 조항의 해석 및 적용과 관련하여 논란이 많을 것으로 보인다.

행정기본법 제20조에도 불구하고 학설은 인공지능에 의한 자동적 처분 및 재량행위의 자동적 처분의 가능성을 부정하는 견해와 행정의 책임성 등 일정한 조건이 충족되는 것을 전제로 인공지능에 의한 자동적 처분 및 재량행위의 자동적 처분의 가능성을 긍정하는 견해로 나뉜다. 부정설에 의하면, 인공지능 알고리즘이 내포하는 블랙박스적 성질

---

32) 그러나 최근 식품의약품안전처가 2023년부터 인공지능에 의한 식품수입신고절차를 실시하기 위해 관련 시스템을 개발하고 근거법률인 「수입식품안전관리 특별법」에 자동화 근거조문을 규정하려 시도하고 있는 점이 주목을 끈다.

33) 행정기본법 해설서(법제처), 208면 (2021) "제4차 산업혁명에 선제적으로 대응하여 행정의 디지털화를 촉진하고 행정의 효율성과 국민의 편의를 높이기 위해 자동적 처분에 관한 입법적 기준 마련."

34) 박재윤, "행정기본법 제정의 성과와 과제 — 처분 관련 규정들을 중심으로", 행정법연구 제65호, 2021, 15-16면.

35) 행정기본법 해설서(법제처), 209면. 반면 독일의 경우, '사전에 설정된 기준에 의해서만 운용되는 알고리듬이, 법규에 기속되는 정당한 결정을 하도록 예정된 경우'만을 '완전' 자동화의 전제로 삼는 것"이라고 하여 그 범위를 좁게 인정하고 있다. 김혜진, 위의 논문 213.

36) 행정기본법 해설서(법제처), 210면.

에 비춰 보았을 때, 재량행위를 제외하고 있는 행정기본법 제20조의 입법취지에 따라 인공지능에 의한 자동적 처분은 허용되어서는 안 된다는 입장이다.[37) 제한적 긍정설에 의하면, 인공지능 알고리즘을 통한 완전자동적 행정은 기속영역만 인정되며 담당자의 의사활동이 요구되는 영역에서는 전속적으로 활용될 수 없거나 보충적 수단 내지 자료로만 활용되어야 하며 해당 행정 영역의 특성, 인공지능 알고리즘에 대한 관리 가능성 등에 따라 상대적으로 접근해야 한다는 입장이다.[38) 긍정설은 입법의도에 비춰 보았을 때 원칙적으로 인공지능에 의한 재량처분까지 가능하다고 보아야 한다는 입장이다.[39)

자동적 처분의 발급은 행정기본법 제20조에 근거하여 곧바로 허용되는 것이 아니라 법률에 따로 근거가 마련되어야 허용된다.[40) 법률적 수권이 없음에도 불구하고 행정청이 처분을 완전 자동적으로 발한 경우 중대하고 명백한 하자가 있는 것으로서 무효에 해당한다. 해당 법률에는 처분 상대방의 절차적 권리를 보장하는 방안과 개별 사안의 특수성을 반영하는 보완조치 등이 마련되어야 할 것이다.[41)

---

37) 정남철, 위 논문 247. 행정기본법 제20조 본문 중 괄호 속의 내용, 즉 "인공지능 기술을 적용한 시스템을 포함한다"는 부분은 삭제하는 것이 바람직하다는 입장이다.

38) 김도승, 위의 논문, 124. "재량의 영역이나 판단여지 영역에서는 수권규범의 취지와 달리 사실상 재량의 가능성이 배제되므로 개별조정수단이 보장되지 않는 한 인공지능 기반 자동행정은 제한"되어야 한다는 입장이다.

39) 김혜진, 위의 논문 221. "알고리듬이라는 기술을 활용한 행정의 본질적 한계는 기술수준이나 행정결정의 형식이 아니라, 행정의 책임성과 시민의 권리보호의 가능성에서 발견되어야 할 것이다. 규칙을 스스로 생성하는 인공지능의 활용도 마찬가지 관점에서 평가되어야 한다. 이러한 관점에서 알고리듬의 기술적 수준이나 재량권의 유무 및 광협을 고려하지 않고 그 활용을 허용하면서, '완전히' 자동화되었는지 여부를 행정의 책임성과 시민의 권리보호라는 종합적인 관점에서 판단하는 프랑스법의 태도는 오히려 인간 중심적 실용주의로 평가할 수 있고, 우리 행정기본법 제정자의 의사도 이와 크게 다르지 않다고 보인다." 김혜진, 위의 논문 223.

40) 개별법 도입 시 고려되어야 할 실질적인 내용에 관한 상세한 고찰로는 이재훈, "법률을 통한 자동적 처분 규율에 대한 고찰", 법제 제697권 109~148 (2022.6.) 참조. 독일 연방행정절차법 제35a조를 모방해 만든 행정기본법 제20조의 해석은 독일법의 법제를 참조할 수밖에 없어 보이는데, 독일의 개별 행정법제로서 배터리법, 전기전자제품법, 연방공무여행비용법이 성문화한 개별 입법 사례에 해당한다고 한다.

41) 홍정선 교수는 자동적 처분에 관한 법률 제정 시 고려해야 할 사항으로, ① 당사자의 절차법적 권리가 약화되지 않도록 할 것, ② 개별 사안의 특수성 반영이 이루어질 것, ③ 재량행위에 자동적 처분이 도입되지 않도록 할 것, ④ 알고리즘의 안정성과 적법성이 보장될 것 등을 제시하고 있다. 홍정

(3) 행정절차상의 문제

인공지능 기술의 활용은 미국의 이용사례에서 살펴본 것처럼, 행정조사, 행정처분, 행정입법, 권력적 사실행위, 비권력적 사실행위 등 거의 모든 강학상의 행정작용에서 나타난다. 이러한 인공지능 도구들 대부분 현재는 공무원의 행정작용을 보조하는 기능을 수행하고 있으나, 공무원의 인공지능도구에 대한 의존도가 높아질수록 단순 보조작용인지 인공지능에 의한 행정작용인지는 구별이 어려워질 것이다. 더 나아가 앞으로 AI기반 알고리즘은 점차 공무원의 재량판단을 대신 수행하는 방향으로 나아가게 될 것이다. 기존의 행정법체계는 이와 같은 새로운 혁명적 변화에 적합하지 않으므로 행정의 투명성과 합리적인 의사결정원칙을 유지하기 위해 행정절차를 진지하게 재고해야 한다.[42]

인공지능에 의한 자동적 처분에 대하여도 행정절차법상의 절차적 요건이 적용되는지에 관하여 명문의 근거규정은 없으나, 행정절차법은 처분 등 행정작용 일반에 적용되므로 특별한 사정이 없는 한 행정절차법상의 절차적 요건은 인공지능에 의한 자동화된 행정결정에도 적용된다.[43] 그러나 문제는 이러한 자동적 처분의 경우 보통의 행정행위와는 다른 특수성이 있으므로 행정절차법의 해석이나 개정을 통해 특례를 인정하거나 자동적 처분을 도입하는 개별 법률에 특례조항을 마련할 필요가 있다.

첫째, 자동적 처분을 도출하는 과정을 예상해 보면, 신청인의 신청서상의 정보를 컴퓨터에 입력하면, 이미 법령의 내용, 해석기준, 처분기준, 판례 등을 조합하여 처리방법을 미리 학습한 알고리즘이 주어진 신청에 대한 결론을 제시한다. 알고리즘 프로그램은 법 규정, 원칙, 정부의 유권해석, 정부의 정책 등을 암호화하여 적용하며 법령을 집행하기 위해 필요한 세부사항을 사실상 결정하는 것이고, 사실상 사무처리의 기준이나 노하우를 규정하는 강학상 행정규칙의 기능을 수행하게 된다. 따라서 이것은 그

선, 행정기본법 해설, 156~159 (2021)

42) David Freeman Engstrom & Daniel E. Ho, Algorithmic Accountability in the Administrative State, 37 Yale J. R. 800, 854 (2020).

43) 정남철, 위 논문, 241.

성격상 행정청이 행하는 일반적 추상적 법규 정립작용에 해당되고, 그렇다면 알고리즘 제작 및 도입과정을 일종의 행정입법과정으로 보아 입법예고 및 의견제출 절차를 거치도록 해야 하는지 문제될 수 있다.[44]

현행 행정절차법 제41조 이하에서는 행정상 입법예고를, 제46조[45] 이하에서는 행정예고를 규정하고 있으며 국민에게 의견제출기회를 제공하도록 하고 있다. 행정상 입법예고는 '법령'을 대상으로 하며 강학상 법규명령의 형식을 갖춘 것에 한정[46]하므로 알고리즘 프로그램을 적용할 수는 없다. 그러나 행정예고는 현대국가에서 형식이 다양해진 비정형적인 행정작용에 대한 절차적 규제를 목적으로 마련된 것이며, '정책, 제도 및 계획'을 대상으로 하는데, 여기에는 고시, 훈령, 예규, 기타 그 밖에 다양한 형태의 정책, 제도, 계획 등을 포함[47]하므로 자동적 처분을 위한 알고리즘 프로그램 역시 이에 해당하는 것으로 볼 수 있다.[48] 행정예고는 정책 등을 수립·시행하는 경우뿐만 아니라 변경하려는 경우에도 예고하도록 하고 있으므로 알고리즘 프로그램의 내용을 변경하는 경우 역시 행정예고 대상이 되어야 한다. 그러나 문제는 AI 시스템이 더욱

---

44) David Freeman Engstrom & Daniel E. Ho, Algorithmic Accountability in the Administrative State, 37 Yale J. R. 800, 806 (2020). 김혜진 위의 논문, 228. "알고리즘을 이용한 행정결정의 투명성은 알고리즘 자체에 관한 정보를 사전에 일반적으로 상세하게 공개"하여야 하며, "이해관계인의 의견진술 및 행정의 사실조사라는 절차가 보장될 필요"가 있다.

45) 제46조(행정예고) ① 행정청은 정책, 제도 및 계획(이하 "정책 등"이라 한다)을 수립·시행하거나 변경하려는 경우에는 이를 예고하여야 한다. 다만, 다음 각 호의 어느 하나에 해당하는 경우에는 예고를 하지 아니할 수 있다. 1. 신속하게 국민의 권리를 보호하여야 하거나 예측이 어려운 특별한 사정이 발생하는 등 긴급한 사유로 예고가 현저히 곤란한 경우 2. 법령 등의 단순한 집행을 위한 경우 3. 정책 등의 내용이 국민의 권리·의무 또는 일상생활과 관련이 없는 경우 4. 정책 등의 예고가 공공의 안전 또는 복리를 현저히 해칠 우려가 상당한 경우

46) 입법예고의 대상이 되는 '법령등'의 범위에는 법률, 대통령령, 총리령, 부령과 자치법규가 포함되고 법률은 행정부가 입안하여 국회에 제출되는 법률만을 말함. 행정안전부, 행정절차제도 실무 편람, 213 (2021.1.)

47) 행정안전부, 행정절차제도 실무 편람, 229 (2021.1.)

48) 미국 행정절차법(APA)의 경우에도 행정입법절차는 입법안에 대한 통지와 의견제출절차를 거치도록 하고 있는데, 정책이나 모델의 도입 역시 행정입법으로 보아 APA상의 절차를 거치도록 해석한 판례들이 있다. 예, McLouth Steel Prod. Corp. v. Thomas, 838 F.2d 1317 (D.C.Cir. 1988). 위에서 소개한 사회보장위원회(SSA)의 신속장애결정(QDD) 도입 시에도 이러한 절차를 거친 바 있다.

정교해짐에 따라 언제 내용이 변경되어 다시 행정예고를 하도록 해야 하는지 알 수 없는 경우가 발생하게 된다. 이러한 문제는 AI도구가 하향식 전문가기반 AI 시스템인 경우에는 덜하나 최신 기계학습 시스템은 이전 결정에서 학습된 연관성을 기반으로 스스로 규칙을 구성한다는 점에서 상향식이며 의사결정 시스템의 특성을 사전에 공개하는 것을 더욱 어렵게 만든다. 자동적 처분을 도입하는 개별 입법은 이러한 점을 감안하여 행정예고의 기준 및 방법을 마련하여야 할 것이다.

그러나 모든 인공지능 알고리즘 도입에 대하여 행정예고를 요구할 필요는 없으므로 행정절차법 제46조 제1항 단서가 열거하고 있는 예외규정을 적절히 감안하여 혁신을 방해하거나 변화하는 환경에 대한 정부의 역동적인 대응을 방해하지 않도록 해야 할 것이다.

둘째, 인공지능 알고리즘 도구를 자동적 처분절차에 도입하여 집행하기에 앞서 그 위법부당을 행정심판이나 행정소송에서 다툴 수 있는지 문제된다. 직접적 통제 또는 추상적 규범통제를 허용할 것인가의 문제라고 볼 수 있다. 행정심판법이나 행정소송법은 처분에 한하여 항고쟁송을 인정하므로 일반적 추상적 성질의 규범은 원칙상 항고쟁송의 대상이 되지 않는다. 그러나 판례는 법령보충적 행정규칙을 포함한 명령이 별도의 집행행위의 매개 없이도 국민에 대하여 직접적이고 구체적인 법적 효과를 미치는 경우 항고소송의 대상이 된다고 보고 있다. 인공지능 알고리즘의 블랙박스적인 성격에 비추어 적용 및 집행 이후에 적절한 통제가 어려운 만큼 적용 및 집행 전에 사법심사를 허용할 필요가 있다. 따라서 국민의 권리 의무에 영향을 미치는 등 국민생활에 중요한 의미를 가지는 행정결정 알고리즘의 경우 행정예고뿐만 아니라 직접적 통제의 허용 여부도 고려해야 한다.

인공지능 알고리즘 도구에 대한 집행전 사법심사를 허용하더라도 알고리즘 도구의 특성상 사법심사를 제대로 진행하기 어려운 장애요소가 있다. 알고리즘 개발자들은 알고리즘 소스코드나 그 밖의 기술적 세부사항에 대하여 특허, 저작권, 영업비밀을 주장하며 개방하지 않을 가능성이 크고, 설령 그러한 정보가 법원에 제출된다 하더라도 기계학습모델 전반에 걸친 정확도나 오류에 대한 사법부의 심사는 기술적으로 매우 어려울 것이라는 점이다. 소송에서 전문가 증인의 역할이 커질 것이고 어떠한 종류의 오류가 사법절차를 통해 시정될 것인지 상당한 분배효과가 발생할 것이다. 그리고 문제는 알고리즘을 적용 집행하는 과정에서 데이터와 알고리즘이 역동적으로 변화하기 때문에 집행전 사법심사의 대상이 되는 AI도구와 실제 적용 및 집행도중의 알고리즘이 달라진다는 점이다. 이러한 문제는 성능이 향상된 도구에서 더 두드러지게 나타날 것이다.

셋째, 인공지능에 의한 처분의 경우, 행정절차법상의 처분절차를 모두 적용하기 어려운 문제가 있다. 우선 처분의 이유제시가 어려워진다. 보다 정확한 결론을 도출하는 고차원의 인공지능일수록 그 과정이나 이유를 설명하기 어렵기 때문이다. 그리고 청문을 실시하더라도 기존의 청문제도는 알고리즘 결정 도구가 내포하고 있는 시스템적 오류원인을 식별하고 해결하는 데 별 도움이 되지 않는다.[49] 그러하다면, 독일의 행정절차법 입법례[50]와 마찬가지로 인공지능에 기반한 알고리즘에 의한 처분에 대하여 개별 사례에 따라 예외적으로 처분이유제시나 의견청취절차를 생략할 수 있도록 하여야 할까?

인공지능에 기반한 행정처분에는 인공지능 알고리즘이 처분 여부 및 내용까지 도출하여 자동화된 통지시스템을 통해 결과를 통보하는 완전자동화된 행정처분부터, 알고리즘이 처분결정의 초안을 행정청에 제시하여 행정청이 그 초안을 심사하거나 아니면 심사 없이 상대방에게 통지하는 '반자동화 행정처분'을 모두 포함시킬 수 있다. 행정작용의 성질이나 이용가능한 데이터 수준에 따라 인간의 개입가능 여부나 개입정도를 달리하는 다양한 수준의 인공지능 알고리즘의 개발 및 도입이 가능한 것이다. 완전자동화 처분의 경우, 불가피하게 사전통지 및 의견제출절차를 생략하도록 할 필요가 있고, 이러한 경우 도입전 행정예고나 도입후 사법심사의 허용 필요성이 더욱 강조된다. 반면 후자의 경우 인공지능 알고리즘은 행정보조적인 역할에 그치게 되고 행정내부

---

49) 이러한 이유에서 처분단계에서의 사전통지 및 의견제출기회 제공보다는 알고리즘 도입단계에서의 행정예고 및 의견제출기회의 활용이 중요한 의미를 가진다. 반면 최근에 개정된 행정절차법은 청문 실시 대상 행정처분의 범위를 대폭 확대하고 있다. 행정절차법 청문관련 조항의 최근 개정내용에 대하여 채영근 위 논문 참조.

50) 이에 대하여는 정남철, 위 논문 236 참조.

의사결정 과정에 해당하므로 그 행정법적 함의는 작아질 것이다. 그러나 이러한 경우에도 행정청은 AI가 내린 초안에 의존하게 될 가능성이 크므로 처분사유 제시 및 청문절차에서 AI 의사결정이 내포하고 있는 문제를 그대로 안고 있다.

인공지능 알고리즘이 내린 처분 초안에 대하여 사전통지를 하고 청문을 실시하는 경우, 사안의 특정 오류를 수정할 수는 있지만 인공지능 알고리즘에 내재된 고유한 오류를 표면화하고 교정할 수는 없다. 절차적 적법절차원칙이 보장하는 청문에서의 형량은 알고리즘 도구가 대규모로 작동하도록 설계되었다는 사실을 간과할 수 있고 청문절차에서의 개별 형량을 통해 이루어지는 수정결정은 알고리즘 도구가 적용되는 수천 또는 수만 사례에 통일적인 적용을 통해 얻을 수 있는 사회적 이익과 충돌할 수 있다. 그렇다면, 여전히 이러한 경우에도 사전통지 및 청문절차를 생략하고 행정심판이나 행정소송과 같은 사후구제 수단만을 허용하는 것이 옳은가? 인공지능에 기반한 처분이 침익적 성질을 갖는 경우, 적법절차의 생략은 심각한 절차적 하자 문제를 초래하게 될 것이다. 그리고 행정처분의 1차적 결정이 인공지능 알고리즘의 도움으로 행정청 입장에서는 손쉬워지는 만큼, 행정청은 행정력을 청문절차에 더 집중할 수 있게 되므로 사전통지 및 의견제출절차가 반드시 무의미해진다고 볼 수는 없다.[51] 특히 청문주재자는 직권으로 필요한 조사를 할 수 있으므로(행정절차법 제33조 제1항) 인공지능 알고리즘이 내린 결론의 타당성이 의심되는 경우, 입력된 기록이나 자료 이외에 기타 관련 자료를 검토하여 인공지능 알고리즘의 결정을 심도있게 심사할 수 있다.

(4) 국가배상 관련

인공지능에 의한 행정작용으로 손해가 발생한 경우 국가배상책임 원칙이 그대로 적용되기에는 공무원의 직무상 위법행위나 고의 또는 과실의 인정에 어려움이 따를 것이므로 손해배상 등 권리구제에 대한 보완 방안도 고려할 필요가 있다.[52] 인공지능 시

---

51) "자동적 처분에 관한 개별적 이유제시는 행정의 책임성 확보의 차원에서 여전히 유의미하고, 현재 판례에 따라 비자동적 처분에 요구되는 수준보다 더 실질화되어야 한다"는 의견도 비슷한 입장으로 보여진다. 김혜진, 위 논문 228.

52) 행정기본법 해설서(법제처), 211면.

스템의 장애와 관련해서 원인을 확인할 수 없는 경우 국가배상책임 인정의 특칙 등을 마련할 필요가 있다.

IV. 시사점

공공행정분야에 인공지능 알고리즘을 도입하여 활용하는 것은 커다란 위험을 내포하므로 신중한 접근이 필요하다. 잘 관리되는 인공지능 알고리즘은 공공행정을 현대화하여 보다 효율적이고 정확하며 공평한 형태의 행정작용을 촉진할 수 있는 반면, 제대로 관리하지 않으면 부작용만 발생하고 별다른 성과가 없을 수도 있다. 그러므로 공공행정분야의 정책입안자들은 인공지능 알고리즘 도구의 도입에 앞서 인공지능의 활용에 대한 적절한 책임체계를 잘 정비하여야 할 것이다. 행정기관이 공공행정분야에 인공지능기반 시스템을 설계하고 도입할 때에는 다음과 같은 사항을 고려해야 한다.[53]

첫째, 안전하고 효과적인 시스템을 도입하여야 한다. 행정기관은 알고리즘 도구를 개발하고 사용하는 데 있어 적대적 기계학습 및 해킹의 기회를 최소화하기 위해 노력해야 한다. 시스템을 도입하기 전에 테스트를 통해 위험요소를 식별하고 이를 완화하는 조치를 취해야 한다.[54] 도입 이후에도 용도에 따라 시스템이 안전하고 효과적인지 입증하기 위해 지속적인 모니터링을 통해 용도 이외의 부작용이나 불안전 요소를 개선해야 한다. 둘째, 알고리즘에 의한 차별이 있어서는 안 되며 시스템은 공평하게 설계되고 사용되어야 한다. 시스템 설계 단계에서 사전 형평성평가를 실시해야 하며, 대

---

53) The Blueprint for an AI Bill of Rights: Making Automated Systems Work for the American People (2022.10). 미국 백악관 과학기술정책실에서는 2022년 10월 "AI 권리장전을 위한 청사진: 미국 국민을 위한 자동화시스템 만들기"라는 백서 형식의 문건을 작성 배포하면서 AI 시대에 미국 시민들을 보호하기 위해 자동화시스템의 설계, 사용 및 배치에 있어서 지침이 될 원칙을 확인하였다.

54) 스탠포드대학의 Engstrom교수와 Ho교수는 책임 있는 알고리즘을 채택하기 위해 알고리즘도구에 대한 '사전평가'(prospective benchmarking)을 먼저 실시할 것을 제안하고 있다. David Freeman Engstrom & Daniel E. Ho, 위 논문 849~853 참조.

표 데이터를 사용하고 인구통계학적 특징에 대한 프록시 보호가 포함되어야 한다. 그리고 설계 및 개발단계에서 장애인의 접근성을 보장하고, 시스템의 도입 후에도 지속적으로 불평등에 대한 심사를 진행하고 이를 완화하기 위한 조치를 취해야 한다. 셋째, 데이터 프라이버시를 보호해야 한다. 데이터 수집이 합리적이어야 하고 특정 상황에 꼭 필요한 데이터만 수집되도록 하는 설계를 통해 개인정보 침해를 막아야 한다. 시민들은 무단 감시로부터 자유로워야 하며, 감시기술은 사생활과 시민의 자유를 보호하기 위해 잠재적 피해에 대한 사전평가, 지속적인 모니터링, 감시기술의 잠재적 영향에 대한 평가 등 높은 수준의 감독을 받도록 해야 한다. 넷째, 시민들은 공공행정분야에서 인공지능 기술이 사용되고 있다는 사실을 고지받아야 한다. 시민들은 자동화된 시스템이 사용되고 있다는 사실을 알아야 하며 이것이 자신에게 영향을 미치는 메커니즘을 이해해야 한다. 이를 위해 자동화시스템을 도입하는 행정기관은 전반적인 시스템의 기능 및 자동화의 역할에 대한 명확한 설명을 일반적으로 이해가능한 수준으로 제공해야 한다. 다섯째, 시민들은 적절한 경우 자동화 시스템을 배제하고 공무원에 의한 대안시스템을 선택할 수 있어야 한다. 그리고 자동화시스템이 실패하거나, 오류가 발생하거나, 또는 자신에게 미치는 영향에 대해 이의를 제기하고자 하는 경우, 시민들은 대안 절차를 통해 적절한 시간 안에 공무원에 의한 고려와 구제가 주어져야 한다. 마지막으로, 행정기관 내에서 인공지능관련 전문성과 기술 역량을 구축하는 것이 매우 중요하다. 행정기관 내부에서 시스템을 설계하고 도입함으로써 AI도구의 공공 책임성과 투명성을 높일 수 있다. 행정기관 내부에서의 자체적인 시스템 구축은 예산에 부담을 주고 전문인력 확보에 한계가 있으나, 관련 작업 및 법적 요건에 더 잘 맞는 도구들을 생성 유지관리할 수 있을 뿐만 아니라, 인공지능의 활용이 내포하는 많은 위험요소를 해결하는 수단이 될 수 있다.

제20장

인공지능과 국가책임

이상우
(인하대학교 AI·데이터법센터 책임연구원)

I. 기술의 발전과 국제법상의 이슈 변화

본장은 '제4편 인공지능의 법적 책임'에 관한 마지막 내용으로서 인공지능 기술 발전에 따른 국제법(國際法)상 국가책임 이슈를 살펴본다. 즉 인공지능 기술을 활용한 국가의 활동 중 국제법 위반 문제가 제기될 경우 누구에게 어떻게 국제법상 책임을 추궁할 수 있을 것인지(to invoke the responsibility)를 검토해 보도록 한다. 최근 자국 중심주의의 확산과 미·중 패권 갈등이 심화됨에 따라 미디어를 통해 '국제법'이란 단어가 빈번하게 언급되고 있는 만큼 독자 입장에서 그 단어 자체가 생소하지는 않을 것이나, 학문으로서 국제법을 접해 볼 기회는 많지 않았을 것이다. 이에 본격적인 논의를 나눔에 앞서 국제법의 의의(意義), 법원(法源), 국내법과의 관계 등 국제법에 관한 기본적인 이해를 돕고, 근자의 국제법 동향을 검토하겠다.

1. 국제법의 기본이해 및 동향

국제법은 국제공동체를 규율하는 법으로서[1] 주로 국가 간의 관계를 규율하는 법으로 시작되었으며, 오랫동안 '국가 간의 법'(a law between States)으로만 인식되어 왔다.

제2차 세계대전 이후 유엔(United Nations: UN) 등 국가 이외의 국제법적 실체가 다수 등장하면서, 오늘날에는 국가뿐만 아니라 국제기구나 개인 등도 제한된 범위 내에서는 국제법의 주체로 인정되고 있다.[2] 이렇듯 국제공동체의 변화로 인해 국가 관계만을 규율하는 법이라는 국제법의 전통적 정의가 변화하여, 국가와 국제기구는 물론 제한적이나마 개인도 직접 규율하게 되었다.[3]

  기본적으로 국제법은 국가 간의 법이기 때문에, 한 국가의 단독 의사만으로 제정되거나 형성될 수는 없다.[4] 국제법의 생성에 관하여 일반적으로 널리 인정된 몇 가지 방법이 있는데, 이것을 '국제법의 법원(法源)'이라 칭한다.[5] 동 법원에 관하여 '국제사법재판소 규정'(Statute of International Court of Justice)(이하 'ICJ규정') 제38조 제1항은 아래와 같이 규정하고 있다.

ICJ규정 제38조 제1항

재판소는 재판소에 회부된 분쟁을 국제법에 따라 재판하는 것을 임무로 하며, 다음을 적용한다.
(a) 분쟁국에 의하여 명백히 인정된 규칙을 확립하고 있는 일반적인 또는 특별한 국제협약
(b) 법으로 수락된 일반관행의 증거로서의 국제관습

---

1) '국제공동체'(international community (of States as a whole))란 표현은 현대국제법에서 '국제사회'(international society (of States))를 대신하여 일상적으로 사용되고 있다. 김대순, 『국제법론(제21판)』, 삼영사, 2022, 3면 각주 4 참조.

2) 김대순, 위의 책, 3면 참조; 국제법의 주체란 국제법상의 권리·의무를 향유할 수 있는 실체를 가리키며, 국가는 국가이기 때문에 국제법상의 주체로 인정되는 이른바 본원적 주체이다. 일단 국가로 인정되면 국제법상 법인격을 향유한다. 정인섭, 『신국제법강의(제12판)』, 박영사, 2022, 146면 참조; 20세기를 거치면서 국제기구, 개인 등 다양한 관여자(stakeholder)들이 국제질서 형성과 운영에 참여하고 있지만 이들의 영향력이 아무리 크더라도 이들에게 국제법 주체성이 자동적으로 인정되지는 않으며, 기존의 주체인 국가의 승인이 필요하기 때문에, 비국가 행위자에게 국제법 주체성이 인정될지 여부는 궁극적으로 국가들의 결정에 따르게 된다. M. Dixon, Textbook on International Law, 7th ed.(Oxford University Press, 2010), p. 139.

3) 다만 국가만이 포괄적인 국제법 주체성을 지닌다는 점에서 아직도 국제법은 주로 국가 간의 관계를 규율하는 법이라고 보아야 할 것이다. 정인섭, 위의 책, 2면 참조.

4) 김대순, 앞의 책, 42면.

5) 정인섭, 앞의 책, 34-35면 참조.

> (c) 문명국에 의하여 인정된 법의 일반원칙
>
> (d) 법칙결정의 보조수단으로서의 사법판결 및 여러 국가의 가장 우수한 국제법 학자의 학설. 다만 제59조의 규정6)에 따를 것을 조건으로 한다.

위와 같이, 국가들은 서로 간에 법적 구속력 있는 규칙을 만들기 위한 방법으로 조약과 관습을 활용하고 있다.7) 조약이란 국제법 주체들이 국제법의 규율하에 일정한 법률효과를 발생시키기 위하여 체결한 국제적 합의이며, 오늘날 국제법의 가장 중요한 법원이다.8) 지난 수세기 동안은 각국의 관행을 바탕으로 발전해 온 관습이 국제법의 법원에서 가장 중요한 위치를 차지해 왔었으나, 20세기부터 국제공동체의 다양성이 급증하고 국제관계가 긴밀화·복잡화되면서 조약의 중요성이 관습을 압도하게 되었다.9)

그렇다면 국가 간 상호의존성 강화와 국제교류 증가는 국제법과 국내법의 관계에 어떠한 영향을 미쳤을까? 과거 국제법은 국가 간의 법, 국내법은 국가-개인 또는 개인-개인 간의 법이라고 구별할 수 있었으나, 점차 양자관계가 모호해지고 있다. 국제법의 적용범위는 지속적으로 확대되고 있으며, 국제법과 관련된 사건이 국내법원에 회부되는 경우가 증가함에 따라 국제법의 내용이 국내법원에 의해 해석되는 경우도 늘어나고 있다.10)

---

6) ICJ규정 제59조는 "국제사법재판소(ICJ)의 결정은 당사국 간에 있어서만 그리고 당해 특정 사건에 대해서만 구속력을 갖는다"고 규정한다.

7) 김대순, 앞의 책, 43면.

8) 현실에서는 국제법 주체 간의 합의를 가리키는 용어로 조약 외에 협약, 협정, 규약, 의정서 등 다양한 용어가 사용되고 있는데, 어떠한 명칭으로 불리우든 위 정의에 합치되는 모든 합의가 국제법상 조약임에는 차이가 없다. 정인섭, 앞의 책, 37면 참조.

9) 정인섭, 위의 책, 37면.

10) 다만 현실에서 국제법과 국내법 간의 충돌이 우려할 정도로 자주 발생하지는 않는다. 국제법은 원칙적으로 각국의 명시적 또는 묵시적 동의하에 형성되기 때문에 각국은 명백히 자국법과 충돌되는 국제법의 형성을 저지하려 하거나, 아니면 국내법의 변경을 항상 검토할 것이기 때문이며, 또한 대부분 국가의 사법부는 자국법을 국제법과 최대한 조화적으로 해석해 국제법 위반의 결과 발생을 회피하려 노력한다. 정인섭, 위의 책, 141면 참조.

2. 플랫폼 비즈니스의 성장과 국제법상 이슈의 발현

오늘날 국제법상의 변화를 가속화한 또 다른 요인은 플랫폼 비즈니스의 성장, 정확히는 다양한 플랫폼 비즈니스가 구현될 수 있도록 지원하는 제반 기술의 발전을 들 수 있다. 21세기에 이르러서는 아마존(amazon) 등 전자상거래 플랫폼에서 제공하는 해외직구11) 서비스를 통해 국내 소비자도 손쉽게 국외 상품을 구매할 수 있게 되었으며, 최근 각광을 받고 있는 메타버스(metaverse) 플랫폼은 내·외국인 간에 국경이라는 물리적 제약을 넘어 국제거래를 할 수 있는 환경을 조성해 주었다.

국가가 사람이나 물건 또는 어떠한 상황에 영향력을 행사할 수 있는 국제법상의 권한을 관할권(jurisdiction)이라 하며, 국가관할권 행사의 1차적 한계는 국경이다.12) 플랫폼 비즈니스 성장으로 인해 초국경 시대가 도래하였으며, 국경의 절대적인 의미가 퇴색됨과 동시에 국경을 기준으로 하는 국가관할권 행사도 영향을 받게 되었다. 즉 일정한 경우 역외(자국의 국경 밖)의 행위에 대해 국가가 관할권을 행사하는 역외적용(extra-territoriality)13)이 특히 인터넷 공간상의 데이터(개인정보) 분야에서 강조되고 있다.14)

---

11) 국내 소비자가 외국의 온라인 쇼핑몰 등을 통해 물품을 직접 구매(수입)하는 것으로 거래형태에 따라 직접배송, 배송대행 및 구매대행으로 구분된다.

12) M. Shaw, International Law, 8th ed.(Cambridge University Press, 2017), p. 483; 정인섭, 앞의 책, 208면.

13) 국가가 자국법을 자신의 영토를 넘어서 외국의 영토에까지 확장하여 적용하는 것은 오래된 역사를 가지고 있는데, 이는 국가관할권 행사의 근거가 속지주의에 한정된 것이 아니라 속인주의, 보호주의, 보편주의에 근거할 수도 있기 때문이다. 정인섭, 위의 책, 209면; 김대순, "국가관할권 개념에 관한 소고", 『법학연구』 제5권, 연세대학교 법학연구원, 1995, 206-217면; Cedric Ryngaert, Jurisdiction in International Law, Oxford University Press, 2008; 실제로 사회경제의 세계화 진행에 발맞추어 국내법의 역외적용이 형사법, 경쟁법 등으로 확대되면서 법적 근거도 확대되어 왔다. 정찬모, "인터넷상 인격권침해 게시물 접근제한조치의 지역적 범위 ─ CJEU의 최근 판결을 중심으로", 『사법』 통권 제56호, 2021, 774면 참조.

14) 외국 기업이 외국에서 한 행위의 효과(또는 영향)가 국내 또는 국내시장에 미치므로 그에 대해 국내법을 적용할 실제적 필요성이 있음에도 불구하고, 외국 기업이 외국에서 행위를 하였다는 이유로 속지주의와 속인주의에 기하여 국내법을 적용할 수 없게 된다면 입법목적을 달성할 수 없게 된다. 즉 만일 그 행위가 외국에서 이루어졌다는 점만으로 국내법을 적용할 수 없게 된다면 사업자들이 그 행위 장소를 외국으로 선택함으로써 국내법상의 각종 규제를 쉽게 빠져나갈 수 있게 됨으로써

역외적용은 역외에 소재하는 외국인 및 물건 또는 역외에서 행해지는 행위에 대하여 자국의 법률을 적용하는 것을 의미하며, 대표적으로 2018년 5월부터 시행 중인 유럽연합(European Union: EU)의 「일반 개인정보 보호법(General Data Protection Regulation)」(이하 'GDPR')은 EU 역내에 사업장이 소재하지 않은 경우라도 동법 제3조에 해당하는 경우 역외적용됨을 명시하고 있다. 또한 2018년 3월 미국 의회는 「합법적 해외 데이터 사용을 위한 법률(Clarifying Lawful Overseas Use of Data Act: CLOUD Act)」(이하 'CLOUD Act')를 통과시켜 미국의 통신서비스제공자들이 보유(또는 관리)하고 있는 데이터에 대해서 실제 데이터가 저장된 위치(국가)에 관계없이 미국 정부기관이 제공 요청을 할 수 있도록 명시함으로써 역외 데이터 접근에 관한 법적 근거를 마련하였다.[15]

GDPR의 적용범위(제3조, 영토적 범위)

1. 본 규정은 EU 역내의 개인정보처리자 또는 수탁처리자의 사업장의 활동에 수반되는 개인정보의 처리에 적용되고, 이때 해당 처리가 EU 역내 또는 역외에서 이루어지는지 여부는 관계없다.

2. 본 규정은 개인정보의 처리가 다음 각 호와 관련되는 경우, EU 역내에 설립되지 않은 개인정보처리자 또는 수탁처리자가 EU 역내에 거주하는 개인정보 주체의 개인정보를 처리할 때도 적용된다.

(a) 개인정보주체가 지불을 해야 하는지에 관계없이 EU 역내의 개인정보주체에게 재화와 용역을 제공

(b) EU 역내에서 발생하는 개인정보 주체의 행태를 모니터링

하지만 관할권 행사에 관한 기본 원칙들은 전통적으로 영토를 기반으로 한 주권국가의 존재를 전제로 하고 있기 때문에, 역외적용을 받는 외국으로부터 적지 않은 반발을 불러일으키게 된다.[16] 이와 같이 플랫폼 기술의 발달은 실생활에 있어서 관할권 행

입법목적을 달성하기 어렵게 된다. 석광현, "클라우드 컴퓨팅의 규제 및 관할권과 준거법", 『Law & Technology』 제7권 제5호, 서울대학교 기술과 법 센터, 2011, 23면.
[15] 이상우, "중국 데이터법의 역외적용", 『법학논총』 제54집, 숭실대학교 법학연구소, 2022, 167-169면 참조.

사와 한계에 관한 종래의 기준을 적용하기 어렵게 만들었다.

역외적용과 함께 기술의 발전으로 인하여 최근 국제법상 이슈가 되고 있는 사안은 '구글세'로 불리는 디지털 세금(digital tax)이다.[17] 디지털 세금이란 글로벌 빅테크 기업(예, 구글)이 플랫폼을 통해 벌어들이는 수익에 대해서(자국 내에서 납부하는 세금과는 별개로) 실제 서비스가 소비되는 국가에 세금을 추가로 납부하는 것이다.[18] 예를 들어, 넷플릭스(netflix)의 경우 영상 콘텐츠 플랫폼을 제공하고 구독료·광고 수입을 발생시키는 방식으로 수익을 얻는다. 국내의 사용자가 영상 콘텐츠를 시청할 경우, 해당 콘텐츠는 국내에 소재한 서버에서 제공될 수도 있고, 또는 국외에 소재한 서버를 통해 전달받을 수도 있다. 이와 같이 영상 콘텐츠를 시청함에 있어서 디지털 데이터가 국경을 오가지만 사용자 입장에서는 해당 디지털 데이터가 어디에서부터 오는지 알 수 없다. 이를 과세제도에 적용해 보면, 기존의 과세제도는 실체가 있고 거래가 파악이 되는 상황에서 과세가 가능한 시스템이었지만, 디지털 데이터 형식의 영상 콘텐츠의 경우 과세점 파악과 세원 포착이 어렵다. 또한 국가 간 디지털 거래는 세법규정의 차이로 인하여 과세권의 문제가 발생된다.[19]

---

16) 일부 국가는 이로 인한 금전적 제재가 가해진 경우에 자국 법원에서 회복 청구소송을 제기할 수 있도록 하는 대항입법을 제정하기도 했다. M. Shaw, International Law 8th ed.(Cambridge University Press, 2017), pp. 517-518; 정인섭, 앞의 책, 233면.

17) 2018년 기준으로 구글의 한국 내 디지털 서비스 매출은 약 5.4조 원으로 추정되나, 국내에서 구글플레이 이용자가 결제를 해도, 우리나라보다 법인세율이 낮은 싱가포르에서 거래가 발생한 것으로 집계되고 있다. 이와 같이 글로벌 빅테크 기업이 상대적으로 법인세율이 낮은 국가로 세원을 이전하여 국제적 조세회피 행위를 하는 것이 이슈가 되었다. 김선일·박성욱·나형종, "디지털 세금(Digital Tax) 도입을 위한 논의", 『조세연구』 제20권 제2집, 한국조세연구포럼, 44면.

18) White, J. 2019. "The OECD's digital tax plans more costly than BEPS." *International Tax Review* ; EU는 2020년부터 역내에서 매출을 발생시키는 기업을 대상으로 순이익이 아닌 매출을 기준으로 하여 징수하는 디지털 세금 도입을 추진 중이다. 김선일·박성욱·나형종, 위의 논문, 43면.

19) 디지털 거래에 대한 세금은 법인세 및 부가가치세 등과는 별도로 부과되는 세금이지만, 법인세 및 부가가치세와 밀접한 연관이 있기 때문에 이중과세 문제가 존재하며, 국경을 넘나들며 서비스가 제공되기 때문에 국제적인 과세권 문제도 있다. 김선일·박성욱·나형종, 위의 논문, 42-43면.

3. 인공지능 시대의 국제법 현안과 과제

기술의 발달은 위와 같이 국제법상의 많은 이슈를 야기하였으며, 인공지능 시대의 도래로 다른 법학분야와 마찬가지로 국제법 또한 다양한 현안과 과제를 마주하게 되었다. 본서 '제1편 서론'을 통해 확인한 바와 같이, 인공지능은 현재 컴퓨터공학, 철학, 경제학 등 다양한 분야에서 연구가 진행되고 있기 때문에 일의적(一義的)으로 정의하기는 어렵다.[20] 인공지능의 법인격(legal personality) 문제는 비인간적 실체에게 법률상 인격을 부여할 수 있는가라는 법철학의 고전적 질문과도 관련되어 있으며(본서 제3장 및 제9장 참조),[21] 국제법에서는 국내법보다 제한된 실체에 대해서만 법인격을 부여한다. 즉, 국제법인격은 국제공동체로부터의 일정한 수락이 있어야 인정되는데,[22] 아직 많은 국가에서 인공지능에 국제법상 인격을 부여하자는 판단이 내려지지 않았다.[23]

국제공동체가 인공지능에 관하여 함께 논의하고 합의점을 찾아야 할 사항이 산적해 있지만, 이미 국가차원에서 인공지능은 널리 사용되고 있다. 우리나라 공공분야와 관련하여 대표적으로 공항에 설치된 자동 출입국 심사대는 인공지능 기술에 기반하여 운영되고 있다.[24] 또한 2022년 9월 발표된 '대한민국 디지털 전략'은 인공지능을 포함한 6대 혁신기술분야[25]에 대한 연구개발에 집중 투자하여 초격차 기술력을 확보할 것

---

20) Peng et al., 'Artificial Intelligence and International Economic Law: A Research and Policy Agenda', in Peng et al.(eds.) *Artificial Intelligence and International Economic Law: Disruption, Deregulation, and Reconfiguration* (2021), at 3; Executive Office of the President, National Science and Technology Council, Committee on Technology, *Preparing for the Future of Artificial Intelligence* (October 2016), at 6; 김보연, "인공지능의 국제법상 책임추궁에 관한 소고", 『경희법학』 제57권 제4호, 경희대학교 법학연구원, 2022, 174면 참조.

21) Gellers, *Rights for Robots: Artificial Intelligence, Animal and Environmental Law* (2021), at 28.

22) Shaw, *International Law* (2021), at 180.

23) 김보연, 앞의 논문, 181-182면 참조.

24) KBS 뉴스(2022. 04. 27.), "'출입국심사 활용' 인공지능 안면인식 학습 정보는 민감 정보", https://news.kbs.co.kr/news/view.do?ncd=5450197&ref=A, (2023. 3. 3. 확인).

25) 6대 혁신기술 분야는 ① 인공지능(AI), ② AI 반도체, ③ 5G・6G 이동통신, ④ 양자, ⑤ 메타버스, ⑥ 사이버보안 분야를 칭한다. 과학기술정보통신부, "뉴욕구상을 실현하는 디지털 대한민국의 청사진 나왔다." 보도참고자료(2022. 9. 28).

임을 밝혔으며, 공무원의 일하는 방식을 인공지능 · 데이터 기술 기반의 업무방식으로 전환하여 과학적으로 국정을 운영할 것임을 강조하였다. 최근 지방자치단체에서도 ChatGPT의 도입을 본격적으로 논의하고 있는바, 공공분야의 인공지능 기술의 적용범위는 대폭 확대될 것으로 전망된다.[26]

특히 국가 간의 관계에 있어서 군사 분야의 인공지능 사용에 관한 논의도 활발하게 이어지고 있다. 2023년 2월 네덜란드 헤이그에서 개최된 '군사적 영역에서의 책임 있는 인공지능에 관한 장관급 회의'(이하 'REAIM 2023')에 참여한 61개국 정부 대표단은 "다자적이고 포괄적인 방식으로 군사 영역에서 책임 있는 인공지능에 대한 글로벌 대화를 지속할 것을 약속하며, 모든 이해관계자가 국제법에 따라 국제 안보와 안정에 기여하는 데 책임질 것을 요구한다"는 내용의 '공동 행동 촉구서'(call to action)에 서명하였다. 또한 미국 국무부는 인공지능을 군사적으로 책임 있게 사용하기 위한 가이드라인인 '인공지능과 자율성의 책임 있는 군사적 사용에 대한 정치적 선언' 프레임 워크(framework for a 'Political Declaration on the Responsible Military Use of Artificial Intelligence and Autonomy')를 발표했다.[27]

이와 같이 각국은 인공지능 기술을 산업, 행정, 군사안보 등 다양한 분야에서 활용하고 있는바, 동 기술에 기반한 국가의 활동 중 초국경적 데이터 수집에 따른 개인정보 침해 · 유출, 자율무기체계의 국제인도법(國際人道法)[28] 위반, 사이버안보 위협 등에

---

26) News1(2023. 2. 26.), "'챗GPT' 열풍에⋯지자체 · 정부부처도 인공지능 도입 움직임", https://www.news1.kr/articles/4964228, (2023. 3. 3. 확인).

27) 동 선언을 통해 미국뿐만 아니라 세계 각국을 향해 (1) 군사적 인공지능 능력이 국제법과 일치시키도록 필요한 조치를 취하고, (2) 핵무기와 관련한 결정에 인간이 통제 · 개입하도록 하며, (3) 무기 시스템 등 여파가 큰 모든 군사적 인공지능 능력 개발 및 배치 때 고위 정부 관료가 감독할 수 있도록 보장할 것 등을 촉구하였다. SBS 뉴스(2023. 02. 17.), "[월드리포트] '군사용 AI' 어디까지⋯미 '선언문' 공개", https://news.sbs.co.kr/news/endPage.do?news_id=N1007083973&plink=ORI&cooper=NAVER&plink=COPYPASTE&cooper=SBSNEWSEND, (2023. 3. 3. 확인).

28) 국제적 또는 비국제적 무력충돌시 전투능력을 상실하였거나 적대행위에 가담하지 아니하는 사람(부상자, 병자, 포로, 민간인, 의무 또는 종교요원, 적십자 구호요원 등)에 대하여 국적, 인종, 종교, 계급, 정치적 견해 등에 어떠한 차별 없이 그들의 생명을 보호하고, 전쟁의 수단과 방법을 금지하거나 제한함으로써 무력충돌의 영향력을 최소화하기 위한 국제법의 한 분야이다. 대한적십자사, 국제인도법, https://www.redcross.or.kr/redcross_rcmovement/redcross_rcmovement_humanidtariallaw_

서 국제법 위반 문제의 발생이 우려된다.[29] 만약 인공지능을 통한 국제적 활동이 국제
위법행위(internationally wrongful act)에 해당한다면 그 책임을 누구에게 추궁할 수 있을
까? 국가에게 책임을 추궁해야 한다면 어떠한 법리에 따라 적용될 수 있을까? 이 질문
에 대한 해답을 찾기 위해 아래에서는 인공지능을 통한 국제위법행위와 국가책임(State
responsibility)에 관한 내용을 살펴보겠다.[30]

II. 인공지능과 국가책임의 문제

국가의 국제위법행위의 법적 결과인 국가책임에 관한 논의는 국제법 체계에 있어서
중요한 문제 중 하나로서 국제법의 발생시기부터 지속되어 왔다.[31] 이론과 관행으로
발전해 오던 국가책임에 관한 논의는 2001년 UN국제법위원회(UN International Law
Commission)(이하 'ILC')가 '국제위법행위에 대한 국가책임 초안'(Draft Articles on Responsi-
bility of States for Internationally Wrongful Act)(이하 '국가책임 초안' 또는 '초안')[32]을 채택함으
로써 일단락되어, 현재는 동 초안에 기초하여 관련 논의가 이루어지고 있다.[33] 비록

---

introduce.do, (2023. 3. 12. 확인).

29) 스튜어트 러셀·피터 노빅, 『인공지능: 현대적 접근방식(제4판)』, 제이펍, 2021, 420-426면; 김보
 연, 앞의 논문, 185면.

30) 국제기구도 국제위법행위를 범할 수 있으므로 국가책임보다는 국제책임(international responsibility)
 이 더 적절한 용어일 것이나, 아직까지는 국가책임이라는 용어가 보다 일반적으로 사용되고 있고,
 본고에서의 내용도 국가의 위법행위 책임을 중심으로 설명하고 있으므로 "국가책임"이란 용어를 사
 용한다. 정인섭, 앞의 책, 407면 참조.

31) Pierre-Marie Dupuy, "Dionisio Anzilotti and the Law of International Responsibility of States",
 European Journal of International Law, Vol. 3 (1992), pp.139-148. 20세기 초에는 다수의 학자들
 과 연구단체들에 의한 성문화시도도 이뤄졌다. 김석현, 『국제법상 국가책임』, 삼영사, 2007, 26-27
 면; 임예준, "국가책임조항의 규범적 지위에 관한 소고(小考)", 『국제법학회논총』 제65권 제3호, 대
 한국제법학회, 2020, 177면 참조.

32) International Law Commission, *Draft Articles on Responsibility of States for Internationally
 Wrongful Acts*, November 2001, Supplement No. 10 (A/56/10), chp.IV.E.1.

33) ILC는 2001년 8월 9일 국가책임 초안을 채택하며, 추후 동 초안에 기초한 조약(convention) 체결 고
 려를 권고하였다. *Yearbook of the International Law Commission*, 2001, Vol. II, part. II, p.25,

국가책임 초안이 조약(convention) 체결에 이르지는 못하였으나,[34] 이미 다수의 국제재판소에서 구체적 사안에 직·간접적으로 인용되고 있는 등 큰 영향을 미치고 있다.[35]

국가책임 초안 작업 개요[36]

ILC 출범 이후 1949년 제1회 회기에서 국가책임의 내용을 중요의제에 포함, 1955년부터 작업이 시작되었다. 맨 처음 이 작업의 책임을 맡았던 Garcîa Amador가 외국인의 권리침해에 대한 책임을 중심으로 국가책임 초안을 작성하려 했던 것은 국가책임에 대한 전통적 인식의 소산이었다. 이후 외교적 보호의 논의가 국가책임 초안의 내용으로 타당한가 등의 논의대립이 있었고, 1962년 의제의 범위와 관련하여 국가의 국제책임에 관한 일반이론의 정의에 초점을 두기로 결정하였다.

1960년대 들어 ILC는 Roberto Ago의 주도 하에 초안의 작업 목표를 국제관계에서 국가의 국제법상 의무 위반책임을 전반적으로 취급하도록 방향을 선회하였다. 이에 1980년까지 ILC에서 국가책임에 관해 잠정적으로 35개 조항이 채택되었으며, 이 조항들은 국가의 국가책임 귀속문제와, 위법성 조각 등의 내용을 담고 있었다.

1996년 ILC는 일단 국가책임 규정에 관한 잠정초안을 채택하였는데, 동 잠정초안의 특징 중 하나는 국제위법행위의 내용을 국제범죄(international crime)와 국제불법행위(international delict)로 구분했다는 점이었다. 그러나 개인이 아닌 국가가 국제범죄의 주체가 될 수 있느냐에

---

paras 72-73.

34) 조약이란 국제법 주체들이 일정한 법률효과를 발생시키기 위해 체결한 국제법의 규율을 받는 국제적 합의이다. 조약은 법적 구속력을 갖기 때문에 일단 발효되면 조약의 당사자가 합의를 일방적으로 파기할 수 없다. 정인섭, 앞의 책, 280면 참조.

35) David D. Caron, "The ILC Articles on State Responsibility: The Paradoxical Relationship Between Formand Authority", *American Journal of International Law*, Vol. 96, No. 4 (2002), p.858; 정인섭, 앞의 책, 408면에 따르면 조약화 시도는 국가들 간에 지루한 논의를 야기하고 합의를 위한 적지 않은 내용변화를 초래할 가능성이 있다는 점과 타결 이후 얼마나 빨리 비준을 얻을 수 있을지도 미지수라는 점을 들어 동 초안을 바로 조약으로 채택하려는 시도를 하지 않고 단순히 총회에 보고하는 형식으로 마무리지은 방식이 성공적이었다고 평가한다. 이후 UN총회는 '국제위법행위에 대한 국가책임 조항'(Articles on Responsibility of States for Internationally Wrongful Acts)으로 명칭을 변경[초안(Draft Articles) → 조항(Articles)]하여 적시하였다(아래 각주 37 참조).

36) 이윤정, "국제위법행위에 대한 국가책임내용으로서의 손해배상에 관한 고찰 ― ILC 국가책임초안을 중심으로", 고려대학교 법학과 법학석사 학위논문, 2009, 10-11면; 정인섭, 앞의 책, 408면 참조.

대하여는 광범위한 논의가 이어졌으나 일치된 결론을 내리지는 못했다. 결국 1997년 마지막 특별보고자로 임명된 James Crawford는 국제범죄에 개념을 삭제하고 2001년 초안을 완성, 2001년 8월 9일 ILC에서 초안이 채택되는 것으로 일단락되었다.[37]

1. 국가책임 규범의 특징

국가책임 초안 제1조는 "국가의 모든 국제위법행위는 국제법상 국가책임을 수반한다"고 규정한다. 국제사법재판소(International Court of Justice)(이하 'ICJ')의 전신이라 할 수 있는 상설국제사법재판소(Permanent Court of International Justice(이하 'PCIJ')는 "약속위반이 배상의무를 동반하다는 것은 국제법의 일반원칙이자 법의 일반개념이기도 하다"는 말로써 이 국가책임의 원칙을 확인하고 있다.[38] 국가책임은 타 국가에 대한 직접침해(direct injury, direct State-to-State wrongdoing) 또는 간접침해(indirect injury, indirect international wrongs)에 의해 발생할 수 있다.[39] 초안 제2조에 따르면, 국가책임이 성립하기 위해서는 문제의 행위를 국제법상 국가에 귀속시킬 수 있어야 하며, 또한 그 행위가 국가의 국제의무 위반에 해당해야 한다. 동조에 명시적으로 언급되고 있는 바와 같이, 국제의무의 위반은 작위(action, positive act)뿐만 아니라 부작위(omission)에 의해

---

37) 2001년 12월 12일 UN총회는 ILC의 국제위법행위에 대한 국가책임 주제의 완성과 초안 및 주석의 채택을 환영하고, '국제위법행위에 대한 국가책임 조항'(Articles on Responsibility of States for Internationally Wrongful Acts)이 첨부된 결의 제56/83호를 채택하였다. GA Res. 56/83 (2001), para. 1, para. 3; 이 과정에서 유엔 총회는 결의에 첨부한 문서의 명칭을 국가책임 '초안(Draft Articles)'이 아닌 국가책임 '조항(Articles)'로 변경하여 적시하였다. 임예준, 앞의 논문, 178면 참조; 이에 국가책임법을 서설함에 있어서 조항(Articles)을 기준으로 하는 것이 대표적으로 임예준,『국제법학회논총』제65권 제3호(2020), 김보연,『경희법학』제57권 제4호(2022)가 있다. 다만 이 글에서는 보편적(정인섭,『신국제법강의(제12판)』, 박영사, 2022; Jaemin Lee, *Artificial Intelligence and International Law*, Springer, 2022)으로 사용되는 것처럼 '초안(Draft Articles)'을 기반하여 작성하였음을 밝힌다.

38) (Indemnity)(Merits), PCIJ (1928), Series A, No. 17, p. 29; Harris, pp. 461-462; 김대순, 앞의 책, 740면 참조.

39) 김대순, 위의 책, 740면.

서도 초래될 수 있다.

국제책임 초안 제2조[40)

> 제2조(국가의 국제위법행위의 요건)
> 다음과 같은 작위(作爲) 또는 부작위(不作爲) 행위가 있을 때 국가의 국제위법행위가 존재한다.
> (a) 국제법상 국가에 귀속될 수 있으며(attributable to the State);
> (b) 그 국가의 국제의무의 위반에 해당하는 경우

어떤 국가행위가 국제위법행위인가의 여부를 결정짓는 준거법(準據法)은 국내법이 아니라 국제법이다.[41) 초안 제3조는 "국가의 행위를 국제위법으로 규정하는 것은 국제법에 의하여 규율되며, 국내법이 문제의 행위를 합법으로 규정하더라도 그에 영향받지 아니한다"라고 규정함으로써 국가책임의 성립여부가 국제법에 의해 결정된다는 점을 분명히 하였다. 국제법의 관점에서 보면 국내법은 법이 아닌 사실(fact)에 불과하기 때문에, 국가의 행위가 국내법상 위법한 것이라고 해서 반드시 이것이 국제법상의 위법을 의미하지는 않는다.[42)

국내법과 구별되는 국제법상 국가책임 규범의 특징은 인공지능을 통한 국제위법행위가 국가책임으로 이어지는지를 판단함에 있어서 중요한 시사점을 제공한다. 국내법상의 인공지능 규율과 관련하여 누가 법적 책임을 부담하는지에 대한 논의의 핵심이 고의 또는 과실에 집중하고 있었다면(본서 제16장 내지 제19장 참조), 국제법상 국가책임에 대한 논의에서는 제3조에서 국제법을 준거법으로 지정하고 있으며, 초안 제2조가 작위 또는 부작위만을 판단기준으로 규정하고 있는바, 국가의 고의 또는 과실 여부가 필요치 않다.[43) 결과적으로 국가의 행위에 작위 또는 부작위 여부만을 따지는 국가책

---

40) 정인섭, 앞의 책, 411면 참조.

41) 준거법이란 어떠한 법률관계에 적용될 법률을 의미한다.

42) *Elettronica Sicula S.P.A. (ELSI)* (United States of America v. Italy), ICJ Reports (1989), p. 15 at 74 (para. 124).

43) 이재민, "인공지능 시대의 도래와 국제법", 『국제법학회논총』 제63권 제4호, 대한국제법학회, 2018.

임 규범은, 인공지능의 고의 또는 과실과 무관하게 국가책임이 성립될 수 있다는 결론으로 이어지게 된다.[44)]

2. 행위귀속에 관한 일반이론

국가책임 초안 제1조 및 제2조의 내용을 종합하면, 국가책임이 성립되기 위해서는 국제위법행위가 존재해야 하고, 해당 행위에 대한 책임을 국가에 귀속할 수 있어야 한다. 국가책임 분야에서 이제까지는 국가기관과 비(非)국가기관을 구별하고, 비국가기관의 행위를 언제, 어떻게 국가의 행위로 간주할 것인지가 주요 법적 쟁점이었으나, 4차 산업혁명 시대에는 여기에 더하여 인공지능의 행위를 언제, 어떻게 국가의 행위로 간주할 것인가를 고민해야 할 필요성이 대두되고 있는 것이다.[45)] 인공지능을 통한 작위 또는 부작위가 어떻게 국가로 '귀속'되는지 또는 되지 않는지의 문제에 대한 검토를 위해서는 행위귀속에 관한 일반이론의 이해가 필요하다.

기본적으로 국가는 추상적 실체이기 때문에 자연인 또는 법인을 통해 행동하며, 국가에게로 귀속될 수 있는 공무원 또는 기관의 행위(작위 또는 부작위)에 대해서만 책임을 진다. 이와 같이 공무원 혹은 일정한 자의 행위를 국가 자체의 행위로 간주하기 위한 법적 의제를 귀속성(attributability)이라 한다.[46)] 국제법상 국가책임 추궁은 이들의 행위를 국가 자신의 행위로 귀속할 수 있는지의 문제에서 출발한다.[47)] 오랫동안 법학자들

290면 참조.

44) Draft Articles on Responsibility of States for Internationally Wrongful Acts with Commentaries Yearbook of the International Law Commission, 2001, vol. II, Part Two(이하 'ILC 국가책임 주석') 제4조의 para. 6.

45) 이재민, "인공지능 시대의 도래와 국제법", 『국제법학회논총』 제63권 제4호, 대한국제법학회, 2018, 290면 참조.

46) 국가책임 초안 제2조에 대한 주석 (5)에 따르면, 국제법상 국가는 단일의 법인격체로서 대우되지만, 국가의 행위는 인간이나 인간의 집단에 의한 어떤 작위 또는 부작위와 관련을 맺어야 한다. 김대순, 앞의 책, 744면 참조.

47) 김보연, 앞의 논문, 188면.

은 어떠한 경우에 국가책임을 추궁할 수 있는지를 검토해왔으며, 이러한 논의가 국가책임 초안 제4조 내지 제11조에 반영되었다.[48]

국가책임 초안 제4조에 따르면, 모든 국가기관의 행위는 그 국가의 행위로 간주된다. 국가기관에는 그 국가의 조직을 구성하고 국가를 위해 행동하는 모든 개인과 단체가 포함되는바, 국가기관이라면 어떠한 기관도 그 성격과 관계없이 국제위법행위를 저지를 수 있다. 비록 국가기관이 아니라도 정부의 권한을 부여받은 개인이나 단체의 행위는 국제법상 국가의 행위로 간주되며(제5조), 민간인이나 민간단체라도 국내법상의 근거를 갖고 정부권한을 행사한다면 국가행위가 된다.[49] 국가에 의해 "타국의 통제하"에 맡겨진 기관이 타국(통제국)의 정부권한을 행사하는 경우, 그 행위는 국제법상 통제국의 행위로 간주되며(제6조), 국가기관의 자격에서 한 행위라면 설사 자신의 본래 권한을 초과하거나 지시를 위반하여 한 행위라도 국제법상 국가행위로 간주된다(제7조).[50]

국가기관의 행위[51]

제4조(국가기관의 행위)
 1. 국가기관의 행위는 그 기관이 입법·행정·사법 또는 기타 어떠한 기능을 수행하든, 그 기관이 국가조직상 어떠한 지위를 차지하든, 그 기관의 성격이 중앙정부의 기관이든 또는 지방적 기관이든 상관없이, 국제법상 그 국가의 행위로 간주된다.
 2. 기관은 그 국가의 국내법에 따라 그러한 지위를 가진 모든 개인이나 단체(entity)를 포함한다.

제5조(정부권한을 행사하는 개인 또는 단체의 행위)
 제4조에 따른 국가기관은 아니지만 국가의 법에 의하여 정부권한(governmental authority)을

---

48) *Ramsundar, State Responsibility for Support of Armed Groups in the Commission of International Crimes* (2020), at 67-77; 김보연, 위의 논문, 188면.
49) 정인섭, 앞의 책, 412면 참조.
50) 국가책임 초안 제7조(권한 초과 또는 지시 위반) 국가기관 또는 정부권한의 행사를 위임받은 개인이나 단체의 행위는 이들이 그 같은 자격에서 행동하였다면, 설사 그 행위가 자신의 권한을 초과하였거나 지시를 위반한 경우라도 국제법상 국가의 행위로 간주된다. 정인섭, 위의 책, 414면 참조.
51) 정인섭, 위의 책, 413면 참조.

> 행사할 권한을 위임받은 개인이나 단체의 행위는 국제법상 국가의 행위로 간주된다. 단 그 개인
> 이나 단체가 구체적 경우에 있어 그 같은 자격에서 행동하였어야 한다.
> 　제6조(국가에 의하여 타국의 통제하에 맡겨진 기관의 행위)
> 　국가에 의하여 타국의 통제하에 맡겨진 기관의 행위는 그 기관이 통제국의 정부권한을 행사
> 하며 행동하는 경우 국제법상 통제국의 행위로 간주된다.

　국가책임 초안 제8조 내지 제11조는 특정 국가의 공식적인 기관의 지위를 갖지 아
니한 자들의 행위임에도 불구하고 그 국가에게 귀속될 수 있는 특수한 상황을 규정하
고 있다.[52] 사인(私人)이나 민간단체의 행위는 국제법상 국가로 귀속되지 않으나, 사실
상 국가의 지시에 의하거나 국가의 감독 또는 통제에 따라 행동한 경우, 국가행위로
간주된다(제8조). 다만 국가가 어느 정도의 통제권을 행사한 경우까지 외부 인사의 행
위를 국가에 귀속시킬 수 있는가는 판단이 쉽지 않기 때문에, ICJ는 "실효적 통
제"(effective control)라는 기준(threshold)을 수립하였다. *Nicaragua* 사건에서 Contras 반
군의 모든 활동을 미국에 귀속시키기 위해서는 일반적 통제(general control)가 아니라,
개별적 사례에서 미국이 실효적 통제가 이루어졌음이 증명되어야 한다고 보았다.[53]
과거 구(舊) 유고 국제형사재판소(International Criminal Tribunal for the Former Yugoslavia:
ICTY)는 *Tadić* 사건 상소심 판결[54]에서 구 유고 연방이 문제의 행위에 대해 "전반적 통
제"(overall control)를 한 사실이 증명되면 책임이 귀속된다고 판단하였으나, 이 판결은
국가책임의 성립 여부를 가리려던 취지가 아니라, 개인의 형사책임을 추궁하기 위한

52) *Aust, Handbook of IL*, 2nd, p. 381; 김대순, 앞의 책, 756면 참조; 국가책임 초안 제8조 및 제9조의
　　내용은 본문의 내용과 같으며, 이 밖에 제10조 및 제11조는 국가의 새 정부를 구성하는 데 성공한
　　반란단체의 행위는 국제법상 그 국가의 행위로 간주되며(제10조), 본래 국가에 책임이 귀속될 수 없
　　는 경우에도 문제의 행위를 국가가 자신의 행위로 승인하고 채택한다면(acknowledges and
　　adopts), 그 범위 내에서는 당해 행위가 그 국가의 행위로 간주된다고(제11조) 규정한다. 정인섭, 위
　　의 책, 418-419면 참조.
53) *Military and Paramilitary Activities in and Against Nicaragua (Nicaragua v. United States)* (이하
　　'Nicaragua case'), Merits, Judgment, I.C.J. Reports 1986; 국가책임 조항 제8조는 이 같은 기조에서
　　작성되었다. 정인섭, 위의 책, 415면 참조.
54) ICTY Case No. IT-94-1-A(1999).

목적이었다는 점에서 그 출발점이 다르며, ICJ는 이후 *Bosnian Genocide* 사건[55])에서도 사인의 행위로 인해 국가책임이 발생하기 위해서는 개별 사건에 대한 실효적 통제가 증명되어야 한다는 입장을 재확인하였다.[56]) 한편 공공당국의 부재 또는 마비로 인해 공권력의 행사가 요구되는 상황에서 개인 또는 집단이 사실상의 공권력을 행사했다면, 그 행위는 국제법상 국가행위로 간주된다(제9조).

특수 관계 또는 상황에서의 사인(私人)의 행위[57])

> 제8조(국가의 감독 또는 통제에 의한 행위)
> 개인 또는 집단이 사실상 국가의 지시(instructions)에 의하거나 국가의 감독 또는 통제(direction or control)에 따라 행동한 경우, 그 개인 또는 집단의 행위는 국제법상 국가의 행위로 간주된다.
> 제9조(공공당국의 부재 또는 마비 상태에서 수행된 행위)
> 공공당국의 부재(不在) 또는 마비 상태로서 정부권한의 행사가 요구되는 상황에서 개인 또는 집단이 사실상 그러한 권한을 행사하였다면, 그 행위는 국제법상 국가의 행위로 간주된다.

3. 인공지능 행위의 국가책임 추궁

인공지능 기술은 이미 국가행정 등 다양한 영역에서 널리 활용되고 있기 때문에 인공지능의 행위가 국제법상 국가책임 문제를 초래할 수 있음은 앞서 검토한 내용으로 미루어 짐작해 볼 수 있다. 아래에서 상세히 검토하겠지만 이 같은 문제를 초래하기 위해서는 먼저 그것이 국가의 행위로 '귀속'되어야 한다는 전제 조건이 만족되어야 한다. 인공지능의 행위가 국가행위로 귀속될 수 있다면, 해당 국가에 국가책임을 추궁할 수 있을 것이고, 귀속되지 않는다면 국제법상 국가책임을 추궁하기는 어려울 것이다.

---

55) Application of the Convention on the Prevention and Punishment of the Crime of Genocide, *Bosnia and Herzegovina v. Serbia and Montenegro*, 2007 I.C.J. Reports 43.

56) 정인섭, 앞의 책, 417면.

57) 정인섭, 위의 책, 415-416면 참조.

　　귀속 여부를 판단하기 위해서는 인공지능 기술 수준에 따라 활용되는 구체적인 상황을 나누어서 검토하여야 한다. 마치 우리가 자율주행 자동차와 관련하여 자율주행을 지원하는 기능 정도에 따라 레벨을 분류하고[58] 각 단계에 따른 법적 쟁점과 적용을 달리하는 것과 같이(운전자의 개입 없이 완전 자율주행을 제공하는 레벨 5에서의 불법행위책임은 레벨 0 내지 레벨 4와는 법적 쟁점·적용을 달리한다), 실제 인공지능을 어떻게 활용하느냐에 따라 귀속 여부에 관한 판단이 달라질 것이기 때문이다.

(1) 인공지능 행위가 국가로 귀속되는 경우

　　먼저 국가기관이 인공지능 기술을 업무를 보조하기 위한 도구로 사용하는 경우를 생각해 볼 수 있다. 개인용 컴퓨터(personal computer: PC)가 보급됨에 따라 과거 수기(手記)로 작성해 오던 공문서를 현재 전자(디지털 데이터)화된 문서로 관리하고 있는 것처럼, 인공지능 기술이 부가된 전자장비 또는 솔루션을 활용하여 정부 업무를 처리하는 상황이 여기에 해당된다. 다만 인공지능 기술에 기반한 장비·솔루션을 통해 업무 처리와 관련한 다양한 데이터를 제공받는다고 해도 최종 의사결정자가 담당 공무원이라는 것에는 변함이 없다. 즉 담당자가 인공지능이 제공한 관련 정보·제언을 참고하여 작위 또는 부작위의 의사결정을 해도, 해당 의사결정의 주체는 담당 공무원, 즉 국가기관이 되고 국가책임 초안 제4조 제1항에 따라 "국가기관의 행위는", "국제법상 그 국

---

58) 자율주행 자동차의 경우 국제자동차기술자협회는 SAE J3016 표준에서 자율주행 레벨을 6단계로 분류하였다. ① 레벨 0(No Driving Automation): 어떠한 자율주행 기능도 지원하지 않는다. ② 레벨 1(Driver Assistance): 자동차의 방향 전환(횡운동) 또는 감가속(종운동) 기능을 지원한다. ③ 레벨 2(Partial Driving Automation): 자동차의 방향 전환(횡운동) 및 감가속(종운동) 기능을 지원한다. ④ 레벨 3(Conditional Driving Automation): 주행 중 다양한 돌발 상황 및 주변 사물들을 모두 인식하고 이에 대응할 수 있지만, 부득이한 경우 운전자가 운전할 필요가 있다고 자동차가 판단할 경우, 운전자가 개입하여 운전해야 한다. ⑤ 레벨 4(HIgh Driving Automation): 특정 환경(구역, 날씨 등)에서는 자동차가 모든 자율주행 기능을 지원하고, 어떠한 상황에서도 운전자가 개입할 필요가 없다. ⑥ 레벨 5(Full Driving Automation): 모든 환경에서 자동차가 모든 자율주행 기능을 지원하고, 어떠한 상황에서도 운전자가 개입할 필요가 없다. 한국정보통신기술협회, "자율 주행 자동차", https://terms.naver.com/entry.naver?docId=6628067&cid=42346&categoryId=42346, (2023. 3. 13. 확인).

가의 행위로 간주"되기 때문에 담당자의 행위 그 자체로 국가에 귀속된다.

한 걸음 더 나아가 ChatGPT와 같이 강력한 인공지능 기술이 국정에 도입되어 단순 도구의 역할을 넘어 정부의 역할을 일부 대신하게 되는 상황을 생각해 볼 수 있다. 해외의 경우 행정 서비스 영역에서 인공지능 기술을 이미 적극적으로 활용하고 있는데, 미국 이민국은 챗봇 '엠마'(Emma)를 활용하여 한 달에 100만 건 이상의 영어·스페인어 문의를 처리하고 있으며, 정확도도 92%에 달한 만큼 효과적이다.[59] 이 경우 두 가지로 나누어 볼 수 있는데, 첫째는 인공지능으로부터 처분대상인 개인에게 직접 통보되는 상황이고, 둘째는 그 내용을 담당 공무원이 인공지능으로부터 전달받아 개인에게 통보하는 상황일 것이다.

먼저 후자의 경우 국가책임 초안 제4조는 국가로 귀속되는 국가기관의 행위는 그러한 행위자의 지위라는 외관에 초점을 두며 내부적인 의사결정 과정에 대하여는 별도의 검토를 요구하고 있지는 않는바,[60] 국가로 귀속될 수 있을 것이다. 만약 초안 제4조가 직접 적용되기 어렵다고 하더라도 담당 공무원이 개인에게 통보하는 절차가 초안 제11조에서 규정한 사후 승인 행위로 볼 수 있기 때문에 국가의 행위로 간주된다는 점에서 차이는 없다.

그렇다면 전자의 경우는 어떻게 볼 것인가? 우선 정부에 '고용'되어 정부업무를 수행하는 주체로 생각해 볼 수 있을 것이다. 다만 초안 제4조가 국내법상 지위를 언급("whatever position it holds in the organization of the State")하고 있기 때문에 정부조직에 관련한 국내법 체제에서 인공지능을 어떻게 평가하는지가 중요한 기준이 될 것이다.[61] 현재 우리나라의 경우 국가에 고용되어 업무에 종사한다는 것은 기본적으로 자연인만을 상정하고 있기 때문에 고용관계가 인정되지 않는다고 보았을 때, 그다음으로는 정부권한을 '위임'받아 수행하는 주체로 간주하는 것을 상정해 볼 수 있다. 초안 제5조는

---

59) 한국경제(2022. 2. 10.), "인공지능 대중화 시대, 공공 영역 AI 도입 확대를 기대하며", https://www.hankyung.com/it/article/202202103074i, (2023. 3. 13. 확인).

60) 이재민, 앞의 논문, 293면 참조.

61) 이재민, 앞의 논문, 294면 각주 36 재인용.

위임 행위 역시 국가로 귀속될 수 있는 것으로 보며, 설사 인공지능의 위임받은 권한을 초과하여 작위 또는 부작위를 행하는 경우에도 국가로 귀속됨을 규정하고 있다(초안 제8조). 한편 인공지능이 정부에 고용되지 않고, 위임이 부재한 상황이라도 ICJ가 *Nicaragua* 사건을 통해 확인한 바와 같이 인공지능을 운용하는 기관에 대하여 정부의 실효적 통제(effective control)가 인정되는 한 그 행위가 국가로 귀속될 가능성이 열려 있다.[62]

다만 공공행정 영역 외에 군사안보 분야, 특히 자율무기체계를 통한 교전행위 시 국제위법행위의 국가책임 추궁에도 이 실효적 통제를 적용하여 해당 자율무기체계를 운용하는 국가에 귀속시킬 수 있을지는 추가적인 고민이 필요하다. 2023년 2월 러시아는 우크라이나 전쟁에 인공지능 탱크인 '마르케르'(Marker)를 실전 투입하였는데, 이 탱크는 자율주행을 하면서 동시에 피아(彼我)를 직접 식별·판단하여 적군을 공격하는 기능을 갖춘 것으로 알려졌다.[63] 공중전의 드론(drone)에 이어 지상전에서 인공지능 탱크까지 출현함에 따라 대량의 '킬러로봇'이 나올 수 있다는 우려가 제기되고 있다. 인공지능 기술이 적용된 정도와 무기체계의 작동방식에 따라 논의에는 차이는 있겠지만, 이와 같이 특별한 목적(예, 인명 살상)을 위해 고안된 인공지능 시스템이 군인을 대신하여 전장에 투입된 경우에도 국가기관이 각각의 킬러로봇을 '실효적 통제'하였는지 엄격히 적용할 경우, 사실상 국가의 책임을 면탈해 주는 결과로 이어지게 될 것이다.[64] 이와 같이 '실효적 통제' 기준만을 고수하는 것은 결과적으로 국가가 개인이나 단체에 국가행위를 위임함으로써 책임을 회피하는 상황을 경계하는 국가책임의 기본원칙과 배치되기 때문에,[65] REAIM 2023에서 각국 정부가 군사 영역에서의 인공지능

---

62) 국가책임 초안 제8조.

63) 아시아경제(2023. 3. 12.), "[뉴스in전쟁사] '터미네이터' 현실되나 … 러, 우크라전에 AI 탱크 투입", https://view.asiae.co.kr/article/2023030920214137581, (2023. 3. 13. 확인).

64) 김보연, 앞의 논문, 194면 참조.

65) Cassese, *The Nicaragua and Tadić Tests Revisited in Light of the ICJ Judgment on Genocide in Bosnia*, 18(4) European Journal of International Law (2007), at 654, 김보연, 위의 논문, 194면 각주 103 참조.

활용에 관하여 책임 있는 행동 촉구에 한 목소리를 낸 바와 같이, 국가기관이 자율무기체계에 대한 전반적인 통제를 한 것만으로도 국가로의 행위귀속과 책임추궁이 가능하다고 보아야 할 것이다.[66]

(2) 인공지능 행위가 국가로 귀속되지 않는 경우

국가책임 초안과 국가책임의 면탈을 경계하는 국가책임의 기본원칙을 중심으로 앞서 인공지능 행위가 국가로 귀속되는 경우를 살펴보았다. 그렇다면 어떠한 경우에 국가로 귀속되지 않을 것인가? 우선 국가와의 관련성이 없고, 국가 및 정부 영역 외에서 인공지능 스스로 작위 또는 부작위를 행하는 경우가 해당될 것이다. 대표적으로 민간주체(예, 빅테크 기업)가 순수하게 사적(私的) 또는 영리를 목적으로 인공지능을 활용하는 경우에 국가로 귀속되지 않을 것이다. 다만 데이터를 기반으로 학습하는 인공지능이 머신러닝(machine learning) 과정에서 공공데이터와 민간데이터를 구별하여 학습하는 것이 기술적으로 어려우며(본서 제1장 참조), 인공지능의 신경망을 구성하는 데이터와 네트워크에 대한 정부의 통제가 강화되면 인공지능 활용에 있어서 민간과 국가기관을 완전히 분리하기는 쉽지 않기 때문에[67] 국가 귀속여부 판단에 신중을 기해야 할 것이다.

또한 인공지능 기술이 고도로 발전하여 인공지능 스스로 독자성을 구비하고 의사결정을 직접 내리는 경우를 상정해 볼 수 있을 것이다. 관련 국가 입장에서는 국제법상 인공지능 관리·감독 의무를 다했음을 이유로 국가책임이 없다고 적극적으로 항변하는 경우에 인공지능의 행위가 국가로 귀속되기는 어려울 것이며, 자연히 국가책임 추궁으로 이어지지 않을 것이다. 향후 공공행정 분야에 인공지능 활용이 확산되면(본서 제19장 참조), 이와 같은 논의가 활발하게 전개될 것으로 전망된다.

---

66) 인공지능 기반의 자율무기체제에 대한 행위귀속 원칙 적용의 상세한 내용은 김보연, 위의 논문, 193-195면 참조.

67) 이재민, 앞의 논문, 295면 참조.

III. 앞으로의 과제와 전망

앞서 인공지능의 행위가 국가로 귀속되는지 여부를 통해 국가책임을 추궁할 수 있는가를 살펴본 바와 같이 인공지능 기술의 용처가 확산됨에 따라 현재의 국가책임 초안만으로는 해결하기 어려운 문제가 발생될 것임이 예상된다. 이에 본절에서는 현재 혹은 가까운 미래에 해결해야 할 국제법상의 쟁점을 검토해 보겠다.

1. 인공지능 특성을 고려한 국가책임 방안의 모색

우선 인공지능의 특성을 고려하여 국제법상 국가책임 추궁의 방식을 보충해야 할 필요성이 대두된다. 현존하는 대부분의 인공지능은 외부에서 주어진 데이터를 통해 스스로 학습(머신러닝)하는 특징을 지니고 있다. 이러한 기술적 특징은 특정 시점에서 인공지능이 어떻게 반응할지 예측하는 것과[68] 그 인과관계를 밝히는 것을 상당히 어렵게 만든다.[69] 앞서 살펴본 바와 같이 국가책임이 성립되기 위해서는 국제위법행위가 존재해야 하고, 해당 행위에 대한 책임을 국가에 귀속할 수 있어야 한다(초안 제1조 및 제2조). 사실상 국가의 감독 또는 통제에 따라 행동한 경우, 국가행위로 간주되며(제8조), 어느 정도의 통제권을 행사한 경우까지 국가에 귀속시킬 것인가는 '실효적 통제'를 기준으로 판단한다.

그러나 위와 같은 인공지능의 기술적 특성을 고려하면, 개별 사안에서 구체적 사실관계와 위법행위의 성질에 따라 국가기관의 실효적 통제 사실을 입증하는 것이 어렵다. 그렇기 때문에 현재의 '실효적 통제'라는 제한된 범위에서만 국가책임을 인정하는 것은 책임공백 상황을 야기할 수 있다.[70] 이에 국가가 상당한 주의의무를 위반했을 경

---

68) Jack M. Beard, "Autonomous Weapons and Human Responsibilities", *Georgetown Journal of International Law*, 45, 2014, p. 651.

69) 이재민, 앞의 논문, 302면 참조.

우에도 책임을 추궁할 수 있도록 보완하여 국가가 책임을 회피하는 것을 방지하는 방안으로 활용할 수 있을 것이다.[71] 더 나아가 설사 국가가 주의의무를 다하였다 하더라도 인공지능을 배치하고 활용하는 순간 그로부터 발생하는 모든 결과에 대하여 국가로의 귀속을 인정하고, 이에 대하여 국가책임을 부담하도록 하는 방안(결과책임)을 통해 피해자 구제 측면에서의 실효성을 제고하는 방안도 고려해 볼 수 있을 것이다.[72]

2. 인공지능의 법인격 문제

인공지능의 법인격 문제는 본서 제9장에서 상세하게 논한 바와 같이 국제법뿐만 아니라 국내법에서도 대두되고 있는 쟁점이다. 이 문제는 법규범 적용대상을 확정한다는 측면에서 논의를 이어나가는 데에 가장 먼저 직면하게 되는 질문이다.[73] 인공지능은 외부상황의 인식과 판단에서 인간의 개입을 배제하는 자율성을 그 특성으로 하지만(본서 제1장 참조), 아직까지 국제공동체에 의해 독자적 국제법인격으로 승인되지는 못하였다.[74] 국내 내부 및 국가 간에 인공지능 법인격 인정에 관해 통일된 의견이 모아지지 않을 경우 당분간은 복잡한 문제가 발생될 것으로 예상된다. 종국에는 새로운 국제협약의 도입이나 법리의 형성의 형태로 정리될 것이나,[75] 단시일 내 그 결과를 기대하기는 어려울 것이다.

인공지능의 법인격이 인정되지 않는다는 전제에서 국가책임 초안의 주요 조항을 살펴보면 초안 제4조 제1항은 '국가기관'의 행위를 국가행위로 간주하는 것으로 규정하고 있으며, ILC 국가책임 주석은 '국가기관'에 국가 조직을 구성하고 국가를 위해 행동하는 "개인 또는 단체"(any person or entity)를 포함하는 것으로 본다.[76] 제4조 제2항의

---

70) 김보연, 앞의 논문, 199면 참조.

71) 김보연, 위의 논문, 196면 참조.

72) 이재민, 앞의 논문, 301-302면 참조.

73) 이재민, 위의 논문, 297면 참조.

74) 김보연, 앞의 논문, 181-182면 참조.

75) 이재민, 앞의 논문, 298면.

"개인 또는 단체"도 기본적으로 자연인(natural person)과 법인(legal person)을 포함하는 것으로 본다.[77] 이와 같이 초안은 원칙적으로 자연인 또는 법인의 행위를 전제로 하여 작성되어 있으며, 이들의 작위 또는 부작위가 국가에 귀속됨으로써 국가책임을 추궁할 수 있는 구조로 되어 있다. 현재 상용화된 약(弱)인공지능이 향후 지속적으로 발전되어 자연인에 준하는 것(예컨대, 강(强)인공지능)으로 간주된다면(본서 제1장 참조), 인공지능은 사실상 자연인도 법인도 아닌 제3의 주체로 파악되기 때문에 국가책임 추궁과 관련하여 공백이 발생하게 된다.[78] 이 같은 공백은 국가책임 면탈에 이용될 수 있는 바, 인공지능을 이용하여 국제위법행위를 범하려는 국가의 의도를 사전에 차단하기 위해서도 공백 부분을 보완하기 위한 새로운 규범의 도입 논의가 필요할 것이다.[79]

4차 산업혁명 시대의 도래는 우리 생활에 많은 변화를 가져다주었다. 첨단의 디지털 기술이 우리 생활 곳곳에 활용됨에 따라 초연결 기반의 지능화 혁명이 촉발되고 있음은 목도(目睹)하고 있는 바와 같다. 본서는 4차 산업혁명 시대의 핵심 기술 중 가장 각광받고 있는 인공지능의 법적 쟁점을 살펴보았다. ChatGPT와 관련된 뉴스가 IT/과학 분야뿐만 아니라, 경제, 사회, 정치 등 폭넓게 다루어지고 있는 것을 보면, 새로운 법적 기제(機制)와 제도를 마련하기 위한 시간이 그리 넉넉하지만은 않을 것이다. 이 준비 과정의 필요성은 국내법과 마찬가지로 국제법에서도 중요한 의미를 지닌다. 한정된 지면을 통해 본장(章)에서는 국제법상의 국가책임에 관한 문제를 간략히 다루어 보았으나, 이밖에도 국제공동체가 함께 해결해야 할 과제가 산적해 있다. 국제사회의 갈등과 긴장이 고조되고 있는 시기이지만, UN헌장(UN Charter)의 이념과 원칙을 되새기어, 인공지능 시대의 현명한 대응방안 마련을 위해 지혜와 역량을 모아야 할 것이다.

---

76) ILC 국가책임 주석 41-42면 참조.

77) ILC 국가책임 주석 46면 참조.

78) 물론 이 문제는 국제법만의 법적 쟁점은 아니며, 국내법에서도 활발히 논의되고 있음은 본서 '제2편 인공지능의 법적 위상과 법적 취급'에서 살펴본 바와 같다.

79) 이재민, 앞의 논문, 301면.

저자 소개

김원오	인하대학교 법학전문대학원 교수, 법학연구소장
계승균	부산대학교 대학원 융합학부 교수
고인석	인하대학교 철학과 교수
김현진	인하대학교 법학전문대학원 교수
백경희	인하대학교 법학전문대학원 교수
손영화	인하대학교 법학전문대학원 교수
심우민	경인교육대학교 사회과교육과 부교수(입법학센터장)
윤종수	법무법인 광장 변호사
이상우	인하대학교 AI·데이터법센터 책임연구원, 법학박사
이상직	법무법인 태평양 변호사
이수미	인하대학교 법학전문대학원 교수
이종호	인하대학교 AI·데이터법센터 책임연구원, 경제학박사
이해원	국립목포대학교 법학과 교수
장보은	한국외국어대학교 법학전문대학원 교수
정남철	숙명여자대학교 법과대학 교수
정영진	인하대학교 법학전문대학원 원장
정윤경	인하대학교 AI·데이터법센터 책임연구원, 법학박사
조근식	인하대학교 컴퓨터공학과 교수
차상육	경북대학교 법학전문대학원 교수
채영근	인하대학교 법학전문대학원 교수
최준혁	인하대학교 법학전문대학원 교수

인공지능법 총론

초판 1쇄 인쇄 2023년 6월 16일
초판 1쇄 발행 2023년 6월 23일
—

편   자 ㅣ 인하대학교 법학연구소 AI · 데이터법 센터
발행인 ㅣ 이방원
—

발행처 ㅣ 세창출판사
　　　　신고번호 · 제1990-000013호 ㅣ 주소 · 서울 서대문구 경기대로 58 경기빌딩 602호
　　　　전화 · 02-723-8660 ㅣ 팩스 · 02-720-4579
　　　　http://www.sechangpub.co.kr ㅣ e-mail: edit@sechangpub.co.kr
—

ISBN 979-11-6684-209-2 93360